Curt Riess **Das Schauspielhaus Zürich**

Curt Riess Das Schauspielhaus Zürich

Sein oder Nichtsein eines ungewöhnlichen Theaters

Mit 100 Fotos
und den Spielplänen von 1933 bis heute

Langen Müller

Fotos auf der Schutzumschlag-Rückseite
Oben: Der Rütlischwur in Friedrich Schillers »Wilhelm Tell«, 1938. Unten v.l.n.r.: Leonard Steckel in
Friedrich Dürrenmatts »Der Meteor«, 1966; Wolfgang Reichmann und Christoph Waltz in Peter Schaffers
»Amadeus«, 1981: Christiane Hörbiger in der Revue »Werft Eure Herzen über alle Grenzen«, 1987.
(© »Wilhelm Tell«: Privatbesitz; »Der Meteor«: Comet, Zürich; »Amadeus« und »Werft Eure Herzen über
alle Grenzen«: Leonard Zubler, Adliswil)

Vorderer Vorsatz, linke Seite: Alexander Moissi als Hamlet (Aufnahme von 1909); Maria Becker als Jungfrau
von Orleans, 1939; Heinrich Gretler als Götz von Berlichingen und Friedrich Braun, 1938. Rechte Seite:
Therese Giehse als Mutter Courage, 1941; Käthe Gold als Cristina, 1944; Jane Tilden und Gustav Knuth in
»Herkules und der Stall des Augias«, 1963.
Hinterer Vorsatz, linke Seite: Kurt Hirschfeld probt »Don Juan oder Die Liebe zur Geometrie«, 1953; Will
Quadflieg und Walter Richter in »Don Carlos«, 1950; Gustav Knuth und Heidemarie Hatheyer in »Rose
Bernd«, 1957; Peter Arens in »Der nackte Wahnsinn«, 1984. Rechte Seite: Leopold Lindtberg; Carl
Zuckmayer; Sonja Ziemann in »Die Dame vom Maxim«, 1963; Wolfgang Reichmann als Nathan, 1980.
(© »Hamlet«: Max Reinhardt Forschungs- und Gedenkstätte; »Die Jungfrau von Orleans«, »Götz von
Berlichingen«: Richard Schweizer; »Mutter Courage und ihre Kinder«: Doris Gattiker; »Cristinas Heim-
reise«: Peter Zimmermann; »Herkules und der Stall des Augias«, Kurt Hirschfeld, »Rose Bernd«: René
Haury; »Don Carlos«: Privatbesitz; »Der nackte Wahnsinn«, »Nathan der Weise«: Leonard Zubler; Leopold
Lindtberg, Carl Zuckmayer: Elfie Wollenberger, Unterengstringen)

Bildnachweis
Baugeschichtliches Archiv der Stadt Zürich: 1; W.E. Baur, Riedikon: 46, 47, 89; Rosemarie Clausen,
Hamburg: 49, 54, 55, 56; Comet, Zürich: 58, 60, 62; Deutsche Akademie der Künste, Berlin: 23; Doris
Gattiker, Zürich: 21, 29, 44; Heinz Guggenbühl, Zürich: 11, 16, 27; René Haury, Zürich: 38, 50, 51, 52, 57, 59,
61, 74; Klaus Hennch-Zürich, Kilchberg ZH: 64; Privatbesitz: 2, 3, 5, 7, 8, 9, 10, 13, 14, 15, 17, 20, 22, 30, 31,
32, 33, 34, 35, 36, 37, 39, 40, 41, 45, 90, 92, 93, 99; Max Reinhardt Forschungs- und Gedenkstätte, Salzburg: 4,
6; Hans-Peter Siffert, Zürich: 82, 97; Richard Schweizer, Zürich: 18, 19, 25, 26, 28; Theaterwissenschaftliches
Archiv Dr. Steinfeld, Berlin/München: 12; Felicitas Timpe, München: 69; Gabriele und Matthias du Vinage,
Hamburg: 71; Ruth Walz/Schaubühne am Lehniner Platz, Berlin: 94; Weltwoche Bildarchiv, Zürich 24; Peter
Zimmermann, Zürich: 42, 43; Leonard Zubler, Adliswil: 48, 53, 63, 65, 66, 67, 68, 70, 72, 73, 75, 76, 77, 78 79,
80, 81, 83, 84, 85, 86, 87, 88, 91, 95, 96, 98, 100.

Neu durchgesehene, stark erweiterte und aktualisierte Ausgabe des 1963 erschienenen Bandes
»Sein oder Nichtsein. Zürcher Schauspielhaus – Der Roman eines Theaters«

© 1988 by Albert Langen · Georg Müller Verlag GmbH
München · Wien
Alle Rechte vorbehalten
Schutzumschlaggestaltung: Christel Aumann
unter Verwendung eines Fotos von Leonard Zubler
Lektorat und Bildredaktion: Dr. Bernhard Struckmeyer
Mitarbeit am Bildteil: Klaus Konczak
Herstellung: Franz Nellissen
Satz: Filmsatz Schröter GmbH, München
Gesetzt aus: 10/12 Lino Walbaum auf Linotron 202
Reproduktionen, Druck und Binden: Wiener Verlag,
Himberg bei Wien
Printed in Austria
ISBN: 3-7844-2192-X

Diese Biographie eines in der Weltgeschichte
des Theaters einzigartigen Hauses
widme ich dem Gedenken derer, die das
Schauspielhaus Zürich
zu ungeahnten Höhen führten

EMIL OPRECHT
OSKAR WÄLTERLIN
KURT HIRSCHFELD
LEOPOLD LINDTBERG

und den Schauspielern, die sie an
dieses fabulöse Haus holten.

Inhalt

Vorhang auf!

Ein gutes Theaterstück bedarf nicht vieler szenischer Anweisungen, bevor die Personen sprechen und handeln, bevor die Handlung beginnt. Und ein gutes Buch braucht kein Vorwort, es spricht für sich selbst. Hier muß trotzdem einiges gesagt werden, bevor der Vorhang sich hebt.

Im Theater geht es oft um Sein oder Nichtsein der Helden und Heldinnen, nicht nur im *Hamlet*, dessen Monolog mit diesen berühmten Worten beginnt. Aber es handelt sich um Theater, die Helden und Heldinnen sind Akteure und heißen ganz anders als auf der Bühne, und ihr Leben verläuft ganz anders als das auf der Bühne vorgespielte. Sie tun nur so als ob. Hier aber soll die Geschichte eines Theaters erzählt werden, in dem der Kampf auf Tod und Leben nicht nur gespielt wurde, eines Theaters, das sich in des Wortes schlimmster Bedeutung in Kämpfen auf Tod und Leben befand – und noch befindet.

Mit ihm kämpfen alle auf Tod und Leben, die dort spielen. Dieses Theater ist das Zürcher Schauspielhaus.

Aber es geht in diesem Buch eben nicht nur um ein Theater, nicht einmal nur um die Menschen, die dort spielten und spielen, um die Autoren und ihre Stücke, die dort aufgeführt wurden und aufgeführt werden, sondern auch um die Zeit, in der dieses Theater spielte.

Die meisten Biographen von Theatern – es gibt deren nicht allzu viele – haben viele Jahre, oft Jahrzehnte nachdem alles zu Ende war, zu schreiben begonnen, sie hatten Distanz, sie wußten, wie das Leben weiterging, vor allem: daß es weiterging. Hier liegen die Dinge anders. Das Theater, das beschrieben werden soll, ist nicht das Globe Theatre Shakespeares, ist nicht das höfische Theater Molières, ist nicht die Weimarer Bühne Goethes, nicht das Burgtheater, das bis um die Jahrhundertwende blühte, nicht Max Reinhardts Deutsches Theater in Berlin, das nur noch dem Namen nach existent war, als Hitler heraufkam. Das Theater, um das es in diesem Buch geht, atmet, rührt sich, lebt.

Lebt es noch? Geht es nicht wieder bei so vielen Theatern heute, das heißt gegen Ende des 20. Jahrhunderts, um Sein oder Nichtsein, nicht um das Leben der Mitwirkenden, sondern um das Leben des Theaters – jetzt, in den Tagen des

fünfzigjährigen Jubiläums der Neuen Schauspiel AG? Damals, 1938, verhungerten die Mitwirkenden fast, und sie befanden sich in Lebensgefahr. Heute verhun-
gert das übersubventionierte Theater. Es soll klargestellt werden, daß es sich nicht
um einen Tatsachenbericht handelt, nicht um eine Darstellung, in der es um
Zahlen, Statistiken, Dokumente geht. Das ist schon besser gemacht worden und
wird besser gemacht. Es geht darum, die spezifische Atmosphäre dieses Theaters
einzufangen, es so zu zeigen, wie man einen Menschen photographiert, der sich
dazu nicht eigens in Positur wirft. Das Besondere, ja, ich darf wohl sagen, das
Einmalige dieses Theaters sollte dargestellt werden.

Dazu genügte es nicht, alte Kritiken nachzulesen – das ist geschehen, in Schau-
spielerbiographien zu blättern, in den Papieren des Stadtarchivs zu wühlen, Tage
und Wochen in Bibliotheken zu verbringen; dies alles wurde getan. Dazu war es
notwendig, mit den Helden dieses Buches persönlichen Kontakt aufzunehmen.

Sie zeigten sich bereit zu sprechen. Sie erzählten mir vieles, und vieles war
hochinteressant und bezeichnend für diejenigen, die erzählten oder diejenigen,
über die erzählt wurde, und warf neues Licht auf Vorgänge, die man bisher anders
gesehen hatte. Fast überflüssig zu sagen, daß mir ein jeder die Dinge nur so
darstellen konnte, wie er sie erlebt hatte. Und siehe! Es ergaben sich da die
erstaunlichsten Divergenzen zwischen den Aussagen meiner Helden und den
Zeugen. Nicht etwa, daß sie sagten: »Das habe ich so und so gehört!« Sondern sie
sagten: »Ich war dabei. Das kann ich bezeugen. Das war so und so.«

Und es war doch so oft anders. Welche der Aussagen stimmte? Was war Tatsache?
Wo hatte die Phantasie den Zeugen einen Streich gespielt? Gibt es überhaupt
Tatsachen, wenn es um Theater geht?

Ich bin dessen nicht mehr so sicher wie ich es war, als ich das Buch begann.
Trotzdem darf gesagt werden: die Ähnlichkeiten mit der Wirklichkeit sind nicht
nur zufällig.

Wie dem auch sei: es wäre unmöglich gewesen, dieses Buch zu schreiben ohne die
Mitwirkung zahlloser Menschen, die mir ihre Geschichte, ihre Geschichten oder
die anderer erzählten. Ich darf ihnen hier summarisch, etwas zu summarisch
danken. Einem aber sei namentlich gedankt: Kurt Hirschfeld, ohne dessen tätige
Mithilfe das Buch nie hätte geschrieben werden können.

In den letzten Jahren freilich war es anders. Diejenigen, die seit Anfang der Achtzigerjahre das Sagen haben, wollen nicht mehr mit einem Kritiker sprechen, der
die Kühnheit besitzt, ihre miserablen und übrigens vom Publikum in steigendem
Maße gemiedenen Produktionen als miserabel zu bezeichnen. Ja, Schauspieler,
die mich gut kennen, vermeiden es, mit mir zu sprechen oder auch nur gegrüßt zu
werden. Nun, eines soll doch festgestellt werden: persönliche Freundschaften und
Feindschaften spielten bei der Niederschrift dieses Buches keine Rolle. Ich war
von Anfang an entschlossen, unparteiisch zu sein, und ich glaube, das bin ich
geblieben. Ein früherer Direktor des Theaters, mit dem ich auf gutem Fuß stand,

ist nicht so gut weggekommen, wie ich das vielleicht gewünscht hätte. Über die Leistungen der Schauspielerin, mit der ich verheiratet bin, druckte ich nur das, was andere über sie geschrieben haben.

Und da war noch die leidige Politik. Ich bin, seitdem ich meinen ersten politischen Artikel geschrieben habe, ein leidenschaftlicher Antikommunist gewesen. Ich habe das zu oft unter Beweis gestellt – auch in meinen Büchern –, als daß ich hier darüber sprechen müßte. Nun leben (oder lebten) einige Schauspieler, die aus der Geschichte des Zürcher Schauspielhauses nicht wegzudenken sind, jenseits des Eisernen Vorhangs, ja, spielen dort prominente Rollen, nicht nur in den Theatern, sondern auch in der Politik. Für mich war von Anfang an klar, daß ich sie nicht aus dem Buch verbannen durfte. Ich habe über sie geschrieben und nach Möglichkeit sehr ausführlich geschrieben. Dies wäre möglich gewesen, ohne an sie selbst heranzutreten. Aber ich versprach mir einiges von persönlichem Kontakt – und in zahlreichen Fällen hat sich das als richtig erwiesen. Man kann einen Menschen, den man kennt, besser schildern als einen Unbekannten. Außerdem kommen gelegentlich sehr schöne Geschichten zutage, deren Verwendung nicht nur für das entstehende Werk, sondern auch für die Beschriebenen nützlich sein kann.

Es bleibt mir nur übrig, demjenigen zu danken, der der geistige Urheber dieses Buches ist: Werner Wollenberger, schweizerischer Publizist. Er fragte mich eines Tages, ob ich nicht Lust hätte, eine solche Historie zu schreiben. Größere Teile dieses Buches sind dann auch in der von ihm redigierten »Zürcher Woche« erschienen.

Genaugenommen freilich war er nicht der erste, der auf diese Idee kam. Das war vielmehr der Verleger Emil Oprecht, mein großer Freund, mit dem ich gerade damals viel zusammen war, als er mit dem Gedanken umging, das Schauspielhaus zu übernehmen, auch nachdem er es getan hatte, und wieder gegen Ende des großen Krieges und dann in den schweren Nachkriegsjahren, als das Ensemble auseinanderzufallen drohte, und wiederum nach jener Zürcher Volksabstimmung, als alles zu Ende zu sein schien. Damals, es war ein knappes Jahr vor seinem Tode, sagte er zu mir: »Irgendwann einmal mußt du ein Buch über das alles schreiben...«

Ist geschehen, Opi.

Hier endete das Vorwort der ersten Ausgabe dieses Buches im Jahre 1963. Es war ein gutes, ein hervorragendes Jahr, aber die Geschichte des Schauspielhauses hatte bis 1963 viele gute und hervorragende Spielzeiten zu verzeichnen.

Nun mußte ich also das tragische Ende der Direktion Hirschfeld beschreiben, der ein enger, persönlicher Freund war, doppelt tragisch, weil er langsam und qualvoll und natürlich viel zu früh starb – und weil während seines Sterbens das Haus genaugenommen ohne Leitung war, denn hätte man einen neuen Direktor gewählt, wäre Hirschfeld klargeworden, daß er aufgegeben war, und das wollte man ihm ersparen.

Es folgte die ebenfalls viel zu kurze Direktionszeit Lindtbergs – zu kurz, weil er nicht länger wollte, und das aus besonderen Gründen, obwohl er die besten Besucherfrequenzen in der Geschichte des Schauspielhauses schaffen konnte.

Dann gab es ein betrübliches Interregnum. Darauf folgte die Direktion Harry Buckwitz, der das Publikum – während des Interregnums war die Platzausnutzung auf unter 50% herabgesunken – wieder heranholte. Harry Buckwitz stand vor einer ganz neuen Situation. Endgültig vorüber waren die Zeiten, als die Schauspieler, die im Dritten Reich nicht genehm waren, Zuflucht in Zürich fanden, vorüber die Zeiten, in denen Autoren, die im Dritten Reich nicht gespielt werden durften, in Zürich aufgeführt werden konnten, vorüber auch die Zeiten, als die Schauspieler in Deutschland und Österreich nach dem Krieg hungern und frieren mußten, also froh waren, am Zürcher Schauspielhaus weiterhin auftreten zu können – oder aus dem Nachkriegsdeutschland nach Zürich flüchteten.

Zürich war vom Standpunkt eines Theatermachers aus gesehen zwar eine Großstadt, aber nicht eine der ganz großen Städte wie etwa Berlin, Wien, München, Hamburg, eine Weltstadt nur insofern, als sie von Franzosen, Engländern, Italienern, Amerikanern besucht wurde. Aber gerade diese Internationalität war eher ein Hemmschuh für das deutschsprachige Theater. Ein Amerikaner war wohl bereit – allerdings erst seit den Siebzigerjahren –, die Zürcher Oper zu besuchen. Aber das Schauspielhaus, in dem er möglicherweise kein Wort verstehen konnte...?

Trotzdem gelang es Harry Buckwitz, das Theater wieder zu einem der ersten Europas zu machen, und sein Nachfolger Gerhard Klingenberg machte, nach anfänglichen Schwierigkeiten interessantes Theater, das gut besucht wurde. Er wurde sehr bald fortgeekelt und ging nach Berlin, um am Renaissance-Theater als einer der erfolgreichsten Direktoren unserer Tage zu arbeiten.

Dann kam der Absturz. Es gelangten Leute in die Führung des Theaters, die weder wußten, wie man ein Theater leitet, noch, was wertvoll genug war, um aufgeführt zu werden, noch, was man nicht aufführen sollte. Das Publikum begann sich von dieser Art von Theater zu distanzieren, um schließlich in Massen zu fliehen.

Das ist der Stand der Dinge in dem Jahr, in dem sich die Gründung der Neuen Schauspiel AG – über die in diesem Buch ausführlich berichtet wird und deren Aktien sich längst in der Majorität in städtischen Händen befinden – zum fünfzigsten Mal jährt.

Es wäre Geschichtsverfälschung, dies zu verschweigen, und es wäre eine Minderung des Verdienstes derer, die dieses Theater groß gemacht haben, wenn man die Schuld derer, die es heruntergewirtschaftet haben, verschweigen würde.

Es wäre eine billige Ausrede, darauf hinzuweisen, daß das Theater, zumindest das deutschsprachige, sich überall in einer Krise befindet. Gewiß, das stimmt in all den Fällen, wo unverantwortliche Personen oder unfähige Personen die Führung des Theaters an sich gerissen haben. Aber dies ist nicht überall der Fall, und auch diese Krise wird vorübergehen wie so viele Krisen, die die Geschichte des internationalen Theaters erlebt hat. Vielleicht bald, vielleicht in zwanzig, vielleicht in vierzig Jahren, wer weiß? Das gilt sicher auch für Zürich.

Januar 1988   Curt Riess

Prolog
Sind wir noch einmal davongekommen?

Donnerstag, den 9. Mai 1940. Pünktlich um 9.30 Uhr hat im Zürcher Schauspielhaus die Probe zu *Faust II* begonnen. Der junge Regisseur Leopold Lindtberg will die ersten beiden Akte durchlaufen lassen.

Er ist nervös, er fährt sich ständig mit der Rechten über die schwarzen Haare, wie um sie zu glätten, unterbricht immer wieder; am liebsten würde er aufspringen, auf die Bühne laufen, alles ganz anders machen, als er es vor zehn Tagen arrangiert hat.

Die Direktion hat ihm für die Erstellung der Bühnenfassung des *Faust II* zwei Wochen Urlaub im Tessin gegeben, und er hat die 7500 Verse auf 2800 eingestrichen. Man hat ihm drei Probewochen gestattet, ein fast unerhörter Luxus in diesem Haus, in dem sonst jede Woche ein neues Stück herauskommen muß. Immerhin: im *Faust II* gibt es mehr als sechzig Sprechrollen, und im Verlauf des Abends werden sich über achtzig Personen auf der viel zu kleinen Bühne ergehen. Wenn es zu dem Abend kommt...

Mehr als sechzig Sprechrollen. Ihre Träger und Trägerinnen sitzen und stehen im Konversationszimmer, das viel zu eng für sie ist, sie drängen sich auf den Treppen zu den Herren- und Damengarderoben, sie promenieren auf dem kleinen Hof, der sich zwischen dem Theater und den Häusern an der Hottingerstraße befindet, sie rauchen, sie sagen etwas, sie brechen ab, sie schweigen, sie sehen auf die Uhr, wann werden sie drankommen? Alles ist besser als dieses Warten. Sie warten ja nicht nur auf ihren Auftritt. Sie warten darauf, wie ihr Leben weitergeht, ob es überhaupt weitergehen wird.

Die Vorstellung am Abend fällt aus, das Theater verliert nicht viel dabei, wer geht schon in solcher Zeit ins Theater? Es wird weiter geprobt, weiter gegrübelt – was wird werden? Gegen halb zwölf – die Coiffeuse Maria Magnani arbeitet an ihren Perücken, es gibt so entsetzlich viele Perücken im *Faust II* – kommt ein junges Mädchen herein, das zu ihrer Aushilfe herangezogen worden ist, und teilt ihr mit, sie würde jetzt nach Hause gehen, sie kenne einen Luftschutzsoldaten, der habe ihr geraten, in solchen Zeiten sei es das beste, zu Hause zu sein, und man wisse ja, was die Nazis mit den Leuten anstellen würden, die sie im Schauspielhaus fänden, und überhaupt wohne sie in Höngg und dürfe die letzte Straßenbahn auf keinen Fall versäumen.

Zwei Stunden später geht die Magnani nach Hause. Sie nimmt die Garderobiere mit; deren Mann ist im Militärdienst, und der Mann der Magnani macht Musik in einem Basler Café. Der Himmel weiß, ob und wann er nach Hause kommt, obwohl er einen Wagen fährt.

Er kommt erst nach fünf Uhr, er hat von Basel nach Zürich mehr als vier Stunden gebraucht, er ist immer wieder von Militärpatrouillen kontrolliert worden, ob er auch nichts im Wagen mit sich führe. Er weiß Schlimmes zu berichten. An der Grenze, unweit von Basel, haben die Deutschen auf ihrer Seite die Spanischen Reiter fortgeräumt. Das könne nur eines bedeuten, flüstern die Leute in Basel einander zu.

Am nächsten Morgen, eine halbe Stunde nach Probebeginn, Extrablätter. Die Probe wird unterbrochen. Alle lesen erregt. Die Deutschen sind in Belgien und Holland einmarschiert. Man blickt einander an: wann kommt die Schweiz dran? Was soll man tun?

Lindtberg räuspert sich und verkündet: »Die Probe geht weiter!«

Teo Otto pinselt im Keller an seinen Dekorationen. Er würde viel darum geben, wenn er diesen *Faust II* nicht hätte machen müssen; nicht, daß ihn die viele Arbeit stört. Nicht, weil es ihm noch unklar ist, wo die unzähligen Wände und Versatzstücke abgestellt werden können, wie sie in Sekunden auf die Bühne und von der Bühne wieder heruntergebracht werden sollen. Da ist noch etwas anderes. Da ist der Aberglaube. Er selbst ist nicht abergläubisch, aber im Theater ist man es nun einmal, das gehört zum Theater. Und diesmal scheint mehr Grund als je dazu vorhanden zu sein. Denn: Ende 1932 und Anfang 1933 hat Otto, damals Ausstattungschef des Berliner Staatstheaters am Gendarmenmarkt, dort den *Faust II* vorbereitet. Und Hitler hat die Macht ergriffen, bevor die Aufführung herauskam. Im Februar 1938 hat Otto im Wiener Deutschen Volkstheater den *Faust II* vorbereitet. Die Aufführung hat er nicht mehr gesehen. Denn noch vor der Premiere ist Hitler in Österreich einmarschiert. Als die Zürcher Direktion den *Faust II* ansetzte und Otto mit der Ausstattung betraute, ließen sich besorgte Stimmen vernehmen: »Seid ihr verrückt geworden? Wollt ihr Hitler mit Gewalt in die Schweiz ziehen?« Damals lächelte Otto. Heute lächelt er nicht mehr. Es sieht ganz danach aus, als ob die Abergläubischen recht bekommen würden.

In vielen Garderoben laufen Radios. Die Nachrichten überschlagen sich. Bern: Allgemeine Mobilmachung wird für den folgenden Tag, den 11. Mai, angeordnet. Eine halbe Stunde später verlassen sämtliche Bühnenarbeiter und Beleuchter das Schauspielhaus.

Zürich ist wie ausgestorben. Nur in den Cafés und in den Wirtschaften drängen sie sich, um die letzten Radio-Meldungen zu hören. Angst malt sich auf den

Gesichtern. Wird Hitler warten, bis die Schweizer Mobilmachung durchgeführt ist? Und wenn sie nun durchgeführt wird – was dann? Wird die kleine Schweiz es fertigbringen, die Deutschen aus dem Land zu halten?

Vor dem deutschen Generalkonsulat ziehen verstärkte Wachen auf.

Richard Schweizer, stellvertretender Direktor des Schauspielhauses, telefoniert mit dem Stadthaus. Er kommt sehr schnell zum Stadtpräsidenten Dr. Emil Klöti durch. Der läßt ihn erst gar nicht fragen, er gibt ihm sofort die Antwort. Es müsse alles getan werden, um das Theater offen zu halten. »Spielen Sie!« Das ist fast ein Befehl. Im übrigen wisse der Stadtpräsident auch nichts Genaueres. Und hängt ab.

Wer weiß schon mehr? Heinrich Gretler, erster Schauspieler der Schweiz und Star des Schauspielhauses, wenn es so etwas wie einen Star in diesem Haus gäbe, weiß mehr. Er spielt im Augenblick die Rolle eines einfachen Soldaten und ist in der Kantonsschule, knapp hundert Meter vom Schauspielhaus, einquartiert. Sein Hauptmann hat ihm mitgeteilt: »Das Schauspielhaus ist unser Gebiet!« Und daß er, sobald die Deutschen die Grenze überschreiten, die Schauspieler dort in Schutzhaft nehmen müsse.

Gretler: »Herr Hauptmann, darf ich Ihnen dabei behilflich sein? Das würde es den Kollegen etwas leichter machen.«

Aber die wissen schon Bescheid – seltsamerweise. Oder zumindest glauben sie Bescheid zu wissen. Irgend jemand hat die Kunde verbreitet, sie würden in Haft genommen und dann fortgeschafft werden – irgendwohin, in irgendein Lager, zu ihrem Schutz natürlich.

Schutzhaft, gut. Lager, gut. Aber was dann? Wer wird Lagerkommandant sein? Und was wird er mit den ihm anvertrauten Künstlern anfangen, wenn die Deutschen anrücken? Denn in die Hände der Nazis dürfen die Mitglieder des Schauspielhauses nicht fallen. Es handelt sich ja nicht um irgendwelche Schauspieler irgendeines Theaters. Es handelt sich um sehr gefährdete Menschen. Fast alle haben Deutschland oder Österreich bei Nacht und Nebel verlassen, sind inzwischen ausgebürgert worden oder auf »schwarze Listen« gekommen, denn sie sind nicht nur Juden oder Antinazis, sie haben in Zürich antifaschistisches Theater gespielt, sie haben mitgeholfen, das Schauspielhaus zum Anti-Hitler-Theater par excellence zu machen.

Der Regisseur Leopold Lindtberg: »Wenn wir schon fort müssen, dann lieber jeder für sich allein. Wir werden ja früher oder später alle verhaftet werden, aber einzeln ist besser als zusammen. Ich in Luzern, du in Chur, du in Schwyz ...«

Lindtberg hat sich auf jeden Fall ein Fahrrad besorgt.

Andere haben beschlossen, in Zürich zu bleiben; nicht in ihren möblierten Zimmern oder Pensionen oder Wohnungen. Sie wollen »untertauchen«, im Industriequartier etwa, manche haben schon die Adresse von Arbeitern, die sich bereit erklärt haben, sie aufzunehmen.

Es gibt unter den Schauspielern auch eine kommunistische Gruppe. Die besteht aus den Schauspielern Wolfgang Langhoff, Wolfgang Heinz, Karl Paryla und seinem Bruder Emil Stöhr und der Schauspielerin Hortense Raky. Die sind sonst immer ein bißchen besser informiert gewesen als die anderen, sie hatten ihre »Quellen«. Seit dem Stalin-Hitler-Pakt wissen sie auch nicht mehr als die anderen und sind genauso ratlos. Langhoff, heute Faust, sagt zu Lindtberg: »Du verstehst... wenn die Deutschen die Grenze überschreiten, bin ich weg!« Lindtberg versteht nur zu gut. Langhoff hat ein Jahr im KZ gesessen, bevor es gelang, ihn in die Schweiz zu schaffen. Langhoff, der inzwischen ein Buch über seine Erlebnisse im Konzentrationslager, »Die Moorsoldaten«, geschrieben und damit internationales Aufsehen erregt hat, würden die Nazis ermorden. Lindtberg sagt also: »Ich hoffe, daß du dann weg bist und Ginsberg« – heute Mephisto – »auch.« Und hofft doch, daß es nicht dazu kommen wird. Schließlich soll *Faust II* gespielt werden! Und die anderen hoffen wie er. Sie gehen nach Hause. Sie packen auf alle Fälle. Viel werden sie ja nicht mitnehmen können, falls sie fort müssen. Einen Rucksack vielleicht. Einige haben sich Gift besorgt – für alle Fälle. Andere denken daran, daß Rasierklingen nicht nur zum Rasieren gut sind.

Am Nachmittag wieder Probe.
Die Bühne füllt sich mit blutjungen Burschen, Studenten, deutschen, österreichischen, ungarischen, belgischen, französischen, luxemburgischen Studenten. Sie sind vom Krieg überrascht worden. Sie sind in Zürich hängengeblieben. Sie wissen nicht, wohin, sie wissen auch nicht, wovon sie leben sollen. Die jüdischen Organisationen zahlen ihre Buden, in irgendwelchen Gemeinschaftsküchen werden sie gespeist, aber nicht gesättigt, und ein paar Franken braucht man doch noch so nebenbei. So sind sie ins Schauspielhaus gekommen. Sie sind die Komparsen für *Faust II*. Nicht der Gage wegen, denn Geld bekommen sie nicht, sie erhalten pro Mann und Nase nur eine Freikarte. Die können sie freilich verkaufen. Die Fremdenpolizei nimmt es nicht so genau in diesem Fall. Aber nicht nur deswegen sind sie hier. Das Schauspielhaus wird so eine Art Heimat für sie.
In dieser Nacht kommt keiner aus dem Schauspielhaus nach Hause. Sie proben im Foyer. Sie arbeiten auf der Bühne. Sie arbeiten hinter der Bühne. Manchmal treten die einen oder die anderen auf den Heimplatz hinaus, um eine Zigarette zu rauchen.
Über ihren Köpfen das Dröhnen eines Flugzeugs. Sie erschrecken. Es wird doch nicht...?
Aber das Flugzeug entfernt sich. Trotzdem bleibt es in Zürich nicht ruhig. Die Rämistraße herunter kommen Autos. Den Zeltweg hinauf kommen Autos, eines hinter dem anderen. Sie sind vollgepfropft mit Passagieren, sie sind vollbepackt mit Koffern und Körben, selbst auf die Verdecke hat man noch dies und das

geschnallt, Pfannen und Kessel, Stühle und Teppiche, eine Wiege, ein Fahrrad, Konservenbüchsen, Leuchter.

Es sind die erschreckten Zürcher, die die Stadt verlassen. Richtung Innerschweiz. Richtung, ach, sie wissen ja selbst nicht, wohin sie sollen, wohin sie wollen, nur fort, nur fort...

Nicht nur aus Zürich flüchten sie in dieser Nacht, auch aus Basel, aus Bern, aus Genf. Die halbe Schweiz scheint unterwegs zu sein.

Keiner der Schauspieler läuft davon.

Diese Nacht des 10. Mai scheint nie zu Ende zu gehen. Unzählige Gerüchte kursieren im Theater. Kurt Hirschfeld, der Dramaturg, will wissen: »Die ›Conte di Savoia‹ läuft aus. Das bedeutet, daß Mussolini nicht in den Krieg geht, sonst würde er sein schönstes Schiff nicht aufs Meer hinausschicken, wo es die Engländer versenken würden.«

Italien geht nicht in den Krieg. Immerhin etwas.

Einer, der in seiner Garderobe Radio gehört hat, stürzt in den Zuschauerraum: »Die Königin von Holland ist geflohen.«

Das ist nicht gut.

Der Bühnenmeister oder technische Direktor Ferdinand Lange aus Wien hat nur einen einzigen Kommentar zu allen Nachrichten, den er ungefähr jede Stunde wiederholt: »Sie werden seh'n, 's kommt zu nix.« Alle wünschen, der optimistische Wiener möchte recht behalten.

Die Tage vergehen mit Proben. Die halben Nächte auch...

Immer wieder geschieht es, daß der eine oder andere Schauspieler plötzlich das Theater verläßt. Er wandert irgendwo in der Nacht umher, bis er sich wieder beruhigt hat. Ist er über die militärisch-politische Situation erregt? Nein, es ist der *Faust II*, der ihm so zusetzt, daß er nicht mehr ein noch aus weiß. Nicht Hitler ist es, der ihn beunruhigt, sondern Goethe. Die Vorstellung wird nie stattfinden, denken viele der betroffenen Schauspieler und proben trotzdem weiter. Was anderes bleibt ihnen denn übrig?

Dann wieder beratschlagen sie auf den Treppen, in den Garderoben, im kleinen Hof. Das Thema: Wohin, wenn die Deutschen kommen? Die Rucksäcke sind gepackt, aber wird man überhaupt durchkommen bei den verstopften Straßen?

»Hierbleiben, überrollen lassen!« rät Kurt Hirschfeld. Der Dichter Ignazio Silone hat ihm die Adresse eines italienischen Arbeiters zugesteckt. »Der Mann ist verläßlich!« Hirschfeld hat den Mann, der ihm vielleicht das Leben retten wird, noch nie gesehen.

Unaufhörlich rollen die Autos die Rämistraße hinunter. Richtung Innerschweiz. Wie weit werden sie kommen?

Im Keller sitzt eine junge Schauspielerin, Anne-Marie Blanc, blond, schlank, ungewöhnlich schön. Man kann sie wohl noch nicht Schauspielerin nennen, sie hat eben erst angefangen, aber sie gehört doch schon dazu. Sie spielt auch im

Faust II mit, sie hat eine große Anzahl winziger Rollen zu verkörpern, sie hat, seit sie im Schauspielhaus anfing – das ist knapp zwanzig Monate her – immer nur kleine und kleinste Rollen gespielt, aber sehr viele. Jetzt arbeitet sie nicht an einer ihrer Rollen, sie streicht vielmehr einen Baum an – für die Walpurgisnacht. Heute nachmittag hat ihr Mann mit ihr telefoniert. Er ist längst eingerückt. Er hat von seinem Posten aus die zahllosen Autos auf ihrem Weg in die Innerschweiz beobachtet. Er fleht seine Frau an, Zürich sofort zu verlassen und zu ihrer Mutter in die Berge zu fahren. Sie hat nein gesagt. Wie könnte sie jetzt fort? Gehört sie nicht zum Theater? Gehört sie nicht zu den anderen? Sie ist nicht Emigrantin, sie ist Schweizerin, es gibt keinen unvorschriftsmäßigen Blutstropfen in ihren Adern – und doch: die anderen im Stich lassen, dünkt ihr, würde bedeuten, das Wichtigste im Stich zu lassen, das es im Leben gibt.

Neben ihr hat sich ein dickliches junges Mädchen in einem abgewetzten Kleid niedergelassen; eben noch stand sie auf der Bühne und sprach die Verse der schönen Helena und hatte kaum den Mund aufgetan: da war sie schön. Jetzt ist Maria Becker damit beschäftigt, Blätter an dem noch nicht trockenen Stamm zu befestigen. Maria Becker, die etwa gleichzeitig mit der Blanc an das Schauspielhaus gekommen ist, gehört zu den Gefährdeten.

Sie hätte Angst haben müssen vor dem, was jetzt hereinbrechen könnte, aber sie hat keine Angst. Sie ist wohl zu jung dazu. Und dann: Wer ist schon Hitler? Was ist schon Krieg? Ihr Leben ist das Theater.

Später, als die Probe zu Ende ist, sitzt sie mit den Freundinnen Therese Giehse und Angelica Arndts am offenen Fenster des Pensionszimmers der Giehse in der Freiestraße. Sie beobachten schweigend die Autos, die, dicht aufeinanderfolgend, die Straße hinunterfahren. Niemand spricht. Plötzlich steht die Arndts auf, geht in ihr Zimmer. Auf dem Tisch liegt der fertiggepackte Rucksack, der auch ihre Ersparnisse – vierzig Franken – enthält. Sie holt die vierzig Franken heraus, feuert den Rucksack in die Ecke, sagt laut zu sich selbst: »Es wird nicht nötig sein!«

Der kleine, dürre Schauspieler Erwin Parker wohnt mit den Langhoffs zusammen, das heißt, er logiert im Mädchenzimmer unter dem Dach. Langhoff hat seine Frau, die ein Kind erwartet, fortgeschickt. Langhoff plant den Deutschen entgegenzugehen, sich gewissermaßen überrollen zu lassen. Parker rät ab. »Dann verhaften uns zuerst die Schweizer als deutsche Spione, schließlich sprechen wir ja nicht Schwyzerdütsch, und nachher verhaften uns die Deutschen.«

Gegen drei Uhr morgens wird Parker durch Langhoff geweckt. »Unten steht ein Taxi. Ein Freund. Sein Bruder ist beim Generalstab. Hat gerade angerufen. Die Deutschen kommen!« Langhoff ist entschlossen, mitzufahren. Parker schüttelt den Kopf. Er ist einfach zu müde. »Ich stehe nicht auf, und wenn Hitler persönlich versuchen würde, mich zu wecken.«

So bleiben sie beide. »Schließlich ist morgen doch Hauptprobe«, tröstet sich Langhoff.

Am Morgen, als Parker schwarzen Kaffee in sich hineinschüttet, fragt er sich: »Bin ich nun ein Held?«

Immer noch fahren die Autos über die Schweizer Landstraßen. Sie fahren nicht nur in Richtung Innerschweiz. Viele Zürcher fahren nach Genf, aber nur wenige kommen hin. Viele Genfer starten in Richtung Zürich. Das allgemeine Durcheinander könnte nicht schlimmer sein, nicht grotesker; es wäre zum Lachen, wenn es nicht so tragisch wäre.

Einige Schauspieler haben sich wie Lindtberg Fahrräder besorgt. Parker sagt zu ihm: »Weit wirst du nicht kommen, du hast ja keine Papiere!«

Keiner der Emigranten hat einen Paß. Alle haben ihn bei der Fremdenpolizei abgeben müssen bis zur »allfälligen« Abreise. Auf der Bühne excrziert Ferdinand Lange die Umbauten mit fünfundzwanzig ausländischen Studenten, die für die zum Militärdienst eingezogenen Bühnenarbeiter eingesprungen sind. Sie lernen schnell. Es wird gehen, denkt Lange. Dann: »Wer sind die drei dahinten? Die machen ja alles verkehrt!« Es sind Direktor Oskar Wälterlin und Emil Oprecht, Präsident des Verwaltungsrats, und Kurt Hirschfeld, die sich Arbeitsmäntel angezogen haben und mitmachen wollen. Sie sehen etwas verdutzt drein. »Jetzt haben wir den Felsblock mit Mühe hinten abgestellt«, donnert Lange, »und nun bringen Sie ihn wieder nach vorn. Was soll denn der Felsblock am Hof des Kaisers?«

Im Büro sitzt die Sekretärin Else Sager, »Sagi« genannt, eine bildhübsche, resolute junge Dame. Sie telefoniert mit den Militärbehörden in Bern, Basel und Zürich und fleht sie an, den oder jenen Mitarbeiter freizugeben.

Die höheren Offiziere am anderen Ende der Leitung sind verblüfft. Weiß denn die Dame nicht, daß schon die nächsten Minuten Krieg bringen können? Ist es denn nun so wichtig, ob Theater gespielt wird oder nicht? Wenn man die »Sagi« hört, könnte man glauben, es gäbe nichts Wichtigeres auf der Welt, als daß im Schauspielhaus der Vorhang aufgeht.

Wenn man jeden einzelnen der Schauspieler fragte, bekäme man die gleiche Antwort: »Ja, es gibt nichts Wichtigeres auf der Welt.«

Freitag, den 17. Mai. Generalprobe. Es wird um zehn Uhr morgens begonnen. Es geht alles schief. Um drei Uhr ist man noch beim zweiten Akt. Die Abendvorstellung wird kurzfristig abgeblasen.

Es wird weitergeprobt. In allen Garderoben die gepackten Rucksäcke, die Fahrräder und dazwischen die geschminkten Schauspieler in Kostümen. Wer gerade frei ist, hat Radiowache, das heißt, er muß stets beim laufenden Apparat bleiben, um den anderen Meldung zu erstatten, falls etwas passiert. Wenn er auf die Bühne muß, löst ein anderer ihn ab.

Und was meldet das Radio? Die Nazis haben Holland und Belgien erobert, überall sind sie siegreich.

Die Probe dauert bis gegen drei Uhr morgens. Als die Schauspieler auf die Straße treten, sehen sie – es dämmert schon – ein einsames Auto vom Bellevue die Rämistraße herauffahren. Es ist vollgepackt, aber es fährt doch in der verkehrten Richtung! Oder ist es die richtige?

Es sind die ersten Zürcher, die zurückkehren.

Am Samstag, dem 18. Mai um 19 Uhr, als die Premiere des *Faust II* beginnen soll, ist das Theater, seit fast zwei Wochen ausverkauft, nur mäßig besucht. Viele Karteninhaber sitzen im Tessin, im Wallis, in Graubünden. An der Kasse aber drängen sie sich. Emil Oprecht gibt den Befehl: »Alle hereinlassen!«

Was er denkt, sagt er nicht. Nämlich: es ist vielleicht unsere letzte Vorstellung.

Sie strömen herein. Im Nu ist der letzte Platz besetzt. Sie stehen und drängen sich in den Gängen. Alle, die die Vorstellung sehen wollen, dürfen herein. Und sie werden die Vorstellung immer wieder durch Applaus bei offener Szene unterbrechen. Es ist eine großartige Aufführung. Aber nicht deshalb klatschen sie. Sie klatschen, weil die Vorstellung überhaupt stattfindet. Sie jubeln, weil Theater gespielt wird. Es geht auf Mitternacht zu. Noch wenige Minuten sind zu spielen. Lindtberg flüstert hinter der Szene Teo Otto zu: »Jetzt kommen sie nicht mehr.«

Von der Bühne aber tönt:

> Alles Vergängliche
> Ist nur ein Gleichnis;
> Das Unzulängliche,
> Hier wird's Ereignis;
> Das Unbeschreibliche,
> Hier ist's getan;
> Das Ewigweibliche
> Zieht uns hinan.

Abblenden. Vorhang. Stille. Dann prasselt der Beifall.

Erwin Parker zu Langhoff, während sie sich verbeugen: »Wir werden also weiter auf Abruf leben...«

Im Zuschauerraum klatschen sie noch lange. Auf der Bühne verbeugen sie sich immer wieder. Auf Abruf leben... warum nicht? Aber in den letzten Tagen, in diesen letzten Stunden ist etwas mit ihnen geschehen. Sie wissen jetzt mit größerer Sicherheit als je zuvor: niemand ist allein, sie alle sind eine Schicksalsgemeinschaft geworden.

Immer wieder muß der Vorhang hoch. Es ist lange nach Mitternacht, als die letzten Lichter im Schauspielhaus verlöschen.

Teil I

Akt I

Das Boulevardtheater

Der Grund und Boden, auf dem heute das Zürcher Schauspielhaus steht, war vor nicht allzu langer Zeit nicht einmal Zürcher Grund und Boden. Er gehörte zu der Ortschaft Hottingen, noch nicht der Stadt Zürich eingemeindet und gar nicht so leicht und ohne Umwege von Zürich aus erreichbar; es sei denn, man unternahm die Besteigung zu Fuß über einigermaßen halsbrecherische Pfade. Da gab es die Festungswerke, die, wie es in »David Bürkli's Zürcher Kalender nebst Monatskalenderchen und Münz- und Maßvergleichungen, 1890« hieß, »ohne irgend was zu nützen, ein Heidengeld gekostet hatten«.

Da gab es den Hottinger Steg, ein Brücklein mit einem Aufziehgitter, das über den Festungsgraben hinweg nach Hottingen führte. Darunter floß der Wolfbach nach Zürich. Später wurden die Befestigungen in den Graben geworfen, und wo sie nutzloserweise gestanden hatten, entstanden schöne Bürgergärten.

Da war der äußerst schmale Zeltweg mit nur einigen wenigen Häusern, gleichfalls nur von »Fußgängern« benutzbar, wie sie in jenen Zeiten hießen. Fahrzeuge mußten vom Kreuzplatz den abfließenden Klosbach entlang fahren.

Da gab es ein Haus am Zeltweg Ecke Rämistraße. Es erscheint zum ersten Mal in den Grundbüchern im Jahre 1837 als Wohnhaus, Besitzer Hottinger; 1839 als Gasthof »Zum Pfauen«, wiederum: Besitzer Hottinger.

Aus welchem Grunde der Name »Pfauen« an dieser Stelle zum erstenmal in Erscheinung trat, wissen auch die ältesten Zürcher nicht; es gibt keinen Hinweis in den Grundbüchern und in der Geschichte der Stadt.

1859 wechselte der Besitzer. Er hieß nun Ludwig Sigismund Jacoby, von Beruf Prediger. Er gehörte einer Gruppe an, die »Bürkli's Zürcher Kalender« etwas geringschätzig als Sektierer abtat. In Wahrheit handelte es sich um eine Methodistengemeinde. 1864 figuriert das Haus in den Grundbüchern als »Wohnhaus mit Betsaal«.

Zehn Jahre später hatte es seinen Besitzer gewechselt. Die Sektierer oder Methodisten waren ein paar Häuser weitergezogen, recht verärgert. Was ärgerte sie? Die Tatsache, daß ein gewisser Herr Heinrich Hürlimann einige Häuser zwischen der Hottingerstraße und dem Zeltweg aufgekauft hatte und eine Wirtschaft erbaute, den »Pfauen«. Der Anblick des Wirtshauses »Zum Pfauen«, das dem Bethaus »Zum Pfauen« gegenüberstand, dort, wo heute der Heimplatz ist und sich der Eingang zum Schauspielhaus befindet, mußte den Frommen ein Ärgernis sein; schlimmer noch: die Gleichheit des Namens.

Aber zurück zu Herrn Heinrich Hürlimann oder besser voran mit ihm. Denn er war zwar nicht besonders wohlhabend, aber ungemein unternehmungslustig, wie alte Urkunden ihm bescheinigen. Er beschränkte sich nicht auf seine Wirtschaft. Er kaufte den Garten nebenan und baute weiter.

Und er baute Anfang 1882 einen Wirtschaftspavillon, in dem man Bier trinken konnte und sollte. Das Land erwarb er von der Gemeinde Hottingen zu sage und schreibe Franken 3,– (in Worten: drei Franken) pro Quadratmeter.

Am 12. Februar 1884 mußte der Gemeinderat davon Kenntnis nehmen, daß Wirth Hürlimannn ehrgeizige, sozusagen kulturelle Pläne schmiedete. »Herr Heinrich Hürlimann, Wirth zum ›Pfauen‹ projectiert laut eingereichten Plänen, an das Ecke Rämistraße Hottingerstraße gelegene ›Steinhaus‹ einen Theaterbühnen-Anbau zu erstellen, die Hälfte des Steinhauses zu gleichem Zwecke umzubauen, und das seiner Zeit als Wirthschaftspavillon genehmigte Provisorium in einen Theater-Zuschauerraum umzubilden, so daß das Ganze eine provisorische Theateranlage bilden würde.«

Die wackeren Männer des Gemeindrates, die schon den Pavillon mißtrauisch nur als Provisorium bewilligt hatten, schüttelten die Köpfe. Nein, sie wollten von einem Theater schon aus feuerpolizeilichen Gründen nichts wissen. Es erfolgte ein abschlägiger Bescheid, mit dem sich Herr Hürlimann freilich nicht zufrieden gab. Neue Eingaben. Neue Bedenken. Aber am 17. April 1884 konnte die »Zürich Post« ihren Lesern verkünden:

»An Stelle des im vorigen Sommer eingegangenen ›Plattentheaters‹ wird demnächst das ›Floratheater‹ treten, welches Herr Direktor Schlegel am 18. Mai im ›Pfauen‹ am Zeltweg eröffnet.«

Wie auf der ersteren Bühne, so sollte auch am Floratheater in der Hauptsache Operette gepflegt werden.

Es war eine – an heutigen Maßstäben gemessen – recht ruhige Zeit. Im Sudan kriselte es zwar. Aber in London wurde amtlicherseits erklärt, es bestehe keine Absicht, »Egypten« zu annektieren. »Wir wollen nur so lange darin bleiben, bis eine feste Regierung gesichert ist. Wir können Egypten nicht von London aus regieren.«

In Rußland wurden strenge Maßnahmen gegen sozialistische Propagandisten ergriffen.

Hochbetrieb am Panama-Kanal, wo 15 000 Arbeiter beschäftigt waren. »Jede Woche werden neue Kräfte eingestellt.«

Deutschland begann seine Kolonialpolitik mit dem Erwerb Deutsch-Ostafrikas.

Der Arlbergtunnel, vor vier Jahren begonnen, ging seiner Vollendung entgegen. Neutralitätsverträge zwischen Deutschland, Österreich und Rußland wurden erneuert.

Ibsen brachte seine *Wildente* heraus.

Der österreichische Modemaler Hans Makart starb.

An der New Yorker Börse gab es einen furchtbaren Krach, und das renommierte Bankhaus Hardy mußte Konkurs anmelden.

In Wien brannte das Stadttheater vollständig ab, aber zum Unterschied vom Ringtheaterbrand vom 7. Dezember 1881 waren Menschenleben nicht zu beklagen.

Um den 20. April herum brach in Zürich eine Typhusepidemie aus. Am 27. April gab es bereits 500 Kranke. Trotzdem konnte das Floratheater pünktlich eröffnet werden. Gespielt wurde *Was wir wollen*, Prolog, verfaßt und gesprochen von Ober-Regisseur Herrn M. Julius Moser. Es folgte *Die Näherin*, Posse mit Gesang in 4 Akten von Ludwig Held, Musik von Millöcker.

Die Vorreklame ließ nicht unerwähnt, daß »die ganz vorzügliche Gesangsposse *Die Näherin* zur Zeit in Wien und Berlin fortwährend mit immensem Beifall gegeben wird«. Von Julius Moser, dem Verfasser von der *Heiraths-Confusion* und dem *Bettelstudenten-Enthusiasten*, wurde festgestellt, daß »von früheren Gastspielen seine wahrhaft guten Leistungen unvergeßlich bleiben ...«

Der 17. Mai war ein Samstag. Am Sonntag gab es gleich vier Darbietungen, und zwar das Lustspiel *Er ist nicht eifersüchtig*, Posse mit Gesang in einem Akt *Heiraths-Confusionen*, *La Cosmopolitana*, ein Tanz-Divertissement und *Ein Bettelstudent-Enthusiast*, Soloszene aus Millöckers *Bettelstudent*.

Die erste »Kritik« in der »Zürcher Post« vom 20. Mai: »Die Bühne ist begreiflich nicht sehr groß, aber durchaus hübsch ausgestattet, der Zuschauerraum respektabel, einladend; er wird es – namentlich für die Besucher der Balkonplätze – noch mehr sein, wenn durch bessere Ventilation dafür gesorgt wird, daß dieselben für ihr Geld außer dem Stück nicht auch noch ein Schwitzbad zu genießen haben. Es herrschte am Samstag dort oben schon eine Temperatur, die für den Hochsommer zu viel versprach.«

Schon wenige Wochen später mußte das Theater aus wahrhaft tragischen Gründen schließen, wenn auch nur für einige Tage. Am 10. Juni gegen 6 Uhr abends gab es ein furchtbares Unwetter. »Zahlreiche Spaziergänger«, referierte die »Zürcher Post«, »glaubten vor demselben noch rechtzeitig unter das Dach sich retten zu können, als es schon mit fabelhafter Schnelligkeit losbrach und den Staub so dicht aufwirbelte, daß man auch auf kürzeste Distanz kaum noch einen Gegenstand deutlich sah. Natürlich raste bei dem Anlaß auch der See, und er erhielt leider seine Opfer. Den Personen, welche gestern Abend sich nach dem Floratheater begaben, um die Operette *Fatinitza* anzuhören, wurde mitgeteilt, daß die Vorstellung unterbleibe. Drei Mitglieder der Bühne, Fräulein Petzold und die Herren

Rudolf und Hantke, hatten am Nachmittag auf einem Segelschiffchen einen Ausflug nach dem ›Seegarten‹ in Enge gemacht und wurden im Heimweg von dem Orkan überrascht; mit dem Segeln unbekannt, versäumten sie ein rasches Herunterziehen des Segeltuches; ihr Boot schlug um und Fräulein Petzold und Herr Hantke fanden den Tod in den Wellen, während Herr Rudolf, der sich eine Weile an die Planken anzuklammern vermochte, durch den Quaibautenaufseher Balzer gerettet wurde. (Hantke hinterläßt Frau und Kinder; Fräulein Petzold zählte erst siebzehn Jahre).«

Das Floratheater wurde wenige Jahre nach seiner Eröffnung abgerissen – ein Schicksal, das den ganzen Häuserblock ereilte – und einige Meter weiter, innerhalb des Hofes, den die umliegenden Gebäude bildeten, wieder aufgebaut, dort, wo sich heute das Schauspielhaus noch befindet. Es hieß aber nicht mehr Floratheater, sein neuer Name war »Volkstheater (Hotel Pfauen)«. Es stand unter der Direktion eines Schauspielers namens Otto Winzer, der ungemein vielseitig gewesen sein muß. Nicht nur, daß er das Theater leitete, er führte auch fast stets Regie und spielte die Hauptrollen, wenn diese nicht von seiner Frau, Maria Winzer, an sich gerissen wurden. Beider Namen waren fetter gedruckt als die der anderen Protagonisten.

Das Programm war reichhaltig und vielseitig. Es trat etwa das Elite-Ballett-Ensemble »Excelsior« auf, und danach rollte *Die Orient-Reise* ab, ein Schwank von Oskar Blumenthal und Gustav Kadelburg, nicht ohne den Hinweis: »In Berlin beherrschte die *Orient-Reise* monatelang das Repertoire des Residenztheaters und ist jetzt Zug- und Kassenstück aller besseren Bühnen.«

Oder man spielte *Ein gemachter Mann*, Posse mit Gesang in 3 Akten von Ed. Jacobson. Die Titel der einzelnen Bilder: 1. Bild: Die wilde Toni. 2. Bild: Ein lockerer Vogel. 3. Bild: Von dreien der glücklichste. 4. Bild: Das Künstlerfest. 5. Bild: Die Stimme des Herzens. Otto Winzer führte Regie und spielte auch die Bombenrolle des Herrn Pasewalk, »früherer Fleischer, jetzt Rentier«. Und sang tolle Schlager wie »Da kann man nicht dran tippen« und »Großpapa, du lieber Großpapa«.

Oder es trat auf Karl Noisée, »der dünnste Mann der Welt«, und Arranka Brassay, »ungarische Sängerin und Tänzerin mit vierfacher Costüm-Verwandlung«, und das alles im Vorprogramm, denn es folgte *Durchgegangene Weiber*, Original-Posse mit Gesang in 5 Bildern mit Musik von Millöcker mit den unvermeidlichen Winzern (fett gedruckt).

Oder es ließ sich Prof. J. B. Schalkenbach hören, Erfinder des elektrischen Orchesters, vormals Organist des Königl. Polytechnischen Instituts in London, Mitglied und Besitzer der Goldenen Medaille der Société des Sciences in Paris, Ehrenmitglied der Académie Nationale Parisienne, aber auch er nur im Vorprogramm, denn es folgte das Preis-Lustspiel von Roderich Benedix *Die zärtlichen Verwandten*.

Übrigens wurde das Theater dann wieder einmal ungetauft, und zwar zur Saison 1899/1900. Jetzt hieß es »Pfauen-Theater« und bot im Vorprogramm sensationelle, kinematographische Vorstellungen. Es handelte sich jeweils um vier Filme, Bande genannt, jeweils 20 Meter lang.

Dann wieder ließ sich Schull's Damen-Gesangs-Quintett »Mimosa« vernehmen, ebenfalls mit vier Nummern, und zwar »Waldandacht«, »Der vernagelte Bua«, »Hüte dich«, und »Die Mühle im Schwarzwald«.

Und das alles stets nur als Auftakt zu einem ausgewachsenen Theaterstück (mit den Winzers in den Hauptrollen) für Fr. 2,–. So viel kosteten die reservierten Plätze in den ersten Reihen und im Balkon. Für Fr. 1,20 saß man im Parterre Mitte und für 60 Cts. im Parterre Seite und auf der Galerie. Trotzdem oder vielleicht gerade deshalb: ganz ernst wurde das Pfauen-Theater nicht genommen. Zwar hieß es in einer zeitgenössischen Schrift, die Produktionen seien, wenn auch nicht »großartige Schauspiele und Opern, aber unterhaltend und manchmal sehr interessant, so daß jedermann, selbst Blasierte, befriedigt weggehen«, aber das »Zürcher Theater- und Concert-Blatt« sprach mit leiser Verachtung von einer Vorstadtbühne, auf der die »leichtgeschürzte Muse des Schwankes, der Posse und der Operette vorüberscherzt und schäkert...«

Ach, die Tage der leichtgeschürzten Muse und die des guten und so oft fettgedruckten Winzers nebst seiner Gemahlin und Hauptdarstellerin waren gezählt. Nicht lange mehr sollten sie scherzen und schäkern. Die Winzers hatten zwar ein Publikum, aber das war wohl nur ihr Publikum, die Liebhaber der »leichtgeschürzten Muse des Schwankes, der Posse und der Operette«. Und das war wohl nicht zahlreich genug und keineswegs ein für Zürich repräsentatives Publikum. Die Zürcher gingen damals überhaupt nicht allzu häufig ins Theater. Sie hegten um diese Zeit noch – und wie man mir versichert, noch lange Zeit danach – eine instinktive Abneigung gegen die Leute vom Theater, denen sie um so stärker mißtrauten, als es sich fast durchweg um Ausländer handelte: um Persönlichkeiten, die in Berlin und Wien möglicherweise »sensationelle«, aber doch unkontrollierbare Erfolge errungen hatten.

Das alles sollte anders werden, als im Jahre 1901 ein neuer Mann die Direktion des Stadttheaters übernahm, obwohl auch er nur ein Ausländer war: Alfred Reucker.

Der Mann, der Zürich innerhalb weniger Jahre zu einer der bekanntesten Theaterstädte Europas machen sollte, war unweit von Köln geboren, stammte aus gutbürgerlichen Kreisen, sollte nach Wunsch des Vaters Jurist werden, aber es zog ihn zum Theater. Seine Lehrjahre verbrachte er in Wien am sogenannten Sulkowsky'schen Privattheater. Das war ein recht seltsames Institut, geleitet vom schrulligen, älteren Direktor Niklas, Kreuzung zwischen Schmierendirektor und Genie. Er zahlte keine Gagen, ließ sich im Gegenteil von denen zahlen, die bei ihm spielten. Je größer die Rolle, um so höher der »Preis«.

Die zweite Station Reuckers war das Sommertheater in Zoppot. Dort war er Schauspieler und Sänger, Inspizient und Kassierer, Buchhalter und Kulissenschieber. Also Schmiere. Im Winter wurde im nahen Danzig gespielt, gesungen, inspiziert, einkassiert, Kulissen geschoben. Reucker machte alles und machte es gut. In Theaterkreisen sprach sich's bald herum: in dem jungen Reucker stecke sogar noch mehr, als er in Zoppot und Danzig zeigen konnte. Angelo Neumann, ein bedeutender Theaterdirektor, holte ihn nach Prag. Dort erreichte ihn der ehrenvolle Antrag, das Stadttheater in Zürich zu übernehmen.

Der große, vollschlanke Mann mit der blonden Künstlermähne und dem Zwikker, hinter dem sich sehr sensible Augen verbargen, kam, fand, daß alles geändert werden müsse, beschloß, alles zu ändern, krempelte die Ärmel hoch und stürzte sich in die Arbeit. Er mußte zwar keine Kulissen mehr schieben und nicht mehr singen und spielen und an der Kasse sitzen. Trotzdem hatte er mehr Arbeit als an der Schmiere. Schon nach wenigen Tagen konstatierte er: das eine Haus würde nicht genügen. Er brauchte ein zweites, intimeres Theater. Trotz seiner Tätigkeit als Sänger war er vor allem am Schauspiel interessiert, und das Schauspiel, fand er, kam im Stadttheater zu kurz. Da dort große Oper und Operette gespielt werden mußten, blieben gar nicht genügend Abende für das Schauspiel übrig.

Seinem Verwaltungsrat gab er zu bedenken: »Die Kammerspiele, Ibsen und Hauptmann, die französischen Sittendramen, die ich zu spielen gedenke, gewisse nicht populäre Klassiker werden das große Theater nicht füllen. Und was dann? Dann setzen wir Geld zu. Wäre es nicht ein besseres Geschäft, diese Werke in einem kleineren Haus aufzuführen?«

Man erzählte ihm, es gebe so ein kleineres Haus – das Pfauen-Theater. Und es werde zur Zeit nicht bespielt.

Reucker ging hin und sah sich das Pfauen-Theater an. Von außen präsentierte es sich recht vorteilhaft, wie ihm schien. Eine breite Front am Heimplatz. Erst als er durch die Passage schritt, wurde ihm klar, daß die Front mit dem Theater nichts zu tun hatte. Die Passage mündete auf einen kleinen ovalen Platz. Dort standen Lorbeerbäume in Kübeln herum, Tische und Gartenstühle, und an diesen Tischen saßen Leute, wie ihm schien vor allem Männer älteren Jahrgangs, und tranken Bier und Schnaps. Unter ihnen befand sich auch der Mann, der ihm das Theater zeigen sollte, das in den Platz hineingebaut war. Er schloß ihm mürrisch auf und machte notdürftig Licht. Dann verschwand er wieder.

Reucker wich unwillkürlich zurück, entsetzt von dem Geruch, der ihm entgegenschlug. Es roch noch jetzt, viele Monate nach der letzten Vorstellung, nach Rauch und Bier. Der Zuschauerraum mit seinen leeren Tischen und »Wackelstühlen« – die Worte Reuckers – machte im Schein der wenigen elektrischen Birnen einen geradezu desolaten Eindruck. Die Bühne – nein, das konnte Reucker nicht als Bühne bezeichnen, diese paar Quadratmeter, so etwas war ihm nicht mehr vorgekommen, seit er von Zoppot und Danzig aus mit der dortigen Truppe Gastspiele in den umliegenden Dörfern, d. h. Dorfwirtshäusern veranstaltet hatte. Kopfschüttelnd trat er aus dem Theaterchen heraus. »Das alles muß anders werden!« versprach er sich.

Aber dazu war Geld nötig. Es war überhaupt Geld notwendig, hatte Reucker schon vorher gefunden und verlangt, daß die Subvention, die Zürich dem Stadttheater gewährte, von 20 000,– Franken pro Jahr auf 50 000,– Franken erhöht würde. Und am 7. März 1901, vier Monate bevor Reucker das leerstehende Pfauen-Theater besichtigt hatte, war dieses unbillige Verlangen in einem Volksentscheid von der Bevölkerung Zürichs abgelehnt worden.

Reucker sprach mit den in Frage kommenden Amtspersonen. Die zuckten die Achseln. Er sprach mit den Männern der Presse. Die stellten sich hinter ihn. Die »Neue Zürcher Zeitung« organisierte eine Geldsammlung. Innerhalb weniger Wochen war die erstaunliche Summe von 300 000,– Franken zusammengekommen, gestiftet von Privatleuten.

Das Geld allerdings sollte dem Stadttheater zufließen, das Problem des Pfauen-Theaters war also noch keineswegs gelöst. Reucker wandte sich an seinen Verwaltungsrat. Der war nicht abgeneigt, das Theaterchen zu mieten. Aber als der Direktor verlangte, die »Wackelstühle« herauszunehmen und eine feste Bestuhlung zu installieren, brach neue Ratlosigkeit aus. Wie diese Renovierung finanzieren? Sie würde Tausende kosten! Zwei Mitglieder des Verwaltungsrates erklärten sich schließlich bereit, je ein Drittel der Bestuhlungskosten aus eigener Tasche zu bezahlen. Der Dritte ließ lange auf sich warten. Als er schließlich in seinen Geldbeutel griff, erklärte er, die Sache würde trotzdem nicht gut ausgehen; man würde schon sehen, Zürich brauche nicht zwei Theater; er sei immer dagegen gewesen und mache nur als guter Demokrat mit, da die Sache nun einmal von der Mehrheit des Verwaltungsrates beschlossen worden sei.

Der Mann schien recht zu behalten. Denn kaum war die neue Bestuhlung des Theaters aufgestellt, da witterten die Besitzer des Theaters Morgenluft. Eben noch hatten sie die Hände gerungen und sich die Haare gerauft, eben noch war ihr Haus um kein Geld der Welt an den Mann zu bringen gewesen. Jetzt plötzlich schien es ein Wertobjekt geworden zu sein. Daher verlangten sie nach der ersten Spielzeit fast das Doppelte der ursprünglich ausgemachten Miete. Der Verwaltungsrat des Stadttheaters erklärte mit gesträubten Haaren, nein, das ginge denn doch nicht . . . Reucker seufzte und ließ seine Bestuhlung aus dem Theater wieder hinausschaffen. Die »Wackelstühle« wurden abermals installiert. Aber niemand kam, um darauf Platz zu nehmen. Und bald stand das Haus am Pfauen wieder leer.

Es begann eine Art Nervenkrieg zwischen dem Stadttheater und den Eigentümern des Pfauen-Theaters. Direktor Alfred Reucker saß mit seinen Stühlen da, und die Besitzer des Pfauen-Theaters saßen ohne Stühle da oder doch nur mit ihren

»Wackelstühlen«; sie fanden zwar einen Pächter, aber nur für ein paar Monate – und zuletzt konnte er die Pacht nicht mehr zahlen. Und das Theater war wieder leer. Reucker schickte seine Schauspieler für ein paar Wochen auf die kleine Bühne, aber das Stadttheater finanzierte solche »Wagnisse« nicht, die Künstler mußten auf eigene Rechnung spielen. Und dann fiel der Vorhang wieder – wie es schien, zum letztenmal.

Nein! Noch einmal gaben sich die Theaterbesitzer einen Ruck. Sie eröffneten ihr Haus als sogenanntes Volkstheater mit dem stolzen Namen »Schiller-Theater« und annoncierten, es fasse tausend Zuschauer, obwohl es keineswegs um- oder ausgebaut worden war, sich also knapp fünfhundert Besucher hätten hineinzwängen können. Ach, es kamen pro Abend keine hundert. Die Pleite war nicht mehr aufzuhalten, und Reucker konnte sich nun endgültig im Pfauen etablieren. Obwohl diese Endgültigkeit – ein Wort, das in keinem Theater-Lexikon zu finden sein dürfte – oft genug bedroht war. Der Direktor hatte seinen Verwaltungsrat keineswegs immer hinter sich – man sieht, alles ist schon einmal dagewesen. Besonders wurde beanstandet – siehe den Geschäftsbericht vom 21. September 1907 – »Beschädigung von Dekorationen und Requisiten durch ständigen Transport«. Denn man spielte in den Dekorationen, die für die viel größere Stadttheaterbühne hergestellt worden waren.

Reucker hatte zwar die Bühne inzwischen um ein geringes vergrößern lassen – die Kosten beliefen sich auf über 1000 Franken! –, aber sie war noch immer das, was man im Theaterjargon ein Nudelbrett nennt. Es kam mehr als einmal vor, daß bei voller Ausnutzung der Bühnentiefe, ein Schauspieler, der links abgegangen war, eilends durch den Keller nach rechts hinüberstürzen mußte, wenn er das nächste Mal von rechts aufzutreten hatte.

Es war nicht nur eine sportliche Leistung für die Schauspieler, sich in solch qualvoller Enge zu bewegen oder so zu tun, als ob sie sich bewegten. Die Frage der Ausstattung war mindestens ebenso schwierig zu lösen.

Ausstattung! Es kam gar nicht in Frage, daß für eine neue Inszenierung neue Dekorationen erstellt wurden; das war damals übrigens fast nirgends üblich, schon gar nicht an städtisch subventionierten Bühnen. Man nahm aus dem Fundus, was man brauchen konnte. Es gab ja genug Wald-, Straßen-, Schloß-, Wiesen- und See-Dekorationen – der Verwaltungsrat zumindest fand es. Nur waren sie eben für die um ein Vielfaches größere Bühne des Stadttheaters angefertigt worden.

Reucker löste schließlich das schier unlösbare Problem durch Einführung der Reliefbühne, die Max Reinhardt für das Münchner Künstlertheater erfunden hatte. Das heißt, er verkleinerte die kleine Bühne noch mehr, indem er zu beiden Seiten Säulen aufstellen ließ oder etwa, im Falle einer Walddekoration, Bäume. So brauchte er eigentlich nur noch Hintergründe: Wald, Wiese, See, Hütte, Palast – und einige wenige Versatzstücke. Und die Schauspieler sprachen vor diesem Hintergrund direkt ins Publikum hinein, wodurch eine gewisse Intimität und ein engerer Kontakt zwischen Bühne und Zuschauerraum erzielt wurden.

Solche Inszenierungen kosteten selten mehr als 100 bis 200 Franken für das »Bühnenbild«, sprich, die Umarbeitung von alten Kulissen, und etwa noch einmal die Hälfte dieser »gigantischen« Summe für die Kostüme, d. h. für alte Kostüme, die den jeweiligen Schauspielern angepaßt wurden.

Reuckers Aufführung von Shakespeares *Wie es euch gefällt* im Februar 1915 – er war der Wiederentdecker dieser Komödie, sie war mehr als fünfzig Jahre über keine deutschsprachige Bühne gegangen – kostete nicht einmal fünfzig Franken, alles in allem, und trug einen Sensationserfolg davon, der sich bis Berlin und Wien herumsprach.

Dies war überhaupt Reuckers Rezept: gute Stücke, Literatur, Klassiker, soweit sie nicht den kleinen Rahmen sprengten oder bereits im Stadttheater Hausrecht genossen wie etwa Schillers historische Dramen. Bald stellte sich das literarisch interessierte Zürich mit wachsender Regelmäßigkeit im Pfauen-Theater ein. Das bedeutete keinen Massenandrang, aber immerhin bei jeder Premiere 100 bis 150 Interessierte, die früher keinen Fuß in den Pfauen gesetzt hätten, die einander kannten, miteinander über das Gebotene diskutierten und Reucker ermutigten.

Das Schauspiel war in Zürich gesellschaftsfähig geworden, oder zumindest sah es so aus – vorübergehend.

Ausverkaufte Häuser waren selten. Und wenn ein Stück dreimal in einer Saison aufgeführt werden konnte, war das schon ein beachtlicher Erfolg. Selbst der unverwüstliche *Wilhelm Tell* brachte es im Stadttheater in zwanzig Spielzeiten, von 1901 bis 1921, nur auf insgesamt 88 Vorstellungen und lag damit weit an der Spitze. Kurz, *das* Erfolgsstück der Schweiz konnte durchschnittlich viermal pro Jahr aufgeführt werden.

Maria Stuart brachte es in der gleichen Zeitspanne nur auf 43 Aufführungen. Beide Teile *Faust* zusammen auf insgesamt 39, *Hamlet* auf 38. Und das alles in dem immerhin eingeführten Stadttheater.

Oben im Pfauen mußte man bescheidener sein. *Gyges und sein Ring*, ein lange nicht gespielter Hebbel, konnte insgesamt 37mal gegeben werden. *Kabale und Liebe* nur 27mal, *Götz von Berlichingen* 24mal. Der große Erfolg *Wie es euch gefällt* erlebte in den Jahren 1915 bis 1921 23 Wiederholungen.

Zu seinem Bedauern mußte Reucker feststellen, daß die leichteren Stücke doch mehr Erfolg hatten. So rangierte gleich hinter *Wilhelm Tell* das Lustspiel *Im weißen Rößl* mit 73 Vorstellungen; es folgten das Rührstück *Alt-Heidelberg* mit 58, der Schwank *Der Raub der Sabinerinnen* mit 52. Ibsen und Hauptmann endeten weit abgeschlagen im Feld. Es war eben eine Zeit, in der man vor allem amüsiert werden wollte.

Was ging denn in der Welt vor in den ersten Jahren des zwanzigsten Jahrhunderts und des Reucker-Regimes? In Paris gab es eine Weltausstellung, auf der die erste

Rolltreppe vorgeführt wurde; in Berlin baute Borsig seine erste Dampfmaschine mit hunderttausend Pferdestärken; in Amerika stiftete ein Sportfanatiker den Davis-Pokal; am Bodensee versuchte sich Graf Zeppelin mit seinen Luftschiffen...

Henri Dunant erhielt den Friedensnobelpreis. Theodore Roosevelt wurde Präsident der Vereinigten Staaten. Rußland wurde durch Bombenattentate der Nihilisten in Atem gehalten; der Amerikaner Gillette stellte seine ersten Rasierapparate her. Krupp kaufte eine Werft in Kiel; in Berlin wurde eine Untergrundbahn gebaut. Italien erneuerte den Dreibund mit Deutschland und Österreich-Ungarn; der serbische Zar Alexander und seine Frau wurden ermordet; der Physiker Pierre Curie erhielt den Nobelpreis; ein bisher Unbekannter namens Henry Ford gründete mit hunderttausend Dollar eine Automobilfabrik, der man eine kurze Lebensdauer vorhersagte.

Die taubstumme und blinde Helen Keller promovierte zum Doktor der Philosophie; in den USA gab es immer wieder einmal eine Wirtschaftskrise; ein unbekannter junger Militärkapellmeister mit Namen Franz Lehár schrieb eine Operette, *Die lustige Witwe*, die bei ihrer Uraufführung in Wien durchfiel; der deutsche Arzt Robert Koch wurde mit dem Nobelpreis für Medizin ausgezeichnet für seine Verdienste um die Tuberkuloseforschung, und ein gewisser Albert Einstein stellte etwas auf, das er selbst die Relativitätstheorie nannte und das sonst niemand verstand.

Ein vielfach vorbestrafter Schuster namens Wilhelm Voigt kostümierte sich als Hauptmann und kommandierte ein paar Stunden lang einige Soldaten, die er in Köpenick aufgetrieben hatte, was die ganze Welt in Lachkrämpfe versetzte; in Paris gab es Straßenkämpfe um den von dem Schneider Poiret eingeführten Hosenrock, und San Francisco wurde durch ein Erdbeben fast vernichtet.

Im Haag fusionierte Henry Deterding die Royal Dutch mit der Shell-Gruppe zum größten europäischen Petroleumkonzern, und in Stockholm rollten unter dem lebhaften Beifall von mehreren tausend Zuschauern Olympische Spiele ab. Ein französischer Flieger namens Blériot überflog den Ärmelkanal in 27,5 Minuten; in Berlin gab es das erste Sechstagerennen, und in London wurde die Dauerwelle erfunden. Eduard VII. starb; China schaffte die Sklaverei ab.

Und in Zürich arbeitete Reucker unermüdlich von früh bis spät. Schon hatte man ihn »Probenalfred« getauft. Er kannte keine Mittagsruhe, keine Mittagspausen, er arbeitete auch die halben Nächte durch. Mit seinem Etat konnte er sich keine großen Stars leisten. Also suchte er talentierte Anfänger und gab ihnen eine Chance. Und da er eine gute Nase hatte, fand er sehr oft Künstler, die später Weltkarriere machten. Ein Beispiel für viele: Paul Hartmann. Dieser große, schlanke, unwahrscheinlich gutaussehende Jüngling war mit sechzehn oder siebzehn zum Theater gegangen und hatte sich an den Schmieren recht und schlecht durchgehungert. Seine Chance kam, als die Geraer Hofschauspielerin Hedwig

1 Aus dem Wirtschaftspavillon wird das neue Pfauen-
quartier Hottingen

2 So begann es …

Pfauen-Theater.

(Früher Volks-Theater.)

Direktion: OTTO WINZER.

Mittwoch, den 25. Oktober 1899:

Sensationelle, kinematographische Vorstellung

mit stets wechselndem Programm.

Dem Programm entnehmen wir „Dreyfus-Affaire". Nr. 1. Dreyfus. Audienz beim Kriegsgericht. Die Advokaten Demange und Labori. No. 2. **Dreyfus in seiner Zelle.** No. 3. „**Kriegsgericht**". No. 4. Ausgang des Kriegsgerichtes. (Die 4 Bande jede 20 Meter lang).

Der grosse Kinematograph „**Helvetia**" wurde bis jetzt nur an der kantonalen, Gewerbeausstellung in **Thun** vorgeführt.

Erstes Auftreten des I. Gesangs- und Charakterkomikers
Herrn JULIUS POHL.

Grosser Lacherfolg.   Grosser Lacherfolg.

Pension Schöller.

Original-Schwank in 3 Akten nach einer Idee von W. Jakoby von Carl Laufs.
Regie: Julius Pohl.

Personen:

Philipp Klapproth, Rentier . .	* * *
Ulrike Schlosser, Witwe, seine Schwester	Emmy Ernst
Ida, } deren Töchter . .	Antonie Hertrich
Franziska, }	Henny Wohlbrück
Alfred Klapproth	Franz Merker
Ernst Kissling, Maler, Alfreds Freund	Dr. Alfred Gerhard
Fritz Bernhardy, Afrikareisender .	Otto Winzer
Josefine Krüger, Schriftstellerin .	Helene Pauli
Schöller, ehemaliger Musikdirektor .	Paul Kaiser
Amalie Pfeiffer, seine Schwägerin .	Marie Richard
Friederike, ihre Tochter . . .	Meta Isenthal
Eugen Rumpel	E. v. d. Heyden
Gröber Major a. D. . . .	Ludwig Wüpper
Jean, Zahlkellner	Paul Danker
Ein Gast	Ottemar Pollender
Frl. von Sprosser	Luise Rubi
Ein Blumenmädchen . . .	Josephine Born

Kellner, Gäste.

Philipp Klapproth . . . . * * * Julius Pohl

Der erste Akt spielt in einer Konditorei, der zweite in der Pension Schöller, der letzte auf dem Landgut Klapproths. Zeit: die neueste.

Kassa-Eröffnung 7½ Uhr.   Anfang 8 Uhr.   Ende 10½ Uhr.

Preise der Plätze:

Reservierter Platz und Balkon (1. Reihe nummeriert) Fr. 2.—. Parterre Mitte und Balkon Mitte Fr. 1.20. Parterre Seite und Gallerie Seite 60 Cts. — Die Herren Studierenden zahlen für reservierte Plätze Fr. 1.50.

Vorverkauf: Billets zu reserviertem Platz sind bis abends 7 Uhr in der Cigarrenhandlung von Herrn Karl Julius Schmidt, Paradeplatz zu haben.

Die auf beiden Hochschulen gelösten Billets sind an der Abendkasse umzutauschen.

Abonnements, bestehend in 10 Coupons à 12 Fr. für reservierte Plätze und Balkon 1. Reihe; für Parterre Mitte und Balkon Mitte zu 8 Fr. sind bei Herrn Uster, Cigarrenhandlung, Sonnenquai, an der Theaterkasse nnd bei Herrn Karl Julius Schmidt, zu haben.

Die Herren Studierenden zahlen für 10 Coupons 10 Fr.

4 Alexander Moissi gastierte 1917 als Hamlet

5 Rechts oben: Die blutjunge Elisabeth Bergner spielte
1917 die Rosalinde in Shakespeares »Wie es euch gefällt«

◁ 3 … und so sah eine Anzeige des Pfauen-Theaters
kurz vor der Jahrhundertwende aus.

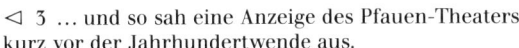

6 Paul Hartmann trat 1908, neunzehnjährig, »als Gast
auf Engagement« in Schillers »Don Carlos« als Marquis
Posa auf. Er wurde engagiert und war drei Jahre das
Idol Zürichs. (Rollenfoto als Don Carlos, 1917)

8 Ferdinand Rieser machte großes Theater ohne einen Rappen Subvention ...

7 Links oben: »Das muß alles anders werden!« Mit diesen Worten betrat Direktor Alfred Reucker zum erstenmal das Theater, das er innerhalb weniger Jahre über die Schweizer Grenze hinaus bekannt machte.

9 ... und Kurt Hirschfeld, aus Darmstadt von den Nazis vertrieben, wurde sein Dramaturg.

Zeiss-Gasny zu einem Gastspiel ans Stadttheater von Zwickau kam, wo Hartmann mit 95 Mark monatlich engagiert war. Die bereits betagte Dame sollte die Katharina in *Der Widerspenstigen Zähmung* spielen, aber das Gastspiel fiel beinahe ins Wasser, weil ihr Partner in letzter Minute absagen mußte. Hartmann memorierte mit Hilfe von viel schwarzem Kaffee, die Füße in einer Schüssel mit kaltem Wasser, zwei Nächte hindurch die Rolle und spielte sie.

Frau Zeiss-Gasny war wohl so etwas wie eine Macht in der deutschen Provinz. Sie empfahl den jungen, hübschen Schauspieler, Reucker ließ ihn kommen und fragte, was Hartmann denn zu spielen gedenke – damals war es üblich, daß ein Schauspieler, bevor er engagiert wurde, seine Künste in mindestens einer Rolle als »Gast auf Engagement« zeigte. Man einigte sich auf den Marquis Posa in *Don Carlos*. Den hatte er zwar auswendig gelernt, aber niemals gespielt. Wer anderntags die Presse las, mußte zu dem Schluß gelangen, daß er ihn auch in Zürich besser nicht gespielt hätte. Das Publikum war weit davon entfernt, begeistert zu sein. Trotzdem gab Reucker dem Neunzehnjährigen einen Vertrag auf drei Jahre. Er wurde bald das Idol Zürichs. Überall, wo der auffallende Jüngling erschien – stets begleitet von einem riesigen Wolfshund –, erröteten junge und nicht mehr ganz so junge Mädchen. Bald spielte er alles, was – um im Bühnenjargon zu bleiben – gut und teuer ist. Er spielte die großen Helden der klassischen Literatur: den Othello, den Tell, den Holofernes. Er sah vortrefflich aus, er sprach sehr schön, er wirkte sehr edel, und darüber vergaß man, daß er eigentlich viel zu jung für diese Art Rollen war. Das Publikum, insbesondere das weibliche, ging begeistert mit.

Zufällig sah ihn der Direktor des Berliner Lessing-Theaters, Viktor Barnowsky, in Gustav Freytags Lustspiel *Die Journalisten*. Barnowsky händigte ihm auf der Stelle einen Fünfjahresvertrag aus. Bedingung war, wie immer, das Gastspiel auf Engagement. Hartmann fuhr also nach Berlin und kam ausgerechnet am Totensonntag an; man hatte vergessen, ihm mitzuteilen, daß an diesem Tag nicht Theater gespielt wurde. Krach mit Barnowsky.

Max Reinhardt hatte davon gehört und ließ Hartmann kommen, wenige Stunden bevor sein Zug nach Zürich abging. Er sprach dem großen Theatermann nun alles vor, was er in Zürich gespielt hatte. Nach einer Stunde fragte Reinhardt belustigt: »Haben Sie auch einmal Rollen unter sechzig gespielt?« Und dann: »Sie sind bei mir engagiert. Aber die nächsten zehn Jahre werden Sie nur Rollen unter zwanzig spielen!«

Damit war Hartmann für die Zürcher und Reucker verloren. Erst Jahre später kam es zu einem Wiedersehen, als Max Reinhardt, schon mitten im Ersten Weltkrieg, mit seinem Deutschen Theater aus Berlin zu einem Gastspiel nach Zürich kam. Gespielt wurde – unter anderem – *Kabale und Liebe*. Der strahlende, siegreiche, blutjunge Ferdinand: Paul Hartmann.

Ja, Krieg war ausgebrochen. Eben noch hatte tiefster Friede geherrscht, so glaubte man wenigstens. Die ganze Menschheit war durch den Tod von einigen tausend Menschen beim Untergang des Luxusdampfers »Titanic« erschüttert worden. Ein Streik in Zürich, an dem sich angeblich zwanzigtausend Arbeitnehmer beteiligten – die »Neue Zürcher Zeitung« bestritt es –, brachte die Stadt aus der Fassung, wenn auch für nur relativ kurze Zeit. An erfreulichen Begebenheiten berichteten die Zeitungen an der Limmat von einem Besuch des deutschen Kaisers in der Schweiz und, im Katastrophenjahr 1914, als die Welt zu brennen begann, von der Eröffnung der neuen Universität in Zürich.

Bis zuletzt versuchten Staatsmänner in allen Metropolen Europas, das Furchtbare abzuwenden. War es die Schuld einiger weniger, daß der Schicksalswagen trotzdem in den Abgrund raste? Ultimaten wurden formuliert. Kriegserklärungen folgten. Deutschland marschierte ins neutrale Belgien ein. Würde es die Neutralität der Schweiz ebensowenig respektieren? Dies fragte man sich überall im Lande; in den Cafés von Zürich, in den Restaurants, in den Straßenbahnen, auf der Straße. Schlechtes Vorzeichen: die Fremden reisten fluchtartig ab.

Wer wollte schon in solcher Zeit Theaterstücke sehen? Die Theater blieben leer. Das kleine Haus am Pfauen war noch schlechter dran als das Stadttheater. Dort gab's wenigstens Operetten, die einen auf andere Gedanken brachten. Aber Problemstücke in so problematischen Stunden? Nein!

Zuerst schien es, als würde Deutschland den Krieg gewinnen, und zwar sehr schnell. Bei Tannenberg wurden die Russen entscheidend geschlagen. Deutsche Truppen stürmten quer durch Frankreich und konnten erst knapp hundert Kilometer vor Paris aufgehalten werden. Dann wurde aus dem Bewegungskrieg ein Schützengrabenkrieg. Und vor Verdun verbluteten Hunderttausende. Ein deutsches Unterseeboot torpedierte die »Lusitania«, die innerhalb von Minuten sank. Die Vereinigten Staaten protestierten gegen diese Verletzung der Freiheit der Meere. Amerikanische, übrigens auch Schweizer Bürger hatten dran glauben müssen.

Die Deutschen brachten eine neue Waffe in Anwendung – Giftgas. Zeppeline warfen Bomben über London ab. Flugzeuge wurden von allen Seiten in schnell steigendem Maße eingesetzt.

In Deutschland begann sich die Blockade der Entente auszuwirken. Die Lebensmittel wurden knapp. In Großstädten konnte man schon von Hungersnot sprechen. Trotzdem phantasierten deutsche Generale und nationalistische Politiker noch lange von einem Siegfrieden.

Zürich kehrte in allen diesen Jahren niemals ganz zur Normalität zurück. Fast jede Stunde erschienen neue Zeitungen, deren Überschriften freilich von den Verkäufern nicht ausgerufen werden durften – es waren Überschriften, die Siege oder Niederlagen der einen oder anderen Seite bekanntgaben –, denn die Schweiz war ja neutral!

Es kamen auch wieder Fremde, Kriegskinder aus allen Ländern und – Spione. Der prominenteste unter ihnen war so prominent, daß niemand in ihm einen Agenten vermutet hätte: Somerset Maugham, einer der erfolgreichsten Romanciers und Dramatiker der Welt; sein Beruf erwies sich als vorzügliche Tarnung. Somerset Maugham erzählte jedem, der es hören wollte, daß er einen Roman plane, der in der Schweiz spielen würde. Er schrieb dann aber nur ein paar Spionage-Novellen.

Und das Theater? Und die Pfauenbühne? Sie ging schließlich besser, als zu erwarten gewesen wäre. Trotzdem kam Reucker aus den Schwierigkeiten nicht heraus. Sein Problem war jetzt nicht mehr, Leute ins Theater zu locken, damit sie sich die Vorstellungen ansahen, sondern Leute zu finden, die diese Vorstellungen ermöglichten. Die meisten seiner Kräfte, vor allem die männlichen, waren nach Deutschland und Österreich zurückgekehrt, sei es, um Soldat zu spielen, sei es, um in so schweren Zeiten in der Heimat zu sein.

Hilfeschreie Reuckers erschienen in Form von Annoncen im Deutschen Theater-Jahrbuch. Das las sich etwa so: »Zürich, Stadttheater verbunden mit dem Pfauen-Theater. Jahresverträge mit 8 Wochen vollbezahlter Ferien. Abstecher finden nicht statt. Agentenprovisionen werden zur Hälfte bezahlt. Das historische Kostüm wird geliefert. Damen erhalten auch Toilettenzuschüsse.«

Aber wo sollte Reucker seine Bühnenarbeiter auftreiben? Diese Arbeit war bisher von Deutschen und Österreichern monopolisiert worden. Grund: Kulissen schleppen wurde von den Schweizern nicht als ernsthafter Beruf angesehen. Außerdem war die Bezahlung lächerlich. Und schließlich die unmögliche Arbeitszeit! Abends sich abschuften, anstatt in einer Kneipe zu sitzen oder allenfalls am häuslichen Herd! Dies berichtet August Forster, von den Schauspielern liebevoll »Guschti« genannt: »Ich hatte Fleischer gelernt, war im Militärdienst gewesen, kam 1917 nach Hause. Meine Mutter betrieb damals ein Lokal, wo die Bühnenarbeiter vom Pfauen verkehrten. Ich hatte keine Arbeit. Die Bühnenarbeiter meinten, sie könnten mich schon unterbringen, da die Deutschen und Österreicher fortgegangen seien.«

Der junge Forster wurde also für 170 Franken angestellt. Er mußte schwer arbeiten. Es gab entsetzlich viele Überstunden, die, überflüssig darauf hinzuweisen, nicht extra bezahlt wurden.

Trotzdem blieb er viele Jahre am Pfauen und kam schließlich an die Requisiten. Es schien ihm interessanter, sich mit Requisiten abzugeben als mit Kulissen. Dabei gab es mehr Abwechslung. Und so sollte er – nach gelegentlichen Abstechern ins Stadttheater, ins Corso, wo damals noch Operette gespielt wurde, und in das Gewerbe des Anstreichers – einer der bekanntesten Requisiteure der deutschsprachigen Bühne werden, ein sehr sagenumwobenes und ein sehr wichtiges Mitglied des Schauspielhauses; ohne ihn wäre es manchmal gar nicht weitergegangen. Aber davon später...

170 Franken im Monat. Sehr viel mehr bekamen die Schauspieler auch nicht. Dabei gingen die Preise für Lebensmittel ständig in die Höhe. Bevor der Krieg zu Ende war, kostete fast alles das Doppelte. So kletterte der Preis für Tafelbutter von 3,88 pro Kilo im Jahe 1914 auf 7,70 im Jahre 1918; für Käse von 2,22 auf 4,15 Franken; für Brot von 0,36 auf 0,75; für Kartoffeln von 0,16 auf 0,33; für Teigwaren von 0,72 auf 1,42; für Zucker von 0,62 auf 1,48... Als der Krieg einmal zur Kenntnis genommen war – als notwendiges Übel –, florierten fast überall auf der Welt die Theater und die aufkommenden Kinos. Und die Gagen stiegen und stiegen. Der unheimlich beliebte schottische Liedersänger Harry Lauder, der in Londoner und New Yorker Varietés mit seinen sentimentalen Gesängen volle Häuser machte, verdiente nicht weniger als 10 000 Franken in der Woche; der gefeierte italienische Tenor Enrico Caruso eine knappe Million pro Jahr; ein in Europa noch völlig unbekannter Filmkomiker namens Charlie Chaplin bekam bereits 10 000 Dollar, also rund 48 000 Franken wöchentlich ausgezahlt.

Und in Zürich? Was die Oper anging, so konnte Reucker noch einigermaßen mit den größeren deutschen Provinzbühnen mithalten. Für das Schauspiel und insbesondere die Pfauenbühne aber war er nach wie vor nicht in der Lage, sich erste Schauspieler zu leisten. Da wollte es das Glück – oder eigentlich der Krieg –, daß der prominenteste Schauspieler deutscher Sprache, der Star aller Stars, direkt vor seiner Tür landete: Alexander Moissi, Mittelpunkt und Seele der großen Berliner Reinhardt-Inszenierungen.

Moissi hatte sich, obwohl nicht Deutscher, sondern in Triest als Sohn eines Albaniers und einer Italienerin geboren – allerdings in Berlin groß geworden –, zu Beginn des Krieges freiwillig gemeldet, war durch Protektion seines Freundes, des deutschen Kronprinzen, in Rekordzeit zum Fliegerleutnant avanciert und bei seinem ersten Feindflug in französische Kriegsgefangenschaft geraten. Er wurde bald, eben weil er ein sehr berühmter Schauspieler war, mit anderen kriegsgefangenen Offizieren über das Rote Kreuz in die Schweiz abgeschoben und dort interniert.

Reucker frohlockte. Nun würde Moissi in Zürich spielen. Er war hier kein Unbekannter mehr. Er hatte seit der Saison 1909/10 im Stadttheater einige Gastspiele absolviert. Das sah so aus: Moissi entstieg etwa um die Mittagszeit seinem Schlafwagen, traf sich mit seinen devoten Zürcher Kollegen um drei oder vier Uhr, teilte ihnen »seine« Striche mit, teilte ihnen mit, wo er auftreten, wo er abgehen, wo er während dieser oder jener Szene stehen würde; verschwand in sein Hotel, um der Ruhe zu pflegen, und spielte dann am Abend »seinen« Hamlet, »seinen« Romeo, »seinen« Lebenden Leichnam. Und das Publikum raste.

Es ist schwer, die Faszination Moissis für diejenigen zu beschreiben, die ihn nie erlebt haben. Er war beileibe nicht groß, breit, stattlich und stark, sah nicht wie ein Held aus, er hatte die Figur eines Knaben und wirkte – war es wohl auch – schwächlich und nervös. Seine herrlichen weißen Hände waren fast ständig in

Bewegung, seine dunklen Augen schienen einer Frau zu gehören, und die Stimme – er sprach kein reines Deutsch – erinnerte an eine Bratsche.

Nun also sollte dieser Moissi bei Reucker spielen. Bern aber sagte nein; der Mann sei schließlich interniert. Reucker akzeptierte dieses Nein nicht, eilte nach Bern, argumentierte, daß ja die anderen in der Schweiz internierten Kriegsgefangenen auch ihrem Beruf nachgehen dürften – sie waren Schneider, Schreiner, Köche oder Kellner, das Land könnte noch froh sein, auf diese Weise für die an der Grenze stehenden Schweizer Ersatz gefunden zu haben. Reucker wollte wissen: »Warum gilt für einen Schauspieler nicht, was für einen Schreiner gilt?« Er versäumte auch nicht, darauf hinzuweisen, was es für das Theatergeschäft bedeute, einen der ganz Großen im Ensemble zu haben. Durfte man sich diese Chance entgehen lassen?

Bern war beeindruckt, Moissi bekam Arbeitserlaubnis, durfte spielen und spielte im Stadttheater und auf der Pfauenbühne. Ja, mehr noch. Max Reinhardt kam mit den besten Schauspielern des Deutschen Theaters aus Berlin angereist – Kulturpropaganda nannte man so etwas damals – und inszenierte in Zürich und Basel Georg Büchners *Dantons Tod* mit Moissi in der Titelrolle.

Auch Schweizer durften mitwirken: als Statisten, die Zuschauer im Pariser Konvent darzustellen hatten. Unter ihnen befand sich ein junger Student, der hier sein erstes entscheidendes Theatererlebnis hatte: Oskar Wälterlin.

»Ich war Anfängerin. Da hieß es plötzlich, Moissi, der in der Schweiz interniert war, würde in Zürich gastweise den Hamlet spielen. Mir war die Ophelia zugeteilt. Ich verging vor Angst. Allein der Name Moissi war mir das Symbol der höchsten Künstlerschaft. Ich hatte ihn noch nie gesehen, ich kam aus Wien. Wie enttäuscht war ich, als statt des erwarteten großen Tragöden ein ausgelassener Junge die Bühne betrat, mit einer Zigarette im Mund. Aber bald schwand meine Enttäuschung und Verzagtheit, als ich seinen künstlerischen Takt, seine menschliche Bescheidenheit und Ritterlichkeit erkannte. Und staunend erlebte ich, wie der halblaute, etwas müde Ton, die Einfachheit der Gebärde, alles, was ich auf der Probe für nonchalante Andeutungen hielt, am Abend in ganz der gleichen Zartheit und Indirektheit zur tiefsten Erschütterung wurde für alle.«

Die junge Schauspielerin, die sich so vernehmen ließ, war die damals völlig unbekannte Elisabeth Bergner. Nur in Zürich kannte und liebte man sie. Oder vielleicht sollte ich besser sagen: jeder, der »Lisl« kannte, mußte sie lieben. Dabei war sie keineswegs das, was man eine schöne Frau nennt. Und war sie überhaupt eine Frau? Sicher sah sie nicht so aus, wie man sich damals eine Schauspielerin vorstellte. Ein paar Jahre später freilich, als sie ganz oben war, sollte sie das Modell für ungezählte Imitationen durch junge Schauspielerinnen werden.

Nein, keine Frau, eher ein Schulmädchen mit ihren siebzehn oder achtzehn Jahren, dieses Lisl, klein, zart, mit leicht gebeugtem Rücken, die Schultern bemitleidenswert schmal und meist hängend. Dunkelrotes Haar, immer ein wenig zerzaust und stets eine in die Stirn fallende Locke. Auch die wurde später unendlich oft kopiert und die Bergner-Locke getauft. Eigentlich sah sie wie ein Knabe aus, das hatte auch mit ihrer hohen Stirn zu tun und mit der Art, sich zu kleiden: Schuhe ohne Absätze, Hemdbluse mit einem breiten Collegekragen und einer großen Schleife, oder ein Pullover zum Faltenrock. Ihre Augen schienen immer etwas zu fragen. Vielleicht weil sie die Gewohnheit hatte, die Augenbrauen hoch in die Stirn zu ziehen und den Kopf leicht zur Seite zu neigen. Und ihr »Warum?« mit dem rollenden R, dem dunklen A und dem unendlich langgezogenen U war bald unter Bekannten und Freunden berühmt.

Warum sie zum Theater gekommen war? Weil die Familie, eine gutbürgerliche jüdische Wiener Familie, fand, ein junges Mädchen habe überhaupt nur eine Berufung, nämlich möglichst bald, möglichst solide verheiratet zu werden; um so mehr Grund, sich zu beeilen, als es gar nicht so einfach sein würde, Lisl zu verheiraten. Denn eine Schönheit war sie nicht – die Familie jedenfalls fand, daß sie keine sei. Und das wurde ihr bestätigt, als sie nach Absolvierung der Kaiserlich-Königlichen Akademie in Wien von Agent zu Agent wanderte, um ein Engagement zu finden. Sie sei nicht untalentierter als andere auch, bestätigten ihr die wohlmeinenden Agenten, aber die anderen angehenden Schauspielerinnen seien eben viel hübscher.

Trotzdem fand sie ein Engagement am Stadttheater in Innsbruck. Aber kaum hatte sie auf der ersten Probe den Mund geöffnet und ihre Altstimme ertönen lassen – die später so berühmt werden sollte –, als der Direktor die Hände über dem Kopf zusammenschlug, etwas von einem »Bierbaß« murmelte und ihr die Rolle wieder abnahm. Nun saß sie also verzweifelt in ihrer Dachkammer, jawohl, in der sprichwörtlichen Dachkammer, zu mehr reichte die winzige Gage nicht. Und da erschien eines Tages Alfred Reucker, Theaterdirektor aus Zürich.

Er unternahm viele Reisen in die deutsche und österreichische Provinz. Er stieg wohl auch in manche Mansarde hinauf. Er suchte ja ständig nach neuen Talenten, weil sein Budget es nicht zuließ, fertige oder gar arrivierte Schauspieler zu engagieren.

So kam er also in Lisls Dachkammer an, ein bißchen außer Atem vermutlich, und sie mußte ihm vorsprechen. Eine nicht ganz einfache Situation für eine junge Schauspielerin. Und was auch immer sie vortrug – es war das Klärchen und dann das Gretchen –, er zuckte nicht mit der Wimper. Sie schien nicht den geringsten Eindruck auf ihn zu machen.

Verzweifelt rief sie: »Sie nehmen mich wohl für eine Sentimentale? Ich bin aber eine Naive!« Reucker schüttelte den Kopf. »Woher wissen Sie, ob ich Sie überhaupt nehme?« Doch drei Tage später kam der Kontrakt. Sie sollte am Stadttheater und am Pfauen-Theater spielen. Gage Fr. 250,– pro Monat. Also kam sie nach Zürich – und schon nach einigen Wochen war es, als hätte sie nie anderswo gelebt. Man kannte sie überall, dieses knabenhafte Mädchen, das eigentlich noch ein

Kind war, das so übermütig lachen konnte und sich dann plötzlich den Mund zuhielt, als sei sie über das eigene Lachen erschrocken; das andauernd »Warum?« fragen konnte, das so undiszipliniert dasaß, die Beine meist hochgezogen oder um die Stuhlbeine geschlungen, das, anstatt zu essen, Brotkügelchen drehte, das beim Trinken das Glas mit beiden Händen umfaßte wie ein kleines Kind, aus Angst, einen Tropfen zu verschütten.

Reucker setzte sie sogleich in der bereits laufenden Vorstellung von *Wie es euch gefällt* ein. Welche Rolle sie spielen wolle? Die Rosalinde oder die Celia? Lisl hatte das Stück nie gesehen – es stand ja auf keinem Repertoire –, hatte es nicht einmal gelesen. Das wollte sie nicht zugeben. Sie entschied sich: »Ich will die Rosalinde spielen.« Ihr eigentlicher Grund: ihre Mutter hieß Anna Rosa. So kam sie zu der Rolle, mit der sie nicht nur Zürich, sondern später auch München, Wien und Berlin erobern sollte.

Rosalinde... das liebende Mädchen, das, als Junge verkleidet, mit der Gespielin, der Prinzessin Celia, im Ardenner Wald haust, allerhand Unfug treibt und ihren Orlando liebt, der sie in ihrer Kostümierung nicht erkennt. Die junge Bergner war Frau und Kind zugleich, Mädchen und Teufel voller Schabernack, voller Liebe, ja, sie war die fleischgewordene Liebe schlechthin, wie sie der junge Schäfer beschreibt, als man ihn fragt, was lieben heißt:

> »Es heißt aus nichts bestehen als Phantasie,
> aus nichts als Leidenschaft, aus nichts als Wünschen,
> ganz Anbetung, Ergebung und Gehorsam,
> ganz Demut, ganz Geduld und Ungeduld,
> ganz Reinheit, ganz Bewährung, ganz Gehorsam.«

Die Bergner spielte in ihren zwei Zürcher Jahren mit Moissi nicht nur im *Hamlet*, sondern auch im *Lebenden Leichnam* und Beaumarchais' *Figaros Hochzeit oder Der tolle Tag*. Sie spielte Strindbergs *Rausch* und *Kameraden*, Zugstücke des Pfauen-Theaters. Sie spielte ein sonst nie aufgeführtes Werk Hölderlins, Nachdichtung der *Antigone* des Sophokles.

Es war damals nämlich üblich, daß Schauspieler und Schauspielerinnen im zweiten Spieljahr ein sogenanntes Benefiz bekamen. Sie konnten wählen, entweder die enorme Summe von fünfzig Franken, einen Lorbeerkranz oder eine Rolle. (Als mir Elisabeth Bergner das erzählte, fügte sie hinzu: »Kein Witz!«) Lisl interessierte sich nicht für den Lorbeerkranz oder die fünfzig Franken, sondern sie wollte die Antigone spielen. Seufzend studierte Reucker das Stück ein. Es erlebte zwei Aufführungen.

Ein junger Mann, der damals als Bühnenmaler am Schauspielhaus arbeitete, Richard Schweizer war sein Name, sah sie in dieser Rolle und erklärte: »In zwei Jahren ist die bei Max Reinhardt!« Er sollte sich nur um weniges verrechnet haben.

Am Pfauen-Theater trat die Bergner auch mit Frank Wedekind auf, dem umstrittensten Dichter-Schauspieler Europas. Sie spielte die Lulu im *Erdgeist* und in der *Büchse der Pandora*. Sie spielte mit ihm in der Uraufführung von *Schloß Wetterstein*.

Wedekind war im Mai 1917 mit Frau und Kindern in die Schweiz gekommen, bewohnte in der Freiestraße dieselben Zimmer, die er schon einmal 1887 innegehabt hatte. Er war schon müde und krank, ein Sterbender, wußte es wohl auch, wollte es aber niemandem eingestehen. Er hatte in den letzten Jahren drei Operationen hinter sich gebracht, er mußte sich stets bandagieren lassen, die Ärzte rieten ihm, sich zu schonen, aber er schlug ihre Ratschläge in den Wind. Er ruderte viel, schwamm sogar, spielte Theater, er diskutierte mit anderen »Intellektuellen«, wie man sie damals ein wenig geringschätzig nannte.

Von denen war Zürich voll. Die Stadt war in den letzten Kriegsjahren zu einer Art Mittelpunkt des geistigen Europa geworden. Insbesondere für Schriftsteller, die Kriegsgegner waren und Bücher zu schreiben wünschten, wie sie ihnen die Zensur ihrer Heimatländer nie erlaubt hätte. Zum Beispiel Leonhard Frank, der in Zürich den antimilitaristischen Novellenband »Der Mensch ist gut« herausbrachte, ein Buch, das ihm in wenigen Monaten europäische Berühmtheit sicherte. Oder der Elsässer René Schickele. Es kam und blieb der Österreicher Stefan Zweig, dessen pazifistischen *Jeremias* Reucker in Zürich uraufführte. Es kam der junge deutsche Lyriker Klabund, der in der »Neuen Zürcher Zeitung« einen offenen Brief an den Kaiser veröffentlichte, in dem er ihn beschwor, alsbald Frieden zu schließen. Es verwunderte alle, daß die »Neue Zürcher Zeitung« diesen Brief druckte, es verwunderte indessen niemanden, daß der Brief ohne Antwort vom deutschen Kaiser blieb. Es kam aus Wien der österreichische Publizist Karl Kraus in die Schweiz, wo er vor dem Zugriff der Zensur sicher war, um seine Monumentaldichtung *Die letzten Tage der Menschheit* zu vollenden, eine Fanfare gegen den Krieg. Es kam, wenn auch nur vorübergehend, Hugo von Hofmannsthal.

Diese und andere hätten sich wohl bis in die frühen Morgenstunden in den Restaurants und insbesondere in den Cafés beraten und gestritten, wäre nicht mitten im Krieg in der Stadt Zürich die Polizeistunde ausgebrochen. Es waren viele Kämpfe notwendig gewesen, bis es so weit kam. Im Kanton Zürich, nicht aber in der Stadt, hatte es bis zum Jahre 1885 eine Polizeistunde gegeben, die indessen wieder aufgehoben worden war. 1894 hatte der Zürcher Großstadtrat beantragt, eine solche Polizeistunde einzuführen, war aber damit nicht durchgedrungen, auch nicht drei Jahre später, und erhielt neue Abfuhren in den Jahren 1907 und 1908.

Erst im November 1916 wurde der sogenannte Wirtschaftsschluß um 12.00 Uhr nachts beschlossen, nicht bevor eine Volksabstimmung stattgefunden hatte – mit 18603 Ja-Stimmen gegen 12491 Nein-Stimmen.

Ein schwerer Schlag, wie unter anderem die »Zürcher Post« ausführte, für alle

Theaterbesucher, die »nach Schluß des Theaters noch Gelegenheit zur Aussprache bei einer Schale Kaffee oder einem Glas Bier hatten. Daß das Bedürfnis dafür
vorhanden ist, weiß jeder, der nach Theaterschluß unsere Cafés und Restaurants
besucht, dort vielleicht aus dem Theater kommende Angehörige erwartet...«
Der Krieg raste seinem Ende entgegen. Es war denen, die Nachrichten zu lesen
verstanden, längst klar, daß Deutschland und Österreich-Ungarn ihn nicht mehr
gewinnen konnten.
Selbst der Ausbruch der russischen Revolution – unter Mitwirkung des Emigranten Lenin, der die Kriegsjahre in Zürich verbracht hatte und unter Billigung, ja auf
Veranlassung des deutschen Generals Ludendorff in einem versiegelten Waggon
nach Rußland verfrachtet worden war – konnte nichts mehr ändern. Das deutsche
Oberkommando entschloß sich zum uneingeschränkten U-Bootkrieg, was zur
Folge hatte und haben mußte, daß die Vereinigten Staaten auf der gegnerischen
Seite in den Krieg eintraten.
Die Engländer setzten an der Westfront eine neue Waffe, den Tank, ein. Das
beendete den Schützengrabenkrieg. Die Front war von Deutschland auf die Dauer
nicht mehr zu halten. In Wien und auch in Berlin mehrten sich die Stimmen, die
nach Verhandlungen mit dem »Feind« riefen. Von Wien wurden sie schließlich
eingeleitet – ohne Wissen des deutschen Partners. Als sich der deutsche Kaiser
immer noch nicht zu einer Verständigung bereit erklärte, kam es zur Revolution –
oder eigentlich zu verschiedenen Revolutionen in Wien, in Prag, in Budapest und
schließlich auch in den einzelnen deutschen Ländern. Der Kaiser flüchtete nach
Holland. Die deutsche Republik wurde ausgerufen.

Und auf die Bühne des Zürcher Pfauen-Theaters trat ein junger Mann, von dem
später noch viel und oft gesprochen werden sollte: Heinrich Gretler.
Er hatte immer Schauspieler werden wollen, schon seit seiner frühesten Jugend,
aber der Vater befahl, daß sein Sohn einen anständigen Beruf, den des Lehrers,
ergreife. Heinrich hatte keine Wahl. Er ging aufs Lehrerseminar – und abends ins
Theater. Er gab vor, die Lehrbücher zu studieren, in Wirklichkeit verschlang er die
Klassiker. Er schlich ehrfürchtig hinter großen Schauspielern her, zum Beispiel
hinter Paul Hartmann, der mit seinem Wolfshund durch die Straßen Zürichs
spazierte.
Kaum war Gretler Lehrer geworden, da nahm er sich selbst einen Lehrer – den
Oberregisseur des Pfauen-Theaters, Josef Danegger. Und schon nach einem
halben Jahr rannte er Reucker die Tür ein und verlangte, vorsprechen zu dürfen.
Der engagierte ihn, freilich zu einer Gage, die geringer war als sein Lehrergehalt.
Gretler stellte bald betrübt fest, daß er keine strahlenden Helden, sondern nur alte
Männer spielen dufte – zum Beispiel gleich in der ersten Saison, 1918, den alten
Attinghausen im *Tell*.
Reucker: »Ein Schauspieler muß alles spielen können!« Gretler spielte »alles«. Er

spielte jeden Abend. Es kam vor, daß er zum Beispiel im Stadttheater im ersten Akt einer Operette mitwirkte, dann zum Pfauen galoppierte und in der *Büchse der Pandora* Jack the Ripper spielen mußte, eine Figur, die nur in den letzten fünf Minuten auftritt, dann wie ein Besessener ins Stadttheater zurückrannte, um dort zum letzten Akt der Operette zurechtzukommen, in dem er wieder zu tun hatte.

Und eines Tages spielte er fast nur noch Operette im Stadttheater. Grund: der Rücktritt des Direktors Alfred Reucker. Und das hatte mit vielem zu tun, vor allem mit dem Schicksal, das der Verwaltungsrat des Stadttheaters über das Pfauen-Theater verhängte.

Den Weltkrieg hatte die kleine Bühne relativ leicht überstanden. Die Jahre nach dem Krieg wurden schwieriger, übrigens für die gesamte Schweiz. Eine Grippe-Epidemie brach aus, suchte und fand Opfer, insbesondere auch in der Armee. Es gab Streiks. Einmal mußten sogar die Theater drei Wochen lang wegen so eines Streiks des technischen Personals geschlossen bleiben.

Aber plötzlich schien niemand mehr Lust auf Theater zu verspüren. Neben der Grippe-Epidemie, den Streiks, der sich ausbreitenden Arbeitslosigkeit spielte wohl auch die Tatsache eine Rolle, daß ein starkes Kontingent der Besucher von in der Schweiz lebenden Deutschen gestellt worden war. Die gingen in ihre Heimat zurück oder mußten dorthin zurück. Reucker war wirtschaftlich nie erfolgreich gewesen. Welcher gute Theaterdirektor ist das schon? Nun schwoll das Defizit noch an.

Im Verwaltungsrat wurden Stimmen laut – wenn auch vorläufig noch nicht sehr laut–, es sei vielleicht an der Zeit, das Pfauen-Theater abzustoßen. Zwar lief der Pachtvertrag bis 1926, aber das Stadttheater konnte das Pfauen-Theater ja weitervermieten. Gerade gastierte dort eine Wiener Truppe unter der Leitung eines gewissen Direktors Franz Wenzler aus Berlin. Sein Star war die ungewöhnlich hübsche und elegante Salondame Traute Carlsen.

Diskret wurde bei Wenzler angefragt: Wäre er bereit, die Direktion des Pfauen-Theaters zu übernehmen?

Er war es. Und der Verwaltungsrat zeigte sich sogar bereit, dem Direktor Wenzler für »die Kosten der Auffrischung des Pfauen-Theaterfundus und die Kosten der *Tell*-Aufführungen Beiträge von insgesamt Fr. 14000,– zu zahlen«.

Alles offenbar, um von dem »geschäftlich untüchtigen« Reucker loszukommen – und dies, ohne daß der eine Ahnung davon hatte.

Eine gerissene und, man darf wohl sagen, wohlgelungene Intrige. Reucker, der auf der Pfauenbühne europäisches Theater gemacht hatte, wurde vor die Tür gesetzt zugunsten eines völlig obskuren Boulevardtheater-Direktors.

Zu dem jungen Schauspieler Hans Bänninger, den er sehr schätzte, sagte Reucker, als er schließlich, fast als letzter, davon erfuhr: »Man verpachtet hinterrücks das Pfauen-Theater, man nimmt mir das Schauspiel weg, von dem man weiß, was es mir bedeutet. Was soll ich tun?«

Den Schauspielern wurde fristlos gekündigt. Zwar bedeutete man ihnen, die Kollegen im Stadttheater seien auf ihrer Seite und würden sie nicht im Stich lassen – aber nichts geschah. Die Schauspieler wurden sozusagen von einer Stunde auf die andere vor die Tür gesetzt.

Reucker zog die Konsequenzen. Im Januar 1921 war der Vertrag mit der Direktion Wenzler geschlossen worden. Zu Ostern reichte er sein Rücktrittsgesuch ein. Der Mann, dem in Zürich vorgeworfen wurde, nicht »tüchtig« genug zu sein, wurde Generalintendant der beiden Dresdner Staatstheater, der Oper und des Schauspielhauses, zweier Bühnen, die in jeder Beziehung weit über denen Zürichs standen, und blieb auf seinem Posten bis zum Jahre 1933, als die Nazis an die Macht kamen und ihn hinauswarfen.

Später, viel später, wurde davon gemunkelt, aber nur von einigen wenigen – offiziell kamen diese Dinge nie zur Sprache –, daß bei der ganzen Angelegenheit ein Mann seine Hand im Spiel gehabt habe, der zwar keinen direkten Einfluß auf die Entscheidungen des Verwaltungsrates nehmen konnte, aber sich hinter den Kulissen schon dadurch ein gewisses Mitspracherecht sicherte, daß er und sein Bruder Aktien der Gesellschaft aufkauften, die das Pfauen-Theater besaß.

Dieser Mann war der Weinhändler Ferdinand Rieser. Noch stand er im Schatten, noch wußten nur einige wenige Eingeweihte von seinen Absichten.

Eines Tages sollte er der entscheidende Mann des Pfauen-Theaters werden.

Die berühmten Zwanzigerjahre waren große Theaterjahre – namentlich in Berlin. Dort schuf Max Reinhardt seine letzten bedeutenden Inszenierungen. Bergner, die kleine Lisl aus Zürich, war inzwischen »die« Bergner geworden, faszinierte als Shakespeares Rosalinde und Viola. Werner Krauß, der in Berlin fast zehn Jahre nur Chargen gespielt hatte, rückte als nun endlich anerkannt erster deutscher Schauspieler ganz in den Vordergrund. Unvergeßlich sein Hauptmann von Köpenick, sein König Philipp von Schiller und von Bruckner. Die Massary feierte immer noch und immer wieder Triumphe auf der Operettenbühne – als Sängerin, als große Gestalterin. Max Pallenberg bewies sich als der fulminanteste Komiker seiner Epoche. Käthe Dorsch adelte durch ihre Kunst der Menschengestaltung alberne Boulevard-Rührstücke und machte sie zu einmaligen Erlebnissen. Der junge Gustaf Gründgens kam ins Gespräch. Richard Tauber sang Lehár wie Mozart; Grete Mosheim, Maria Orska, Fritz Kortner, Alexander Moissi, Albert Bassermann, Heinrich George, Eugen Klöpfer waren zu sehen, wurden bestaunt und bejubelt. Leopold Jessner, Jürgen Fehling, Heinz Hilpert, Erich Engel schufen neue Inszenierungsstile.

Auf München und Wien, ja selbst auf Hamburg und Dresden fiel ein Abglanz dieser ganz großen Theaterzeit. Nicht so auf Zürich. Es war eine Lust, ins Theater zu gehen – nicht aber ins Zürcher Schauspielhaus, wie das Theater am Pfauen jetzt schon hieß; nicht dort, wo Direktor Franz Wenzler das Zepter schwang. Er war ein großer, schlanker, blonder Mann mit welligem Haar, der unheimlich jung aussehen konnte, so daß er nicht nur die großen jugendlichen Heldenrollen der klassischen Dramen zu spielen vermochte – die er allerdings selten aufführte –, sondern sogar bei der Eröffnung des Theaters unter seiner Leitung am 1. September 1921 den Schüler Moritz Stiefel, der sechzehn oder siebzehn Jahre alt sein darf, in *Frühlings Erwachen.*

Obwohl Berliner, war er, was seinen Spielplan anging – und auch die Schauspieler, die er engagierte –, im wesentlichen auf Wien ausgerichtet. Typisch für ihn, daß Heinrich Gretler verschwinden mußte. Er war noch blutjung, aber doch schon ein wirklich hervorragender Schauspieler mit eigenem Gesicht. Reucker hatte das erkannt, als Gretler hauptberuflich noch Hilfslehrer gewesen war. Wenzler konnte ihn nicht brauchen. Er wollte ja Boulevard-Stücke spielen. Und Gretler im Frack? Gretler als Salonlöwe? Nein, das ging wohl nicht.

Der junge Schauspieler wußte nicht recht, was er tun sollte. Die Bühne aufgeben? Zum Lehrerberuf zurückkehren? Undenkbar! Aber von irgend etwas mußte er schließlich leben. Das Stadttheater holte ihn. Er könne doch singen! Richtig singen hatte er nie gelernt, aber für die Operette würde es vielleicht ausreichen.

Der Mann, der eines Tages der erste Schauspieler der Schweiz werden sollte, machte also Operette. Und wirkte in den großen klassischen Dramen mit, die im Stadttheater noch immer und immer wieder aufgeführt wurden. Aber diese Vorstellungen waren arg verstaubt, denn selbst wenn so ein Stück ein Jahr lang nicht gegeben worden war und sich die bei der letzten Aufführung mitwirkenden Schauspieler längst in alle Winde zerstreut hatten, gab es keinesfalls mehr als eine einzige Verständigungsprobe. Diese Art Theater konnte Gretler nicht befriedigen. Er kündigte schließlich und ging – 1926 war's – nach Berlin. Dort hatte noch kein Mensch von Gretler gehört. Dort spielten sein Fach die besten Schauspieler der Welt. Nichtsdestoweniger spitzten die Direktoren und Regisseure die Ohren, als er vorsprach. Er wurde bald hier, bald dort engagiert. Er durfte wieder richtig Theater spielen. Er konnte sich bald sehr weit nach vorn spielen.

Direktor Franz Wenzler brachte einige gute Leute mit oder engagierte sie, wenn auch nur vorübergehend, so zum Beispiel Albert Steinrück, den Charakterspieler, den die Inflation aus München vertrieben hatte, den blutjungen Peter Lorre aus Wien, Hans Peppler, der später an der Berliner Volksbühne eine Riesenkarriere machen sollte, vor allem aber die schon erwähnte Traute Carlsen. Sie hatte ein schönes und edles Gesicht, von blonden Haaren eingerahmt, und eine untadelige Figur; sie war, was man damals in Zürich »pikant« nannte, und es ging ihr der Ruf voraus, daß sie den Männern ausnehmend gefiel und daß die Männer ihr fast ebenso gut gefielen. Ihre Besonderheit: sie heiratete die Männer, wenn sie sie mochte. Wie oft sie sich verheiratete, hätten auch ihre besten Freunde mit Bestimmtheit nicht zu sagen vermocht. Sie stammte aus Schlesien, hatte in Berlin die Reinhardt-Schule besucht, im Deutschen Theater eine kleine Rolle gespielt und den gefürchteten Kritiker Alfred Kerr zu dem Ausspruch gebracht: »So etwas Schönes und Hölzernes ist noch nie über die Bühne geschritten.«

Sie ging ans Hoftheater in Mannheim – Heirat Numero 1. Von dort nach Frankfurt – Heirat Numero 2. Von dort ans Berliner Lessing-Theater – Heirat Numero 3. In Berlin hatte sie erfreuliche Erfolge, sie gab sich auch nicht mehr hölzern, aber sie wurde doch niemals recht heimisch in dieser Stadt, die ihr zu hektisch war. Gelegentlich eines Gastspiels blieb sie in Wien hängen, vielleicht auch infolge Heirat Numero 4 oder 5. Dort fühlte sie sich schon sehr zu Hause, möglicherweise hatte auch ihre Freundschaft mit dem Dichter Peter Altenberg etwas damit zu tun. Den traf sie jeden Sonntag vormittag im Grabencafé und erledigte seine Post oder doch eine gewisse Art von Post.

Altenberg war ein Original, das kleine Geschichten schrieb, literarische und dichterische Kostbarkeiten, die freilich nur einige wenige kauften. Daher wurde er von Freunden und reichen Gönnern ernährt. Die Gönner kamen manchmal ihren Versprechungen nicht nach. Dann erzürnte sich Altenberg über die »säumigen Zahler«, und Traute Carlsen mußte sie brieflich mahnen, ihrer Pflichten zu gedenken. Der Schriftsteller, Philosoph und Gelegenheitsschauspieler Egon Friedell, ebenfalls ein dem Charme der Carlsen Verfallener, überwachte diese Aktionen.

Ans Burgtheater kam die Carlsen auch, aber dort wollte sie nicht bleiben, denn: »An der Burg muß man ja eine alte Frau sein, um junge Mädchen zu spielen!« Sonst gefiel es ihr gut in Wien, vielleicht zu gut. »Ich hatte das Gefühl, zu verschlampen, ich brauchte wieder einmal Zucht!«

Oder vielleicht einen neuen Mann, den sie in Zürich fand. Zürich mochte sie vom ersten Augenblick an – die Stadt erinnerte sie an Kopenhagen, einen Ort, den sie liebte, vielleicht weil sie dort nie verheiratet gewesen war. Dabei hatte sie es nicht leicht in Zürich. Das Publikum gebärdete sich lange nicht so enthusiastisch wie die Berliner, es verwöhnte sie durchaus nicht, an die Wiener durfte sie nicht denken. Es dauerte lange, bis die Zürcher warm wurden. Das hatte vielleicht auch damit zu tun, daß die Carlsen gelegentlich in Etablissements auftrat, die sie nicht ganz seriös fanden, etwa in der »Bonbonnière«, und zwar in einem Theaterstück, betitelt *Lauf doch nicht immer nackt herum!*

Auch in anderer Hinsicht machte es die Carlsen den Zürchern nicht leicht. Denn sie verweilte immer nur ein paar Monate in der Stadt: »Sehen Sie, als Salondame brauchte ich fast in jedem Stück ein Abendkleid. Ein Abendkleid bei Grieder kostete damals 600 Franken. Das ist nicht viel Geld? Meine Monatsgage betrug 1200 Franken! Und wie oft kann man ein Abendkleid zeigen? Ich will es Ihnen verraten: als elegante Frau, und die mußte ich sein, ob ich wollte oder nicht, durfte ich so ein Abendkleid nur in einem einzigen Stück zeigen. Na, da blieb mir nichts anderes übrig, als das Abendkleid, wenn das Stück in Zürich abgespielt war, anderswo auftreten zu lassen. In Stuttgart, in Frankfurt, in Berlin, in Wien. Dann konnte ich mich wieder nach Zürich zurückwagen und mir ein neues Abendkleid leisten. Ja, und natürlich auch in einem neuen Stück auftreten, das hätte ich fast vergessen.«

So viel über die Probleme einer Salondame, die ihren Beruf ernst nimmt.

Traute Carlsen war ungemein elegant. Das Theater, in dem sie auftrat, war alles andere als elegant. Es war geradezu schäbig. Es stand noch immer in einem Biergarten, wo es manchmal lauter zuging als auf der Bühne. Die Kasse befand sich im Freien, und wenn es regnete, wurden diejenigen, die so kühn waren, Karten zu erstehen, klatschnaß, und diejenigen, die zur Vorstellung kamen, mußten durch manche Pfütze waten.

Wenn nach Beginn der Vorstellung jemand anrief, etwa um für den nächsten Tag Karten zu bestellen, hörten die Zuschauer in den letzten Reihen nicht nur das Klingeln des Telefons, sondern auch die Antworten der Kassiererin, nicht aber, was inzwischen auf der Bühne gesprochen wurde. Die Garderoben befanden sich auf dem Balkon. Doch gab es nicht nur einen Balkon, sondern zwei, auf jeder Seite einen, aber keinen in der Mitte, der diese beiden Balkone verbunden hätte. Die Garderoben waren von den Balkonen durch Schiebetüren getrennt, die sich, wann immer ein Zuspätkommer hereinkam, mit beträchtlichem Quietschen öffneten. Die Schauspieler auf der Bühne warteten dann gewöhnlich mehr oder weniger geduldig, bis wieder Ruhe eintrat. Oder bis es wieder quietschte und die nächsten Besucher eintraten.

Aber das sollte sich ändern.

Aus dem 90. Rechenschaftsbericht des Verwaltungsrats der Theater-Aktiengesellschaft Jahr 1923/24:

»Die wichtigste Frage, die den Verwaltungsrat im letzten Jahr beschäftigte, betrifft die Neugestaltung des Schauspiels nach dem Ablauf des Vertrages mit Direktor Wenzler im Sommer 1926. Die Herren F. Rieser und Dr. Rieser haben nämlich namens der Pfauengenossenschaft wissen lassen, daß sie von dem Rechte, das Pachtverhältnis auf den 31. August 1926 zu kündigen, Gebrauch machen werden, und daß alsdann eine von ihnen zu gründende Theaterbetriebsgellschaft das Pfauen-Theater selbst betreiben werde. Wir müssen also mit der unerfreulichen Tatsache rechnen, daß vom Winter 1926/27 an in Zürich ein vom Stadttheater völlig losgelöstes Schauspielhaus als selbständiges wirtschaftliches Unternehmen bestehen wird.«

Der Mann, mit dem nicht nur der Verwaltungsrat, sondern Zürich überhaupt, ja, es ist nicht übertrieben zu behaupten, die Theaterwelt zu rechnen haben sollte, Ferdinand Rieser, war ein knapp mittelgroßer Mann mit braunem gewelltem

Haar, das an den Schläfen schon ergraute, mit Augen, die hinter Brillengläsern immer etwas erstaunt dreinzublicken schienen, mit einem energischen Mund und einem geradezu herausfordernden Kinn. Er sah nicht gerade wie ein Künstler aus, eher wie ein Kaufmann. Mit gutem Grund: er war Kaufmann. Er hatte vom Vater eine Weingroßhandlung geerbt und viel Geld. Aber er haßte den ihm zugedachten Beruf. Vielleicht war die Mutter daran schuld, die, als Ferdinand noch zur Schule ging, ihn angefleht hatte, etwas anderes, etwas »Besseres« zu werden als der Vater. Vielleicht hatte seine Liebe zum Theater ihren Grund in einer Liebschaft mit einer Dame vom Stadttheater, die ihn zu Beginn der zwanziger Jahre stark in Anspruch nahm. Sicher hatte mit dem, was er in den nächsten Jahren unternehmen sollte, die Frau zu tun, die er 1925 heiratete, die schöne Marianne Werfel, Schwester des berühmten Prager Dichters. Aber als er sie kennenlernte, war der Plan, das Schauspielhaus zu übernehmen, längst gefaßt und die Vorbereitungen dazu getroffen. Rieser hatte, zusammen mit seinem Bruder, dem Anwalt Dr. Siegfried Rieser, über Jahre hinweg Aktien der Genossenschaft aufgekauft, der nicht nur das Theater, sondern auch das Hotel Pfauen und die umliegenden Häuser gehörte. Er hatte weiterhin Architekten und Baumeister beauftragt, Pläne auszu-arbeiten für den Umbau des Theaters. Der Hof mit dem Biergarten sollte auf jeden Fall verschwinden, das heißt, überdacht werden. So würde ein Raum entstehen, der gleichzeitig als Garderobe, Vestibül und Kasse dienen konnte. Der Zuschauer-raum sollte einen Mittelbalkon erhalten, wodurch die Seitenbalkone verbunden und in einen durchgehenden Rang verwandelt würden. Wichtiger, ja entschei-dend für die Zukunft des Theaters: es würde endlich ein Schnürboden eingebaut und die Bühne erweitert werden. Sie war bisher – wir wissen es ja – wenig mehr als eine Miniaturspielfläche von 9 × 6 Meter gewesen. Jetzt sollte die Bühne eine Tiefe von 12 Meter erhalten oder eine Spielfläche von 9 × 9 Metern, also rund 80 Quadratmetern. Das war schon etwas. Und dann: der Schnürboden. Das ist jener Aufbau über dem Bühnenhaus in mindestens noch einmal der gleichen Höhe, wie die Bühne selbst sie besitzt. Der Raum, in dem Kulissenteile, Hintergründe, Wände, sogenannte Prospekte aufgehängt werden können, als »Züge«, die man herunterläßt respektive hinaufzieht, wenn man sie braucht oder nicht mehr braucht; eine Art Vorratsraum, ohne den, um im Bilde zu bleiben, auf der Bühne nicht »gekocht« werden kann; unerläßlich für jede Verwandlung, wenn sie nicht kostbare Zeit verschlingen soll, und auf dem Theater ist jede Minute, in der nicht gespielt werden kann, eine kleine Ewigkeit. Einen solchen Schnürboden hatte es im Pfauen-Theater bisher nicht gegeben; und er war wohl auch nicht so dringend nötig gewesen. Schwänke – und auch später unter Reucker die ernsthafteren modernen Stücke – hatten selten mehr als eine Dekoration erfordert, und die allenfalls notwendigen Umbauten hatten während der großen Pausen stattgefun-den. Da sie nicht anders, nicht schneller zu bewältigen waren – die von Reinhardt geschaffene und von Reucker für einige Jahre übernommene Reliefbühne war

inzwischen aus der Mode gekommen –, hatte sich die Aufführung der meisten
großen Klassiker automatisch verboten. Das konnte jetzt anders werden, sollte
sich allerdings erst nach ein paar Jahren und unter recht dramatischem Umständen ändern...

Um den Schnürboden einzubauen, mußte Rieser freilich die Höhe des Bühnen-
hauses fast verdoppeln. Das bedeutete, daß die Bewohner der umliegenden
Häuser, die bisher den Himmel und bei günstiger Witterung die Sonne hatten
sehen können, von nun an nur noch auf eine Mauer blickten. Sie hieß in der
Umgegend bald »Riesers Klagemauer«, denn etwas anderes, als zu klagen und
bestenfalls auszuziehen, blieb den unglücklichen Nachbarn nicht übrig. Weil die
Häuser, die sie bewohnten, der Pfauengenossenschaft, also wiederum Rieser
selbst gehörten. Einige Mieter klagten nicht nur, sondern verklagten ihn auch –
umsonst, Ferdinand Rieser war Kaufmann gewesen und blieb es. Er hatte mit
Wein gehandelt und wollte jetzt mit Theateraufführungen handeln. Der Umstand, daß das Theater sechs- bis siebenhundert Zuschauer aufnehmen konnte,
war für das Geschäft nicht günstig gewesen. Der Ausbau des Ranges erhöhte nun
das Fassungsvermögen des Theaters auf über tausend. Die karge Ausstattung des
Zuschauerraums, wenn man überhaupt von Ausstattung reden konnte, hatte die
Leute ferngehalten, auf die es Rieser ankommen mußte: diejenigen, die nicht ins
Theater gehen, um zu sehen, sondern um gesehen zu werden. Also rote Seidenta-
peten. Roter Plüsch für die Stühle. Logen. Das Theater wurde ein Schmuckka-
sten. Das alles kostete Geld. Mehr, als Rieser und sein Bruder vermutet hatten.
Sehr viel mehr, als die Stadt Zürich in all diesen Jahren in das Pfauen-Theater
gesteckt hatte. Die Kosten betrugen schließlich zwischen 700 000 Franken und
einer Million. Die Riesers mußten das aus eigener Tasche zahlen – und zahlten
es auch.

Sie brachten es fertig, daß der Umbau in einem guten halben Jahr, bis zum
Oktober 1926, einigermaßen abgeschlossen war. Zumindest sah es für die Zuschauer so aus. Was hinter der Bühne geschah oder vielmehr nicht geschah, steht
auf einem anderen Blatt. Die Garderoben der Schauspieler, zum Beispiel, im
Jahre 1901 gebaut, waren niemals renoviert worden. Auch jetzt geschah nichts
mit ihnen. Sie sollten den traurigen Ruf erwerben, die primitivsten und unkom-
fortabelsten Garderoben aller seriösen Theater der ganzen Welt zu sein. Aber wie
sagt doch ein altes Theatersprichwort: »Je schlechter die Garderoben, um so
besser wird gespielt!«

Vielleicht hatte Rieser beabsichtigt, auch hinter den Kulissen hier oder dort
Wandel zu schaffen; vielleicht war ihm das Geld ausgegangen. Sicher ist, daß er
eines Tages, als es zwar aussah, als sei der Umbau vollendet, es aber keinesfalls
so war, kategorisch erklärte: »Ich eröffne!«

Sicher ist ferner, daß der Münchner Theaterarchitekt Professor Linnebach, verantwortlich für das Ganze, die Hände rang. Niemand wußte besser als er, daß in

Deutschland oder Österreich die Baupolizei das umgebaute Theater so nie abgenommen hätte. In Zürich geschah es.

Und der Vorhang ging auf. Rieser hatte den größten Teil seines Vermögens, vielleicht seinen letzten Rappen, in das Theater gesteckt. Nun mußte gespart werden. Und wie wurde gespart!

In dem Nebenhaus, wo sich noch lange die Büros des Schauspielhauses befanden – sie waren klein und primitiv genug für ein erstes Theater –, wohnten damals irgendwelche Mieter. Rieser dachte gar nicht daran, ihnen zu kündigen, sie brachten ihm doch schließlich Geld ein. Er begnügte sich mit drei Räumen im Gebäude am Heimplatz, wo später der Kartenvorverkauf stattfand. In einem Zimmer saßen die beiden Sekretärinnen, im zweiten der Mann, der sich Dramaturg nannte, aber auch noch viele andere Geschäfte zu besorgen hatte. Im dritten residierte Rieser selbst. Nur sein Büro war einigermaßen komfortabel möbliert. Mit gutem Grund. Denn wenn ein Stück das Büro oder das Arbeitszimmer eines Direktors, Fabrikbesitzers oder Chefs zum Schauplatz hatte, dann spielte unweigerlich die Einrichtung von Riesers Büro mit, und der Direktor selbst saß, bis das Stück abgespielt war, in einem kahlen Raum.

Übrigens nannte er sich Generaldirektor. Das kostete ja nichts. Unter ihm waltete ein künstlerischer Direktor. Vielmehr walteten viele Direktoren, denn er verkrachte sich stets sehr schnell mit dem Direktor, der die künstlerische Leitung innehatte.

Noch fühlte sich Rieser nicht sicher genug, um sein Theater auch künstlerisch zu leiten. Er holte sich den bisherigen Direktor des Königsberger Landestheaters, Richard Rosenheim. Aber er bekam bald Streit mit ihm. Er holte sich daraufhin Hermann Wlach vom Landestheater Salzburg. Hermann Wlach war nicht mehr der Jüngste, er hatte eine außerordentliche Karriere hinter sich. Er war viele Jahre der Star am Hamburger Deutschen Schauspielhaus gewesen, hatte sich aber, nach Berlin engagiert, dort nicht recht durchsetzen können, obwohl viele meinten, er sei ebenso begabt wie Werner Krauß. Die Gründe dafür, warum er nach Salzburg gehen mußte, sind nie ganz geklärt worden. Er war jedenfalls viel zu gut für das dortige Theater.

Ein herrlicher Schauspieler – aber kein Direktor. Wiederum Krach mit Rieser. Aber der hatte in der Zwischenzeit gelernt. Er brauchte keinen Direktor mehr. Er brauchte überhaupt niemanden mehr. Er wollte alles selbst machen.

Der Mann, der in der kurzen Ära Wlach Dramaturg und »Mädchen für alles« war, hieß Otto Weissert. Später, viel später sollte er als Leiter des »Cornichon«, eines politischen Kabaretts von Weltruf, ein bekannter Mann werden. Als er nach Zürich kam, war er Dramaturg des Oldenburger Theaters gewesen.

Rieser erschien jeden Morgen pünktlich um acht und schloß auf. Wehe dem Angestellten, der auch nur eine Minute zu spät kam. Das überwachte Rieser genau. Außerdem telefonierte er, diktierte Briefe, verhandelte mit Schauspielern, engagierte sie, kündigte ihnen, klebte Briefmarken, ging zur Post, hängte Plakate auf, kontrollierte, sich in den Kassenraum zwängend, den Vorverkauf, half beim Umbau mit, wobei er natürlich im Wege stand, gab den Schauspielern gute Ratschläge, wodurch er sie nur störte, verließ als letzter, lange nach Beendigung der Vorstellung, das Theater.

Das Schauspielhaus wurde das, was man in Fachkreisen einen Ein-Mann-Betrieb nennt. Nicht nur, weil Rieser aus Sparsamkeit alles am liebsten allein gemacht hätte, sondern weil für jede Arbeit immer nur eine Person da war, und oft mußte diese eine Person eine ganze Anzahl von Arbeiten verrichten. Der Dramaturg zum Beispiel hatte die ganze Korrespondenz zu führen und die Proben zu disponieren. Die Sekretärinnen mußten den Vorverkauf und die Abendkasse machen, die Buchhaltung, die Lohnauszahlungen, die Abonnements sowie die Verwaltung der anderen Rieserschen Liegenschaften. Es gab nur einen Herrengarderobier, nur eine Garderobiere, und die war nur an den Generalprobetagen und abends im Theater. Es gab nur einen Bühnenmeister und einen Beleuchtungsinspektor und ein Friseur-Ehepaar – es kam billiger als ein Friseur und eine Friseuse, und die Frau war nur halbtags, das heißt abends, beschäftigt. Es gab allerdings zwei Souffleusen und zwei Inspizienten, aber das war nicht zu umgehen. Denn Souffleusen und Inspizienten müssen nicht nur bei den von ihnen betreuten Vorstellungen anwesend sein, sondern auch sämtliche Proben mitmachen.

Rieser ging so weit, selbst seine Inspizienten zu überwachen. Ein Beispiel für viele: Da gab es ein Stück, das spielte in einer Schule und zwar in einem Konferenzzimmer. Wenn jemand eintrat oder ging, sah man bei geöffneter Tür ein Stück Gang. Der Inspizient – Paul Baschwitz war sein Name, und wir werden noch von ihm hören – beleuchtete den »Gang«, den halben Meter, der sichtbar war, mit einer einzigen Glühbirne. Rieser knipste sie aus. Baschwitz gab zu bedenken, der Gang müsse doch hell sein. Rieser: »Sie haben das Buch nicht gelesen! Der Akt dauert fünfundvierzig Minuten. Die Tür wird nur zweimal je zehn Sekunden aufgemacht. Knipsen Sie die Lampe jedesmal eine Minute vorher an, aber dann gleich wieder aus.«

Ein wahres Wunder, so sagen diejenigen, die damals mit dabei waren, daß alles glatt ging, daß nie etwas passierte, daß der Vorhang kaum je über einer nicht zu Ende gespielten Szene fallen mußte. Ein um so größeres Wunder, als Rieser vorerst keine guten Leute hinter der Bühne hatte. Wie sollte es auch anders sein? Er spielte neun Monate, zahlte also nur neun Monate Gehalt! Es gab keine Altersversorgung und keine Altersversicherung. Die guten Tischler gingen lieber in die Möbelfabriken, die Techniker in die elektrische Industrie.

Übrigens besaß das Theater keine eigene Tischlerei; es dürfte das einzige Theater in Europa gewesen sein, das ohne eine auskam. Alle Kulissen, die nicht »billigst« umgearbeitet werden konnten, wurden vom Stadttheater ausgeliehen. Meist handelte es sich um Zimmerdekorationen mit den damals üblichen Einsatz-Wänden, die beiderseitig zu verwenden waren. Auf der einen Seite stellten sie etwa einen »hocheleganten« roten Salon dar, auf der anderen Seite eine »ärmliche« schmutzige Hütte. Irgendwo, tief unten im Keller, hauste ein Bündner aus Bergell, Tischler von Beruf, der die Requisiten, die vom Stadttheater nicht zu bekommen waren und in den Läden zuviel gekostet hätten, herstellen mußte. Eines Tages war er verschwunden. Spurlos.

Auch Otto Weissert machte sich nach zwei Jahren davon. Grund: er wurde dauernd beauftragt, Verträge abzuschließen, und sein Direktor, d. h. der Generaldirektor, hielt sich nicht an sie. Weissert kündigte mit einem groben Brief. Rieser wollte sich mit ihm versöhnen – er brauchte ihn – und bestellte ihn nach Bad Wildungen, wo er zur Kur weilte. Der verzweifelte Weissert verlangte 400 Franken Reisevorschuß. Das war der endgültige Bruch.

Trotzdem ging es weiter. Ja, das Theater wurde sogar besser. Rieser hatte das Glück, daß ein paar wirklich gute Männer zu ihm stießen, von denen zwar das Publikum nichts wußte, die aber wichtiger waren als die Stars: Männer hinter den Kulissen. Da war etwa der junge gutaussehende Harry Altorfer, der 1926 als Feuerwehrmann ins Theater kam, voll glühender Begeisterung; er hatte schon als Schüler mit seiner Mutter die Volksvorstellungen im Stadttheater besucht, da der Vater, der ursprünglich mitgehen mußte, regelmäßig dort eingeschlafen war. Nachdem der Jüngling eine Woche lang Feuerwehrmann gespielt hatte, wurde er als Bühnenarbeiter angestellt, mußte aber auch die Pflichten eines Nachtwächters und Heizers übernehmen. Zwischendurch, wenn das Schauspielhaus geschlossen war, arbeitete er im Kabarett oder im Zirkus Knie. Bald galt seine besondere Vorliebe – dem Vorhang. Damals war es noch so, daß den Vorhang zog, wer nichts anderes zu tun hatte. Altorfer begriff sehr schnell, daß das Vorhangziehen keine Angelegenheit der linken Hand war, und übernahm neben seinen Heizer- und Wächterpflichten nun den Vorhang in seine alleinige Obhut. Nein, er war kein toter Gegenstand mehr, als er ihn in die Hand bekam, kein Requisit, sondern ein lebendiger Bestandteil der Vorstellung, die er einleitete, unterbrach, abschloß. Und – um mit Altorfer zu sprechen: »Es gibt sanfte Vorhänge und brutale, schnelle und langsame, überraschende und solche, die man erwartet. Und wieder andere, die im Bruchteil einer Sekunde auf ein Stichwort kommen müssen . . .«

Diese vielen Arten Vorhänge sind natürlich nur dort möglich, wo sie mit der Hand bedient werden. Noch einmal Altorfer: »Die elektrischen Vorhänge sind der Tod des Theaters!« Das weiß übrigens jeder, der überhaupt etwas von Theater weiß.

Dann kam gegen Ende der Zwanzigerjahre der Glücksfall aller Glücksfälle ans Schauspielhaus: Hans Prüfer aus Berlin. Er, ohne den das Schauspielhaus später nicht denkbar gewesen wäre, der in Fachkreisen viel berühmter war als die meisten Schauspieler, kam nicht einmal vom Theater her. Er kam, wie gesagt, aus Berlin. Das muß vor allem einmal gesagt werden. Denn das wichtigste an diesem mittelgroßen Mann mit dem aschblonden Haar und dem klug-verschmitzten

Gesicht war und blieb, daß er mit Spreewasser getauft wurde. Man darf es mit Fug und Recht nicht für einen Zufall halten, daß er Schwyzerdütsch nie sprach, sondern daß fast alle Schweizer, die mit ihm in Berührung kamen, zu berlinern begannen.

Hans Prüfer also kam als gelernter Kostümschneider von der Ufa-Filmgesellschaft, wo er sich bis zum Garderobier hinaufgedient hatte. Er arbeitete dann noch gelegentlich bei anderen Filmfirmen. Aber Ende der Zwanzigerjahre kriselte es – wie so oft vorher und nachher – wieder einmal beim deutschen Film. Der Tonfilm kam auf, aber noch glaubten viele Produzenten nicht an ihn, stoppten ihre stummen Produktionen und warteten ab.

Rieser suchte gerade einen Garderobier. Seiner war bei einem Motorradunfall ums Leben gekommen. Prüfer hörte davon, stellte sich dem gerade in Berlin weilenden Otto Weissert vor, war aber noch unentschlossen. Der Vater riet ihm: »Geh in die Schweiz, dort kannst du Sprachen lernen!« Er dachte wohl an Französisch und Italienisch. Offenbar unterschätzte er den Starrsinn seines Sohnes, was die einzige Sprache betraf, die er beherrschte, nämlich Berlinerisch.

Prüfer fuhr also nach Zürich. Und wäre am liebsten sofort umgekehrt. Er war Ufa-Maßstäbe gewöhnt. Im deutschen Film war immer alles in Hülle und Fülle vorhanden gewesen, was man brauchte, um die Schauspieler anzuziehen. Im Schauspielhaus war nichts da. Es gab vor allen Dingen keinen Fundus. Gerade gastierte das weißrussische Kabarett »Der blaue Vogel« und gleichzeitig wurde *Die heilige Johanna* von George Bernard Shaw geprobt. Ohne Fundus!

Rieser sagte zu Prüfer: »Sie werden das schon machen!« Er gab ihm zwanzig Franken, um »das« zu machen. Prüfer wollte kündigen, zog dann aber doch los. Er wanderte durch das ihm unbekannte Zürich, fand schließlich das Stadttheater, gewisse Trödler in der Altstadt, das Brockenhaus (eine Institution, bei der Zürcher Bürger nicht mehr gebrauchte Möbel, Kleidungsstücke, überhaupt alle erdenklichen Gegenstände ablieferten, nur um sie loszuwerden) und Kostümverleiher. Bei der Generalprobe waren noch keineswegs alle Kostüme da. Prüfer kündigte. Rieser trennte sich von weiteren zwanzig Franken. Bei der Premiere waren die Kostüme da. Prüfer wußte selbst nicht mehr, wie er es schaffte. Er mußte nämlich auch noch im Büro mitarbeiten, Geld für die Gagen von der Bank holen, die Theateranzeigen auf die Zeitungsredaktionen bringen. Aber was die Kostüme anging, entwickelte er eine einzigartige Kunst.

Oder eigentlich zwei Künste. Einmal gelang es ihm, aus alten Kostümen irgendwie neue zu machen. Der Don Carlos trat in Hosen auf, die ein Stadttheater-Chorist in *Carmen* getragen hatte, und im Jackett eines anderen Statisten aus dem *Zigeunerbaron*.

»Aus einem Kostüm kann man zehn machen!« war Prüfers Devise.

Seine zweite Kunst: er brauchte keine Anproben. Er mußte einen Schauspieler nur einmal scharf ins Auge fassen und wußte sofort, was ihm paßte, und um wieviel ein Kostüm enger, weiter, länger, kürzer gemacht werden mußte.

Prüfer ging daran, einen Fundus aufzubauen. Er war täglicher und gern gesehener Kunde im Brockenhaus – für Fräcke, Gehröcke, Smokings, für Tennishosen, für Monteuranzüge, für Kleider, die aus der Mode gekommen waren; er besuchte ein gewisses Kostümgeschäft: »Dem ging es nie sehr gut, da konnte ich billig einkaufen!«

Was Prüfer – bald zärtlich »Prüfi« genannt – in Augenblicken schlimmster Not half, das war Riesers Vertrag mit dem Stadttheater. Er spielte dort Volksvorstellungen, vor allem *Wilhelm Tell*, und durfte aus dem Fundus Kostüme ausleihen. Was Prüfi noch mehr half, das war seine gottvolle Berliner Schnauze.

Rieser erfaßte schnell, was er an ihm hatte. Obwohl seine prominentesten Schauspieler nur für neun Monate Gage erhielten, gab er Prüfer einen Jahresvertrag.

Der Requisiteur »Guschti« Forster hatte es schon schwerer. Rieser haßte es, sich für Requisiten von seinem Geld zu trennen. Er meinte, es genüge, sie zu borgen. Aber es geschah nicht selten, daß so ein geborgtes Stück – etwa eine Schreibmappe oder eine Vase – in einem solchen Zustand zurückkam, daß das betreffende Geschäft sich weigerte, die Ware zurückzunehmen. Sie mußte also gekauft werden. Rieser schäumte bei solchen Gelegenheiten, ja wollte Guschti mit den Kosten belasten.

Aber am schlimmsten war's mit den Lebensmitteln und Zigaretten, die auf der Bühne serviert wurden. Nichts lieben Schauspieler mehr, als Requisiten zu essen und zu rauchen. Da kennen sie keine Hemmungen, auch nicht bei steinhartem Brot oder billigstem Käse oder Wurst, die ihr Hund nicht anrühren würde, oder Zigaretten, deren Genuß selbst bei Kettenrauchern Kopfschmerzen und Übelkeit verursacht.

Rieser zählte daher nach, namentlich die Zigaretten. Guschti mußte also aufpassen wie ein Luchs, aber das war nicht immer ganz leicht. Besonders wenn die Bühne vorübergehend verdunkelt wurde, stürzten sich die lüsternen Schauspieler auf ihre Beute, und Guschti und Rieser hatten das Nachsehen. Kurz nach Prüfer kam ein zweiter Berliner, der wie er in Zürich heimisch werden sollte, der bereits erwähnte Paul Baschwitz, bis dahin Inspizient am Berliner Schiller-Theater. Dieses wurde 1931 vorübergehend geschlossen, Baschwitz ging also zu Rieser und war nicht minder entsetzt als sein Landsmann über die Zustände, die er antraf. In Berlin war bis zu vier Wochen an einem Stück probiert worden. In Zürich wurde eine Woche geprobt. Denn jede Woche fand eine Premiere statt. Und zwar immer am Donnerstag. Am Samstag erschien dann die Kritik, und der Samstagabend war gewöhnlich sowieso ausverkauft. Dieser und der Premierenabend mußten das Geld bringen. Wenn Rieser Glück hatte, ging ein Stück auch öfter als siebenmal; Schlager liefen sogar fünfzig-, ja siebzigmal. Aber es gab auch Stücke, die es nicht über zwei Aufführungen brachten. Der Durchschnitt blieb sieben Aufführungen.

Die Kalkulation: wenn das Haus Donnerstag und Samstag ausverkauft ist, wird zumindest kein Geld verloren.

Rieser spielte vor allem Boulevardstücke, mit Vorliebe Komödien Wiener und Budapester Ursprungs. Gelegentlich wurde auch einmal ein Klassiker aufgeführt, aber nur gelegentlich, oder ein George Bernard Shaw oder ein Gerhart Hauptmann, sofern sie anderswo erfolgreich gewesen waren. Wenn die Presse seinen Spielplan kritisierte, reagierte er mit großer Erbitterung und langen Briefen.

Das – sehr kleine – Ensemble war natürlich im Hinblick auf Boulevardstücke zusammengestellt worden. Die Herren mußten Frack, die Damen Abendkleider tragen können. Die Gagen waren erstaunlich anständig. Die »Salonschlange« Leny Marenbach kam auf 1800 Franken, der Liebhaber Karl Goldner, der später Komiker wurde, sogar auf 2000 Franken.

Am liebsten hätte Rieser allerdings überhaupt keine Gagen gezahlt – er hat das, offen wie er war, auch gelegentlich zugegeben – und seine »Mimen« nach Verdienst belohnt. Das heißt, er hätte sie hungern lassen, wenn sie schlecht waren, und mit Geschenken überschüttet, wenn sie Erfolg hatten. Seinem Liebling Goldner schenkte er in einem solchen Augenblick der Begeisterung beinahe ein Auto.

Rieser hatte merkwürdige Begriffe davon, wie Schauspieler eigentlich sein sollten – und war recht unzufrieden, daß die seinen nicht so waren: abenteuer- und skandalumwittert. Er hörte insgeheim nie auf zu hoffen, wenigstens diesen oder jenen bald in einen Skandal verwickelt zu sehen, etwa durch Entführung einer Dame der Gesellschaft, möglichst einer verheirateten.

»Ihr seid zu bürgerlich!« beklagte er sich.

Er erhoffte sich wohl insgeheim von solchen sensationellen Geschehnissen einen finanziellen Erfolg für sein Theater. Seine Einnahmen blieben nämlich relativ niedrig. Obwohl die Preise zwischen Fr. 1,– bis Fr. 9,– lagen, kam er kaum je auf eine Gesamteinnahme von 600 000 Franken im Jahr.

Mit einem Schlag änderte sich alles. Das kleine, ein wenig verachtete Zürcher Boulevardtheater wurde fast über Nacht die zentrale deutschsprachige Bühne, wurde zum Sammelplatz der größten schauspielerischen Talente deutscher Zunge. Hier und nur noch hier wurden die Stücke aufgeführt, auf die es ankam.

Dies geschah durch ein politisches Ereignis, das ein paar Jahre später die ganze Welt in den furchtbarsten aller Kriege verwickeln sollte. Daran dachten damals, zu Beginn des Jahres 1933, als Hitler an die Macht kam, nur einige wenige. Und es dachte wohl niemand im Zusammenhang mit diesem Regierungswechsel an das Zürcher Schauspielhaus, die einzige Institution auf der ganzen Welt, die letzten Endes davon profitieren sollte.

Das deutsche Theater – und nicht nur das deutsche – war, um im Hitler-Jargon zu bleiben, »verjudet« und war es immer gewesen. Die Juden hatten ein starkes

Kontingent der Theater-Prominenz in Deutschland, Österreich, Frankreich, Italien, England, Ungarn, Rußland und den Vereinigten Staaten gestellt, und zwar seit Generationen. Und ihre Majorität wird besonders imponierend, wenn man bedenkt, daß in allen diesen Ländern der Bevölkerungsanteil der Juden zwischen ein und zwei Prozent lag. Es war doch wohl kaum ein Zufall, daß – um beim deutschsprachigen Theater zu bleiben – Max Reinhardt und Leopold Jessner, die Bergner und die Massary, die Orska und die Mannheim, Max Pallenberg und Fritz Kortner, Ernst Deutsch und Alexander Granach, Peter Lorre und Grete Mosheim, Gitta Alpar und Richard Tauber und unzählige andere prominenteste Prominenz einer »Rasse« angehörten, die Hitler nicht paßte. Nicht ohne Grund schrieb Wilhelm Furtwängler einige Monate nach Hitlers Regierungsantritt, als es schon nicht mehr so ungefährlich war, einen scharfen Offenen Brief an Goebbels, in dem er erklärte, er könne sich ein deutsches Theaterleben ohne Reinhardt und Bruno Walter nicht vorstellen.

Der Brief war nicht nur gefährlich für den Schreiber, er war auch vergeblich. Die großen deutschen Theaterleute jüdischer Konfession hatten sich bereits in alle Winde zerstreut. Sie gingen nach Wien, nach Paris, nach London, nach New York, nach Hollywood.

Für viele unerwünschte Schauspieler hieß das Sammelbecken Zürich, genauer: Zürcher Schauspielhaus.

Der erste, der kam, war Kurt Hirschfeld.

Akt II

Flucht in die Schweiz

Zum ersten und einzigen Male dürfte am 12. März 1933 ein Dramaturg seine fristlose Entlassung aus dem Munde eines Ministerpräsidenten im Rahmen einer öffentlichen Kundgebung erfahren haben, der Dramaturg des Hessischen Staatstheaters nämlich. Und dieser Dramaturg war Kurt Hirschfeld. In fast ganz Deutschland waren die Reichstagswahlen eine Woche vorher, am 5. März, abgehalten worden, fünf Wochen nach der Ernennung Hitlers zum Reichskanzler, und hatten, wie das nach dem Reichstagsbrand, dem darauf einsetzenden Terror, dem Verbot der Kommunistischen Partei, der Unterdrückung aller den Nazis nicht genehmen Zeitungen, der Verhaftung unzähliger linker und liberaler Politiker und Publizisten nicht anders zu erwarten gewesen war, einen Wahlsieg für die Nazis gebracht, wenn sie damit freilich auch noch nicht die absolute Mehrheit errangen.

In Hessen wurde erst eine Woche später gewählt, und programmgemäß übernahm daraufhin ein besonders übler Bursche, Werner-Gießen, der früher einmal als einziger Abgeordneter der Partei der Antisemiten in den Reichstag gewählt worden war, die hessische Regierung. Und noch am gleichen Abend gab er vom Balkon des Landtags als seine erste »Tat« die Absetzung des Generalintendanten der Darmstädter Theater Gustav Hartung und dessen rechter Hand Kurt Hirschfeld bekannt.

Beide schwebten in akuter Gefahr; Hartung hatte schon einige Stunden vorher den Zug nach Basel bestiegen. Hirschfeld, der von Freunden gewarnt worden war, er stehe auf einer schwarzen Liste, und bereits nicht mehr zu Hause, sondern in einem Hotel gewohnt hatte, wurde von Bekannten per Auto nach Frankfurt gebracht und fuhr per Bahn nach Berlin weiter. Dort stieg er bei verläßlichen Freunden ab, ohne sich bei der Polizei zu melden. Es war sicherer so. Hartung nahm Wohnsitz im Hotel »Kraft am Rhein« in Basel. Schon nach wenigen Stunden rief ihn Rieser an und schlug ihm vor, nach Zürich zu kommen und am Schauspielhaus zu inszenieren.

Gustav Hartung: Einmal hatte es so ausgesehen, als ob er einer der ganz Großen werden würde. Das war Anfang der Zwanzigerjahre. Er leitete schon damals die

Darmstädter Theater, wurde schnell weit über die Stadt hinaus in der gesamten deutschen Theaterwelt bekannt als dynamischer Regisseur, als Regisseur des Expressionismus, als der Mann, der begabte junge Kräfte entdeckte und entwickelte. Selbst die etwas eingebildete und oft snobistische Berliner Presse beschickte seine Premieren.

Von Darmstadt ging er nach Köln, von dort nach Berlin ans Renaissance-Theater, das er auf eigene Rechnung übernahm. Er zeigte Erstaunliches, aber seine Inszenierungen waren viel zu teuer für das kleine, nicht subventionierte Haus, und zudem fielen sie in die Zeit der Wirtschaftskrise, in der viele Theater ihre Pforten schließen mußten. Er ruinierte sich und seine Geldgeber, da er von der falschen Überzeugung nicht abzubringen war. Berlin sei nur durch pompöse Inszenierungen zu erobern. Als durchaus nicht geschlagener, aber vielleicht doch schon angeschlagener Mann kehrte er 1929 nach Darmstadt zurück. Aber er war immer noch ein erster Regisseur, freilich reichlich exzentrisch. Über alles hatte er seine eigenen Ansichten, die er manchmal innerhalb von Tagen von Grund auf änderte. Er konnte sehr apodiktisch sein. So erklärte er etwa dem verdutzten Künstler, der seine Bühnenbilder entwarf, als er zur Bauprobe von *Romeo und Julia* erschien: »Dieses Stück sehe ich orange!« Womit für ihn die Bauprobe beendet war.

Wieder suchte und fand er erstaunlich begabte junge Kräfte. In Berlin hatte er die blutjunge Elisabeth Lennartz entdeckt. Nach Darmstadt holte er sich Ernst Ginsberg und als Dramaturgen Kurt Hirschfeld, der in Lehrte aufgewachsen war und in Hannover und Göttingen sein Handwerk erlernt hatte. Von ihm wollte sich Hartung auf keinen Fall trennen. Und als das Angebot Riesers kam, verlangte er: »Sie müssen auch Hirschfeld engagieren!«

Rieser hatte ja bisher nie allzu großen Wert auf Dramaturgen gelegt – wer oder was Kurt Hirschfeld war, ahnte er nicht einmal. Trotzdem ließ er Hirschfeld suchen – was gar nicht so einfach war, denn in Deutschland ging es ja drunter und drüber –, fand ihn und rief ihn an.

Hirschfeld später: »Ich bekam also da bei meinen Freunden einen Anruf, angeblich aus der Schweiz. Ein Mann mit einem Dialekt, der mir recht komisch vorkam, forderte mich auf, zwecks Verhandlungen sofort nach Zürich zu kommen. Ich hielt das für einen Witz eines der wenigen Bekannten, die überhaupt wußten, wo ich steckte.«

Rieser: »Nein, es ist kein Witz! Ich bin Ferdinand Rieser, Generaldirektor vom Zürcher Schauspielhaus!«

Hirschfeld, halb belustigt, halb verärgert: »Das müssen Sie mir erst beweisen. Es ist jetzt neun Uhr. Wenn um zwölf das Reisegeld in meinen Händen ist, werde ich fahren.« Hängte ab und dachte nicht mehr an diesen Anruf.

Das Geld war – telegrafisch überwiesen – bereits um elf in seinem Besitz. Hirschfeld fuhr nach Zürich, fragte sich zum Heimplatz durch, betrat das Kunsthaus, das er für das Schauspielhaus hielt, wollte Direktor Rieser sprechen, landete

schließlich im viel weniger imposanten Schauspielhaus, das er, aus dem Lande
kommend, wo Theater meist in gewaltigen Bauten untergebracht sind, niemals für
einen Musentempel gehalten hätte, fand schließlich auch Rieser und sagte: »Ich
nehme an, Sie haben mich engagiert, damit ich Ihnen ein paar gute Leute
zusammenhole.« Und engagierte in den nächsten Wochen und Monaten für das
Schauspielhaus Leopold Lindtberg, Kurt Horwitz, Therese Giehse, Heinrich
Gretler, Teo Otto, Hermann Wlach, Erwin Kalser, Ernst Ginsberg, Leonard
Steckel und viele andere mehr.

Das war so einfach nicht, wie es später aussah. Viele der nicht reinrassigen
Künstler wußten noch nicht, daß sie in Kürze ihre Stellungen und – wären sie in
Deutschland geblieben – auch ihr Leben verlieren würden. Viele von ihnen hielten
sich mit Recht für durchgesetzt und – nicht mehr zu Recht – für gefragt.

Andere waren in alle Winde zerstreut und schwer auffindbar. Dritte Schwierigkeit:
für die Schweiz gab es vorläufig keinerlei Veranlassung, die Hitler-Regierung
nicht anzuerkennen – sie wurde ja von allen Regierungen der Welt anerkannt.
Schon wehte die Hakenkreuzfahne über allen Konsulaten, und Personen, die
gegen sie demonstrierten, wurden von der Polizei auseinandergetrieben oder
verhaftet. Es gehörte noch nicht zum guten Ton, gegen Hitler zu sein. Also war für
diejenigen, die sich offen als Gegner der Nazis bekannten – und was anderes blieb
emigrierenden Schauspielern übrig? – das Klima nicht gerade günstig.

Das Schauspielhaus eröffnete seine Spielzeit 1933/34, die erste mit dem neuen
Ensemble und unter dem neuen Vorzeichen am 8. September mit Shakespeares
Maß für Maß – in der Inszenierung von Gustav Hartung. Zufällige Wahl?
Keineswegs. Das Stück handelt von dem angeblichen Ehrenmann Angelo, der sich
von seinem nichtsahnenden Fürsten mit den Regierungsgeschäften betraut, als
Schurke erweist und vor Verbrechen nicht zurückscheut. *Maß für Maß*: einem, der
Maßnahmen, brutale Maßnahmen ergreift, wird Maß genommen; einer, der mit
allzu großer Leichtigkeit Todesurteile unterschreibt, wird gewogen und zu leicht
befunden. Daß die Sache, vor vielen hundert Jahren geschrieben und gespielt, gut
ausgeht, konnte nur Nichtsahnende von dem naheliegenden Schluß zurückhalten,
daß mit dem bösen Statthalter Angelo kein anderer als Adolf Hitler gemeint war.
Also politisches Theater gegen das politische Theater, das unter Hitler gemacht
wurde – nur daß dieses niveau- und schamloser als das auf der Bühne war.
Schon während der Proben hatten die Mitwirkenden mit wachsendem Erstaunen
feststellen müssen, wie wahr und weise die Worte Shakespeares über die Brutalität
der Gewaltherrscher sind. Eine Erkenntnis, die sich in den folgenden Jahren bei
jeder neu inszenierten Shakespeare-Aufführung vertiefen sollte. Shakespeare war
in Deutschland kaum je ungestrichen gespielt worden, nicht so sehr wegen der
Längen als wegen der unglaublichen – in des Wortes wahrster Bedeutung:
unglaublichen – Grausamkeiten, die seine Bösewichte begehen, von Richard III.

über Macbeth zu den Töchtern des Königs Lear. Jetzt, 1933, begriffen alle, die begreifen wollten: Shakespeare hatte nicht übertrieben. Und während in den von Hitler beherrschten Ländern viele dieser klassischen Dramen gar nicht mehr aufgeführt werden durften, weil sie das wahre Gesicht des Diktators zeigten, ohne seinen Namen zu nennen, wurden in Zürich jahrhundertealte Striche aufgemacht, um Shakespeare sagen zu lassen, was Lebende zu sagen nicht mehr wagen durften.

Nur außerhalb des Dritten Reiches durften sie. Und so schrieb Ferdinand Bruckner in wenigen Tagen und Nächten sein Schauspiel *Die Rassen*. Das Zürcher Schauspielhaus brachte es am 30. November 1933 heraus. Es war im tieferen Sinn die eigentliche Eröffnungspremiere, weil das Stück, das gespielt wurde, die Umstände behandelte, die dieses Theater, so wie es jetzt werden sollte, erst notwendig machten, weil es Hitler und seine absurden Theorien und seine verbrecherischen Methoden vor den Scheinwerfer zerrte.

Ferdinand Bruckner gab es gar nicht. Er hieß in Wirklichkeit Theodor Tagger, stammte aus Wien, hatte mehrere Stücke geschrieben, die niemand aufführen wollte, hatte in Berlin das Renaissance-Theater geleitet, bis es finanziell zusammenbrach und er es an den aus Köln kommenden Hartung abgeben mußte. Der fand im »Nachlaß« Taggers das Stück eines ihm und auch der übrigen Welt völlig unbekannten Ferdinand Bruckner, *Krankheit der Jugend*; es machte ihm Eindruck, er führte es auf und hatte damit einen Sensationserfolg.

Noch wußte niemand, wer sich hinter dem Pseudonym verbarg, aber in Berlin begann man sich den Kopf darüber zu zerbrechen. Das Geheimnis blieb wohlgehütet, auch nachdem Bruckners nächste Stücke, *Verbrecher* und *Elisabeth von England*, im Deutschen Theater in sensationellen Besetzungen herausgekommen und über alle deutschen Bühnen gelaufen waren.

Als Hitler die Macht ergriff, schwiegen die meisten Schriftsteller und Dramatiker – zu unfaßlich war ihnen, was geschah. Der große Wiener Publizist Karl Kraus gestand: »Zu Hitler fällt mir nichts ein!«

Anders Bruckner. Er las in Zeitungen von den ersten Grausamkeiten, von den ersten Judenverfolgungen, wie die Nazis sich und ihre Taten rechtfertigten, was sag' ich?, sie als Heldentaten proklamierten, er las die schwülstigen Reden der leitenden Männer und begriff, daß keine dramatische Erfindung diese neue Wirklichkeit übertreffen, kein Dichter die neue Sprache gültiger formen konnte. Also ließ er in seinem Stück die Nazis handeln, wie sie es Tag für Tag in Wirklichkeit taten, ließ sie sprechen, wie sie Tag für Tag, Stunde um Stunde brüllten und blökten.

So entstanden *Die Rassen*.

Der »arische« Student Karlanner liebt Helene, Tochter des reichen jüdischen Industriellen Marx, die sich von ihrem Vater gelöst hat, weil sie ihr eigenes Leben leben, das heißt, den mittellosen Geliebten heiraten will. Karlanner aber gehört zu jenen, die im Taumel des allgemeinen nationalen Rausches – März/April 1933 – zu den Nazis überlaufen. Das bedeutet Trennung von Helene, die die Dinge klarer erkennt als er, auch als ihr Vater. Der alte Marx hofft nämlich, sich mit den Nazis zu arrangieren, und anfangs sieht's auch so aus, als werde ihm das gelingen.

Karlanners Umfall bedeutet Trennung von Helene, ja Mitwirkung an der Degradierung seines Freundes und Kommilitonen, des Juden Siegelmann, dem man die Hosen abschneidet und ein Schild »Ich bin ein Jude« umhängt, den man durch die Stadt führt und schließlich so zurichtet, daß er im Krankenhaus landet. Erst als die Partei Karlanner befiehlt, Helene, die kein Blatt vor den Mund nimmt, zu verhaften, wacht er langsam auf. Es gelingt ihm, sie zu warnen und zu retten, aber damit ist er zum »Verräter« geworden und verfällt der Feme.

Eine denkbar einfache Fabel. Aber das Erschütternde daran ist, daß sie eigentlich keine war, sondern nichts als ein Film dessen, was sich gerade in Deutschland abspielte.

Und gerade das machte es so schwer, dieses Stück zu inszenieren, denn das bedeutete, Handlungen glaubhaft machen zu müssen, die, es sei wiederholt, unglaublich waren; Schauspieler Unaussprechbares aussprechen zu lassen und sie doch so zu führen, daß sie als Menschen wirkten. Hartung, Bruckners Entdecker, schaffte es in nächtelangen Proben, schaffte es mit einer Handvoll hingebungsvoller Schauspieler.

Da war die schöne Sybille Binder als Helene. Da war der blutjunge Emil Stöhr aus Wien als Karlanner. Er befand sich erst ein paar Wochen in Zürich. Aber eigentlich hätte er schon ein Jahr früher kommen sollen, vor Hitler; Rieser hatte der junge, vorzüglich aussehende Schauspieler, der entschieden einen Frack zu tragen vermochte, so gut gefallen, daß er ihm 2000 Franken bot. Aber Stöhr, der übrigens Paryla hieß, jedoch den Namen seiner Mutter angenommen hatte, weil er mit seinem zwei Jahre älteren Bruder nicht verwechselt werden wollte, war am Breslauer Lobetheater bei seinem Direktor Paul Barnay geblieben.

Als Hitler an die Macht kam, griffen SS-Leute mitten in der Nacht den ihnen zu fortschrittlichen Barnay, um ihn totzuschlagen. Passanten sahen ihn totenbleich im Nachthemd in einem Auto sitzen, von den Mordbuben flankiert. Sie alarmierten die Polizei – so etwas war damals noch möglich. Das Überfallkommando befreite den Theaterdirektor, gerade, als er in einem Wäldchen zusammengeschlagen werden sollte. Er dürfte der einzige Direktor der Geschichte des Theaters sein, dem sein Publikum das Leben rettete.

Aber sein Theater wurde geschlossen. Auch Stöhr mußte aus Breslau fort – die Nazi-Presse warf ihm vor, er habe als Melchthal im *Tell* den Rotfrontgruß entboten, was purer Unsinn war. Als Österreicher konnte er nicht einfach verhaftet werden. Aber es schien ihm trotzdem ratsam, sich nach Berlin abzusetzen. Dort saß er nun, und niemand wollte ihn engagieren. Er schrieb an Rieser. Der ließ ihn nach München kommen, fand ihn plötzlich nicht mehr so begabt, auch von seiner

Fähigkeit, einen Frack zu tragen, war keine Rede mehr. Trotzdem bot er ihm – das letzte Angebot hatte, vor genau einem Jahr, wie gesagt, 2000 Franken betragen – 400 Franken. Stöhr nahm an, und spielte den Karlanner.

Und dann war da noch ein anderer junger Schauspieler, der den unglücklichen Siegelmann spielte: Ernst Ginsberg.

Der war trotz seiner nur neunundzwanzig Jahre schon ein interessanter und nicht unbekannter Schauspieler, als ihn das Telegramm Gustav Hartungs erreichte: »Kommen Sie nach Zürich!« Es war nur von der einen Rolle des Siegelmann die Rede, und es schien nicht, als würde Ginsberg in Zürich mehr zu tun bekommen, denn Rieser mochte ihn nicht. Genauer: »Herr Ginsberg, Ihre Nase gefällt mir nicht!« Das sollte verbindlich-scherzhaft klingen. Es klang unter den damaligen Umständen – recht makaber.

Ginsberg hatte fünf Jahre in Berlin an vielen Theatern mit Erfolg gespielt, aber er war nicht glücklich gewesen. Denn man hatte ihn auf einen Typ festgelegt, auf den Typ des jungen revolutionären Intellektuellen. Und er war doch zum Theater gegangen, um den Romeo zu spielen und den Prinzen von Homburg und die großen klassischen Rollen. Hartung hatte ihn als Franz Moor nach Darmstadt geholt, aber er war dann, nach Hitlers Machtergreifung fristlos entlassen, wieder in die Hauptstadt zurückgekehrt. Er sollte in dem neugegründeten »Jüdischen Theater« mitwirken. Doch diese Form des Ghettos – das Unternehmen existierte übrigens nicht lange – behagte ihm nicht. Er ging nach Wien, wo damals eine Überfüllung von im Dritten Reich nicht mehr erwünschten Schauspielern herrschte, konnte aber kein Engagement finden, was sicher nicht nur mit den äußeren Verhältnissen, sondern auch mit seiner inneren Verfassung zusammenhing. Seine Mittel schrumpften zusammen. Da kam das Telegramm aus Zürich. Erst während der Proben wurde ihm klar, das war keine Rolle, die er spielte, das war Wirklichkeit. »Sein« Siegelmann – das war ja der Münchner Rechtsanwalt Siegel, den man in der Tat mit abgeschnittenen Hosen und dem Schild »Ich bin ein Jude!« durch die Stadt getrieben hatte. Siegelmann spielen hieß nicht nur Theater spielen, das bedeutete Verantwortung dem Leben, der Zeitgeschichte gegenüber. Ginsberg: »Die innere Spannung, in der ich mich während der Premiere befand, war fast unerträglich. Und dann kam eine Stimme von der Galerie; es war, wie ich später erfuhr, ein junger Schweizer, dem es unfaßlich erschien, daß einer solches mit sich geschehen ließ. Er rief, er flehte mich an: ›Siegelmann, Siegelmann, so hilf dir doch!‹ Es war der Einbruch der Zeit ins Theater…«

Ach, Siegelmann konnte sich nicht helfen – und Ginsberg konnte sich auch nicht helfen. Was nutzte es, daß er einen großen Erfolg verbuchen durfte, daß er ein vorzüglicher Schauspieler war. Er gefiel seinem Direktor nicht, und der glaubte schon sehr großzügig zu sein, daß er ihn für weitere vierzehn Tage engagierte. Immer wieder stand es auf des Messers Schneide, ob Ginsberg würde weiterspielen dürfen. So mußte er alles spielen, er mußte jede Rolle annehmen, nur um im »Spielplan« zu bleiben. So mußte er zum Beispiel einmal in einem Smoking auftreten, aber Ginsberg besaß keinen. Wenn Direktor Rieser das erfahren hätte! »Prüfi« raste zu einem Trödler und borgte einen Smoking, und damit war alles... Nein, alles war noch nicht gut. Ginsberg war trotz seiner Jugend im Begriff, eine vorläufig noch kleine Glatze zu entwickeln. Wenn Rieser das erfahren hätte! Kurz entschlossen beschmierte Prüfer die betreffende Stelle des Ginsbergschen Skalps mit Augenbrauenstift.

Daß Ginsberg bleiben konnte, war vor allem dem Umstand zu verdanken, daß *Die Rassen* immer wieder gespielt wurden. Der große Erfolg hatte sich schon bei der Premiere abgezeichnet. Sie war das, was man früher in Berlin eine ganz große Premiere genannt hätte. Alles war da, was in Berlin nicht mehr dabei sein konnte oder wollte. Thomas Mann und Franz Werfel, Leonhard Frank und Bruno Walter, Max Pallenberg und Alexander Moissi, Ernst Deutsch und Grete Mosheim, und viele bekannte emigrierte Zeitungsmänner.

Apropos Presse: sie blieb zumindest vorsichtig. Immerhin war der Mann, der in den *Rassen* als – wenn auch unsichtbarer – Angeklagter auf der Bühne stand, der Beherrscher des großen benachbarten Deutschland. Selbst der Kritiker der »Neuen Zürcher Zeitung«, der ersten deutschsprachigen ausländischen Zeitung, die in Hitler-Deutschland bereits verboten war, schrieb so, als gäbe es wirklich die Probleme, die Hitler ja nur künstlich geschaffen hatte, und warf Bruckner vor: »Seine *Rassen* sind aufgerissene Gräben, aber sie bringen das Rassenproblem der Lösung nicht näher. Was wird mit den Entwurzelten, wohin sollen sie gehen, wo bleiben? Die Beantwortung dieser Frage bleibt uns Bruckner schuldig... Den Juden... weist Bruckner keinen Weg.«

Das tat eine andere Schweizer Zeitung. Die Juden sollten nicht fragen, sie sollten gefälligst den Mund halten »und eine ewige Schuld tilgen. Denn Christus trug das Kreuz, weil die Juden schrien: kreuziget ihn, und das Schwere für die Juden heute ist letzten Endes ein schuldiges Büßen, weil er sein eigenes Volk verleugnete. Die Märtyrerrolle des unschuldigen Lammes ist Schauspieler-Pose; das Vorhandensein wahren Leidens aber sei nicht geleugnet.«

Und überhaupt: war Bruckner etwa unparteiisch? Er war es nicht: »Am Nationalsozialismus... bleibt kein gutes Haar... Bruckner trifft die listige Unterscheidung zwischen Deutschland und Nationalsozialismus – dem ersten bemüht er sich gerecht zu werden, dem Braunhemd gegenüber wütet er in blindem Haß.«

Wo das stand? In der Zeitung »Front«, dem Organ der Schweizer Nazis, das verzweifelt versuchte, es dem »Stürmer« gleichzutun. Ja, schon gab es Nazis in der Schweiz – die sogenannten Fröntler oder Frontisten.

Direktor Rieser hatte Befürchtungen, daß sie während der Premiere das Theater stürmen würden. Und so kam es, daß er etwas tat, das ihm normalerweise schrecklich zuwider war. Er gab eine – eine einzige – Freikarte aus, und zwar dem

Schauspieler Stöhr für seine Mutter. Diese großzügige Aktion begründete er wie folgt: »Wenn etwas geschieht, soll wenigstens die Mutter bei dem Sohn sein!«

Mit einer Kundgebung in Zürich war der sogenannte »Kampfbund« der neuen Nationalen Front am 22. April 1933 vor die Öffentlichkeit getreten. Die Bewegung war gewachsen, aber schon bald traten Meinungsverschiedenheiten auf, und im Oktober mußte bekanntgegeben werden, daß mehrere Mitglieder ihren Austritt angemeldet hatten, um eine neue Organisation, den »Volksbund«, als Bewegung für schweizerische National- und Sozialpolitik unter dem Vorsitz von Oberstdivisionär Sonderegger zu gründen. Ferner gab es schweizerische Faschisten, die Mitte Oktober 1933 Mussolini einen Besuch abstatteten.

Noch stand Hitler am Anfang. Noch hatte er mit der Aufrüstung kaum begonnen. Trotzdem wurde die Welt schon nervös. Die Sowjetunion schickte ihren Außenminister Litwinow auf Reisen. Er schloß Verträge mit England und Frankreich ab und Nichtangriffspakte mit Estland, Lettland, Polen, Rumänien, der Türkei, Persien und Afghanistan. Washington entschloß sich endlich, nach fünfzehn Jahren, die Sowjetunion diplomatisch anzuerkennen. Der französische Außenminister, Louis Barthou, nahm Kontakt mit Moskau auf. Man hoffte, Hitler dadurch abzuschrecken, daß die Deutschland umgebenden Länder sich miteinander verbündeten.

So ging das Jahr 1933 seinem Ende entgegen. Und im Schauspielhaus fand noch eine Premiere statt, die, wenn auch nicht von welthistorischer, so doch von gewaltiger Bedeutung sein sollte; eine, die dem Direktor Rieser bewies, daß man auch mit guten Stücken gute Kassen machen konnte, ja, sogar mit Klassikern. Der Mann, der diesen Beweis führte, hieß Leopold Lindtberg.

Eines Morgens, das war noch im Sommer 1933 gewesen, entstieg dem Zug aus Paris ein junger Mann, mittelgroß, schlank, fast mager, mit dichter schwarzer Mähne; er sah sehr gut aus, fast ein wenig zu gut, wie ein Filmliebhaber etwa, nur bedeutender. Er war zum Theater gegangen, um zu spielen. Er spielte noch gelegentlich, hatte sich aber, obwohl er sehr jung war, bereits einen gewissen Namen als Regisseur gemacht: Leopold Lindtberg.

In Wien geboren und aufgewachsen, hatte er in Koblenz und Düsseldorf angefangen, war dann nach Berlin gegangen, hatte bei dem stark links orientierten Theatermann Erwin Piscator gearbeitet, war ans Staatstheater geholt worden und hatte dort mit einer Aufführung von *Kabale und Liebe* mit ganz jungen und unbekannten Kräften Sensation gemacht. Er hatte noch einige Stücke in Berlin inszeniert, war dann nach Düsseldorf gegangen und dann – wie es schien – spurlos verschwunden.

Kurt Hirschfeld suchte ihn. Er wollte ihn nach Zürich bringen; aber wo steckte er? Zufällig kam Hirschfeld zu Rolf Liebermann, der damals noch in einer Bank arbeitete, und traf dort, weiterer Zufall, Lale Andersen, damals noch nicht

Schlagersängerin, sondern Schauspielerin, die Lindtberg in Düsseldorf kennengelernt hatte. Sie wußte, dritter Zufall, wo er sich befand – in Paris nämlich, wohin
viele Theater- und Filmleute emigriert waren.

Lindtberg zeigte sich, so jedenfalls schien es Rieser, ein wenig zu beglückt, daß
man ihn nach Zürich holte. 1931, bevor er nach Berlin ging, hatte Rieser ihn haben
wollen und dem damals Unbekannten 1000,– Franken geboten. Jetzt bekam der
schon recht bekannte Lindtberg 800,– Franken und mußte froh sein. Er war es
wohl auch. Nicht allerdings über das, was er, als zweiter Regisseur hinter Gustav
Hartung, zu inszenieren bekam, nämlich die sogenannten kleinen Stücke, vor
allem die Boulevardkomödien, an denen Riesers Herz hing, weil er überzeugt war,
daß er nur mit ihnen Geld verdienen konnte. Und Lindtberg war es klar, daß er
seinen Direktor nicht umstimmen würde, wenn er auf die Bedeutung der Klassiker
hinwies. Also erklärte er immer wieder, auch mit Klassikern seien volle Kassen zu
machen, was ihm vorläufig nur ein mitleidiges Lächeln eintrug.

Aber Rieser mochte Lindtberg, der ihm viele Erfolge inszenierte, und wollte ihm
ein kleines Weihnachtsgeschenk machen. Daher erlaubte er ihm, am 23. Dezember 1933 den *Eingebildeten Kranken* und den *Zerbrochenen Krug* herauszubringen.
Rieser: »Am 23. kommt sowieso niemand ins Theater, zwischen Weihnachten und
Neujahr geht das Theater immer schlecht, nach vier Vorstellungen setzen wir Ihre
geliebten Klassiker ab...«

Generalprobe unter denkbar ungünstigen Vorzeichen. Die Frau Direktor, Marianne Rieser, redete in alles hinein, Lindtberg verbat sich's. Rieser ergriff die
Partei seiner Frau, kam mit miserabler Laune zur Premiere und traute seinen
Ohren nicht, denn die Leute wollten sich totlachen – man bedenke, bei Klassikern!
Und traute seinen Augen nicht, denn die Kritiker spendeten begeistertes Lob. Es
war klar, daß er einen großen Erfolg in der Tasche hatte, aber er wäre nicht Rieser
gewesen, hätte er das ohne Umschweife zugegeben. Also sagte er zwei Tage später
zu Lindtberg, der bereits ein neues Stück probierte: »Sie müssen unbedingt noch
fünf Minuten herausstreichen, wenn wir die Stücke auf dem Spielplan behalten
sollen!«

So erfuhr der Regisseur, daß seine Stücke mehr als viermal gespielt werden
würden. Dieser 23. Dezember war, wie er später oft feststellte, ein historisches
Datum, eine Art Durchbruch des klassischen Theaters, ein entscheidender Sieg
über das bisher am Zürcher Schauspielhaus allmächtige Boulevardtheater.

Im *Zerbrochenen Krug* spielten die Hauptrollen: Therese Giehse als Marthe Rull
und Heinrich Gretler als Dorfrichter Adam.

Über die Regie Lindtbergs noch ein Wort. Er war schon damals einer der
bedeutendsten Regisseure der Nach-Reinhardt-Zeit, wenn auch noch nicht als
solcher anerkannt. Seine bereits stark ausgeprägte Art des Regieführens sollte sich
bis zu seinem Tod nie ändern. Er ging von dem Grundsatz der Werktreue aus. Um
sie ausüben zu können, mußte er das Stück immer wieder lesen, selbst wenn er nur

11 Leonard Steckel als Othello mit Sybille Binder als Desdemona, 1935

13 In Friedrich Wolfs Zeitstück »Professor Mamlock«, das in Zürich in »Professor Mannheim« umbenannt wurde, spielte Kurt Horwitz die Titelrolle. Das Drama war 1934 das zweite große Anklagewerk gegen die Nationalsozialisten. ▷

10 Vorhergehende Seite: Traute Carlsen kam in den Zwanzigerjahren als hübsche und elegante Salondame an die Pfauenbühne.

12 Albert Bassermann als Wilhelm Tell, 1934

14 Oskar Wälterlin war ab 1938 ein Schauspielhaus-Direktor, der Entscheidendes vollbrachte.

15 Wolfgang Heinz, vom Staatstheater Berlin kommend, in Georg Büchners »Dantons Tod«, 1940

16 Oskar Wälterlin eröffnete seine erste Spielzeit mit Shakespeares »Troilus und Cressida«. Die Titelrollen spielten Eleonore Hirt und Emil Stöhr.

17 Erwin Parker spielte in ganz Europa, ein ewig Ausgewiesener, bis er in Zürich seine zweite Heimat fand.

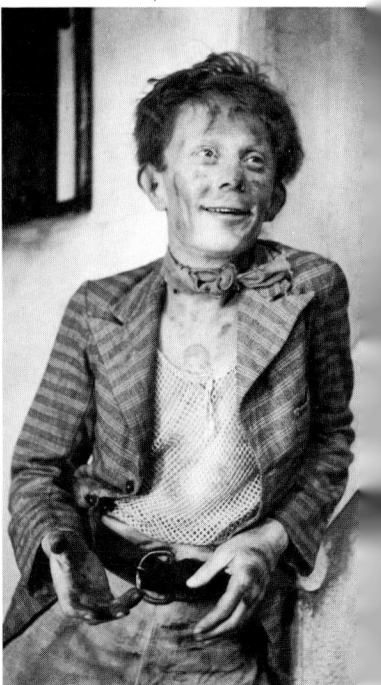

eine Woche Zeit für die Inszenierung hatte. Es war fast die Regel, daß er erst
einmal verzweifelte, weil er sich nicht vorstellen konnte, daß er das Stück so, wie
der Autor es sich gedacht hatte, würde schaffen können. Und dann las er es noch
einmal und noch einmal, ggf. auch möglichst viele Übersetzungen – etwa im Falle
von Shakespeare –, und auch noch alles, was über dieses Stück geschrieben worden war, soweit er es beschaffen konnte. Und das alles vielleicht noch während er
das Stück, das vorher herauskommen sollte, probte. Für ihn hatte, vor allem in den
ersten Zürcher Jahren, der Tag bis zu zwanzig Arbeitsstunden. Wenn er dann um
fünf Uhr mit der Generalprobe fertig war, beschlich ihn zum letztenmal Verzweiflung. Die Sache würde am Abend schiefgehen, und er würde die Schweiz verlassen
müssen. Aber dazu kam es nie.

Therese Giehse kam aus München. Sagte ich, kam? Sie hatte das Münchner
Theaterleben beherrscht, sie war dort so etwas wie eine Königin im Reich der
Mimen gewesen. Sie war wohl noch recht jung – und doch eigentlich nie jung
gewesen. Knapp mittelgroß, schwer, fast dicklich, mit einem harten Gesicht, das
wie aus Holz geschnitzt wirkte, mit blondem, fast farblosem Haar, hatte sie
niemals die traditionellen Liebhaberinnen-Rollen spielen können; undenkbar, sie
sich als Gretchen oder Klärchen, als Julia oder Ophelia vorzustellen. Unmöglich
auch, sie sich als Anfängerin vorzustellen. Irgendwo, irgendwie mußte sie ja wohl
angefangen haben, man sagt, auf einer Schmiere, bevor sie an die Münchner
Kammerspiele kam. Mit Bestimmtheit wissen wir nur, daß sie eines Tages da war.

Und wie war sie da! Sie brauchte kaum ein paar Worte zu sprechen, und ein ganzer
Mensch stand vor uns; gleichgültig, ob sie nun eine große oder kleine Rolle hatte –
und sie mußte schon ihres Aussehens wegen viele kleine und kleinste Rollen
spielen. Aber auch die kleinste Rolle war eine gute Rolle, wenn die Giehse sie
spielte. Da war nichts gemacht, da war alles gewachsen, echt, voller Blut. Die
Giehse war nicht einzureihen, sie hatte kein Vorbild, wenn man auch vielleicht
sagen kann, daß sie die Linie Else Lehmann – Lucie Höflich fortsetzte. Sie war,
mehr als diese, eine echte Volksschauspielerin. Sie war unmittelbar. Sie brauchte
nur ein paar Worte zu sagen, nein, sie brauchte überhaupt nichts zu sagen, sie
»hatte« ihre Zuschauer sofort. Sie brauchte einen bloß anzusehen – oder den
Partner auf der Bühne –, und man hatte das Gefühl: den Menschen kennst du
doch, den hast du doch schon hundertmal gesehen! Sie konnte einen, ohne daß
man wußte, wie sie es machte, in Lachkrämpfe versetzen oder so rühren, daß
einem die Tränen herunterliefen. Und sie hatte die Musikalität der wahren
Schauspielerin. Sie sang gar nicht schön, Fachleute würden überhaupt bezweifeln,
daß sie sang, aber was sie sang, ging einem ins Gemüt – ein anderes Wort ist gar
nicht möglich.

Eines war sicher: sie bezog ihre Wirkung nicht so sehr aus dem Handwerk , der
Arbeit, den Anweisungen des Regisseurs, den Proben – obwohl sie hart arbeiten
mußte und, wie man in der Bühnensprache sagt, nur langsam »kam«; auch nicht

aus dem Intellekt, obwohl sie schon immer eine ungemein intelligente Frau war, sondern eher aus der Landschaft, der sie entstammte, aus der Stadt München und ihrer Sprache – so nur ist es zwar erklärlich, wenn auch bedauerlich, daß sie in Berlin nie einschlug.

Sie war für die Münchner die Bavaria schlechthin, von einer geradezu sagenhaften Popularität, auch bei den Nazis, auch nachdem sie erfahren mußten, daß sie Volljüdin war. Sie mochten sie so sehr, daß sie bereit waren, ihr einen sogenannten Schutzbrief zu geben, das heißt, sie ehrenhalber zur Arierin zu erklären. Aber die Giehse mochte die Nazis nicht. Und als der Reichstag brannte, erklärte sie laut im Konversationszimmer der Kammerspiele: »Den haben die Nazis doch selbst angezündet!«

Sie wurde denunziert. Ihre Freunde drängten sie: »Thesi, du mußt weg!« Sie lächelte nur. Dann flüsterte ihr ein kleiner Beleuchter zu, der seit langem in der Partei war, aber sich dieser weniger verbunden fühlte als seinem Theater: »Heute nacht kommen sie, um Sie zu holen!«

Erika, die Tochter Thomas Manns, die sich damals bereits als Schauspielerin versucht hatte, fuhr sie noch am gleichen Abend über Garmisch nach Österreich hinein, nach Lermoos am Fernpaß. Zwei, drei Tage später erschienen einige höhere Nazifunktionäre in den Kammerspielen und ließen sich bei dem Schauspieler Kurt Horwitz melden, denn sie wußten, daß er mit der Giehse befreundet war: »Die Partei läßt ihr sagen, sie kann zurückkommen, wenn sie sich entschuldigt!« (Später hieß es, Hitler selbst, einer ihrer »Fans«, habe das veranlaßt.) Sie entschuldigte sich nie und kam erst zurück, als der Spuk vorbei war. Vorerst fuhr sie mit Erika Mann nach Paris, von dort nach Zürich, um mit Rieser abzuschließen.

Und nicht nur mit Rieser. Die Giehse hatte wenige Monate vorher zusammen mit Erika Mann in München ein politisches Kabarett gegründet, »Die Pfeffermühle«, das am 1. Januar 1933 eröffnete. Dieses Kabarett war sehr stark anti-nationalsozialistisch ausgerichtet, schärfer ging es gar nicht mehr. Erika Mann leitete das Unternehmen, war ihr eigener Regisseur, ihr Conferencier, sang, deklamierte, spielte Sketchs, schrieb – es wurden Texte von ihr, von der Giehse und anderen jungen Menschen zum Vortrag gebracht, auch Texte des äußerst begabten Bruders Klaus Mann.

Das war eine Sache, im Januar 1933 Abend für Abend gegen Hitler Kabarett zu machen – die Nationalsozialistische Deutsche Arbeiterpartei war ja damals die weitaus größte deutsche Partei, die SA-Burschen bevölkerten die Straßen. Das Erstaunlichste aber, daß die mutige Erika Mann auch nach dem 30. Januar, dem Tag von Hitlers Machtergreifung, weitermachte, daß sie noch den ganzen Februar hindurch in München spielte – München war damals noch nicht »gleichgeschaltet«. Während in Berlin schon rechts und links verhaftet und gemordet wurde, tobte in München erst einmal der Fasching. Aber natürlich hätte jeden Augenblick etwas geschehen können, es war geradezu lebensgefährlich, was Erika Mann, die Giehse und die anderen da Abend für Abend trieben, und was sie, wäre es nach ihnen gegangen, fortgeführt hätten. Aber nach dem Reichstagsbrand war daran nicht mehr zu denken. Als die Giehse nach Zürich kam, hatten sie und Erika Mann schon entschieden, den in München geschlossenen Laden in der Schweiz wieder aufzumachen.

Um die Ereignisse vorwegzunehmen: Die Zürcher Eröffnung erfolgte am 1. Oktober 1933, es wurde mit großem Erfolg gespielt, aber Proteste blieben nicht aus. Sie kamen von der Zeitung »Die Front«, sie kamen von den Fröntlern, die in den Saal drangen und mit Stinkbomben und Trillerpfeifen ein Weiterspielen unmöglich machten. Die Polizei schien zuerst gesonnen, die kleine Truppe zu schützen; es kam zu Zusammenstößen, es wurde sogar geschossen. Trotzdem hätte es vielleicht weitergehen können, aber nicht nur »Die Front« stellte sich gegen Erika Mann. Auch andere Zeitungen meinten, es ginge doch wohl nicht, Hitler, immerhin Kanzler des benachbarten Deutschen Reichs, derart zu provozieren. Der Stadtrat lehnte ein Verbot trotz alledem ab, nur erneuerte er die Spielerlaubnis nicht mehr. Aber noch viele Jahre lang sollte die »Pfeffermühle« in der Tschechoslowakei, in Holland, in Belgien gastieren, ja, schließlich sogar einen Trip nach New York machen, wo die Darbietungen allerdings nicht verstanden wurden, so daß das Unternehmen schon wenige Tage nach seiner Eröffnung für immer die Pforten schließen mußte. Aber bis dahin waren es fast noch mehr als drei Jahre...

Direktor Rieser freute sich auf die Giehse, er hatte viel von ihr gehört. Dann aber erschrak er doch ein wenig, als er sie sah und an seine geliebten Boulevardstücke dachte. Nach einer Weile nahm er seinen Mut zusammen und fragte: »Wie würden Sie in einem Abendkleid aussehen, Frau Giehse?«

»Komisch!« gab die Giehse trocken zurück. »Sehr komisch!«

Nur ein paar Tage später stellte der Direktor eine ähnliche Frage an einen Schauspieler, den er wohl oder übel engagieren mußte, denn er war Schweizer. »Wie, Herr Gretler, würden Sie in einem Frack wirken?«

Und bekam nicht einmal eine Antwort.

Wir erinnern uns: Heinrich Gretler, Lehrer, der Schauspielunterricht nahm, war nach Berlin »emigriert« und hatte sich sofort nach vorn gespielt.

Er gehörte zu den wenigen Schauspielern, die klug genug waren, die Nazis herankommen zu sehen und zu wissen, wie das enden würde. »Wenn Hitler an die Macht kommt, dann wird aus Deutschland Hackepeter!« Er machte aus seinem Herzen keine Mördergrube, trat sogar in Friedrich Hollaenders Kabarett im Sketch *Der enge Gang* in Hitlermaske auf. Mit Bert Brecht und Kurt Weill war er befreundet.

Als das Dritte Reich ausbrach, war er am Deutschen Theater engagiert. Der höchst unwürdige Nachfolger Max Reinhardts war der mittelmäßige Schauspieler Carl

Ludwig Achaz, den sein Vater, Geheimrat Duisberg von der I. G. Farben, finanzierte. Um sich an die neuen Machthaber heranzuschmeißen, inszenierte er einen nationalsozialistischen *Wilhelm Tell*. Die Titelrolle spielte Attila Hörbiger aus Wien, seit Jahren der Partei illegal zugehörig, aber er war wohl noch recht jung; später, als es gefährlich wurde, anständig zu sein, sollte er sich sehr tapfer benehmen. Den Geßler spielte Heinrich George, eben noch mit den Kommunisten liebäugelnd, in der Folgezeit den Nazis gegenüber von beispiellosem Opportunismus, um Karriere zu machen. In kleineren Rollen waren so ziemlich alle Schauspieler beschäftigt, die Reinhardt groß gemacht hatte und die jetzt mehr oder weniger laut mit den Zähnen knirschten.

Gretler spielte den Pastor Rösselmann, der den Rütlischwur vorspricht. Wie groß war sein Erstaunen und Entsetzen, als er auf einer der letzten Proben, als die Komparserie hinzugezogen wurde, feststellen mußte, daß die Schweizer Bürger und Bauern, die den Rütlischwur nachsprechen, von SA-Männern verkörpert wurden, die dazu noch den Hitlergruß ausführten.

Aber das Beste sollte bis zuletzt aufgespart werden. Auf die Schlußworte von Rudenz: »Und frei erklär' ich alle meine Knechte!« ließ der Regisseur Hakenkreuzfahnen entfalten und im Bühnenwind wehen.

Gretler schminkte sich ab und löste seinen Vertrag, ein Wort Tells zitierend: »Dann leb' ich lieber unter den Lawinen!« Via Paris und London, wo er im Rahmen einer Brecht/Weill-Tournee spielte, kehrte er in die Schweiz zurück.

Später hieß es manchmal: »Nun ja, als Schweizer hatte er es nicht schwer, sich abzusetzen!« Aber es gab viele Schweizer, die dem Hitlerland nicht sogleich den Rücken kehrten und zögerten, bis es zu spät war.

Gretler und die Giehse spielten also die Hauptrollen in Kleists *Zerbrochenem Krug*. Er, bauernschlau, ja bösartig, aber doch zu behäbig, um gefährlich zu werden, klassische Verkörperung des Mannes, der sich gescheiter dünkt als alle anderen und das Schicksal derer erlebt, die den anderen die sprichwörtliche Grube graben. Sie, umwerfend komisch als die geschwätzig-umständliche Nachbarin, als die ewige Nervensäge, die alles besser zu wissen glaubt und es schließlich auch weiß.

Aber der *Zerbrochene Krug*, sonst als abendfüllend angesehen, war nur der eine Teil des »klassischen« Abends, dessen anderer von einem fünfaktigen Molière ausgefüllt, nun, ich darf schon sagen, überfüllt wurde, vom *Eingebildeten Kranken*. Toinette, das geschickt-gescheite Stubenmädchen: Leny Marenbach, ehemals Salonschlange bei Wenzler und Rieser. Argan, der seine Familie tyrannisiert, weil er ständig schwer zu erkranken, ja, zu sterben glaubt: der blutjunge Leonard Steckel.

Auch er gehörte zu jenen Schauspielern, die Rieser Kummer bereiteten, weil sie keinen Frack tragen konnten. Er besaß nicht einmal einen. Nicht, weil er sich keinen hätte leisten können, sondern weil er noch keine Rollen gespielt hatte, für die dieses Requisit nötig gewesen wäre. Und im Privatleben schon gar nicht.

Er war in Berlin geboren und aufgewachsen. 1920, sofort nach seinem Abitur, zum Theater gegangen, hatte er nicht in der Provinz, sondern gleich in Berlin gespielt, ja, er war nie aus Berlin herausgekommen. Der kleine kohlrabenschwarze, explosive Junge hatte schnell von sich reden gemacht, man sagte von ihm, er sei der kommende Mann; er hatte auch schon gefilmt.

Als Hitler kam, ging er kurz entschlossen mit dem Star Gitta Alpar auf eine Operetten-Tournee durch Dänemark, Schweden, Norwegen und Finnland. Sie spielten *Die Dubarry*, er darin eine lächerliche, unbedeutende Sprechrolle, die er noch vor einem halben Jahr empört abgelehnt hätte. Weitere Pläne hatte er nicht, er wollte in Berlin erst einmal abwarten. Aber nach seiner Rückkehr spürte er sogleich, in seiner Heimatstadt würde er nicht mehr leben können. Er beschloß, in die Schweiz zu ziehen – in Zürich hatte er einen guten Freund namens Arnold Kübler. Und dann konnte man ja weitersehen. Frankreich, Österreich, wer weiß... Als das letzte Möbelstück aus der Wohnung getragen wurde, kam ein Telegramm. Rieser, motiviert durch Hirschfeld, lud ihn ein, bei ihm zu spielen.

Was eigentlich war der Erfolg Steckels als *Eingebildeter Kranker*? Im Grunde sprach alles gegen ihn, zumindest in dieser Rolle. Er war knapp dreißig und hätte gut und gern fünfzig sein müssen. Er hätte müde und elend wirken müssen – und war explosiv und angreifend und von einer Präsenz, die Kranke, nicht einmal eingebildete Kranke, nicht zu haben pflegen. Aber gerade mit dieser Präsenz schaffte er es. Man konnte sich Steckel nicht entziehen. Er war da. Er hämmerte einem ein, was er war, wie er war, was er wollte und was er nicht wollte. Er war jäh und oft wild in den Gebärden, er brüllte und tobte. Im ersten Augenblick mochte das befremden. Dann riß er mit. Dieser junge Steckel, das spürte auch noch der letzte Zuschauer auf der Galerie, war Vollblutkomödiant.

Und als solcher erwies er sich abermals in einer seiner nächsten großen Rollen, die er spielte, als Rappelkopf in Raimunds *Alpenkönig und Menschenfeind*.

Das ist – für diejenigen, die es nicht wissen – das Märchenstück von dem schwierigen Herrn Rappelkopf, der durch seine Menschenfeindlichkeit das Leben seiner Frau verdüstert, das Glück seiner Tochter gefährdet, seine Mitmenschen in Angst und Schrecken versetzt, bis der allmächtige Alpenkönig einschreitet und ihn heilt. Das geht, wie stets bei Raimund, nicht ohne allerhand Zauberei vor sich.

Nicht nur, daß sich der Alpenkönig in Rappelkopf verwandelt und natürlich wieder zurückverwandelt – Gretler spielte das mit amüsierter Majestät; nicht nur, daß Rappelkopf sich in seinen Schwager Silberkern verwandelt und zurückverwandelt – Steckel dachte noch lange mit Stöhnen an die blitzschnellen Umzüge in zwei, drei Minuten; Maske mußte er auch noch machen. Nein, viel komplizierter als die Verwandlungen der Schauspieler waren die Verwandlungen auf der Bühne. Man lese nur, was der kleinen und technisch so rückständigen Pfauenbühne zugemutet wurde – ich zitiere Raimunds im Jahre 1828 geschriebene Regieanweisungen. Erster Aufzug:

»Beim Aufziehen des Vorhanges zeigt sich eine reizende Gegend am Fuße einer Alpe, welche sich im Hintergrunde majestätisch erhebt. Im Vordergrund, in der Mitte zeichnet sich ein Gebüsch von Alpenrosen, rechts ein abgebrochener Baumstamm und im Vordergrund links ein hoher Felsen ab.«

Im gleichen Akt:

»Der Alpenkönig stößt mit dem Kolben des Gewehrs auf den Fels; der Fels öffnet sich, man sieht einen kleinen Wasserfall, der über Rosen sprudelt, an dem zwei Genien lauschen; sie fangen mit den goldenen Muscheln Wasser aus der Quelle und besprengen Malchen damit.«

Ach, die Bühne des Schauspielhauses verfügte damals, im Gegensatz zu den guten Schweizer Hotels nicht einmal über fließendes Wasser.

Weiter: Die Schauplätze wechseln fast ununterbrochen. Allein der erste Akt zählt deren fünf. Das Schlimmste: Die Verwandlungen innerhalb eines Bildes. Etwa:

»Donnerschlag. Der Spiegel in der Mitte öffnet sich, man sieht auf einem schroffen Felsen den Alpenkönig sitzen; im Hintergrund ferne Berge; blauer Himmel.«

Oder, der fünfte Auftritt des zweiten Aktes sieht vor:

»Tiefer Wald. Rechts die Köhlerhütte. Neben der Tür ein Fenster; auf dem Dach ein Bodenfenster. Der Hütte gegenüber ein großer Eichbaum, hinter diesem ein Gebüsch. Im Hintergrund ein kleiner Wasserfall; später Abend.«

Aber kaum sind ein paar Worte gefallen, da:

»Ein Stier streckt aus dem Gebüsch, hinter dem er gefressen, seinen Hals gegen Rappelkopf und brüllt sehr stark.«

Fünf Minuten später erscheinen Geister – die heimgegangenen Frauen Rappelkopfs, gleich drei an der Zahl – in der Tür, im Fenster, auf dem Dach. Ja selbst:

»Der Mond verwandelt sich in ein grünverschleiertes Geisterhaupt, das aus den Wolken sieht.«

Und nun, gegen Ende des zweiten Aktes, wird es ganz schlimm:

»Der Sturm heult. Regen strömt herab, Rappelkopf steigt auf den Baum. Die Weiber verschwinden, indem das Gewitter in die Hütte einschlägt. Die Hütte brennt in hellen Flammen, die Hütte brennt fort. Heftiger Regen, Sturmgeheul und Donner. Die Wasserflut schwillt immer höher, bis sie Rappelkopf, der sich auf den Gipfel des Baumes rettet, an den Mund steigt, so daß nur die Hälfte seines Hauptes mehr zu sehen ist.«

Noch nicht genug:

»Der Alpenkönig fährt schnell auf einem goldenen Nachen bis zu seinem Haupte, der Nachen verwandelt sich in zwei Steinböcke mit goldenen Hörnern; der Baum, auf dem Rappelkopf steht, in einen Wolkenwagen, in dem sich der Alpenkönig und Rappelkopf befinden. Das Wasser verschwindet. Das ganze Theater verwandelt sich in eine pittoreske Felsengegend, die Teufelsbrücke in der Schweiz vorstellend. Auf ihrem Bogen stehen Kinder, als graue Alpenschützen gekleidet, und feuern Böller los, während der Alpenkönig und Rappelkopf im Wolkenwagen über die Bühne fahren.«

Auch der dritte Akt hat's in sich. Gleich die zweite Szene zeigt:

»Waldige Felsengegend. Im Hintergrund ein Fels, welcher von der rechten Kulisse über Dritteile der Bühne bis ungefähr zwei Schuh weit von der linken sich erstreckt und in einem steilen Abhang endigt. Auf ihm ist eine gedeckte Reisekalesche mit zwei Schimmeln sichtbar, die Pferde stehen schon ganz an dem Abhang des Felsens.«

Und nach kurzem Dialog:

»Die Pferde bekommen Flügeln. Linarius erhebt sich mit ihnen bis in die halbe Höhe des Theaters, der Wagen bleibt stehen. Zugleich fällt der hintere Teil des Felsens herab und nur das Stück bleibt, worauf die Kutsche steht. Der Kutscher aber fliegt fort und bläst das Posthorn.«

Natürlich erschreckt sich Passagier Rappelkopf einigermaßen. Aber es soll noch besser kommen:

»Der Fels, auf dem der Wagen steht, öffnet sich wie eine Höhle und in ihr sind kleine Alpengeister aufeinander kauernd gruppiert, die mit schadenfroher Miene lachen. Aus den Gebüschen, die um den Fels angebracht sind, sehen einige schelmisch hervor und lachen.«

Und das alles auf einer verhältnismäßig kleinen Bühne, ohne die letzten Errungenschaften der Technik. Wendet man ein, daß Raimund das seinem Publikum ja auch vorgespielt hat – hundert Jahre vorher –, und daß es damals noch nicht einmal elektrischen Strom gab? Gewiß, aber damals hatte das Publikum mehr Zeit, es nahm den Begriff »blitzschnelle Verwandlung« nicht gar so wörtlich, es war auch naiver, es nahm gemalte Pferde für Pferde, es wollte sich verzaubern lassen!

Gerade darauf kam es auch jetzt an, mehr noch als hundert Jahre früher. Warum führte man denn Raimund jetzt auf, wenn nicht, um die Menschen, die mit steigender Besorgnis ihre Zeitungen lasen, wenn sie nicht schon von der schweren Zeit am eigenen Leib erfahren hatten, wenigstens für ein paar Stunden zu verzaubern!

Das wußte der Regisseur Gustav Hartung sehr gut – aber wie man es mit den geringen Mitteln der Zürcher Bühne anstellen sollte, das wußte er nicht, gerade er nicht, der Regisseur, der stets »mit Butter gekocht«, der bisher unbeschränkte Mittel zur Verfügung gehabt hatte.

Daß der Traum, eine Märchenwelt zu schaffen, auch Wirklichkeit wurde, war vor allem das Verdienst eines Mannes, den, wie so viele andere, erst die letzten Monate an die Ufer des Zürichsees gespült hatten: Teo Otto hieß er.

Wie kam Teo Otto nach Zürich?

Es begann damit, daß Gustav Hartung und Kurt Hirschfeld ihrem Direktor Rieser klarmachten, er müsse einen Bühnenbildner engagieren. Vorbei die glücklichen und relativ kostenlosen Zeiten, als man sich Dekorationen im Stadttheater ausborgte und Möbel des direktorialen Büros auf die Bühne transportierte.

Rieser stöhnte tief auf. Das fing ja gut an! Was sollte geschehen? In diesem Augenblick läutete das Telefon. Es meldete sich ein gewisser Teo Otto, behauptend, er spreche aus einer Telefonzelle eines Postamtes im Ruhrgebiet. Ob er für Herrn Rieser tätig sein könne, formulierte er vorsichtig und mit leiser Stimme. Aber es müsse sofort sein.

Hirschfeld und Rieser kombinierten sogleich, daß sich Otto auf der Flucht befinde. Hirschfeld: »Jawohl! Kommen Sie sofort!«

Rieser: »Sagen Sie ihm, er solle sich ein Reclam-Heft von *Maß für Maß* besorgen und sich schon überlegen, wie er das machen wird!«

Hirschfeld gab es weiter.

Rieser: »Und sagen Sie ihm auch, bei mir kann er nicht nur entwerfen! Bei mir muß er auch malen!«

Otto reiste via Schaffhausen. Er hatte Grund zur Annahme, daß die Gestapo ihn bereits suchte. Bei Schaffhausen, so vermutete er mit Recht, würde er eine bessere Chance haben, über die Grenze zu schlüpfen.

In Zürich empfing ihn Hirschfeld: »Also in Berlin haben Sie, glaube ich, fünfzehn Maler und Tischler zur Verfügung gehabt und fünf oder sechs Stücke ausgestattet. Hier haben Sie zwei Tischler und einen Maler. Und Sie werden mindestens vierundzwanzig Inszenierungen zu bewältigen haben. Natürlich erwartet die Direktion, daß Sie mit Hand anlegen.«

Teo Otto war von ganz unten gekommen: Sohn eines Zimmermalers im Ruhrgebiet, übrigens eines sehr aufgeschlossenen Mannes, hatte er trotz seiner Jugend eine Blitzkarriere gemacht. Schon nach einigen Jahren war er Ausstattungschef des Berliner Staatstheaters, saß in einem eleganten blauen Salon mit blauen Sesseln – daran sollte er sich noch viele, viele Jahre erinnern –, umgeben von Mitarbeitern. Er hatte unter anderem die schnell berühmt gewordene Aufführung von Mozarts *Figaros Hochzeit* in der Krolloper gemacht, Dirigent Otto Klemperer, Regie Gustaf Gründgens. Es war zum erstenmal kein *Figaro* aus Meißner Porzellan gewesen, die Handlung hatte sich in einem Schloß abgespielt, das sein gräflicher Herr, der nicht arbeiten, sondern sich nur amüsieren wollte, verkommen ließ, kurz, es war ein realer, ja ein realistischer *Figaro* geworden.

Otto hatte den *Faust II* im Staatstheater ausgestattet, mit Werner Krauß als Faust und Gründgens als Mephisto; gerade in dieser Zeit waren die Nazis gekommen – und ein Direktionswechsel. Der dafür unfähige Schriftsteller Hanns Johst war Intendant geworden und machte Otto Vorwürfe und sagte, mit der bolschewistischen Kunst sei es jetzt aus, er verlange nationalsozialistischen Realismus, was immer das sein mochte. Otto hätte bleiben können, er war ja kein Jude, aber als er sich weigerte, ein dummes nationalsozialistisches Stück auszustatten, erfolgte die Entlassung. Er reiste zurück ins Ruhrgebiet, nahm an Saalschlachten teil, glaubte wohl noch, die Nazis würden bei gelegentlichen späteren Wahlen unterliegen – es sollte keine Wahl mehr kommen, aber das wußte er noch nicht. Er erhielt, es war schon Herbst 1933, den Tip, die SA sei auf seiner Spur, er konnte nicht mehr riskieren, beim Vater zu übernachten, und entschloß sich endlich, das bewußte Telefongespräch nach Zürich anzumelden.

Die Dekorationen der Eröffnungspremiere *Maß für Maß* stammten schon von Teo Otto. Er hatte sie nicht nur entworfen, sondern auch gemalt – wie er in den nächsten Jahren fast alle Bühnenbilder des Schauspielhauses entwerfen und malen sollte – im kleinen Keller des Theaters, in den der Geruch der Kanalisation drang, in dem es viele Ratten gab, in dem mehr als einmal einer ohnmächtig zusammenbrach; übrigens wurde der Keller auch mehr als einmal von der Gesundheitspolizei beanstandet.

Gerade die Enge des Raumes, die Unzulänglichkeit des Materials reizten Otto, sie bedeuteten geradezu eine Herausforderung. Später sagte er: »Was stand mir an Geld zur Verfügung? Etwa 500,– Franken pro Inszenierung.« Und: »Schnelle zeichnerische Realisation, mit wenigen Strichen hingesetzt, auf die Rückseiten von Speisekarten, Bierdeckeln und Programmzetteln, erleichterten den Prozeß wesentlich...« Eigentlich konnte er mit dem wenigen Geld allenfalls Wände bemalen. Aber: »Was läßt sich alles mit Wänden machen! Sie lassen sich malerisch, graphisch, handschriftlich, ruhig und beweglich behandeln. Sie lassen sich mit Material bewerfen, belegen, bekleben. Sie lassen sich durchlöchern, sie lassen sich waagrecht, senkrecht und schräg hängen. Sie lassen sich hintereinander, nebeneinander stellen. Da liegen sie, die Zeugen irgendeiner vergangenen glanzvollen Aufführung und wollen neu behandelt werden. Sie sehen fleckig und verstaubt aus. Nun vollzieht sich das Wunder. Mit etwas Farbpulver, Leimwasser, mit etwas Holz... und dem Mut, alles zu verwenden, entsteht eine neue Dekoration.«

Da saß er während Nachtproben im leeren Zuschauerraum und ließ sich alles noch einmal durch den Kopf gehen. Oder im Keller des Schauspielhauses, bald »seinem« Keller, Tag und Nacht und malte. War er die Treppe hinuntergefallen? War er unglücklich? »Die Frage des Glücks stand nicht zur Diskussion, man hatte mit den harten Notwendigkeiten fertig zu werden. Ich war mir vollkommen klar darüber, daß es ein Zurück nicht gab, der Nationalsozialismus würde kein kurzes Intermezzo sein!« Und: »Materiell gesehen, war nichts zu wollen. Menschlich gesehen hingegen, hatte dieses Theater künstlerisches, technisches und kaufmännisches Personal ohnegleichen.«

Natürlich gab es Kräche. Es gab immerfort Krach, wenn man eine Probe unterbrach, um eine Zigarette zu rauchen oder im »Pfauen« schnell eine Tasse Kaffee zu trinken. Aber es ging dabei nicht um: »Gestern hast du dich wie ein Schwein benommen!« Oder: »Ich verbitte mir diesen Ton!« Sondern um: »So kann man das nicht spielen!« Oder: »Das muß ganz anders angepackt werden!«

Otto war noch nicht lange in Zürich, da bekam er einen Anruf von der Reichskulturkammer. Minister Goebbels schlage ihm vor, zurückzukommen. Die Bedingungen waren so außerordentlich, wie nur Diktatoren sie sich leisten können. Eigenes Haus, eigenes Auto, vier Inszenierungen im Jahr, freie Wahl der Stücke und so weiter.

Otto erzählte Rieser davon und daß er das Angebot ausgeschlagen habe.

»Selbstverständlich haben Sie es ausgeschlagen!« erwiderte Rieser – aber es kam ihm nicht in den Sinn, Ottos magere Bezüge zu erhöhen.

Die Unterhaltung fand einige Tage nach der Premiere von *Alpenkönig und Menschenfeind* statt. Als beschlossen worden war, dieses Stück zu geben, war es Otto sogleich klar – und da bestand zwischen ihm und seinem Regisseur Übereinstimmung –, daß man zwar dies und das mit Lichtern »zaubern«, daß man aber nicht stilisieren, nicht, wie es um jene Zeit üblich war, sich allein aufs Wort verlassen konnte. Die Zuschauer kamen zu Raimund, um etwas zu sehen, und sie sollten etwas sehen. Alles andere wäre Betrug gewesen. Um so mehr, als der geschäftstüchtige Rieser die Premiere als Théâtre paré aufziehen wollte. Die Zuschauer sollten im Smoking kommen, die Damen im Abendkleid erscheinen, in der Pause und nachher würde es ein fulminantes Büfett geben und: »Jeden Gast erwartet eine kleine Aufmerksamkeit.« Überflüssig hinzuzufügen, daß die Eintrittspreise stark erhöht waren.

Dafür mußte außer dem Büfett noch etwas anderes geboten werden: Zaubertheater. Und Otto fand für alles eine Lösung. Für die schnellen Verwandlungen, für die sich öffnenden und verschwindenden Felsen, für den brüllenden Stier, für den sich verwandelnden Mond, für das brennende Haus – nur die Flut machte ihm zu schaffen. Wie eine Bühne unter Wasser setzen, ohne sie naß zu machen? Da erinnerte er sich: er hatte einmal eine Zeichnung von Daumier gesehen, auf der staubbedeckte Bühnenarbeiter, die unter einer alten Leinwand liegen, teils mit den Schultern, teils mit dem Hinterteil Wellen erzeugen. Auf Otto hatte das Bild einen sehr tiefen Eindruck gemacht, was die Möglichkeiten des Theaters anging. So also »machte« er die Flut, indem er die bemalte Leinwand, über der zwei oder drei Schleier lagen, anleuchten und bewegen ließ. Es sah ganz nach Wasser aus. Einfach? Man mußte nur darauf kommen.

Der *Alpenkönig* wurde ein Riesenerfolg, ganz Zürich sprach davon, insbesondere von der Flut, dasjenige Zürich zumindest, das ins Theater ging. Aber auch im anderen und zahlenmäßig weit überlegenen Zürich begann man vom Schauspielhaus zu reden – so oder so.

Die Zeiten freilich, die ein bißchen Verzauberung so bitter notwendig hatten, wollten sich nicht verzaubern lassen. Selbst die Insel Schweiz wurde von den

Wogen des Nationalsozialismus erreicht, wenn auch nicht überschwemmt. Am 19. Januar 1934 hatte ein gewisser Erich May eine Schweizerische SA-Gruppe gegründet, einige Tage später hatten deutsche Behörden diese Gründung offiziell verboten, inoffiziell bestand sie weiter. In Genf kam es am 22. April zu kommunistischen Demonstrationen. Die Demonstranten stießen mit italienischen Faschisten zusammen. Es erfolgten Verhaftungen, Proteste des italienischen Generalkonsulates und Staatsratpräsident Nicole sprach in einem Schreiben sein Bedauern über die Vorfälle aus.

In Zürich mußte am 1. Mai 1934 die Polizei einen nicht bewilligten Demonstrationszug der »Nationalen Front« auflösen und vier Wochen später die kommunistischen Demonstrationen verbieten, was zu blutigen Straßenkämpfen führte. Die »Front« wuchs sehr schnell, aber sie spaltete sich bereits. Am 18. Juni wurde zum Beispiel der frühere Landesführer Biedermann wegen Verrats aus der Bewegung ausgeschlossen. 30. Juni 1934: Hitler holte gegen seine eigene SA zum Schlag aus, ließ Röhm und andere SA-Führer ermorden. Wieder ein paar Wochen später dämmerte der greise Hindenburg ins Jenseits hinüber. Niemand zweifelte daran, daß Hitler auch die Präsidentschaft übernehmen würde. Und was würde dann geschehen, da niemand mehr da war, ihm Einhalt zu gebieten? In so bewegten Zeiten, meinten Hartung und Hirschfeld, müßte man den Schweizern etwas Tröstliches und gleichzeitig Erhabenes vorsetzen, etwas, das sie sich auf sich selbst besinnen ließ. Der *Wilhelm Tell* bot sich geradezu an. Wir erinnern uns: in den zwanzig Reucker-Jahren war dieses Schauspiel rund viermal in jeder Spielzeit aufgeführt worden. Seither nur noch für höhere Schulen und allenfalls erwachsene Besucher von Volksvorstellungen. War es nicht an der Zeit, den *Tell* wieder einmal neu herauszubringen und szenisch zu entstauben?

Rieser äußerte Bedenken. Er konnte sich nicht recht vorstellen, daß »sein« Publikum den *Tell*, der den meisten schon in der Schule vergällt worden war, sehen wollte. Er wurde überstimmt. Das entscheidende Argument: man hatte den ersten deutschen Schauspieler für die Titelrolle zur Verfügung, wenn er auch vielleicht ein wenig zu alt war: Albert Bassermann. Denn Bassermann hatte Deutschland den Rücken gekehrt. Er hätte bleiben können, nicht nur weil er vorschriftsmäßiger Rasse war. Die Nazis konnten es sich einfach nicht leisten, diesen weltberühmten Künstler abzuservieren. Sie machten ihm die verlockendsten Angebote. Da gab es nur einen Haken: Frau Else Bassermann war Jüdin. Er ging, schon Anfang der Sechzig, in die Emigration, spielte in Wien, in Prag, in Zürich. Er war recht unglücklich, dieser große Mann, nicht so sehr über das eigene Schicksal als über die Vorgänge in Deutschland. Vor allem quälte ihn der Gedanke, daß ernsthafte und von ihm geschätzte Kollegen »mitmachten«.

»Was soll ich mit dem Iffland-Ring machen?« fragte er eines Tages im Konversationszimmer des Zürcher Schauspielhauses den jungen Ernst Ginsberg. »Den Iffland-Ring soll ich dem besten und anständigsten lebenden Schauspieler vererben. Wer der Beste ist, darüber gibt's doch keine Frage! Werner Krauß! Aber charakterlich ist er doch ... na ja ...«

Bassermann hatte den Tell schon einmal im Dezember 1919 in Berlin gespielt, Regie Leopold Jessner. Da war alles stilisiert gewesen. Da hatte es nicht einmal die Andeutung eines Bühnenbildes gegeben. Keine Berge oder Seen, Bäume oder Sträucher, keine Hütten und kein Rütli, sondern nur Treppen, Treppen, Treppen. Nun gibt es kaum ein Theaterstück, dessen Text so häufig auf die Landschaft Bezug nimmt wie der *Tell*. Der See ruht »still« oder »rast«. Da ist eine Brücke, von der man nur zu springen braucht, um frei zu sein. Da wird an einer Zwingburg gebaut. Da beleuchten die ersten Strahlen der aufgehenden Sonne das Rütli und die dort Konspirierenden, da wird ein sehr wichtiger Apfel vom Baum gepflückt, da gibt's eine »Hohle Gasse« und einen Holunderstrauch, hinter dem man sich verbergen kann, und eine Bank von Stein und vieles andere mehr.

Der Umstand, daß es das alles in Berlin nicht gab, führte damals zu einem Theaterskandal von selbst für Berlin ungewöhnlichen Ausmaßen.

Dort hätte man immerhin eine kleine Schweiz aufbauen können. Im Zürcher Schauspielhaus war das schon schwieriger. Teo Otto konstruierte eine felsige Rampe, wechselte die auf den Hintergrund projizierten Landschaftsbilder, setzte noch einige »echte« Bäume hin. Aber glücklich war er über diese Lösung selbst nicht – und die Zuschauer waren es noch weniger. Wie? Die Märchenwelt Raimunds hatte Otto hinzuzaubern vermocht, und die Landschaft der Schweiz, die ihm doch täglich vor Augen stand, vermochte er nicht wiederzugeben, fragten die Kritiker nachher erstaunt.

Dabei lag doch auf der Hand, warum der Bühnenbildner des *Tell* es in der Schweiz immer besonders schwer haben wird. Ganz einfach weil er mit der Wirklichkeit in Konkurrenz treten muß; weil die Zuschauer eben erst vor dem Betreten des Theaters in der Kulisse gestanden und gelebt haben, die er ihnen nun auf ein paar Quadratmetern Bretterboden wiedergeben soll. Weil sie das in jedem Sinne große Vorbild zu gut kennen, um über das Abbild nicht enttäuscht zu sein. Und die Schauspieler: es ist ihre Aufgabe, einen Text zu lernen, den das Publikum von frühester Jugend Vers für Vers kennt. Sie treten nicht vor ein Theaterpublikum, sondern vor ein Kollegium von Examinatoren, wenn sie den *Tell* spielen. Wer von den Zuschauern merkte schon, wenn die Schauspieler in anderen Stücken textunsicher waren und »hingen«? Beim *Tell* wußten es alle, und die »Neue Zürcher Zeitung« war noch gnädig, wenn sie leise mahnend von den Gedächtnislücken einzelner Darsteller sprach.

Ach, es ging alles schief bei dieser *Tell*-Premiere vom 22. September 1934, was überhaupt schiefgehen konnte. Tell erklärte zwar vorschriftsmäßig, die Axt im Hause erspare den Zimmermann, aber als er sie aus der Hand legte, fiel das von ihm reparierte Tor ein, begleitet von der nicht von Schiller vorgesehenen Bemerkung Bassermanns: »Verflucht, das Zeug hält nicht!« Der Apfel, den Tell treffen sollte, war verschwunden und wurde erst im allerletzten Augenblick, als er auf des Kindes Haupt gelegt werden mußte, von dem bereits hysterischen Inspizienten gefunden. Ebenfalls verlegt war der Pfeil, mit dem Tell Geßler erschießen sollte. Während Tell seinen berühmten Monolog sprach, wurde der Pfeil noch verzweifelt vom Requisiteur, von den Bühnenarbeitern und dem Inspizienten gesucht und erst in allerletzter Sekunde aufgestöbert. Gustav Hartung wußte nicht so recht, was er mit diesem Stück, das ihm nicht lag, anfangen sollte. Er machte »realistisches Bauerndrama von verhaltener Kraft«, wie die Kritik zugab, die aber »unmögliche Zwangsgruppierungen« auszusetzen hatte. Die Schauspieler hatten ihren Text in der Eile nicht gut memorieren können, sie hatten viel zu wenig Zeit, das sollte in den folgenden Jahren überhaupt ein ständiges Problem im Schauspielhaus sein. Aber späterhin standen sie nicht unter so strenger Kontrolle wie hier. Gretlers Stauffacher war den meisten zu gedämpft, Ginsbergs Baumgarten »keuchte« zu laut, den Tellknaben spielte, wie in guten alten Zeiten, eine Schauspielerin. Noch einmal die »Neue Zürcher Zeitung«: »Gusti Huber zog sich als Walter Tell (!) geschickt aus der Sache, doch mußte man sich wirklich fragen, ob es heute keinen frohmütig-echten Theaterbuben mehr gibt.« Steckel als Geßler schließlich gefiel ganz und gar nicht. Er wirkte nicht wie ein deutscher Ritter, sondern wie ein exotischer Diktator. Ein Kritiker ging so weit, des Schauspielers »Blässe« zu monieren. Steckel war in der Tat sehr blaß, ja geradezu gelb. Er litt unter einem furchtbaren Gallenanfall und mußte sogleich nach seiner »Ermordung« in eine Klinik eingeliefert werden.

Und Bassermann: in Berlin hatte er Hodlers Tell zum Masken-Vorbild genommen. Diesmal klebte er sich einen schmalen roten Bart fast bis unter die Augen, schnürte den langen schlanken Leib in ein enganliegendes Kostüm, das ihn geradezu mager erscheinen ließ. Er sah aus – das war die einmütige Ansicht aller – wie Rübezahl, nicht wie Wilhelm Tell. Jedenfalls nicht so, wie die Schweizer sich ihren Tell vorstellten. Er sprach auch nicht so. Er redete, wie ihm sein Mannheimer Schnabel gewachsen war. Er gab sich nicht heldisch.

Nein, so wollten die Schweizer ihren Tell nicht sehen!

Und so kam es zu einem regelrechten Durchfall. Die Zeitungen hielten mit ihrer Ansicht über den großen Bassermann, den sie sonst verehrten, in dieser Rolle nicht zurück. Im Theater war man betroffen. Alle liebten den großen alten Mann, die Kollegen, die Bühnenarbeiter, die Beleuchter, die Garderobiers und Friseure. Und als die nächste Vorstellung kam, sorgten sie sich, wie Bassermann die Schlappe wohl hingenommen habe. Flüsternd unterhielten sie sich darüber, als sie ihn kommen hörten. Dabei trällerte er ein Liedchen, wie das seine Gewohnheit war.

Einer nach dem anderen verschwand, um ihm jede Peinlichkeit zu ersparen. Immer noch singend, ging er in seine Garderobe, um sich umzuziehen. Dabei ließ er sich nie helfen, und das war einer der vielen Gründe für ›Prüfi‹, ihn für einen wirklich genialen Schauspieler zu halten.

Schließlich mußte ihm die unheimliche Stille in den Gängen und den umliegenden Garderoben aufgefallen sein, denn er trat hinaus, erblickte einige gerade auf den Zehenspitzen vorbeischleichende Kollegen, hatte das Gefühl, er müsse sie trösten, und rief, einem von ihnen auf die Schulter klopfend: »Ja, ja, Kinder, der Tell ist eben nichts für die Schweizer...«

Die Großen der deutschsprachigen Bühne, die immer nach Zürich gekommen waren, erschienen auch weiterhin. Nur war alles anders. Sie stiegen nicht mehr aus ihrem Schlafwagen, um nach eiliger Verständigung mit dem einheimischen Ensemble ihre Paraderollen hinzulegen und wieder zu verschwinden. Sie kamen in der Hoffnung, eine neue Bleibe zu finden. Sie probierten wie andere sterbliche Schauspieler auch, sie ordneten sich ein oder versuchten es doch zumindest. Der große Bassermann spielte neben dem Tell den Richard III. und den alten Zirkusdirektor in Zuckmayers *Katharina Knie*. Es erschien Carl Ebert in *König Lear* und *Towarisch* mit Josy Holsten als Partnerin. Moissi kam noch ein einziges Mal. Ach, es war der sagenumwobene Moissi vergangener Zeiten nicht mehr, schon schickte sich das heimtückische Lungenleiden, das ihn ein Leben lang begleitet hatte, sich an, ihn auszulöschen. Eben noch Knabe, war er in den letzten Jahren überaus schnell gealtert. Die Menschen, die seine Stimme gestern noch verzaubert hatte, kritisierten abfällig seinen »larmoyanten Singsang«.
Er litt darunter, daß man ihn nicht mehr liebte und vergötterte. Sein ganzes Glück war jetzt ein halber Liter Wein, aber den zu bekommen, war nicht so einfach; seine Frau, die Schauspielerin Johanna Terwin, ließ ihm, der ein Vermögen aus dem Fenster geworfen hatte, keinen Rappen – natürlich weil sie um seine Gesundheit besorgt war. Auch hielt sie ihn unter ständiger Beobachtung, er mußte sich schon mit dem Garderobier Prüfer oder dem Bühnenmeister Ferdinand Lange, von dem noch zu sprechen sein wird, zusammentun; die Ausrede war fast immer der Schneider, der ihn wegen einer Anprobe erwartete. Die Terwin durchschaute das, lächelte, meinte: »Wenn du vom Schneider kommst, riechst du immer nach Wein!« Und er: »Der Schneider bestand darauf, daß ich mit ihm etwas trinke, ich mußte ihm eben den Gefallen tun.«
Es kam Max Pallenberg und spielte seine Komödien, und das Parkett wälzte sich über den kleinen, knurrigen, verdrossenen Mann. Ein paar Wochen später las man dann von seinem schrecklichen sinnlosen Tod. Auf dem Prager Flugplatz hatte er, der abends in Karlsbad auftreten sollte, die Besitzerin einer Flugkarte für die nächste Maschine überredet, mit ihm zu tauschen, und dieses Flugzeug, das ihn in einer halben Stunde nach Karlsbad gebracht hätte, stürzte gleich nach dem Start ab.
Es kamen Curt Goetz und Valerie von Martens und traten in den Stücken von Goetz auf. Es kamen viele andere. Aber für die Großen von gestern und auch noch von heute konnte Zürich allenfalls Durchgangsstation, niemals Hafen sein. Sie

mußten weiter, weiter, ihre eigene Prominenz machte es ihnen unmöglich, noch einmal von vorn zu beginnen, sie wurden ruhelose Sterne am Firmament des Theaters, sie reisten und reisten, und viele von ihnen sollten niemals einen Hafen finden.

Da war Alfred Braun, vielleicht der Prominenteste von allen, wenn auch nicht als Schauspieler. Er war wohl nie unter den ersten gewesen, obwohl recht beliebt, namentlich als Karl-Heinz in *Alt-Heidelberg* in dem etwas provinziellen Charlottenburger Schiller-Theater. Seine große Stunde schlug erst, als Anfang der Zwanzigerjahre das Radio aufkam. Dort wurde er alles: Chefreporter, Leiter der literarischen Abteilung, Schauspieler, Regisseur. Er machte seine Sache glänzend. Er war sachlich, klar, interessant, modern, er riß sein Publikum mit. Seine Popularität überstieg die der Filmstars.

Als die Nazis kamen, verhafteten sie ihn, zusammen mit den Direktoren des Berliner Rundfunks. Der Grund war nicht, daß er Mitglied der Sozialdemokratischen Partei war, sondern seine Popularität. Bei seiner Verhaftung wurde ein Bild aufgenommen, das ihn inmitten der anderen Festgenommenen und der SA-Schergen zeigte; sein Hemd stand offen, man hatte ihm die Krawatte weggerissen, er sollte wohl lächerlich wirken. Er wirkte wie ein Held – und war es wohl auch.

Vierzehn Wochen hielten sie ihn im Konzentrationslager Oranienburg und zuletzt im Untersuchungsgefängnis Moabit fest, angeblich um einen Korruptionsprozeß gegen »Alfed Braun und Genossen« vorzubereiten, der niemals kommen sollte.

Als sie mitten in der Nacht seine Zelle aufschlossen, dachte er, sie seien gekommen, um ihn umzulegen. Statt dessen wurde er in Freiheit gesetzt. Dazu war es nicht ohne Mitwirkung des Direktors Rieser gekommen, der, von Ginsberg, Steckel, Hirschfeld, Lindtberg bestürmt, für Braun müsse etwas getan werden, ihm einen Vertrag nach Berlin, ja, ins Lager geschickt hatte. Natürlich kam Braun – aber er war ein anderer geworden in den wenigen Monaten seiner Haft. Jedenfalls fanden es diejenigen, die ihn von früher kannten. Er war höflich, aber zurückhaltend. Er tat seine Arbeit, aber es war kein Schwung mehr dahinter. Er bekam keinen Kontakt mit dem Publikum und nicht einmal mit den Kollegen. Er war konsterniert über den etwas rauhen Ton hinter den Kulissen. Das waren andere vor ihm auch gewesen; aber sie hatten sehr schnell gelernt, gerade diesen Ton zu schätzen, und sich bald zu Hause gefühlt. Braun blieb der ewig Fremde.

Er hatte Sehnsucht nach seinem Berlin. Natürlich hatte er angenommen, der Sender Zürich werde ihn holen – aber dort war man zu vorsichtig, hatte Angst, die Deutschen zu verärgern. »Wir können uns das nicht leisten, Sie werden das verstehen.«

Aber er verstand nicht, er grübelte über seinen »Absturz«.

Ja, er war kein Star mehr, konnte es auch am Schauspielhaus nicht sein, wo es

keine Stars gab. Er mußte unbedeutende und auch winzige Rollen spielen, zum
Beispiel in Ralph Benatzkys musikalischem Lustspiel *Das kleine Café* nach dem
zauberhaften Lustspiel Tristan Bernards, dessen Name unbegreiflicherweise ver-
schwiegen wurde. Dafür hatte der Komponist ein albernes Operettenende ange-
hängt. Das also wurde aufgeführt, um Max Hansen, damals ebenfalls einer der
Großen, wenn auch auf dem Gebiet des musikalischen Lustspiels, herauszubringen.

Ein Nichts, die Geschichte des kleinen Wiener Kellners Franz, der über Nacht eine
riesige Erbschaft macht. Sein Chef, der das vorher erfahren hat, schließt mit dem
noch Nichtsahnenden einen zwanzigjährigen Vertrag ab, in der Erwartung, Franz
werde sich durch Zahlung der vorgesehenen Konventionalstrafe loskaufen. Der
denkt gar nicht daran, sondern führt von nun an ein Doppelleben. Tagsüber
bedient er, nachts, in Luxuslokalen, läßt er sich bedienen. Einer von denen, die
den Kellner als Kellner bedienen, war Alfred Braun. Hansen, der Operettenabgott
von Berlin, hatte zuerst auch unter den Nazis weiterspielen können, obwohl
Halbjude, weil er der uneheliche Sohn eines Juden war und sein »Webfehler« –
wie man das damals nannte – nicht offiziell nachgewiesen werden konnte, vor
allem weil Göring sich über ihn totzulachen beliebte.

Braun also spielte den Kellner eines Kellners, hatte genau fünf Sätze, litt unsäglich,
auch weil der unbekümmerte Hansen ihn nur mit: »Sie! Kommen Sie mal her, Sie
älterer Boy!« anredete, erklärte fassungslos einem seiner Kollegen: »Mein Gott,
wohin sind wir gekommen!« Was ihm der gerade durchreisende Moissi mit den
Worten beantwortete: »Eigentlich sind Sie auch hier wieder in einem Konzentrationslager.« Nicht mehr lange. Denn kurz darauf weigerte sich Braun, eine ihm
angetragene Rolle zu spielen.

Rieser nahm das zum Anlaß, ihm zu kündigen. Braun ging ans Stadttheater nach
Basel, von dort nach Ankara an die Deutsche Akademie, wo er als Nachfolger Carl
Eberts Schauspielunterricht gab, auch deutsche Literatur- und Musikgeschichte
las.

In Deutschland war längst Gras über seine Affäre gewachsen, man hatte nichts
mehr gegen ihn, aber er wollte trotz verlockender Angebote nicht zurück. Der
Zufall ergab, daß er sich gerade auf der Durchreise nach England in Berlin befand,
als der Krieg ausbrach. Er mußte bleiben, wurde später Kriegsberichterstatter,
ging dann zum Film und kam schließlich, allerdings erst nach Kriegsende,
wiederum zum Radio, zuerst als Kommentator des sowjetischen Senders, schließlich als Chef des Senders »Freies Berlin«.

Die Ablehnung einer Rolle, die zum Bruch mit Zürich geführt hatte, war nicht
erfolgt, weil die Rolle zu unbedeutend war, sondern, weil es sich in dem betreffenden Stück um ein Schicksal handelte, das Braun selbst erlebt hatte: ein Mann wird
von den Nazis aus seinem Beruf gerissen, diffamiert, ausgeschlossen aus der

Gesellschaft der anständigen Menschen. Das Stück hieß *Professor Mamlock* und stammte von Friedrich Wolf, einem Stuttgarter Arzt, der sich schon seit einigen Jahren schriftstellerisch betätigte und mit seinem Drama *Cyankali*, in dem er gegen den Abtreibungsparagraphen Sturm lief, sensationelle Erfolge auf allen deutschsprachigen Bühnen errungen hatte. Wolf, eng mit der kommunistischen Partei liiert, Emigrant der ersten Stunde, dramatisierte, wenn auch vielleicht ein wenig robust, in seinem neuen Drama Zeitgeschichte, wie sie allen auf den Nägeln brannte.

Professor Mamlock ist ein bedeutender Arzt in einer großen deutschen Stadt, Chef einer Klinik, Jude, aber sehr national gesinnt, im Ersten Weltkrieg ausgezeichnet, Anhänger von Hindenburg, und er kann oder will sich nicht vorstellen, daß ein von dem alten Mann ernannter Reichskanzler, auch wenn er Hitler heißt, etwas Verbrecherisches unternehmen könnte. Ja, er glaubt ernsthaft daran, daß die Kommunisten den Reichstag angezündet haben, und führt darüber ständig Streitgespräche mit seinem Sohn, der die Hitlergefahr viel deutlicher sieht und sich den Kommunisten anschließt, um die Nazis zu bekämpfen. Mamlock wird aus seiner eigenen Klinik gejagt. Zu spät begreift er, wie alles gekommen ist, und erschießt sich.

Das Schauspiel, das am 8. November 1934 in Zürich herauskam, war übrigens schon aufgeführt worden. Der Schauspieler Alexander Granach hatte es auf einer Tournee durch Polen und die Tschechoslowakei auf jiddisch gespielt, Lindtberg hatte es hebräisch in Tel Aviv inszeniert, bevor er es auf deutsch in Zürich herausbrachte. Trotzdem oder vielleicht gerade deshalb und obwohl Rieser den Titel änderte – aus *Mamlock* wurde *Mannheim*, angeblich weil es eine Affäre Mamlock kurz vorher in Luzern gegeben hatte –, sollte die Zürcher Aufführung die Stadt an den Rand eines Bürgerkrieges bringen.

Es begann damit, daß das deutsche Generalkonsulat einigen Schauspielern mitteilen ließ, ihre Mitwirkung bei der Aufführung des »Hetzstückes« bedeute sofortige Verhaftung bei Betreten deutschen Bodens, auf jeden Fall Ausbürgerung. Obwohl diese Drohungen auf die Gewarnten keinen Eindruck machten, formulierte Rieser vorsorglich mit einem – vorher mit ihnen abgesprochenen – eingeschriebenen Brief, die Weigerung, in *Professor Mannheim* aufzutreten, bedeute fristlose Entlassung; er hoffte seine Leute damit abzusichern.

Nun traten die famosen Frontisten in Aktion. Sie hatten vom ersten Tag ihres Bestehens gegen das Schauspielhaus gewütet. Am 2. November 1934 war in der »Front« ein Artikel erschienen, der beklagte, daß das Schauspielhaus nicht »schweizerisch« genug sei, das heißt, nicht genügend schweizerische Dramatiker zu Wort kommen lasse – als ob die auf der Straße gelegen hätten! *Professor Mannheim* lief trotzdem an. Erfolg. Riesenerfolg. Die »Front« aber schrieb: »Ist es nun wirklich die Aufgabe der Schweizer Bühnen, auf ihren Brettern die Rachegefühle der Emigranten sich austoben zu lassen, um dunkle seelische Bedürfnisse eines gewissen Publikums zu befriedigen? *Professor Mannheim* ist zweifellos ein glänzender Kassenerfolg des Schauspielhauses. Aber dieses Stück und alles Ähnliche kann uns noch einmal teuer zu stehen kommen.«

Sogar die »Neue Zürcher Zeitung« hatte Bedenken: »War es notwendig, solche grausamen Ereignisse wieder hervorzuzerren? Wolfs Stück nennt sich ein Schauspiel aus dem Deutschland von heute. Aber es ist von gestern. Der Arzt Friedrich Wolf reißt also Wunden auf, statt Pfleger und Helfer zu sein. Sein Stück bringt denen, für die es geschrieben wurde – den Juden in Deutschland –, keinen Nutzen und Trost, es kann ihnen höchstens schaden. Uns aber bringt es auch keine neue Aufklärung, sondern schürt nur die politischen Leidenschaften. Das zeigte sich deutlich bei der Premiere im Schauspielhaus, wo alle die vehementen Ausfälle gegen die Vertreter des neuen deutschen Regimes ein demonstratives Echo fanden.«

Der Kritiker Dr. R. J. Welti mehr als ein Vierteljahrhundert später über diese seine Kritik: »Ich habe damals einfach nicht glauben wollen, was in Deutschland vorging; die Geschichten, die man sich erzählte, ja, die in den Zeitungen gedruckt wurden, hielt ich für übertrieben ... Aber bald sollte ich es besser wissen.«

Übrigens war seine Kritik noch milde. In einem wenige Tage später in der gleichen Zeitung erschienenen Artikel mit dem Titel »Mehr Takt!« hieß es:

»Über die künstlerischen Qualitäten oder Mängel dieses ›Schauspiels aus dem Deutschland von heute‹ soll hier nicht gesprochen werden; aber das darf man nicht verschweigen, daß die Darstellung des spezifisch-deutschen Konfliktes der Judenfrage in *Professor Mannheim* eine leidenschaftliche Aufforderung zur Parteinahme ist. Man mag in diesem Falle für den Verzicht auf ein künstlerisches Wollen sogar ein gewisses Verständnis haben und braucht, wenn man die Absicht merkt, nicht einmal von vornherein verstimmt zu werden; aber die krasse Einseitigkeit und die in der Aufführung offenbar nur mühsam unterdrückte kommunistische Tendenz des Stückes werden bei einem Teil des Publikums immer auf scharfe Ablehnung stoßen. Um so hemmungsloser gebärdet sich bei den Aufführungen ein anderer Teil des Publikums. Diesem Publikum scheint es vor allem eine Genugtuung zu bereiten, daß die ›verfluchte Objektivität‹, von der sich die Wortführer des Nationalsozialismus losgesagt und die sie im Dritten Reiche außer Kraft gesetzt haben, nun einmal in seinem eigenen Sinne von Friedrich Wolf abgeschworen wird ...«

Die große Zeitung war sogar besorgt – und, wie wir bald wußten, gar nicht grundlos –, daß den Künstlern aus ihrer Mitwirkung Schwierigkeiten erwachsen könnten. Sie brachte noch eine weitere Kritik nach der Kritik, in der es hieß, sie sei der Ansicht gewesen, »mit Rücksicht auf die exponierte Position der meisten in diesem Stück beschäftigten ausländischen Künstler von einer namentlichen Würdigung der Darsteller absehen zu sollen ...«

Solche Besorgnis kannte man bei den Frontisten nicht. Ihr Blatt feuerte aus allen Rohren. Es wurde zu Protestkundgebungen gegen das Stück aufgefordert. Auf dem Heimplatz rotteten sich dunkle Gestalten zusammen. Vorläufig blieb es dabei.

Rieser, der kleine schwächliche Mann, entfaltete ein erstaunliches Maß an Zivilcourage. Obwohl er von der »Front« dauernd persönlich angegriffen wurde, obwohl er täglich Drohbriefe erhielt, in denen es unter anderem hieß, man würde sein Theater in Brand stecken – die Behörden hielten die Situation immerhin für ernst genug, um ihm zu gestatten, eine Waffe bei sich zu führen –, fuhr er in seinem offenen Wagen im Fünf-Kilometer-Tempo durch die Murrenden hindurch, ja, kehrte gleich darauf zu Fuß zurück, um sich unter sie zu mischen, als wollte er sagen: »Wer wagt's?« Niemand wagte es.

Die leidenschaftliche Anteilnahme, zu der die »Front« ihre Anhänger aufputschen wollte und – zumindest vorläufig nicht konnte, kam von der anderen Seite. Da war die blutjunge Schauspielerin Maria Schanda. Sie spielte eine Assistentin, die anfangs ganz in der Nazidoktrin aufgeht, zuletzt aber bekehrt für den armen Professor Mannheim eintritt. Jeden Abend wurde sie zuerst ausgezischt, nachher, nach ihrer »Wandlung«, hingegen begeistert beklatscht. Oder da war der Schauspieler Heinz Greif, ein überzeugter Kommunist, der später nach Moskau ging. Er spielte den Obernazi Dr. Hellbach, der Mannheim zum Selbstmord treibt. Groß, blond, genau der Typ, an den Wolf gedacht hatte, machte er sich dem Publikum so verhaßt, daß es den Kollegen ratsam erschien, ihn davon abzuhalten, nach der Vorstellung noch gemeinsam mit ihnen im Café Pfauen ein Glas Bier zu trinken – vielleicht würde man ihn tätlich angegriffen haben.

Zu Tätlichkeiten kam es dann auch oder wenigstens beinahe. Im Vorverkauf wurden von einem Jugendlichen nicht weniger als sechzig Karten für eine bestimmte Vorstellung erworben. Rieser benachrichtigte die Polizei. Am Nachmittag sprach es sich herum, daß die Fröntler einen Fackelzug zum Theater veranstalten würden. Die Vorstellung hatte gerade begonnen, als eine Garderobenfrau, die auf die Straßen getreten war, in den Ruf ausbrach: »Sie kommen! Sie kommen!« In der Tat, man sah sie vom Bellevue heraufziehen. Das Gitter vor dem Haupteingang wurde geschlossen. Vor jedem der Notausgänge war ein Bühnenarbeiter postiert. Sie alle und auch die Kassiererinnen hatten Gummiknüppel bei sich, von Rieser persönlich verteilt. Und die sechzig, die im Theater saßen? Sollten sie das Stichwort für die draußen geben oder umgekehrt? Wann würden sie losschlagen? Hinter der Bühne herrschte ungeheure Erregung. Aber nichts geschah. Offenbar war den bezahlten Besuchern der Mut vergangen. Das Stück ging dem Ende entgegen. Professor Mannheim hatte sich soeben auf offener Bühne erschossen, es herrschte vollkommene Stille. Da – eine Stimme von der Galerie: »So was Blödes kann auch nur ein Jud' tun!« Unruhe im ganzen Zuschauerraum. Alle waren aufgesprungen, um zu sehen, wer da gerufen hatte. Und dann ließ sich ein Polizist vernehmen, der neben der ersten

Reihe postiert war: »Ich bitte, Ruhe zu bewahren und sich den Mann zu merken, der diese Worte gerufen hat, damit ich ihn nachher verhaften kann.«

Der Mann wurde verhaftet.

Weiter geschah nichts, außer daß erst nach der Vorstellung eine kleine Petarde, Vorgängerin der Plastikbombe, explodierte und geringfügigen Schaden anrichtete, auf einer der Herrentoiletten, wohin sich offenbar ein mutiger Fröntler zurückgezogen hatte.

Aber damit war der Krach um *Professor Mannheim* noch lange nicht beendet. Die Stadt Zürich wünschte eine Volksvorstellung des Stückes im Stadttheater. Die Frontisten heulten auf, und ihre Zeitung brachte in riesigen Lettern:

»Eine neue Herausforderung des nationalen Zürich. Das Hetzstück *Prof. Mannheim* soll demnächst auf Kosten der Stadt Zürich als Volksvorstellung gegeben werden – Darum heute abend

Alle heraus zur

Protestkundgebung in der Stadthalle

Beginn 20.15 Uhr.«

Und nun ging es in echtem Naziton weiter: »Die jüdisch-marxistische Clique Zürichs scheint es darauf abgesehen zu haben, die nationaldenkende Bevölkerung, insbesondere die jüngere Generation, am laufenden Band zu provozieren. Das gute Geld der zürcherischen Steuerzahler soll also dazu dienen, dieses Machwerk eines jüdischen Emigranten mit seinem vergiftenden Inhalt noch möglichst weiteren Bevölkerungskreisen zugänglich zu machen... Gewissermaßen amtlich soll nun das semitische Gift noch verabreicht werden. Das ist ein ungeheurer Skandal und eine unüberbietbare Provokation der nationalen Kreise durch die jüdisch-marxistische Clique!«

Und schließlich immer wieder:

»Wir fordern: Verbot des *Prof. Mannheim.*«

Die Aufführung fand trotzdem statt. Aber diesmal kam es zu wirklichen Straßenkämpfen. Die »Front« hatte zu Demonstrationen vor dem Theater aufgefordert, nein, ihre Anhänger geradezu angetrieben, aufgestachelt, aufs Bellevue gehetzt, Goebbels hätte das nicht kaltblütiger und »leidenschaftlicher« besorgen können. Wenn man die Flugblätter der Fröntler las, mußte man glauben, die Existenz der Schweiz hinge von der Verhinderung der Volksvorstellung des *Professor Mannheim* ab. Die Polizei durchsuchte die Verlagsräume der »Front«, die Geschäftsstelle der Fröntler, beschlagnahmte Flugblätter, auch einige Waffen und Petarden, bezog am Nachmittag vor der Aufführung ihren Posten vor und im Stadttheater. Die Polizisten trugen Stahlhelme und waren bewaffnet: Revolver, Karabiner, Säbel, Gummiknüppel, Wasserwerfer.

Die Polizei hatte keinen leichten Stand. Denn immer, wenn sich die aufgewiegelten Fröntler anschickten, das Theater zu stürmen, und die Polizei eingreifen wollte, protestierten die Fröntler, sie seien nur schlichte Passanten, oder sie warteten auf die Straßenbahn. Niemals zuvor und niemals nachher hatten so viele Leute am Bellevue auf die Straßenbahn gewartet. Die Polizei ließ sich nicht irremachen, griff zu, wenn auch nur mit Gummiknüppeln. Die verantwortlichen Männer der Stadt Zürich hatten nämlich längst begriffen: Hier ging es nicht mehr um *Professor Mannheim* oder irgendeine Theatervorstellung. Hier sollte eine Art Hauptprobe zur Machtübernahme in Zürich, vielleicht in der gesamten Schweiz abgehalten werden. So hatte es in Berlin, in München, in zahllosen Städten begonnen. Man konnte nicht früh genug zuschlagen, um das abzuwehren.

Bald gab es Verletzte, es floß Blut – auch auf der Seite der Polizei. Es wurden Verhaftungen vorgenommen, aber die meisten konnten sich der Festnahme durch Flucht entziehen. Drinnen, im Theater, wurde weitergespielt, als wäre dies die selbstverständlichste Sache der Welt.

Aus dem »Kriegsbericht« der Neuen Zürcher Zeitung:

> Das Theater war, wie zu erwarten war, *vollständig ausverkauft*: nur wer ein Billett besaß, kam ins Innere des Hauses, und im Vestibül und in den Gängen waren Polizeimannschaften stationiert, die während der ganzen Vorstellung im Hause blieben. Im Theater selbst kam es während der Vorstellung zu *keinerlei Demonstrationen*, und störungslos verlief die Vorstellung bis zum Ende gegen dreiviertel elf Uhr. Wirkte schon die uniformierte Polizeimannschaft im Stahlhelm im Inneren des Theaters befremdend, so war das Bild vor dem Haus bemühend und betrübend; man bekam den Eindruck, als befinde sich der Musentempel unter Belagerungszustand.

> Unter denen, die dem Zugriff der Polizei entschlüpfen konnten, befand sich – so wird uns von Augenzeugen berichtet – auch Gauführer Dr. Robert Tobler, dem seine Getreuen in einem günstigen Moment zur Flucht verhelfen konnten. Möglicherweise gehörten zu dieser Episode zwei vornehme Automobile, die an der Quaibrücke beim Bellevue standen, jedes nur mit einem Chauffeur besetzt. In diese zwei Wagen mit offener Tür sprangen kurz vor zwölf Uhr eine Reihe Flüchtender, worauf die Vehikel mit Volldampf davoneilten.

Friedrich Wolf hatte den *Professor Mannheim* ein »Schauspiel aus dem Deutschland von heute« genannt. Wo endet da das Zeitgeschehen, das bald Geschichte werden sollte? Wo begann seine Darstellung, das Theater? Die Grenzen des Seins und des Scheins waren nicht mehr säuberlich zu trennen und auseinanderzuhalten, sie gingen ineinander über.

Die Aufführung des *Professor Mannheim* hatte fast einen Aufstand hervorgerufen und die Zürcher Polizei zu kräftigerem Auftreten gegen die Schweizer Nazis veranlaßt, vielleicht sogar gezwungen, als es noch Zeit war, und dadurch, wer weiß, Schlimmeres, viel Schlimmeres verhütet.

Der Schauspieler Ginsberg hatte erst in der Premiere der *Rassen* begriffen, daß er ein Schicksal darstellte, das ihm ein jüdischer Anwalt aus München nur ein paar Monate früher vorgelebt hatte.

Alfred Braun hatte sich geweigert, im *Professor Mannheim* mitzuwirken, denn er hätte sein eigenes Geschick spielen müssen, das Verhängnis eines Menschen, der durch die Nazis aus seinem Beruf in die Emigration getrieben wird ...

Und Kurt Horwitz, der mit siebzehneinhalb Jahren in den Krieg hatte ziehen müssen und sich an der Front bewährte – hohe Auszeichnungen bewiesen das –, sollte den Mann darstellen, der im Ersten Weltkrieg als Arzt an der Front gestanden hatte und dafür ausgezeichnet worden war; und der glaubte, daß ihm schon deshalb nichts geschehen könne. Und schließlich war eine deutsche Regierung eine Regierung von anständigen Menschen! Wie wäre es anders denkbar gewesen! Auch Horwitz glaubte, daß ihm, obwohl er Jude war, nichts geschehen würde. Nicht nur, weil die Regierung Hitlers verkündet hatte, jüdische Kriegsteilnehmer würden behandelt werden wie andere Deutsche auch. Als er aus dem Krieg zurückkam, hatte er überhaupt nicht gewußt, was Theater war, und dann nur drei Monate Schauspielunterricht genossen. Aber schon in den Zwanzigerjahren war er zum beliebtesten Schauspieler Münchens herangereift und neben der Giehse die Säule der Kammerspiele geworden. Ja, gerade hohe und höchste Nazis gehörten zu seinen eifrigsten Bewunderern, sie ließen es sich wohl nicht einfallen, daß der große, schlanke, so »deutsch« aussehende Mann unvorschriftsmäßiges Blut haben könnte.

Das hatte groteske Folgen. Als zum Beispiel Otto Falckenberg, der Direktor der Münchner Kammerspiele, in den wilden Tagen nach dem Reichstagsbrand verhaftet wurde, nicht weil er Jude oder Kommunist war, sondern weil er Juden und Kommunisten beschäftigt hatte, beschworen die Kollegen ausgerechnet Horwitz, etwas zu unternehmen, um Falckenberg frei zu bekommen. Das war damals nicht ohne Risiko. Horwitz tat's, fand auch schließlich den zuständigen Mann, den damals noch weithin unbekannten SS-Offizier namens Reinhard Heydrich, der äußerst verbindlich wurde, als er erfuhr, wer am anderen Ende der Leitung sprach, und versicherte, Falckenberg werde in einigen Tagen entlassen. Was auch geschah. Unter solchen Umständen sah Horwitz für sich selbst und die Seinen nicht die geringste Gefahr und dachte keineswegs an Auswanderung. Das teilte er auch Ferdinand Rieser mit, als dieser in München auftauchte und ihn ins Hotel Vier Jahreszeiten zu einer Unterredung bat. So etwas hatte der Zürcher Direktor nicht erwartet. Es bestärkte ihn in seinem Entschluß, Horwitz unter allen Umständen zu engagieren. Endlich einmal einer, der ihn, Rieser, nicht brauchte! Und dazu noch einer, der – das war auf den ersten Blick ersichtlich – ganz ausgezeichnet im Frack aussehen würde. Rieser machte daher ein für seine Verhältnisse sehr hohes Angebot.

Horwitz schwankte. Sein Kollege an den Kammerspielen, Heinz Rühmann, riet ab: »Mensch, bleib hier! Der Hitler-Spuk ist in einem halben Jahr vorüber!«

Trotzdem entschloß sich Horwitz für Zürich; aber er floh nicht – er siedelte ganz offiziell über, nicht nur mit Frau und Kind, sondern mit seinen Möbeln, ja sogar mit seinem Dienstmädchen. Und immer in dem Bewußtsein: Ich kann ja zurück! Niemand wird uns etwas tun!

Als er fünfzehn Monate später in Zürich den Professor Mannheim spielte, der bis zuletzt, bis es zu spät ist, glaubt, niemand werde ihm etwas tun, wußte er längst: es würde kein Zurück geben für ihn, Horwitz, lange nicht, vielleicht würde es nie ein Zurück geben.

Seine Gegnerin und Gegenspielerin in dem »Schauspiel aus dem Deutschland von heute«, Dr. Inge Ruoff, zu Beginn des Stückes überzeugte Nationalsozialistin, die dann zur Gegnerin des neuen Regimes wird, die bildschöne Maria Schanda, wußte vom ersten Augenblick an, wohin der Weg der Nazis führen mußte. Sie spielte bereits bedeutende Rollen am Berliner Staatstheater, als Göring den unfähigen Weimarer Intendanten Ulbrich einsetzte und dieser von ihr verlangte, sie solle ihm vorsprechen. Darauf erfolgte die hitzige Antwort: »Kommen Sie doch in eine Vorstellung und sehen Sie mich an!« Als sie kurz darauf ihren Ariernachweis erbringen sollte – sie hätte ihn leicht erbringen können –, schrieb sie auf das betreffende Formular: »Eltern unbekannt.«

Die streitbare junge Dame mußte von Berlin fort. Auch in Köln, der nächsten Station, hielt sie es nicht lange aus, oder vielleicht hielt Köln sie nicht aus. Denn sie beleidigte den Kritiker der dortigen Nazizeitung so ausgiebig, daß er sich weigerte, weiterhin über sie zu schreiben. Um diese Zeit hatte sie sowieso genug von Deutschland. Sie fuhr aufs Geratewohl nach Zürich, wo die Kollegen aus Berlin sie, die es gar nicht nötig gehabt hätte zu emigrieren, begeistert empfingen. Übrigens kämpfte sie ihre Kämpfe auch in Zürich weiter. Die Vermieter ihres möblierten Zimmers machten antisemitische Bemerkungen, als sie gegen Mitternacht aus dem Theater kam. Zehn Minuten später hatte sie ihre Koffer gepackt und stand auf der Straße. Am nächsten Tag war sie beim Anwalt und verklagte die Leute. Den Prozeß gewann sie.

Die letzte Veranlassung für Maria Schanda, Deutschland den Rücken zu kehren, war das furchtbare Schicksal von Hans Otto gewesen, eines jungen Schauspielers, der nicht nur gut aussah, sondern wirklich schön war, groß, schlank, fast noch ein Knabe, und eine besondere Ausstrahlung besaß. Was immer er spielte, man spürte sofort: er glaubte, was er sagte, er war ehrlich, er war anständig, er war sauber.

Nach der Machtergreifung wurde Otto sehr pessimistisch, was das deutsche Schicksal anging. Als Mitglied der kommunistischen Partei – er glaubte ehrlich, das Heil werde schließlich durch die Kommunisten kommen, lebte wie ein Mönch und gab fast seine ganze Gage der Partei – hielt er sich für gefährdet, bat seine Freunde, ihn zu meiden, um nicht selbst Schwierigkeiten zu bekommen, auch am Telefon vorsichtig zu sein, dies alles nicht seinet-, sondern ihretwegen. Er verbrannte seine Papiere. Aber als Schauspieler, der fast allabendlich beschäftigt war, konnte er nicht gut untertauchen. Und wurde schon wenige Monate nach der Machtergreifung verhaftet. In SA-Kellern, später im Hauptquartier der Gestapo, wurde er unbarmherzig geschlagen und gefoltert. Sie wollten Namen anderer Gegner des Regimes aus ihm herauspressen, wollten wissen, wo der oder jener sich versteckt hielt. Otto schwieg beharrlich. Sie erfuhren nichts von ihm. Als er wieder einmal zu einem solchen »Verhör« geführt wurde, riß er sich von seinen Peinigern los und sprang aus dem Fenster des vierten Stocks in die Tiefe. Er war sofort tot. Keiner seiner Freunde, die den Mut hatten, ihm die letzte Ehre zu erweisen und den Sarg noch einmal öffnen ließen, erkannte Otto wieder in dem geschundenen, verprügelten, zu Fetzen gepeitschten Leichnam. Die deutschen Zeitungen durften nichts über den Fall bringen. Aber in allen deutschen Theatern und überall dort auf der Welt, wo sich deutsche Schauspieler befanden, wurde der Name Otto ein Begriff und ein Losungswort im Kampf gegen die nazistische Unterwelt. Hans Otto, der Schauspieler, der ein Held gewesen war.

Als Otto den Sprung in die Tiefe tat, befand sich ein anderer deutscher Heldenspieler in nicht geringerer Gefahr. Auch er Kommunist, auch er glänzend aussehend, auch er beliebt bei Publikum und Kollegen, auch er in den Fängen der Nazis. Daß er entkam, war das Verdienst des Zürcher Schauspielhauses.
Wolfgang Langhoff hatte am Hamburger Thalia-Theater und am Wiesbadener Staatstheater gespielt, bis er nach Düsseldorf kam, kurz nachdem die große Louise Dumont sich entschlossen hatte, von dort nach Köln zu übersiedeln. Das bedeutete die Auflösung des damals noch sagenhaften Düsseldorfer Schauspielhauses; das Ensemble spaltete sich, Langhoff landete am sogenannten Stadttheater.
Es war mitten in der Krisenzeit, die Zahl der Arbeitslosen stieg ständig, auch Schauspielern wurde überall gekündigt. Langhoff, schon ein aktiver Kommunist, arbeitete Hand in Hand mit den Gewerkschaften, kämpfte gegen die Entlassungen seiner Kollegen an, organisierte Vorstellungen und Vortragsabende für Erwerbslose, sorgte dafür, daß Arbeiterdichter zu Wort kamen, und wurde allein dadurch den lokalen Nazigrößen verhaßt, die ihn gleich nach dem Reichstagsbrand verhaften ließen – den Grund dafür sollte er nie erfahren. Es gab wohl auch keinen, außer daß er beim Publikum beliebt und Nazigegner war.
Er kam zuerst ins Untersuchungsgefängnis von Düsseldorf. Von Stunde zu Stunde hoffte er auf seine Entlassung – mußte er nicht noch am gleichen Abend auftreten? Das Eintreten von zwei, drei Kollegen hätte ihm vermutlich die Freiheit gebracht. Keiner rührte sich. Jeder fürchtete, sich damit Unannehmlichkeiten zu bereiten.
Dies muß festgestellt werden. Denn später, viel später behaupteten die deutschen Schauspieler immer wieder, sie hätten sich in jenen Jahren so besonders tapfer benommen. Langhoff wurde schließlich mit den anderen Häftlingen, vor allem Arbeitern, ins KZ Börgermoor geschafft, von dort wieder in ein anderes Lager namens Lichtenburg. Insgesamt blieb er dreizehn Monate gefangen. Dreizehn

Monate – das ist viel, aber es wäre schließlich zu ertragen, hätte der Gefangene gewußt, daß es »nur« dreizehn Monate sein sollten. Er erfuhr nichts, er wußte nichts. Er war ja nicht verurteilt, nicht einmal einem Untersuchungsrichter, geschweige denn einem Gericht gegenübergestellt worden. Er hatte hundertmal gehofft, am nächsten Tag entlassen zu werden. vielleicht, so mußte er sich schließlich sagen, würde er nie freikommen.

In Zürich wußte man um ihn. Seine Düsseldorfer Kollegen, Lindtberg, Erwin Parker, aber auch andere, die ihn nur dem Namen nach kannten, hörten nicht auf, für ihn und seine Freilassung zu kämpfen. Wie kämpfte man gegen die riesige, völlig unübersichtliche Terrormaschine des Nationalsozialismus? Wie kämpfte man für einen Schauspieler, der nicht im Lager saß, weil er ein Verbrechen begangen hatte, oder auch nur weil man ihn verdächtigte, ein Verbrechen begangen zu haben, sondern weil er sich durch seinen Kampf gegen die Nazis – einen durchaus legalen Kampf mit den legalen Mitteln von Reden, von Vortragsabenden und Inszenierungen für die linksgerichtete Arbeiterschaft durch Zugehörigkeit zur kommunistischen Partei – bei den Düsseldorfer SA- und SS-Helden verhaßt gemacht hatte?

In Düsseldorf selbst war unter diesen Umständen nichts auszurichten. So fuhr Hirschfeld nach Berlin und versuchte mit der großen Käthe Dorsch zu sprechen, von der man bereits wußte, daß sie alles tat, um den Verfolgten und den Opfern des Regimes zu helfen. Oft konnte sie Menschen retten; denn sie kannte von früher her, noch aus dem Ersten Weltkrieg, den damaligen Fliegerleutnant Hermann Göring, der sie hatte heiraten wollen und ihr auch weiterhin sehr zugetan blieb. Aber unglücklicherweise war die Dorsch nicht erreichbar. Hirschfeld suchte nach anderen Möglichkeiten.

Die zweite Form des Kampfes, der in Zürich für Langhoff gekämpft wurde: es verging keine Woche, ohne daß sein Name in der Weltpresse erschien, ohne daß der Tatsache Erwähnung getan wurde, daß er im Lager saß und daß man ihn in Zürich erwartete. Das wirkte wie ein Scheinwerfer, der auf Langhoff gerichtet blieb, der ihn nie in Vergessenheit, ja, nicht einmal aus dem Blickfeld der Öffentlichkeit geraten ließ, so daß es denen, in deren Gewalt er sich befand, unmöglich gemacht wurde, ihn verschwinden zu lassen. Dies war das Verdienst Lindtbergs, der diese Aktion angekurbelt hatte, und das Verdienst des Verlegers Emil Oprecht, vom ersten Tag einer der entschlossensten Gegner Hitlers, der in diesem Falle alle seine publizistischen Beziehungen spielen ließ.

Die Entlassung Langhoffs erfolgte schließlich durch die Bemühungen der jungen Schauspielerin Fita Benkhoff, die mit ihm gespielt hatte, mit ihm befreundet war und ein hohes Tier bei der SS gut kannte. Das war einer von den sogenannten »guten Nazis«, die angeblich der Idee wegen – welcher Idee eigentlich? – zu Hitler gefunden hatten und nicht glauben wollten, was alles an Schrecklichkeiten geschah.

Zu Ostern 1934 landete Langhoff in Berlin, wohin seine Frau schon übergesiedelt war. Er dachte gar nicht daran, Deutschland zu verlassen, er wollte an Ort und Stelle gegen die Nationalsozialisten kämpfen. Aber essen muß der Mensch schließlich auch. Freilich, die Theaterdirektoren, die ihn zwei Jahre vorher mit Kußhand genommen hätten, bekamen kalte Füße, wenn sie nur seinen Namen hörten. Die Bühnengenossenschaft schloß ihn aus. Damit war die Entscheidung gefallen. Er würde in Deutschland nicht mehr Theater spielen können. Trotzdem zögerte er noch, obwohl seine emigrierten Freunde ihm Verträge aus Wien, Prag, ja sogar aus Jugoslawien zukommen ließen; es handelte sich allerdings um Scheinverträge, die ihm die Ausreise ermöglichen sollten. Der Zürcher Vertrag war kein Scheinvertrag. Schweren Herzens entschloß sich Langhoff, ihn anzunehmen und Deutschland Lebewohl zu sagen, wer weiß, vielleicht für immer.

Aber dazu brauchte er einen Paß. Und der wurde ihm verweigert. Der Beamte auf dem zuständigen Berliner Polizeirevier sagte: »Es muß wohl etwas gegen Sie im Gang sein, sonst würden wir Ihnen den Paß sofort geben…«

Das war keine Drohung, das war ein Tip. Langhoff ging gar nicht mehr nach Hause – er konnte ja jeden Augenblick wieder verhaftet werden –, sondern fuhr zum Bahnhof und telefonierte erst von dort mit seiner Frau. Sie besaß einen Paß, sie konnte ungehindert reisen, sogar unter Mitnahme der Sachen, die den beiden verblieben waren. Und Langhoff selbst?

Mit Zürich hatte er einen Code vereinbart. Für jeden besonderen Fall, an welchem Tag, zu welcher Stunde er in der Nachbarschaft der Grenze erscheinen würde, war ein bestimmter Satz ausgemacht, scheinbar betreffend Tante Lottchen oder Tante Martha und ihren jeweiligen Gesundheitszustand. Von Frankfurt aus telegrafierte Langhoff die entsprechende Botschaft und fuhr weiter nach Badenweiler. Es war ein Samstag, und Rieser hatte sich über das Wochenende ins Tessin begeben, nicht ohne vorher den Codeschlüssel in einen Safe geschlossen zu haben. Unter Umständen konnte ja der Verrat des Geheimnisses Langhoff das Leben kosten.

Bange Stunden für Hirschfeld, der über dem Telegramm brütete und erst allmählich dahinterkam, was es bedeutete. Jedenfalls hoffte er, richtig entziffert zu haben, was es bedeutete. Er fuhr nach Basel, wo es eine Gruppe junger Menschen gab, die bereit waren, Deutsche über die Grenze zu retten. Aber, wie Hirschfeld es später formulierte: »Auch der Untergrund machte Wochenende!«

Schließlich erklärten sich der Schriftsteller C. F. Vaucher und der Architekt Artaria mit dem Paß von Max Sulzbachner zu dem Wagnis bereit. Sie fanden Langhoff wartend im Kursaal von Badenweiler. Sie verluden ihn in ihr Auto. Kurz vor der Grenze hielten sie vor einem Landgasthaus an, tranken Schwarzwälder Kirsch, sehr viel Kirsch. Der Plan war, an der Grenze ein wenig betrunken zu erscheinen. Wer wußte damals etwas von Alkoholgehalt im Blut? Wer kümmerte sich darum?

Schon war es finster, es goß in Strömen.

Hirschfeld später: »Ich wartete mit Frau Langhoff in Basel. Wir gingen ins Kino. Ich erinnere mich noch des Filmtitels: *Fortysecond Street*. Ein amerikanischer Revuefilm. Sicher sehr spannend. Uns kam es endlos vor. Nachher fuhren wir zu Vaucher nach Hause und warteten und warteten.«

Schließlich kamen Langhoff und seine Freunde. An der Grenze war alles ganz einfach gegangen. Die Freunde hatten beschlossen, den Motor laufen zu lassen und, falls die Grenzwächter sich entschließen sollten, die Pässe zu kontrollieren, einfach durchzurasen. Aber der Regen half ihnen. Auf deutscher Seite zeigte sich überhaupt niemand. Auch der Schweizer Zöllner spürte keine Neigung, naß zu werden. Als sie ihm zuriefen: »Wir haben einen getrunken!« gab er ihnen das Signal, weiterzufahren.

Das war der Abend des 30. Juni 1934, an dem Hitler Röhm und andere hohe SA-Funktionäre, gestern noch seine intimsten Freunde, ermorden ließ. Eine Stunde später wäre Langhoff nicht mehr durchgekommen. Eine Stunde später war die Grenze hermetisch abgeriegelt – von der deutschen Seite aus. Die vor der SS flüchtende SA – wer weiß, vielleicht waren auch einige Peiniger Langhoffs darunter – sollte gehindert werden, ins Ausland zu entkommen.

Vaucher hatte, bevor er losgefahren war, einen Tisch mit allerlei Leckerbissen für Langhoff gerichtet. Langhoff bestaunte die Delikatessen, die er zu sich nehmen sollte, lächelte traurig und meinte schließlich: »Davon werde ich kaum etwas essen können. Sie haben mir nämlich fast alle Zähne ausgeschlagen!«

Entsetzen ergriff die anderen, als er jetzt, wie zum Beweis, den Mund öffnete ...

Am nächsten Tag mußte Langhoff auf die Polizei. Schließlich hatte er die Grenze »schwarz« überschritten. Sein Paß? Nein, er hatte keinen Paß. Der Beamte wackelte mit dem Kopf.

»Eigentlich müßte ich Sie jetzt verhaften!«

»Verhaften ...?« Frau Langhoff, durch die Ereignisse der letzten fünfzehn Monate etwas verwirrt, geriet in Panik.

»Aber mein Mann ... mein Mann ... mein Mann hat ja noch nicht einmal zu Mittag gegessen!«

»So? Na, dann essen Sie erst einmal, und kommen Sie dann zurück!«

Da wußte Langhoff, daß er in der Schweiz war.

Übrigens mußte er nur eine geringfügige Geldbuße zahlen ...

Bald wurde Langhoff zur Legende. Und das kam so: eines Abends, in Gesellschaft, erzählte Langhoff dies und das aus seinem Leben, vor allem von dem Düsseldorfer Gefängnis, und wie man ihn und die anderen zusammengeschlagen, gefoltert und fast zu Tode gequält hatte, von dem Leben im KZ Börgermoor, wenn man das Leben nennen konnte, davon, wie die Kameraden trotz allem den Mut nicht hatten sinken lassen, von einem Lied, das einer von ihnen gedichtet hatte – oder vielleicht waren es alle –, und daß sie es sangen, um sich Mut zu machen, das Lied vom Moorsoldaten:

> Wir sind die Moorsoldaten
> Und ziehen mit dem Spaten
> Ins Moor...

Das Lied hatte eine erstaunliche letzte Strophe, bei der SS-Burschen zu zittern begannen, denn sie waren nicht nur böse, sondern auch feige:

> Doch für uns gibt es kein Klagen
> Ewig kann's nicht Winter sein,
> Einmal werden froh wir sagen:
> Heimat, du bist wieder mein!
> Dann ziehen die Moorsoldaten
> Nicht mehr mit dem Spaten
> Ins Moor!

Die Schweizer Bürger hörten die Erzählungen Langhoffs mit Staunen und Grauen an, als kämen sie aus einer anderen Welt. Einer sagte schließlich: »Wenn Sie das so schreiben, will ich es drucken.« Es war einer der Besitzer des an sich völlig unpolitischen Schweizer Spiegel-Verlages, der bereits sehr bestimmte Ideen über geistige Landesverteidigung hatte.

Er hielt Wort. Das Buch »Die Moorsoldaten« erschien ein paar Monate später. Es wurde in zahlreiche Sprachen übersetzt, die Menschen rissen es sich aus den Händen. Es wurde so etwas wie ein Welt-Bestseller. Selbst nach Deutschland wurden einige Exemplare geschmuggelt. Namentlich in Schauspielerkreisen sprach man viel über das Buch und seinen Verfasser. Mancher Schauspieler, der es nicht wagte, das Buch in Deutschland selbst zu lesen und es dort auch nicht bekommen konnte, fuhr eigens in die Schweiz, um es hier, eingeschlossen in seinem Hotelzimmer, zu verschlingen. Einige kamen sogar ins Theater, um dem Verfasser die Hand zu drücken.

Dies war nicht ohne Risiko. Denn schon stand Langhoff unter Bewachung. Schon war von den Nazis oder vielleicht den Fröntlern beschlossen, ihn aus dem Weg zu räumen – so oder so. Als Langhoff eines Abends nach der Vorstellung nach Hause kam – er lebte in einer sehr stillen Straße im Seefeld –, sah er vor seinem Haus ein Auto stehen. Der Motor lief. Drei Männer sprangen heraus, gingen von verschiedenen Seiten auf ihn zu. Langhoff retirierte bis zur Mitte der Straße, raste dann, seine Frau mit sich ziehend, in das Restaurant, das nur wenige Schritte entfernt war und in dem es keine Gäste mehr gab. Die Männer ihm nach. Langhoff schlug die Tür zu, verriegelte sie, die Männer draußen warfen sich gegen die Tür, ließen dann aber ab, rannten zum Auto zurück, gaben Gas, verschwanden.

Das war ein knappes halbes Jahr nach dem Erscheinen der »Moorsoldaten«.

Auch Rieser hatte die Fassung verloren, als er den Mann kennenlernte, der bei ihm die strahlenden Helden spielen sollte. Ein Held ohne Zähne? Aber er faßte sich schnell. »Ich lasse Ihnen natürlich ein Gebiß machen! Das beste Gebiß beim besten Zahnarzt!«

Er hielt sein Wort und zog Langhoff die Unkosten nicht einmal von der Gage ab. Dies sollte Langhoff allerdings erst später erfahren. Vorläufig hatte Rieser ein anderes Anliegen: »Sprechen Sie mir bitte etwas vor!«

»Ich soll vorsprechen?« Das war höchst ungewöhnlich. Man sprach als junger, als angehender Schauspieler vor, nicht als einer, der schon seit Jahren an ersten Bühnen gespielt hatte. Aber Langhoff zuckte die Achseln. Gut, er würde vorsprechen. Er setzte sich auf der anderen Seite des Schreibtisches hin und donnerte und flüsterte und zischte dem nur Zentimeter entfernten Rieser den Monolog Karl Moors ins Gesicht, in dem dieser sich über die Erbärmlichkeit und die Abscheulichkeit des menschlichen Charakters ausläßt. All die seit mehr als einem Jahr aufgespeicherte Empörung und Wut war in Langhoffs Stimme. Rieser fühlte sich geniert. »Gut, gut«! winkte er schließlich ab.

Und Langhoff spielte. Er spielte fast jeden Abend. Er spielte auch kleine und kleinste Rollen. Langhoff machte es gar nichts aus, auch einmal als Quasi-Statist mitzuwirken, er war froh, an einem Theater zu sein, das, auf seine Weise, den Kampf gegen Hitler aufgenommen hatte. Besonderen Spaß machte es ihm natürlich, die Rollen zu spielen, die ihm politisch lagen, wie etwa die des in die Illegalität flüchtenden jungen Arbeiters Ernst im *Professor Mannheim*, der Wort für Wort das sagte, was Langhoff politisch dachte und fühlte. Im Handumdrehen war er Zürichs beliebtester Schauspieler. Das hatte mit seinem Aussehen zu tun, mit seiner kernigen Art zu sprechen und natürlich auch mit seinen Heldenrollen. Die Damen jeglichen Alters flogen auf Langhoff. Sie fanden ihn unwiderstehlich, besonders wenn er jugendliche Helden spielte, etwa den Prinzen Heinrich in *Heinrich IV.* oder den Karl Moor, den er seinem Direktor hatte vorsprechen müssen.

Die *Räuber*-Aufführung war ein Ereignis und wäre beinahe ein Skandal geworden. Der Regisseur Lindtberg hatte im letzten Akt die Pastor-Moser-Szene gestrichen – und mit ihm den wackeren Mann, der dem schändlichen Franz noch einmal kurz vor seinem Ende vorhält, daß es einen Gott und eine sittliche Weltordnung gibt.

Der Feuilletonchef der »Neuen Zürcher Zeitung«, Dr. E. Korrodi, glaubte eine Absicht zu merken und war arg verstimmt. »Und nun erfahre der Leser, wie die Regie Schiller zum Zeitgenossen macht. Da läßt bekanntlich das Ungeheuer Franz in seiner Verzweiflung den alten Pastor Moser kommen. Und dieser Pastor ist keine Figur aus Pappe. Schiller hat in ihm seinem Religionslehrer Philipp Ulrich Moser aus Lorch ein Denkmal gesetzt. Dieser Pastor ist aber in der gestrigen Aufführung unpäßlich geworden: das Gespräch des halb wahnsinnigen Franz mit dem hilflosen Partner, dem Diener Daniel, hören wir, aber das Gespräch Franzens mit dem Pastor, dem tiefgehenden Partner, wird uns vorenthalten.«

Lindtberg bestritt, den Strich gemacht zu haben, um das Revolutionäre, wenn nicht gar das Nihilistische des Dramas zu unterstreichen, berief sich überdies auf Schiller, der die gleiche Szene in der Mannheimer Uraufführung gestrichen hatte.

»Die Pastor Moser-Szene wird nicht aus weltanschaulichen, sondern aus dramaturgischen Gründen gestrichen; sie hemmt das Furioso der letzten Franz-Szene, setzt einen Keil zwischen das Bild der Vergeltungs-Traumerzählung und den Beginn der Vergeltung selbst (Eindringen der Räuber). In dem Monolog zwischen diesen beiden Höhepunkten, dem Monolog vom ›Rächer über den Sternen‹, wird alles gesagt, was zur Überführung und Vernichtung des Gottesleugners gesagt werden muß, und es wurde, wie mir scheint, in unserer Aufführung recht eindringlich gesagt...«

Die Zeitung war fair genug, diese Antwort abzudrucken. Aber Lindtberg hatte über diese Frage hinaus, ob man die Szene spielen sollte oder nicht, recht behalten. Denn er hatte eine *Räuber*-Aufführung gemacht, wie sie seit langem nicht mehr gesehen worden war. Nicht der heroische, vielleicht etwas zu vordergründige Karl Wolfgang Langhoffs war das Entscheidende dieser Aufführung, noch der viel stärkere, glitzernde, geschmeidige und zuletzt unheimlich dämonische Franz Ginsbergs – überhaupt nicht die eine oder andere schauspielerische Leistung, sondern das Ganze.

Endlich spürte man wieder einmal, daß dieses Stück, von einem jungen Menschen geschrieben, unter jungen Menschen spielt. Wie das schäumte! Wie das mitriß! Wie das noch in seinen exzessivsten Augenblicken überzeugte – so, wie eben nur Jugend zu überzeugen vermag. Das war in höchstem Maße erregend, das ging einem so an die Nieren, als kenne man das Stück gar nicht und habe keine Ahnung, wie es wohl ausgehen möge.

Hier war schon der ganze Lindtberg, der später auf dem Gebiet des klassischen Dramas der erste deutschsprachige Regisseur werden sollte; der es vielleicht schon geworden war. Was war sein Geheimnis? Daß er keines kannte. Am Anfang stand sein unerschütterlicher Wille, es »richtig« zu machen, das herauszuarbeiten, worauf es dem Dichter angekommen war, nicht auf Wirkung zu gehen, sondern auf den Gehalt. Den Gehalt verständlich zu machen. Verständlich zu sein. Sein Hilfsmittel: Kopf und Verstand. Er hatte das Stück verstanden, das er inszenierte; er ging daran, seinen Schauspielern klarzumachen, was sie zu sagen hatten, warum sie es zu sagen hatten, warum sie es nur so und nicht anders sagen konnten; er ruhte nicht, bis sie es wie Selbstverständliches vorbrachten. Und so wurden bei ihm auch die gehobensten Texte wieder einfach und die ältesten Werke modern.

Einfach? Ja. Seine Inszenierungen waren von der Einfachheit, die etwa die Aufführungen klassischer Musikwerke durch große Dirigenten auszeichnet. Nur durch die ganz großen Dirigenten. Denn was ist schwerer, als einfach zu sein?

Akt III

Das Leben ist nicht leicht

Vorhang auf!
Wir schreiben den 21. November 1935. Gespielt wird ein amerikanisches Stück, ein Reißer eigentlich, von Emmet Lavery: *Die erste Legion.* Es handelt sich, wie es im Text heißt, um »die erste Legion der Gerechten, die Jesuiten, die bei der letzten Parade in der nächsten Nähe Gottes stehen werden«.

Ein Stück, in dem nur Männer in Kutten auf der Bühne stehen oder sitzen, ein Stück ohne Frauen, ohne Liebe, ohne Verführung, ohne Verbrechen, ohne Krieg, ohne Revolution – und trotzdem ein Reißer?

Ja, und ein äußerst geschickt gemachter, ein spannender, der bereits in den Vereinigten Staaten, in London, in Paris, in Wien zahllose Aufführungen erlebt hat. Wie der Autor das fertig bringt? Ganz einfach: er läßt zwei Wunder geschehen. Oder eigentlich ist's nur eines. Die Sache beginnt damit, daß der seit Jahren gelähmte Pater Strelsky, den der Arzt Morell längst als hoffnungslos aufgegeben zu haben scheint, plötzlich wieder gehen kann. Allgemeine Aufregung, die sich weit über das Jesuitenkollegium, über die ganze Stadt, ja, die Vereinigten Staaten verbreitet. Von überallher kommen Verkrüppelte und Sieche und erhoffen Heilung. Nur ein einziger Pater, Mark Ahern, hegt gewisse Zweifel, und gerade er muß von Doktor Morell erfahren, daß das Wunder kein Wunder war, sondern daß er, der Arzt, durch Willensübertragung, also durch Hypnose, den Pater Strelsky, der früher laufen konnte, wieder zum Gebrauch seiner Beine gebracht hat. Pater Ahern, dem dieses Geständnis im Beichtstuhl gemacht worden ist, wird völlig ratlos. Die Situation spitzt sich nämlich zu. Die Jesuiten bemühen sich darum, daß einer ihrer ehemaligen Brüder, der das »Wunder« angeblich bewirkt hat, heilig gesprochen werde. Jimmy, der kleine Neffe Doktor Morells, trifft ein. Er wurde gelähmt geboren, ihn kann man nicht unter Hypnose heilen, er hat mit seinen armen Beinchen nie laufen können. Jetzt wird also der Schwindel herauskommen. Aber siehe da! Diesmal geschieht ein echtes Wunder. Jimmy kann gehen. Zum erstenmal in seinem Leben! Und Mark Ahern braucht nicht mehr zu zweifeln.

Weder Hartung, der übrigens bald nach Basel abwandern sollte, noch Lindtberg hatten Lust, das Stück zu inszenieren. Rieser fragte: »Und wie wär's mit Ihnen, Herr Steckel?«

Diese Aufforderung kam einigermaßen überraschend. Denn Steckel hatte noch nie Regie geführt. Zumindest nicht offiziell. Aber diesem so ungewöhnlich temperamentvollen, übersprudelnden Schauspieler fiel in jeder Probe, sozusagen am laufenden Band, so viel ein und immer etwas Originelles, immer etwas Erstaunliches, wie man diese oder jene Szene spielen könnte, ja, spielen müßte. Es fiel ihm nicht nur etwas zu seinen eigenen Rollen ein, sondern auch zu den anderen Rollen, ohne daß er sich mit diesen anderen Rollen besonders beschäftigt hätte – dazu war ja überhaupt keine Zeit –, es handelte sich in des Wortes wahrster Bedeutung um Einfälle, um spontane Eingebungen und Geistesblitze. Das war stärker als er selbst. Wenn eine Szene zum erstenmal und recht stockend, weil von textunsicheren Schauspielern, probiert wurde, sah der kleine Steckel die Szene schon fertig vor sich, und die Vision war so stark, daß er sie, ob er wollte oder nicht, anderen mitteilen mußte.

Und die Kollegen sagten wohl: »Führ doch mal Regie!« Und Rieser hatte davon gehört. Jetzt kam also Steckels große Chance.

War es wirklich eine Chance? Was sollte ihm, dem Juden, ausgerechnet zu einem Jesuitenkollegium einfallen? Wie sollte er seine emigrierten, als Mönche verkleideten Kollegen führen? Wie redeten, wie bewegten sich Jesuiten, wenn sie unter sich waren? Wie stand es um die Atmosphäre in einer Jesuitenzelle? Und das Entscheidende: was konnte ihm einfallen zu Männern, die nicht liebten, die keine Frauen küßten, die keine Privatprobleme hatten, die selbst wenn sie glücklich oder unglücklich waren, es mit Maß waren.

Sogar Prüfi war gegen das Stück. »Lauter Katholiken«, bemerkte er geringschätzig.

»Was hast du gegen die Katholiken?« erkundigte sich Steckel.

»Ick bin schließlich Berliner! In Berlin jibt's keene Katholiken!«

Steckel widersprach: »In Berlin gibt es zwanzig Prozent Katholiken!«

Und Prüfi: »Wat sind schon zwanzig Prozent bei vier Millionen Einwohner!«

Trotzdem übernahm Steckel den Regieauftrag. Und es geschah, als er an dem Stück über das Wunder zu arbeiten begann, ein wahres Wunder. Der sonst so laute, oft heftige Steckel wurde ganz leise. Seine Besinnlichkeit übertrug sich auf die Schauspieler. Seine Vision dieses Jesuitenklosters – er hatte nie eines von innen gesehen – war so stark, daß die anderen sich in sie einfügten, ohne recht zu wissen, wie das geschah, ohne daß Steckel auch nur ein einziges Mal hätte laut werden müssen. Dabei ging es auf den Proben keineswegs salbungsvoll zu. Im Gegenteil, es wurde aufgeregt diskutiert – wie im Stück –, es wurde auch gelacht – im Stück gibt es allerdings keinen einzigen Lacher. Und am Premierenabend war dann jene innere Spannung da, diese unterdrückte Erregung, die unter allen diesen scheinbar gemächlichen, besinnlichen Unterhaltungen lag, die einen spü-

18 Heinrich Gretler, der markanteste Schweizer Schauspieler, 1938 als Götz von Berlichingen

19 Thornton Wilders »Eine kleine Stadt« mit Therese Giehse, Grete Heger und Emil Stöhr: 1938 ein Mißerfolg — heute ein klassisches Drama

23 Wolfgang Langhoff wurde in Düsseldorf von den Nazis verhaftet und ins KZ gebracht. Mutige Freunde holten ihn nach Zürich.

◁ 20 Links: Leopold Lindtberg aus Wien kam nach Berliner Erfolgen zu Rieser und wurde ein europäischer Begriff.

◁ 21 Teo Otto: Weder Geld noch Material standen ihm für seine Bühnenbilder zur Verfügung — so wurde er zum großen Zauberer.

◁ 22 Unten: Teo Otto mit Hans Prüfer (Garderobier), Ferdinand Lange (technischer Leiter), Paul Baschwitz (Inspizient) — unentbehrliche Kräfte!

24 Thomas Mann, Dr. Emil Oprecht, Katia Mann. Das Haus Oprecht wurde zum Treffpunkt aller Gegner des Hitler-Regimes.

25 Maria Becker 1939 als Schillers Jungfrau von Orleans ...

26 ... und ein Jahr darauf in »Maria Stuart«. Sie war und ist die stärkste Elisabeth unserer Generation.

ren machte, daß es im Grunde eigentlich immer um Leben und Tod geht – um das ewige Leben und um den ewigen Tod.

Ein gescheites, geschicktes Theaterstück wurde zur Dichtung hinaufgespielt. Und die deutschsprachige Bühne hatte einen neuen, einen ersten Regisseur.

Steckel machte eine ganz neue Art von Regie, grundverschieden etwa von der von Lindtberg. Er hatte kaum vorgearbeitet, hatte das Stück vielleicht einmal gelesen, nichts *über* das Stück, hatte sich wenig Gedanken gemacht, bevor sich die Schauspieler zur ersten Probe, der sogenannten Stellprobe – denn Leseproben konnte man sich damals in Zürich nicht leisten –, auf der Bühne einfanden. Dann kamen ihm die Einfälle, wo sie zu stehen, wohin sie zu gehen, wie sie zu sprechen hatten. Er hatte dann im Verlauf der Proben so viele Einfälle, daß es fraglich schien, ob das Stück je fertig werden würde.

Aber es kam zu keinen Verschiebungen. Steckel entwickelte sich, trotz aller Einfälle, wohl zum pünktlichsten Regisseur, den es in unserer Zeit gegeben hatte. Im Gegensatz zu anderen Regisseuren, die nie vorher hätten sagen können, wie weit im Stück sie während einer bestimmten Probe gelangen würden, wußte Steckel das mit traumwandlerischer Sicherheit aufs genaueste. Wenn etwa ein Schauspieler auf Seite 54 des Textbuches seinen ersten Auftritt hatte, so hätte das etwa bei dem Berliner Regisseur Jürgen Fehling, aber auch anderen, bedeutet, daß er vielleicht übermorgen oder vielleicht auch erst in fünf Tagen drankommen würde. Steckel sagte: »Du kommst morgen um 11 Uhr 20.« Und wenn der Schauspieler um 11 Uhr 21 eintraf, machte Steckel ein ärgerliches Gesicht. Der Schauspieler hatte ihn eine Minute aufgehalten.

Übrigens, um es gleich hier zu sagen: Er konnte sich entsetzlich ärgern, dann schrie und tobte er. Aber er war leicht bestechlich. Man mußte ihm nur irgend etwas zum Naschen mitbringen, irgend etwas, was ihm schmeckte. Je nach Gage eine Kleinigkeit oder eine Delikatesse. Steckel wußte da genau Bescheid. Er war schon damals und für den Rest seines Lebens ein Vielfraß.

Zurück zu dem Jesuitenstück. Gretler spielte mit und Langhoff, Ginsberg, Horwitz und vor allen und über allen, im doppelten Sinn des Wortes als Rektor, Erwin Kalser. Die Rolle hätte für ihn geschrieben sein können, diesen kleinen, schmalen Mann mit dem klugen Gesicht, das ein wenig leidend wirkte und ein wenig verwundert und skeptisch, der auf eine ungemein eindrucksvolle Weise immer leise war, der gewissermaßen nur mit Pastellfarben zeichnete und jedem Satz allein dadurch, daß er ihn sprach, Gewicht verlieh und jeder seiner Figuren Differenziertheit und Untergründigkeit. Er sah immer ein wenig unglücklich aus, und er war es wohl auch. Seine Kollegen, die ihn liebten und verehrten, meinten: »Kalsi ist nur glücklich, wenn er unglücklich sein darf.« Aber in Zürich war er wohl wirklich nicht glücklich. Der hektische Rieser-Betrieb lag ihm gar nicht. Er brauchte Zeit, viel Zeit, um ganz in den Besitz seiner Rolle zu gelangen – und Rieser brauchte jede Woche eine Premiere. Die Kollegen waren junge und schnelle Schauspieler. Er war so jung nicht mehr, er war viel arrivierter als sie, und er lernte schwer. Er lernte Tag und Nacht, aber wenn dann die Premiere herankam, ach, sie kam so schnell heran, schwamm er noch sehr.

Rieser hatte dafür kein Verständnis. Und als Kalser auf einer Generalprobe an den Souffleurkasten trat und die Souffleuse bat, sie möge um Gottes willen auf ihn »aufpassen«, donnerte der Direktor ihn an: »Herr, lassen Sie mir meine Angestellten in Ruhe! Lernen Sie lieber Ihren Text!«

Dabei merkte Rieser selbst meist nicht, wenn Kalser nicht weiterwußte, denn er war ein wahrer Schwimmkünstler. Er verlor die Rolle nicht, er blieb die Person, die er darzustellen hatte, wartete mit so souveräner Ruhe auf die nächsten Meldungen aus dem Souffleurkasten, daß die Zuschauer und auch ein so gewitzter Zuschauer wie Rieser überzeugt waren, nicht Kalser, sondern seine Partner »hingen«.

Er war erst relativ spät zum Theater gekommen, hatte ursprünglich Philosophie studiert und seinen Doktor gemacht. Übrigens haßte er nichts so sehr, als wenn man ihn »Doktor« nannte, hielt es geradezu für eine Beleidigung. Er las viel, kannte die Klassiker fast auswendig, war überhaupt das, was man einen gebildeten Menschen nennt. Kurz nach Kriegsende war er der prominenteste Schauspieler an Falckenbergs Münchner Kammerspielen gewesen, hatte, obwohl damals schon weit über dreißig, abenteuerlich jung ausgesehen und ganz junge Rollen gespielt, so zum Beispiel den Gymnasiasten Moritz Stiefel in Wedekins *Frühlings Erwachen*. Er ging dann nach Berlin, wo er sich erstaunlicherweise nicht so recht durchsetzen konnte – die Kollegen schätzten ihn zwar sehr, aber das große Publikum blieb ihm gegenüber kühl. Vielleicht war es in Berlin ein Fehler, zu still zu sein. Einer, der ihn heiß liebte, war der Theaterfanatiker Joseph Goebbels, der, nicht wissend, daß Kalser Jude war, mehrmals darüber sprach, daß ein echter deutscher, ein arischer Schauspieler wie Kalser sein müsse.

Kalser fühlte sich wohl wirklich vor allem als Deutscher, glaubte, es werde auch unter Hitler so schlimm nicht werden, wollte Berlin nicht verlassen, und es kostete Lindtberg einige Mühe, ihn im Frühjahr 1933 für eine Auslandstournee zu gewinnen. Erst als Kalser nach Paris kam und nichtdeutsche Zeitungen las, wurde ihm klar, daß es keinen Sinn mehr hatte, nach Deutschland zurückzugehen. Dann wollte er in Paris bleiben, wo er sicher war, Beschäftigung zu finden, er sprach Französisch fast wie Deutsch.

Es war wieder Lindtberg, der Rieser dazu brachte, Kalser nach Zürich zu holen. Und Rieser hatte einmal mehr entsetzlich viele Bedenken. Da war vor allen Dingen Kalsers Stimme! Warum sprach er so leise? Rieser verstieg sich zu der Behauptung: »Er spricht ja wie im Büro!« Und dann das Äußere! Wieder einmal stellte sich die Frage nach der Fähigkeit des Schauspielers, einen Frack zu tragen. Wie sah er überhaupt aus? Jedenfalls nicht wie ein Schauspieler auszusehen hatte! Viel zu ... zu privat. Rieser fragte: »Haben Sie Photographien von sich?«

»Nein. Aber ich sitze ja vor Ihnen. Sehen Sie mich an! So sehe ich aus!«

»Ich muß aber Photographien von Ihnen haben, um zu wissen, wie Sie aussehen!«
insistierte Rieser. »Sonst kann ich Sie eben nicht engagieren.«

Warum wohl? Vermutlich, weil Rieser die Photos herumzeigen wollte, weil er
andere fragen wollte, ob der Mann im Frack vorstellbar sei. Ob er wohl eine
Attraktion für die Abonnenten abgeben würde.

Kalser hatte Glück. Kalser gefiel, gerade den Leuten, auf die es Rieser ankam. Es
waren seine Freunde, die ihm den Rat gaben: »Den Mann mußt du halten!« Und
so durfte Kalser, den Rieser nach der ersten Saison wieder gehen lassen wollte,
bleiben, und so wurde der Mann, der so schwer lernte, buchstäblich von Rolle zu
Rolle gehetzt.

So spielte er, um zwei Beispiele zu geben, am 16. Januar 1936 die Hauptrolle im
Hexer und am 23. Januar den König Philipp im *Don Carlos*.

Der Hexer ist eines der unzähligen Kriminalstücke des Engländers Edgar Wallace,
von dem – wie die Reklame verkündete – es unmöglich war, nicht gefesselt zu
werden. Die Titelfigur ist ein seltsamer Verbrecher, der das Hobby hat, Schädlinge
der Gesellschaft, die immer wieder durch die Maschen des Gesetzes schlüpfen,
abzumurksen. Niemand weiß, bis zwei Minuten vor Stückschluß, wer der *Hexer* ist,
das heißt, hinter welcher Maske er sich verbirgt. Heute können wir's ja verraten, es
ist der stets etwas betrunkene Polizeiarzt Steckel mit einem eindrucksvollen Bart.
Der Hexer weiß wiederum alles, zum Beispiel auch, daß Rechtsanwalt Messer, den
das Publikum für den Hexer hält, ein böser Mensch ist, Kalser spielt ihn, und es
war eine lange Rolle, denn Messer wird erst zehn Minuten vor Schluß vom Hexer
umgebracht.

Als sich Kalser, zum erstenmal von einem Messer durchbohrt – oder war es eine
Revolverkugel? – vor dem endlich aufatmenden und wild applaudierenden Publikum verbeugen durfte, stand Lindtberg bereits seit fünf Tagen in den Proben zu
Don Carlos. Dem König Philipp blieb nur noch eine knappe Woche. Das wäre
selbst für einen schnellen Schauspieler zu wenig gewesen. Sieben Tage – und
jeden Tag Proben, jeden Abend den Schurken im *Hexer* spielen – und eine
Riesenrolle lernen! Auf der Hauptprobe am Mittwoch vormittag – am Donnerstag
sollten Generalprobe und Premiere stattfinden – blieb König Philipp fast bei
jedem Vers stecken. Er war völlig verzweifelt, als er gegen sieben Uhr abends in
seine Garderobe zurückkehrte, wo ihn der mitfühlende Prüfi mit den Worten
empfing: »Der Schiller quasselt auch zuviel! Den Schiller könnt' ich direkt
ohrfeigen!«

Kalser aß sein königliches Abendmahl, bestehend aus zwei Würsten, legte seine
königliche Robe ab, schminkte sich ab, schminkte sich neu, zog den Gehrock des
schurkischen Rechtsanwalts an und ging auf die Bühne, um sich ermorden zu
lassen.

Die eigentliche Hinrichtung sollte aber erst folgen. Die Schauspielerin Angelica
Arndts erwartete Kalser am Bühneneingang, verschleppte ihn in ihre nicht sehr

entfernte Pension und braute ihm einen unheimlich starken Kaffee; dann begann sie ihn abzuhören, jede Zeile, die König Philipp zu sprechen hat, wurde fünfmal, zehnmal, zwanzigmal wiederholt, dazwischen wieder frischer, starker Kaffee. »Also noch einmal den ersten Akt...« Eine Zigarette.« Jetzt den zweiten Akt!«... Ein Schluck Kaffee. »Na, siehst du, es geht jetzt sehr viel besser, noch einmal den Monolog!« Die Zigarettenstummel häuften sich im Aschenbecher. »Jetzt die Szene mit dem Großinquisitor!« Mehr Kaffee. Draußen fuhr die erste Straßenbahn vorbei, es begann zu schneien. »Jetzt noch einmal den zweiten Akt. Die Stelle... warte, ich gebe das Stichwort!« In einigen Fenstern der gegenüberliegenden Häuser wurde Licht gemacht. »Und jetzt noch einmal das Ganze...« Mehr Kaffee, zwei Eier im Glas mit frischen Brötchen, die der Junge des Bäckers gerade gebracht hatte. Es dämmerte, als Kalser zum letztenmal flüsterte: »Ich habe das Meinige getan, tun Sie das Ihre.«

»Das hätte eigentlich ich sagen sollen«, meinte die Arndts, aber Kalser antwortete nicht mehr. Er war bereits eingeschlafen. Er schlief zwei Stunden wie ein Toter. Er spielte die Generalprobe wie ein Sterbender, aber jedes Wort kam.

Und am Abend stand ein König Philipp auf der Bühne, der zwar undenkbar im Frack gewesen wäre, aber jeder Zoll ein König war. Das Publikum hielt den Atem an. So einen König Philipp hatte man noch nie gesehen! Die Kollegen drängten sich in den Kulissen, um einen Blick auf Kalser zu tun. Nein, dergleichen erlebte man nicht jeden Tag. Das war große, das war größte Schauspielkunst.

Da stand ein Mann auf der Bühne, inmitten anderer Männer und Frauen, und doch schien es, als sei er allein auf der weiten Welt. Da sprach einer ganz leise und tonlos, und doch hatte man das Gefühl, daß seine Stimme überall auf dem Erdball gehört wurde. Da war ein armer, kranker Greis, und doch ging mehr Kraft von ihm aus als von den anderen, jüngeren, gesünderen. Da hörte man einen Verzweifelten, und doch blieb er groß. Da war ein König und ein Mensch und einer, den der Menschheit ganzer Jammer angefaßt hatte.

Was war es? Was hatte der schmale, kraftlose, müde Mann gemacht, um diese Wirkung, diese tausend Wirkungen zu erzielen? Er hatte nichts gemacht. Und hatte sich trotzdem verwandelt. Er war nur da – und trotzdem war ein ganz anderer da.

Es war eine Sternstunde des Theaters. Es war einer der Abende, um derentwillen wir das Theater lieben. Selbst Direktor Rieser fühlte sich gerührt.

Die Rolle des intrigierenden Beichtvaters Domingo hatte Wolfgang Heinz gespielt, der um die gleiche Zeit wie Langhoff, also erst zur zweiten Spielzeit des Anti-Nazi-Theaters, nach Zürich gekommen war.

Er war seit 1919 am Berliner Staatstheater gewesen, hatte jugendliche Charakterrollen gespielt, vor allen Dingen unter Leopold Jessner, war bekannt geworden und zählte, wenn noch nicht zur ersten Garde, so doch zu den kommenden

Männern. Damit war's aus, als Hitler auf der Bildfläche erschien; Heinz wurde entlassen, aber ausbezahlt, da er Österreicher war. Er ging auf Tournee ins Ausland. Aber auch im Ausland galten die jüdischen Emigranten eben vor allem als Deutsche, und Deutsche waren in der ersten Zeit des Hitler-Regimes nicht gerade beliebt im Ausland, schon gar nicht bei dem doch vorwiegend jüdischen Theaterpublikum. Die Tournee mußte abgebrochen werden.

Noch auf der Reise erfuhr Heinz durch seine Freundin, die junge Schauspielerin Angelica Arndts, von dem grausigen Tod Hans Ottos, mit dem ihn eine jahrelange enge Freundschaft verbunden hatte. Nun wollte er nicht mehr nach Berlin zurück und fuhr nach Wien. Dort fand sich für einen Wiener allerdings keine Engagementsmöglichkeit. Rieser, der oft nach Wien kam, vor allem, um sich neue Stücke anzusehen, engagierte ihn.

Heinz – ein mittelgroßer Mann von eher gedrungener Gestalt, mit einem sehr energischen, fast raubtierartigen Gesicht, dominiert von zwei sehr scharfen Augen und einer Adlernase – spielte fast in jedem Stück, das herauskam. Er spielte in der *Ersten Legion*, im *Hexer*, im *Don Carlos* und im *Rasputin* von Alexander Tolstoi und Pawel Schtschegolew. Das war am 6. Februar 1936.

Ein Tag, den man in der Schweiz nicht so schnell vergessen sollte. Denn an diesem Tag erschoß der junge deutsche Jude David Frankfurter den Schweizer »Gauleiter« Gustloff in Davos. Er wollte die Welt auf die Nazi-Gefahr aufmerksam machen. Er wollte wohl auch etwas für die Schweiz tun. In der Schweiz allerdings empfand man seine Tat vorerst nicht gerade als Hilfe. Später, im Krieg, als man begriff, bis zu welchem Grade die Nazis die neutrale Schweiz unterminiert hatten, sollte man darüber anderer Meinung werden.

Rasputin war ein Schauerstück aus den letzten Jahren des zaristischen Regimes. Der Held war jener dämonische Pope, der einen großen Einfluß auf die Zarin hatte oder gehabt haben sollte, der diesen Einfluß zu allerhand finsteren, zum Teil auch politischen Geschäften mißbrauchte und schließlich erschossen wurde – von einem Großfürsten, der patriotische Motive vorschützte.

In Zürich war die Mordwaffe natürlich nur mit einer Platzpatrone geladen. Auf der Bühne ist es nun so, daß man es, falls auf jemanden geschossen werden muß, so einrichtet, daß der Lauf nicht direkt auf den Kopf des Opfers gerichtet ist, so daß selbst dann, wenn der Revolver geladen wäre, die Kugel nicht treffen würde – sicher ist sicher; auch eine Platzpatrone konnte gelegentlich Schaden anrichten.

Das war aber Heinz nicht realistisch genug. »Schießen Sie ruhig auf mich!« verlangte er von seinem Mörder. Der tat ihm den Gefallen, unglückseligerweise just in dem Augenblick, als Heinz, seine letzten Worte von sich gebend, den Mund geöffnet hatte. Das Resultat: ein Loch in der Zunge, aus dem in den nächsten Wochen viel Eiter fließen sollte. Aber es war nicht daran zu denken, daß Heinz sich krank meldete. Er mußte weiterspielen, und zwar jeden Abend. Nur, daß die Zuschauer nicht viel mehr zu hören bekamen als unartikulierte Laute. Und als eines Tages auch noch der Schauspieler Hermann Wlach mit einem ausgewachsenen Stockschnupfen ins Theater kam...

Gespielt wurde die unverwüstliche *Erste Legion*. Auf der Bühne saßen Wlach, Horwitz, Langhoff, Kalser, Heinz. Die Unterhaltung führten vor allem Heinz und Wlach. Ginsberg, als Jesuit Strelsky, der wunderbarerweise wieder gehen konnte, kam gerade rechtzeitig die Treppe hinunter, um Wlachs völlig unverständliches Gequassel zu hören und die Antwort von Heinz, die, wenn möglich, noch mysteriöser blieb. Seine Zunge war an diesem Abend wieder besonders stark geschwollen. Alle Jesuiten, die sehr erstaunt hätten sein müssen darüber, daß Strelsky wieder lief, senkten, wie auf Kommando, die Köpfe, damit die Zuschauer nicht sahen, daß sie vor Lachen fast erstickten. Die Souffleuse, die loszuplatzen fürchtete, verschwand aus ihrem Kasten. Horwitz, als Doktor Morell hinter Ginsberg stehend, flüsterte ihm zu: »So, nu red mal!« Ginsberg wußte in diesem Augenblick, daß er kein Wort würde hervorbringen können. Alle Augen waren auf ihn gerichtet; die seinen aber auf Direktor Rieser, der unter den Zuschauern weilte. Ginsberg dachte an seine Frau und sein Kind, und daß er jederzeit auf vierzehn Tage kündbar war. Angstschweiß brach ihm aus, und doch war ihm völlig klar, daß er in der nächsten Sekunde schallend zu lachen beginnen würde.

Da ließ er sich fallen.

Im Publikum hatte man keine Ahnung, daß der Zusammenbruch nicht zum Stück gehörte. Langhoff war als erster bei Ginsberg, beugte sich über ihn, flüsterte: »Durchhalten! Um jeden Preis durchhalten!«

Zwei, drei Sekunden später fiel der Vorhang auf ein Zeichen von Steckel, der an diesem Abend für Gretler eingesprungen war und ebenfalls einen Jesuitenpater spielte. Man trug Ginsberg in den Sanitätsraum. Fast gleichzeitig mit ihm kam Rieser hereingestürzt, in Begleitung eines jungen, unerfahrenen, sehr aufgeregten Arztes aus Luzern. Flüchtige Untersuchung von Ginsberg, der immer wieder zuckte, so stark war auch jetzt noch das Bedürfnis zu lachen.

»Epilepsie!« flüsterte der Luzerner dem Direktor zu und begann seine Spritzen auszupacken.

»Ich kenne ihn genau!« warf sich jetzt der besorgte Steckel dazwischen. »Bitte geben Sie ihm keine Injektion! Er ist allergisch dagegen. In wenigen Minuten ist er sicher wieder in Ordnung...«

»Laßt mich allein!« stöhnte Ginsberg, nun ernstlich erschrocken. So schlichen sie hinaus. Zehn Minuten später konnte der Vorhang wieder hochgehen, keiner der Beteiligten hätte später sagen können, wie sie es fertigbrachten, durchzuhalten, ohne in Lachkrämpfe zu verfallen. Aber sie schafften es.

Rieser ließ den jungen Schauspieler Erwin Parker, der schon zu Hause, ja, im Bett war, ins Theater holen. Von den Kollegen erfuhr er sofort, was geschehen war. Aber das durfte er Rieser natürlich nicht sagen. Der setzte ihn nun seinerseits ins Bild und schloß mit den Worten: »Bei Epileptikern kann man natürlich nie wissen.

Ich halte es nicht für wahrscheinlich, daß Ginsberg morgen abend seine Rolle spielen kann. Sie müssen sie auf jeden Fall lernen!«

»Gern«, sagte Parker, der ja wußte, wie die Dinge standen, und daß Ginsberg seine Rolle am nächsten Abend spielen würde. »Das bleibt natürlich unter uns«, sagte sein Direktor. »Am besten, Sie gehen jetzt nach Hause und lernen. Und morgen vormittag höre ich Sie ab.«

So kam es, daß Parker in einer Nacht eine ganze Rolle lernen mußte, obwohl er wußte, daß er sie nie spielen würde. Aber wenn er Ginsberg nicht preisgeben wollte, gab es keinen anderen Ausweg.

Während der nächsten zwei Wochen stand Riesers Wagen jeden Abend vor dem Theater, um den »Epileptiker« Ginsberg nach Hause zu fahren. Wie man sieht, konnte der gefürchtete Direktor auch sehr menschlich sein. Übrigens – bis zu seinem Tode hat er die Wahrheit nie erfahren.

Der »Zwischenfall« im Jesuitenkloster der *Ersten Legion* war keineswegs der einzige seiner Art. Es passierten im Laufe der Jahre eine Menge Dinge auf und hinter der Bühne des Schauspielhauses, die vom Autor und Spielleiter keineswegs vorgesehen waren und in einem seriösen Theater eigentlich nicht hätten passieren dürfen.

Grund: die rasende Eile, mit der die Stücke herausgebracht – was sag' ich? – herausgeschleudert wurden. Auf der Hauptprobe war noch meist alles so ungewiß wie etwa heute auf der Arrangierprobe. (Für diejenigen, die es nicht wissen: die erste Probe, bei der die Schauspieler mit dem Buch in der Hand – sie kennen ihre Rollen noch nicht – arrangiert, das heißt gestellt werden, auf der sie erfahren, wo sie hereinkommen, wo sie abgehen, wo sie sich setzen, wo sie aufspringen, wo sie von links nach rechts oder von rechts nach links gehen.) Es konnte vorkommen, daß auf der Generalprobe Szenen zum erstenmal probiert wurden; das heißt, sie wurden überhaupt nicht probiert, sie wurden einfach gespielt nach dem Motto: Rette sich, wer kann!

Es kam vor, daß in letzter Minute neue Striche gemacht oder ursprüngliche Striche wieder aufgemacht wurden, so daß die bedauernswerten Akteure noch während der Premiere lernen mußten. Es kam vor, daß entgegen der Kalkulation die große Pause erst um oder gar nach elf kam und während dieser Pause, da man nicht annehmen konnte, das Publikum werde die Nacht im Theater verbringen, der Rest des Stückes zusammengestrichen werden mußte.

Oder einem Schauspieler, der nur im zwölften Bild auftrat, wurde gesagt: »Wenn wir mit dem achten Bild nicht um zehn Uhr fertig sind, dann kommt das zwölfte Bild überhaupt nicht.« Der Schauspieler wartete in Kostüm und Maske bis zehn Uhr, riß sich dann seinen falschen Bart ab, schminkte sich ab und eilte nach Hause. Es kam vor, daß die Schauspieler, da die Dekoration erst nach der Generalprobe fertig geworden war, nicht genau wußten, wo sie auftreten oder abgehen sollten. Sie hatten nur eine ungefähre Idee von der Richtung, hatten aber die Tür, das Tor niemals vorher zu Gesicht bekommen. Erwin Kalser löste dieses Problem für sich einmal dadurch, daß er nach einem Augenblick der Ratlosigkeit durch den Kamin abging. Ein anderer Schauspieler blieb völlig verdattert auf der Bühne stehen, bis schließlich der Inspizient seine Hand aus der Kulisse streckte und den Aufatmenden herauszerrte – sonst wäre die Handlung ja nicht weitergegangen.

Es kam vor, daß einer auftrat, der erst zehn Seiten später hätte in Erscheinung treten dürfen, die zehn Seiten wurden also nicht gespielt. Und alle, die sich auf und hinter der Bühne befanden, begannen krampfhaft zu überlegen, welche Informationen, die zum Verständnis der weiteren Handlung unbedingt erfolgen mußten, durch die Überspringung besagter zehn Seiten unter den Tisch gefallen waren. Dann wurden Dialoge improvisiert wie etwa: »Sie erinnern sich ja wohl, mein Bester, daß ich damals zu dieser Frau kam und sie umbringen wollte...« Und der andere: »Mir ist das nur noch dunkel in Erinnerung. Aber sagen Sie, haben Sie sie eigentlich umgebracht?« Und der erste: »Bevor ich Ihnen darauf antworte, muß ich Ihnen folgendes sagen: Es war ein regnerischer Tag. Ich hatte die Nacht zuvor viel getrunken...« Und dann kamen die übersprungenen zehn Seiten in Kurzfassung.

Oder da war – viel später, im Februar 1938 – die unglückselige Vorstellung von *Macbeth*, bei der ungefähr alles schiefging, was schiefgehen konnte. Es begann damit, daß Macbeth zu einer bestimmten Szene ohne Schwert auftrat – und doch mußte er in der betreffenden Szene jemanden mit diesem nicht vorhandenen Schwert umbringen. Es war gar nicht so leicht, die unumgänglich notwendige Waffe auf die Bühne zu schmuggeln.

Zweitens: die Dekoration war auf einer Drehscheibe aufgebaut, die eine Art hügeliger Phantasielandschaft darstellte. Macduff, von Langhoff verkörpert, verschwand urplötzlich von der Bildfläche, mitten in einem Satz. Er war von der Drehscheibe rücklings hinuntergefallen. Das Publikum schien einigermaßen betreten, aber viele dachten wohl, das gehöre dazu.

Langhoff, um bei ihm zu bleiben, hatte in einem bestimmten Moment zu brüllen: »Mord! Mord!« Dabei hatte der Regisseur Lindtberg Glockengeläut inszeniert. Die Glocken läuteten ein wenig zu laut, infolgedessen mußte Langhoff, um sie zu übertönen, wie ein Besessener schreien. Infolgedessen war er nach der zweiten Vorstellung völlig heiser. Kollege Stöhr sprang ein – mit ähnlich bedauerlichem Resultat.

In dieser vierten Aufführung brüllte sich Wolfgang Heinz heiser; in der fünften der Regisseur Lindtberg, der immer einsprang, wenn Not am Mann war; in der sechsten war dann Langhoff wieder im Besitz seiner Stimmittel.

In der Vorstellung, in der Wolfgang Heinz zu schreien hatte, passierte folgendes: Lindtberg hatte die Schlachtszenen – bei Skakespeare heißt es ja immer: »Ein

anderer Teil des Schlachtfeldes« – so inszeniert, daß die Bühne sich langsam drehte, so daß stets ein anderer Teil des Schlachtfeldes gezeigt werden konnte. Die Drehscheibe wurde damals noch von Bühnenarbeitern mit der Hand gedreht, das heißt gezogen. Wo sie stehenbleiben sollte, wurde vorher dadurch festgelegt, daß bestimmte Zeichen auf dem Bühnenboden angebracht wurden, sogenannte Termine, wie es in der Fachsprache heißt, korrespondierend mit den entsprechenden Terminen auf der Drehscheibe. Wenn die Termine aufeinanderfielen, wurde die Drehscheibe aufgehalten. An jenem Abend nun drehte sich die Bühne und drehte sich und drehte sich, die Folge davon war, daß Heinz immer wieder auftauchte, unermüdlich kämpfend; die Sache hatte nur einen Haken: während der Kämpfe waren alle ihm zur Verfügung stehenden Statisten von ihm erledigt worden, er hatte niemanden mehr, mit dem er sich messen konnte. Jedesmal, wenn die Bühne sich so weit gedreht hatte, daß er dem Publikum nicht mehr sichtbar war, fauchte er die Bühnenarbeiter an: »Anhalten! Anhalten!« Und die Statisten: »Aufstehen, ihr faulen Kerle, ich hab' ja niemanden mehr, den ich umbringen kann!« Schließlich fiel der Vorhang.
Der Grund des Unglücks: Jemand hatte auf den so lebenswichtigen Termin einen Felsblock gestellt, so daß die Bühnenarbeiter ihn beim besten Willen nicht entdecken konnten. Das Publikum merkte übrigens nichts. Nur ein Kritiker schrieb: »Die Schlacht war etwas zu lang.«

Beim Theater ist alles möglich. Beim Theater passiert immer wieder einmal etwas Unvorhergesehenes. Manchmal weiß später niemand zu sagen, warum, was die Ursachen dieses oder jenes Malheurs gewesen sind. Zürich machte da keine Ausnahme, nur daß hinter den bedauerlichen Malheuren und ihren verschiedenartigen Ursachen immer nur ein einziger tieferer Grund lag: keine Zeit!
Keine Zeit! Die meisten Schauspieler, von ersten Theatern kommend, waren Probezeiten von vier Wochen gewöhnt. Jetzt mußten sie mit einer Woche auskommen. Am Donnerstag, während der Premiere, bekamen sie ihre neuen Rollen auf den Garderobentisch, am Freitag war Arrangierprobe, am Samstag wurde der erste, am Montag der zweite, am Dienstag der dritte Akt probiert, am Mittwoch das ganze Stück, man ließ es »durchlaufen«, wie es in der Fachsprache heißt, am Donnerstag war Generalprobe und Premiere.
Besonders gefürchtet waren die Stücke in fünf Akten. Das bedeutete nämlich, daß pro Tag zwei Akte geprobt werden mußten. In solchen Fällen dauerte die Generalprobe gewöhnlich bis sieben Uhr abends, und dann erhielten die Schauspieler, während sie mehr tot als lebendig in ihrer Garderobe hockten, noch die letzten Striche oder auch – auf Zetteln und Zettelchen – neuen Text.
Teo Otto hatte es nicht besser. Er wurde selten mit der Herstellung der Kulissen vor dem Premierentag fertig. Dann mußte er sie anstreichen. Resultat: die

Farbe war noch feucht, wenn der Vorhang aufging. Weiteres Resultat: Schauspieler, die sich nicht vorsahen, fanden sich bald etwas bunter angezogen als vorgesehen.

Wie brachte man es überhaupt zustande, Stücke – oft große und lange Stücke – in so knapper Zeit herauszubringen? Vor allem, weil es sich fast durchweg um sehr junge Schauspieler handelte, die schnell lernten. Wichtiger noch: weil sie einander so gut kannten, weil sie sich mit ein paar Worten verständigen konnten, weil keine unendlichen Diskussionen über »Auffassung«, »Aussage«, »Weltanschauung« – die seit einiger Zeit beim Theater üblich sind – stattfinden mußten, sondern weil mit zwei, drei Sätzen alles gesagt war. Weil im Probenprozeß jeder vom andern ungefähr wußte, wie seine Reaktion sein würde, weil jeder – wie etwa ein guter Tennisspieler – die Schläge des anderen voraus berechnen konnte. Jede Woche Premiere. Das bedeutete für fast alle jede Woche eine neue Rolle. Die Giehse zum Beispiel spielte überhaupt alles: komische Damen der Gesellschaft, tolpatschige Dienstmädchen, einsame alte Frauen, schrullige Bäuerinnen, eine Verbrecherin, die sogar, um die Welt zu täuschen, als Mann verkleidet mit einem Bart erscheint, bösartige Greisinnen, getreue Vertraute, Ammen... Steckel spielte in den ersten acht Monaten seines Engagements sechsundzwanzig Rollen. Als er Regie zu führen begann, kam er auf nicht viel weniger. Heinz brachte es sogar auf zweiunddreißig Rollen in seiner ersten Saison, darunter Klassiker, die es in sich hatten.

Horwitz später: »Die ersten fünf Jahre spielte ich überhaupt jeden Abend. Dann kamen *Thompson Brothers* – das war ein Artistenstück, und Gretler und ich sollten besagte Brüder spielen. Aber ich sagte nur: ›Ich kann nicht mehr... ich kann nicht mehr...‹«

Langhoff, zufällig um diese Zeit nicht allzu beschäftigt, erbot sich: »Ich mach' das für dich – aber du mußt es dem Alten beibringen.«

Rieser wollte von dieser Umbesetzung nichts wissen. »Nein, nein... wenn das einreißt, und Ihre Kollegen sagen, der hat sich die Rolle einfach abgeschminkt...«

Da hatte Horwitz eine Idee: »Gretler ist doch der Untermann bei der Thompson-Truppe. Und ich bin der Obermann. Und dazu bin ich eben zu schwer. Langhoff ist viel leichter...« Das mußte selbst Rieser einsehen. Der Witz war, die Thompson Brothers führten ihren Akt gar nicht vor.

Ich sagte: Sie spielten jede Woche eine neue Rolle. Der schlimmste Augenblick: wenn die Schauspieler am Premierenabend aufatmend von der Bühne kamen – es war noch einmal alles einigermaßen glatt gegangen – und die neue Rolle vorfanden. Wenn sie sich als eine große Rolle erwies, wurden sie todtraurig. Prüfi mußte trösten: »Reg dich nich uff, det lernste aufm hohlen Zahn!« Oder: »Mensch, haste Glück! Du kommst nur in eenem Akt vor!«

Heinz: »Das Zürcher Schauspielhaus war das einzige Theater der Welt, wo man nicht um große, sondern um kleine Rollen intrigierte.«

Was die Schauspieler vielleicht am meisten erbitterte, war, daß sie nicht etwa das neue Stück in die Hand bekamen, in dem sie spielen sollten, das Textbuch, sondern meist nur sogenannte Rollenhefte. Die enthielten nichts als den Text, den der betreffende Schauspieler zu lernen hatte, nebst den Stichworten, auf die hin er einsetzen mußte. Die Lektüre solcher Rollenhefte besagt nichts über den Inhalt des Stücks, über die Stellung der betreffenden Figur, deren Text zu erlernen war, im Hinblick auf die anderen Figuren; der Schauspieler erfuhr überhaupt erst auf den Proben den Gang der Handlung. Bis dahin wußte er nicht, ob er gut oder böse war, ja nicht einmal, ob er weiterlebte oder starb, wenn das Sterben nicht auf der Bühne stattfand.

Steckel: »Das war geistige Degradierung. Wir waren keine Schauspieler mehr – wir waren Papageien!«

Und dann: die Gagen!

Die allgemeine Pleite war gewaltig und permanent.

Es gab gewisse Ausnahmen, besonders gegen Ende der Dreißigerjahre. Als das Bühnenstudio eingerichtet wurde, gehörte zum Beispiel Wolfgang Heinz zu den gesuchtesten Lehrern und verdiente so etwas nebenbei. Langhoff hatte gute zusätzliche Einnahmen aus seinem Buch über das Konzentrationslager. Gretler war am besten gestellt. Als Schweizer brauchte er keine Arbeitserlaubnis, konnte im Radio, am Kabarett wirken, konnte filmen, ja, wurde schließlich *der* Schweizer Filmstar. Auch Lindtberg kam zum Film – als Regisseur selbstverständlich.

Die anderen ... nun, irgendwie ging es immer weiter. Vielleicht am schwersten hatte es Horwitz, der von München her an ein sorgloses Leben gewöhnt war. Er kam mit seiner Gage nie aus. Er mußte sich immerfort etwas pumpen. Aber gepumptes Geld mußte man natürlich zurückzahlen – auch Freunden, gerade Freunden.

Übrigens ließ sich auch Rieser anpumpen. Vielleicht tat ihm der eine oder der andere seiner Schauspieler leid. Sicher rechnete er sich aus, daß er diejenigen, die bei ihm in der Kreide standen, für die nächste Saison sicher hatte – unter Umständen auch zu verminderter Gage. Steckel gehörte zu dieser Gruppe.

Die Höhe der Gagen? Heinz hatte zu Beginn 550 Franken, später 50 Franken pro Monat mehr. Steckel und Horwitz bekamen um die 1000 Franken herum. Langhoff erhielt 600 Franken, mußte aber monatlich 200 Franken abstottern, Geld, das Rieser ihm, bevor er sein Engagement hatte antreten können, nach Deutschland überwiesen hatte.

Sie alle verdienten weniger als vor Hitler, sehr viel weniger, und sie mußten in der fremden Stadt in möblierten Zimmern, möblierten Wohnungen oder Pensionen wohnen, hatten also größere Ausgaben als früher. Aber das schlimmste: die Unsicherheit.

Ginsberg war ja anfangs von vierzehn Tagen zu vierzehn Tagen engagiert, Kalser von Monat zu Monat. Hirschfeld, Hartung und Lindtberg veranstalteten regelrechte Konspirationen, indem sie fest und steif behaupteten, daß gerade diejenigen Schauspieler für die nächste Inszenierung benötigt wurden, deren Vertrag im Ablaufen war. Aber das barg immer wieder die Gefahr in sich, daß der betreffende Künstler gerade in der folgenden Produktion nicht gefiel, oder daß die ganze Aufführung durchfiel, und wie würde dann der ebenso berechnende wie unberechenbare Rieser reagieren?

Er hatte sich folgendes ausgedacht: er spielte neun Monate, aber er engagierte seine Künstler nur für acht Monate. Denn, so sagte er sich, diejenigen Künstler, die er für das letzte Stück oder vielleicht auch die zwei oder drei letzten Premieren brauchte, konnte er ja immer noch engagieren, sie liefen ihm nicht davon – wohin hätten sie denn laufen sollen?

Drei Monate im Jahr nichts verdienen, das war schon schlimm genug. Vier Monate in der Luft hängen, das war katastrophal. Da es jeden treffen konnte, schlossen sich alle zusammen. Sie würden ihre Gage für den neunten Monat in einen Topf werfen und dann verteilen. So würden sie zwar alle nur etwa achtzig Prozent ihrer Gage empfangen, aber keiner brauchte leer auszugehen. Ihr Pech, daß Rieser die mit den besten Gagen spazierengehen ließ, etwa Teo Otto, wenn man mit einer schon vorhandenen Zimmerdekoration auskam, oder Steckel, wenn es keine Rolle gab, die geradezu nach ihm schrie.

Übrigens blieb dieses finanzielle Arrangement ein streng gehütetes Geheimnis vor dem allmächtigen Direktor.

Was nun das Privatleben der Künstler anging...

Sagte ich, Privatleben? Ach, wie konnte es so etwas geben bei dem ständigen Zeitmangel! Der Stundenplan der meisten Schauspieler sah etwa so aus: Um 9.30 Uhr Probe, die meist bis 6 Uhr nachmittags dauerte. Dann eine Kleinigkeit essen, dann zurück ins Theater zur Vorstellung. Nach der Vorstellung vielleicht noch etwas essen oder eine Tasse Kaffee, dann nach Hause, um die neue Rolle zu lernen. Am frühen Morgen das gelernte nochmals durchgehen oder vielleicht sich mit einem Kollegen treffen und sich die Rollen gegenseitig abhören. Dann zur Probe...

Wo man einander traf? Im Östli, einer »Beiz«, wo heute das neue Kunsthaus steht, im Café Odeon, im Pfauen, wo Gretler besonders gern hinging, weil man gelegentlich vom Publikum angepöbelt wurde und es dann wohl zu Raufereien kam. Im Café Bahnhof Stadelhofen. Wovon man sprach? Natürlich von Hitler und Deutschland, und wie nun alles werden würde. Wenn es Mitternacht schlug und das betreffende Lokal schloß, standen diejenigen, die nicht nach Hause mußten, um zu lernen, auf der Straße herum und redeten weiter. Und redeten und redeten, bis etwa ein Fenster sich öffnete und ein entrüsteter Zürcher sich wie folgt vernehmen ließ: »Wenn Sie sich unterhalten wollen, dann gehen Sie doch in den Wald!«

Sie gingen lieber ins Östli als in den Pfauen. Denn hier mußte man etwas verzehren, dort kam man mit einer Tasse Kaffee davon. Der Schauspieler Heinz fristete sein Leben jahrelang, indem er mittags zusammen mit Angelica Arndts ein (kleines) Menü im Hinteren Sternen und abends zwei Würste und Bratkartoffeln zu sich nahm. Von vielen frequentiert wurde der kleine Spezereiladen von Naef in der Hottingerstraße, dessen Hintereingang man über den Hof des Schauspielhauses erreichte, und der, was noch wichtiger war, anschrieb.

Später taten sich einige Schauspieler, die Frauen und Wohnungen besaßen, zusammen. Man aß bald bei dem einen, bald bei dem anderen, etwa alle vierzehn Tage; die Frauen kochten die Spezialitäten ihrer Heimat; Steckel dachte noch lange mit Begeisterung daran, und das Wasser lief ihm im Mund zusammen. Aber dann zankten sich die jeweiligen Frauen – so etwas kommt ja vor –, und die Schmauserei flog auf.

Noch später, schon während des Krieges, als Nahrungsmittel rationiert wurden, schlossen sich viele zu einer Gemeinschaftsküche zusammen; man gab die Marken ab und zahlte Franken 1,– pro Mahlzeit, und alle mußten beim Abwaschen und Abtrocknen helfen. Hirschfeld: »Später fragte man sich, wie es eigentlich mit dem Geld gereicht hat...«

Es gab zwei Lichtblicke oder, wenn man will, gesellschaftliche Zentren. Der eine war der Salon von Lilly Reif, einer vorzüglichen Amateurklavierspielerin – sie war noch Schülerin von Liszt gewesen, jawohl, und sie führte einen richtiggehenden »Salon«. Sie bewohnte mit ihrem Mann ein geräumiges, luxuriöses Appartement in der Enge; wenn Gerhart Hauptmann oder Richard Strauss nach Zürich kamen, logierten sie »selbstverständlich« bei ihr, auch Carl Ebert oder der bayerische Kronprinz Ruprecht und Größen des Konzertlebens. Sie hatte einen wöchentlichen »Jour«; man kam und bekam belegte Brötchen und Tee, für manche Schauspieler Ersatz einer ganzen Mahlzeit; nur Steckel wurde nie dort eingeladen, warum, hat er nie in Erfahrung bringen können. Freilich, die so Beköstigten mußten dann Gesangsvorträge über sich ergehen lassen oder ein Klavierkonzert oder auch Kammermusik.

Übrigens schien Frau Reif meist zu wissen, wem es gerade nicht so gut ging; sie steckte dem Betreffenden auf ebenso noble wie rührende Weise Geldbeträge zu, die nicht einmal geringfügig waren. Eine große Dame, die dem Schauspielhaus leidenschaftlich anhing und zu jeder Premiere in der ersten Reihe thronte.

Der andere und so ganz anders geartete Lichtblick für die Schauspieler war der Verleger und Buchhändler Emil Oprecht. Der stämmige, immer gutgelaunte Mann hatte frühzeitig begriffen, daß keiner sich ausschließen durfte, wenn es um die Frage ging, wer verantwortlich sei für das Unrecht, das auf der Welt und insbesondere in Hitler-Deutschland geschah. Als Protest gegen das Dritte Reich veröffentlichte er Bücher, die jenseits der Grenzen sofort verboten wurden, unter anderem das Buch von Ignazio Silone über den Faschismus, die Bücher von

Traven, Ferdinand Bruckners Drama *Die Rassen*, Friedrich Wolfs Theaterstück *Professor Mamlock* und Thomas Manns Brief an den Dekan der Universität Bonn, die ihm blamablerweise den Doktortitel aberkannt hatte.

Die Spitzen-Organisation des deutschen Buchhandels stellte sich gegen Oprecht, schloß ihn aus, weil er den Frieden der Welt gefährde. Er antwortete, er verlege zwar Emigranten, aber: »Ist es eine Unehre für Verleger, sich des Schrifttums der Emigranten anzunehmen? Welche bedeutende Rollen haben im deutschen Geistesleben die Emigranten Richard Wagner, Herwegh, Freiligrath, Brentano, Uhland, Hoffmann von Fallersleben und viele andere gespielt!«

Nicht nur wurde alles, was Oprecht druckte, auf den deutschen Index gesetzt. Auch mehrere Stellen in Bern verwarnten ihn viele Male, er benehme sich nicht genügend neutral. Nein, das tat er nicht, er war ja auch nicht neutral. Er war Anti-Nazi. Die Schauspieler trafen sich in seinem Laden, weil dort alles an antifaschistischer Literatur zu finden war, was teils offiziell, teils im geheimen gedruckt wurde, nicht zuletzt von Oprecht selbst. Außerstande, die Bücher und Zeitschriften zu kaufen, konnten sie sie dort wenigstens lesen. Oprecht und seine Frau Emmie luden die Schauspieler auch zu sich nach Hause, damit sie sich einmal sattessen oder auch bedeutende Persönlichkeiten kennenlernen konnten, Thomas Mann etwa, Ernst Toller oder andere illustre Durchreisende – jeder Hitlergegner, der in Zürich Station machte, tauchte früher oder später bei Oprecht auf.

Und das Familienleben der gehetzten Künstler vom Pfauen? Steckel: »Ich lebte viel weniger zu Hause als in meiner Garderobe. Mit Kalser, der neben mir saß, konnte ich mich unterhalten. Mit meiner Frau? Wenn ich nach Hause kam, schlief sie schon; wenn sie aufwachte, mußte ich noch schlafen. Beim Frühstück saßen wir uns dann allerdings gegenüber – aber sie mußte mir meine Rolle abhören. Nur bei Premieren sah ich sie. Da trug sie ihr Seidenes . . .«

So war es wohl mehr oder weniger in allen diesen Ehen bestellt. Die Ledigen . . . Parker: »Konnte man bei so viel Unsicherheit denn riskieren, zu heiraten oder gar Kinder in die Welt zu setzen? Wäre das nicht unverantwortlich gewesen?« Trotzdem heirateten viele. Und wenn man Emil Stöhr glauben darf, dann setzten sie unheimlich viel Kinder in die Welt. »Wir redeten überhaupt nur von Wiegen und Windeln, die ständig ihre Besitzer wechselten . . . Unser ewiges Gesprächsthema: Was macht dein Kind?« Und: »Erotische Abenteuer? An diesem Theater war keine Zeit für so etwas . . .«

Aber manche müssen doch wohl Zeit gefunden haben. Ja, die gibt es und gab es an jedem Theater, die romantische Liebe von jungen, ganz jungen Menschen, die jedesmal davon überzeugt sind, das sei die einzige, die große, die erste Liebe ihres Lebens. Das gab es beim Theater nicht nur auf der Bühne. Und am Schauspielhaus gab's so viele junge Schauspieler, und sie sahen gut aus, und junge Schauspielerinnen, und sie waren zum Teil ungewöhnlich hübsch, und so kam es eben, wie es kommen mußte, und sie lebten, was sie so oft am Abend spielten.

Ach, die Stunden flogen so schnell dahin, und meist waren es nicht einmal Stunden, die ihnen zur Verfügung standen. Sie mußten lernen, proben und spielen und wieder lernen und wieder spielen – da blieb ihnen kaum Zeit für die Liebe. Und das hält auch die größte Liebe auf die Dauer nicht aus.

Bei gewissen Tierarten und wohl auch bei Menschen, die bestimmte Berufe ausüben, ist das Überwintern das große Problem. Für die beim Zürcher Schauspielhaus wirkenden Schauspieler war die brennende Frage: Wie komme ich über den spiel- und gagenfreien Sommer?

Jeder löste die Frage auf seine besondere Art. Einige tingelten, das heißt, sie sangen und tanzten und trugen Gedichte oder Balladen vor in Vereinen, in Kabaretts, in Wirtshäusern kleiner und kleinster Städte, ja, in dörflichen Gasthäusern. Andere fuhren nach Paris und erwischten dort eine winzige Rolle in einem Film. Parker fuhr zu Bekannten nach Wien und lebte drei Monate von Kartoffeln und was es gerade an billigem Gemüse auf dem Markt gab – Fleisch sah er in dieser Zeit nicht einmal von weitem.

Wieder andere zogen es vor, in Zürich zu hungern und sich das Allernotwendigste zusammenzupumpen. Einige wenige fanden Engagements in Sommertheatern. Das gelang eigentlich nur den Schweizern; die Ausländer hätten einer Arbeitserlaubnis bedurft, die sie fast niemals bekamen.

Die meisten Zürcher Schauspieler litten unter ihrem Direktor Rieser. Mit diesem Rieser war das eine merkwürdige Sache. Er hatte den Ehrgeiz gehabt, ein Theater zu besitzen und zu leiten, und hatte es geschafft. Sein Theater war ein besonders gutes, oft hervorragendes Theater geworden, wie das ohne die »Mitwirkung« Hitlers niemals möglich gewesen wäre, und Rieser hätte ein sehr zufriedener Mann sein müssen. Er war es nicht. Er hätte seine Künstler schätzen müssen – und schikanierte sie.

Er hatte wohl das nicht unrichtige Gefühl – oder vielleicht dämmerte es ihm auch nur im Unterbewußtsein –, daß in seinem Haus besseres Theater gemacht wurde, als er es hätte machen können, daß dies alles ein wenig über ihn hinaus und über ihn hinweg ging, und glaubte, daß er nur durch doppelte Strenge, ja Ungerechtigkeiten und Schikanen das Gleichgewicht einigermaßen würde herstellen können. Das erste Opfer dieser seiner dumpfen Entschlossenheit war der Mann, dem er vor allem zu Dank verpflichtet war, Kurt Hirschfeld, der beinahe alle seine ersten Kräfte herangeholt hatte und seinen meist vorbildlichen Spielplan machte. Dabei sprach vieles mit, nicht nur die Tatsache, daß Hirschfeld und Rieser darüber, was man spielen und wie man es spielen sollte, entgegengesetzter Ansicht waren; auch daß Hirschfeld sich geweigert hatte, als eine Art Spion für seinen Direktor tätig zu sein und ihn darüber ins Bild zu setzen, was die Schauspieler untereinander besprachen. Rieser frönte der Gewohnheit – anders kann man es gar nicht ausdrücken –, bei jeder Gelegenheit fristlose Entlassungen auszusprechen, und zwar in brieflicher Form, was ihm meist schon vierundzwanzig Stunden später leid tat. Hirschfeld wiederum löste dieses Problem, indem er die betreffenden Briefe nicht absandte, sondern in seinem Schreibtisch verwahrte, wo Rieser sie fand, als er, während einer Grippeerkrankung seines Dramaturgen, diesen Schreibtisch öffnen ließ. Und die Folge war – die fristlose Entlassung Hirschfelds.

Rieser konnte, das muß immer wieder gesagt werden, ganz anders sein. Der Inspizient Baschwitz litt an Blinddarmentzündung, ließ sich endlich operieren, und zwar in dem berühmten neunten Monat, in dem er nicht mehr engagiert war, also in seiner freien Zeit. Rieser aber disponierte plötzlich um, stellte fest, daß er Baschwitz brauchte, ließ ihn ohne viel Zeremonien aus dem Krankenhaus holen, sagte ihm, er müsse schon am Abend wieder Dienst tun. Baschwitz, totenbleich, erklärte, er sei viel zu schwach, er könne sich nicht einmal auf den Füßen halten. Da stürzte Rieser, zu Tode erschrocken, hinaus, um einen bequemen Sessel zu holen, ließ Baschwitz nach Hause fahren, schickte ihm von seinem besten und sehr teuren Rotwein, der dem Inspizienten nicht einmal schmeckte – er war so gute Tropfen nicht gewohnt –, besuchte ihn fast täglich, benahm sich wie ein Vater zu ihm, lehnte aber noch einige Monate lang eine Gehaltsaufbesserung von 25 Franken pro Monat ab.

Rieser war unberechenbar. Manchmal wollte er nett sein, aber er konnte es einfach nicht, jedenfalls nicht für längere Zeit. Und der Widerstreit der zwei Seelen in seiner Brust konnte sehr komisch werden. Zum Beispiel mochte er – daran konnte gar kein Zweifel sein – die kleine junge Schauspielerin Grete Heger aus Wien sehr gern. Sie war 1936 vom Kabarett am Naschmarkt gekommen, spielte unzählige Knaben- und Kinderrollen, unter anderen den Knaben, der durch ein Wunder wieder laufen kann in *Die erste Legion*. Sie hatte viel Charme, sie war ein liebenswürdiges Talent und auch ein reizendes junges Ding. Rieser war so entzückt von ihr, daß er ihr eine Katze, genannt Zartchen, schenkte, ein Zeichen seiner großen Gunst, denn er liebte Katzen, er hatte eine Unmenge von ihnen in seinem Haus und Garten in Rüschlikon.

Die Heger lebte in einem möblierten Zimmer, und ihre Wirtin war wenig entzückt, daß nun auch noch eine Katze einzog. Übrigens brannte Zartchen bei erster Gelegenheit durch. Die Heger hatte Todesangst, ihrem Direktor das zu gestehen. Mit ihrem letzten Geld annoncierte sie in Zeitungen, und richtig, es meldete sich auch jemand, Zartchen sei schon einige Wochen bei ihm. Der Mann am Telefon war ein Metzgermeister. Zartchen war nicht mehr zart, sie war inzwischen ein Ungetüm geworden. Jetzt widersetzte sich die Wirtin mit aller Macht ihrer Rückkehr. Direktor Rieser war bereit – vorübergehend allerdings nur –, die Katze zurückzunehmen. Aber Zartchen starb dann, wie alle übrigen Katzen Riesers, an einer Seuche.

Um die Heger zu trösten, oder vielleicht auch, um sich selbst zu trösten, lud Rieser sie am nächsten Sonntag zum Mittagessen ein. Das Mittagessen zog sich ungebührlich lange hin. Die Heger sah mehrmals auf die Uhr. Sie hatte am Nachmittag zu spielen, und in jedem Bühnenvertrag gibt es eine Klausel, daß der Künstler oder die Künstlerin sich spätestens eine halbe Stunde vor ihrem Auftritt in der Garderobe einzufinden habe. Es war Rieser, der abwinkte, er würde schon dafür sorgen, daß die Heger rechtzeitig im Theater sei. Er brachte sie auch mit seinem Wagen hin, aber es war nur knapp eine Viertelstunde vor dem Auftreten.

Am nächsten Tag fand die Heger, als sie ins Theater kam, einen Brief der Direktion vor, der feststellte, sie sei gestern nicht früh genug im Theater gewesen, und es dürfe nie wieder vorkommen, sonst sähe sich die Direktion gezwungen, ihr eine Konventionalstrafe aufzubrummen. Gezeichnet: Rieser. Emil Stöhr: »Als meine Mutter im Sterben lag ... sie hatte schon die Besinnung verloren, klopfte es an der Tür des Krankenzimmers. Rieser kam, um sein Mitgefühl auszusprechen. Das war doch eigentlich sehr nett, daß er persönlich erschien, nicht wahr? Aber er brachte gleich einen Kranz mit. Ich sagte: ›Sehen Sie, Mutter ist doch noch nicht tot...‹ Er konnte eben einfach nichts recht machen.«

Es war vielleicht typisch für Rieser, daß er mit seinen Angestellten – den Sekretärinnen, aber auch den Inspizienten, dem Garderobier Prüfer, dem Requisiteur Forster – viel besser stand als mit seinen Künstlern, die ihm wohl in steigendem Maße unheimlich wurden. Im Grunde ein sehr weichherziger Mensch, spielte er ihnen gegenüber den gestrengen Direktor und einen, der nicht nur darüber zu entscheiden hatte, ob sie bei ihm spielen, sondern ob sie überhaupt würden leben können. Wohl wissend, daß sie nicht nach Deutschland zurück konnten – und später ebensowenig nach Österreich oder in die Tschechoslowakei–, war es eine seiner stereotypen Redensarten: »Wenn ich Sie rauswerfe, wo wollen Sie dann hin?«

Sie konnten nirgends mehr hin.

Wenn er nicht nur schwierig, sondern kleinlich, ja geradezu geizig war, darf man nicht vergessen, daß es nicht das Geld des Staates oder der Stadt, das heißt des Steuerzahlers war, mit dem er vorsichtig umging, sondern sein eigenes. Ohne äußerste Sparsamkeit wäre er sehr schnell finanziell am Ende gewesen. Kunst hin, Kunst her, sein Hauptaugenmerk mußte auf die Kasse gerichtet sein. Wie oft kam es vor, daß nur 1200 bis 1500 Franken eingingen, und sehr selten, daß es 4000 waren. Monatliche Höchsteinnahme: 90000 Franken. Er hatte überhaupt keine Sicherheit – es sei denn, die Abonnenten. Aber auch die schneiten ihm nicht ins Haus. Er mußte um sie werben, mietete etwa Dampfer, auf denen diejenigen, die Interesse für ein Abonnement gezeigt hatten, des Abends auf dem Zürichsee spazierengefahren und mit Bier traktiert wurden. Der Erfolg solcher extravaganter Werbeaktionen war übrigens recht dürftig.

Nein, Rieser war nicht auf Rosen gebettet. Einige Male hatte er Schritte unternommen, um Subventionen zu erhalten, und war stets abschlägig beschieden worden. Die Zeitungen schickten zwar ihre Kritiker in sein Theater, aber sie sprangen nicht gerade sanft mit ihm um, was ihn maßlos erbitterte, was er – und von seinem Standpunkt nicht einmal zu Unrecht – als »Geschäftsschädigung« empfand. Unter anderem monierten manche Kritiker, daß Schweizer Dramatiker nicht genügend berücksichtigt wurden. Der Schweizerische Schriftstellerverein hielt Versammlungen ab, in denen gegen Rieser und das Schauspielhaus gewettert wurde, besonders von dem Schriftsteller Jakob Bührer. Der wollte sich's jedoch nicht mit Rieser verderben und schrieb ihm einen persönlichen Brief des Inhalts, seine Stücke würden nirgends so gut aufgeführt werden wie am Pfauen. Rieser druckte den Brief in Faksimile im nächsten Programmheft ab. Rieser konnte zwar entlassen, wen er wollte, aber er konnte beileibe nicht engagieren, wen er wollte. Da gab es Gesetze und Bestimmungen, da gab es vor allem die Fremdenpolizei, die darüber wachte, wer ins Land kommen, wer dort bleiben und wer dort arbeiten durfte. Man mußte es Rieser lassen, er kämpfte für seine Leute wie ein Löwe mit den Behörden, er gab sich niemals mit einem Nein zufrieden, und seine letzte und stärkste Waffe war immer die Drohung: »Dann mache ich eben mein Geschäft zu!«

Wie stellte sich die Situation für die Fremdenpolizei dar? Ursprünglich hatte sie mit Schauspielern überhaupt nichts zu tun gehabt; die waren Angelegenheiten des Kantons und der Arbeitsämter, weil »Saisonarbeiter«, die, soweit Ausländer, in Berlin oder in Wien, in Stuttgart oder in Köln zuständig waren und blieben und nach jeweils neun Monaten die Schweiz verlassen mußten, schon um nicht das Recht der »Niederlassung« zu erwerben.

(Artikel 18,2: betreffend kurzfristigen Aufenthalt für Saisonarbeiter und Angestellte.)

Die meisten Kantone überließen es Bern, die Fälle der geflüchteten und Arbeit suchenden Schauspieler zu untersuchen und zu erledigen, das heißt der dort ansässigen eidgenössischen Fremdenpolizei, als deren Leiter Dr. Oscar Düby fungierte.

In Zürich war es anders. Adolf Bergmaier, der Chef der kantonalen Fremdenpolizei, gedachte Bern nichts zu überlassen, was zu den Belangen des Kantons Zürich gehörte. »Wir haben unsere Kompetenzen, und wir geben sie nicht ab!«

Wir, das war vor allen Dingen seine Assistentin und Sachberaterin Elisabeth Birsinger. Nach dem Ersten Weltkrieg – sie hatte gerade die Handelsschule absolviert – war sie für drei Monate zur Polizei gekommen. Nicht im Traum wäre es ihr eingefallen, dort länger als allenfalls ein Jahr zu bleiben. Aber immer gab es neue dringliche Arbeit, und so blieb sie – gegen ihren Wunsch – ein ganzes Leben lang.

Die kleine zierliche junge Dame mit dem empfindsamen Gesicht hatte eigentlich ganz andere Interessen. Sie studierte denn auch, wann immer ihr Zeit blieb, Musik und Literatur, auch Sprechtechnik, sie ging in Konzerte, sie ging ins Theater, sie wohnte sogar Proben bei. Wie sie später rückblickend sagte: »Das war aber schließlich nur Hobby. Sie verstehen, bei der Polizei muß man etwas fürs Herz haben.«

Was sie über Kunst und Künstler lernte, kam ihr nach 1933 sehr zustatten. Sie war nicht die kalte Beamtin, die alles nach Schema F erledigt, sie war eine mitfühlende Seele, die die Künstler verstand, die ihnen half, die namentlich für die Schauspieler am Pfauen oft zum rettenden Engel wurde und ganz offiziell »unser Engel« genannt wurde.

Man muß sich, um zu ermessen, wie schwer ihre Arbeit war, ins Gedächtnis zurückrufen, wie es vor 1933 gewesen war. Damals hatte die Bestimmung, die Schauspieler müßten nach spätestens neun Monaten in ihre Heimat zurückkehren, keine besondere Härte bedeutet. Nun war es anders geworden. Selbst diejenigen, die noch einen deutschen Paß besaßen, konnten nicht mehr zurück.

Fräulein Birsinger: »Wir verstanden die Situation damals noch nicht so recht, wir von der Fremdenpolizei. Wir ahnten nicht, daß die geflüchteten Künstler an Leib und Leben bedroht waren. Aber wer verstand denn schon damals die unheimliche Hitlerbedrohung?«

Die Schweizer Behörden stellten dann – etwa ab 1936 – doch nicht mehr die bisher ganz automatisch-selbstverständliche Forderung der Abreise nach neun Monaten. Freilich, es mußte jeder Fall besonders untersucht werden, und diese Untersuchung war eine höchst langwierige Prozedur. Im Falle Zürich erneute Untersuchung durch die kantonale Fremdenpolizei und das Arbeitsamt, also durch Elisabeth Birsinger und Dr. Mario Gridazzi. Sie endete in jedem einzelnen Fall damit, daß der betreffende Künstler oder die betreffende Künstlerin als Emigrant anerkannt wurde – und damit der Verpflichtung enthoben war, nach neun Monaten über die Grenze zu verschwinden.

Freilich, hier hatte Zürich nicht das letzte Wort, hier bestand ein Einspruchsrecht von Bern, oder es mußte, um es genauer zu sagen, ein sogenanntes Zustimmungsverfahren erfolgen. Um den Ablauf zu vereinfachen, wurde ein Emigrantenbüro in Bern eingerichtet, zuerst im Bundeshaus, später in einem dazu freigestellten Haus an der Schwanengasse. Der leitende Beamte war – zum Glück für die Schauspieler – Dr. Oscar Düby, der ihnen nahestand, der das Theater liebte, der alles, was in seinen Kräften stand, unternahm, um den jeweiligen Fall zu einem guten Ende zu bringen.

Die Prozedur verlief also wie folgt: Rieser stellte sein Gesuch für die Schauspieler beim Kanton, der wandte sich ans Emigrantenbüro, das sich wiederum zwecks endgültiger Zustimmung an die zuständige Fremdenpolizei wenden mußte.

Aber nicht nur die zuerst Eingetroffenen – nicht nur Schauspieler – blieben, es kamen immer mehr Deutsche über die Grenze und später auch Österreicher und Tschechen. Daraus ergaben sich für die Fremdenpolizei zwei Probleme. Einmal die Überfüllung des Arbeitsmarktes, der schon so nicht in allzu guter

Verfassung war – die Weltwirtschaftskrise galt noch keineswegs als überwunden. Sodann die Überfremdung, ein Schlagwort, das sich damals durchzusetzen begann.

Dr. Oscar Düby formulierte später: »Bei vielen Amtsstellen wurde der Gedanke der Überfremdung im Falle von jüdischen Einwanderungen oder Gesuchen noch intensiver ins Feld geführt als bei nichtjüdischen Ausländern. Daran ist kein Zweifel. Nicht, daß man die Leute plagen wollte, aber man mußte aufpassen, damit nicht zu viele kamen ...«

Weiteres verschärfendes Moment: die unbeschäftigten Schweizer Künstler. Es entstand damals eine sogenannte »Bewegung« zum Schutz der einheimischen Künstler. Sie sollten engagiert werden. Die Fremdenpolizei unterstützte sie. Sie verlangte von Rieser, daß er den oder jenen Schweizer verpflichte – erst dann würde sie prüfen, ob die Ausländer in Frage kämen. Noch einmal Dr. Düby: »Es wurde damals der sehr unschöne Begriff der ›Zumutbarkeit‹ geschaffen. War ein bestimmter Schauspieler für ein bestimmtes Institut ›zumutbar‹? Konnte man verlangen, daß das Theater ihn berücksichtigte?« Rieser mußte in jedem einzelnen Fall beweisen, warum etwa ein Charakterdarsteller, den St. Gallen als unbrauchbar entlassen hatte, kein Ersatz für Bassermann war, warum die bisherige Soubrette von Solothurn unmöglich die Rollen der Giehse spielen könne.

Er fand volle Unterstützung bei Dr. Düby und Dr. Mario Gridazzi vom Arbeitsamt, die beide etwas vom Theater verstanden. Auch standen zu den Emigranten-Schauspielern die Schweizer Kollegen, die ihrerseits aus Deutschland emigriert waren, als Hitler zur Macht gekommen war, vor allem Heinrich Gretler und Leopold Biberti.

Die deutschen Schauspieler in der Schweiz waren also keine Saisonarbeiter mehr. Sie waren »Emigranten« geworden. Seltsamerweise wehrten sie sich gegen diese Klassifizierung, sie erschien ihnen als Prestigeverlust. »Wir sind«, sagten sie, »schließlich nicht als Emigranten in die Schweiz gekommen, sondern um zu arbeiten! Wie könnt ihr uns plötzlich als Emigranten behandeln?«

Man hatte Verständnis – aber die Schweiz ist klein. Und so mußte immer und immer wieder geprüft und gesiebt werden. Im Frühjahr engagierte Rieser für die neue Saison, und manchmal dauerte es bis zum Herbst, bevor die Bewilligung kam. Keine erfreuliche Situation für die Künstler. Sie mußten schon gute Nerven haben. Zum Beispiel, als die Gruppe 33 aufflog. Der Zweck dieser Gruppe war, »Flüchtlinge« illegal in die Schweiz zu bringen. Die Polizei mutmaßte, es handle sich um Kommunisten – in Wahrheit waren es Maler. Die Polizei mutmaßte weiterhin, die Schauspieler Langhoff, Parker, Heinz, Stöhr und Teo Otto seien in die Sache verwickelt. Sie sollten ausgewiesen werden. Aber Rieser war schneller. Er »versteckte« die Gefährdeten in seiner Villa in Rüschlikon, eilte sodann zu den Behörden, machte Krach, drohte, sein »Geschäft« zu schließen. Einige Tage darauf stellte es sich heraus, daß die Verdächtigten mit der Angelegenheit nichts zu tun hatten.

Stöhr später über dieses Exil: »Das schlimmste war nur, daß Frau Marianne Rieser den Umstand, daß wir uns nicht entfernen konnten, ausnützte, um uns ihre Dramen vorzulesen!«

Und: »Als es sich aufgeklärt hatte, daß wir Schauspieler nichts mit jener ›Gruppe 33‹ zu tun hatten, deren Mitglieder die Polizei ausfindig machen wollte, fuhr mich Rieser, rührend besorgt, zum Bahnhof, wo ich mein Gepäck abholte, und dann zum Theater, wo ich Probe hatte – doch von dem Augenblick an, wo wir das Theater betraten, war er wieder der Direktor, der einen nicht kannte.«

Immerhin, der Direktor wollte kein weiteres Risiko eingehen, und so ließ er denn – am 24. August 1936 – am Schwarzen Brett folgenden Ukas anschlagen:

An das gesamte Personal des Schauspielhauses
Bestimmte Vorkommnisse der letzten Tage veranlassen mich zu folgender Bekanntmachung:

1. Den nichtschweizerischen Bühnenkünstlern, Angestellten und Arbeitern ist jede politische Tätigkeit in irgendwelcher Richtung in der Schweiz untersagt, und zwar auch dann, wenn der betreffende Ausländer glaubt, nur im Interesse seines Heimatlandes oder eines fremden Staates tätig zu sein. Die Ausländer, die nicht nur das Gastrecht der Schweiz genießen, sondern den Vorzug haben, in der Schweiz ihrer beruflichen Tätigkeit nachgehen zu können, haben sich strikte an dieses absolute Verbot zu halten und werden in ihrem eigenen Interesse aufgefordert, auch in der Wahl ihrer privaten Beziehungen besondere Vorsicht walten zu lassen, um sich nicht irgendwelchem falschen Verdacht auszusetzen.

2. Die dem Personal angehörigen Schweizer werden nachdrücklich aufgefordert, keinerlei Politik in den Betrieb des Schauspielhauses hineinzutragen und insbesondere auch ausländische Mitglieder nicht in von Schweizern betriebene Politik hineinzuziehen.

3. Zuwiderhandlungen gegen diese an sich schon selbstverständlichen Anordnungen würden fristlose Entlassung zur Folge haben.

Ach, konnte man den Emigranten verbieten, über das zu sprechen, was für sie Leben und Tod bedeutete? Hieß es »Politik« machen, wenn sie sich über den Einmarsch der deutschen Armee ins Rheinland oder die Aufrüstung Hitlers unterhielten? Am 9. März 1935 war der Emigrant Berthold Jacob von Basel gewaltsam auf deutsches Gebiet verschleppt worden. Wäre Langhoff nicht fast das gleiche passiert? Konnte ihnen nicht jeden Tag das gleiche passieren? Übrigens holte die Schweiz Berthold Jacob zurück, verfügte dann aber seine Ausweisung. Am 29. März 1935 lehnte der Bundesrat die Auslieferung des Kommunisten

Neumann an Deutschland ab, beschloß jedoch gleichzeitig seine Ausweisung. Am 24. Juni 1936 legte der Bundesrat sogar dem Kaiser von Abessinien, der in Genf eingetroffen war, nahe, von einer Niederlassung in der Schweiz abzusehen, solange er sich als Staatsoberhaupt eines mit Italien im Krieg befindlichen Landes betrachte.

Wenn schon einem Kaiser so etwas passieren konnte, wie war es dann um die Chancen der Schauspieler bestellt, in der Schweiz zu bleiben?

Die »arischen« Kollegen hatten es auch nicht viel besser. Sie wurden, wann immer sie Rollen spielten, die mit den Doktrinen des Dritten Reiches nicht übereinstimmten, aufs Konsulat bestellt und angeschnauzt: »Lassen Sie sich nur ja nicht wieder in Deutschland sehen! Sie werden an der Grenze verhaftet.«

Selbst der gute Prüfi mußte eines Tages aufs Deutsche Konsulat, da er ja in Anti-Nazi-Stücken mitgemacht hatte. Man riet ihm, sich nicht auf der Bühne blicken zu lassen. In der Tat und sehr gegen seinen Willen hatte er einige winzige Rollen gespielt. Wenn er fortfahre, in anti-deutschen Stücken aufzutreten, wurde ihm bedeutet, würde man ihm den Paß entziehen.

Dergleichen besprachen die Schauspieler in ihren Garderoben, leise, leise, damit niemand es hörte. Wenn sie zu laut wurden, kam Prüfi herein und sagte etwa: »Meine Herrn, wenn Sie wissen wollen, was ich denke... Mich kann Hitler am Arsch lecken... Aber von mir wird er's nie erfahren!«

Auch der Vorhangzieher, Eidgenosse Altorfer, wußte sehr wohl um solche geheimen Zusammenkünfte; es gehörte ja zu seinen Pflichten, das Theater abends abzuschließen, und er mußte oft lange warten, bis die geheimen Aussprachen beendet waren. Altorfer wartete geduldig. Er wußte, wie es denen, die drinnen miteinander flüsterten, ums Herz war.

Sie waren nur geduldet. Es gab keine Behörde, die sich vor sie gestellt hätte, sie hatten keine Rechte. Sie konnen jeden Tag ausgewiesen oder in ein Lager überführt werden. Gewiß, sie hatten eine Aufenthaltsbewilligung. Aber, symptomatisch genug, sie wurde nicht etwa Aufenthaltsbewilligung genannt, sondern auf dem entsprechenden Formular war zu lesen: »Frist zur Abreise«.

So kam es, daß viele sich schämten, Emigranten zu sein, wo sie doch hätten Stolz empfinden können darüber, daß sie die ersten Gegner, die ersten Opfer Hitlers waren, daß sie zu einer Gruppe von Menschen gehörten, die auch Männer wie Thomas und Heinrich Mann, Lion Feuchtwanger und Leonhard Frank, Carl Zuckmayer und Georg Kaiser, Kurt Weill, Bertolt Brecht, Max Reinhardt, Franz Werfel umfaßte und viele andere mehr, wenn sie auch nicht alle Asyl in der kleinen Schweiz suchten oder hätten finden können.

Emigrant sein war schlimm genug. Aber ein Theater mit Emigranten machen? Das konnte nicht gut ausgehen, das hatte bisher nie geklappt, das war den Weißrussen in den Zwanzigerjahren nicht gelungen; und es gelang auch den zahlreichen deutschen Schauspielertruppen nicht, die nach Hitlers Machtergreifung die Lande durchzogen, irgendwo Fuß zu fassen. Man bestaunte sie, man fand, was sie boten, allenfalls interessant, man ging über sie zur Tagesordnung über. Und gerade in Zürich sollte das Unmögliche gelingen? Es gelang! Alles wirkte zusammen: die ewige Hetze, in der produziert werden mußte, der peinliche Geldmangel, das Wissen um die eigene Unsicherheit, das erniedrigende Bewußtsein, nur geduldet zu sein, diese ständige innere und äußere Not wirkte sich aus wie ein Korsett, das diese Menschen daran hinderte, zusammenzusacken, als Ansporn, ihr Äußerstes, ihr Letztes zu geben.

Und so geschah es, daß nicht nur gutes Theater gemacht wurde, sondern... es entstand das beste Theater deutscher Zunge jener Zeit.

Am 23. April 1936 wurde am Zürcher Schauspielhaus zum erstenmal Ibsens Mammutdrama *Peer Gynt* herausgebracht. Regie Lindtberg; Peer Gynt Langhoff, der diese längste aller Rollen in drei Nächten hatte lernen müssen. Dabei handelte es sich um eine besondere Gelegenheit. An diesem Abend, mit dieser Vorstellung feierte Ferdinand Rieser sein zehnjähriges Jubiläum als Direktor des Schauspielhauses. Er hatte keine Kosten und Mühe gescheut, hatte Mitglieder des Tonhalle-Orchesters engagiert, die nicht nur Griegs *Peer Gynt*-Musik zum Vortrag brachten, sondern auch im Rahmen des Festaktes die Ouvertüre zur *Entführung aus dem Serail*.

Rieser durfte auf geschäftlich und künstlerich erstaunlich erfolgreiche Jahre zurückblicken. Das Festprogramm, auf Glanzpapier gedruckt und mit einer Photographie des Direktors geschmückt, verzeichnete innerhalb der letzten zehn Jahre neben 1301 Aufführungen von »anderen Literaturwerken« – zu ihren Verfassern zählte Rieser immerhin auch Hermann Bahr, Jacques Deval, Alfred Savoir, Sacha Guitry – und 1075 Aufführungen von »Unterhaltungsstücken«, deren Verfasser vorsichtshalber ungenannt blieben, doch insgesamt 417 Aufführungen von 41 Klassikern.

Trotzdem war Rieser nicht restlos glücklich. Kurz zuvor hatte das Stadttheater sein hundertjähriges Bestehen gefeiert, und zwar mit großem Aufwand und unter der Mitwirkung aller nur denkbaren Behörden. Rieser hatte vom Stadtpräsidenten Dr. Emil Klöti Gleiches für sein Theater verlangt, was der sehr energische Mann ablehnen mußte, schließlich handelte es sich ja um ein Privattheater und um zehn, nicht um hundert Jahre. Dr. Emil Klöti war dann schließlich bereit, aus Bern, wo er gerade an einer Bundesversammlung teilnahm, einen Gratulationsbrief zu schreiben, der als Festrede verlesen wurde, und der Regierungsrat des Kantons Zürich beschloß, Rieser die »Kulturmappe des Regierungsrates« zu verleihen, was in einem Schreiben mitgeteilt wurde, welches Rieser in Faksimile im Programmheft abdrucken ließ. Darüber, wie die Kulturmappe eigentlich aussah, schwiegen sich alle aus.

Rieser bekam eine Menge lobender offizieller, offiziöser und ganz privater Schreiben, darunter auch eins von Thomas Mann. Und doch – wer wußte das besser als er? –, er wurde letzten Endes nie ganz für voll genommen, nicht so anerkannt, wie er das wohl erwarten durfte, er blieb für die Zürcher stets der einstige Weinhändler, »man« ging nicht in sein Theater, noch immer nicht, und die Kritik stand ihm vorsichtig, wenn nicht ablehnend gegenüber.

Das hatte neben sachlichen Gründen auch persönliche. Man mußte Rieser eben sehr gut kennen, um seine positiven Seiten zu schätzen, ja überhaupt zu entdecken. Er war ein ausgesprochen schwieriger Mensch. Und das galt in noch verstärktem Maße für seine schöne Frau Marianne geborene Werfel, die ihn völlig beherrschte, und von der viele glaubten, sie und nicht ihr Mann sei der eigentliche Direktor des Theaters.

Marianne Rieser war überzeugt, eine Schriftstellerin von einigem Können zu sein. Sie schrieb Gedichte – und ihr Mann druckte sie in den Programmheften ab; vielleicht hätte er besser daran getan, sie unpubliziert zu lassen. Der unvergeßliche Alfred Polgar, dem man einige dieser Gedichte vorlegte mit der Bemerkung, sie seien von Werfels Schwester verfaßt, und ihn fragte, was er von ihnen halte, erklärte nach kurzem Zögern: »Für seine Kusine sehr hübsch! Für seine Schwester... nein!«

Marianne Rieser schrieb viele Jahre auch Revuen, sie selbst erklärte Bekannten gegenüber, daß sie für eine solche Revue nur rund eine Woche brauche, und das Schauspielhaus brachte sie dann heraus.

Es waren keine Erfolge. Das Beste, was man über sie sagen kann, ist, daß es sicher von Vorteil gewesen wäre, hätte die Autorin eine weitere Woche an sie verschwendet.

Da gab es etwa Songs wie: »Schwarz auf weiß steht es geschrieben / daß es einmal kommen muß / wenn wir das Schwarze auf die Seite schieben / bleibt das Weiße bis zum Schluß!«

In einer dieser Revuen kam eine Affennummer vor – zwei Affen im Käfig, zwei Besucher des Zoologischen Gartens vor dem Käfig. Und die nicht gerade neue, aber in zahllosen Revuen bewährte Frage: Wer ist drin im Käfig, wer ist draußen? Die beiden Affen wurden von Kalser und Steckel dargestellt. Steckel trug die Sache mit Humor. Ginsberg später: »Er spielte den unanständigsten Affen, den ich je in meinem Leben in einem Zoologischen Garten gesehen habe!« Kalser fühlte sich tief in seiner Menschenwürde getroffen. Und als nun gar zur Generalprobe ein echter Affenkäfig auf der Bühne erschien, der nur durch eine Klappe auf allen vieren zu betreten war, schrie Kalser auf: »Ich bin ein Mensch! Ich bin ein Mensch! Ich betrete die Bühne nicht auf allen vieren!« Es half aber nichts, er mußte auf allen vieren in den Käfig hinein.

Gelegentlich der Premiere traf Lindtberg zufällig in der Pause auf dem Hof des Schauspielhauses – den es längst nicht mehr gibt – die junge Klavierspielerin Valeska, die er bereits seit Ende 1933 kannte, wo sie in der »Pfeffermühle« Klavier spielte und er in der ersten Reihe saß, fast auf ihrem Schoß oder sie auf dem seinen. Sie war noch sehr jung, Tochter einer jüdischen Familie, und von diesem Abend an war sie in ihn verliebt und er natürlich in sie. In der Pause trafen sie sich eigentlich zum ersten Mal privat und taten sich zusammen. Später heirateten sie. Die Ehe hielt, obwohl Lindtberg ein eher schwieriger Mensch war, weil Valeska soviel von Kunst verstand, vorerst von Musik, später auch von Theater – durch ihn. Einigermaßen bedenklich wurde es, als Marianne Rieser, um auf sie zurückzukommen, ein ausgewachsenes Drama, *Turandot dankt ab*, verfaßte und ihr Mann es am 18. März 1937 herausbringen ließ. Was hatte die Frau Direktor dazu bewogen, den berühmten Stoff noch einmal zu gestalten? Sie machte kein Geheimnis daraus: »Ich bearbeitete diesen Stoff aus Protest. Jawohl! – Auch aus Protest gegen Gozzi und Schiller, so herrlich sie auch die Figur der Turandot geschildert haben mögen und doch nichts als ein Männer fressendes Geschöpf, ein märchenhaftes Scheusal aus ihr gemacht haben . . .«

Es ist nicht undenkbar, wenn auch nicht übermäßig wahrscheinlich, daß Marianne Riesers »Spiel von Politik und Liebe«, hätte sie es unter einem Pseudonym eingereicht, angenommen und aufgeführt worden wäre; der Einwand, daß es auf keiner anderen Bühne gebracht wurde, gilt nicht. Deutschland war der Jüdin bereits versperrt, Österreich und die Tschechoslowakei sollten es in Kürze sein. Aber die Tatsache, daß das Opus der Frau Direktor gespielt wurde und gespielt werden mußte, schuf von Anfang an eine ungute Atmosphäre. Die Schauspieler beklagten sich über die Zumutung, »so etwas« machen zu müssen. Kalser, von Regisseur Lindtberg auf einer Probe ermahnt, doch endlich seinen Text zu lernen, fuhr auf: »Text! Das ist kein Text, das ist leeres Stroh!« Bei einer Aufführung geschah es sogar, daß er in der Szene, in der er, in einem hohlen Baum versteckt, ein Gespräch belauschen muß, dortselbst einschlief und erst geweckt werden mußte, als sein Stichwort gefallen war.

Vielleicht hätte das Stück eine Chance gehabt, wenn es ohne allzu große Vorreklame, wie andere – und bessere – Werke, herausgebracht worden wäre. Aber es bekam eine Ausstattung und eine Besetzung, die Shakespeare grün vor Neid hätte werden lassen. Die schöne Sybille Binder spielte die Titelrolle. Therese Giehse, Traute Carlsen, Hermann Wlach, Wolfgang Heinz, Wolfgang Langhoff, Kurt Horwitz, Leonard Steckel, Emil Stöhr, Ernst Ginsberg waren mit von der Partie, und für die winzige Rolle des Henkers hatte man den bedeutenden Komiker Otto Wallburg aufgeboten, der noch eben in Berlin und Wien Triumphe hatte feiern dürfen, aber Zürich bald darauf verlassen mußte, weil Rieser fand, daß er lispelte. Er wurde dann in Holland von der Gestapo geschnappt und ging in einem KZ elend zugrunde.

Und nun geschah etwas sehr Seltsames. Die bedeutenden Schauspieler verdeckten die Mängel des Stückes nicht, sie entlarvten sie geradezu. Weil das Publikum sich sagen mußte: »Besser kann das gar nicht aufgeführt werden!«, wurde es auf die

Mängel des Stückes erst richtig aufmerksam. Die kostbare Ausstattung – Kostümentwurf: Marianne Rieser – erdrückte vollends das Wort. Die Kritiken waren verheerend.

Genau acht Monate zuvor, am 18. November 1936, hatte das Schauspielhaus ein Stück herausgebracht, das von einer Frau stammte, ebenfalls von einer Frau Direktor sozusagen, nämlich von Clare Boothe, der Gattin des U.S.-Zeitschriftenkönigs Henry Luce, der unter anderem »Time«, »Fortune« und »Life« herausgab. Freilich Frau Boothe war eine echte Profi, sie hatte sich als Journalistin einen Namen gemacht, lange bevor sie Henry Luce heiratete, sie hatte auch schon vorher Stücke geschrieben, bevor sie einen selbst für Broadway-Verhältnisse sensationellen Erfolg mit *The Women* errang – in Zürich (auch in Wien und Prag) unter dem Titel *Frauen in New York* aufgeführt.
Weniger ein Theaterstück im konventionellen Sinn als eine Tour de force. Es treten nur Frauen auf, nicht weniger als achtunddreißig, und sie reden von nichts anderem als von Männern, Liebe, Scheidung und wieder Männern. Sie treffen sich in einem eleganten Park-Avenue-Appartement und beim Coiffeur, in einem Modesalon, in einem Schönheitssalon, in einer Frauenklinik und in einem Hotel im Scheidungsparadies Reno, in einem Schlafzimmer, im Powder-Room eines Nachtklubs, zu deutsch auf der Damentoilette, und in einem Badezimmer.
Achtunddreißig Frauen! Es mußten nicht nur alle aus dem Ensemble mitspielen, es mußten Schauspielerinnen und solche, die es werden wollten, dazuengagiert werden.
Technische Probleme aller Art stellten sich ein. Da war zum Beispiel die Szene, in der Rita Liechti, die, bevor sie Schauspielerin wurde, im Kloster gewesen war, in einer Badewanne zu sitzen hatte. Nun, sie war nicht ganz nackt, das Wasser war sehr schaumig, so daß man wirklich kaum etwas von Fräulein Liechti zu sehen bekam, was sie als Nonne nicht hätte zeigen dürfen. Das Problem war vielmehr: wie brachte man das genügend heiße Wasser – 37 Grad sollte es haben – auf die Bühne? Das geschah so, daß alle Bühnenarbeiter und auch einige Mitglieder des Ensembles, sich nebeneinander aufstellend, eine Kette bildeten von der Wasserleitung bis zur Wanne. Dann wurden kleine Töpfe mit heißem Wasser von Hand zu Hand gereicht – in der Art etwa, wie früher einmal Brände gelöscht wurden. Dann überzeugte sich Inspizient Baschwitz, daß die Temperatur stimmte, dann erschien Fräulein Liechti im Bademantel, das Licht wurde eine Sekunde abgedreht, schon lag die Liechti in der Wanne. Bei der Generalprobe war der Regisseur Steckel höchstpersönlich zur Galerie hinaufgestiegen, um sich zu überzeugen, daß man nicht zuviel sah ...
Das Bad bildete die pikanteste, aber leider nicht die einzige Schwierigkeit dieser Inszenierung. Die überstieg bei weitem die technischen Möglichkeiten des Schauspielhauses. Sie war überhaupt nur möglich durch die Arbeit, die Ideen, die

Tatkraft eines Mannes, der wenige Monate vorher im Schauspielhaus gelandet war: Ferdinand Lange.

Hinter der Szene jedes Theaters gibt es einen Mann, der ursprünglich Bühnenmeister hieß und heute den stolzen Titel eines technischen Leiters führt, von dessen Existenz, auch wenn er neuerdings mit auf dem Programm steht, nur die wenigsten aus dem Publikum etwas ahnen, obwohl ohne ihn keine Vorstellung zustande kommen, geschweige denn zur Durchführung gelangen würde. Dieser Bühnenmeister war bei Rieser ein Deutscher, der wie fast alle, die damals hinter der Szene tätig waren, aus Deutschland stammte, und ganz plötzlich ins Reich heimgekehrt. Rieser schickte Teo Otto nach Wien, um Ersatz zu finden. Otto hatte eine ungefähre Vorstellung von dem Mann, den er brauchte: »Jemand mit Improvisationsvermögen, mit Geduld, mit Optimismus, der fünf einmal gerade sein lassen kann – einer, der sich im positiven Sinne auf Wiener Schlamperei versteht!«

Er fand Ferdinand Lange. Der war Mitte dreißig, er hatte schon an vielen Theatern gearbeitet, an der »Burg«, an der Staatsoper, an der Volksoper, und war schließlich am Deutschen Volkstheater gelandet, einem großen Haus, dessen Bühne mit den letzten Errungenschaften der Technik ausgestattet war. Freilich gab es auch weniger erfreuliche Aspekte in Wien. Die Wirtschaftskrise war längst nicht überwunden, die Theater zahlten die Gagen nur zögernd und auf Raten, schon wurde totalitär regiert, und wer ein politisches Auge hatte – und das hatte Lange –, konnte Hitler herankommen sehen. Auf der anderen Seite: Lange hatte sich gerade neue Möbel gekauft, und schließlich war er Wiener, und von Zürich wußte er nur, was Otto ihm sagte, nämlich, daß es sich dort gut arbeiten ließ. Er unterschrieb also schließlich für zwei Jahre, bereute es entsetzlich, als er feststellen mußte, daß das Schauspielhaus nicht im Kunsthaus lag – er konnte sich als Wiener nicht vorstellen, daß ein Theater in einem gewöhnlichen Mietshaus untergebracht war –, bereute es noch mehr, als er die lächerlich kleine Bühne sah – »Um Gottes willen, wie kann man denn hier Theater spielen!« –, und ließ sich von Teo Otto trösten: »Sie müssen sehen, wie hier gespielt wird!« Und hat es seitdem nicht mehr bereut.

»Wir brauchen eine Drehscheibe!« erklärte Lange seinem Direktor. Das ist (für diejenigen, die es nicht wissen sollten) eine runde Scheibe, die man auf dem Bühnenboden aufsetzen kann. Eine Drehbühne wäre, weil geräumiger, Lange lieber gewesen; aber der Einbau einer Drehbühne, will sagen, der vollständige Umbau der Bühne hätte zuviel gekostet. Eine Drehbühne – oder auch eine Drehscheibe – gab dem Bühnenmeister oder Regisseur nicht nur die Möglichkeit sehr schneller Verwandlungen, sondern hatte vor allem auch den Vorteil, daß die Schauspieler während des Ablaufs der Vorstellung nicht allzusehr durch die Bühnenarbeiter gestört wurden. Das hatte Lange bei Max Reinhardt gelernt, der zu sagen pflegte: »Meine Schauspieler sind mir das wichtigste!« Lange bekam seine Drehscheibe.

Die Arbeit, die er und seine Männer im Schauspielhaus zu leisten hatten, war schwer. Lassen wir ihn selbst sprechen: »Die Nachtstunden wurden bei Rieser nicht bezahlt. Es gab ja noch keine Gewerkschaften. Die Leute mußten 75 bis 80 Stunden pro Woche arbeiten. Von Zeit zu Zeit sagte man dann den Leuten, jetzt kommt ein leichteres Stück, nur eine Dekoration, da könnt ihr dann zu Hause bleiben. Aber es kam praktisch nie dazu. Denn wenn ein Stück mit nur einer Dekoration gemacht wurde, dann hat man schon das nächste Stück vorgenommen, und das hatte es dann meist in sich.«

Was nun die Mitarbeiter anging: »Ich mußte lange suchen, bis ich das richtige Personal fand. Das war nicht leicht, denn Zürich ist keine Theaterstadt. Es hat ja nur das Stadttheater und das Schauspielhaus. In Berlin oder Wien zum Beispiel ruft man die Gewerkschaft an: ›Bitte schicken Sie mir Leute her!‹ Die sind zumindest ausgebildet, waren schon beim Film oder Theater. Die Leute wissen sofort, wo Gott wohnt, sie können sich auf der Bühne bewegen, sie kennen die Gegenstände, mit denen sie arbeiten müssen, die Ausdrücke, sie sind mit der Technik einigermaßen vertraut. Das war hier in Zürich nicht so, und ich habe Jahre gebraucht, bis ich endlich eine Equipe zusammen hatte. Wir hatten zum Beispiel Annoncen in die Zeitung gegeben, wir suchen jüngere Kräfte, die sich für einen Theaterbetrieb interessieren. Es haben sich Leute gemeldet, zum Beispiel Tapezierer oder Schreiner. Sagte ich: ›Sie, ich möchte Sie als erstes fragen, waren Sie schon einmal an einem Theater oder in einem ähnlichen Betrieb?‹ ›Nein‹, war die Antwort, ›ich bin Chauffeur.‹ ›Ja‹, sagte ich, ›haben Sie überhaupt Lust, zum Theater zu kommen? Sie müssen sich das zuerst einmal ansehen! Sie haben keine geregelte Arbeitszeit bei uns, so wie das in anderen Betrieben ist, es ist ein sehr interessanter Posten, aber Sie müssen wissen, jede Woche gibt es drei Tage, wo Sie nicht nach Hause kommen. Das ist bei der langen Probe, das ist bei der Hauptprobe und bei der Generalprobe. Da sind Sie 14 bis 15 Stunden im Theater. Das wird Ihnen natürlich entschädigt, aber es ist nicht jedermanns Sache. Überlegen Sie sich das. Vor allem: sind Sie verheiratet?‹ ›Nein‹, sagt er, ›ich habe eine Braut.‹ Da sage ich: ›Sehen Sie, da ist der wunde Punkt. Wo arbeitet Ihre Braut?‹ Sagt er: ›Entschuldigen Sie, was geht Sie das an?‹ ›Ja!‹ sag' ich, ›die indiskrete Frage müssen Sie mir schon beantworten, denn es ist ein wichtiger Faktor.‹ Sagt er: ›Bei Jelmoli ist sie Verkäuferin!‹ ›Und dann hat sie am Samstag abend frei und am Sonntag auch?‹ Sagt er: ›Ja.‹ ›Na‹, sag' ich, ›sehen Sie, da wird Ihre Braut gerade dann frei sein, wenn für Sie die strengste Zeit ist, denn der Samstag und der Sonntag sind am Theater die wichtigsten Tage. Sie sind ein junger Mensch, Sie wollen heiraten, da wird Ihre Braut nicht sehr zufrieden sein und sagen, du bist ja keinen Sonntag zu Hause.‹ Sagt er: ›Nein, da hat meine Braut überhaupt nichts zu sagen.‹ ›Nun‹, antwortete ich, ›wie Sie wollen.‹ Nach zwei, drei Wochen kam der Mann zu mir und sagte: ›Also, es geht halt doch nicht, meine Braut ist nicht einverstanden, denn wenn sie abends von der Arbeit kommt, bin ich im Theater.

Wenn ich nachmittags einmal frei bin, ist sie beschäftigt. Wir sehen uns praktisch nie.‹ Es ist eben ganz zufällig, daß ich so einem Mann an einem Sonntag einmal frei geben kann. Das ist die schwierige Sache bei uns...«

Teo Otto hatte Lange gewählt, weil er einen Mann mit Improvisationsvermögen brauchte. Denn am Pfauen konnte ja nicht wochenlang geplant und ausprobiert werden, bis die jeweils notwendige technische Lösung gefunden war. Der Regisseur sagte: »Ich stell' mir das so vor, Ferdinand, schau, aber wie du das machst, das ist deine Sache...«

Da war eine – übrigens spätere – Aufführung von *Peer Gynt*. Regie Lindtberg. »Lindtberg kam zu mir, und wir besprachen die ganze Sache. ›Also, da ist ein Schiff, da steht der Kapitän auf der Brücke, und da steht der Tod neben ihm oder hinter ihm, und das Schiff geht unter, es muß verschwinden. Wie du das machst, das ist deine Sache.‹ Ich konnte doch nicht ein ganzes Schiff aufstellen, denn es gibt ja in *Peer Gynt* entsetzlich viele Bilder. Also haben wir Wasser darunter gemacht, das heißt Wände mit Wasser und Wellen bemalt und dann mit Projektionsapparaten das Spielen der Wellen projiziert. Dann, für den Schiffsuntergang, habe ich eine Brücke, ein Podest, sagen wir 1 × 1,50 Meter gebaut. Der Tod und der Kapitän standen auf dem Podest, zu dem zwei Treppen führten, die auf Rollen gestellt waren. Als der Schiffsuntergang anfing, wurden die beiden Treppen langsam weggezogen, und das Podest hat sich gesenkt, ist sozusagen hinter dem Wasser versunken. Mit Licht und Beleuchtung hat das sehr effektvoll ausgesehen. Elementarkatastrophen mit geringen Mitteln darzustellen, das ist die Findigkeit von technischen Leitern, von Bühnenbildnern, gewöhnlich in gemeinsamer Arbeit. Das zu schaffen, daß das Publikum dann wirklich von so einer Sache überzeugt ist, das ist die Kunst. Wenn im Zuschauerraum darüber gelacht wird, dann ist die Sache eben schlecht. Aber ich muß schon sagen, die einfachsten Mittel sind die besten. Mit komplizierten Maschinen und Apparaten erzielt man oft nicht, was man sich vorgestellt hat.

Übrigens, die besten Ideen kommen einem nachts. Mir wenigstens. Während des Tages überhaupt nicht. Und wenn ich einmal sehe, daß ich so viel herumstudieren muß, dann höre ich ganz einfach auf. Dann sage ich, Schluß, heute ist's fertig, heute will ich nichts mehr wissen von der Sache. Und nachts, wenn ich zum Beispiel um drei Uhr munter werde, dann habe ich ganz plötzlich die Lösung...«

Am schwersten hatten es in der Emigration diejenigen Schauspieler, die noch Anfänger gewesen waren, als die Hitlerei ausbrach. Wir wollen jetzt von einem dieser damaligen Anfänger sprechen, den der Autor besonders in sein Herz geschlossen hat, und der so vieles mitmachen mußte, daß es für einen mittleren Wildwest-Film ausgereicht hätte, an prekären und oft lebensgefährlichen Situationen und an Abenteuern aller Art.

Aber ist der Beruf eines Schauspielers nicht immer ein Abenteuer? Die gutbürgerlichen, wohlsituierten Eltern Erwin Parkers zumindest waren dieser Ansicht und entsprechend entsetzt, als ihr Söhnchen, in der progressiven Odenwald-Schule aufgewachsen, wo man viel Theater spielte, ihnen kurz und bündig erklärte, er wolle sein Leben auf den Brettern verbringen, die die Welt bedeuten. Statt dessen mußte er zur allmächtigen AEG in Berlin, und alles, was man darüber an Positivem sagen kann, ist, daß der bedeutende Konzern trotzdem nicht einging. Dann Schauspielunterricht bei Professor Gregori, nach Parker »Weltmeister im Zungen-R«, dann Reisen mit dieser und jener Truppe, dann Stadttheater Münster, wo er Nachfolger des gerade hinausgeflogenen Theo Lingen wurde, schließlich – 1931 – Düsseldorf, wo er Langhoff traf und Lindtberg, der gerade Oberregisseur geworden war.

Nach dem Reichstagsbrand – Ende Februar 1933 – wurde er verhaftet, kam aber schnell wieder heraus, erhielt Auftrittsverbot, durfte dann doch wieder spielen, wurde demonstrativ vom Publikum gefeiert und, vermutlich deswegen, fristlos entlassen. Der Düsseldorfer Boden wurde ihm zu heiß, er ging nach Berlin, tauchte unter, spielte trotzdem – wer kannte ihn denn schon im großen Berlin? – unter falschem Namen, wurde denunziert, kam aber noch über die Grenze, spielte mit einer deutschen Truppe in Holland und London, aber die Truppe verkrachte bald. Er blieb in Holland – aus dem einfachen Grunde, weil er kein Reiseziel hatte –, spielte in Operetten, spielte in holländischen Aufführungen stumme Rollen, machte Kabarett, kam schließlich nach Zürich. Lindtberg und Langhoff bestürmten Rieser, ihn zu nehmen. Rieser ließ sich erweichen. Resultat: Parker spielte als Externist für zehn Franken pro Abend – spielte sogar Hauptrollen, wenn gerade ein Schwank angesetzt wurde. Nächste Station: Theater an der Wien, wo die Operette herrschte und wo er in Ralph Benatzkys *Axel an der Himmelstür* mitwirken durfte. Andere Mitwirkende: die in den skandinavischen Ländern bereits gefeierte Zarah Leander und die keineswegs gefeierte Anfängerin Heidemarie Hatheyer. Aber da Parker keine Arbeitserlaubnis bekam, fuhr er nach Zürich zurück, obwohl er dort auch keine hatte. Aber er gefiel Frau Rieser, die in diesem Falle wichtiger war als die Fremdenpolizei. Er durfte bleiben.

Der junge, dünne, fast dürre Künstler mit dem Vogelgesicht, den unschuldigen blauen Augen und der rotblonden Mähne war, obwohl er nur kleine und kleinste Rollen spielen durfte und eine noch kleinere Gage bekam, alles in allem recht zufrieden. Denn er spürte, was sein Direktor nie ganz begreifen wollte: daß großartige Schauspieler auf seiner Bühne standen. Später sagte Parker: »Ich durfte mich mit ihnen messen – ich durfte neben ihnen stehen! Das war schon viel! Das war eigentlich alles, was ein junger Mensch verlangen konnte!« Nein, das war nicht alles. Parker sah mit Erstaunen, daß die aus der Heimat Vertriebenen nur geduldet waren. Das wäre noch hinzunehmen gewesen. Aber begriff denn die Schweiz nicht, was sich am politischen Horizont anbahnte? Wurden denn die Geduldeten nicht wenigstens als Warnungszeichen beachtet? Verstand niemand, wollte niemand verstehen, daß, was gestern Deutschland überrannt hatte, morgen Österreich, die Tschechoslowakei, ganz Europa überschwemmen konnte? Aber soviel verstand der kleine Schauspieler Erwin Parker: Wie konnte die schweizerische Öffentlichkeit die Emigranten ernst nehmen, wenn die Emigranten-Schauspieler nicht einmal dort für voll genommen wurden, wo sie doch ihren Wert Abend für Abend bewiesen – im Schauspielhaus?! Wie unwürdig war doch ihre Position! Geduldete – vielleicht morgen schon auf die Straße gesetzt! Und wenn man sie nicht auf die Straße setzte, ließ man sie es doch täglich fühlen, daß man es konnte. Man: der Direktor Ferdinand Rieser.

Ein kleiner Schauspieler wie Erwin Parker konnte ja wohl nichts dagegen unternehmen. Kein Emigrant konnte da etwas machen. Oder vielleicht doch? War Wolfgang Heinz zum Beispiel nicht im Vorstand der Genossenschaft Deutscher Bühnenangehöriger gewesen, bevor er entlassen wurde? Konnte er nichts tun gegen die Ausbeutung – jawohl, das Wort muß einmal ausgesprochen werden, die Ausbeutung der Schauspieler, die keinen Achtstundentag hatten und keinen Zehn- oder Zwölfstundentag, sondern immer, immer zur Verfügung stehen mußten, die Stunden, die sie zu Hause mit Lernen verbrachten, nicht eingerechnet?

War da nicht Langhoff? Der hatte doch seit langem eine Rolle in der Gewerkschaftsbewegung gespielt! Wie war es denn mit der Arbeitszeit, Herr Langhoff? Ja, Langhoff war der Überzeugung, so, wie Rieser das machte, ginge es nicht. Es dürfe nicht bis sechs oder gar bis sieben Uhr abends geprobt werden, sondern nur bis zwei. Er sprach es auch aus. Er hatte zwei Pluspunkte Rieser gegenüber. Er war im KZ gewesen – und er war kein Jude.

Trotzdem fühlte sich Rieser verletzt. »Nach allem, was ich für Sie getan habe, Herr Langhoff...!«

Um diese Zeit war in der Schweiz bereits der VPOD – Verband des Personals Öffentlicher Dienste – ins Leben getreten. Es war die Rede von einem Tarifvertrag für Schauspieler. Langhoff: »Auch wir fordern einen Tarifvertrag.«

Rieser fassungslos: »Wo Sie mir doch alles zu verdanken haben, Herr Langhoff!«

Auch mit den Angestellten gab es Schwierigkeiten. Auch hier sah sich Rieser plötzlich Forderungen gegenüber, die andere Theater längst bewilligt hatten. Auf einmal brach ein Streik der Bühnenarbeiter aus – und dazu noch an einem Premierenabend! Einer der Streikenden war der Vorhangzieher und Heizer Altorfer. Rieser war dabei, als der Streikbeschluß gefaßt wurde – in einer Versammlung im »Hinteren Sternen«. Er faßte Altorfer beim Arm: »Sie werden doch nicht mitstreiken, Sie bekommen doch bei mir einen rechten Lohn, ich habe auch noch einiges mit Ihnen vor!« Er hatte vor, Altorfer zu seinem Chauffeur und persönlichen Diener zu machen. Aber Altorfer hing am Theater.

Dr. Mario Gridazzi, damals stellvertretender Zentralsekretär des VPOD, hatte es sich zur Aufgabe gemacht, die Bühnenkünstler zu organisieren. Er stieß dabei auf

mancherlei Schwierigkeiten. Die Gewerkschaftsführer hatten keine rechte Einstellung zum Theater. Und Rieser, dessen Theater Gridazzi besonders am Herzen
lag, als erstes, als einziges antifaschistisches Theater, war dumpf entschlossen,
alles zu verhindern, was nach gewerkschaftlicher Organisation roch. Er war nun
einmal der Typ des Unternehmers um die Jahrhundertwende.

Was Rieser nie begriff, war, daß er selbst, natürlich ohne es zu wollen, durch die
hemmungslose Ausnützung seiner Schauspieler auch solche unter ihnen, die zu
individualistisch waren, um viel von Tarifverträgen zu halten, in die Arme von
Heinz, Langhoff, Gridazzi getrieben hatte. Vergebens sträubte er sich dagegen,
Gridazzi auch nur zu empfangen, vergeblich setzte er flugs Proben an, wenn er
hörte, es sei eine Betriebsversammlung geplant, oder er verbot ganz einfach eine
solche Versammlung innerhalb des Schauspielhauses. Sie wurde in einer Privat-
wohnung abgehalten. Rieser, der Hitler auf seine Weise bekämpfte, brachte fertig,
was Hitler allein nicht geschafft hatte: Die Schauspieler fühlten sich endlich eins.

Inzwischen war ein Kollektivvertrag für Schweizer Bühnenangehörige ausgearbei-
tet worden. Alle Theaterdirektoren im Lande unterschrieben. Daraufhin trat
Rieser aus dem Direktoren-Verband aus. Er ließ seinen Schauspielern sagen, er
würde den Kollektivvertrag nie unterschreiben. Falls sie nicht innerhalb kürzester
Frist mit ihm für die nächste Saison abschlössen, sähe er sich gezwungen, nach
Wien zu fahren und dort Ersatz zu suchen.

Die Stadt, oder zumindest der kleine, energische Stadtpräsident Emil Klöti,
schaltete sich ein, sprach von »Maßregelungen«. Rieser drehte den Spieß um. Er
könne einfach gewisse hohe Gagen nicht mehr zahlen, von höheren ganz zu
schweigen. »Irgendwelche Maßregelungen dem Personal gegenüber standen nie
zur Diskussion«, schrieb er an Dr. Klöti am 23. April 1937. »Im übrigen ist die
Direktion bereit, mit der überwiegenden Mehrzahl der Mitglieder wieder abzuschließen, sofern sich diese Mitglieder hinsichtlich der Gagen der heutigen für die
Theater im allgemeinen und das Schauspielhaus im speziellen gegebenen Situation anzupassen gewillt sind. Das wurde den Mitgliedern schon vor längerer Zeit
bekanntgegeben ... Die Direktion hat ferner schon seit langem bekannt gegeben,
daß alle diejenigen Mitglieder, die eine höhere Gage verlangen als bisher, für ein
Re-Engagement überhaupt nicht mehr in Betracht kommen. Da ich annehme,
daß Sie von vorstehenden Mitteilungen den Mitgliedern bzw. den Personalvertre-
tern Kenntnis geben, darf ich noch hinzufügen, daß sich diejenigen Mitglieder, die
sich für ein Re-Engagement interessieren, bei der Direktion von morgen an
melden müssen, nachdem bekanntlich die Verbandsleitung bis dahin den Mitgliedern irgendwelche Abschlüsse verboten hatte. Die Direktion des Schauspielhauses
muß in den allernächsten Tagen die Engagements für die nächste Spielzeit zum
Abschluß bringen, insbesondere auch aus fremdenpolizeilichen Gründen, und
Direktor Rieser wird daher demnächst nach Wien reisen, um die Engagements zu
treffen, die allfällig in Zürich nicht mehr perfektioniert werden können.« Am

27 »Die erste Legion« von Emmet Lavery mit Hermann Wlach, Ernst Ginsberg und Erwin Kalser, 1934

8 Karl Paryla als Schneider Zwirn Nestroys »Lumpazivagabundus« ein echter Komödiant. Silvester- emiere 1939

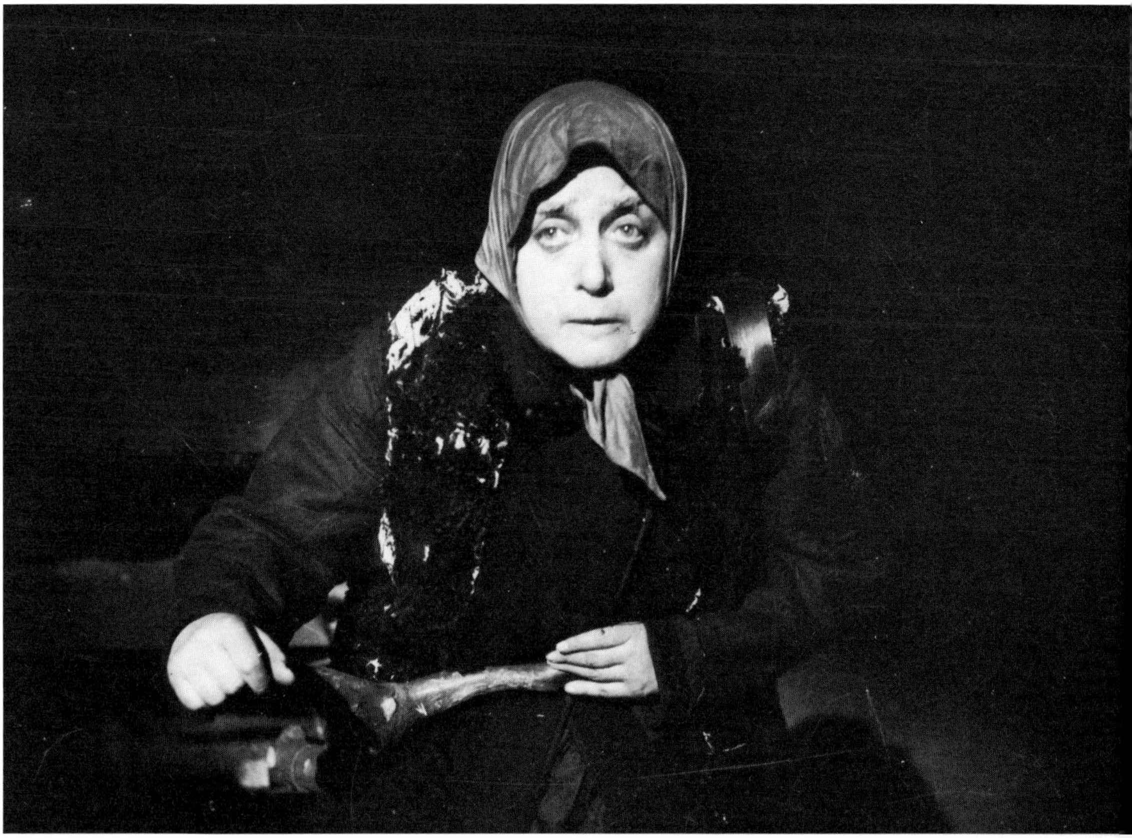

Therese Giehse und Käthe Gold in Hugo von Hofmannsthals »Cristinas Heimreise«, 1944

29 Oben: Therese Giehse, die Mutter Courage der Zürcher Uraufführung, 1941

30 Links unten: Anne-Marie Blanc, die schöne Schweizerin, als Luise in Schillers »Kabale und Liebe«, 1943

31 Hortense Raky als Klärchen in Goethes »Egmont«, 1944

33—38 Folgende Seite v. l. o. n. r. u.: Die Komponisten Paul Burkhard und Rolf Langnese, Requisiteur »Guschti« Forster, der stellvertretende Direktor Richard Schweizer, Elisabeth Birsinger und Friedl Gessner-Bischof

Schwarzen Brett war aber zu lesen, daß nur mit den Schauspielern verhandelt würde, die von vornherein mit einem Gagenabbau von 10 Prozent einverstanden wären. Gleichzeitig versuchte Rieser, einen Keil in die »Front« seiner Schauspieler zu treiben. Manchen bot er bessere Bedingungen an als die im Kollektivvertrag vorgesehenen. Anderen wurde mitgeteilt, sie würden nicht wieder verpflichtet werden.

Konnten die Schauspieler Individualverträge abschließen, durften gerade sie, die Ausländer, die Vertriebenen, ihren Schweizer Kollegen in den Rücken fallen? Sie erschienen acht Mann hoch – die ersten des Ensembles – bei ihm und legten ihren Standpunkt klar. Klöti ließ Rieser kommen und fuhr ihn an: »Die Stadt steht in dieser Sache nicht hinter Ihnen.«

Es half alles nichts, Rieser mußte nachgeben. Immerhin rettete er sein Gesicht. Er übernahm den Kollektivvertrag, veränderte ihn aber in zwei Punkten – zugunsten der Schauspieler, wogegen nichts zu sagen war. Und ließ die Kollektivverträge, die bereits in gedruckter Form vorlagen, auf dem Papier des Schauspielhauses neu drucken. So waren sie doch noch »seine« Verträge geworden. Aber er hatte die Lust verloren. Es sollten die letzten Verträge sein, die er unterzeichnete.

Das war ihm selbst noch nicht klar, damals, im Frühjahr 1937. Und schon gar nicht seinen Künstlern, die sich als »Sieger« vorkamen und es in gewissem Sinne ja auch waren. Aber wichtiger war, sie hatten einander – endlich – erkannt. Sie waren nicht zehn oder zwanzig oder dreißig wahllos zusammenengagierte Schauspieler. Sie bildeten eine Einheit, eine Kampfeinheit – gegen die Hitlerei. Nicht nur, weil sie gelegentlich antifaschistische Stücke spielten, sie, die – wäre es nach den Herren jenseits der Grenze gegangen – längst in einem Konzentrationslager gesessen hätten.

Und jenseits der Grenze? Hatten die Nazis anstelle der Hinausgeworfenen neue Talente entdeckt? Wer spielte denn im großen KZ Deutschland Theater? Wer war aus dem Norden, zu Zeiten Reinhardts noch unerschöpfliches Reservoir, nachgerückt? Kaum einer, kaum eine. Es schien, als wäre plötzlich kein Nachwuchs mehr da. Es traten nur die Schauspieler auf, die noch in der alten, der »verjudeten« Zeit nach oben gekommen waren.

Und was spielten sie? Hatten die Nazis auch nur einen Dichter von Rang entdecken oder einen zu dramatischen Taten anspornen können? Gab es auch nur ein neues Bühnenwerk, das aufzuführen sich gelohnt hätte? Es gab, abgesehen von einigen würdelosen Propagandafilmen, drüben nichts Neues. Alte Größen spielten alte Stücke und Klassiker, die entweder neutral und zum Heute beziehungslos waren oder zusammengestrichen wurden.

Es war klar, die Front stand in Zürich. Das Schauspielhaus war zum Fronttheater geworden.

Dabei gab es doch manche Schauspieler, die eigentlich nur Theater spielen wollten und von Politik nicht viel wußten und zu wissen wünschten. Nehmen wir etwa die gute Traute Carlsen. Sie war nicht Jüdin, sie war nicht Emigrantin. Und eigentlich war sie doch Salondame – ihr Fach wurde weniger und weniger benötigt. Und jede Woche eine Premiere! Hatte sie sich ihre Zukunft so vorgestellt, als sie noch jung war?

Trotzdem dachte sie nicht daran, das Schauspielhaus zu verlassen. Sie empfand es jedenfalls fast als Erlösung, daß sie nicht mehr Salondame, nicht mehr nur elegant und schön sein mußte, sondern daß sie, ins Charakterfach überwechselnd, in die Haut von Geschöpfen schlüpfen durfte, die nichts mit ihr gemein hatten.

Die Carlsen darüber später: »Am liebsten spiele ich verrückte und skurrile Geschöpfe und überhaupt Rollen, mit denen ich mich nicht identifizieren kann.«

Sie bekam immer wieder Briefe aus Deutschland. Warum sie nicht zurück- komme? Man bot ihr Rollen an, die interessant waren, Gagen, die viel interessan- ter waren als die in Zürich. Aber wenn die Briefe von früheren Freunden kamen, las sie zwischen den Zeilen die Warnung: »Komm nicht!« Etwa wenn Eduard von Winterstein, der alte Reinhardt-Schauspieler und wütende Hitler-Gegner, ihr von Amts wegen – er hatte einen Posten in der Genossenschaft – mitteilte, es sei an der Zeit, zurückzukommen, und mit den Worten »Heil Hitler« unterzeichnete. Da wußte sie Bescheid. Da spürte sie erst, wie entschlossen sie war, zu bleiben. Auch sie, Arierin, Schweizerin, Salondame a. D., war Mitglied der Antihitlerfront ge- worden.

Es gab einige wenige, die nicht dazu gehörten, die nicht dazu gehören wollten. Einer hieß Sigg, der arbeitete unter dem ständig überlasteten Otto als Bühnenma- ler. Ein netter, unauffälliger Bursche, der recht zurückgezogen lebte. Keiner ahnte, daß dieser Sigg, deutscher Staatsangehöriger natürlich, ein Agent war und laufend über die Vorgänge am Schauspielhaus Bericht erstatten mußte. Für wen er arbeitete? Für die Abwehr? Für den SD? Das ist niemals festzustellen gewesen, nicht für die im Schauspielhaus jedenfalls. Die zuständigen Schweizer Behörden dürften wohl mehr erfahren haben. Am Pfauen wußte man nur, daß Sigg als deutscher Staatsbürger in regelmäßigen Abständen zu Waffenübungen einberu- fen wurde; daß diese Waffenübungen im nahen Grenzgebiet stattfanden, wußte man nicht. Baschwitz mußte einmal in Siggs Wohnung, um ihm etwas zu bestellen – und prallte zurück. An der Wand prangte eine große Hakenkreuzfahne. Nun ja, Sigg war schließlich Deutscher. Immerhin, man begann, sich vor ihm vorzusehen. Und eines Tages war er fort...

Die andere, die nicht in Zürich blieb, die nicht dazu gehörte und wohl nicht dazu gehören wollte, war Maria Holst aus Wien. Sehr jung, ungewöhnlich hübsch, ja geradezu schön und nicht unbegabt. Sie kam als Anfängerin. Sie war nicht eine von jenen Talenten, die, wie es in der Fachsprache heißt, dem Regisseur etwas »anbieten«. Sie mußte geführt werden. Sie wurde geführt. Steckel und Lindtberg gaben sich redlich Mühe mit ihr. Aber es kam nicht allzuviel dabei heraus. Es ging von Fräulein Holst nichts aus. Sie sah nur glänzend aus, aber ihre Sprache war flach. Sie wirkte liebenswürdig – aber man ging nicht mit ihr mit. Sie riß nicht mit. Ihr Vertrag wurde nicht erneuert. Das kommt an jedem Theater vor; aber nun geschah einiges, was im Schauspielhaus vorher und nachher nie vorgekommen war oder vorkommen sollte. Fräulein Holst begab sich nach Wien. Auch dort wurde sie vorläufig kein Star. Sie spielte kleine Rollen – Hitler war ja noch nicht in Wien. Kaum war der Machtwechsel vollzogen, da erschien ein Interview von ihr – über ihre Zeit in Zürich.

»In Zürich nun wurde alles Gesunde, Zukunftsfrohe, Natürliche und Ideale von Artfremden ins Gegenteil verzerrt... Der Schwung für überzeugende Gestaltung wollte in mir nicht mehr frei werden. Ich konnte es einfach nicht mit ansehen, daß Langhoff den Marquis Posa als kommunistischen Rädelsführer gestaltete. Ein Ekel erfaßte mich davor, Mädchenrollen in aufdringlicher Erotik gegen meine Auffassung darzustellen. Ich verlor dadurch beinahe den Glauben an mich selbst und war nahe daran, mein großes Ziel, eine Bühnenkünstlerin großen Formats zu werden, aufzugeben. Immer ärger wurde der Trieb in mir, nur fort von dieser Bühne... Reich an schwerster Enttäuschung und verarmt im Ich floh ich förmlich nach Deutschland, um mir neue Kraft zu holen. In Berlin legte ich die Reichs-staatsschauspielprüfung ab, und ehrliche Anerkennung wurde mir zuteil... Da erfaßte ich erst, wie grauenvoll volksfremde Elemente die Schaffenskraft junger arischer Menschen lähmen und zerstören. Da begriff ich, was es heißt und bedeutet, eine *deutsche* Schauspielerin zu sein.

Im Ich wieder gesunder, verließ ich Deutschland und reiste heim nach Wien. Zu neuem Kampf war ich gerüstet... Am schwersten hatte ich es jedoch bei Direktor Jahn, denn aus den Figuren der Stücke seiner ungarischen Judendichter konnte man mit bestem Willen nichts herausholen.«

Offenbar fand man das auch in Wien. Denn: »Dann kam ich nach Brünn ans Schauspielhaus«, was nicht gerade als eine Karriere nach oben anzusehen ist. Aber keine Bange! Die Nazis kamen, und die jüdischen Theaterdirektoren und »ihre« Dichter mußten fliehen und: »Früher als Maria Holst ahnte, ging ihr hohes Ziel in Erfüllung. Wie wir nämlich bei Redaktionsschluß erfuhren, wurde diese tapfere Streiterin der deutschen Schauspielkunst an das Burgtheater als Salondame verpflichtet.«

Zu bemerken wäre noch, daß der neue Burgtheater-Direktor der aus Deutschland nach Wien geholte langjährige Nationalsozialist Lothar Müthel war, dessen Freundin die tapfere Streiterin wurde – ob vor oder nach dem Engagement, ist wohl nicht entscheidend.

Wie dieses schamlose Interview, während der Lebensdauer des Dritten Reichs niemals dementiert oder auch nur abgeschwächt, später »wegerklärt« wurde, zum Beispiel, das Interview sei unter dem Einfluß der Mutter entstanden, wie man nach dem Krieg, als Antisemitismus nicht mehr en vogue war, versuchte, das Zürcher

Schauspielhaus als kommunistisch zu diffamieren, und anderes mehr die Schauspielerin Holst betreffend, darüber wäre eine Komödie zu schreiben, über die man lachen könnte, wäre das Ganze nicht so verlogen und erbärmlich.

Die Zürcher Kollegen der Holst, seinerzeit recht erschüttert über ihr Interview, mögen sich gesagt haben, daß sie vielleicht zum Nazismus verführt worden war durch den Aufwand, den die Nazis an ihre Künstler und vor allem an ihre Künstlerinnen verschwendeten. So konnten sie sich jede Art von Luxus erlauben, auch wenn sie keine Künstlerinnen waren und bloß das – allerdings einfache – Kunststück fertigbrachten, dem großen Goebbels oder auch nur dem kleinen Lothar Müthel zu gefallen. Nach Kriegsende filmte sie nur noch, heiratete reich, starb aber später in einem österreichischen Armenhaus.

Wie ärmlich schienen im Vergleich mit dem kolossalen Theater, das die Nazis im Theater veranstalteten, die Zürcher Aufführungen! Und doch, wie reich waren sie im Vergleich mit den Prunkaufführungen drüben. Immer klarer stellte es sich heraus: Drüben mußte man alles, selbst Klassiker, mit Vorsicht spielen – sie waren schließlich keine Nazis gewesen. Das kleine Zürcher Schauspielhaus wurde Bewacher und Verwalter des klassischen Erbes. Kurt Hirschfeld später: »Das Theater und seine Schauspieler durften wieder fühlen und wissen, daß sie durch Interpretation klassischer Texte sinnvolle Arbeit leisten konnten, daß sie da waren zur Unterstützung des Menschen im Kampf um die innere Existenz. Sie durften klärend wirken in politischer, ethischer und religiöser Problematik. Sie konnten beitragen zur Rettung und Bereicherung des bedrohten Daseins.«

Die diese Möglichkeit jetzt hatten, waren ans Schauspielhaus gekommen wie auf eine Rettungsinsel. Sie hatten sofort begonnen, sei es durch Darstellung von antifaschistischen Stücken, sei es in privater Konversation, die Menschen in der Schweiz zu warnen vor dem, was nach ihrer Ansicht kommen mußte. Man hatte sie nicht begriffen, nicht begreifen wollen. Würde man auch die Klassiker, die auf ihre Weise warnten, nicht begreifen? Am politischen Horizont zogen in diesem Jahr 1937 dunkle Wolken auf. In der Sowjetunion begannen die Schauprozesse, die Hinrichtungen prominenter Politiker und Militärs. Japan überfiel China. Italien trat dem Antikominternpakt bei. Hitler rüstete auf, nun schon ziemlich offen. Die deutschen Konzentrationslager füllten sich. Die Juden und Hitlergegner, die noch in Freiheit waren, begannen um ihr Leben zu laufen. Und in Zürich spielte man Klassiker, wie Klassiker nie gespielt worden waren. Man entwickelte einen neuen Stil. Er entstand vor allem aus der Not. Es war kein Geld vorhanden, um eine große Schau, eine »Prachtausgabe« sozusagen, zu veranstalten. Man mußte sich auf die allernotwendigste Ausstattung beschränken, und dadurch geschah es, daß das Entscheidende um so deutlicher herauskam, daß man auf das Wort mehr hörte als je zuvor. Es war keine Zeit vorhanden, um in die Rollen längst verstorbener Könige und Feldherren hineinzuschlüpfen und sie so zu spielen, wie es diesen Herren in längst vergangenen Zeiten zumute gewesen sein mochte. Die Schauspieler schufen die Figuren danach, wie ihnen selbst zumute war. Hellhörig und mißtrauisch gegen Lärm und Pathos geworden, sprachen sie leise und einfach und machten so die klassischen Figuren zu modernen Menschen, ohne recht zu wissen, daß sie es taten.

Und es entstand – wiederum ohne daß jemand recht wußte, was da geschah – das, was man später den neuen Stil des Schauspielhauses nennen sollte, modern, weil ohne Pathetik, einfach, weil mit einem Minimum an Ausstattung, klar, weil alle begriffen, daß es auf das Wort ankam, locker, weil von Menschen gespielt, die frei waren, jeder Verkrampfung ledig, und daher gültig für das Heute – damals und heute.

Zwischenakt

Noch 168 Stunden bis zur Premiere

Dies alles, was im Schauspielhaus geleistet wurde, war nur möglich, weil sie alle, alle ihr Letztes gaben: die Regisseure und die Schauspieler, die Bühnenarbeiter und die Beleuchter, der Bühnenmeister und der Requisiteur, der Inspizient und die Friseuse, besonders sie, die hinter der Szene wirken, die das Publikum nie zu sehen bekommt, die namenlosen Helden des Theaters, aber Helden nichtsdestoweniger, die keine festen Arbeitszeiten kennen, und die doch, selbst wenn sie hohes Fieber haben, wenn sie sterbenskrank sind, ins Theater wanken. Denn der Vorhang muß doch aufgehen.

Also Vorhang auf – für diejenigen, die niemals an die Rampe treten und ohne die doch keine Vorstellung zustande kommen kann. Vorhang auf!

Ach nein, er ist ja schon offen. Was sehen Sie, meine Damen und Herren? Eine leere Bühne. Nur ein paar Versatzstücke... ein mattes Probenlicht...

Aber nochmals nein, so fängt es nicht an. Es hat schon eine Woche früher begonnen, vielleicht auch nur ein oder zwei Tage früher, als der Regisseur – sagen wir Lindtberg, aber es könnte auch ein anderer sein – das Buch des nächsten Stückes erhielt, das er heute zu inszenieren beginnen wird; denn bis ganz zuletzt stand noch nicht fest, welches Stück das nächste sein sollte.

Lindtberg hat sich mit dem Stück beschäftigt, hat die Besetzung zusammengestellt, hat sich am Tag der Premiere des Stücks, das in der letzten Woche probiert wurde, gestern also, mit Teo Otto in Verbindung gesetzt, das heißt, er ist in den Keller des Schauspielhauses hinuntergestiegen, wo Otto fieberhaft die letzten Kulissenstücke bemalt. Hat Otto schon Zeit gehabt, das Stück zu lesen? Nun ja, er hat es überflogen, er hat sich einen Eindruck verschafft, zu mehr war nicht Zeit, schon gar nicht zu Überlegungen, er hat das Buch ja erst heute morgen erhalten.

Es wird Nachmittag, bevor die letzten Kulissen angestrichen sind; sie werden, vorsichtig, weil noch naß, nach oben geschafft. Otto wäscht sich, zündet sich eine Zigarette an, geht nach Hause, das heißt in die Pension Bickel, gleich um die Ecke und liest das Stück, das heute in einer Woche Premiere haben soll. Am Abend, während im Theater die Premiere abrollt, trifft er sich mit Lindtberg im Café Pfauen. Er hat schon ein paar Skizzen mitgebracht, entstanden auf den leeren

Seiten alter Programme, die ihm Direktor Rieser überlassen hat. Nicht die Frucht langer Überlegungen, dazu war ja keine Zeit: »Ich habe mich einfach fallen lassen!« wird er später sagen, und: »Man muß auf sich vertrauen.«

Nun also wird diskutiert, Lindtberg hat sich dies und das etwas anders vorgestellt; neue Skizzen auf Speisekarten; auf dem Tisch, an dem sie sitzen, wird eine Bühne improvisiert mit Bierdeckeln und Kaffeetassen und Zigarettenschachteln als Kulissen. Im Theater läuft die Premiere weiter, die große Pause kommt, das Publikum strömt ins Café, die beiden lassen sich nicht stören, trinken mehr Kaffee, rauchen, gruppieren die Bühne auf dem Tisch um, Otto braucht neues Papier: »Herr Ober, noch eine Speisekarte, bitte.«

Der letzte Vorhang ist gefallen, die Schauspieler haben sich für den Applaus bedankt, jetzt bekommen sie die Rollenbücher für das nächste Stück, sie beäugen sie mit Mißtrauen, sie werden jetzt noch ein wenig feiern, nicht lange, und dann nach Hause, sie wollen ihre Rolle wenigstens »anlernen«, morgen früh findet ja die erste Probe statt. Der Inspizient hat eines der wenigen Bücher bekommen, der Souffleuse hat man das ihre nach Hause geschickt. Am nächsten Morgen um neun Uhr, vielleicht früher, sicher nicht später, die sogenannte Bauprobe. Lange ist da und Otto und Lindtberg. Otto zeigt Lange, wie er sich das vorgestellt hat, Lindtberg sagt auch etwas, ist dann schon wieder draußen im Foyer, wo die Schauspieler warten, um das Stück mit ihm durchzugehen. Lange, das Textbuch in der Hand, nickt, notiert ins Buch, hier ist also die Wand, dort wird das Fenster sein, gegenüber die Türe stehen, hier tritt der Graf auf, dort wird das Sofa stehen, auf dem die Gräfin liegt, ein Sofa wird hereingebracht, ein Tisch und zwei Stühle auch, nein, der Tisch soll mehr links stehen, noch mehr links, sonst verstellt er ja die Tür. Die Tür wird markiert, das Fenster auch. Und wo soll der Schrank stehen, in dem sich – na, wie heißt er gleich – verbirgt?

Um zehn, spätestens um zehneinhalb Uhr ist die Bauprobe beendet, die Schauspieler halten ihren Einzug auf die Bühne, Otto steigt in den Keller hinunter. Er sieht sich um. Was wird er verwenden können? Er dreht und wendet die zahlreichen »Wände«; diese hier wird er brauchen können, jene nicht, die Leinwand ist schon zu oft übermalt, hätte abgewaschen und neu grundiert werden müssen. Aber vielleicht wird man es mit Leim noch einmal versuchen können – oder wie wäre es mit etwas ganz anderem? Wie, wenn man diese Wand mit Seegras bewirft – oder mit Kork? Eine neue Idee, gar keine schlechte Idee! Otto ist zufrieden, Otto liebt es zu improvisieren. Was gibt es in diesem Keller noch alles: Papierfetzen und Metallstücke, verschlissene Matratzen und Draht, und alles ist zu verwenden, immer im Zusammenhang mit Wänden, ach, was kann man mit Wänden nicht alles anstellen, welche neuen Effekte, malerische Effekte etwa, oder neuartige Lichtwirkungen erreichen, vielleicht, indem man einen Schleier vor die Wand zieht? Er wird dies und das verwenden können, er wird sehr wenig kaufen müssen. Übrigens bleibt ihm keine Wahl, denn Rieser hat wieder einmal gesagt – wie oft wohl schon? –, daß die Dekorationen nichts kosten dürfen, und es ist wesentlich schwerer und langwieriger, ihn umzustimmen, als sich etwas einfallen zu lassen. Oben geht die Probe weiter, die Arrangierprobe.

Hinter der Szene, mit einem Ohr den Ablauf belauschend, der Inspizient Baschwitz an einem kleinen Tisch, wo er Listen zusammenstellt. Den sogenannten Requisitenzettel und einen Geräuschzettel. Hier läutet das Telefon, an jener Stelle weint ein kleines Kind in der Nachbarwohnung, das wird man auf Platten aufnehmen müssen, fünf Minuten vor Schluß ein Revolverschuß. Wo wird er bloß den bestickten Fächer herbekommen, ja, er muß bestickt sein, die alte Dame, Traute Carlsen spielt sie wohl, erwähnt doch mehrere Male, daß sie ihr ganzes Leben an diesem Ungetüm gestickt hat.

Die Schauspieler, mit ihrer Rolle in der Hand, erfahren, wo sie stehen sollen bei diesem oder jenem Satz, den sie ganz mechanisch ablesen, ohne Gefühl, ohne rechten Sinn und Verstand, ja ohne zu wissen, was sie da sagen. Ihre Gesichter sind grau in dem spärlichen Probenlicht, sie sind mißvergnügt und unausgeschlafen, ach, wenn sie sich doch einmal richtig ausschlafen könnten; sie frösteln, einige haben ihren Mantel anbehalten. »Hier ist also die Tür? Hier soll ich herein? Und zwar bei: ›Mein Herr, Sie werden sich wundern...‹ Da soll ich gleich nach vorn?« Um so besser, es ist immer gut, in der Nähe des Souffleurkastens zu stehen.

Die Souffleuse sitzt noch nicht in ihrem Kasten, sondern an einem kleinen Tisch am Bühnenrand, während der ersten Proben ist engster Kontakt mit den Schauspielern nötig, sie wird ihnen fast jedes Wort einsagen müssen. Warum sie schon jetzt da ist, wo die Schauspieler doch noch ihren Text zu Rate ziehen können? Morgen werden sie das nicht mehr dürfen – aber das heißt nicht, daß sie morgen schon ihre Rollen wie »Wasser« können. Sie werden gehemmt sein, sie werden sich hilfeflehend an die Souffleuse wenden – und sie wird ihnen helfen. Das kann sie nur, wenn sie das Stück kennt, wenn sie die Schauspieler kennt, wenn sie – und das ist das wichtigste – wenn sie die Schauspieler in diesem Stück kennt, weiß, wo sie stehen, welchen Gang sie an dieser oder jener Stelle machen müssen, welche Pausen beabsichtigt sind, und welche Pausen entstehen, weil sie nicht wissen, wie es weitergeht. Kurz, die Souffleuse muß alles wissen, und ihr Buch wird schon nach den ersten Proben wesentlich mehr enthalten als nur die Worte, es wird voller geheimnisvoller Zeichen sein, die nur sie und die Kolleginnen von der Souffleusenzunft zu deuten wissen, Zeichen betreffend Tempo und Pausen und sehr dramatische Situationen innerhalb dramatischer Situationen, wobei diese innere Dramatik darin besteht, daß es an dieser Stelle ein bißchen drunter und drüber geht auf der Bühne und dieser und jener Schauspieler sicher die Tendenz haben wird, zu »hängen«.

Zweiter Tag. Noch sind die Schauspieler zur Probe nicht erschienen, aber Maria Magnani ist bereits da. Die mittelgroße, sehr hübsche Blondine deutscher Nationalität, von Beruf Friseuse, gelernte Theaterfriseuse, bitte – eine Theaterfriseuse muß sich auch in historischen Frisuren auskennen –, ist 1936 zur Truppe im Schauspielhaus gestoßen. Sie hat vorher in einem Friseursalon gearbeitet, aber als Ausländerin gab's da große Schwierigkeiten mit der Arbeitserlaubnis. So blieb sie am Pfauen.

Die Magnani, Marile genannt, hat das Stück nicht gelesen, so viele Textbücher gibt's ja gar nicht, man hat ihr nur eine Liste in die Hand gedrückt, die und die Damen werden mitspielen. Nun sitzt sie mit Lindtberg und Otto zusammen. Lindtberg meint, er stelle sich die Gräfin so und so vor; Marile meint, vielleicht eine rote Perücke? Otto widerspricht, rot würde sich mit den Kostümfarben schlagen, Lindtberg fügt hinzu, eine Perücke sei überhaupt schlecht, sie mache den Kopf zu groß, lieber mit etwas falschem Haar arbeiten, vielleicht das Haar der Schauspielerin färben. Marile wird mit der Künstlerin sprechen, hoffentlich sagt die nicht nein, sie ist in solchen und anderen Dingen nicht ganz unschwierig. Übrigens kommt dann doch eine Perücke heraus, es muß Maß genommen werden, die Magnani eilt zum Perückenmacher, der sofort über den Zeitmangel zu stöhnen beginnt.

Probe. Früher war das so, daß die Schauspieler, bevor sie auch nur ein Wort der Rolle sprachen, längere Diskussionen begannen: Was ist in dem Mann eigentlich vorgegangen, bevor er diese Worte spricht, das müßte doch erst einmal geklärt werden, wie steht er denn zu den anderen Personen des Stückes, die er anspricht, das muß der Schauspieler unbedingt wissen, sonst weiß er gar nicht, wie er aufzutreten hat. Und der Regisseur hat es früher gar nicht so ungern gesehen, daß Schauspieler sich dergestalt an ihn um Auskunft wandten, im Gegenteil, das gab ihm Gelegenheit, sich des längeren über das Stück, den Autor, die Jugend des Autors, seine Frau, seine Geliebte, seine Epoche, die Epoche vor der Epoche, in der das Stück entstanden ist, zu verbreiten, nebst der Frage, warum das Stück geschrieben worden war, warum es so und nicht anders geschrieben wurde, daß die Worte: »Treten Sie ein!« vielleicht viel mehr bedeuten als die Aufforderung, auf die Bühne zu kommen, daß der Held im Grunde genommen seine Geliebte haßt und sie umbringen will, während er sie liebend in die Arme schließt, wohingegen sie im Grunde nur ihren Sohn liebt – oder ist es ihr Vater?

Über solchen interessanten Unterhaltungen, entfesselt bei der Diskussion des schier unlösbaren Problems, wie eine Schauspielerin von links nach rechts gelangt, vergingen in Berlin und Wien –, allerdings auch erst später, oft eine Woche, zwei Wochen, drei Wochen. Man hatte ja so viel Zeit! In Zürich hatte man keine Zeit! Die Schauspieler können auch nicht darauf warten, daß der Regisseur ihnen Vorschläge macht. Sie müssen sofort erfassen, eigentlich schon erfaßt haben, worum es geht, sie müssen sofort loslegen oder, wie sie es nennen, »einsteigen«. Wie Otto müssen auch sie sich fallen lassen – in ihre Rollen nämlich –, müssen sich identifizieren mit einem Wesen, das sie mehr ahnen als kennen, dessen Worte ihnen noch nicht geläufig sind.

Um diese Zeit läuft Prüfi kreuz und quer durch die Stadt Zürich. Er ist zeitig im Theater gewesen, hat die Kostüme in Ordnung gebracht, die gestern abend mitspielten, ist auf der Bank und beim »Tages-Anzeiger« gewesen und bei der »NZZ«, dann zum Stadttheater, Kostüme ausleihen, zu einem Trödler, Kostüme kaufen, billig, billig: »Nein, lieber Herr, Sie müssen noch etwas herunter, wenn Sie auf meine künftige Kundschaft Wert legen!«

Zurück ins Theater, mit einem Arm voller Kostüme; kaum ist ein Schauspieler abgetreten, da hat er ihn auch schon am Wickel, zieht den Widerstrebenden mit sich: »Mensch, nur mal schnell überziehn, dauert ja bloß 'ne Sekunde... Det is zu eng? Wird weiter gemacht.« Und zum nächsten: »Wat sagste, du mußt jleich auf die Bühne zurück? Laß man, die müssen ja auf dir warten, ohne dir jeht das Stück ja nich weiter...« Zum dritten: »Der Frack? Nee, is noch nich! Aber morgen haste ihn wie nach Maß!«

Und er stürzt zu seiner letzten Zufluchtsstätte, ins Brockenhaus, um Fräcke zu su-chen. Dort trifft er Otto. Der wandert oft zu dieser Grabstätte alter Möbel, die nie-mand mehr haben will, alter Kleider und Gegenstände, die von ihren Besitzern hingebracht worden sind, weil sie nur unnütz Platz wegnehmen. Eine wahre Fundgrube, hat Otto immer wieder feststellen dürfen. Heute befindet er sich in be-sonders froher Stimmung. Denn er hat – für ein paar Franken nur – ein Büfett erstanden. »Ein Büfett?« erkundigt sich Prüfi. »Kommt denn in dem neuen Stück ein Büfett vor?« Nein, das nicht, muß Otto zugeben, aber das Bett der Gräfin. Sieht Prüfi denn nicht, daß das Büfett geradezu danach schreit, in ein Bett verwandelt zu werden? Sagte Otto Bett? Das Büfett kann auch, leicht umgearbeitet, einen Thron spielen oder die Orgel in einer Kirche oder unter Umständen sogar – ein Büfett. Er wird, darüber besteht bei ihm kein Zweifel, dieses Büfett in den nächsten Monaten und Jahren immer wieder verwenden können. Diese Gewißheit macht ihn gera-dezu glücklich.

Es wird Abend. Die Probe ist vorbei. Die Vorstellung beginnt. Die Vorstellung endet. Die Schauspieler eilen in ihre möblierten Zimmer, in ihre Pensionen, in ihre Wohnungen. Lernen. Lernen. Die neue Rolle lernen.

Gustav Forster, »Guschti« genannt, räumt die Requisiten weg. Fehlt auch nichts? Das Buch... der Blumenstrauß... die zwei Teetassen... Gott sei Dank, nichts zerbrochen... Er macht Wasser heiß, er muß das Geschirr noch abwaschen, bevor er alles im Requisitenzimmer einschließt. Am nächsten Morgen ist er schon zeitig da, verstaut die Requisiten endgültig und kann sich schließlich mit dem Requisi-tenzettel für das neue Stück beschäftigen. Ganz nette Liste das, viel zu lang für Guschtis Geschmack. Rasiermesser... Brieföffner... Briefbeschwerer... Akten-tasche... Nippes... mein Gott, da wird sicher das eine oder andere Stück kaputtgehen. Und Rieser wird sich ärgern und Krach schlagen. Ginsberg hat versprochen, ihm das Textbuch wenigstens für ein paar Stunden zu leihen; es ist doch besser, wenn man die Zusammenhänge kennt, in denen die Requisiten auftreten, ein Kamm, ein Taschenspiegel.

»Da ist ja Ginsberg. »Danke, Gins, ich setze mich also in die Requisitenkammer gleich hier nebenan und lese das mal durch, nein, ich geb' das Buch wirklich nicht aus der Hand. Also das ist ja hochinteressant, der schenkt sich ja einen Whisky ein, und das steht gar nicht auf der Liste, die Flasche muß ich gleich notieren ...«

Die Probe hat angefangen. Die Souffleuse kennt sich schon ein bißchen aus. An dieser Stelle im zweiten Akt ist also das große Schweigen. Langhoff macht das sehr überzeugend, nein, ihm muß man nicht einsagen, er weiß genau, wie das weitergeht, er wartet nur, er will die Worte des anderen in sich einsickern lassen. Aber da, in der zweiten Szene des dritten Aktes, die Carlsen, dieser Blick, der in Richtung Souffleuse kommt und, das weiß sie jetzt schon, während der Aufführung in Richtung Souffleurkasten wandern wird, nein, die Carlsen hat keine Ahnung, wie es weitergeht, aber sie braucht nur zwei Worte, und sie weiß wieder alles.

Die Schauspieler, die noch nicht dran sind, sitzen in ihrer Garderobe und lernen, lernen. Welcher Tag ist heute? Ach du lieber Gott, es ist ja schon Sonntag! Kaum einer von ihnen hat es zur Kenntnis genommen. Wie sollen sie es nur schaffen! Heute nachmittag Vorstellung und abends auch, und morgen ist »Dek-Probe«, übermorgen die lange Probe, dann die Hauptprobe, am Donnerstag die Generalprobe und Premiere – wie war doch die Szene im vierten Akt? Ich trete auf, Steckel sagt zu mir ... und ich ... was? Jawohl, ich komme auf die Bühne.

Dek-Probe, eigentlich Dekorationsprobe. Die Schauspieler sind ins Foyer verbannt, die Bühne wird von Lange okkupiert, Lange und seine Leute haben die Dekorationen auf oder hinter die Bühne geschafft, die Dekorationen sind zwar noch nicht alle fertig, immerhin, es kann wenigstens einigermaßen aufgebaut und gelegentlich eingeleuchtet werden. Das mit dem Abbau und dem Aufbau muß ja während der Vorstellung sehr schnell gehen, im Theater ist jede Sekunde, in der nicht gespielt wird, wie eine Minute und eine Minute wie eine Stunde. Also ist es notwendig, zu üben, wie man das am raschesten schafft. »Du, Max, bringst mit dem Fritz den Tisch nach links vorn, aber Vorsicht, damit ihr nicht mit dem Albert zusammenstoßt, nein, so geht's auch nicht, da kommen ja gerade die Züge mit der Wand herunter, das müßt ihr so machen, paßt mal auf ...«

Und Lange erklärt, wie man das machen muß.

Und es gibt ja nicht nur diese eine Verwandlung, es gibt in diesem verfluchten Stück sage und schreibe achtzehn solcher Verwandlungen; man müßte den Autor umbringen, meint Prüfi, aber dazu ist es jetzt zu spät. Also bleibt nichts übrig als sich auszudenken, wie man das am schnellsten schafft, ohne daß man in den nächsten Sekunden ineinanderrennt oder die Schauspieler daran hindert, ihre Plätze einzunehmen oder zu verschwinden. Das muß nicht nur ausgeknobelt werden, das muß auch im Gedächtnis bleiben, das heißt, die von der Bühne müssen ihre Rollen genauso lernen wie richtige Schauspieler. Es sind ja wirklich Rollen, auf ein Stichwort hin auf die Bühne zu stürzen und gewisse Dinge hinzustellen und wegzustellen und Züge zu bedienen. Und das alles möglicherweise noch in der Dunkelheit, und keinen Fehler zu machen, das wäre ja schlimm, wenn es wieder hell würde und die Gräfin befände sich statt in ihrem Schloß in einer Dorfschenke. Also auch hier, auch für die Bühnenarbeiter und die Beleuchter gilt es: lernen, lernen.

Und dann kommt der Regisseur und sagt: »Ferdinand, das find' ich sehr schön, aber ich hab mir's doch anders vorgestellt, wir wollen den großen Eingang doch lieber von rechts nach links legen!« Otto wird geholt, nickt, ja, das wird sich wohl machen lassen, ja, auch die Wand hinter der Bar kann heller werden; er gibt zu, daß das Rot zu düster ist, es soll ja eine lustige Szene sein.

Und er stürzt wieder in seinen Keller zurück. Und Guschti Forster hat seine Requisiten immer noch nicht beisammen; er war nun schon bei drei Antiquitätenhändlern, aber was die verlangen für die russischen Heiligenbilder, leihweise natürlich nur, das würde Rieser nie zahlen, er wird Otto bitten müssen, sie selbst zu malen; niemand wird den Unterschied merken. Oder vielleicht versucht er es nochmals im Stadttheater, die haben doch sicher einmal eine russische Operette aufgeführt, will sagen, eine Operette, die in Rußland spielt. Irgend etwas muß geschehen, morgen sollte alles da sein, übermorgen, vor der Hauptprobe, muß er den Schauspielern zustecken, was sie in der Tasche tragen oder mit sich führen, die Ringe und den Revolver und den Spiegel und, ach, du lieber Gott, da fällt ihm ein, der kleine antike Taschenspiegel ist ja noch nicht da, also nochmals zurück zu den Antiquitätenhändlern.

Am folgenden Morgen »Lange Probe«. Die Schauspieler in ihren Kostümen, soweit sie vorhanden sind, und ihren Masken, Arbeiter mit den Dekorationen und die Beleuchter. Und nun geht alles schief. Und nun ergibt sich, daß dies oder jenes einfach nicht geht, daß eigentlich nichts geht, aber beim Theater gibt es das ja nicht, daß etwas nicht geht, irgendwie muß es gehen. »Laßt es uns mal so probieren, na, seht ihr, es geht.« Weiter... weiter... Es wird zwei, es wird drei, man hat noch nichts im Magen, die Schauspieler werden müde, sie sind bekümmert, da haben sie sich nun dies und das ausgedacht, aber es kommt nichts von den leisen und zarten Tönen, die Technik ist viel zu laut.

Da ist die lange, spannungsgeladene Pause des Schauspielers Langhoff. Aber mitten hinein kommen Züge vom Schnürboden herunter. Da füllen sich die Augen der Giehse mit Tränen, aber niemand sieht sie, denn sie steht im Dunkeln. »Herrgott, wo sind die Scheinwerfer? Schlafen die Beleuchter?«

Es wird vier, es wird fünf. »O Gott, wir werden nicht mehr zum fünften Akt kommen!« Den Regisseur erfaßt Panik. Es wird sechs, es wird sieben, die Bühne muß geräumt werden, es muß aufgebaut werden für die heutige Abendvorstellung.

Hauptprobe. Das Marile ist schon früh im Theater, gleich nach acht; sie kümmert sich um die Perücken, die gestern abend gebraucht worden sind, sie kümmert sich um die Perücken, die sie den Damen jetzt gleich wird aufsetzen müssen. Da ist auch ein blutjunges Ding, das noch nicht recht weiß, wie es sich schminken soll, dem wird sie helfen müssen. Sie legt die Brennscheren zurecht. Da kommt schon die erste ihrer Kundinnen die Treppe herauf, Worte ihrer Rolle vor sich hin flüsternd.

Hinter der Bühne läuft Baschwitz herum. »Ist alles da?« Guschti nickt, es ist alles da, er geht also in die Requisitenkammer und holt den Schauspielern ihre Requisiten. Vorn im Büro, im ersten Stock mit Blick auf den Heimplatz, arbeitet Elisabeth Keller, ruhig, sachlich, die Sekretärin des allgewaltigen Direktors. Sie hat auch schon Buchhaltung gemacht und Kasse, sie hat eigentlich schon alles an Arbeit gemacht, was in so einem Theater anfällt, nur auf der Bühne hat sie noch nicht gestanden. Sie tippt Briefe, die der Chef ihr noch spät gestern abend diktiert hat, Briefe nach Prag, Wien und Berlin, vor allem Briefe an Anwälte. Seltsam, daß Rieser soviel mit Anwälten zu tun hat, und daß seine Briefe immer so gereizt klingen. Dann wird sich Fräulein Keller an die Lohnauszahlung und die Gagenabrechnung machen. Von den Schauspielern hat eigentlich keiner noch etwas zu bekommen, sie sind alle im Vorschuß, aber sie werden neue Vorschüsse verlangen und auch bekommen. Merkwürdig eigentlich, sie verdienen doch ganz gut, 600 Franken, 700 Franken, die Bühnenarbeiter bekommen nur 350 Franken und sie selbst, Fräulein Keller, 170 Franken.

Wieder ist ein Tag vorbei. Generalprobe. An der Kasse thront Anny Frick – die Kasse befindet sich dort, wo heute der Blumenladen ist. Fräulein Frick ist seit 1934 dabei, weiß schon, die Premiere wird ausverkauft sein. Aber wie das am Samstag wird, das weiß noch niemand. Gewisse Stammkunden sind diesmal noch nicht erschienen, sie warten wohl ab, was die Zeitungen schreiben. Und nächste Woche... »Ja, Frau Bünzli, ich habe noch zwei Karten in der vierten Reihe für Dienstagabend, ja, ganz in der Mitte... Das neue Stück? Ich habe es leider noch nicht sehen können, Sie wissen ja, unsereins kommt zu nichts, aber die Schauspieler sagen, daß es ein sehr interessantes Stück ist. Ob geschossen wird? Nein, geschossen wird nicht!«

Jedenfalls ist es ein »großes« Stück; sie spielen alle mit, manche sogar zwei Rollen, und nicht nur die Schauspieler, auch Prüfi und Baschwitz haben ein paar Worte zu sagen, sie tun's ungern, aber was hilft es? Ein großes Stück, ein langes Stück, mit furchtbar viel Text, die Souffleuse in ihrem Kasten weiß, das wird ein Großkampftag. Sie sieht, wie dieser Schauspieler seine Augen besorgt in ihre Richtung wandern läßt, spürt, wie seine Partnerin, während sie einen Satz spricht, schon darüber grübelt: wie geht es weiter? Wie geht es weiter? Fühlt fast körperlich die Welle der Dankbarkeit, die von ihnen allen zu ihr herunterflutet, weil sie da ist, weil sie wissen, solange sie im Kasten sitzt, wird ihnen nichts passieren.

Was wird jetzt passieren? fragt sich Guschti und es läuft ihm eiskalt über den Rücken. Der Schauspieler sollte jetzt die Tür versperren, und den Schlüssel, den er dazu braucht, hat er vergessen, der liegt noch auf dem Requisitentisch. Und wenn die Tür nicht verschlossen wird, dann geht das ganze Stück nicht weiter, denn der Dialog, der nun folgt, bezieht sich auf die verschlossene Tür. Atemlose Sekunden. Die Hand des Schauspielers ist in seine Hosentasche gefahren, er zögert – jetzt hat er begriffen –, der Schlüssel ist nicht da. Entschlossen geht er zur Tür und bewegt, mit dem Rücken zum Publikum, den rechten Arm so, als schließe er die Tür ab, und dazu macht er ein Geräusch, das einen an einen Schlüssel denken läßt, der sich in einem Schloß dreht.

Alle atmen auf. Das Publikum hat nichts bemerkt. Das Publikum ist ebenso erregt, wie sie alle auf und hinter der Bühne es eine Woche lang gewesen sind, eine Woche, in der entgegen aller Wahrscheinlichkeit, entgegen allen Erwartungen diese Aufführung zustande gekommen ist; das Publikum ist überwältigt von dem Tempo dieser Arbeit, von dem einmaligen Elan, der alle Beteiligten ergriffen hat.

Und während unter Jubel und Beifall der Vorhang sich immer wieder hebt und senkt, schlüpft die Souffleuse aus ihrem Kasten. Sie hat furchtbare Kopfschmerzen, kein Wunder, sie mußte sich während der zweimaligen Vorstellungsdauer, vielleicht sechs, vielleicht sieben Stunden lang aufs äußerste konzentrieren; wenn etwas schiefgegangen wäre – sie hätte die Schuld gehabt. Und das denken alle, die Schauspieler und die Bühnenarbeiter, die Beleuchter und der Requisiteur, der Inspizient und der Garderobier, Prüfi, die Friseuse Marile und der Regisseur, daß es ihre Schuld gewesen wäre, hätte es nicht geklappt, und alle denken trotzdem: Welch schönen Beruf wir doch haben!

Guschti packt seine Requisiten zusammen. Eine Tasse zerschlagen! verdammt! Oder vielleicht ganz gut. Rieser wird zwar schimpfen. Aber bringen Scherben nicht Glück?

Baschwitz atmet auf. Noch einmal alles gut gegangen. Morgen hat er frei – das nächste Stück braucht er nicht zu inspizieren. Er wird auf den Ütliberg steigen und ein bißchen frische Luft schnappen. Es scheint Jahre her zu sein, seit er aus diesem Theater herausgekommen ist.

Und sie alle sind überzeugt, daß es ein großer Erfolg war. Nur Fräulein Keller – sie hat das Stück nicht gesehen – bleibt abwartend, würde auch skeptisch sein, wäre sie im Zuschauerraum gewesen. Man muß die Kritiken abwarten. Man muß überhaupt abwarten. Nur einer kann nicht abwarten. Direktor Rieser. Das nächste Stück muß am nächsten Donnerstag herauskommen. Schon hat er die Rollen verteilen lassen. Schon besehen sich die Akteure mißtrauisch, was sie da zu spielen haben werden. Und morgen, sehr früh, werden die Arbeiter die Bühne abräumen und nach Angabe von Ferdinand Lange mit ein paar Versatzstücken Türen, Fenster, Bäume oder Felsen markieren. Nur ein Probenlicht wird brennen.

Und gegen zehn Uhr werden die Schauspieler unausgeschlafen, verdrossen und leicht fröstelnd auf die Bühne kommen, ihre Rolle in der Hand ...

Akt IV
Krieg

In den ersten Monaten des Jahres 1938 sah es so aus, als müßte das Schauspiel-haus für immer seine Pforten schließen. Rieser hatte sich nämlich entschlossen, die Schweiz zu verlassen. Die Entscheidung fiel ihm nicht leicht. Vieles spielte dabei mit. Da waren vor allem seine Gegner, man darf schon sagen: seine Feinde in der Schweiz. Die »Front« ließ keine Gelegenheit ungenützt, ihn anzugreifen, und zwar in der Manier des »Stürmer« als »Jud Rieser«. Zumindest die Zürcher Polizei glaubte, er sei gefährdet, sonst hätte sie ihm wohl nicht erlaubt, sich eine Schußwaffe anzuschaffen.

Mit den Fröntlern wäre die Polizei noch fertig geworden, wie aber, wenn die deutschen Nazis marschierten? Als sie es taten – vorerst allerdings nur nach Wien –, ließ man Rieser nach Bern kommen und sagte ihm offen, daß man ihn im Falle einer deutschen Invasion, eines Krieges also, nicht werde schützen können. Er sei noch gefährdeter als andere Schweizer Juden. Man legte ihm nahe, zu verschwinden.

Man – das war die breite Öffentlichkeit – hielt Rieser für einen sehr reichen Mann, der den größten Teil seines Geldes im Ausland, vermutlich in den Vereinigten Staaten, deponiert hat; ein Irrtum, denn Rieser hatte fast sein ganzes Geld in das umgebaute Schauspielhaus gesteckt.

Bevor das Kapitel Rieser endgültig geschlossen wird, sollte doch noch einmal auf eine Tatsache hingewiesen werden, die, bei der meist negativen Kritik an Rieser als reinem Geschäftsmann, doch wohl unterschlagen oder zumindest nicht gewürdigt wurde. Unter seinem Direktorium wurden viele im Dritten Reich und später in Österreich verbotene Dramatiker gespielt: Wilhelm Speyer, Friedrich Hollaender, Ferdinand Bruckner, Franz Werfel, Carl Zuckmayer, Friedrich Wolf, Ödön von Horváth, Gina Kaus, Else Lasker-Schüler, Bruno Frank – immerhin eine nicht zu verachtende Leistung und, mehr noch, ein nicht zu unterschätzendes Risiko.

Als bekannt wurde, daß Rieser gehen würde, gab es eine Panik unter den Schauspielern und Angestellten des Hauses. Bedeutete das nicht, daß das Theater geschlossen werden würde? Unzählige Gerüchte entstanden sozusagen am lau-fenden Band und machten die Runde: das Schauspielhaus wird Kino... wird

Variété... wird Kabarett... Duttweiler von der Migros kauft das Theater und führt es in seinem Sinn weiter... ein bekannter Schweizer Waffenfabrikant, der auch Hitler beliefert, will das Theater kaufen... einige Strohmänner, von Goebbels finanziert, haben einen phantastischen Preis geboten, um sich dieser Propagandawaffe zu bemächtigen...

An allen diesen Gerüchten stimmte etwas, wenn sie auch in ihrer Gänze nicht stimmten. Unausdenkbar, was geschehen wäre, hätte in diesem Augenblick Kurt Hirschfeld nicht die Initiative ergriffen. Wir erinnern uns: er hatte das Ensemble des Theaters aufgebaut, bevor er von Rieser hinausgeworfen worden war, weil er nicht sein Privatspion werden wollte. Hirschfelds Sorge galt vor allem diesem Ensemble. Es mußte gerettet werden. Es mußte zusammengehalten werden.

Erstaunlich eigentlich diese spontane Reaktion eines Mannes, der kaum mehr als ein Jahr am Schauspielhaus tätig gewesen war und sich seither sein Brot als Lektor beim Verleger Oprecht verdiente, zwei Jahre auch als Moskauer Korrespondent der »Neuen Zürcher Zeitung«. Und doch wiederum nicht so erstaunlich, wenn man bedenkt, wie sehr er dem Theater verhaftet war und daß es »sein« Theater war, das sich in Gefahr befand. Es muß erhalten bleiben, beschloß Hirschfeld, um jeden Preis. Das ist wörtlich zu nehmen, denn es kam vor allem aufs Geld an. Das war es, was Hirschfeld nach einer ersten Besprechung mit Dr. Emil Oprecht erfuhr.

Der kleine, stets gutgelaunte und ungemein tätige Buchhändler und Verleger hatte sich schon immer für das Theater interessiert, sein Vater war vor vielen, vielen Jahren Aufsichtsbeamter im Stadttheater Zürich gewesen, was seine Anwesenheit allabendlich dort erforderte – und der junge Emil war liebend gern mitgegangen. Später trat Oprecht in den Verwaltungsrat des Stadttheaters ein. Mit Rieser stand er nicht besonders, um so besser mit den emigrierten Schauspielern. Und schließlich war seinem Verlag ein Theater-Verlag angegliedert. Kurz, Bindungen genug zwischen dem Theater und Emil Oprecht.

Vermutlich hätte jeder andere, zu dem Hirschfeld gekommen wäre, achselzuckend erwidert, das sei ja alles sehr traurig, aber da könne man wohl nichts machen, und man müsse schon froh sein, wenn das Theater nicht Kino werde und der neue Direktor oder Besitzer diesen oder jenen Schauspieler übernehme. Aber für Emil Oprecht existierten die Worte »Nichts zu machen« ganz einfach nicht. Etwas mußte zu machen sein! Er eilte also zum Stadtpräsidenten Klöti. Dessen Antwort kam wie aus der Pistole geschossen: »Natürlich müssen wir das Theater retten!« Und gleich darauf: »Aber es wird schwerhalten. Sie kennen unsere Landsleute, Doktor... die werden kein Geld herausrücken. Die sagen, die Leut', die ins Theater gehen, sollen auch für das Theater bezahlen. Ja, wenn erst einmal privates Geld da wäre...«

Und ob Oprecht das wußte! Aber woher das private Geld nehmen? Hirschfeld hatte eine Idee. Er würde mit seinem Freund Richard Schweizer sprechen.

Richard Schweizer, wir erinnern uns, hatte als Bühnenmaler und Requisiteur und in anderen Funktionen am Schauspielhaus gewirkt, in seiner frühesten Jugend, bevor er Schriftsteller geworden war, spezialisiert auf Drehbücher. Enttäuscht, weil der schweizerische Film so wenig Aufgaben bot, war er nach Japan gefahren, hatte dort einen Film geschrieben – den er übrigens nie sehen sollte, er wurde erst während des Krieges gedreht –, und er war gerade wieder in die Schweiz zurückgekehrt. Ob er das Theater als Direktor übernehmen wolle? Nein, das denn doch nicht, dazu verstand er zu wenig von den Details. Aber Geld würden er und seine Frau Ruth geben, und zwar annähernd hunderttausend Franken; das war viel für die damalige Zeit, und auch sein Schwager, der begabte junge Musiker Rolf Langnese, stellte einen größeren Betrag zur Verfügung, ebenfalls der Dirigent Max Sturzenegger. Und dies alles in einer Zeit, in der es völlig unklar war, wie lange man noch würde Theater spielen können, und ob das Theater nicht ein zu großes Verlustgeschäft werden würde; kurz, keiner der Beteiligten konnte damit rechnen, sein Geld jemals wiederzusehen.

Inzwischen begannen die Verhandlungen zwischen Oprecht und Rieser. Es waren sehr schwierige Verhandlungen, vielleicht nicht zuletzt deshalb, weil Rieser es gar nicht ungern gesehen hätte, wenn sie gescheitert wären und er so, gewissermaßen durch ein Gottesurteil, hätte in Zürich bleiben müssen; und weil er, falls er ins Ausland ging, von den Einkünften, die ihm aus dem Schauspielhaus erwuchsen, würde leben müssen. Und weil Oprechts Hände gebunden waren. Zwar gelang es ihm, den Stadtpräsidenten von Schaffhausen, Walther Bringolf, zu interessieren, einen Politiker mit genügend politischem Weitblick, um zu begreifen, wie wichtig das Fortbestehen gerade dieses Schauspielhauses war. Auch Willi Dünner aus Winterthur glaubte, eine gewisse Unterstützung seiner Stadt zusagen zu dürfen. Aber Zürich schien nicht gewillt, mitzumachen; und das, obwohl Emil Klöti das Menschenmögliche versuchte, obwohl es um weniger Geld ging, als die Schweizers und Langneses aufgebracht hatten, obwohl, wie die Presse empört vermerkte, der Gemeinderat drei Tage vorher nur wenige Worte verloren hatte, »als es sich darum handelte, für... eine Bedürfnisanstalt auf dem Bellevueplatz 340 000 Franken auszuwerfen«.

Aus dem Bericht über jene verhängnisvolle Sitzung des Gemeinderates:

Zuerst legte der sozialdemokratische Kommissionspräsident Dr. E. Walter dar, wie die ganze Kommission damit einverstanden sei, daß sich die Stadt am Grundkapital der neuen Schauspielhaus-Gesellschaft von 200 000 Franken, von welchem 120 000 Franken aus privaten Kreisen aufgebracht wurden, mit 80 000 Franken beteilige. Dagegen schieden sich die Geister bei der Frage, welcher Mietzins an den bisherigen Direktor des Schauspielhauses, dem auch der Gebäudekomplex gehört, angemessen entrichtet werden soll. Die Mehrheit war für jährlich 120 000 Franken Miete, die nicht als übertrieben bezeichnet werden könne, nachdem Direktor Rieser für den Umbau und die Ausrüstung der alten Pfauenbühne zu einem modernen Schauspielhaus rund eine Million Franken aufgewendet hatte. Die Stadt sollte in den nächsten drei Jahren für jährlich 80 000 Franken die Mietzinsgarantie übernehmen und sich dabei eine entsprechende Kontrolle über den künstlerischen und kaufmännischen Geschäftsbetrieb sichern. Der freisinnige Dr. Häberlin begründete den Minderheitsantrag, an einen Mietzins von höchstens 100 000 Franken eine städtische Zinsgarantie von jährlich 50 000 Franken zu beschließen, ebenfalls während drei Jahren. Als eifriger Theaterbesucher lobte er das bisherige Wirken Riesers mit warmen Worten, glaubte aber doch, ihm ein Entgegenkommen bis zu 100 000 Franken zumuten zu können. Dabei erklärte Dr. Häberlin ausdrücklich, daß nach den Aufklärungen in der Kommission alle Gewähr dafür geboten sei, daß die neue Gesellschaft nicht ein politisches Theater einführen wolle, so daß nach dieser Richtung keine Bedenken bestünden. –

Weitere Redner, die sich für Mehrheit oder Minderheit aussprachen, und der Vertreter des Stadtrates, der sich dem Mehrheitsantrag anschloß, betonten in eindringlicher Weise die Notwendigkeit, Zürich eine künstlerisch hochstehende Sprechbühne zu sichern.

Und dann folgten – als wirkliches politisches Theater – die Abstimmungen. Zuerst wurde mit 65 sozialdemokratischen und unabhängigen gegen 43 bürgerliche Stimmen der Mehrheitsantrag angenommen. Um den Betrieb bis zum Herbst aufnehmen zu können, mußte der Beschluß als dringlich erklärt werden. Bei 112 Anwesenden sprachen sich 79 dafür aus; notwendig waren 89 Zustimmende. Dr. Häberlin stimmte für die Dringlichkeit, nicht aber seine Fraktionsgenossen und nicht die Christlichsozialen und Demokraten, die Letzteren mit der Begründung, sie seien in der Kommission nicht vertreten und daher nicht ausreichend orientiert gewesen! Stadtpräsident Klöti stellte den Wiedererwägungsantrag und appellierte eindringlich an den Gemeinderat, das Schauspielhaus zu retten. Bei der wiederholten Abstimmung waren sogar nur 77 Mitglieder für Dringlichkeit. Nun schlug Dr. Häberlin vor, auf den Mehrheitsbeschluß zurückzukommen und durch Annahme des Minderheitsantrages die Sache zu retten. Er wurde vom sozialdemokratischen Oberrichter Debrunner unterstützt. Der Rat entschied sich nun mit 63 gegen 30 Stimmen für den Minderheitsantrag, aber nun hörte man den sozialdemokratischen Parteisekretär Nägeli seine Genossen aufhetzen, nun sollten sie nicht für Dringlichkeit stimmen. Trotz Beschwörung durch die sozialdemokratischen Oberrichter Debrunner und Dr. Balsiger, folgte etwa ein Drittel der sozialdemokratischen Fraktion dem unklugen Rat des Parteisekretärs, mit dem Resultat, daß auch bei der dritten Abstimmung, wo alle Bürgerlichen für Dringlichkeit waren, statt 89 nur 84 Stimmen dafür eintraten.

Entsetzen bei den Künstlern. An dem betreffenden Abend gastierten im Schauspielhaus die international bekannten Komiker-Akrobaten »The Rivels«. Der

Inspizient Baschwitz, hinter der Bühne stehend, sah ihnen zu. »Ich wußte nicht, ob ich lachen oder weinen sollte!«

Nur Oprecht blieb ganz ruhig. »Nun, dann fangen wir eben wieder von vorn an.« Und das tat er auch.

Die Presse schaltete sich ein. Alle großen Zeitungen, zu ihrer Ehre sei's gesagt, attackierten den Gemeinderat, setzten sich für das Fortbestehen des Schauspielhauses in seiner bisherigen Form ein. Und schon wenige Tage später, am 16. Juni 1938, fiel der Gemeinderat um. Es wurde bewilligt, was Klöti, was alle Vernünftigen gefordert hatten. Nur die »Front« raste. »Das Volk muß diesen Skandal verhindern!« – »Parlamentskomödie über das jüdische Zürcher Schauspielhaus!« – »Die Zürcher ›Demokratie‹ und das jüdische Schauspielhaus.« – »Die Wahrheit über den Theaterskandal« lauteten einige ihrer Überschriften. Die »Front« forderte ein Referendum gegen den Gemeinderatsbeschluß, kam aber mit dieser Forderung nicht durch.

Schon zwei Tage später, am 18. Juni, schrieb der Finanzvorstand des Gemeinderates folgenden Brief an Rieser:

Ich gebe im Namen des Stadtrates der Hoffnung gerne Ausdruck, daß Sie auf Grund dieses Beschlusses sich bereit finden werden, den Mietvertrag über das Schauspielhaus am Heimplatz mit der neu zu gründenden Schauspielhausgesellschaft endgültig abzuschließen. Da, wie Sie wissen, die Zeit für die Gründung der neuen Gesellschaft und die Vorbereitung des Schauspielbetriebes für die kommende Spielzeit außerordentlich knapp geworden ist, bitte ich Sie, mir Ihren Bescheid wo immer möglich bis kommenden Montag, den 20. dieses Monats, zukommen zu lassen, damit von den städtischen Behörden alles vorgekehrt werden kann, was von ihrer Seite zur Erledigung dieser Angelegenheit erforderlich ist.

Jetzt ging alles sehr schnell. Die Neue Schauspiel AG wurde gegründet, Oprecht zum Präsidenten des Verwaltungsrates ernannt, in dem auch Klöti, Stadtrat Kunz, Willi Dünner und der mit Oprecht befreundete progressive und kunstliebende Anwalt Dr. Kurt Düby saßen. Richard Schweizer erklärte sich bereit, stellvertretender Direktor zu werden.

Rieser unterschrieb. Er wollte als Pacht 100000 Franken haben. Wenn man bedenkt, daß die Einnahmen aus Garderobe und Programmen annähernd so hoch waren, kann niemand behaupten, er habe ein besonders gutes Geschäft gemacht.

Die Leute behaupteten es trotzdem. Ja, da man immer nur das Schlechteste von Rieser vermutete, sprach es sich in Zürich blitzschnell herum, er bringe sich und die Seinen in Sicherheit und lasse seine Schauspieler und Angestellten in der Tinte sitzen, diejenigen, die er durch die Stücke, die sie hatten spielen müssen, exponiert hatte – und dies alles in »kritischster Zeit«. Das war nun wirklich nicht so. Und eine Geschichte des Zürcher Schauspielhauses wäre unvollständig ohne eine Klarstellung in dieser Hinsicht und eine Ehrenrettung des Mannes, ohne den es überhaupt kein Schauspielhaus geben würde.

Wirklich »kritisch« war die Zeit für die Schweiz nicht oder noch nicht, höchstens für den seit Jahren heftig angegriffenen Rieser. Er fuhr auch gar nicht in die Vereinigten Staaten, sondern nach Paris, kehrte in den viel kritischeren Tagen des Sommers 1939 zurück, ging dann nach Amerika, kam aber, als es wirklich kritisch wurde, im Sommer 1940 nämlich, abermals nach Zürich, just in dem Augenblick, in dem viele Zürcher ihrerseits flohen – zumindest in die Innerschweiz zu flüchten versuchten; und fuhr erst, als die akute Gefahr für die Schweiz vorüber war oder vorüber zu sein schien, in die Vereinigten Staaten zurück.

Er war kein glücklicher Mensch drüben, im fremden Land. Er hatte Heimweh, nicht so sehr nach Zürich als nach dem Schauspielhaus. In zahllosen Briefen erkundigte er sich bei seinem Nachfolger nach dem Repertoire, gab ihm ungefragte Ratschläge, wie das Theater zu führen sei, fragte nach diesem oder jenem Schauspieler. Er muß tausendmal bereut haben, abgereist zu sein.

Sein Nachfolger – wer wurde es denn? Man dachte an den Schauspieler Carl Ebert, der als Nichtjude Deutschland freiwillig verlassen hatte; er war vorher viele Jahre Direktor des Deutschen Opernhauses in Berlin gewesen. Ebert erklärte, er sei nicht interessiert. Er leitete – wie schon erwähnt – die Deutsche Akademie in Ankara und organisierte die jährlichen Opernfestspiele in Glyndebourne. Übrigens drangen Bern und auch die Fremdenpolizei auf eine schweizerische Lösung.

Existierte eine Persönlichkeit von genügend Gewicht und Statur für den Posten? Man vergesse nicht: in allen diesen Jahren hatte es in der Schweiz fast nur deutsche und österreichische Theaterdirektoren gegeben. Da fiel der Name Oskar Wälterlin. Ein Basler, der in seiner Heimatstadt als Regisseur und Direktor tätig gewesen war. Jetzt aber war er Oberregisseur an der Oper in Frankfurt am Main. Jawohl, ausgerechnet in Frankfurt, in Hitler-Deutschland also. Und gerade er sollte an das erste, das einzige Anti-Hitler-Theater als Direktor geholt werden? Wollte er überhaupt? Ja, er wollte. Er selbst hatte zwar keinen Grund zur Klage, man ließ ihn in Frankfurt ungeschoren. Wie er später schrieb:

> Mit einigen anderen, die die Dinge sahen, wie sie waren, und ihren stillen Kampf weiterkämpften, durfte ich auf einem Gebiet tätig sein, in das die Irrlehre kaum Einlaß fand, weil es zu einer anderen Welt gehörte, auf dem Gebiete der Musik, in der Oper. Diese Welt entzog sich zunächst dem Zugriff Unbefugter und ließ länger als eine andere künstlerische Sphäre Kräfte gewähren, die im Grunde allem entgegen waren, das zu verhängnisvoller Auswirkung drängte. Aber auf die Dauer konnte es nicht befriedigen, ein Sonderdasein zu führen, in einer Katakombe, die sich abschied von einer über sie

hinwegschreitenden Lebensart. Die Oper wurde zu einem sinnlosen Spiel der Ablenkung, zu einem artistischen Handwerk ohne Wurzel und Ziel. Abseitsstehen mußte beunruhigen.

Mit einem Wort: Wälterlin wollte fort aus dem Dritten Reich, nicht, obwohl er als Opernregisseur Unverbindliches machte, sondern weil er Unverbindliches machte oder schlimmer noch: machen mußte. Er wäre auf jeden Fall gegangen.

Oprecht, der Wälterlin persönlich nicht kannte, zog Erkundigungen ein, erfuhr, daß Oskar schon als Schüler entschlossen gewesen war, zum Theater zu gehen, ja erklärt hatte: »Ich glaube, ich könnte ohne Theater nicht leben!« Daß ihm Max Reinhardt entscheidende Eindrücke vermittelt hatte während jener Proben zu *Dantons Tod* in Basel, denen er als Statist hatte beiwohnen dürfen. Daß er schon ein Jahr später mit einer Dissertation »Schiller und das Publikum« seinen Doktor gemacht hatte. Daß er bereits wenige Wochen darauf ans Stadttheater als Volontär kam, schnell zu bedeutenden Regieaufgaben zugezogen wurde, mit fünfundzwanzig ein beachteter Regisseur, mit dreißig ein freilich umstrittener Theaterdirektor wurde und es sieben Jahre blieb. Sein Rücktritt hatte rein persönliche Gründe. In Frankfurt hatte Wälterlin vor allem moderne Oper gemacht, unter anderem Werner Egk und Carl Orff uraufgeführt, aber auch Mozart und Wagner entstaubt.

Oprecht ließ Wälterlin nach Zürich kommen, fand den schlanken, durchgeistigten jungen Mann »erschreckend jung«, zog Hirschfeld hinzu, prüfte Wälterlin auf Herz und Nieren, fand, er sei der richtige Mann, meinte aber als echter Demokrat, daß nicht er, sondern das Ensemble entscheiden müsse, setzte Wälterlin in seine Wohnung am Hirschengraben und forderte die Schauspieler auf, sich ihn anzusehen. Sie kamen – einer nach dem andern. Sie kamen mit Zweifeln. Immerhin, Wälterlin hatte fünf Jahre im Dritten Reich gelebt und gearbeitet! Als Opernregisseur! Wo es doch der Sinn und Stil des Schauspielhauses geworden war, das Schauspiel zu entopern, klar, sachlich, einfach zu machen.

Nun, auch für Wälterlin war die Situation keineswegs einfach. Es war noch gar nicht so lange her, daß er sich als durch und durch unpolitischen, nur der Kunst verschriebenen Menschen verstehen konnte, dem ein anderes Theater vorschwebte als das Theater, das in den letzten Jahren am Pfauen gemacht worden war. Was er später auch Oprecht gegenüber zugab.

Und auch jetzt noch fand er, was dort gespielt wurde, »zu einseitig, negativ und zu wenig konstruktiv, um in die Zukunft zu wirken«. Aber Oprecht stellte die Bedingung – von der er nicht abging–, daß niemand entlassen werden dürfte, obwohl von gewisser Seite Wälterlin geradezu bestürmt wurde, dies zu tun.

Aber dies hätte er wohl so oder so nicht getan. Denn ein nicht geringfügiger Faktor bei seinem Entschluß, nach Zürich zu kommen war, daß er viele der Schauspieler kannte, die er nun übernehmen sollte. Sie hatten ja einmal an deutschen Bühnen gespielt, an denen ja auch er tätig gewesen war.

Und doch, wenn die politische Entwicklung nicht in so rasendem Tempo die

Schweiz zu einer Insel hätte werden lassen, deren Einwohner miteinander auskommen mußten, wäre vielleicht manches anders gekommen. Aber zu etwas
anderem blieb – in des Wortes wahrster Bedeutung – keine Zeit. Man mußte
miteinander arbeiten und arbeitete miteinander, und bevor man recht wußte, wie
es geschah, war das Schauspielhaus-Ensemble Wälterlins Ensemble geworden
oder besser: er war in der Gemeinschaft derer, die schon viel länger als er am
Pfauen gewirkt hatten, aufgegangen. Dies war sein Sieg – der Sieg seiner geschickten und einfühlsamen Menschenbehandlung, seiner Liebenswürdigkeit,
seines guten Geschmacks, seines Takts, seiner Kultur. Er war nur wenige Jahre
älter als seine Mitarbeiter, als Steckel, Lindtberg, Langhoff, Heinz – aber es hatte
den Anschein, als wäre er um hundert Jahre reifer und weiser.
Im März 1938 war Hitler in Österreich einmarschiert, im Sommer begann der
kalte Krieg gegen die Tschechoslowakei. Seither waren zahllose Schauspieler und
Theaterleute auf der Flucht vor Hitler durch die Schweiz gekommen. Einige
waren geblieben.

1. September 1938. Vorhang auf zu *Troilus und Cressida*, einem Anti-Kriegsstück
in einer Zeit, in der Hitler zu einem Krieg rüstete, der täglich ausbrechen konnte.
Nein, noch nicht Vorhang auf. Laßt uns einen Augenblick die Augen auf den
Zuschauerraum richten. Da waren die Spitzen der Behörden fast vollzählig
versammelt, die »künstlerisch und literarisch interessierten Kreise Zürichs«, wie
es nachher in der Presse hieß, viele, die man seit Jahren nicht mehr im Schauspielhaus gesehen hatte, wenn überhaupt je. Konnte man wieder ins Schauspielhaus
gehen? Durfte man? Mußte man? Hatte sich Entscheidendes geändert? Hatte sich
überhaupt etwas geändert?
Gespielt wurde also *Troilus und Cressida*. Manche schüttelten den Kopf. Ein
unpopulärer Shakespeare, eine zumindest unbequeme Wahl. Worum ging es
denn? Zuerst einmal um eine Liebesgeschichte, um eine sehr schmerzliche
Liebesgeschichte. Troilus, der jüngste Sohn des Königs Priamus von Troja, liebt
die bezaubernde Cressida, Tochter des Priesters Kalchas, der zu den Troja
belagernden Griechen übergegangen ist. Die beiden erleben eine Liebesnacht und
schwören sich ewige Treue. Aber Cressida wird im Zuge eines Gefangenenaus-
tauschs ihrem Vater ins Heer der Griechen überliefert, wo sie schon in der ersten
Nacht einem hübschen und eleganten Verführer erliegt. Dem Knaben Troilus, der
dies belauscht, bricht das Herz. Was aus ihm wird, können wir nur ahnen. Was aus
ihr wird? Das können wir nicht einmal ahnen.
Ist das alles? Keineswegs. Hinter dieser traurigen Geschichte von der relativen
Ewigkeit der ewigen Liebe taucht die Welt der Griechen und der Trojaner auf.
Eine Dramatisierung der Ilias? Eine sehr willkürliche Dramatisierung, eine
Umkehrung aller Werte Homers, auf den ersten Blick geradezu befremdend – und
doch hat kein Geringerer als Goethe dies Drama so geschätzt, daß er Shakespeare

ausdrücklich zugestand, mit dem Ilias-Stoff verfahren zu dürfen, wie es ihm beliebe. Umkehrung aller Werte: die Griechen sind Verräter, Schlappschwänze, Großsprecher, treiben Unzucht – Achill ist homosexuell! –, die Trojaner sind bieder, anständig, treu. Ihnen und nur ihnen gehört unsere Sympathie.

Bei den Griechen vermögen wir allenfalls mit zwei Gestalten »mitzugehen«, mit Ulysses, der ernst und gemessen für Zucht und Ordnung eintritt; und mit dem Narren und Rüpel Thersites, der das sogenannte Heldentum seiner Herren durchschaut, der wenig von ihnen hält und den Krieg verabscheut. Im übrigen gibt es im Griechenlager nur professionelle Krakeeler, Kraftprotzen, »patriotische« Phrasendrescher, die alle mehr oder weniger von dem sinnlosen Krieg gegen Troja profitieren. Der schlimmste ist der Kraftmeier Ajax. Und während er den Mund voller und voller nimmt, spürt das Publikum: das ist ja gar nicht nur der Ajax, wie er im Altertum gewesen sein mag, nicht der Ajax, mit dem Shakespeare Anfang des siebzehnten Jahrhunderts schon irgendeinen ihm besonders unsympathischen Kriegspolitiker seiner Zeit – oder vielleicht war er auch General oder Admiral – porträtieren wollte; dieser Ajax, er drischt noch immer seine lebensgefährlichen Phrasen, er will noch immer bis zum letzten Blutstropfen der anderen kämpfen, er lebt jenseits der Grenze, er ist Hitler, ist Göring, ist Goebbels, ist Mussolini. Um das zu unterstreichen, läßt Regisseur Wälterlin einen Schauspieler in Mussolini-Maske auftreten, den Priamus, den schwergeprüften König der Trojaner, in der Barttracht des längst verstorbenen Kaisers Franz Joseph, dem bekanntlich nichts erspart blieb. Priamus soll wohl weniger diesen, an Angriffskriegen nicht so unschuldigen Monarchen verkörpern, als vielmehr das eben erst überfallene Österreich symbolisieren.

Wie dem auch sei; allen, die Ohren und Augen haben, wird klar: wie unheimlich aktuell ist doch dieses Stück! Liegt nicht Franco, unterstützt von Hitler und Mussolini, vor Madrid, Valencia und Barcelona? Seine Ausrede, sein Motiv dafür, andere umzubringen, ist nicht gerade Helena. Aber ist seine Ausrede, sein Motiv gültiger und besser? Wie aktuell ist doch das Gleichnis des Todes von Hektor. Er, der den Krieg nicht wollte, wird erschlagen, aber nicht in ehrlichem Kampf, sondern just in dem Augenblick, da er die Waffen abgelegt hat. Also: Tod dem Waffenlosen!

Fazit des Pessimisten Shakespeare, der nie pessimistischer war: die Welt ist morsch, 's ist etwas faul – und nicht nur im Staate Dänemark. Mögen doch die Menschen, die aus Gottes schöner Welt einen Schauplatz für Mord und Totschlag gemacht haben, zugrunde gehen! Thersites ruft es immer wieder. Aber, ach, nur die Anständigen gehen zugrunde, die Schlechten, die Bösen, die Repräsentanten der Gewalt leben weiter, siegen weiter. Wie lange? Ulysses sagt voraus, daß einmal die Kraft des Geistes über das Gesetz der Faust siegen wird, daß das Regime der Brutalität in Chaos enden muß.

Und wohl nicht zuletzt wegen dieser Worte hatte Wälterlin als erstes Stück seiner ersten Spielzeit diesen unpopulären Shakespeare angesetzt. Und er ließ ihn spielen als Fanfare gegen den Krieg, gegen die Unterdrücker, gegen das Regime der Gewalt. Und das war nicht der letzte Grund dafür, daß die Schauspieler nicht nur einen seit langem nicht mehr gespielten abseitigen Shakespeare spielten, sondern eine Sache darstellten, um nicht zu sagen, verfochten, die ihnen allen am Herzen lag. Und darum wohl der frenetische Beifall, der Darsteller und Regisseur immer wieder an die Rampe rief.

Damit kein Mißverständnis entstehen konnte: Wälterlin hatte in den Programmheften zur Aufführung geschrieben: »Bereitschaft sollte die Losung sein für unsere neue Spielzeit. Wir bleiben dieser Losung treu, wenn wir unbeirrt durch die Ereignisse den Weg gehen, den uns unsere Pflicht vorschreibt...« Dies war immerhin ein Jahr bevor in der Schweiz die Kriegsmobilmachung angeordnet wurde, bevor Hitler in Polen einfiel und es vernichtete.

Wie gesagt, sie waren alle da, die seit Jahren nicht mehr ins Schauspielhaus gekommen waren. Und eine Zeitung schrieb sogar: »Die neue Situation brachte auch ein neues Publikumsmilieu, das gestern wesentlich von Behörden-Persönlichkeiten bestimmt wurde. Auch in den anderen Bänken sah man teils neue Gesichter. So hat sich schon gestern die in Fluß befindliche Umschichtung des Publikums angezeigt. Man gewann unbedingt den Eindruck: es muß anders werden! Das Volk wird wenigstens zu einem gewissen Teil zum Besuch des Sprechtheaters zurückkehren, denn es spürt, daß der neue Verwaltungsrat, der demokratisch zusammengesetzt ist, und die neue künstlerische Leitung mit dem Pulsschlag des Volkes Fühlung haben. So hat sich gestern die neue Situation abgezeichnet.«

Die neue Situation? Hatte sich denn so viel geändert? Hatte das Schauspielhaus nicht seit Jahren – unter Rieser, unter dem verhaßten Rieser – antifaschistisches Theater gemacht? Warum wurde auf einmal eine nationale Angelegenheit genannt, was gestern noch »Cliquenbetrieb« gewesen war?

Übrigens: es wurde so schnell nicht anders, was die Anteilnahme des großen Publikums betraf. Die nach der Premiere so bejubelte Aufführung konnte mit Ach und Krach sieben weitere Male gespielt werden.

Drei Wochen vor der Eröffnung der Spielzeit 1938/39, am 12. August 1938, hatte Hitler eine Art Vor-Mobilmachung angeordnet. 750 000 Reservisten wurden zu den Waffen gerufen, Lastkraftwagen wurden beschlagnahmt, Manöver wurden abgehalten. Am 28. August inspizierte Hitler die Befestigungen im Westen. Am 30. August wiederholte das französische Kabinett seine Versicherung, den Tschechoslowaken im Falle eines Angriffs auf ihr Gebiet zu Hilfe zu eilen, und am 5. September wurde eine allgemeine Urlaubssperre für die französische Armee verhängt.

Am 7. September schickte Frankreich Verstärkung zur Maginot-Linie. Im sude-

tendeutschen Gebiet kam es vier Tage später zu Ausschreitungen mit Blutvergießen. 13. September: Ausnahmezustand in der Tschechoslowakei. Am 15. September flog Premier Chamberlain nach Berchtesgaden, um Hitlers Bedingungen für
den Frieden zu erfahren. Am 22. flog er nach Godesberg und mußte zur Kenntis
nehmen, daß Hitler seinen Preis für den Frieden erhöht hatte. In der Tschechoslowakei Generalmobilmachung.

26. September: Präsident Roosevelt appellierte an Hitler, es nicht zu Blutvergießen
kommen zu lassen und lieber mit der Tschechoslowakei zu verhandeln. Einen Tag
später sprach Hitler im Berliner Sportpalast. Er verlangte den deutschsprachigen
Teil der Tschechoslowakei – dies sei seine letzte Gebietsforderung. Am nächsten
Tag teilte er mit, die deutschen Armeen würden am 28. um zwei Uhr nachmittags
marschieren. Die Westmächte bestimmten ihn zu einem Treffen in München – am
29. September, auch Mussolini nahm daran teil. 30. September: Unterzeichnung
des Paktes von München. Die Tschechoslowakei wurde von ihren Bundesgenossen aufgegeben und aufgeteilt. Chamberlain erklärte bei seiner Rückkehr nach
London, dies bedeute »Frieden in unserer Zeit«.

Die Deutschen marschierten in die Tschechoslowakei ein, Präsident Benesch trat
zurück. Die Franzosen anerkannten die Annexion Äthiopiens durch Italien. Die
Japaner besetzten Kanton im Süden Chinas am 21. Oktober.

Am 22. Oktober: Premiere von *Götz von Berlichingen* im Schauspielhaus.

Wälterlin später: »Erst als die tschechische Krise sich zuspitzte, als man von der
ersten Mobilisierung von Grenztruppen sprach, als die Menschen in Massen auf
Extrablätter warteten, als ein kleines Brudervolk in Gefahr war, seine Freiheit zu
verlieren, erst dann erwachte man. Die Premiere einer Neueinstudierung von
Goethes *Götz von Berlichingen* gab das Signal.«

Warum wurde gerade *Götz* aufgeführt? Ein schwer spielbares Stück, nur selten
angesetzt und dann nur von Bühnen mit großem Apparat. Dieses Werk des Sturm-
und-Drang-Goethe mit seinen unzähligen Szenen und Szenchen – selbst die
Bearbeitung des Schauspielhauses hatte noch zweiunddreißig Bilder, darunter
Waldszenen, Szenen in Schlössern und Burgen! Das war trotz Otto, trotz Ferdinand Lange kaum zu bewältigen. Suchte man nach einer guten Rolle für Gretler?
Denn Heinrich Gretler, der sich mit Rieser nicht hatte verstehen können, der in
den letzten Jahren vor allem Kabarett gemacht, gefilmt, in Basel und Bern gespielt
hatte, war heimgekehrt.

Gretler als Götz war nicht edel. Auch kein Ritter, kein Herr, eher betont bürgerlich,
hausväterlich, und doch einer, der seine Klinge zu führen weiß, ein brummiger
Kerl, der freilich auch zutraulich, ja, zärtlich sein kann, bedächtig und doch wieder
temperamentvoll, und unwillig, ja unfähig, sich ein Leben ohne Freiheit vorzustellen.

Höchste Schauspielkunst. Der Beweis, wenn es eines Beweises bedurfte, daß
Gretler zu den Großen, den ganz Großen des Theaters gehörte. Und doch – nicht

darauf kam es an, und nicht das war das Wichtigste an dieser so wichtigen
Aufführung. Gretler selbst spürte es am stärksten. In der Pause, der einzigen, die
während des Ablaufs des Mammutdramas gemacht wurde, fanden ihn Kollegen
ausgestreckt auf dem Boden seiner Garderobe, röchelnd, nach Luft schnappend.
»Er ist völlig fertig, weil er so wenig Proben für die Riesenrolle gehabt hat! Kann
man verstehen... Er ist eben mit seiner Rolle nicht fertig geworden, oder hat Angst
gehabt, nicht fertig zu werden!« So die Schauspieler, die mit Recht alles vom
Schauspielerischen, vom Metier aus betrachten.

Aber es war keine Rollenangst, die sich Gretlers bemächtigt hatte. Es war eine
andere, eine tiefere Angst. Oder vielleicht sollte man sagen: es war das Bewußtsein
einer Verantwortung – nicht seiner Kunst, nicht seinem Publikum, sondern einem
größeren Publikum gegenüber, der Zeit, der Geschichte gegenüber. Denn was er
da spielte, was da gespielt wurde, war nicht *Die Geschichte Gottfriedens von
Berlichingen mit der eisernen Hand*, sondern – Gegenwart.

Hier ging es nicht um längst vermoderte Menschen und ihre Sorgen, sondern um
die Sorgen und Probleme des Tages, um die nun alle bewegende Frage: durfte,
konnte der Mensch noch frei sein?

Gretler wurde vor Erregung ohnmächtig, sein Publikum war nicht weit davon
entfernt. »Verständnis für die in chaotischer Zeit eigenmächtig ihr Recht suchenden Bedrängten, von denen jeder die Heimat liebend im Herzen trägt, glomm
auf«, schrieb die »Neue Zürcher Zeitung«. Aber waren nicht die Schauspieler, die
auf der Bühne standen, eben solche »Bedrängten«? Sie, die freiwilligen und
unfreiwilligen Emigranten, denen man es bisher so übel vermerkt hatte, daß sie ihr
Recht suchten, sei es auch nur dadurch, daß sie das Unrecht auf der Bühne
darstellten? Endlich, endlich war die Brücke zwischen ihnen und ihrem Publikum
geschlagen worden, und zwar just in dem Augenblick, da dieses Publikum eben
nicht mehr nur Publikum war, sondern seinerseits zu den Bedrängten gehörte.
Wer war noch Zuschauer, wo alle gefährdet waren? Darum auch der Beifalls-
sturm, der sich erhob, als Götz die Worte sprach: »Was soll unser letztes Wort sein?
Es lebe die Freiheit! Und wenn die uns überlebt, können wir ruhig sterben!«

Ginsberg, der in dieser Aufführung einen sehr interessanten, sehr modernen
Weislingen spielte, war tief erschüttert: »Normalerweise setzt nach den Worten
›Es lebe die Freiheit‹ stets Applaus ein. Diesmal war es totenstill. Erst als Gretler
hinzusetzte: ›Und wenn die uns überlebt...‹, da brach ein Sturm los, wie ich ihn
nie vorher erlebt habe... Das sind die Momente im Leben eines Schauspielers, in
denen man begreift, unser Beruf hat nicht nur einen ästhetischen, sondern einen
absoluten Sinn.«

Die Schauspieler hatten an diesem Abend das Höchste erreicht, das sie überhaupt
erreichen können. Man vergaß, daß sie als Schauspieler auf der Bühne standen.
Man vergaß, daß da eine Bühne war. Die Szene wurde zum Tribunal. Hier wurde
nicht mehr gespielt, sondern gerichtet. Unsichtbar und doch greifbar nahe standen

sie, die Verruchten, die die Freiheit abzuschaffen sich angemaßt hatten, vor ihren
Richtern, sie, die der sterbende Götz in seinen letzten Worten apostrophiert:
»Verschließt eure Herzen sorgfältiger als eure Türen! Es kommen die Zeiten des
Betrugs: es ist ihm die Freiheit gegeben. Die Schwachen werden regieren, mit List,
und der Tapfere wird in die Netze fallen, womit die Feigheit die Pfade verwebt!«
Galt dieser Mahnruf nicht auch den Zuschauern? Befanden nicht auch sie sich
bereits in so tödlicher Gefahr? Noch einmal Wälterlin: »Als wir mit Goethes *Götz*,
diesem Dokument des Kampfes des Individuums für die Freiheit, herauskamen,
da erkannte man in dem Ringen dieses aufrechten Mannes ein gut Teil seiner
eigenen Bangigkeit und holte sich Mut aus dem mutigen Abbild gerader Männ-
lichkeit. Dies eine Werk machte mit einem Schlag aus dem sogenannten Kunstin-
stitut eine volkstümliche Einrichtung.«
Und: »Die kritischen Tage wurden unsere Bundesgenossen, man verlangte nach
einer Kost, die das Erleben und das innere Kämpfen bei uns widerspiegelten...«

Und so mußte, am 26. Januar 1939, der *Tell* kommen. Welches Drama paßte besser in die Zeit als dieses klassische Schauspiel des Kampfes eines Volkes gegen die
Tyrannei; dieses Schauspiel mit den ewig tröstlichen Worten für die Unterdrückten:

> Eine Grenze hat Tyrannenmacht,
> wenn der Gedrückte nirgends Recht kann finden,
> wenn unerträglich wird die Last – greift er
> hinauf getrosten Mutes in den Himmel
> und holt herunter seine ew'gen Rechte,
> die droben hangen unveräußerlich
> und unzerbrechlich, wie die Sterne selbst.

Mußte der *Tell* wirklich aufgeführt werden? Wir erinnern uns: noch vor ein paar
Jahren war er in eben diesem Theater durchgefallen – mit Albert Bassermann,
dem größten Schauspieler deutscher Zunge, in der Titelrolle. Und Bassermann
hatte resigniert-fröhlich kommentiert: »Der Tell ist eben nichts für die Schwei-
zer...«
Diesmal stand Gretler zur Verfügung. Er hatte die Rolle schon auf mancher
Schweizer Bühne gespielt und war von der Kritik erbarmungslos zerfetzt worden.
Immerhin, Gretler hatte in der Zwischenzeit hinzugelernt, und es ist vielleicht
nicht ganz unangebracht, wenn man sagt, daß ein Gleiches von der zünftigen
Kritik behauptet werden konnte.
Gretler war inzwischen ein so vorzüglicher Schauspieler geworden, daß er den
Schauspieler vergessen ließ. Er tat das, was man später, aus Amerika importiert,
»unterspielen« nannte. Er schrie nicht, er deklamierte nicht, er agierte nicht, er
war da. Er war ein gelassener, argloser, fast dumpfer Tell, kein Held, eher ein

Bauer, ein Bürger. Ihm gegenüber stand Langhoffs Geßler – schon der Einfall Wälterlins, den Heldenspieler einen Bösewicht darstellen zu lassen, war außerordentlich. Nun, dieser Geßler war kein Bösewicht, kein zähnefletschender Schurke, sondern ein Herr, elegant, beherrscht, eisig, zynisch; so wie der KZ-Sträfling Langhoff die großen Herren von der SS kennengelernt haben mag.

Aber das Entscheidende der Aufführung und was ihren Erfolg ausmachte: es waren nicht die Hauptdarsteller, sondern es war das Volk, das ja eigentlich die Hauptperson des Dramas ist und das mit vielerlei Stimmen in der Rütliszene zu Worte kommt. Hier war auf einmal alles von einer geradezu atemberaubenden Aktualität. Hundertmal, tausendmal hatte man diese Worte gehört, in der Schule, als Zitat, sie waren einem längst zum Halse herausgewachsen. Und nun schienen sie, nein, waren sie wie aus dem Augenblick geboren, geformt aus der Not der Stunde – der Not der Schillerschen Figuren? Der Not der Akteure, die sie verkörperten? Der Not der Zuschauer, die diese Worte verschlangen, als hätten sie sie nie vorher vernommen?

Auf der Bühne standen sie, von denen die Zuschauer wußten, daß sie längst tot waren, und sprachen Sätze, und die Zuschauer fühlten, nein, wußten, das geht uns an, uns heute und jetzt, das müßten wir ja sagen! Denn was den Vorfahren einst geschehen war, konnte ihnen selbst das nicht morgen wiederum geschehen? Aufatmend vernahmen sie: »Die schnellen Herrscher sind's, die kurz regieren.« Aber genügte es, sich darauf zu verlassen? Mußten nicht sie, die Zuschauer und ihre Brüder überall in der Schweiz, etwas tun, etwas unternehmen, um dem Stück der Diktatoren ein Ende zu bereiten?

Und die oben auf der Bühne? Schauspieler und doch nicht nur Schauspieler, die sich da zusammenschlossen: »Wir wollen sein ein einzig Volk von Brüdern...« Was fühlten sie, die hier standen und Männer zu spielen hatten, die ihr Vaterland verteidigen wollten, wo sie selbst ihr eigenes Vaterland doch längst verloren hatten? Und hinter ihnen die Statisten, die den Schwur mitsprachen – wer waren sie denn? Keine Schweizer jedenfalls. Die jungen Eidgenossen, die in Frage gekommen wären, machten Militärdienst, und überdies: die paar Fränkli, die für die Statisten heraussprangen, waren für sie uninteressant. Nein, die Schweizer Bürger und Bauern, die den Rütlischwur schworen, das waren Emigranten, vor allem ausländische Studenten, denen die Hitler, Mussolini, Horthy den Weg in die Heimat versperrt hatten.

Es war, nehmt alles nur in allem, eine gespenstische Szene. Der jüdisch geborene Ginsberg als Schweizer Pastor Rösselmann, den Schwur vorsprechend, wandte sich um und sah nur Juden, Emigranten, Entwurzelte, Vertriebene, die den Schwurfinger hoben und gelobten, die Schweiz bis zum letzten Atemzug zu verteidigen. Und unten saßen die Schweizer und sahen zu.

Nein, sie sahen nicht nur zu. Kaum war der Vorhang gefallen, da sprangen sie auf und stimmten die Nationalhymne an. Dergleichen war noch nie in einem Theater vorgekommen. Und schon gar nicht in einem Schweizer Theater mit seinem, man muß wohl sagen, notorisch zurückhaltenden Publikum.

Es versteht sich, daß die gesamte Presse darüber berichtete. Aber auch die Presse des Auslands. So schloß zum Beispiel in Schweden »Svenska Dagbladet« – die »Times des Nordens« – eine außenpolitische Übersicht mit folgenden Worten ab: »Mitglieder des Bundesrates haben in Rundfunkreden eingeschärft, daß sich die Schweiz bis zum letzten Blutstropfen zu wehren beabsichtige, und daß keiner ihrer führenden Männer nach fremden Hauptstädten zu wallfahren gedenke... Von der ›Hochspannung des Ernstes‹, die im Schweizer Volk herrscht, und dessen hoher moralischer Bereitschaft zeugt eine Episode, die sich dieser Tage im Schauspielhaus in Zürich abspielte. Man gab da Schillers *Willhelm Tell* und nach der unsterblichen Rütliszene mit den Worten ›Wir wollen sein ein einzig Volk von Brüdern, in keiner Not uns trennen und Gefahr...‹, erhob sich das Publikum spontan im Zuschauerraum und sang die Nationalhymne: ›Rufst du, mein Vaterland...‹« Aber schon wenige Tage nach der Premiere des *Tell* erschien in der Thurgauer Zeitung folgende Notiz: »Haben wir das nötig?«

»Die Nachricht aus dem Zürcher Schauspielhaus, daß die Zuschauer sich bei der ersten Aufführung des neueinstudierten *Wilhelm Tell* nach der Rütlischwurszene spontan von den Sitzen erhoben hätten, um die Nationalhymne anzustimmen, hat die Runde durch die Tageszeitungen gemacht... Inzwischen mußten wir leider vernehmen, daß der ›spontane Ausbruch des Patriotismus‹ organisiert war. An Studenten, die gut singen, waren Freiplätze verteilt worden, mit dem Wunsche, im gegebenen Augenblick ihren patriotischen Gefühlen freien Lauf zu lassen. Die Regie klappte, die beauftragten ›Begeisterten‹ erhoben sich im richtigen Moment von ihren Sitzen, stimmten die Vaterlandshymne an und rissen das Haus mit. Wir fragen uns nun, haben wir Schweizer das nötig? Müssen wir mit solchen Mätzchen, die wir doch gerne den Leuten jenseits der Grenze bei jeder Gelegenheit vorwerfen, unsere Vaterlandsliebe beweisen? Wenn der Schweizer nun einmal nüchtern ist, wenn er von sich aus nicht auf die Idee kommt, nach der Rütliszene im Theater aufzustehen und ›Rufst du, mein Vaterland‹ zu singen, dann soll man ihm auch nicht mit künstlichen und unwürdigen Mitteln etwas aufzwingen, das eigentlich nicht zu ihm gehört.«

Die gesamte Schweizer Presse griff diese »Enthüllung« auf. Das Schauspielhaus antwortete prompt: »Wir müssen dieser Auffassung ganz entschieden entgegentreten und geben Ihnen hiermit den richtigen Sachverhalt bekannt. Der Vorverkauf für die Premiere war außerordentlich schwach. Wir glaubten aber, nicht nur unserem Theater, sondern auch der Öffentlichkeit einen Dienst zu tun, wenn die *Tell*-Premiere vor einem vollen Haus vonstatten ging. Zu diesem Zweck haben wir uns entschlossen, etwa 50 Karten an Studenten abzugeben. Zwei dieser Herren haben dann, so weit uns dies bekannt ist, in ihren Kreisen darauf hingewirkt, daß in der Rütli-Szene die Nationalhymne gesungen würde, sofern die allgemeine

Stimmung im Hause dies ermögliche. Wir geben nun zu, daß das Gerücht von dem Plan auch zu uns gedrungen war, während Herr Direktor Wälterlin in keiner Weise darüber orientiert war.«

In Wahrheit, und heute darf wohl die Wahrheit getrost gesagt werden, war es so, daß ein Mann der Leitung des Schauspielhauses vor der Premiere recht nervös geworden war. Schlechter Vorverkauf... Erinnerung an den letzten Durchfall des *Tell*. Kenntnis der Mentalität seiner Landsleute, die sich nur schwer und ungern hinreißen lassen... sollte man nicht ein wenig nachhelfen?

Ein paar Worte mit ausländischen Studenten, vor allem ungarischen. Wie wär's, wenn der Augenblick des Rütlischwurs...? Die Studenten sagten zu allem ja. Aber als es dann so weit war, blieb ihnen der Ton in der Kehle stecken. Erst als der Vorhang fiel, ermannten sich zwei oder drei Besucher, die Nationalhymne zu singen. Sie saßen irgendwo, sie gehörten nicht zu den »bestellten« Studenten, und die Wahrscheinlichkeit, daß es Schweizer waren, ist überragend. Und kaum hatten sie begonnen – das ist das Entscheidende –, da erhoben sich die übrigen Zuschauer wie ein Mann – und mit denen war nun auch nichts verabredet worden – und sangen aus Leibeskräften ihre, ihre, ihre Hymne der Freiheit.

Hitler dachte nicht daran, das in München gegebene Wort zu halten. München – das war im Oktober 1938 gewesen. Schon im März 1939 marschierten seine Truppen, Prag wurde besetzt, Böhmen und Mähren dem Großdeutschen Reich einverleibt. Die Slowakei wurde deutsches Protektorat. England tat nichts. Frankreich tat nichts. Nur die Sowjetunion weigerte sich, den ungeheuerlichen Rechtsbruch anzuerkennen. Und in Zürich spielten sie *Eine kleine Stadt* von Thornton Wilder.

Man wußte nicht viel von dem Mann, der dieses seltsame dichterische Stück geschrieben hatte, nur, daß er der Verfasser des vor zehn Jahren erschienenen Bestsellers »Die Brücke von San Luis Rey« war. Dabei lebte der kleine, wendige, sprachenkundige, höchst urbane Professor der Archäologie Thornton Wilder mehr in Europa als in seiner Heimat, den Vereinigten Staaten.

Er hatte viele Jahre seines Lebens in Deutschland verbracht, war ein guter Kenner von Rilke und Stefan George, ein gern gesehener Gast im Salzburger Schloß Leopoldskron, dessen Hausherrn, Max Reinhardt, er verehrte, war überhaupt ein Theaterfanatiker und in den Jahren 1937 und 1938 ein ständiger Besucher des Zürcher Schauspielhauses gewesen, ohne daß irgendeiner der Schauspielhausleute das geahnt hätte.

Ja, er lebte in Zürich, der, wie er sagte, »einzigen Stadt Europas, in der man noch leben kann!« – oder vielmehr in Rüschlikon, im Hotel Belvoir. Später berichtete er, Freunde – sie gehörten fast alle Universitätskreisen an – hätten ihn darauf aufmerksam gemacht, daß in diesem Hotel während des Weltkrieges Stefan Zweig gelebt, daß um die Ecke Conrad Ferdinand Meyer gedichtet, daß nur wenige Schritte zur anderen Seite Johannes Brahms komponiert habe. »Da mußte ich wohl auch etwas tun, nicht wahr?« meinte Wilder. Und so schrieb er *Eine kleine Stadt*. Er war ein Theaterbesessener, aber mit sehr bestimmten Ideen, wie das heutige Theater aussehen müßte. Vor allem: Weg von unnützem Beiwerk wie Requisiten und Szenerie. »Ist es nicht auffallend, daß in den Stücken Shakespeares nie jemand, außer gelegentlich ein Herrscher, sich setzt? Es gab nicht einmal Stühle auf der spanischen oder englischen Bühne zur Zeit Elisabeths I. . . .«

Er schuf eine neue Form. Seine Menschen gaben sich auf der Bühne nicht mehr wie im täglichen Leben, sie taten nur noch so, als ob. Sie kamen nicht durch eine Tür, sie markierten nur die sich öffnende Tür, die es nicht mehr gab, sie tranken nicht mehr aus Gläsern, die nicht vorhanden waren, sondern deuteten das Trinken nur an. Sie lebten nicht mehr chronologisch, für sie war die Zeit genauso aufgehoben wie der Raum, sie starben und wurden wieder lebendig. Wilder ließ sie auftreten oder abgehen, je nachdem, wie er sie brauchte. Oder es war vielmehr der Stage-Manager, der Spielleiter, der dies tat.

Wer ist er, der Spielleiter, die Hauptperson des Stücks, der ältere Herr, der auf die abgeräumte Bühne schlendert und Pfeife rauchend erklärt, wer nun eigentlich wer in dieser kleinen Stadt ist, irgendwo in Neu-England, von den Sorgen und den kleinen Freuden der Menschen spricht, vor allem davon, daß im Städtchen eigentlich jeder Tag wie der andere sei. Jeder beginnt damit, daß ein Hahn kräht, immer fährt der Frühzug pünktlich vorbei, immer läßt sich die Fabriksirene vernehmen, die die Menschen zur Arbeit ruft.

Und dann kommen sie, der Arzt und der Zeitungsverleger und ihre Frauen und der Milchmann mit Wagen und Gaul, die nicht da sind und doch da sind, und der Polizist und der Zeitungsjunge, zwei Nachbarkinder, die den Mond anhimmeln und sich ewig lieben werden und heiraten und dann nicht recht wissen, was sie miteinander anfangen sollen, und da ist auch die ewig quatschende Nachbarin, die zu allem ihren Senf geben muß.

Dann im dritten Akt, der nur zwölf Jahre nach dem ersten Akt spielt – das Leben läuft ja so schnell –, sind schon einige von ihnen tot, sie liegen auf dem Friedhof begraben. Auf der Bühne sitzen sie ein wenig steif und uninteressiert auf Stühlen, die, in Reihen aufgestellt, ihre Gräber markieren. Man beerdigt gerade Emily, das junge Ding aus dem ersten Akt, die Braut aus dem zweiten Akt. Es regnet. Die Trauernden haben ihre Schirme aufgespannt, Emily nimmt Platz unter den Toten, während oben ihr Mann in Tränen ausbricht. Aber sie ist noch nicht bereit, tot zu sein; sie glaubt, sie habe etwas versäumt, und das Schicksal – der Stage-Manager – erlaubt ihr, noch einmal zurückzukehren, für einen Tag – oder ist es nur eine Stunde? – ihr Leben wieder zu leben. Ach, diese Stunde verläuft genauso wie damals; die Menschen haben, solange sie am Leben sind, keine Zeit, einander richtig anzusehen oder gar zu verstehen. »Leben heißt, in Unwissenheit und Blindheit befangen sein. Es ist überaus irreführend, am Leben zu sein . . .«

Und Emily kehrt zu den Toten zurück und wird bald alles vergessen und ebenso gleichgültig sein wie jene. Oben aber geht das Leben weiter, wie der Stage-Manager – oder ist es der liebe Gott? – uns lächelnd versichert. Der Frühzug wird fahren, der Milchmann wird kommen, es wird geboren und geliebt und gestorben werden.

Erstaunlich eigentlich, daß dieses so amerikanische Stück gerade am Zürichsee entstand oder doch auch wiederum nicht so seltsam. Einem Zürcher Freund berichtete Wilder: »Immer, wenn ich etwas ausbrüte, gehe ich von zu Hause fort.« Vielleicht, so meinte der Freund, brauchte er auch das Heimweh, um die kleine Stadt deutlicher zu sehen, als er sie, in ihr lebend, erlebt hätte. Übrigens verwahrte sich Wilder gegen die Auffassung, er habe eine Stadt porträtieren wollen: »*Eine kleine Stadt* wird nicht dargeboten als ein Bild des Lebens in einem Städtchen in New Hampshire ... Das Stück will ein Versuch sein, in den kleinen Ereignissen unseres täglichen Lebens einen unbezahlbaren Wert zu finden ...«

Aber er war mit dem, was er schrieb, nie recht zufrieden, und in der amerikanischen Buchausgabe ist noch heute zu lesen: »Provisorische Fassung.«

Den Stage-Manager spielte Erwin Kalser, der stille Schauspieler, der wie kein zweiter auf der Bühne anwesend zu sein vermochte, ohne etwas zu sagen oder zu tun, nur indem er zuhörte und Anteil nahm, und der schon durch seine Anwesenheit allein die Bühne zur kleinen Stadt, die nicht vorhandenen Häuser, Bäume, Dachkammern zur Wirklichkeit machte.

Ja, die kleine Stadt entstand unter seinen behutsamen Blicken, unter seinen leicht ironischen und doch so liebevollen Worten, durch ihn, der doch nie in Amerika gewesen war. Oder war die kleine Stadt, die da für uns von ihm aufgebaut wurde, die kleine Stadt Zürich, die er so liebte, er, der in München und Berlin großes Theater gemacht hatte? Ja, er hing an dieser kleinen Stadt, er kannte jeden Baum und jeden Stein auf seinen Wanderungen durch die Stadt, und sie alle kannten ihn, die Ladenbesitzer und die Hausfrauen, die Blumenverkäuferin und der Zeitungshändler, man grüßte ihn, wenn er vorbei kam, immer ein wenig verträumt, immer freundlich und lächelnd. Er sollte bald Abschied nehmen müssen von der kleinen Stadt, an der sein Herz hing, und Amerika doch noch kennenlernen.

Je näher der Krieg kam, um so dringender rief ihn seine Frau, erfolgreiche Drehbuchautorin in Hollywood, nach drüben. Er fuhr und wurde in der überdimensionalen Traumfabrik ein sehr unglücklicher Mensch. Ihm lag Betrieb nicht und das hektische Treiben, er hatte Sehnsucht nach Zürich, und er erzählte Freunden oft: »Bei uns ist es nämlich so ...« Und mit »bei uns« meinte er Zürich.

Obwohl *Eine kleine Stadt* in New York ein Sensationserfolg gewesen war und später um die ganze Welt gehen sollte, fiel sie in Zürich, wo die deutschsprachige Erstaufführung stattfand, durch. Die Leute verließen noch während der Premiere in Scharen das Theater. Die »Neue Zürcher Zeitung« schrieb, das Publikum, nicht

39 Bernhard Wicki als Clavigo, 1946

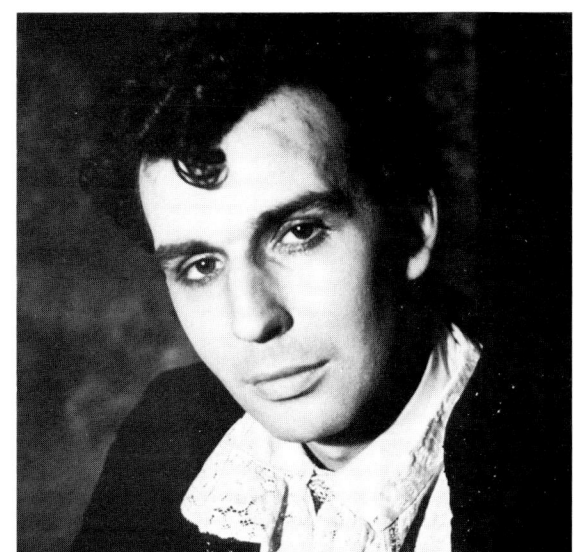

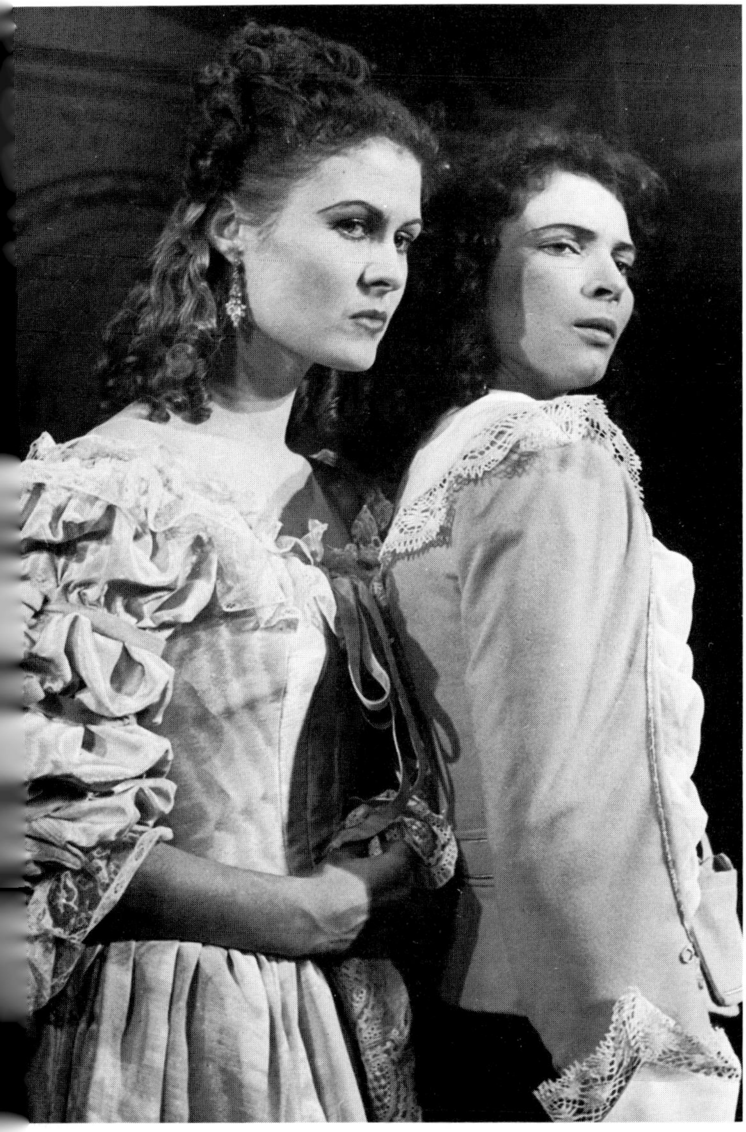

40 Anne-Marie Blanc und Agnes Fink in Tirso de Molinas »Don Gil von den grünen Hosen«, 1946

41 Der große Albert Bassermann und Heiki Eis in Paul Osborns »Der Tod im Apfelbaum«, 1947

42 Wilfried Seyferth und Gustav Knuth in der Uraufführung von Carl Zuckmayers »Des Teufels General«, 1946

44 Liselotte Pulver in Thornton Wilders »Eine kleine Stadt«, 1949

43 Vorhergehende Seite: Käthe Dorsch als Lady Marwood in Lessings »Miss Sara Sampson«, 1947

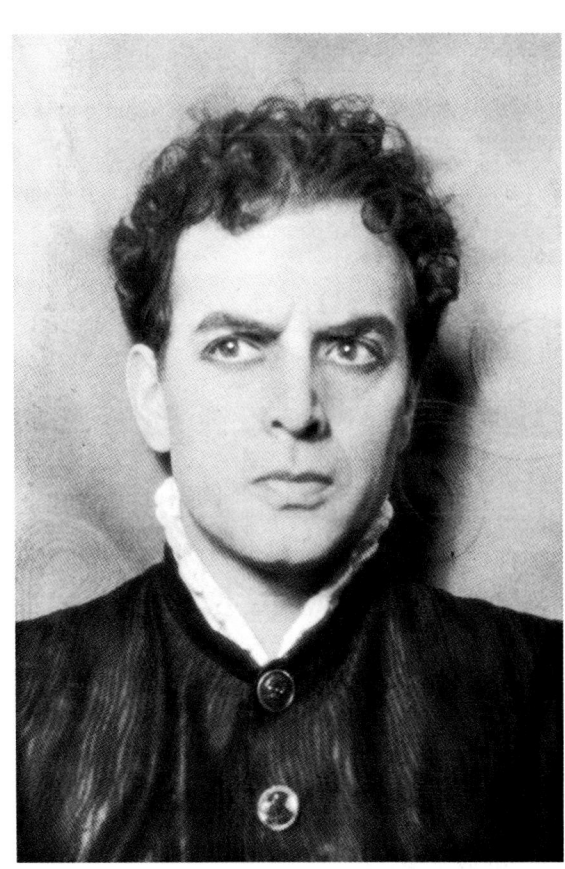

45 Will Quadflieg als Don Carlos, 1950. Er spielte auch den Orest, den Prinzen von Homburg, den Hamlet und den Tasso.

das Stück sei durchgefallen. Jedenfalls konnte *Eine kleine Stadt* nur zehnmal gespielt werden.

Aber das Stück wirbelte doch Staub auf. Es gab eine Menge Diskussionen, es gab sogar einen öffentlichen Diskussionsabend, veranstaltet vom Zürcher Theaterverein, und der war im Gegensatz zum Schauspielhaus überfüllt.

Gustaf Gründgens, damals Leiter der Staatstheater in Berlin, hörte von dem Stück, ließ es sich auf Umwegen kommen, las es, fragte im Schauspielhaus nach, ob ihm Thornton Wilder gestatte, es in Berlin aufzuführen. Es war schon kühn von ihm, überhaupt mit dem verfemten Schauspielhaus zu telefonieren; es war noch kühner, Wilder in Deutschland aufführen zu wollen, der sehr unmißverständlich erklärt hatte, was er von Hitler und seinen Ideen hielt. Wilder, vom Schauspielhaus befragt, ließ nach Berlin bestellen, man dürfe das Stück dort aufführen. »Bedingung: die Tantiemen werden in die Schweiz überwiesen zugunsten der emigrierten Schriftsteller aus Deutschland.«

Gründgens verzichtete, begreiflicherweise.

Die erste Saison der Neuen Schauspiel AG war eine ungemein arbeitsreiche und künstlerisch ergiebige Zeit. Was spielten sie nicht alles am Pfauen? *Die Schule der Frauen* und *Tartuffe* von Molière, *König Oedipus* von Sophokles, *Die Wildente* von Ibsen, Shaws *Frau Warrens Geschäft* und *Helden*, von Tolstoi *Die Macht der Finsternis*, *Schuld und Sühne* nach Dostojewski ganz abgesehen von dem bereits erwähnten *Tell* und *Götz* und einigen Stücken, von denen noch zu sprechen sein wird. Sie spielten auch eine kleine Operette Schweizer Ursprungs, in Schwyzerdütsch geschrieben, die es allerdings nur auf elf Aufführungen bringen, aber später, wie *Eine kleine Stadt*, ein Welterfolg werden sollte. Die Operette hieß *Der schwarze Hecht*, ihre Musik stammte von Paul Burkhard.

Der kleine, hübsche und gescheite Kerl hatte nach Absolvierung des Gymnasiums und einem Jahr Hochschule für Musik mit einundzwanzig am Stadttheater in Bern als Korrepetitor und Kapellmeister begonnen und war dann ans Stadttheater Zürich gekommen, schrieb ein paar recht erfolgreiche Operetten – *Hopsa* und *3 × Georges* –, las eines Tages ein Dialektlustspiel von Emil Sautter, Vater seines besten Schulfreundes und Kunst- und Theaterkritiker, *Der 60. Geburtstag*, und beschloß, es in Musik zu setzen. Jürg Amstein bearbeitete das Werkchen zu diesem Zweck.

Ein Nichts an Handlung. Ein guter Schweizer Bürger feiert seinen sechzigsten Geburtstag. Die ganze Familie erscheint, auch das schwarze Schaf, das inzwischen Zirkusdirektor geworden ist. Anstelle des geplanten gemütlichen Zusammenseins gibt's Auseinandersetzungen und Kräche, die Geladenen ziehen schließlich wieder ab, ohne den Hecht verspeist zu haben, der inzwischen ohnedies verbrutzelt, also schwarz geworden ist. Daher der neue Titel.

Niemand vermochte sich für das kleine Stück oder seine Musiknummern zu

erwärmen, die verschiedenen Schweizer Stadttheater schickten es mit dem Ausdruck des Bedauerns zurück, dito einige deutsche Bühnen. Nur Wälterlin war
angetan und beschloß die Aufführung gegen Widerstände im eigenen Haus. Mit
Recht wurde darauf hingewiesen, es seien gar nicht die Schauspieler vorhanden
für ein solches Dialektstück, und es waren auch keine zu engagieren, denn die
meisten Schweizer Schauspieler, die sich nicht im Engagement befanden, waren
zur Grenzbesetzung abkommandiert worden. So mußte die Uraufführung, die im
Herbst 1938 hätte stattfinden sollen, auf den 1. April 1939 verlegt werden. Übrigens entstanden große Teile des Stückes erst während der Proben, so der ganze
zweite Akt, eine Art Zwischenspiel, der Traum eines jungen Mädchens, das gern
zum Zirkus möchte und vom Zirkus träumt, wobei alle Tanten und Onkel wilde
Tiere mimen. Wälterlin selbst hatte die Anregung zu dieser Szene gegeben.
Überhaupt: der Direktorregisseur übertraf sich selbst. Köstlich, wie er die kleinen
Schweizer Bürger hinsetzte, selbstbewußt, ein bißchen beschränkt und doch sehr
liebenswert, wie er ihre Schwächen spielerisch durchblicken und doch gleich
wieder vergessen ließ. Ein Kabinettstück der Zirkustraum, in dem mit einfachsten
Mitteln urkomischste Wirkungen erzielt wurden. Es ist nicht unwichtig, festzustellen, daß man im Schauspielhaus, nunmehr Heimstätte der großen Klassiker und
Zuflucht der in Deutschland nicht mehr gespielten Modernen, auch so etwas
konnte: leicht sein, liebenswürdig, unbeschwert – und das in einer Zeit, die so ganz
und gar nicht unbeschwert war.
Freilich, den Löwenanteil hatte die kostbare Musik Burkhards, die reizenden und
so originellen Weisen, das Chanson vom »Kleinen schwarzen Pony«, das Lied
»O mein Papa« und vieles andere mehr, das später den Komponisten berühmt und
reich werden ließ.
Damals allerdings sah es nicht so aus, als würde *Der schwarze Hecht* jemals über
Zürich hinausgelangen. Elf Aufführungen, wie gesagt. Schon in Basel kam infolge
Besetzungsschwierigkeiten keine Aufführung zustande.
In Deutschland war Burkhard nicht gefragt, auch nicht in Wien, einer Stadt, die
für Burkhards Kunst geradezu prädestiniert gewesen wäre.
Wien... viele Emigranten waren in den letzten Monaten von dort in die Schweiz
geströmt; ein paar waren im Schauspielhaus gelandet, einige wenige sollten in den
folgenden Jahren mithelfen, diesem Theater ein neues Gesicht zu geben. Darunter
gab es eine, von der es kaum jemand erwartet hätte, da sie eine blutige Anfängerin
war. Maria Becker hieß sie, und natürlich hatte niemand von ihr gehört.

Da erschien eines Tages eine Kunsthistorikerin bei Hirschfeld, sie lebte in England, und berichtete unter anderem und so nebenbei von einem jungen Mädchen,
das solle er sich einmal ansehen, das sei begabt, die Tochter der in den Jahren des
Ersten Weltkrieges in Berlin recht prominenten Schauspielerin Maria Fein.
Hirschfeld war bereit dazu, verlegte aber die Adresse der Dame, von der sie

empfohlen worden war. Er sprach darüber mit Wälterlin, als sie in einem Taxi saßen. Und als das Taxi hielt und Hirschfeld ausstieg, stand er der betreffenden Dame gegenüber. Er schrieb also diesem Fräulein Becker, und sie kam nach Zürich. Eigentlich kein Fräulein, fast noch ein Kind, mit zuviel Kinderspeck, mit bemerkenswert ausdrucksvollen dunklen Augen und einem lächerlichen riesigen Hut mit Schleier à la femme fatale. Und dann sprach sie vor, und es war ziemlich erbärmlich; mittendrin brach sie ab und sagte: »Entschuldigen Sie, ich muß mein Buch holen!« Und die Zuhörer machten zweifelnde Gesichter, und es sah nicht so aus, als ob sie große Lust hätten, Maria Becker zu engagieren, Hirschfeld genierte sich ein wenig für sie und dachte: Hoffentlich bemerken die anderen, was das für eine Begabung ist!

Das war also Maria Becker, Tochter einer früher bekannten und immer noch sehr schönen Schauspielerin und des sehr gut aussehenden Schauspielers Theodor Becker, der es nie ganz geschafft hatte und schließlich das Idol von Hannover geworden war. Sie war in Berlin geboren, in Wien aufgewachsen, dort aufs Reinhardt-Seminar gegangen, hatte ein bißchen Kabarett gemacht, eine oder zwei winzige Rollen am Deutschen Volkstheater gespielt, darunter in *Haus Romanoff* die Großfürstin Olga mit drei Sätzen und einer sehr schönen Uniform, auf die sie unmäßig stolz war.

Als Hitler kam mußte sie weg – aus rassischen Gründen. Sie war gescheit genug, nicht Schlange vor den amerikanischen oder englischen Konsulaten zu stehen, sondern sie fuhr nach Berlin, wo es viel ruhiger und gesitteter zuging als in Wien, vielleicht weil die Berliner sich nicht so sehr von Hitler »befreit« vorkamen wie die Österreicher. Aber sie wollte eigentlich gar nicht nach Berlin, sondern nach England. Das war immer ihr Traum gewesen, in London Theater zu spielen.

Maria glaubte an die Sterne. In Wien hatte ihr ein Astrologe für einen bestimmten Tag eine Zusammenkunft mit einem für sie wichtigen Mann prophezeit. Sie hatte dann nur einen alten Freund der Familie getroffen, der ihr aber immerhin Namen und Adresse eines seiner Freunde in Berlin vermittelte. Den traf sie, wieder an einem Tag, an dem ihr abermals ein »wichtiger Mann« ins Haus stand. Sie gestand dem jungen Mann, den sie übrigens von früher gut kannte, sie wolle nach England, aber ein Visum sei ja wohl nicht zu beschaffen. Er beschaffte es in wenigen Minuten. In Wien wäre das damals aussichtslos gewesen. Aber sie hatte kein Geld. Der Jugendfreund gab ihr fünfhundert Mark. Sie kaufte sich sofort einen Hut, eben jenes Ungetüm, das in Zürich ein gewisses unliebsames Aufsehen erregen sollte. Dann fuhr sie nach London, um mit diesem Hut die Welt zu erobern. Aber da lief ihr kein »wichtiger« Mann mehr über den Weg, und es stellte sich bald heraus, daß die Inhaberin eines deutschen Passes keine Chance haben würde, englisches Theater zu spielen. Und dann hörte sie, man suche neue Kräfte in Zürich, und sie schrieb ein paar Briefe, und dann kam die Empfehlung jener Dame, die sie kaum kannte, und sie sprach vor, und das ziemlich furchtbar. Aber

Wälterlin und Hirschfeld erkannten eben doch, daß da eine große Begabung war, und Maria wurde engagiert. Ihr erstes Engagement! Später zurückblickend, sagte sie: »Als ich herkam, dachte ich, hier bleibe ich höchstens ein Jahr. Und jetzt sitze ich immer noch hier...«

Sie spielte eine kleine Rolle in der Eröffnungspremiere, die Andromache in *Troilus und Cressida*, aber ihr kam sie riesig vor. Sie spielte fast in jedem Stück mit. Sie war ja so »verwendbar«. Sie spielte auch gern. Aber sie hatte große Angst. Würde sie es schaffen? Fast jede Woche stellte sich die gleiche Frage. Würde sie es diesmal schaffen?

Manchmal lief sie händeringend zu Wälterlin: »Ich kann das nicht spielen, ich bin ja viel zu jung!« Etwa, als sie die Klytämnestra spielen sollte; sie war noch nicht zwanzig, ihre Tochter Elektra wurde von Margarethe Schell-von Noé dargestellt, deren Tochter Maria Schell nicht wesentlich jünger war als Maria Becker. Oder als sie, noch jünger, die Königin Elisabeth in *Maria Stuart* zu verkörpern hatte.

Die Kollegen halfen, wo sie konnten, wie sie konnten. Sie waren sehr angetan von diesem Mädchen, das sich so ungemein anstrengte, das seinen Beruf so ernst nahm und nur für ihn lebte, das ganz in ihren Rollen aufging. Aber konnte man ihr helfen? Die paar Tricks, die Vorteile, die Routine gewährt, die hatte sie sich schnell angeeignet. Worauf es ankam, das konnte sie sich nur allein erringen. Sie war allein, wenn sie etwa in den Wald ging und sich eine Rolle vorsprach. Hatte sie endlich diese Rolle, war sie das Mädchen, die Frau, die sie sein sollte? Konnte sie endlich ganz in diese fremde Frau schlüpfen? Blieb kein Rest mehr von ihr selbst, der alles bisher Errungene ungültig, weil nicht eindeutig, ja, noch schlimmer: zufällig, also nicht gültig gemacht hätte?

Ihr Durchbruch, noch in der ersten Spielzeit, war die Jungfrau von Orleans.

Die mit ihr auf der Probe standen, waren verblüfft, wie irrsinnig leicht dieses Mädchen lernte. Mit welcher Entschlossenheit ging sie an die Aufgabe heran, die ihr gestellt war, die sie sich selbst viel unerbittlicher stellte als der Regisseur Steckel. Sie war sehr gescheit, sie erfaßte alles, was sie zu tun hatte, im Nu, aber das war erst die Vorbedingung, die Vorarbeit für das, was kommen sollte. Im nächsten Augenblick schien sie vergessen zu haben, was sie eben noch gewußt hatte, weil sie vergessen hatte, wer sie war; jetzt war sie wie ein leeres Gefäß, in das die Worte des Dichters flossen und es füllten, der Ton, den diese Worte formten. Jetzt kam eine gleichsam somnambule Komponente ins Spiel, die alles fast auf den ersten Anhieb gelingen ließ. Aber während sie sich formte, während sich etwas Neues in ihr formte, wie ohne ihr Zutun, ja, ohne ihr Wissen, wurden immer neue Kräfte in ihr frei. Weit davon entfernt, wie die meisten Künstler, schwach, ja, elend zu werden, während sich diese gewollte und noch unbewußte, intelligent herbeigeführte und doch ohne Zutun erfolgte Veränderung abspielte, wuchs ihre Kraft. Die Kollegen waren geradezu erschüttert. Wie stark dieses Mädchen doch war!

Der Regisseur Steckel machte seine erste klassische Inszenierung. Wie nicht anders zu erwarten war, fern allem Pomp, allem Fahnenschwenken. Seine Ritter traten nicht klirrend auf, sie sangen keine Arien, es gab keine »großen« Szenen, es war alles denkbar einfach, auch das Höfische nur angedeutet. Und siehe da, der König und die Feldherrn, die Ritter, die Bösewichter waren Menschen geworden, und was sie zu sagen hatten, war menschlich und menschlich verständlich.

Und die Jungfrau selbst? Das Stück war in den letzten zwanzig Jahren kaum noch aufgeführt worden, weil fast alle Theaterfachleute glaubten, die Titelrolle sei unspielbar geworden, sie wirke mit ihren klingenden Phrasen wie der Opernbühne entsprungen, sie passe nicht mehr in unsere Welt, wenn sie je in eine gepaßt habe, sie sei ein Beispiel mehr dafür, daß Schiller Frauen eben nicht zeichnen konnte.

Und dann stand Maria Becker, die von solchen Erwägungen und Problemen nichts wissen konnte, auf der Bühne, und es war keine Bühne mehr, sondern Feld, Hof, Kirche, Verlies. Und sie sprach, und die Worte waren nicht mehr pathetisch oder larmoyant. Sie war ein Hirtenmädchen, das sagt, was es zu sagen hat, und weiter kein Aufhebens davon macht, und doch bleibt ein Rest von Erstaunen über das, was sie sagt, sie kann es selbst nicht fassen, wozu das Schicksal sie erkoren hat, und nur in ihren großen Augen wird dieses Erstaunen sichtbar und spürbar, und je weiter das Schicksal sie von sich fortträgt und hinaufträgt, um so stärker wird dieses Staunen, das schließlich in Verzweiflung mündet und am Ende in das Bewußtsein, erlöst und gerettet zu sein. Seht, ein Mensch!

Dr. R. J. Welti, Kritiker der »Neuen Zürcher Zeitung«, schrieb:»Hier wächst, wenn nicht alles täuscht, eine große Tragödin heran!«

Sie war schon da.

Europa ist ein brodelnder Kessel geworden, der jede Stunde überlaufen kann.

April 1939. Italien besetzt Albanien. Frankreich und Großbritannien erklären, Griechenland und Rumänien im Falle eines Angriffs – durch Hitler, aber sein Name wird nicht erwähnt – verteidigen zu wollen. Präsident Roosevelt schlägt Hitler und Mussolini einen zehnjährigen Waffenstillstand vor und verlangt die Garantie, daß die Diktatoren einunddreißig namentlich aufgezählte Nationen nicht angreifen würden. Hitler übergießt in einer sehr ausführlichen Rede das amerikanische Staatsoberhaupt mit Spott.

Mai. Stalin entläßt seinen Außenminister Maxim Litwinow, der jahrelang vergeblich versucht hatte, ein russisch-westliches Bündnis gegen Hitler zustande zu bringen. Deutschland und Italien schließen einen militärischen Pakt. Hitler verlangt Danzig. Hitler beschwert sich über dauernde Zwischenfälle an der polnischen Grenze, angebliche Provokationen der Polen. Jetzt geht es schon darum, deutsch-polnische Differenzen aus der Welt zu schaffen, die im wesentlichen darin bestehen, daß sich Hitler angeblich von Polen bedroht fühlt. Alle versuchen zu schlichten: Leopold von Belgien, der Papst, Roosevelt.

Wenn es zum Krieg kommt – was wird aus der Schweiz? Im Norden, im Osten, im

Süden grenzt sie an angriffslustige faschistische Staaten. Wenn es zum Krieg kommt, was wird – unter anderem – aus dem Schauspielhaus? Die erste Spielzeit der Neuen Schauspiel AG hat Einnahmen von 709 124,75 Franken gebracht, die die Ausgaben, um sage und schreibe, 3 196,65 Franken überschreiten. Man ist mit einem blauen Auge davongekommen. Aber wie soll es weitergehen?

Manche Künstler sind aus der Schweiz abgewandert. Vor allem nach den USA, unter ihnen der dreiundsiebzigjährige Albert Bassermann, der in Hollywood noch einmal von vorn anfängt. Auch Max Reinhardt und Fritz Kortner, die Massary und Thomas Mann sind drüben; die Bergner, Sybille Binder, Richard Tauber befinden sich in London.

In Zürich warten auf den Beginn der neuen Spielzeit je zwölf Schauspieler und Schaupielerinnen, dazu Wälterlin, Hirschfeld, Lindtberg, Teo Otto. Aber nicht nur manche ihrer Kollegen sind weiter gewandert, emigriert oder vorübergehend abgereist, es sind auch viele fort, die sonst im Parkett saßen; und anderen, die in der Schweiz geblieben sind, steht der Sinn keineswegs nach Theater. Lohnt es sich überhaupt noch, weiterzuspielen?

Die im Pfauen tun, als sei eine solche Frage keineswegs akut. Sie geben eine Programm-Vorschau heraus, die vor Optimismus strotzt. So schreibt Wälterlin:

> Mut und Freude führen uns in die kommende Spielzeit. Nicht umsonst haben wir vor einem Jahr geworben. Unsere Hoffnungen haben sich in ihrem wichtigsten Teil erfüllt. Über Erwarten rasch entwickelte sich der Kontakt zwischen einem so weit als nur möglich geschichteten Publikum und unserem Schauspielhaus.

Hitler hat Danzig besetzt. Am 22. August schließt er unerwartet einen Nichtangriffspakt mit Stalin. Im geheimen hat er seine Generale bereits unterrichtet, daß er bald losschlagen wird.

Entsetzen über den Stalin-Hitler-Pakt in der gesamten westlichen Welt, nicht zuletzt bei den Kommunisten, die Hitler all die Jahre bekämpft haben. Wie sollen sie sich einstellen? Langhoff, Heinz, Paryla machen einen ausgesprochen verstörten Eindruck. Langhoff gibt die etwas alberne Parole aus: »Die Genossen in Moskau werden schon wissen, was sie tun!« Der britische Generalstabschef Gort wettet noch jetzt, es werde nicht zum Krieg kommen. Das schweizerische Parlament, weniger optimistisch und kurzsichtig, schickt sich an, wie immer in Notstandszeiten, einen General zu wählen. Henri Guisan, Kommandeur des 1. Armeekorps, wird mit 204 gegen 21 Stimmen gewählt.

Am Morgen des 1. September marschieren die Deutschen in Polen ein. Mobilmachung in der Schweiz. Sämtliche Theater schließen oder erklären, nicht eröffnen zu wollen. Sie könnten es gar nicht, fast das gesamte technische Personal ist eingezogen.

1. September, 14 Uhr. Betriebsversammlung aller Angestellten des Schauspielhauses auf der Bühne. Das Schauspielhaus spielt nämlich schon seit August, und

zwar ein »Volksstück aus der Grenzbesetzungszeit« – aber anno 1914/18 –, nach der Heldin benannt *Gilberte de Courgenay*. Die Versammelten erfahren, daß die Dienstverträge mit dem künstlerischen und dem technischen Personal mit sofortiger Wirkung aufgelöst sind. Allgemeines Schweigen. Was ist da auch noch zu sagen? Doch, da erhebt sich eine Schauspielerin, die Carlsen ist's, und redet: »Ich war in Berlin, als der Weltkrieg, jetzt muß man wohl sagen, der Erste Weltkrieg, ausbrach. Da hieß es auch zuerst, die Theater würden zumachen. Sie gaben uns damals eine Einheitsgage von hundert Mark und spielten weiter. Und dann stellten sie fest, daß die Theater überfüllt waren. Sie spielten nie vor besseren Häusern als im Krieg. Versteht ihr? Gerade jetzt dürfen wir nicht schließen!«
18 Uhr. Aus dem Protokoll der Verwaltungsratssitzung der Neuen Schauspiel AG im Restaurant Pfauen:

> Dr. Oprecht und Dr. Wälterlin referieren über die Maßnahmen, die infolge der Mobilisation der schweizerischen Armee ergriffen worden sind und noch zu treffen sind. Es soll versucht werden, eventuell mit Hilfe der Stadt Zürich, möglichst bald den Betrieb aufzunehmen und die Lohn- und Gagenverhältnisse neu zu regeln. Der Verwaltungsratsausschuß erhält Vollmacht, den Zeitpunkt der Eröffnungsvorstellung festzulegen. Desgleichen wird er beauftragt, die weiteren Verhandlungen mit dem Personal und mit dem Stadtrat von Zürich zu führen. Er erhält Auftrag, dem Personal die fristlose Entlassung schriftlich zu bestätigen und der Neue Schauspiel AG, Zürich (Direktion Rieser) mitzuteilen, daß der Mietvertrag unter Umständen in Frage gestellt sei.

Es wird dann doch nicht alles so heiß gegessen. Die Schauspieler erklären sich zu allen nur denkbaren Opfern bereit, wenn das Theater offenbleibe. Es wird entschieden, allen verheirateten Ensemble-Mitgliedern 380 Franken zu zahlen, den ledigen 250 Franken. Die Gagen werden etwa zwei Wochen später auf 400 beziehungsweise 300 Franken erhöht.

Was konnte man sich damals dafür kaufen? Laut Annonce im »Tagblatt« kostet in einem mittleren Restaurant ein Mittagessen, bestehend aus Hühnercremesuppe, einem halben Poulet, garniert mit Salat, oder gerolltem Kalbsnierenbraten, Gemüseplatte und Salat sowie Poire Duchesse, nur Fr. 2,50. Brot konnte man auch noch dazu essen, soviel man wollte.

Ein Liter Vollmilch kostet Fr. 0,33, ein Kilo Tafelbutter Fr. 4,96, ein inländisches Trinkei Fr. 0,21, ein ausländisches Fr. 0,15, Ochsen- und Rindfleisch das Kilo Fr. 3,–, Volksbrot das Kilo Fr. 0,45, italienischer glasierter Reis Fr. 0,69, Teigwaren das Kilo Fr. 0,73 – um nur ein paar Beispiele zu nennen. Eine Dauerwelle – wichtig für die Damen des Ensembles – kann man schon für Fr. 6,– machen lassen.

Die Unverheirateten sind schlimmer dran als die mit Familie. Ein Mittagessen im Restaurant, obwohl spottbillig an unseren heutigen Maßstäben gemessen, kommt nicht mehr in Frage. So schließen sich die meisten zu einem Mittagstisch zusam-

men. Die junge Anne-Marie Blanc, die so ätherisch aussieht, aber mit beiden
Beinen sehr fest auf dem Boden steht, richtet einen solchen Mittagstisch ein. Eine
welsche Schweizerin übrigens.

Die Presse darf schon am 8. September melden:

> Der Vorstand des Verbandes Schweizerischer Bühnen, in der Überzeugung,
> daß es in dieser schweren und gefahrvollen Zeit vermehrte Pflicht sei, die
> Kulturgüter der Welt zu hüten und dem schweizerischen Volke zur seelischen
> Erhebung und Befreiung weiter nahe zu bringen, hat in der Hoffnung, beim
> Publikum und bei den Behörden die unumgängliche Unterstützung zu finden,
> in seiner Sitzung vom 5. September 1939 beschlossen, seinen Mitgliedern die
> Fortführung ihrer Betriebe im Rahmen des möglichen dringend zu empfehlen.
> Dieser Aufforderung ihrer obersten Verbandsbehörde haben unsere beiden
> Zürcher Bühnen, Stadttheater und Schauspielhaus, Folge geleistet. Sie sind
> gewillt, ihre in den ersten Mobilisationstagen zum Stillstand gekommene
> Arbeit wiederaufzunehmen, zu spielen. Daß dies unter schwierigen Umständen
> geschieht, ist klar. Der Ruf zu den Waffen hat in das Personal beider Bühnen
> Lücken gerissen, namentlich den empfindlichen Organismus des Opernorche-
> sters und die technischen Betriebe gestört. Aber man ist der Schwierigkeiten
> Herr geworden, hat sich auf Wesentliches konzentriert und steht nun bereit,
> zunächst einmal probeweise, die Vorstellungen in beiden Theatern durchzu-
> führen.

Im Schauspielhaus bilden nicht die – meist ausländischen, also nicht eingezoge-
nen – Schauspieler das Problem, sondern die Techniker, die Beleuchter, die
Bühnenarbeiter. Also: alle müssen auf der Bühne mitarbeiten, nicht nur die
Künstler, auch Wälterlin, Schweizer, Hirschfeld, Oprecht.

Wälterlin schreibt im ersten Programmheft:

> So eröffnen wir die Spielzeit ohne Aufschub. Unser Programm stand von
> vornherein im Zeichen dessen, was durch den Begriff Humanität am besten
> umschrieben wird. Unser Thema ist der Mensch im Ringen mit allen Kräften,
> die ihn hinabziehen in die Abgründe unbeherrschter Leidenschaften und
> hinaufziehen in das klare Gebiet der Weisheit und der Liebe, wo das Göttliche
> Meister wird über die Natur.

Am 3. September haben England und Frankreich Deutschland den Krieg erklärt.
Aber für Polen kommt jede Hilfe zu spät. Am 27. September fällt Warschau. Das
unglückliche Land wird zwischen Deutschland und der Sowjetunion aufgeteilt.
Und die Schweiz? Die Großmächte haben die Neutralität der Schweiz anerkannt.
Aber darf man Hitlers Versprechungen glauben? General Guisan stellt mit Bestürzung fest: es existiert nicht einmal ein Operationsplan im Falle eines Krieges mit
Deutschland, es gibt im Generalstab überhaupt keine Operationspläne. Die
schweizerische Armee wird nie imstande sein, einen deutschen Angriff abzuwehren. Und der Nachrichtendienst befindet sich in einem jämmerlichen Zustand.

Kein Wunder, da bis zu Beginn des Krieges nur eine Summe von 25 000 Franken pro Jahr zur Verfügung stand, und jetzt allenfalls das Zehnfache ausgegeben werden darf, und es überhaupt nur einige wenige Offiziere gibt, die sich auf Intelligence-Arbeit verstehen.

Wieder meldet sich Wälterlin im Programmheft des Theaters zum Wort – es sind nun schon sechs Wochen seit Ausbruch des Krieges:
»Die Gefahr eines europäischen Zusammenbruchs stellt neue Anforderungen an alle Institutionen, die mit Kultur etwas zu tun haben. An die eines Landes aber, das sich fernhält von jeder Parteinahme, ganz besonders.
Unsere Aufgaben sind verschiedene.
Die erste und nächste ist, mithelfen in der Mobilisation des Geistes, die der militärischen unmittelbar auf dem Fuße folgen muß. Denn schließlich muß die militärische etwas haben, für das sie einsteht, und das liegt mindestens ebenso auf dem Gebiet des Geistes wie auf dem der Existenz.
Wir haben also einen Spielplan zu bringen, in dem die Ziele und Ideen unserer Heimat Gestalt werden.
Unsere zweite Aufgabe ist, das überlieferte Kulturgut unseres Kontinents und überhaupt der ganzen Welt, das man in Kampfländern leicht vernachlässigen könnte, da man andere Sorgen hat, zu pflegen und so in seiner Reinheit zu erhalten über jede einseitige, verengende oder gar entstellende und fälschende Einstellung hinweg. Um ihrer selbst willen sollen die Werke und Schöpfungen der großen Geister unseres Kulturkreises zu Worte kommen, unbekümmert darum, ob sie dem oder jenem engeren sozialen oder nationalen Kreis angehören. Wenn sie nur dem Menschen unter uns etwas zu sagen haben!« So der Direktor des Schauspielhauses. Irgend jemand schreibt, die Schauspieler seien jetzt nicht mehr »nur« eine künstlerische Gemeinschaft, sondern eine Schicksalsgemeinschaft geworden. Aber waren sie das nicht seit dem Tag, als Hitler sie aus Deutschland vertrieben hat? Der einzige Unterschied zwischen früher und jetzt: bisher waren sie Fremdkörper in einem Gastland. Jetzt spüren viele Schweizer, daß nicht nur die Flüchtlinge und Emigranten eine Schicksalsgemeinschaft bilden, sondern alle, alle, die in der Schweiz leben.
Parker später: »Wir hatten das Gefühl, daß auch wir einen Beitrag zum Weltgeschehen leisteten, wenn auch nur durch unser Spielen, durch die Premieren, die nun alle zehn bis vierzehn Tage stattfanden. War das nicht auch eine Art Frontdienst? Wir machten Überstunden, wie die Soldaten Überstunden machen. Wir begriffen, das Publikum würde etwas anderes erwarten als in normalen Zeiten. Und wir waren bereit, etwas anderes zu geben. Die Leute würden ins Theater kommen, um ermutigt zu werden, um den berühmten Silberstreifen am Horizont zu sehen. Wie konnten wir das durch Theaterspielen schaffen? Schon einfach dadurch, daß wir zeigten, daß es auch in der Geschichte schlimme und ausweglose

Zeiten gegeben hat, und daß doch wieder alles gut geworden war. Die Zeit war immer Lehrmeisterin gewesen. Warum sollte sie es diesmal nicht sein? Und wenn wir dann Applaus empfingen, verbeugten wir uns nicht, weil unserer Eitelkeit geschmeichelt wurde, sondern aus dem Gefühl heraus: Seht ihr, unser Beruf ist doch wieder etwas für euch – und dafür danken wir euch!«

Gretler, bedeutend nüchterner: »Wir diskutierten Tag und Nacht – es ging ja so viel vor auf der Welt. Wir diskutierten in den Cafés, an unseren Stammtischen, auf der Straße. Aber mehr noch als über die erschütterndsten Ereignisse, die, mit der Dauer des Krieges, einen immer bedrohlicheren Charakter annahmen, redeten wir – über unser Theater, unser nächstes Stück, unsere nächste Rolle.«

Das Theater ging nicht gut. Das Theater ging geradezu erbärmlich. Die schwere Zeit. Die Geschäfte gingen miserabel. Infolgedessen verdiente niemand. Die Männer an der Grenze – und die Frauen wollten nicht allein ausgehen. Später kam noch die Verdunklung hinzu. Eine durchschnittliche Abendeinnahme lag zwischen 600 und 800 Franken. 2000 bis 3000 Franken waren schon sensationell.

Richard Schweizer hatte eine Idee. Er rief Dr. Mario Gridazzi an – wir erinnern uns, das war der Mann, der die Schauspielerei über den Kopf von Rieser hinweg gewerkschaftlich organisiert hatte. Konnte Gridazzi helfen? Er konnte und wollte. Dabei war die Situation gar nicht so einfach für ihn. Die meisten Arbeiter und Angestellten kannten das Schauspielhaus nur vom Hörensagen – bis vor kurzem hatten ja nicht einmal die Volksvorstellungen dort stattgefunden, sondern im Stadttheater. Für die arbeitende Bevölkerung Zürichs war das Schauspielhaus das »Theater der reichen Leute«. Darüber hinaus glaubten die gewerkschaftlichen Führer, Arbeiter und Angestellte hätten keine Lust, sich nach einem Tag voller Mühen in ernsthafte Stücke zu vertiefen.

Sie wollten »ausspannen«.

Rieser hatte Schwierigkeiten gemacht, mit Rieser hatte Gridazzi niemals irgendwelche Vereinbarungen treffen können. Nun war Rieser fort, und nur noch eines fiel für Gridazzi ins Gewicht: das Schauspielhaus war ein Theater, das den Kampf gegen die Diktatur auf seine Fahne geschrieben hatte. Das Schauspielhaus vertrat also die Ideen, für die Gridazzi ein Leben lang gekämpft hatte. Da es dem Schauspielhaus schlecht ging, da es den Arbeitern und Angestellten nichts schaden würde, einmal im Monat zumindest eine gute Vorstellung, ein gutes Stück zu sehen, konnte beiden geholfen werden. Man würde die Arbeiter und Angestellten an Abenden ins Theater einladen, und zwar zu sehr ermäßigten Preisen, an denen das Theater schlecht besucht war. Es entstand die Idee der Geschlossenen Vorstellung. Es entstand die »Schauspiel-Union«.

Und siehe da! Die Arbeiter – denn die meisten Organisationen der Angestellten sprangen schließlich ab – zeigten sich besonders interessiert an Stücken experimentellen Charakters, Stücken, die keineswegs die Funktion einer Entspannung hatten, und die ohne eine gewisse Garantie der »Schauspiel-Union« gar nicht hätten aufgeführt werden können.

Aber auch von der sozusagen entgegengesetzten Seite kam Hilfe für das Schauspielhaus. Es gründete sich, noch im Jahre 1939, die Gesellschaft der »Freunde des Schauspielhauses«. Einige Zürcher Bürger erkannten nicht ohne Erschrekken: das Schauspielhaus schwebte im luftleeren Raum. Es hatte sein eigentliches Publikum verloren, Menschen, die mit Spannung, Erregung und Ensetzen verfolgten, was auf der Bühne des Welt-Theaters geschah und begreiflicherweise keine Lust verspürten, ins Theater zu gehen.

Die »Gesellschaft der Freunde« wollte also einen Kontakt zwischen dem Schauspielhaus und der Zürcher Gesellschaft herstellen oder wieder herstellen. Mittel dazu: gesellschaftliche Veranstaltungen, wo sich Vertreter der Gesellschaft und Künstler trafen. Festaufführungen, also vor allem einmal Geld, um dergleichen zu finanzieren.

Zuerst waren mit Mühe und Not siebzig bis achtzig Mitglieder zusammenzutrommeln. Später stieg ihre Zahl auf etwa zweihundert.

Im Oktober machte Hitler den Westmächten ein Friedensangebot, basierend auf dem Status quo. Das heißt, Polen sollte nicht mehr existent sein. Dieses Angebot wurde nicht einmal beantwortet.

Im November fielen die Sowjets in Finnland ein und holten sich manche Schlappe. Im Westen gab es Krieg vorläufig nur dem Namen nach, einen Krieg, der in Deutschland Sitzkrieg, in Frankreich drôle de guerre, in England und den USA phony war getauft wurde. General Guisan traute diesem »Frieden« nicht. Resultat: Alarmzustand und Urlaubssperre für die gesamte Schweiz.

Aber es geschah nichts.

Im Schauspielhaus spielten sie mit einer Inbrunst, als könnte allein von der Bühne her Hitler besiegt werden. Steckel: »Die Klassiker waren eigentlich aufregender als die modernen Stücke. Die Klassiker, die ja schon alles vorausgeahnt hatten, was jetzt in der Welt geschah oder geschehen sollte ...«

Natürlich mußte es auch gelegentlich etwas zur Entspannung geben – etwa zu Silvester.

Silvester 1939/40: zum erstenmal *Der böse Geist Lumpazivagabundus oder Das liederliche Kleeblatt* von Johann Nestroy. Regie Lindtberg, Bühnenbild Otto, musikalische Leitung Paul Burkhard, der mit Kriegsausbruch als Kapellmeister ans Schauspielhaus gekommen war. Und den Schneider Zwirn, Mitglied des liederlichen Kleeblatts, spielte Karl Paryla.

Eigentlich ist ja der Knieriem die saftigste Figur unter den drei Kleeblättern, die die Zauberposse beherrschen. Den spielte Gretler, der, ein vorzüglicher Schauspieler, irgendwie mit der Aufgabe fertig wurde, als Schweizer ein Wiener zu sein.

Aber Karl Parlya war Wiener. War Wien.

Wir hätten schon längst von ihm sprechen sollen. Denn er war bereits 1934 zum erstenmal in Zürich aufgetreten, hatte mehrere Male bei Rieser gespielt, in einem Wiener Gebrauchsstück *Straßenmusik*, das in den folgenden Jahren immer wieder aufgenommen wurde, in Molnárs *Liliom* – unvergeßlich als der wehmütige, liebenswürdige Tunichtgut, ganz zart in seiner Widerborstigkeit.

Paryla war von unten gekommen, Sohn eines Musikers und Instrumentenmachers in der k. u. k. Armee, hatte Armut, wenn auch nicht Not gekannt, hatte sich früh auf die Seite der Radikalen geschlagen, und war sehr überzeugt von sich und davon, daß die anderen viel weniger verstanden als er – von Politik, von Schauspielerei. Er hatte den starken Drang und eine echte Begabung, die Menschen um sich zu beherrschen. Paryla war an vielen Theatern gewesen, in Düsseldorf, Breslau, Darmstadt, kam nach Hitlers Machtergreifung in Deutschland nach Wien an die Josefstadt, wo er in den Dreißigerjahren so etwas wie ein Star wurde. Als die Nazis kamen, lud ihn die Gestapo sogleich zum Verhör, aber er zog es vor, zu verschwinden. Seine sehr schöne Frau hatte wohl auch nicht die vorgeschriebene Rasse; er fuhr nach Berlin und von dort aufs Geratewohl nach Zürich weiter. Hirschfeld kannte ihn ja von Darmstadt her, Lindtberg hatte mit ihm am Schauspielhaus gearbeitet, er wurde sofort engagiert.

Ja, wir hätten früher von ihm sprechen sollen, dem etwas gedrungenen, nicht gerade gut, aber ungemein interessant aussehenden Mann; denn er schlug sofort ein, zuerst bei den Kollegen. Er war liebenswürdig und aufgeschlossen; alle spürten: er war eine große Persönlichkeit, ein echter Komödiant im besten Sinne des Wortes, einer, der vor Gier zu spielen förmlich barst. Und er hatte sofort Erfolg beim Publikum, erstaunliche Erfolge, denn er machte es seinem Publikum nicht leicht, er versuchte nicht, seine Figuren so zu spielen, wie man sie sich gemeinhin vorstellt, er nahm Umwege, er machte es sich selbst nicht leicht, er kämpfte mit seinen Rollen wie Jakob mit dem Engel, er ging keine Kompromisse ein, seine eigene Phantasie zwang ihn, oft gegen seinen Willen, in ihren Bann. Es war für ihn immer ein Stirb und Werde, er mußte draufgehen, damit ein neuer Mensch entstand.

Privat blieb er der, der er immer gewesen war; im Industrieviertel fühlte er sich am ehesten zu Hause. Und so war es wohl kein Zufall, daß er am stärksten und überzeugendsten wirkte in den Rollen, in denen er einen aus der Hefe des Volkes zu spielen hatte oder einen, der ganz unten war, in irgendeinem Sinne des Wortes, oder einen, der grübelte, und der es sich schwer machte, einen Intellektuellen etwa. Oder wenn er Wien spielte, dem er niemals entkam und wohl auch nicht entkommen wollte, das in jedem seiner Worte und Gesten spürbar und erfüllbar blieb.

Insgesamt spielte er in den sieben Jahren, die er am Schauspielhaus tätig war, achtzig Rollen. Die stärkste Beziehung hatte er zu Schiller. Und er schrieb darüber, wie man ihn heute – »heute« war die Hitlerzeit – spielen sollte, einige sehr kluge Worte:

»Unsere eigenen Beziehungen zu ›Freiheit‹, ›Brüderlichkeit‹, und zu ›menschlichem Fortschritt‹ in Schillers *Don Carlos* dürften wohl nicht in pathetisch-voluminösen, sondern in stillen intensiven Formen den heutigen stilechten Ausdruck finden. Von der ›Freiheit‹ wird in Europa in allen Zungen laut deklamiert. Aber wo man sie wirklich meint, wird ihr Name todesmutig-verbissen und tränenden Auges zitternd-verhalten genannt. Ein Theater, das an solchem lebenden Umstand vorbeilebt, wird zum Museum. Und für Museen sind keine Dramen geschrieben worden.

Der Stil einer Theatervorstellung muß *unser* Stil sein, wenn er der lebendige Stil des Dichters bleiben soll.«

Paryla konnte sich sehr schnell und endgültig verrennen, und dann wurden die Proben mit ihm zur Qual; er redete ständig dazwischen, wollte nicht nur Darsteller, sondern auch Regisseur sein, machte anderen vor, wie sie es machen sollten, schrie: »Ihr seid alle keine Schauspieler!«, stellte alles auf den Kopf und machte Krach, machte, was ihn selbst anging, das gerade Gegenteil von dem, was er machen sollte.

Aber wenn er Nestroy spielte...

Der *Lumpazivagabundus* ist ja nicht eines der stärksten Stücke des großen Dichters. Und der Schneider Zwirn, der mit seinen Kumpanen Knieriem und Leim das große Los gewinnt, hat vorher und nachher nichts anderes zu tun, als möglichst blöd zu sein. Daß Paryla aus diesem Zwirn einen Menschen machte, war nicht das Besondere seiner Leistung; auch Gretler hauchte dem versoffenen Knieriem Leben ein, und Stöhr war als Leim bezaubernd. Aber Parylas Zwirn, das war nicht nur ein Schneider, das war *der* Schneider schlechthin, nicht nur ein Verschwender, sondern *der* Verschwender, alles spielte bei ihm mit, die Augen, die Hände und vor allem die Beine – nie hatte man einen gesehen, der so viel mit den Beinen auszudrücken vermochte, der schon allein dadurch, wie er sie verschränkte, zu erkennen gab, ob er auf der Höhe der Situation war oder auf dem Trockenen saß.

Ein Clown also, ein herrlicher, bezwingender Clown. Aber auch dies war nicht alles. Denn dieser Zwirn war nur dadurch, daß er überhaupt da war, eine Entschuldigung, um nicht zu sagen »Rechtfertigung der Lebensfreude«, auch wenn sie in Leichtsinn ausartete, ja, sich erst im Leicht-Sinn manifestierte. Dies alles wäre undenkbar, unerträglich gewesen ins Hochdeutsche oder in eine andere Sprache übersetzt. Dies war nur denkbar, nur erfüllbar auf wienerisch. Und dies war wohl das Entscheidende von Parylas Leistung – sagte ich Leistung? Ich müßte sagen: seiner Präsenz – daß hinter ihm das alte unbeschwert-sorglose Wien auftauchte, das es ja nicht mehr gab und nie wieder geben würde, mit seinen Gassen, Bäumen und Brunnen und seinen Vorstadtgasthöfen, dieses Wien, in dem jeder Beruf eigentlich nur ein Vorwand war, um nichts zu tun, aber es so charmant zu tun, daß man es für die natürlichste Sache der Welt hielt, daß die Wiener nichts taten. Das Wien der kleinen Leute, die leben wollen und auch leben lassen; es war ja so billig und so einfach, wenn man nur Talent hatte dazu – und das hatten sie. »Unvergleichlich wahre Landschaft des engen Horizonts« nannte das Alfred Polgar einmal.

Wenn Karl Paryla Nestroy spielte ...

Die Zürcher jubelten; es war ein Bombenerfolg.

Lumpazivagabundus konnte vierundzwanzigmal gespielt werden. Das Theater hatte endlich wieder soliden Grund unter sich.

Genau vier Wochen später kam *Dantons Tod* heraus. Ein schwieriges Stück. Ein Risiko. Einmal, weil zahlreiche Statisten notwendig waren. Der National-konvent, vor dem Robespierre und St. Just ihre Reden hielten, mußte schließ-lich, wenn auch stumm, da sein. Auch das Volk, an das Danton appelliert. Außerdem gab es noch eine Hypothek. Mitten im Ersten Weltkrieg, 1917, war ja Max Reinhardt mit seinem Ensemble in Zürich erschienen und hatte im Stadttheater – später auch in Basel – dieses Revolutionsstück gespielt, mit dem großen Alexander Moissi und dem noch jungen Werner Krauß. Die Vierzigjäh-rigen und die noch Älteren konnten sich, falls sie überhaupt an Theater interes-siert waren, noch gut an diese einmalige Vorstellung erinnern.

Die im Schauspielhaus Anfang 1940 war auch vorzüglich, wenn man einem Bericht aus der DDR – viel später, gegen Ende der Fünfzigerjahre, erschienen – glauben darf, handelte es sich um »die erste marxistische künstlerische Inter-pretation des Büchner-Stücks ...«. Was immer das bedeuten mag. In demselben Bericht wurde freilich geklagt: »Die bürgerliche Kritik nahm jedoch die neuen Akzente, die diese Aufführung setzte, nicht wahr oder wollte sie nicht wahrneh-men.« Als ob nicht Georg Büchner hundert Jahre zuvor diese Akzente gesetzt hätte!

Schlimme Zeiten kamen herauf. Es sah so aus, als wäre Hitler unbesiegbar. Am 9. April 1940 fiel er in Dänemark und Norwegen ein – wann würde die Schweiz drankommen? Am 10. Mai rollten deutsche Panzer über die holländischen und belgischen Grenzen. War die Neutralität dieser Länder nicht garantiert worden? Im Nu waren sie überrannt, innerhalb weniger Wochen sollte Frankreich, eben noch als militärisch stärkste Nation Europas, ja der Welt eingeschätzt, am Bo-den liegen.

Höchste Alarmstufe in der Schweiz. Panische Flucht großer Teile der Zivilbe-völkerung ins Innere des Landes. Die Engländer müssen Dünkirchen evaku-ieren, sie retten nur ihr nacktes Leben auf Schlachtschiffen und Torpedobooten, auf Segelschiffen und Vergnügungsdampfern, auf Yachten, Ruderbooten und

Fischerkähnen; fast alles, was England an Tanks, Kanonen, Gewehren, Munition besessen hat, fällt in die Hände der Deutschen.

Im Schauspielhaus wurden *Faust I* und *Faust II* vorbereitet – das schwierigste Unternehmen, an das sich die Bühne am Pfauen bisher gewagt hatte.

Hierzu Direktor Wälterlin:

»Daß wir zum erstenmal in Zürich es unternehmen, Goethes *Faust I* und *II* zu spielen – früher wurde einmal versucht, einige Stücke aus dem zweiten Teil an den ersten anzuhängen –, scheint auf den ersten Blick wenig mit dem heutigen Zeitgeschehen zu tun zu haben. Aber ich glaube, das scheint nur so. Dieses Gedicht des Entsagens und Überwindens, das mit dem jugendlichen Feuer eines titanischen Geistes einsetzt, das das Erlebnis in den tiefsten und höchsten Sphären sucht, um über jenes hinwegzuschreiten zu immer Neuem, ist vielleicht gerade das, was man heute braucht. Zu einer starken Musik flüchtet man heute lieber als zu einer direkten Auseinandersetzung mit dem Nächstliegenden.«

Lindtberg, der Regie führen sollte:

»Was es für eine Bühne bedeutet, beide Teile der Tragödie aufzuführen, kann sich nur vorstellen, wer mit dem Theater und seinen Gegebenheiten vertraut ist.«

Die Direktion des Schauspielhauses konnte es sich vorstellen und hatte Lindtberg von Anfang März an freie Hand gelassen, sich mit den sich ergebenden Problemen zu beschäftigen. Der Regisseur war für eine Woche ins Tessin gefahren, in das völlig menschenleere Fischerdorf Ascona, um die Frage zu lösen, wie auf der kleinen Bühne mit den geringen technischen Hilfsmitteln das in jedem Sinne ungeheure Drama aufzuführen sei. Auch nach seinen Strichen hatte der erste Teil zweiundzwanzig Bilder und der zweite achtzehn. Der für die »Gesamtausstattung« verantwortliche Teo Otto erschien ebenfalls im Tessin, so oft es ihm möglich war, Zürich zu verlassen – er mußte ja in der Zwischenzeit andere Stücke ausstatten, das heißt, die Dekoration entwerfen und auch malen. Beide Männer waren anfänglich davon überzeugt, es würde einfach nicht gehen. Lindtberg erzählte später, er habe sich nur schweren Herzens entschließen können, die Regie der Aufführungen zu übernehmen.

Aber als er sich entschlossen hatte, als er die Schauspieler mit ihren Mammutaufgaben betraut hatte, war die Situation auf einmal verändert. Sie alle wollten nicht nur mitmachen, sie waren willens, auch die schlimmsten Strapazen auf sich zu nehmen, sie waren wie elektrisiert.

Es wurde schon von den Sorgen und Ängsten gesprochen, die gerade um diese Zeit die Schauspieler am Pfauen, vor allem die Emigranten befielen. Es ging für sie in dieser Zeit wirklich um Sein oder Nichtsein – und vielleicht mehr, als sie selbst es ahnten.

Nicht einmal General Guisan, seit Kriegsbeginn der Alleinverantwortliche in militärischen Fragen, konnte sagen, was die nächsten Stunden bringen würden.

Er wußte nur, daß der Westfeldzug nach nicht weniger als neunundzwanzig Verschiebungen – sein Nachrichtendienst war überzeugt, daß Hitler persönlich für diese Verschiebungen verantwortlich war – nun endlich begonnen hatte. Und daß sich das Hauptquartier der Siebten Deutschen Armee in Freiburg, fünfzig Kilometer von der Grenze entfernt, in Alarmzustand befand, und daß sich deutsche Divisionen im Grenzraum in Marsch gesetzt hatten.

Emil Oprecht, der die bemerkenswerte Fähigkeit hatte, an drei Orten zu gleicher Zeit zu sein, meinte, es sei, wie die Dinge sich entwickelt hätten, keinem Schauspieler zu verdenken, daß er das Weite suche. »Immerhin seid ihr gefährdeter als wir Schweizer. Und wir wissen ja wirklich nicht, ob wir das Theater offen halten können!«

Leonard Steckel, der im *Faust II* nicht beschäftigt war, kam trotzdem ins Schauspielhaus. Gestern hatte er in Schaffhausen zu tun gehabt. Er wollte den Kollegen erzählen, wie es an der Grenze aussah. Er berichtete von Kanonendonner, den er selbst zwar nicht gehört hatte, den aber andere gehört haben wollten. Er selbst hatte indessen mit eigenen Augen gesehen, daß Lastwagen auf den Straßen, die zur Grenze führten, quergestellt wurden, so daß nur eine schmale Fahrrinne blieb. Würde das im Ernstfall etwas nützen? Steckel glaubte es nicht. Steckel war Skeptiker.

Um die gleiche Zeit kam Kurt Horwitz auf dem Hauptbahnhof an, einer der wenigen, die dem Zug aus Basel entstiegen. Er spielte dort nämlich und pendelte zwischen den beiden Städten. Fassungslos blickte er auf das Gedränge um sich herum. Die Leute wollten fort, gleich wohin. Ein alter Mann, der unter seinem schweren Rucksack fast zusammenbrach, schleppte sich stöhnend an ihm vorbei. In der Hand trug er eine Stehlampe.

Ein Dienstmann, auch älterer Jahrgang, war dem Blick des Schauspielers gefolgt. Seine Augen wanderten zum Gepäck, das Horwitz mit sich führte, einer dünnen Aktentasche. Er murmelte anerkennend: »Idiote ziend us, miir bliibed doo.«

Horwitz fuhr zu seinem Freund Ginsberg. Der war schon längst im Theater, aber Frau Ginsberg war daheim. Auf die Frage, ob sie gepackt habe, schüttelte sie den Kopf. »Wir bleiben hier. Wir wohnen bei Schweizern, ehrlichen und zuverlässigen Leuten. Sie werden uns nicht im Stich lassen. Und wo wir auch hingehen – es ist doch nur eine Mausefalle.«

Auch Horwitz hatte beschlossen, zu bleiben. Er sagte zu seiner Frau: »Wenn sie kommen, verstecken wir uns im Keller.« Er sagte das ganz ruhig, aber dabei war er überzeugt, daß er ein toter Mann sein würde – wenn sie kamen.

Maria Becker in der Erinnerung: »Es waren entsetzlich heiße Tage. Wir probierten den *Faust II*, dazwischen gab es allerlei Aufregungen, bedingt durch die ganze Kriegsatmosphäre, den Gedanken, daß Hitler in die Schweiz einmarschieren würde. Ich logierte mit anderen in einer Pension, deren Wirtin uns sagte, daß sie nach Thun reisen würde. In der Nacht, als man den Einmarsch erwartete, packten auch wir anderen unsere Rucksäcke, denn man hatte ja keine Ahnung, was mit einem geschehen würde. Überall Autos, hochbeladen mit Kisten und Koffern. Auch während der Proben wurden immerfort Durchsagen gegeben, wie man sich dann und dann zu verhalten hätte. Aber ich hatte seltsamerweise keinen einzigen Tag ein negatives Gefühl oder Angst, es würde zu einer Katastrophe kommen. Dazu kam natürlich, daß ich eben damals eine junge Schauspielerin war. Ich hatte fast jede Woche eine Riesenpremiere, und wie das so war, man hatte ja noch gar keine Routine, keine Arbeitsroutine, ich zerfranste mich doch bei jeder Rolle derartig, daß ich redlich müde war und schlafen wollte, wenn ich mich ins Bett legte. Wenn ich jetzt in dieser Situation wäre, ich wüßte wohl nicht ein noch aus...«

Mitten in der Nacht während einer Probe erschien im Theater Traute Carlsen, elegant, liebenswürdig, wie immer ganz große Dame. Sie hatte nur eine kleine Rolle in *Faust II*, sie spielte den Mangel. Außerdem spielte sie in dem Film *Der achte Schweizer*, den Wälterlin inszenierte, eine »chaibe Ussländeri«. Sie war nicht erschienen, um zu probieren, sondern weil sie gehört hatte: »Wenn die Deutschen kommen, dann wird die Bellevuebrücke gesprengt. Und die anderen Brücken auch. Und ich wohne doch auf der anderen Seite!«

»Und dann kannst du nicht mehr ins Theater«, ergänzte Richard Schweizer müde. »Aber wenn die Brücken gesprengt werden, meine Gute, spielen wir sicher nicht. Dann ist alles aus – für uns.«

Die Carlsen aber lachte. »Es handelt sich doch gar nicht ums Theater. Es handelt sich doch um meine Tiere!«

Die Carlsen besaß unzählige Katzen und Hunde und anderes Getier; sie unterhielt einen privaten Zoo. »Wohin mit den Tieren? Sie dürfen doch schließlich nicht leiden!«

Richard Schweizer berief eine Vollversammlung der Schauspieler und des technischen Personals – ach, was war davon übrig geblieben? – auf der Bühne ein.

»Wir müssen unbedingt spielen!« erklärte er. Sonst wird uns das als Defaitismus ausgelegt. Wenn es heißt, das Schauspielhaus macht zu, was sollen dann die Zürcher denken?«

Alle stimmten zu. Begeistert, wie es Richard Schweizer erschien. Vielleicht war es wirklich so. Solange sie spielen durften und konnten, war ja noch alles gut...

An diesem Nachmittag stand das Telefon im Schauspielhaus nicht still. Führende Männer des öffentlichen Lebens riefen an. Das Schauspielhaus würde doch offen bleiben? Das Schauspielhaus würde doch spielen? Es war wichtig, daß das Schauspielhaus spielte! Es war wichtig, daß ein »normaler Betrieb« aufrechterhalten blieb.

Der Bühnenmeister Ferdinand Lange aus Wien wurde in die Direktion gebeten, sah sich einem bleichen Direktor Oskar Wälterlin gegenüber und dem uniformierten Emil Oprecht, der sich für eine Stunde hatte freimachen können – er mußte gleich wieder nach Bern zurück. Daher kam er sofort zur Sache.

»Was machen wir? Die Schauspieler hätten wir. Aber die Bühne... Natürlich werden wir alle mithelfen, wir von der Direktion, vom Verwaltungsrat und auch die Schauspieler müssen umbauen und werden es gern tun, wenn auch nicht gerade der Faust und der Mephisto. Aber das wird ja nicht genügen...«

Und Wälterlin: »Um Gottes willen, jetzt, wo die Menschen den Kopf verlieren, wo alle wie gebannt zu den Grenzen blicken, jetzt müssen wir doch Theater spielen! Schon um sie abzulenken, schon um sie zu beruhigen und mit Mut zu erfüllen. Sie verstehen das doch, Herr Lange?«

Herr Lange verstand. Aber: »Ich habe nur zwei Leute, die nicht eingerückt sind. Der eine, weil er gehbehindert ist, der andere sieht ziemlich schlecht...«

»*Faust* mit zwei Bühnenarbeitern? Das geht doch nicht!«

»Ich habe da eine Idee. Da sind doch die ausländischen Studenten, die Komparsen, meine ich. Die haben mich schon manchmal gefragt, ob nicht ihr Freund auch etwas verdienen könnte.«

»Wir verstehen, ausgezeichnete Idee. Wir lassen Ihnen völlig freie Hand.«

Schon am gleichen Abend kamen sie, die Freunde, die auch etwas verdienen wollten. Während im Foyer geprobt wurde, unterhielt sich Lange mit ihnen auf der Bühne. Fünfzig Studenten waren erschienen, fünfundzwanzig brauchte er. Nein, nicht nur fünfundzwanzig... man würde auch die so dringend notwendigen Beleuchter aus ihren Reihen nehmen müssen.

Und alsbald exerzierte er auf der Bühne mit den fünfundzwanzig ausländischen Studenten, die er aus den fünfzig Freiwilligen ausgewählt hatte.

»Aufbauen! Abbauen! Jetzt nehmt euch mal einen Zettel! Habt ihr alle einen Zettel und einen Blei? Sie dahinten auch? Nein, Sie meine ich, den mit der Brille. Sie werden sich's merken? Nein, merken Sie sich nichts, Sie sind ja kein Schauspieler, Sie haben auch keine Souffleuse. Sie müssen es schon aufschreiben. Also, schreiben Sie, meine Herren...«

Sie schrieben auf. Sie trugen Wände und Versatzstücke hin und her. Von hinten nach vorn, von links nach rechts. Sie begriffen schnell.

Am 14. Mai, 18.30 Uhr, außerordentliche Sitzung des Verwaltungsrates.
Aus dem Protokoll:

> Herr Kurt Düby unterbreitet dem Verwaltungsrat die Frage, ob die Premiere von *Faust II* am Samstag, dem 18. Mai trotz der ungünstigen politischen Verhältnisse gehalten werden soll.
>
> Direktor Wälterlin vertritt die Auffassung, daß für die vorgesehene Premiere unter allen Umständen weiter gearbeitet werden soll, das heißt insofern sich die politische Lage in den nächsten Tagen nicht außerordentlich verschärfen sollte. Hinweis auf den positiven Eindruck, den die unbekümmerte Weiterarbeit auf

das Publikum machen muß. Wenn jetzt weiter probiert wird, entstehen keine neuen Kosten. Die hohen Entstehungskosten können aber nicht amortisiert werden, wenn jetzt die Premiere wegfiele. Direktor Wälterlin stellt den Antrag, die Premiere zu halten.

Herr Düby referiert über die Bedenken, die Dr. Oprecht in der Ausschußsitzung geäußert hat. Die Frage wird diskutiert, ob eine Verschiebung auf den Herbst aus finanziellen Gründen nicht gegeben sei. Der Referent ist persönlich der gleichen Auffassung wie der Direktor und stellt im Interesse des Publikums und des Instituts ebenfalls den Antrag auf Durchführung.

Herr Düby referiert weiter, daß der Ausschuß mit Rücksicht auf die neue Generalmobilmachung der Auffassung ist, daß die vorerst mündlich abgeschlossenen Verträge für die nächste Spielzeit als aufgehoben betrachtet werden müssen. Der Obmann des Personals, Herr Langhoff, ist davon unterrichtet worden. Er hat die Erklärung entgegengenommen, ohne dazu verbindlich Stellung zu nehmen, weil er als Obmann dazu nicht kompetent ist.

Herr Düby liest ein Schreiben vom 11. Mai vor, das per chargé an sämtliche Mitglieder abgegangen ist und die Verträge für die nächste Spielzeit mit Rücksicht auf die erneute Generalmobilmachung als aufgehoben betrachtet.

In seinem Hauptquartier erfuhr General Guisan mit Besorgnis von den Autokolonnen, die sich aus den großen Städten in Richtung Innerschweiz bewegten. Die Straßen waren bald verstopft, die Autos konnten nicht mehr weiter, auch war vielen das Benzin ausgegangen. Wenn jetzt General Guisan seine Armee marschieren lassen müßte... sie wäre gehemmt, ja, geradezu eingeschlossen. Das schlimmste: es handelte sich bei den Kopflosen, die die Flucht ergriffen hatten, nicht zuletzt um Angehörige von Soldaten und Offizieren, die angeblich den Tip erhalten hatten: Rette sich, wer kann! Wie mußte solche Massenflucht auf seine Soldaten wirken, die in Schützengräben und Bunkern warteten und die Wagen an sich vorbeifahren sahen?

Der General war mit Recht besorgt.

An diesem 14. Mai erfuhr er durch seinen Nachrichtendienst: sollte der deutsche Durchbruch bei Sedan nicht gelingen, würden die Deutschen versuchen, die Maginotlinie südlich zu umgehen. Kurz, sie würden durch schweizerisches Gebiet marschieren.

18. Mai 19.00 Uhr: Premiere von *Faust II*. Die Zuschauer, die nicht nur auf den Plätzen saßen, die in den Gängen standen, die noch jenseits der geöffneten Eingangstür standen, rasten vor Begeisterung. Weil sie alle, auch die Schauspieler auf der Bühne, auch die Arbeiter hinter der Bühne und die Beleuchter und die ausländischen Studenten, überzeugt waren: »Jetzt kommt Hitler nicht mehr!«

Die in der Verwaltungsratssitzung wiederholt ausgesprochene Vermutung, es könne noch schlimmer werden, wurde Realität. Die Norweger mußten sich ergeben. Italien erklärte jetzt, da Frankreich am Boden lag, dem Nachbarn den Krieg und rückte mutig ein, bis Mussolinis Soldaten von Hitler zurückgepfiffen wurden, der seinen Kompagnon nicht an der Beute zu beteiligen gedachte. Über schweizerischem Gebiet erschienen deutsche Flugzeuge. Ein einheimischer Jäger griff sie an, vertrieb sie.

Aber längst war eine andere Art von Invasion der Schweiz im Gange. Bereits seit Beginn des Krieges hatte Berlin immer wieder in Bern durchblicken lassen, daß es eine gewisse »Gleichschaltung« – so nannte man das damals – der öffentlichen Meinung erwarte. Im Februar hatten deutsche Zeitungen, natürlich auf Kommando des Propagandaministeriums, damit begonnen, die schweizerische Neutralität unter die Lupe zu nehmen. War diese Neutralität echt? Und wenn nicht, was dann? Gleichzeitig kam es zu unheilverkündenden Truppenverschiebungen längs der deutschen Grenze.

Im Mai unternahm der Bundespräsident Pilet-Golaz einen Generalangriff auf die Freiheit der schweizerischen Presse. Sie sollte die deutschen Siege viel stärker herausstreichen und auf eigene Kommentare verzichten. Die »Neue Zürcher Zeitung« wurde besonders aufs Korn genommen. Sie wehrte sich verzweifelt. Der Chefredakteur Bretscher erklärte, eine »Umstellung« käme nicht in Frage. Die Deutschen verstärkten ihren Druck. Bundespräsident Pilet-Golaz schien eher geneigt, nachzugeben. Der deutsche Presse-Attaché in Bern, ein gewisser Georg Trump, verlangte, daß der Chefredaktor des »Bund« verschwinde; andernfalls Repressalien. Minister Fröhlich gab mehrmals klar zu verstehen, daß keine Berichte und Leitartikel, die den Nazis nicht gefallen würden, mehr erscheinen sollten. Die schweizerischen Journalisten und ihre Chefs leisteten einmütig und daher erfolgreich Widerstand. Es gab aber ja auch Schweizer, die Hitler mit Sympathie gegenüberstanden – und erstaunlicherweise handelte es sich vor allem um die Bewohner der welschen Schweiz. Da waren ferner, immer wieder einmal, die Fröntler. Es gab weiterhin eine sogenannte Nazi-Untergrundbewegung. Rund 30000 Eidgenossen, so behaupten allerdings deutsche Quellen, waren organisiert und bereit, zu marschieren. Hierzu kam die eben erst gegründete »Nationale Bewegung der Schweiz«, deren Ziel die Eingliederung des Landes ins Großdeutsche Reich war. Und da gab es schließlich und endlich eine unbekannte, aber sicher nicht geringe Anzahl von Agenten, Spionen und Spitzeln.

Aber es gab auch Schweizer, die für die Emigranten einstanden und für sie kämpften. Vor allem galt das für Emil Oprecht, dessen Wohnung am Hirschengraben eine Art Insel war für die heimatlosen Künstler, die nicht wußten, wie es morgen weitergehen würde. Mit Hilfe seines Freundes Kurt Düby und aller, denen es schlecht ging, kämpfte er für das Recht der Emigranten, am Leben zu bleiben und ihre Arbeit zu tun – und kämpfte, wenn es sein mußte, auch gegen die Fremdenpolizei. Namentlich die Arbeit der kleinen Truppe am Pfauen schien ihm wichtiger als je zuvor.

Nicht nur ihm. Kurt Horwitz, zurückblickend: »Studenten, Ärzte, Anwälte, kleine Angestellte sprachen mich auf der Straße an: ›Was gibt's im Schauspielhaus?‹ Unser Theater wurde ein Zentrum – und das mit einem Spielplan, der von Aischylos bis zu den Modernen reichte...«

Als Rieser fortging, hatten die Schauspieler aufgeatmet oder besser, gehofft, aufatmen zu dürfen. Jetzt mußten sie mehr und konzentrierter proben denn je. Das hatte natürlich auch darin seinen Grund, daß nur noch klassische oder zumindest in dem einen oder anderen Sinne »wichtige« Stücke herauskamen, das Schauspielhaus war also kein reines Unterhaltungstheater mehr.

Vielleicht am schwersten hatten es die Regisseure. Hartung war ja nun längst in Basel; dafür hatte man Steckel für die Regie entdeckt, und da war natürlich Wälterlin, der regieführende Direktor. Am härtesten arbeitete wohl Lindtberg, der nicht nur am Schauspielhaus inszenierte, sondern fast in jedem der letzten und kommenden Jahre einen Film machte – die besten Filme, die in der Schweiz gedreht worden sind. Seine Tätigkeiten überschnitten sich zuweilen. So mußte er gelegentlich für den einen oder anderen Schauspieler einspringen, unterbrach seine Arbeit an einem Drehbuch, zog sich um, stürzte auf die Bühne, eilte im Kostüm wieder an den Schreibtisch zurück, auch die kleinste Pause nützend – und dann abermals auf die Bühne.

Lindtbergs Filme wurden von Lazar Wechsler und der »Präsens« produziert und geschrieben von Richard Schweizer, dem stellvertretenden Direktor des Schauspielhauses, der sich schon früher in der Filmindustrie betätigt hatte. Es kam den drei Männern darauf an, einen Beitrag zur geistigen Landesverteidigung zu liefern. So war 1938 *Füsilier Wipf* entstanden nach einer Novelle von Robert Faesi. Es handelte sich um die Geschichte eines jungen Mannes – Paul Hubschmid spielte ihn. Der Jüngling, im Zivilberuf Friseur, unsoldatisch, unbeholfen, reift erst durch das Erlebnis der Grenzbesetzung zum Mann heran. Da gab es noch eine Liebesgeschichte. Das Mädchen wurde übrigens von der jungen Lisa della Casa dargestellt. Heinrich Gretler spielte den erfahrenen Soldaten, der den Füsilier in Schutz nimmt, leitet und an seiner Entwicklung entscheidend mitwirkt. Da war noch eine Szene eingefügt auf einem abgelegenen Berg an der italienischen Grenze. Durch den langen öden Dienst verärgert, erliegen die Männer einem Grenzkoller. Sie haben einander satt, sie fangen an zu streiten und erklären, vom ganzen Militär die Nase voll zu haben. Da erreichen zwei Flüchtlinge diesen Grenzposten und werden von der anderen Seite angeschossen. Das Erlebnis mit den Flüchtlingen bewegt die Schweizer Soldaten zutiefst und stärkt ihren Durchhaltewillen.

Die Frage: »Sollen wir uns verteidigen oder nicht?« wurde in diesem Film eindeutig bejaht.

1939 folgte der Film *Wachtmeister Studer*, die Geschichte eines schweizerischen Michael Kohlhaas, der für das Recht eintritt. In einer großen Szene kommt es zur Umkehrung des berühmten Nazi-Satzes »Recht ist, was uns nützt!« Studer sagt vielmehr: »Nütze tuet eus, was rächt᾿isch!« Kurz, dieser Film prangerte die Rechtsprechung der Nazis an. Eine schöne Aufgabe für Heinrich Gretler, damals längst so etwas wie *der* Schweizer Nationalschauspieler.

Da war noch ein anderer, der es beinahe geworden wäre: Armin Schweizer, der Bruder Richard Schweizers, der freilich sein ganzes Leben in Berlin verbracht hatte. Als blutjunger Schauspielschüler war er von Max Reinhardt entdeckt und gleich herausgestellt worden. Später kam es zu gewissen Zerwürfnissen, die damit zusammenhingen, daß Reinhardt in dem Jüngling den geborenen Komiker sah, er selbst sich aber für den idealen Heldenspieler hielt. Er ging dann an andere Theater, immer in Berlin, kam aber schließlich zu Reinhardt zurück, blieb auch, als die Nazis kamen; er konnte sich, obwohl Schweizer, gar nicht vorstellen, anderswo Theater zu spielen als in Berlin.

In Zürich hätte man ihn gern gehabt; Hirschfeld ließ ihn das von Zeit zu Zeit immer wieder wissen, aber Schweizer konnte sich nicht entschließen, die Stadt, in der er unzählige Rollen gespielt hatte, zu verlassen; übrigens: Reinhardts Prophezeiung hatte sich erfüllt, Schweizer war Charakterkomiker geworden – und einer, der unvergeßlich war und von dem man in Berlin noch lange sprechen sollte. Er verließ die Stadt erst, als seine Frau ein Kind erwartete und die Bomben allzu dicht fielen.

In Zürich hatte er nicht die geringsten Schwierigkeiten. Im Gegensatz zu vielen anderen Schauspielern wußte man von ihm, daß er niemals mit den Nazis geliebäugelt hatte. Symptomatisch ein Verhör von der Gestapo, die mißtrauisch fragte: »Sie sind Schweizer?« Die Antwort: »Jawohl, ich bin Schweizer, ich weiß, das ist so eine Art Jude!«

In *Wachtmeister Studer* spielte Schweizer eine wichtige Rolle, einen Baumschulenbesitzer, der nur ehemalige Sträflinge einstellt und von dem man bis zuletzt nicht weiß, ob er nicht selbst Dreck am Stecken hat – und wurde innerhalb von Stunden und Tagen einer der Schauspieler, die man nicht nur schätzte, weil sie etwas konnten, sondern ihrer liebenswerten Ausstrahlung wegen. Es war, als hätte er Zürich nie verlassen. Das galt übrigens auch für das Schauspielhaus, wo er, eine Persönlichkeit, ein Typ, unzählige kleinere und größere Rollen spielte, immer, wie schon in Berlin, unverwechselbar oder, wie man in Fachkreisen sagt: auf den Punkt gebracht.

1941 wurde der Bauernfilm *Landammann Stauffacher* gedreht. Die Originalstory von Richard Schweizer spielt 1315. Die drei Urkantone Uri, Schwyz und Unterwalden sind ein Bündnis eingegangen. Da erscheint Österreich auf dem Plan, repräsentiert durch den Grafen Toggenburg. Die drei Kantone sollen sich den Habsburgern ergeben. Die beiden Kantone Unterwalden und Uri wären dazu bereit, jedenfalls wollen sie dem in erster Linie bedrohten Kanton Schwyz nicht zu Hilfe kommen, und die Schwyzer wissen, daß sie allein gegen die Übermacht der Österreicher verloren sind; trotzdem beschließen sie, den Kampf aufzuneh-men, denn sie wollen nicht als Knechte weiterleben. Im letzten Moment eilen ihnen die Verbündeten zu Hilfe, und es kommt zu der berühmten Entschei-dungsschlacht am Morgarten.

Mit den Österreichern oder den Habsburgern waren – natürlich – die Nazis gemeint. Ein Film gegen den Defaitismus also. Die Schweiz, so gab er zwischen den Zeilen zu verstehen, muß sich, falls angegriffen, zur Wehr setzen, mag kommen, was da wolle.

Wieder spielte Gretler die Hauptrolle.

Diese – im besten Sinn – patriotischen Filme waren in gewisser Hinsicht Ge-genstücke zu dem, was im Schauspielhaus geleistet wurde. Sie wurden ohne viel Geld produziert; deshalb litten sie auch nicht an dem ungeheuren Bombast der Nazifilme, vom falschen Pathos, das jenseits der Grenze praktiziert wurde, ganz zu schweigen.

Es gab noch eine Anzahl anderer Filme, von Lindtberg inszeniert, von Schwei-zer geschrieben, zum Beispiel: *Die mißbrauchten Liebesbriefe* (1940), *Gilberte de Courgenay* (1942), beide mit einem jungen Mädchen in der Hauptrolle, das schon in *Wachtmeister Studer* mitgewirkt hatte: Anne-Marie Blanc.

Sie war in der Westschweiz geboren, hatte erst mit elf Jahren deutsch zu spre-chen begonnen, wuchs in einem internationalen Mädchenpensionat in Bern auf, wo nie über Politik gesprochen wurde, kam 1938 ans Schauspielhaus, völlig ahnungslos, was die Zeit anging und die Schauspielerei. Aber Wälterlin war von ihrer Schönheit und ihrem Charme so entzückt, daß er es trotzdem wagte, sie zu engagieren, und Ginsberg erklärte sich bereit, der jungen Kollegin Unterricht zu erteilen – eine Schauspielschule wäre viel zu teuer gewesen, das konnte die Mutter sich nicht leisten. Bald gehörte sie mit dazu, obwohl doch die Probleme der anderen nicht die ihren waren – als Schweizerin hätte sie auch von Hitler nichts zu befürchten gehabt, aber danach fragte sie nicht, sie wollte dazugehören. Sie spielte ein bis zwei Jahre Rollen, die eigentlich keine waren, auch noch, als sie bereits Filmstar war; den Kollegen imponierte ihr Filmerfolg nicht im geringsten, ihr selbst übrigens auch nicht. Sie war immer ein wenig erstaunt darüber, daß alles so schnell, so einfach ging. Sie hatte wohl selbst nicht ganz begriffen, daß sie eine echte Schauspielerin, und eine gute dazu, geworden war.

Zurück zum Jahr 1940. Hitler hatte die Maginotlinie umgangen und zerbro-chen. Am 17. Juni standen seine Panzer an der französisch-schweizerischen Grenze. Zwei Tage später ging das 45. Armeekorps der Franzosen über die schweizerische Grenze und wurde interniert. Am 22. nahm Frankreich die Waf-fenstillstandsbedingungen der Deutschen an, am 25. versammelte General

Guisan alle Offiziere auf dem Rütli und hielt auf diesem historischen Boden eine patriotische Ansprache, die auf das ganze Land tiefen Eindruck machte.

Wenige Tage später begannen die laufenden Angriffe der Luftwaffe auf London und andere englische Städte.

Und im Schauspielhaus kam zu Beginn der neuen Spielzeit, noch im September, *Maria Stuart* heraus. Elisabeth: Maria Becker.

Wie? Man traute seinen Augen nicht. Die kleine Becker als gereifte Frau, als Intrigantin, sie, die eben noch die jüngsten Rollen gespielt hatte? In Kreisen, die am Theater interessiert waren, pflegte man sie »unser Wunderkind« zu nennen. Ein Kritiker schrieb nach der Aufführung: »Nun ist sie's nicht mehr.« Und: »Die gereifte Kunst der jungen Frau faßt ans Unerklärliche.«

Das Unerklärlichste war, daß die Verwandlung der jungen Künstlerin ihr selbst am unerklärlichsten war. Sie hatte sich gegen die Rolle gesträubt, die von ihr die Darstellung von Gefühlen verlangte, von inneren Situationen, die einem Mädchen noch fremd sein mußten. Woher die Anregungen nehmen für die Darstellung? Wie sich einfühlen?

Die Becker, später zurückblickend: »Ich weiß noch, daß ich Wälterlin damals mit vielen Briefen beschworen habe, er möge mich doch in Anbetracht meines Alters von dieser Rolle befreien. Da habe ich immer soviel geheult vor der Probe, daß ich ganz geschwollene Augen hatte – aus Verzweiflung. Ich war der Rolle doch nicht gewachsen!«

Aber Wälterlin »sah« sie als Elisabeth. Er wußte – höchstes Lob für einen Regisseur – besser, was in ihr steckte, als sie selbst. Und so spielte sie, die junge Ungebändigte, eine starre, kalte Elisabeth, der man alles glaubte: ihre Herrschsucht, ihre zahlreichen Liebschaften, ihre dominierende Intelligenz – zuletzt ihre tragische Einsamkeit.

Maria Becker sollte später die Elisabeth noch oft spielen. Sie wurde die stärkste Elisabeth unserer Generation – trotz Hermine Körner, Maria Eis, Agnes Straub, Käthe Dorsch, Maria Wimmer. Auch wenn sie keine ihrer anderen großen Rollen gespielt hätte, wäre sie eine große Schauspielerin.

Oktober 1941. Die Deutschen marschierten in Rumänien ein. Die Faschisten, immer bei der Hand, wenn es galt, sich auf Schwächere zu stürzen, überfielen Griechenland. Die Griechen wehrten sich, trieben die Faschisten zu Paaren. Hitler mußte wutschnaubend eingreifen, einige Armeekorps nach Griechenland schicken, die ihm später fehlen sollten.

In der Schweiz horchte man auf. Ein kleines Volk konnte sich also verteidigen! Eine weitere Tatsache: es sprach sich herum, daß die pausenlosen Angriffe der deutschen Luftwaffe auf England, die im Juli begonnen hatten, mehr als taktische Manöver gewesen waren. Es hatte sich um eine strategische Großaktion gehandelt mit dem Ziel, die RAF auszuschalten; dann sollte, nach der Schlacht über England, die Invasion, die Schlacht um England beginnen.

Oktober 1941: Die »Gesellschaft der Freunde des Schauspielhauses« veranstaltete einen Vortragsabend »Stilprobleme im Schauspiel« mit einem Referat von Oskar Wälterlin, mit Diskussionsbeiträgen des Kritikers Bernhard Diebold, des Theaterprofessors Dr. E. Müller, der Mitglieder des Schauspielhauses Leopold Lindtberg, Leonard Steckel und Wolfgang Langhoff.

Wenn man jetzt, da alles vorüber ist, diese Vorträge liest – man kann sie gar nicht einfach lesen, man muß sie durcharbeiten, sie haben hohes Niveau und sind nicht ohne weiteres verständlich –, ist man beeindruckt, ja, hingerissen. Das Entscheidende, das wirklich Erstaunliche ist nicht, daß Wälterlin ungewöhnlich kluge Dinge sagte und die anderen es auch taten, sondern daß sie sich in dieser Zeit, da die Welt in Brand stand, da sie nicht wußten, da niemand wissen konnte, ob nicht morgen schon die Schweiz überrannt und in den allgemeinen Untergang einbezogen werden würde, mit solchen etwas abseitigen Fragen beschäftigten. Aber vielleicht waren diese Fragen gar nicht so abseitig für sie; vielleicht hatten sie recht und nicht diejenigen, die nur noch auf die nächsten Zeitungen und die nächsten Radiomeldungen warteten, sie, die begriffen, daß es Kunst und Theater noch lange geben würde, auch wenn Hitler längst verschwunden wäre.

Und wann begann nun die Invasion Englands, die letzte Entscheidungsschlacht? fragten sich die Zeitungsleser, die Rundfunkhörer. Sie konnten nicht ahnen, daß da etwas schiefgegangen war. Die allmächtige Luftwaffe hatte die Schlacht über England verloren; sie hatte die entscheidende Schlacht des Krieges verloren.

Das wußte man noch nicht einmal in Berlin, geschweige denn in der Schweiz, die nach Frankreichs Zusammenbruch in immer stärkerem Maße von der Außenwelt abgeschnitten war. Zumindest schien eines klar: der Krieg würde lange, sehr lange dauern. Also: weitgehende Rationierung. Sie wurde am 2. November verordnet. Und genau eine Woche später brachte das Schauspielhaus die Uraufführung von Georg Kaisers *Der Soldat Tanaka*.

Kaiser war der produktivste, erfolgreichste und umstrittenste deutsche Dramatiker der Zwanzigerjahre gewesen. 1878 in Magdeburg geboren, als Kind epileptisch, später zur kaufmännischen Lehre nach Argentinien geschickt, wo er an Malaria erkrankte; nach fast acht Jahren Krankheit, die er teils im eigenen Bett, teils in Krankenhäusern verbrachte, kam er recht spät zum Schreiben und noch später zum Durchbruch. Aber dann gab's kein Halten mehr für den kleinen, glatzköpfigen Mann. Er schrieb unheimlich schnell. Einige seiner erfolgreichsten Theaterstücke: *Die jüdische Witwe* (1908), *Die Sorina* (1909), *Die Bürger von Calais* (1913), *Europa* (1915), *Von morgens bis Mitternacht* (1916), *Die Koralle* (1917), *Gas* (1918), *Der gerettete Alkibiades* (1920), *Flucht nach Venedig* (1922), *Der mutige Seefahrer* (1926), *Oktobertag* (1928). Ferner schrieb er Filme, Revuen und gelegentlich einen Roman.

Er war Expressionist – wohl der stärkste unter den deutschen Dramatikern. Seine Menschen sprachen abgehackt, explosiv, im Telegrammstil, und sie waren auch gar keine Menschen, sondern Vertreter von Ideen. Bernhard Diebold, der Schweizer Kritiker der »Frankfurter Zeitung«, der nach Hitlers Machtergreifung in die Heimat zurückgekehrt war, nannte ihren Schöpfer schon 1924 sehr treffend »Denkspieler«. Kaiser verdiente unheimlich viel Geld – und gab noch mehr aus. Er mußte sogar einmal ins Gefängnis,weil er den Teppich eines befreundeten Gastgebers versetzt hatte – warum, wußte eigentlich niemand so recht.

Kaiser war so deutsch, wie man nur sein konnte, und verließ Deutschland trotzdem oder vielleicht gerade deshalb, als es klar wurde, daß Hitler nicht nur vorübergehend an der Macht war. »Der Ton paßt mir nicht!« sagte er. Übrigens galt seine Kunst als entartet, und seine Stücke waren längst vom Spielplan der deutschen Theater abgesetzt. Er wurde darüber nicht bitter, sondern war nur verwundert. Auch darüber, daß die Georg-Kaiser-Konjunktur in anderen Ländern ebenso plötzlich abbrach, wie sie entstanden war.

Der Soldat Tanaka, einer von Millionen Soldaten des japanischen Kaisers, kommt, stolz in seiner schmucken Uniform, nach Hause zurück, in das arme Reisdorf, wo seine Familie lebt, mitten im schlimmsten Hungergebiet. Zu seiner Verwunderung ist alles zu seinem Empfang bereit; die Eltern haben mehr zu essen und zu trinken für ihn, als er bewältigen kann. Das Geld für die kostbaren Viktualien und auch für das wenige, das sie brauchen, um nicht selbst zu verhungern, haben sie sich dadurch verschafft, daß sie Tanakas jüngste Schwester Joshiko verkauften. Er trifft sie im Bordell wieder. Er tötet sie, als ein Vorgesetzter ihre Dienste beansprucht. Gericht. Tanaka schweigt zu allen Beschuldigungen. Trotzdem begreift der Richter die Tragik dieser Situation. Er möchte gern Milde walten lassen – aber das kann nur der Kaiser. Will Tanaka den Kaiser um Entschuldigung bitten? Da endlich öffnet der Soldat seinen Mund. »Der Kaiser soll mich um Entschuldigung bitten!« Denn nur ihn treffe die Schuld, ihn, der durch seinen Krieg die Hungersnot verschuldet habe, der alle seine Soldaten opfert – auch die kleine Schwester sei ein solches Opfer gewesen. Wenn der Kaiser um Entschuldigung bittet, »will ich dem Kaiser seine Schuld vergeben«.

Er wird erschossen. Denn es ist für Japaner undenkbar, die geheiligte Person des Kaisers auch nur in die Debatte zu ziehen oder gar zu kritisieren und zu verurteilen. Nicht nur im Stück. Als die japanische Gesandtschaft in Bern Kunde davon erhielt, was da im Schauspielhaus geprobt wurde, erhob sie Einspruch, verlangte Absetzung und Verbot des Stückes. Das politische Departement in Bern stellte anheim. War das Schauspielhaus willens, nachzugeben? Am Pfauen dachte man nicht daran.

Das Publikum verstand das Stück so, wie es gemeint war, als Demonstration gegen den Krieg. Gewaltiger Beifall für Karl Paryla als Tanaka und für die zarte Grete Heger als sein Schwesterchen sowie für den wie stets bei seinen eigenen Premieren abwesenden Dichter. Vor allem wohl dafür, was er mit seinem Stück hatte sagen wollen.

Trotzdem: das entscheidende Theaterstück, die große Dichtung gegen den Krieg sollte erst fünf Monate später herauskommen.

Inzwischen wurde es auf der Welt immer finsterer. Auch in der Schweiz, und das ist wörtlich zu nehmen. Noch vor Jahresende mußte das Land auf Verlangen Deutschlands verdunkeln. Bulgarien schloß sich den Achsenmächten an. Deutschland fiel in Jugoslawien ein.

Und das Schauspielhaus brachte am 19. April 1941 *Mutter Courage* von Bertolt Brecht zur Uraufführung.

Bertolt Brecht sandte sein Drama *Mutter Courage und ihre Kinder* auf Umwegen nach Zürich, und es ist nicht einmal sicher, ob er beabsichtigte oder auch nur wünschte, daß es am Schauspielhaus aufgeführt würde. Mir gab er, als ich in meiner Eigenschaft als US-Offizier nach Europa ging – natürlich noch mitten im Krieg – einen Brief mit, ich habe das Recht, jede Aufführung eines seiner Stücke zu verbieten, weil er nicht »falsch« aufgeführt werden wollte. Ich machte übrigens nie Gebrauch davon.

Der dem Kommunismus verhaftete Dichter hatte eine sehr merkwürdige Flucht hinter sich. Als Hitler kam, war er nach Dänemark gegangen; dann hatte er sich, bevor die Deutschen dieses Ländchen okkupierten, die nächste Bewegung der Hitler-Armee viel richtiger einschätzend als die Generalstäbe der Alliierten, nach Finnland abgesetzt, aber auch dieses Refugium schien ihm nicht mehr sicher. Es wäre nur logisch für ihn gewesen, in die Sowjetunion zu flüchten. Er fuhr auch hin, aber nur, um durch sie hindurchzufahren und in den Vereinigten Staaten zu landen, dort, wo sie am kapitalistischsten sind, nämlich in Hollywood. Dort blieb er.

»Hindurchfahren« ist wörtlich zu nehmen. Hatte er es so eilig, das Paradies der Arbeiter zu verlassen? Oder war, wie man später munkelte, der Wagen plombiert? Es käme fast auf das gleiche heraus, ob Brecht nicht wollte oder nicht wollen durfte ... Seit 1933 in Deutschland nicht mehr gedruckt, hatte er die Gewohnheit angenommen, Werke, die in der Emigration entstanden, hektographieren zu lassen und, in beschränker Anzahl, Freunden im Ausland zugänglich zu machen – ich besitze noch eine Reihe dieser dünnen Heftchen in schwarzem Umschlag.

Auf dem Umweg über den im Tessin lebenden Kurt Kläber kam also *Mutter Courage und ihre Kinder* als Heft zu Teo Otto, der es an Hirschfeld weitergab. Beide lasen es, wie sich Otto später erinnerte, an einem warmen, ruhigen Frühlingsabend. »Man konnte von weither den Geschützdonner von der deutsch-französischen Grenze hören.« Das wäre also noch im Mai 1940 gewesen.

In der Schweiz war Brecht bisher nur bekannt als der Verfasser der *Dreigroschenoper* und als überzeugter Kommunist. Was wollte er mit diesem neuen Drama, das mit seinem großen Erfolgsstück nichts mehr gemein hatte, und auch keineswegs kommunistische Propaganda machte? Wie in der *Dreigroschenoper* hatte er auf

einer fremden Vorlage aufgebaut; die Mutter Courage stammte aus Grimmels-
hausens unsterblichem Buch über den Dreißigjährigen Krieg, wo von der Mutter
Courage berichtet wird, wie sie »anfangs eine Rittmeisterin, hernach eine Haupt-
männin, ferner eine Leutnantin, bald eine Marketenderin, Musketiererin und
letztlich eine Zigeunerin« war. Bei Brecht ist sie nicht – oder nicht mehr –
Soldatendirne, sondern vor allem Geschäftsfrau, und ihr Geschäft ist der Krieg,
und er stellt sich als ein schlechtes Geschäft heraus. Ihre drei Kinder gehen dabei
drauf.

Dieses Stück gegen den Krieg war vor seinem Ausbruch, aber in seiner Vorahnung
konzipiert und gestaltet worden, ein Schrei gegen den Krieg, dem die Menschen
ausgeliefert sind, in den Schrei mündend: »Der Krieg soll verflucht sein!« Jedoch
während Brecht an dem Stück arbeitete, wurde sehr deutlich über seine ursprüngliche Absicht hinaus, aus der Geschäftsfrau Courage, nur »Mutter« genannt, eine
echte Mutter: mit ihren Sorgen und Ängsten um ihre Kinder, eine Frau, die leidet
und mit der wir mitleiden. Aus der Idee gegen den Krieg, die sie nur verkörpern
sollte, wuchs dem Dichter – eben weil er ein Dichter war – ein Mensch zu, dessen
Schicksal der Krieg ist. Aus dem beabsichtigten Plakat wurde ein Monument.

Hirschfeld war sofort entschlossen. Dieses gewiß sehr aufwendige Stück mußte
gespielt, Brecht überhaupt gefördert werden – wozu Hirschfeld bis zu seinem Tode
entschlossen blieb.

Lindtberg inszenierte. Es war nie leicht gewesen, Brecht in Szene zu setzen, er
wollte ja anders, klarer, kälter gespielt werden, und jetzt war es doppelt und
dreifach schwer, denn dieses Schauspiel war nicht kalt, und es gab keine Vorlagen,
und Brecht, der sonst immer beratend mitinszeniert hatte, war nicht da, um
Ratschläge oder Befehle zu erteilen. Teo Otto: »Wir griffen ins Leere.« Es nützte
auch nichts, daß der Bühnenbildner bereits mit Brecht zusammengearbeitet hatte,
1932, als sie im Berliner Sportpalast *Die Maßnahme* herausgebracht hatten, ein
Lehrstück über die Probleme der chinesischen Kommunisten; wie Lindtberg
später sagte: »Als hätte man damals, nur wenige Monate vor Hitlers Machtergreifung, keine anderen Sorgen gehabt!«

Paul Burkhard schrieb die Musik, eine sehr strenge und doch schöne und
eindrucksvolle Musik, die leider später von Brecht verworfen wurde zugunsten
einer neuen Musik von Paul Dessau, die den Vorteil hatte, linientreu zu sein, aber
wohl außer Brecht und Dessau niemandem recht gefiel.

Und die Giehse spielte die Mutter Courage.

Sie hatte – mit geringen Unterbrechungen – seit 1933 auf der Pfauenbühne
gestanden, aber, von wenigen Ausnahmen abgesehen, typbedingt nur zweite
Rollen gespielt, wie etwa die Marthe Schwerdtlein oder die Amme in *Romeo und
Julia*. Die Courage war *ihre* Rolle, ihre Erfüllung – die Erfüllung einer schauspielerischen Mission schlechthin. Da konnte sie alles spielen, was sie bisher nicht
hatte spielen dürfen, alles, was sie konnte, nein, was sie war. Sie war gut und böse,

geizig und nachsichtig, berechnend und liebend, zerschlagen und immer wieder imstande, sich aufzuraffen; sie war so, daß man, was so selten geschieht, bedauern mußte, daß es keine Möglichkeit gibt, eine schauspielerische Leistung festzuhalten über die Zeiten.

Neben ihr, hinter ihr, von Lindtberg gescheit geführt, alle, die in den letzten Jahren die Aufführungen am Pfauen denkwürdig gemacht hatten: Paryla und Langhoff, Erika Pesch und Wolfgang Heinz, Horwitz, Stöhr und Ginsberg.

Es kam nur zu zehn Aufführungen. Das hatte wohl mit den Kritikern zu tun, die das Stück nicht verstanden, geschweige denn begriffen, daß sie der Uraufführung einer wahrhaft großen Tragödie beigewohnt hatten. Die rühmliche Ausnahme: Rudolf Jakob Welti von der »Neuen Zürcher Zeitung«. Er schrieb: »Die neue dramatische Literatur ist um ein wertvolles, zeitnahes Stück reicher.«

Mai 1941. Roosevelt erklärt – in weiser Voraussicht – den nationalen Notstand für die Vereinigten Staaten. Die Briten besetzen den Irak, deutsche Fallschirmjäger landen auf Kreta.

Juni. In der Schweiz wird immer lauter von der »Neuen Ordnung« gesprochen, und daß die Schweiz sich eingliedern müsse. Selbst hohe und höchste Offiziere der Armee sind davon durchdrungen. Die Schweiz scheint im Augenblick nicht so gefährdet, sie führt umfangreiche deutsche Rüstungsaufträge aus, Hitler wird sie dabei nicht stören. Aber an einen alliierten Sieg glauben nur noch wenige.

22. Juni. Deutschland greift die Sowjetunion an.

Der Krieg machte es auf alle nur erdenkliche Weise immer schwerer, Theater zu spielen. Wo gab es Schminke? Die deutsche wurde begreiflicherweise boykottiert, englische war nur mit Schwierigkeiten aufzutreiben. Die attraktive und stets aktive Direktionssekretärin, Else Sager, mußte Hunderte von Telefongesprächen führen, um rationierte Waren herbeizuschaffen, wie etwa Seife – Schauspieler müssen sich ja sehr oft waschen –, Fahrradreifen für die Arbeiter, Leinwand für die Dekoration, Mehl, um Leim herzustellen, Kohle – oder auch Salami. Jawohl, Salami, sie wurde für ein Stück von Marcel Pagnol gebraucht. Salami-Attrappen waren in der ganzen Schweiz nicht aufzutreiben. Niemand hatte viel Hoffnung, daß echte Würste zu beschaffen wären, aber »Sagi« schaffte es. Ein Salamifabrikant erlag ihrem telefonischen Charme. Er schickte die Würste. Da hingen sie und rochen so gut, und die Schauspieler litten jedesmal, wenn das Stück angesetzt wurde, Tantalusqualen; denn mehr als an den Würsten riechen durften sie nicht. Unverzeihlicherweise hatte es Pagnol versäumt, eine Szene zu schreiben, in der diese Requisiten auch verspeist wurden.

Oder da war die Frage der falschen Haare, der Perücken wie der Teile. Das alles war früher aus Deutschland gekommen, wo eine veritable Haar-Industrie bestand. Woher jetzt die Haare nehmen? Es war manchmal, um sich die Haare, die man nicht hatte, zu raufen.

Für den Requisiteur Guschti Forster stellte sich ständig die Frage: Woher dies oder das nehmen? Die Geschäfte leerten sich, es kamen keine neuen Waren mehr herein, besonders wenn es sich um ausländische Waren handelte, schon gar nicht die ausgefallenen Sachen, die man am Theater immer benötigte.

Das Gas wurde rationiert, die Schauspieler mußten rechtzeitig nach Hause eilen, um sich etwas kochen zu können. Also vorzeitiger Abbruch der Proben. Elektrizität wurde kontingentiert. Jede nicht unbedingt nowendige Beleuchtung wurde abgeschaltet. Trotzdem, das Kontingent wurde nicht immer eingehalten. Die Behörden hatten ein Einsehen. Das Schlimmste waren die Finanzen. Die Spielzeit 1940/41 hatte ein Defizit von Fr. 92 000 erreicht. Im nächsten Jahr wurde das Defizit noch höher. Die Stadt sprang mit einer jährlichen Verlustdeckung bis zu Fr. 60 000 ein. Denn wie Wälterlin erklärte, war das Schauspielhaus »aus einem privaten Interessentheater ein Institut geworden, das aus dem Leben Zürichs nicht mehr wegzudenken ist«.

Die Fr. 60 000 waren nur ein Tropfen auf den heißen Stein. Alles wurde teurer, und die Preise sollten bis Kriegsende und darüber hinaus steigen. Die Gagen wurden ab 1. Januar 1942 um sechs Prozent erhöht; ferner bekamen Unverheiratete pro Monat Fr. 25,– und Verheiratete Fr. 40,– Teuerungszulage und pro Kind, soweit vorhanden, weitere Fr. 5,– monatlich.

Maria Becker: »Angefangen habe ich mit einer Gage von Fr. 180,–. Wie ich damit auskam? Mein Zimmer kostete Fr. 60,–, und so konnte ich mir natürlich nichts Besonderes zum Anziehen kaufen. Manchmal habe ich auch etwas geschenkt gekriegt zum Anziehen. Dann hatte ich nette Kollegen, die luden mich gelegentlich ein, aber in meiner ersten Zürcher Zeit konnte ich mir wirklich nicht viel leisten. Natürlich hätte ich gern mehr Geld zur Verfügung gehabt, ich hätte mir gern öfter dies oder das gekauft. Aber in dieser Zeit hat man gar nicht soviel Sinn für Geld gehabt wie später. Es schien nicht so nötig. Außerdem hatte ich wenig Zeit für mich, ich hatte viel zu viel zu tun.

Die Gagen wurden nicht etwa zwölf Monate bezahlt – keine Rede, sondern nur zehn. Dann mußte man Vorschuß nehmen aus irgendeiner Kasse, da mußte man ein Briefchen schreiben und bitten, damit man auf diese Weise den Sommer hinter sich bringen konnte ...«

Im Juli 1941 war ein gegenseitiges Hilfsabkommen zwischen London und Moskau unterzeichnet worden. Nach dem 6. Dezember – japanischer Angriff auf Pearl Habor – befanden sich auch die Vereinigten Staaten mit den Achsenmächten im Krieg. Noch vor Jahresende war der deutsche Vormarsch in Rußland zum Stillstand gekommen; Hitler hatte sich selbst zum obersten Befehlshaber der Wehrmacht ernannt, aber es sollte trotzdem noch fast ein Jahr dauern, bis sich seine Niederlage abzuzeichnen begann. Da befand sich Rommel, der noch im Juni 1942 Tobruk genommen hatte, bereits in vollem Rückzug; da tobte schon die Schlacht von Stalingrad; da waren die Alliierten in Nordafrika gelandet.

Trotzdem: die Lage der Schweiz blieb nach wie vor äußerst prekär. Im Oktober hatten das Brot, im November die Milch rationiert werden müssen. Der jetzt vorzüglich funktionierende Nachrichtendienst des Generals berichtete, daß vom deutschen Generalstab der »Fall Schweiz« vorbereitet würde, das heißt die Pläne zur Invasion der Schweiz. Für diesen Fall hatte der General die Zerstörung von Fabriken, Tunnels, Brücken und anderen Anlagen vorbereitet, die schlagartig erfolgen konnte. Der General und seine Vertrauten rechneten damit, daß Hitler, je verzweifelter seine Lage wurde, um so verzweifeltere und unberechenbarere Schritte ergreifen würde. Und im Schauspielhaus, so wollte es Wälterlin, so wollten es auch diejenigen, die hinter ihm oder um ihn standen, wurden viel Klassiker gespielt: *Iphigenie, Maria Stuart* oder *Don Carlos*...

Aber gelegentlich auch etwas Heiteres. In ernsten Zeiten wollen sich die Menschen entspannen und lachen, so kam zu Silvester 1942/43 Goldonis *Der Diener zweier Herren* heraus. Regie: Steckel.

Vielleicht sollten wir in diesem Fall nicht zuerst vom Regisseur, sondern von dem Mann sprechen, der die Musik machte – nicht nur zu Goldoni. Paul Burkhard, der ja in die Dienste des Schauspielhauses getreten war, erhielt die fürstliche Gage von 300 Franken, später wurde sie bis auf 430 Franken erhöht. Und doch: »Es war eine himmlische Zeit!«

Damals wurde fast zu jedem Stück Musik gemacht, und Burkhard machte sie mit großer Begeisterung. Er war schier unerschöpflich, was Einfälle anging. Er arbeitete schnell, konnte in einer Nacht eine kleine Partitur herstellen, für die Bergner geschrieben, die es nicht spielen wollte, und seine Musik hatte immer eine eigene spritzige, oft auch wehmütige Note.

Was nun den *Diener zweier Herren* betraf, so hatte der Regisseur Steckel die Idee, eine Mitternachtsserenade einzulegen. Vorsichtig erkundigte er sich, wer von den mitwirkenden Schauspielern Geige spielen könne. Es meldete sich der junge Stöhr. Kaum hatte Steckel für Stöhr die Mitternachtsserenade in Auftrag gegeben, meldete sich Paryla. Auch er könne Geige spielen, auch Ginsberg und noch zwei Schauspieler, die mitwirkten, erklärten, Geige spielen zu können. Steckel hatte schließlich fünf Möglichkeiten. Er beschloß, aus der Mitternachtsserenade ein Quintett zu machen.

Große Begeisterung bei den Schauspielern. Womit Steckel nicht gerechnet hatte, war, daß sie sich für das Geigenspiel – zumindest in dieser Aufführung – viel stärker interessierten als für ihre Rollen. Sie hatten kaum noch Zeit für Proben, sie waren zu sehr damit beschäftigt, Geige zu üben.

Die Mitternachtsserenade der fünf war denn auch ein gewaltiger Erfolg, obwohl es musikkundige Zuschauer im Publikum gab, die später erklärten, sie hätten schon einmal besser Geige spielen gehört. Aber es war ein Jux – genau das, was Steckel beabsichtigt hatte. So schlagend war der Erfolg, daß die fünf später auch privat auftreten mußten, um ihre Nummer vorzuführen.

Burkhard komponierte lustig weiter, komponierte Musik zu Shakespeare, zu
Raimund, zu Nestroy – namentlich bei den Aufführungen des Letztgenannten
wurden Chansons mit modernen Strophen eingelegt, geschrieben von dem aus
Wien nach Zürich geflüchteten Emigranten Hans Weigel, einem der gescheite-
sten, witzigsten und einfallsreichsten Literaten, der dies und vieles andere mehr
konnte.

Hitlers Lage verschlechterte sich jetzt von Stunde zu Stunde. Am 26. Januar 1943
hatten Roosevelt und Churchill die bedingungslose Kapitulation Deutschlands
gefordert; am 27. Januar hatten die Amerikaner begonnen, deutsche Städte syste-
matisch zu zerbomben; am 28. Januar hatte Goebbels schließlich den Totalen
Krieg ausgerufen; am 31. Januar war – der entscheidende Schlag – die Schlacht
von Stalingrad endgültig verloren gegangen. Hunderttausende hatten sinnlos
verbluten müssen... Hunderttausende gingen in die sowjetische Gefangenschaft,
aus der nur wenige zurückkehrten.
Am 4. Februar: Uraufführung des erst wenige Wochen vorher eingetroffenen
Werkes von Bertolt Brecht *Der gute Mensch von Sezuan.*
Der Dichter nannte es selbst ein Parabelstück. Drei Götter steigen auf Sezuan
herab; sie suchen nach einem guten Menschen, denn wenn es überhaupt keinen
guten Menschen mehr gibt, welche Lebensberechtigung hat dann die Welt, haben
sie, die Götter selbst? Der einzige gute Mensch, den sie schließlich finden, ist das
Straßenmädchen Shen Te. Aber ihre Güte wird erbarmungslos von den Mitmenschen ausgenutzt, so daß sie schnell ruiniert wäre, käme sie nicht rechtzeitig auf
die Idee, sich von Zeit zu Zeit von ihrem Vetter Shui Ta vertreten zu lassen, will
sagen, sich in ihn zu verwandeln, der mindestens so hartherzig ist wie die übrigen
Menschen und durch seine brutalen Maßnahmen Shen Te vor dem Untergang
rettet. Kurz, es gibt keine guten Menschen mehr auf der Welt, niemand kann es
sich leisten, gut zu sein. Aber die Götter, feige und inkonsequent, wollen das nicht
wahrhaben, für sie ist das Mädchen Shen Te gut – und damit ist alles gerettet, und
sie können in den Himmel fahren und weiter Götter spielen. Shen Te versucht sie
zu halten:
»Aber ich brauche den Vetter!«
Der erste Gott: »Nicht zu oft!«
Shen Te: »Jede Woche zumindest!«
Der erste Gott: »Jeden Monat, das genügt!«
Am Ende der *Mutter Courage* stand die Unbelehrbarkeit, und am Ende des *Guten
Menschen,* der übrigens früher entstanden war, 1938/39, stand der faule Kompro-
miß und am Ende des *Leben des Galilei* die Resignation. Auch dieses Stück hatte
Brecht vor Kriegsbeginn geschrieben, aber erst im Sommer 1943 aus den Vereinig-
ten Staaten nach Zürich geschickt – und das Schauspielhaus brachte es anfangs
der neuen Spielzeit, am 9. September 1943, zur Uraufführung.

Therese Giehse als Claire Zachanassian in der Uraufführung von Friedrich Dürrenmatts »Der Besuch der
...en Dame«, 1956

8 Helmut Lohner und Heidemarie Hatheyer in Tennessee Williams' »Orpheus steigt herab«, 1967

47 Heidemarie Hatheyer. Ihre Leistung als Temple
Drake in der Uraufführung von William Faulkners »Requiem für eine Nonne«, 1955, war eine Sensation.

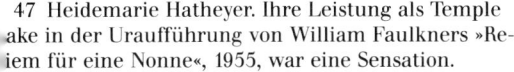

Heidemarie Hatheyer in der Titelrolle von Grillparzers »Medea«, 1963

50—53 V.l.o.n.r.u.: Rolf Henniger als Hamlet, 1961; Peter Arens als Caligula, 1961; Ernst Schröder als Richard III., 1958; Helmut Lohner als Hamlet, 1961

In fünfzehn Bildern wird gezeigt, wie der große Galilei seine entscheidende »revolutionierende« Entdeckung macht, sie aber verleugnet, als er sich der Macht der Kirche gegenübersieht, denn er will nicht gefoltert werden, er will lieber gut essen und trinken.

Später, viele Jahre später, als Brecht den Drang verspürte, dieses herbstliche Stück seinen klassenbewußten Jüngern schmackhaft zu machen, also »dialektisch« zu untermauern, schrieb er: »Galileis Verbrechen kann als ›Erbsünde‹ der modernen Naturwissenschaften betrachtet werden. Aus der neuen Astronomie, die eine neue Klasse, das Bürgertum, zutiefst interessierte, da sie den revolutionären sozialen Strömungen der Zeit Vorschub leistete, machte er eine scharf begrenzte Spezialwissenschaft, die sich freilich gerade durch ihre ›Reinheit‹, das heißt ihre Indifferenz zu der Produktionsweise, verhältnismäßig ungestört entwickeln konnte. Die Atombombe ist sowohl als technisches wie auch als soziales Phänomen das klassische Endprodukt seiner wissenschaftlichen Leistung und seines sozialen Versagens. Der ›Held‹ des Werks ist somit nicht Galilei, sondern das Volk... Ich hoffe, das Werk zeigt, wie die Gesellschaft von ihren Individuen erpreßt, was sie von ihnen braucht...«

Davon war bei der Zürcher Uraufführung – glücklicherweise – nichts zu spüren. Regie führte, wie schon beim *Guten Menschen*, Leonard Steckel. Er war in den letzten Jahren zu einem allerersten Regisseur herangereift, zu einem etwas diktatorischen Spielwart, der beträchtlichen Stimmaufwand liebte. Er legte ein ungeheures Tempo vor und war gegen die mitleidlos, die nicht folgen konnten.

Steckel war ungeheuer präzise und pünktlich. Wie schon an anderer Stelle dargestellt, wußte er auf die Minute, wann morgen die oder jene Szene drankommen würde. Er verrechnete sich nie. Wehe dem Schauspieler, der nicht pünktlich war – nur einer entging einer Schimpfkanonade dadurch, daß er zugab, »gefillte Fisch« gespeist zu haben, ein Lieblingsgericht Steckels. Da konnte »Stecki« nur die Achseln zucken und murmeln: »Na, dann...« Wir wissen, seine Eßlust war mindestens ebenso gewaltig wie seine Theaterleidenschaft. Auch Steckels Art zu inszenieren hatte etwas Genießerisches, etwa vergleichbar der Kunst eines großen Kochs. Selbst ein saftiges Temperament, entdeckte er in den ihm anvertrauten Schauspielern erstaunliche Reservoirs an neuen, bisher nie eingesetzten Mitteln und Modulationsmöglichkeiten. Wo Lindtberg die geistigen, auch die politischen, historischen Hintergründe sah und inszenierte, spürte Steckel immer wieder vor allem den Menschen in seinen menschlichen Situationen auf. Langhoff, Heinz und Paryla, die Brecht politisch nahe standen, fanden den *Guten Menschen* nicht genügend politisch inszeniert – nicht als »Front gegen die Mächtigen, nicht für die Unterdrückten«. Sie erschienen bei ihm zu Hause, um eine Art Scherbengericht über ihn abzuhalten. Steckel, zurückblickend: »Sie fragten mich, warum ich dies oder das so oder so gemacht hätte, und ich sagte ihnen, weil ich es so gesehen habe, habe ich es so gemacht.«

Maria Becker war seine Shen Te gewesen – unvergleichlich rührend in ihrer Hilflosigkeit und als böser Vetter von unüberbietbarer Härte. Den Galilei spielte er selbst. Ein gewagtes Experiment, denn der Titelheld verschwindet fast nie von der Bühne. Aber das Risiko lohnte sich. Wer hätte den Galilei so zu spielen vermocht wie Steckel? Er stellte einen Mann auf die Bühne, der nicht mit jeder Bewegung, mit jedem Augenaufschlag dem Publikum verkündete: »Seht, welch ein bedeutender Mann ich bin!« Er zeigte einen Menschen, von dem man es annehmen durfte, denn er hatte ja sehr gescheite und gewichtige Worte zu sagen, und der übrigens mit großer Leidenschaft gut lebte. Kurz, das genaue Gegenteil des Klischees »geistiger Mensch«. Eine Leistung, die zuerst frappierte, dann interessierte und schließlich erschütterte. Denn alle, die diesen Galilei sahen, mußten ihn verstehen. Er war kein Denkmal, vor dem man in Ehrfurcht erstarren mußte. Er war ein Mensch.

Der *Gute Mensch* war zwanzigmal gelaufen, *Galilei* zwölfmal. Keine Rekorde. Aber kam es darauf an? Es kam darauf an, daß das Schauspielhaus nunmehr drei Stücke des größten lebenden deutschen Dramatikers herausgebracht hatte; – Gerhart Hauptmann produzierte um diese Zeit kaum noch und hatte längst seinen Zenit überschritten. Und das Schauspielhaus sollte doch in den nächsten Jahren die entscheidenden Ur- und Erstaufführungen veranstalten, das heißt, die Stücke herausbringen, auf die es vor allem ankam. Bei der nächsten Erstaufführung handelte es sich um ein Stück, das sogar eigens für das Schauspielhaus geschrieben worden war. *Der Mond ging unter* von oder besser nach John Steinbeck, ging am 2. Dezember 1943 zum erstenmal über die Bühne.

Inzwischen war Mussolini gestürzt worden, Italien hatte nach der Landung der Alliierten in Süditalien kapituliert, der Diktator war gefangen und von deutschen Fallschirmjägern wieder befreit worden, und General Guisan hatte, da die Gefahr bestand, daß deutsche Truppen den Weg durch die Schweiz nehmen würden, um Mussolinis Regime zu stützen, Teilmobilmachung angeordnet.

Mit dem Schauspiel *Der Mond ging unter* hatte es seine besondere Bewandtnis.

Der berühmte John Steinbeck hatte zu Anfang des Jahres 1942 einen schmalen Romanband in den Vereinigten Staaten publiziert, »The Moon is down« – »Der Mond ging unter«. Auf Umwegen – die Schweiz war von der Außenwelt fast völlig abgeschnitten – war er in die Hände von Katharina Rehmann gelangt, der in Zürich lebenden Tochter des bekannten Wiener Theaterkritikers Felix Salten. Sie sollte das Werk übersetzen. Sie hatte nach der ersten Lektüre sogleich das Gefühl: wenn man die Dialoge aus dem Gewebe der Erzählung herauszieht, liegt ein fertiges Theaterstück vor. Und eins, das sich fürs Schauspielhaus besonders eignen müßte. Denn dies war der Inhalt:

Ein – ungenanntes – kleines Land, irgendwo im Norden, denn es schneit immerzu und die Nächte sind lang, wird von einer – ungenannten – Großmacht militärisch überrollt. Das geht innerhalb weniger Stunden vor sich. Natürlich auch mit Hilfe von Quislingen. Wir erleben die Okkupation aus dem Blickwinkel der Bewohner einer kleinen Stadt. Diese Menschen sind erst überrascht, dann werden sie ärgerlich, schließlich greifen sie zur Selbsthilfe. Verlangsamung der Arbeit, Sabotage, Attentate. Die »Sieger« antworten mit Erschießung von Geiseln. Der militärische Kommandant, Oberst Lanser, weiß, was kommen wird. Er ist ein Soldat, aber keiner, dessen Herz bei dieser Sache ist: »Es fängt also wieder an. Wir werden diesen Mann erschießen und uns zwanzig neue Feinde machen. Das ist das einzige, was wir können...«

Auch der alte, einfache Bürgermeister des Städchens, Orden heißt er, weiß, wie sich die Dinge entwickeln werden. Auf die Bemerkung des Obersten: »Ein nettes Geschäft haben wir uns da ausgesucht, nicht wahr?« antwortet er: »Das einzige, das nie durchgeführt werden kann. Den menschlichen Geist dauernd zu knechten!«

Dieser einfache Mann sieht sehr klar, was die Okkupanten oder sagen wir ruhig, was die Machthaber in Berlin nicht sehen, nämlich, daß die Unterlegenen die Stärkeren sind. Bei ihnen ist jeder einzelne ein Mensch mit Verantwortung für das Ganze. Es ist sinnlos, Geiseln hinzurichten, für jeden Hingerichteten stehen fünf neue Feinde auf. Die auf der anderen Seite aber bilden eine gesichtslose Masse, die, einmal ihres Führers beraubt, kraftlos in sich zusammensacken muß.

Es kommt, wie der Oberst es vorhergesehen hat. Orden, der zivile, ruhige Bürger, wird zum Widerstandskämpfer. »Wir werden bewacht, jede Bewegung wird kontrolliert, wird bestraft. Wenn wir primitive kleine Waffen hätten, Dynamit, um Geleise zu sprengen, Granaten, sogar Gift... Dies ist kein ehrenhafter Kampf, dieser Kampf heißt Verrat und Mord. Laßt uns Gleiches mit Gleichem vergelten...«

Er wird schließlich verhaftet, wird hingerichtet. An seine Stelle werden andere treten, zwanzig, hundert, Hunderte.

Dies der Roman, der im wesentlichen aus Gesprächen besteht. Katharina Rehmann ging zu Hirschfeld, erklärte, wie einfach aus diesem Roman ein Stück zu machen sei. Hirschfeld war dafür, obwohl er fürchtete, das Stück würde von Bern aus verboten werden, aber man könne es ja einmal versuchen. Was sie alle drei nicht wußten: daß zur selben Zeit Steinbeck in New York das gleiche mit seinem Roman unternahm; dort sollte das Stück schon in wenigen Monaten herauskommen.

Hirschfelds Befürchtungen schienen in Erfüllung zu gehen. Bern meinte, die Deutschen würden, mit Recht, die Sache auf sich beziehen. Ein höchst unneutrales Stück! Also verboten! Und dann geschah ein kleines Wunder. General Guisan hörte von dem Schauspiel, er ließ es sich schicken, las es, erklärte, so etwas habe er schon lange gesucht, dies sei geradezu die ideale geistige Landesverteidigung, man könne sie sich nicht zielkräftiger wünschen, warum, zum Teufel, das Stück nicht aufgeführt werde!

Es wurde aufgeführt, Steckel inszenierte – ganz einfach, ganz unpathetisch, die Geschichte einer kleinen Stadt, in der die Menschen Helden werden, weil ihnen weiter nichts übrig bleibt, ohne jeden Stimmaufwand, eine leise traurige Winterballade. Und er spielte auch selbst mit, den Betrachter, der – ein wenig in der Manier Thornton Wilders – die Zwischentexte spricht. Einmal hat er, vor den Vorhang tretend, zu sagen: »Tage und Wochen gehen vorüber, Monate gehen vorüber. Der Schnee fällt und schmilzt, fällt und schmilzt, fällt und bleibt schließlich liegen...«

Die entscheidenden Rollen: Gretler als Bürgermeister Orden, sehr still, sehr gefaßt, zuletzt sehr groß. Langhoff als Oberst Lanser, diszipliniert, obwohl er von Anfang an das Ende kennt, in bester soldatischer »Unsinn, du siegst, und ich muß untergehen«-Manier.

Emil Stöhr spielte einen jungen Leutnant, der die Einsamkeit nicht mehr erträgt, der sich an eine Frau heranmacht, nicht ahnend, daß sie die Witwe des ersten von den Okkupanten erschossenen Saboteurs ist. Sie ersticht ihn mit einer Schere.

Um diese Zeit mußte Stöhr, der nach der Annexion Österreichs einen deutschen Paß erhalten hatte, aufs deutsche Konsulat. Er sollte zur Wehrmacht eingezogen werden. Er brachte ein längeres Schreiben seines Arztes, in dem eine Unzahl von Krankheiten aufgeführt war, an denen er nicht litt. Der diensthabende Arzt legte den Wisch beiseite, stellte selbst eine Untersuchung an, meinte dann: »Sie sind herzkrank, Sie sollten sich einmal auf Ihr Herz untersuchen lassen, jedenfalls sind Sie vorläufig zurückgestellt.«

Dann kam er auf die Vorstellung des Schauspiels von Steinbeck zu sprechen. »Sie haben ein merkwürdiges Publikum in Zürich. Warum haben die Leute geklatscht, als Sie mit einer Schere erstochen wurden?«

Was sollte Stöhr sagen? Er konnte doch dem Mann nicht gut unter die Nase reiben, daß die Sympathien des Publikums nun einmal nicht bei den Okkupanten waren. Er sagte: »Die Schweizer sind eben merkwürdige Menschen...«

Bald darauf, bei einer neutralen Visite Stöhrs, erklärte der Arzt: »Und wenn Sie alle Krankheiten der Welt hätten, Sie müssen jetzt einrücken!«

Stöhr gab seinen Paß zurück.

Eine Zeitlang kursierte das Gerücht, der deutsche Konsul hätte gegen die Aufführung protestiert – fast ein halbes Jahr bevor sie stattfand. Er sollte erklärt haben, es würde einen Skandal geben, und Direktor Wälterlin solle sich nicht wundern, wenn sein Theater in Flammen aufgehe. Ein solches Telefongespräch hatte in der Tat stattgefunden, nur war am anderen Ende nicht der deutsche Konsul, sondern ein Mitglied des Schauspielhauses – es handelte sich um einen Aprilscherz.

Nein, die Zeit der Proteste aus Berlin war vorüber. Es war jetzt die freie Welt, die immer empörter protestierte – gegen die Verbrechen, die Hitler im Namen Deutschlands beging.

Am 2. Dezember fand die Zürcher Erstaufführung des Schauspiels statt. Einen Tag vorher, am 1. Dezember, berichteten die Zeitungen:

Die Besatzungsmacht in Norwegen hat zu einem neuen harten Schlag ausgeholt, von dem die gesamte intellektuelle Jugend des Landes betroffen worden ist. Durch eine überraschende Aktion des deutschen Militärs und der Polizei wurden am Dienstag vormittag alle Studenten der Universität Oslo – etwa 1200 bis 1500 Personen – mit Ausnahme der »legalen«, die der Nationalen Sammlung angehören, sowie alle noch in Norwegen befindlichen Professoren und Lehrkräfte der Universität – es sind ihrer etwa 90 – verhaftet und die Universität geschlossen...

Die Reaktion in der Schweiz auf diese Ungeheuerlichkeit war spontan. Der Rektor der Zürcher Universität erklärte seinen, in der Aula versammelten Studenten:

»Wenn auch die Universität Oslo weit weg ist von uns, den meisten von uns unbekannt und durch keine Organisation mit uns verbunden, so haben wir doch gespürt, daß eine zwar unsichtbare, aber reale Verbundenheit besteht. Alle europäischen Universitäten, ja die Universitäten der ganzen Welt, sind eine geistige Einheit, eine Schicksalsgemeinschaft. Eine Wahrheit, ein Geist des Wahrheitsuchens, eine Verpflichtung! Was einer Universität geschieht, das geschieht uns allen. Wie das, was an einer Universität erforscht oder entdeckt wird, sofort auch der anderen zugute kommt, so ist auch der Anschlag, der auf eine Universität verübt wird, unmittelbar auch ein Schlag für alle anderen. Wenn durch einen Machteingriff, wie er in diesen Tagen geschehen ist, die universitas vergewaltigt wurde, so fühlen wir uns, als Glieder der universitas, mit ihr in den höchsten Gütern, die wir zu wahren haben, angegriffen und getroffen.

Wir merken bei einem solchen Geschehen, wie eng Wissenschaft und Menschenwürde, die Erforschung der Wahrheit und die Freiheit geistigen Schaffens miteinander verbunden sind. Der Krieg ist immer, namentlich in der Gestalt, die er heute, als totaler und als Weltkrieg, angenommen hat, etwas tief Unmenschliches, ja eine Verhöhnung der Menschlichkeit. Aber schlimmer als der Krieg selbst, viel schlimmer noch als seine ungeheure Zerstörungsgewalt ist die Gewalt, die sich gegen die geistige Freiheit wendet, um den Menschen geistig zu versklaven. Da, an diesem Punkt, fühlen wir uns als Träger und Mitverantwortliche der geistigen Freiheit aufgerufen. Da dürfen wir nicht schweigen.«

Folgende Resolution wurde gefaßt:

»Die Studentenschaft beider Hochschulen Zürichs hat mit Empörung von der Verhaftung und Deportation der Dozenten und Studenten der Universität Oslo Kenntnis genommen. Mit der Verurteilung des Schlages gegen die Lehr- und Gedankenfreiheit, verbinden sich die aufrichtigsten Glückwünsche an ihre norwegischen Kommilitonen zu ihrem mutigen Kampf um die Freiheit und Unabhängigkeit ihres Landes. Die Zürcher Studenten versichern den Studenten der Universität Oslos ihre volle Sympathie.«

Auch im Zuschauerraum des Schauspielhauses kam es bei einer der Vorstellungen zu einer Art Solidaritätskundgebung. Als der Vorhang aufging, es war noch dunkel, das Licht war noch nicht aufgeflammt, ertönte eine Stimme hoch oben von der Galerie. Dies war, was man hörte: »Polen... Dänemark... Frankreich... Norwegen... Belgien... Holland...« Das war alles.

Aber es bewies, daß der Funke übergesprungen war. Dieser Zuschauer, nein, wohl alle Zuschauer hatten begriffen: was da auf der Bühne vorging, war nur ein Gleichnis. Und alle, die dieses Gleichnis sahen, waren erschüttert. Gerade weil es sich um ein leises Stück handelte, weil die Menschen ihre Sache so ruhig, so still, so bescheiden vortrugen, weil sie um Verzeihung dafür zu bitten schienen, daß sie in eigener Sache sprachen. Diese Stille verlieh dem Stück eine besondere Würde und übertönte die ganze lärmende Pathetik, mit der in jenen Jahren in Deutschland Theater gemacht wurde.

Und dieses stille und leise Stück zog die Menschen ins Theater. Niemals vorher waren, kaum daß das Stück angesetzt worden war, die Vorstellungen für die ganze Woche ausverkauft. Mehr als siebzigmal wurde *Der Mond ging unter* gespielt – ein Rekord für Zürich.

Und zum erstenmal konnten am Ende der Spielzeit 1943/44 die Schauspieler Feriengelder erhalten. Dieses zarte, ganz leise, ganz untheatralische Stück hatte das Schauspielhaus finanziell wieder auf die Beine gestellt.

Nicht nur bei den Schauspielern schnellte das Stimmungsbarometer herauf, überall in der Schweiz atmete man auf. Was konnte jetzt, da Hitler schon mit dem Rücken gegen die Wand kämpfte, noch geschehen? Nur im Hauptquartier des Generals war man weiterhin besorgt, vielleicht besorgter noch als früher. Ein siegreicher Hitler war berechenbar, ein verzweifelter Hitler war unberechenbar. Aber davon ahnte der Mann auf der Straße nichts. Für ihn war mit dem Anfang vom Ende auch schon das Ende des Krieges und der Angst gekommen. Man war über den Berg. Man war verschont geblieben.

Just in dieser Zeit begab es sich, daß ins Schauspielhaus das neue Stück von Thornton Wilder flatterte, dessen Titel gerade das besagte: daß man verschont geblieben war. Es kam wie ein von Verschwörern weitergereichtes Geheimdokument durch Kurier über die amerikanische Gesandtschaft in Stockholm als Mikrofilm in einem winzigen Schächtelchen. Der Film mußte erst einmal vergrößert werden.

Der Titel bereitete der Direktion am Pfauen Kopfschmerzen. *The Skin of Our Teeth* – Die Haut unserer Zähne. Was um Himmels willen konnte das bedeuten? So durfte man doch ein Stück nicht nennen! Hirschfeld vermutete, daß es sich um ein Zitat handelte, konsultierte den Freund Wilders, Professor Dr. H. Straumann von der Universität. Ja, es handelte sich um ein Zitat, die Worte stammten aus dem Buch Hiob 19, 20: »I am escaped with the skin of my teeth.« Hirschfeld suchte in allen Bibelübersetzungen, die er auftreiben konnte, fand schließlich die deutschen Worte der Klage des vielgeplagten Hiob: »Ich bin um Haaresbreite noch einmal davongekommen.« Und sagte: »Na, da nennen wir das Stück doch so – *Wir sind noch einmal davongekommen*!« Das Werk sollte nach Kriegsende unter diesem Titel über sämtliche deutsprachigen Bühnen gehen.

Am Pfauen äußerte man Bedenken. *Eine kleine Stadt* hatte seinerzeit einen veritablen Durchfall erlebt. Thornton Wilder machte es seinem Publikum nicht leicht, er war immer so verwirrend, auch diesmal. Da war zum Beispiel eine Stelle, in der die Schauspieler aus ihren Rollen herauszutreten und sich ans Publikum zu wenden hatten mit der Bemerkung, solchen Unsinn hätten sie noch nie gespielt. Oder was sollte man davon halten, daß eine Schauspielerin, während die anderen Personen des Stückes dabei sind, alles, was brennbar ist, in den Ofen zu werfen, um dem Erfrierungstod zu entgehen, das Publikum dazu auffordert, die Stühle aus dem Parkett zum gleichen Zweck auf die Bühne zu bringen? Oder davon, daß für – angeblich – erkrankte Darsteller plötzlich Platzanweiser und Garderobieren einspringen müssen?

Thornton Wilder: »Das Stück wurde kurz vor dem Eintreten der Vereinigten Staaten in den Weltkrieg unter starkem Gefühlsdruck geschrieben, und ich glaube, es erwacht erst unter den Umständen einer Krise zum Leben.«

Er wollte die Menschheitstragödie schlechthin schreiben, die Familie Jedermann sozusagen, geboren in den USA. Seine Personen sind nicht nur Privatpersonen – das sind sie auch –, sondern vor allem Symbole und aus Mysterien oder Sagen bekannte Figuren. Seine Familie heißt Antrobus – nach *anthropos*, griechisch für Mensch. Der Sohn Henry ist auch Kain, das Dienstmädchen Sabine auch die zu Lustzwecken von den Römern geraubte Sabinerin.

Das Verwirrende ist, wie schon in der *Kleinen Stadt*, das zeitliche Durcheinander. Die Familie Antrobus, die Menschheit also, entrinnt dem Untergang nicht nur einmal in einer gegebenen Epoche, sie entrinnt ihm zu allen Zeiten, und die drohende Vernichtung ist einmal die Eiszeit und ein anderes Mal die Sintflut. Und das alles geschieht gleichzeitig, sozusagen nebeneinander. Mann und Frau feiern die 5000. Wiederholung ihres Hochzeitstages. Er arbeitet als moderner Kaufmann irgendwo in New York, aber in sein Haus dringt ein Dinosaurier und anderes Getier längst vergangener Jahrtausende.

Trotz allem beschlossen Wälterlin und Hirschfeld, das Stück, das auf so romantischen Wegen in die Schweiz geschmuggelt worden war, aufzuführen. Wälterlin wollte es selbst inszenieren und damit sein fünfundzwanzigjähriges Bühnenjubiläum feiern. Aber es schien, als würde es nicht dazu kommen. Als das Manuskript, das einzige, zum Übersetzer gehen sollte, war es verschwunden. Die Büros wurden um und um gestülpt – vergebens. Die Sekretärin Sager: »Hirschfeld hat mich beinahe umgebracht!« In ihrer Not eilte sie in die Kirche und betete zum heiligen Antonius, dem Beschützer der verlorenen Gegenstände, will sagen, ihrer Besitzer.

Man möchte fast sagen, daß sie ihm ein Ultimatum stellte. Ins Büro zurückge-kehrt, meinte sie: »Dabei erinnerte ich mich noch genau, wie das verfluchte Manuskript ausgesehen hat!« Sie ging zum Manuskriptkasten, der ein dutzend-mal durchsucht worden war. »So hat es ausgesehen!« Und sie zog ein Manuskript heraus. Eine Stunde später eilte sie in die Kirche zurück und spendete fünf Franken, denn das Heft, das sie zum Vergleich herausgezogen hatte, war das Wilder-Manuskript.

Es wurde eine großartige Aufführung mit Wolfgang Heinz, Therese Giehse, Maria Becker. Aber die Presse war kühl bis ablehnend. Trotzdem ein starker Erfolg – neunzehn Aufführungen. Denn das Publikum hatte besser als die Presse den Dichter verstanden, ihn und seine Botschaft, daß die Menschheit nicht zugrunde gehen würde, solange sie an sich selbst glaubt.

Freilich, das ideale Publikum für dieses Werk lebte jenseits der Grenze. Es bestand aus den Menschen, die am eigenen Leibe erfahren hatten, was ihnen die Familie Antrobus vorspielte. Noch einmal Thornton Wilder: »Es in Deutschland bald nach dem Kriege gesehen zu haben, in schwer beschädigten Kirchen und Bierhallen, welche als Theater dienten, und vor Zuschauern, für die der Eintritts-preis den Verzicht auf eine Mahlzeit bedeutete, und für die es von fesselndem Interesse war, ›daß es ein Rezept für die Grassuppe gibt, die keinen Durchfall verursacht‹ – das war ein nicht gerade kühles Erlebnis.«

Die deutschen Truppen gingen überall zurück, die Alliierten landeten in der Normandie, deutsche Städte wurden pausenlos bombardiert. Vorläufig konnten die Deutschen dieses Stück noch nicht sehen. Und dann konnten sie überhaupt keine Theaterstücke mehr sehen.

Am 1. September 1944 trat Direktor Wälterlin vor der Vorstellung auf die Bühne, um zu verkünden, daß in Deutschland und Österreich sämtliche Theater hatten geschlossen werden müssen. So war das Schauspielhaus Zürich die letzte aus-schließliche Sprechbühne deutscher Zunge. »Bewahrer eines hohen Gutes, bela-stet mit einer Verantwortung, deren Bewußtsein zu letzter Anstrengung mahnt.«

Wie schnell war doch alles gegangen! War es nicht erst gestern gewesen, daß die Deutschen ganz Europa beherrscht hatten, auch die europäischen Theater, mit Ausnahme der in der Schweiz natürlich, daß weder in Deutschland noch sonstwo etwas aufgeführt werden durfte, das ihnen nicht genehm war? Und doch geschah es gelegentlich, daß etwas sein konnte, was nicht sein durfte, daß sozusagen unter ihrer Nase ein Stück gegen sie herausgebracht wurde.

Obwohl die Sache in dem Fall, auf den wir jetzt zu sprechen kommen, nicht ganz so einfach lag. Aber nichts war ja einfach, was mit Jean-Paul Sartre zusammen-hing, der in Deutschland studiert und vor allem Martin Heidegger gehört und eine neue Philosophie des Existentialismus geschaffen hatte, die vielleicht so neu nicht war. Im Schauspielhaus wußte man, als sein erstes Drama *Die Fliegen* ins

Haus schneite, nichts oder weniger als nichts von Sartre. Schließlich war dieses Stück mitten im Krieg in dem von den Deutschen okkupierten Paris aufgeführt worden. Ein Kollaborationist? Die Auskünfte waren beruhigend. Sartre lebte irgendwo in der französischen Provinz als Philosophieprofessor und hatte mehrere Novellen und ein philosophisches Werk verfaßt, man munkelte sogar, daß er einer Widerstandsbewegung angehöre, sicher sei sein Stück zu schwierig gewesen, um von den Nazi-Zensoren überhaupt verstanden zu werden.

Worum handelte es sich? Die Fliegen sind die Erinnyen, die Rachegöttinnen in einer bisher noch nicht bekannten Gestalt, und umkreisen die Mörder des Agamemnon. Ja, es handelt sich um eine nach Aischylos und unzähligen Klassikern bis zu Hofmannsthal, O'Neill und Giraudoux neue Ausdeutung des uralten Eumenidenstoffs vom Schicksal des griechischen Königs, seiner Gattin Klytämnestra, der Elektra und des Orest. Nur daß diesmal der Akzent nicht auf Schuld und Sühne, sondern auf Freiheit oder eigentlich Befreiung liegt. Der Mensch, so der Philosoph Sartre, ist zu einer unfreien Existenz, zu Gefängnis verdammt, als Mitglied einer Herde, wenn er nicht seinen eigenen Weg findet, durch die Tat, die auch eine Untat sein kann – oder vielleicht sogar sein muß; nur ist es notwendig, daß er sich zu ihr bekennt. Eine umstrittene Philosophie, nicht nur, wie schon angedeutet, eine alte, sondern vielleicht auch eine veraltete. Man braucht nur an Kierkegaard und vor allem an Nietzsche zu denken. Aber um auf das Stück zurückzukommen: Die Tat wendet sich hier nicht nur gegen die Opfer, der Mörder erledigt nicht nur die Ermordeten, sondern auch und vor allem die Obrigkeit, in diesem Falle Zeus. Denn der hat nur vor einem Angst: die Menschen könnten eines Tages begreifen, daß sie frei sind, wenn sie nur frei sein wollen. Es muß also alles getan werden, damit sie, im Gegenteil, im nie sich öffnenden Kerker ihres Gewissens weiter vegetieren. »Was bin ich anderes als die Angst, die andere vor mir empfinden?« gibt er zu. Wo es keine Angst gibt, wo bleibt da Gott? Seine Macht entpuppt sich als Bluff!

Setzen wir anstatt Gott Obrigkeit oder besser noch, Militärregierung, und das Widerstandsdrama ist da. Argos ist Frankreich, Ägisth und Klytämnestra sind Kollaborateure, Zeus ist Hitler und Orest die Verkörperung der Widerstandsbewegung.

Man konnte das Stück auch so sehen. Die zuständigen Deutschen in Paris hatten es nicht so gesehen oder sehen wollen. Die Zürcher besahen sich die deutschsprachige Erstaufführung mit recht gemischten Gefühlen. Es war ja reichlich schwere Kost. Und was die Zeitungen darüber schrieben, war zwar sehr ehrerbietig, aber nahezu unverständlich und keineswegs geeignet, Besucher anzuziehen. Fazit: sieben Aufführungen.

Bald nachdem in Deutschland die Theater schlossen, erschien eine der ersten Schauspielerinnen deutscher Sprache in Zürich: Käthe Gold. Damit ging ihr langgehegter Wunsch in Erfüllung – allerdings unter anderen Begleitumständen, als sie sich das erträumt hatte.

Sie war in Wien geboren und war aufgewachsen in den Hungerjahren vor Krieg und Inflation. Immer hatte sie davon gehört, in der Schweiz gebe es »alles«. Einmal war ihr ein kleiner Schokoladenautomat geschenkt worden, aus dem man richtige Schokolade ziehen konnte, und jedes der winzigen Plätzchen war in Papier gewickelt, das eine bunte Schweizer Landschaft zeigte. Als sie die Schauspielschule absolviert hatte, bot man ihr ein Engagement in Wien an. Aber sie dachte nur an die Schweiz, und sie wartete, bis sich das Stadttheater Bern meldete. Ein paar Jahre später sprach sie auch einmal Rieser vor. Der lehnte sie brüsk ab. »In Zürich brauchen wir Seide, Sie sind Barchent.«

Ihre Karriere ging nicht schnell vor sich und war nicht steil zu nennen. Nicht nur Rieser hielt anfangs nicht viel von ihr. In München konnte sie sich nicht durchsetzen. Nach Breslau kam sie nur als Anhängsel ihres Mannes, eines damals sehr gesuchten Schweizer Tenors. Dort kam sie allerdings sehr schnell nach vorn. Und als sie nach München zurückkehrte, wieder an die Kammerspiele, wo man sie verschmäht hatte, griff sich Direktor Falckenberg an den Kopf: »Wo habe ich nur meine Augen gehabt?«

Eigentlich wollte sie nach Wien, an das Theater in der Josefstadt, aber plötzlich starb ihr sechsjähriger Sohn, und nun konnte sie den Anblick der Stadt und der Wohnung, die sie eingerichtet hatte, um mit ihm zusammenzuleben, nur noch schwer ertragen.

Da kam ein Telegramm von Werner Krauß aus Berlin: »Wollen Sie zu meinem Faust das Gretchen spielen?« Sie wollte. Aber auch in Berlin setzte sie sich im ersten Anlauf nicht durch. Zurück zu Falckenberg.

Bis Gustaf Gründgens sie ein zweites Mal ans Berliner Staatstheater holte, und nun spielte sie die großen Rollen der Weltliteratur und die Modernen und wurde neben der Dorsch die gefeiertste Schauspielerin in der Hauptstadt.

Wie sie beschreiben? Wie sie deutlich machen? Sie war klein, schmal, zerbrechlich, Typ »süßes Weaner Madl«, aber sie konnte viel mehr, als ihren Typ spielen. Sie war in gewissem Sinn die Nachfolgerin der Bergner. Wie diese gab sie sich schwer preis, Gefühl und Worte kamen wie unter Vorbehalt, zögernd, als wolle sie die Regungen und Worte gleich wieder in sich zurücknehmen. Sie spielte nicht das, was sie sagte, sie sagte ja auch, scheinbar, nicht alles, was sie zu sagen hatte, und sie spielte, was sie hätte sagen können, und sie spielte so, als wage sie nicht, es ganz auszudrücken. Ein ungewöhnlich komplizierter Prozeß und ein ungewöhnlich reizvolles Ergebnis. Andere Schauspielerinnen spielten alles, was die Rolle hergab, bis an ihre Grenzen, oft, wie im Falle Becker, über die Grenzen der Rollen hinaus. Die Gold spielte nur ein Segment und ließ ahnen, daß der Mensch, den sie darstellte, also die Rolle, bis in die Unendlichkeit hinauf reichte. Daß dies immer wieder und immer wieder von neuem und auf andere Weise gelang, hatte auch mit ihrer Stimme zu tun, einem scheinbar kraftlosen Instrument, von unendlicher Süße, das alles auszudrücken verstand, vor allem, daß sich so vieles gar nicht ausdrücken, sondern nur ahnen ließ.

Sie hätte Berlin längst verlassen; schon im Sommer 1944 war sie zu Besuch bei Wälterlin gewesen – mit ihrem Schweizer Paß konnte sie ja die Grenzen überschreiten –, und Wälterlin hätte sie am liebsten nicht mehr weggelassen. Aber sie wollte nicht, daß man von ihr sage, sie laufe vor den Bomben davon, und da war auch ein Mann in Berlin, den sie nicht im Stich lassen konnte. Als die deutschen Theater schlossen, war es dieser Mann selbst, der sie in den Zug in die Schweiz setzte. Es gab dann in Zürich noch einige Schwierigkeiten. Eine Schauspielerin des Staatstheaters, der Bühne Görings, im Anti-Hitlertheater? Paryla, aber auch andere äußerten Bedenken. Eine Zeitung veröffentlichte die Tischordnung einer großen Nazifestivität; es ergab sich, daß Käthe Gold neben Göring gesessen hatte. Die Schauspieler berieten. Therese Giehse, der die Gold von früher gut bekannt war, trat für sie ein. Die Proben konnten beginnen. Als die Gold ihren ersten Premierentermin erfuhr, brach sie fast zusammen. »Mein Gott, wie soll ich das nur schaffen? In Berlin habe ich im Oktober gewußt, was ich im nächsten Jahr spielen werde. Wie macht ihr das nur hier?«

Einige Schauspieler, die gerade Zeit hatten, saßen im abgedunkelten Parkett und sahen bei den Proben zu. Das Stück: ein selten gespielter Hofmannsthal, *Cristinas Heimreise*. Am tiefsten war die junge Becker beeindruckt. »Die Zwischentöne, das Gebrochene, dieses Seltsame, diese merkwürdige Behandlung der Mittel, das alles war für mich faszinierend. Daß man so etwas kann, daß dies möglich ist, das hat mich alles so beeindruckt, ich möchte sagen, wie wenn ein Maler einen neuen Stil sieht.«

Ähnlich reagierte die Presse. Ähnlich ganz Zürich. Das erste Auftreten Käthe Golds war ein Triumph, dem viele folgen sollten. Bald gehörte sie ganz dazu.

Nur sie selbst war nicht zufrieden. Es war alles zu schnell gegangen. »Ich hatte ja keine Zeit gehabt, mich selbst zu finden. Nun ja, irgendeine Lösung habe ich schon gefunden. Aber als die Premiere kam, und als die Leute so freundlich klatschten, wußte ich: Endgültig ist das, was ich heute gezeigt habe, noch nicht...«

Auch Theaterleute können sich irren. Die vom Schauspielhaus taten es im Falle der jungen schweizerischen Schauspielerin Margarethe Schell, genannt Gritli. Sie war in Wien aufgewachsen, aber als Hitler dort einzog, hatte der Vater seine Familie in die Schweiz zurückexpediert. Indessen, Wien hatte seine Spuren bei Gritli hinterlassen. Wien, das hieß für das junge Mädchen: Theater; die Mutter war dort aufgetreten, der Vater hatte Stücke geschrieben, man hatte nur in Theaterkreisen verkehrt. Natürlich wollte auch Gritli zur Bühne. »Auf einen anderen Gedanken wäre ich gar nicht gekommen.«

Als sie fünfzehn war, kam das erste Angebot – allerdings vom Film. Sie spielte neben Heinrich Gretler die Hauptrolle in dem düsteren Film »Steinbruch«. Kenner zeigten sich erstaunt. Die Kleine hatte etwas. Sie brauchte nur in die Kamera zu schauen, und man wußte, ohne daß sie eigentlich spielte, was in ihr vorging.

Am Zürcher Bernhard-Theater durfte sie in einem dürftigen Schwank, *Drunter und drüber*, mitspielen; es folgte die Hauptrolle in dem seinerzeit oft aufgeführten italienischen Lustspiel *Scampolo*. Der Kritiker Bernhard Diebold schrieb: »Das stärkste Naturtalent seit der Bergner.«

Sie hatte nur einen Wunsch: am Schauspielhaus spielen! Dort zeigte man nicht das geringste Interesse. So ging sie an die vereinigten Stadttheater von Biel und Solothurn. Von dort nach Bern. Als Käthe Gold als Rose Bernd in der Hauptstadt gastierte, übernahm Gritli, die schon große Rollen spielte, eine winzige, nur um die Proben mitmachen zu dürfen. Als die Gold nach Zürich zurückfuhr, versprach sie, ein Wort für die junge Kollegin einzulegen. Man ließ sie zum Vorsprechen kommen – und zuckte die Achseln. Schließlich durfte sie doch zwei kleine Rollen spielen, so klein, daß sie sich später nicht einmal erinnerte, in welchen Stücken das war, geschweige denn, wen sie darstellte. Ach, es waren keine Rollen, es waren kaum ein paar Sätze. Und die Herren vom Schauspielhaus zuckten wieder die Achseln: Talent... nein, die hatte kein Talent!

In Wien, wohin sie gleich nach dem Krieg ging, dachte man anders. Und dann holte sie der Film. Sie wurde Maria Schell und ein Star und nicht nur einer des deutschsprachigen Films. Sie konnte sich vor Angeboten nicht retten. Sie verdiente, was sie wollte. Aber sie hörte nie auf zu hoffen: am Zürcher Schauspielhaus muß ich spielen!

Als das Schauspielhaus gegen Ende der Saison 1949/50 *Romeo und Julia* einstudierte, fuhr sie nach Zürich, besuchte Wälterlin, sagte: »Wenn Sie mich die Julia spielen lassen, sage ich alle meine Filmverträge ab.« Sie verdiente damals pro Tag, was sie am Schauspielhaus bestenfalls in einem Monat an Gage hätte erhalten können. Die Julia spielte dann eine Schauspielerin namens Dorothea Mayer. Was mag wohl aus ihr geworden sein?

Etwa ein halbes Dutzend Jahre später bat mich der gleiche Wälterlin, der Schell, die jetzt schon ganz, ganz oben war, zu bestellen, wann immer sie in Zürich spielen, was immer sie spielen wolle, sie sei stets willkommen. Damals war es, daß sie mir die traurige Geschichte erzählte, die sich zwischen ihr und dem Schauspielhaus abgespielt hatte. Und dann sagte sie, mir ist ihre Stimme noch im Ohr: »Wenn die Dinge schließlich kommen, ist es oft zu spät.«

Nicht viel besser erging es einem anderen jungen Schweizer Talent, dem Schauspieler Paul Hubschmid. Er war in Wien an der Theaterschule gewesen, hatte den Krieg dort verbracht. Als er nach 1945 zurückkam und sich am Pfauen vorstellte, wollte man nichts von ihm wissen. Man hielt ihn für einen Kollaborateur, ja, es wurde sogar behauptet, es existierten irgendwelche Dokumente, die bewiesen, daß er Mitglied der Partei gewesen sei. Nichts davon stimmte, konnte schon deshalb nicht stimmen, weil Paul Hubschmid eine deutsche Schauspielerin geheiratet hatte, die berühmt und berüchtigt für ihre geradezu gefährlich antinazistische Haltung war. Wie dem auch sei; in Zürich kam er nicht an. Er mußte nach Deutschland, ging von dort nach Hollywood, wo er sich einen Weltnamen machte. Der Rest der Geschichte ist bekannt.

Damals, als es noch nicht spät war, Paul Hubschmid zu holen, als es noch nicht zu spät war, Gritli Schell zu engagieren, als sie ihren ersten Film machte und am Bernhard-Theater spielte, wurde die Schweiz mehr und mehr aus einer blockierten Insel zu einem hochinteressanten Land – vom Standpunkt des übrigen Europa aus. Die totale Niederlage der Hitlerheere war nicht mehr aufzuhalten. Also würde verhandelt werden müssen. Wo anders konnten sich die Unterhändler, die Agenten, diejenigen, die ihre Fühler ausstreckten, treffen als in der Schweiz? Die Russen besetzten Warschau. Die Russen nahmen Budapest ein. Die Alliierten überquerten den Rhein. Die Deutschen in Italien wünschten nichts Besseres, als Schluß zu machen. In der Schweiz verhandelten sie darüber während des Februar und März 1945.

Und im Schauspielhaus probierte man das Schauspiel eines jungen Schweizers, mittelgroß, dunkelhaarig, mit dem Gesicht eines Intellektuellen, wenn man so sagen darf, einem »modernen« Gesicht: Max Frisch. Sein Stück beschäftigte sich mit dem Krieg, der nun zu Ende ging, der von allen Seiten näher und näher an die Schweizer Grenzen herankam. Das Stück hieß *Nun singen sie wieder.*

Frisch hatte Germanistik studiert, fand aber, er sei für wissenschaftliche Arbeit völlig unbegabt. Als er nach dem Tode des Vaters die Mutter ernähren mußte, stürzte er sich in die Journalistik, reiste kreuz und quer durch Europa, fand aber die interessantesten »stories« in Zürich selbst, erfuhr sie von den Emigranten, die ihm Erschütterndes zu berichten hatten. Konnte man das schreiben? Konnte er überhaupt schreiben? Vielleicht war es vernünftiger, Architekt zu werden. Da baute man doch etwas Sichtbares, Greifbares. Das Geschriebene hingegen...

Er kam trotzdem nicht vom Schreiben los und nicht von dem, was ihm die Emigranten in Zürcher Cafés erzählt hatten, und daher kam er auch nicht von Hitler los und seinem Krieg. Er lernte Kurt Hirschfeld kennen. Der hatte das Wenige, das von Frisch publiziert war, vor allem »Blätter aus dem Brotsack«, mit Interesse gelesen und sprach ihn wie folgt auf der Rämistraße an: »Schreiben Sie Theaterstücke! Ich führe sie auf!«

Frisch schrieb das Drama *Santa Cruz*. Aber kaum, daß er das Stück abgeliefert hatte, ließ er Hirschfeld wissen, er arbeite bereits an einem neuen, viel aktuelleren, es gehe um den Krieg. Das war im Januar 1945. Hirschfeld setzte durch, daß das Drama sofort aufgeführt wurde, im März: *Nun singen sie wieder...* Wer ist es, der singt? Es sind die Toten, irgendwo im Osten als Geiseln erschossen, Frauen,

Kinder und Greise, sie sangen, als sie ihre eigenen Gräber schaufelten, und sie singen, wann und wo immer Unrecht auf der Welt geschieht. Und es geschieht viel Unrecht, denn es ist Krieg. Es wird Unrecht begangen von Soldaten, die kein Unrecht tun wollen, und darunter leiden und desertieren und Selbstmord begehen. »Wir griffen zur Macht, zur letzten Gewalt, damit der Geist uns begegne. Wir klopften dran, und er war hohl«, sagt einer.

Im Jenseits treffen sie sich wieder, die Opfer und ihre Mörder, die ja auch Opfer gewesen sind, die »Feinde«, die zu spät erkennen, daß es eben keine Feinde geben darf – daß es nur Liebe geben darf. »Wir sind umsonst gestorben. Alles ist umsonst, das Leben, die Sonne, die Sterne am Himmel.« Und die Liebe? »Die Liebe ist schön. Sie allein weiß, daß sie umsonst ist.«

Ein Dichter sprach. Und man behielt seinen Ton im Ohr wie seine Geschöpfe den Gesang der ermordeten Geiseln. Ein Dramatiker? Noch nicht. Und Frisch machte es sich schwer. Sein Drama – man hatte es seit Jahren täglich in den Zeitungen gelesen, am Radio gehört. Gegen diese »Erlebnisse« anzukämpfen, wäre auch einem geschickteren und erfahreneren Dramatiker nicht gelungen. Der Bombenregen vom Schnürboden, die Aktionen der mit verschiedenen Uniformen Kostümierten wollten nicht überzeugen.

Apropos Kostüme: Mit welch beschränkten Mitteln das Schauspielhaus noch arbeiten mußte, mag die Tatsache erhellen, daß die Aufführung an der Unmöglichkeit, englische Uniformen aufzutreiben, fast gescheitert wäre. In letzter Minute erklärte sich das britische Generalkonsulat in Zürich bereit, sie zu liefern. Das hatte die Sagi geschafft, und Prüfi sollte die Uniformen holen. Er wollte nicht. »Ick mit meenen Berliner Dialekt, nee!« Tat es aber dann doch und kam mit seiner Beute zurück und folgender frohen Kunde: »Nee, also weeßte, die waren so nett zu mir, so wat von reizend hab' ick noch nie jesehen, da is eener jekommen und hat mir erklärt, wo alle die Klamotten und Abzeichen hinkommen, und dann is noch eener jekommen und hat es noch mal erklärt, also wirklich, die waren so wat von reizend, ick versteh' jar nich, warum die Krieg führen!« Das hatte Frisch ja auch sagen wollen.

Der Erfolg der Uraufführung war stark. Immerhin fünfzehn Aufführungen, viel, wenn man bedenkt, daß es sich, genaugenommen, nicht einmal um ein handfestes Theaterstück, sondern um eine fast zusammenhanglose Bilderfolge handelte. Die Vermutung der Kritik und wohl auch des Dichters, das Stück würde später in den vom Krieg betroffenen Ländern viel gespielt werden, sollte sich allerdings nicht bewahrheiten.

Aber darauf kam es ja auch nicht an. Es kam überhaupt nicht so sehr auf das Stück an, als daß ein junger Dichter zum erstenmal zu Wort gekommen war; ein junger Schweizer Dramatiker, wie die Kritik meinte. Ein europäischer Dramatiker, wie sich bald herausstellen sollte.

Der Krieg hatte endlos gedauert und alle, die ihn miterlebten, so oder so, waren von dem entsetzlichen Gedanken nicht mehr losgekommen, daß er nie, nie enden würde.

Und dann ging alles sehr schnell. Kampf um Berlin. Hinrichtung Mussolinis. Selbstmord Hitlers. Feuereinstellung. Bedingungslose Kapitulation der Faschisten und der Nazis an allen Fronten. General Guisan stellte sein Amt zur Verfügung, die schweizerische Armee wurde demobilisiert. Der Friede war da oder doch das, was man damals den Frieden nannte, und was, wie sich später herausstellen sollte, keiner war.

Immerhin: Hitler war weggefegt, die gute Sache hatte gesiegt, auch die der Schauspieler, die nach Zürich geflüchtet waren. In gewissem Sinn waren ebenfalls sie Sieger. Sie hatten seit Riesers Zeiten, seit dem Bestehen der Neuen Schauspiel AG so vieles gespielt, was drüben verboten war, etwa Carl Zuckmayer, Georg Kaiser, Bert Brecht, Bruno Frank, Franz Werfel und Ignazio Silone, den bedeutenden italienischen Schriftsteller, der, sehr links, vor dem Faschismus in die Schweiz geflohen war. Es war ein Sieg, all dies aufgeführt zu haben, was den Nazis und den Faschisten nicht in den Kram paßte. Ja, die vom Schauspielhaus fühlten sich mit Recht als Sieger.

Als die deutschen Emigranten in den Dreißigerjahren geflohen waren – kein Hahn in der Heimat hatte nach ihnen gekräht. Hungerten sie? Verhungerten sie? Wie schlugen sie sich überhaupt durch? Es gab nur einige wenige Kollegen in Hitler-Deutschland, die das damals interessierte.

Hungerten die in Deutschland und Österreich verbliebenen Schauspieler jetzt? Wo wohnten sie denn, da doch ihre Wohnungen zerbombt waren? Die in Zürich stellten sich sehr wohl solche Fragen. Am 8. Mai war der Krieg zu Ende. Am 9. starteten sie eine Hilfsaktion für die Schauspieler in Deutschland und Österreich. Langhoff organisierte das – und so etwas machte er großartig. »Hilfsaktion für Deutschland«: Lebensmittel aller Art, Kleider, Anzüge, Wollsachen. Es war gar nicht so einfach damals. Für die »armen« Österreicher zu sammeln, das ging noch an; denn schon fand die Legende Verbreitung, die Österreicher, die sich als die Bösesten der Nazis aufgeführt hatten, seien eigentlich keine gewesen. Aber für die bösen Deutschen zu sammeln, war geradezu unpopulär.

Trotzdem: die Waren stauten sich in den viel zu kleinen Wohnungen der Schauspieler, in Garagen, die ein Mäzen, in Schulzimmern, die Zürich zur Verfügung gestellt hatte.

Nun, es waren ja Schauspieler, die für Schauspieler sammelten. Sie fanden daher, schlimmstenfalls würden jene auch hungern und frieren – wenn sie nur Theater spielen könnten! Und so sammelte und schickte man ihnen Vorhangstoffe und Requisiten und was immer sich auftreiben ließ an abgelegten Kostümen, und vor allem immer wieder Textbücher. Brecht, Giraudoux, Sartre, Wilder, Friedrich Wolf, Ferdinand Bruckner. Die Schauspieler saßen nächtelang und tippten die Textbücher mühselig mit zwei Fingern, es war entsetzlich langweilig, aber die besiegten Kollegen jenseits der Grenze, die sich den Teufel darum geschert hatten, was aus ihren jüdischen Kollegen geworden war, mußten doch schleunigst die Chance bekommen, Stücke zu spielen, die gegen die Diktatur und nicht zuletzt gegen sie selbst geschrieben worden waren. Bis die Bühnenvertriebe einschritten. Die deutschen Bühnenvertriebe natürlich. Die waren nicht ganz so idealistisch eingestellt. Wenn deutsche Bühnen Stücke zur Umerziehung des deutschen Volkes spielten, so wollten deutsche Bühnenvertriebe wenigstens daran verdienen! Das Zürcher Schauspielhaus wurde eine Art Auskunftsbüro. Aus aller Welt trafen Briefe von Schauspielern und Schriftstellern ein, die nach Deutschland zurückkehren wollten.

Und was sollten die Schauspieler selbst tun, die Schauspieler in Zürich? Der entmutigte Wälterlin sagte zu dem einen oder anderen: »Vielleicht ist es doch besser, ihr geht.«

Akt V

Sie gehen und sie kommen

Und dann war alles ganz anders. Bisher hatten die Schauspieler eine gemeinsame Front – viele von ihnen glaubten es wenigstens. Sie waren zum Beispiel Mitglieder der Organisation »Freies Deutschland« geworden, die in Moskau unter dem Motto »Zusammenfassung aller antifaschistischen Kräfte« gegründet worden war. Langhoff wirkte auch hier führend. Bei der Zürcher Gründungsfeier hatte der ahnungslose Ernst Ginsberg Reden von Pastor Niemöller und Bischof von Galen vorgelesen ... Erst lange nach Kriegsende begriff er und mit ihm manch anderer Kollege, daß es sich hier um eine von zahllosen getarnten kommunistischen Organisationen handelte.

Die Kommunisten, o ja, die wußten Bescheid. Die waren während des ganzen Krieges gut informiert gewesen. Langhoff, zum Beispiel, hatte sogar den Besuch eines Funktionärs namens Walter Ulbricht und durch ihn Direktiven erhalten. Die wichtigste: so bald wie möglich über die Grenze und für ein kommunistisches Deutschland respektive Österreich kämpfen!

Die kommunistischen Schauspieler warteten nur auf eine Gelegenheit. Sie sollten nicht lange warten müssen.

Andere waren dafür, zusammen zu bleiben. So dachten Teo Otto, die Giehse, die Becker. War man nicht etwas geworden, das es in Deutschland nicht mehr gab? Ein geschlossenes Ensemble? Ein Theater mit Weltanschauung? Ein Theater mit eigenem und einheitlichem Stil? Lindtberg schlug vor, mit drei Inszenierungen pro Jahr nach Berlin, Hamburg, Dresden, Wien zu reisen. »Wenn wir's nicht tun, vergeben wir eine einmalige historische Chance.«

Steckel: »Es wird aller Wahrscheinlichkeit nach in Deutschland in den ersten Nachkriegsjahren kein ständiges Theater geben. Gastspieltruppen, zum Beispiel von den Besatzungsmächten zusammengestellt und umhergeschickt, werden in den Ortschaften auf improvisierten Bühnen spielen.« Um so mehr Grund, daß man über die Grenze fuhr und zeigte, was man konnte.

Aber war man jenseits der Grenze willkommen? Aus Wien traf der Schauspieler Anton Edthofer ein und erklärte: »Ihr habt einen Riesenfeind in Wien. Das ist der Kritiker Hans Weigel. Der war ja in den Hitlerjahren in Zürich. Der sagt und schreibt jeden Tag, daß ihr so viel besser seid als die Wiener Schauspieler. Jetzt mag euch in Wien kein Mensch mehr!«

Trotzdem ging ein Ensemble des Theaters, geführt von Leopold Lindtberg, nach Wien, um dort die *Mutter Courage* zu zeigen – mit ungeheurem Erfolg. Die Zeitungen stellten fest – wie sie an das Material herangekommen waren, ist nicht klar–, daß Lindtberg in den Kriegsjahren, abgesehen von seinen Filmen, nicht weniger als 43 Inszenierungen geliefert hatte. Fühlte er sich davon erschöpft? Keineswegs. Mit Genugtuung durfte er feststellen, daß man ihm Anträge machte, und daß vor allen Dingen das Burgtheater ihn haben wollte. Aber er ging vorläufig wieder nach Zürich zurück. Hingegen verschwanden andere, vor allem diejenigen, die den Befehl dazu hatten. Langhoff verzog sich, wie er gekommen war, schwarz über die Grenze, dorthin, wo er zuletzt gespielt hatte, nach Düsseldorf, wurde sofort Intendant, obwohl die Stadt britisch besetzt war – und fand alles ein wenig anders, als er sich's vorgestellt hatte. Da war zum Beispiel ein Schauspieler, ein gewisser D..., nein, nennen wir ihn Müller, Mitglied der kommunistischen Partei und Duzfreund Langhoffs. Aber Müller war in die Nazipartei eingetreten, sogar SA-Mann geworden, und Langhoff begegnete ihm eisig. »Sie werden sich verantworten müssen, Herr Müller!« verkündete er. Herr Müller, nicht mehr die traute Anrede »Genosse«! Also Scherbengericht der Partei, wobei es sich herausstellte, daß Müller auf Befehl der Kommunisten in die Nazipartei eingetreten war und sogar dies und das Gute hatte tun können, unter anderem Genossen vor der drohenden Verhaftung warnen. Langhoff strahlend: »Nun können wir wieder du zueinander sagen!« Und Müller, nicht so strahlend: »Jawohl, du Arschloch!«

Bald darauf wurde Langhoff nach Berlin gerufen, um das Deutsche Theater zu übernehmen.

Die Wiener Kommunisten hatten, um ihren deutschen Genossen nicht nachzustehen, das »Freie Österreich« gegründet. Paryla, Heinz und Stöhr fuhren nach Wien. Zuerst gingen sie ans Deutsche Volkstheater. Sie waren nicht gerade zufrieden mit der Art von Theater, das sie dort machen mußten. Nicht lange darauf übernahmen sie die »Scala« im ehemaligen Johann-Strauß-Theater, das ihnen die Russen zur Verfügung stellten, und wurden wohl auch von den Russen direkt oder indirekt subventioniert. Ein rein kommunistisch ausgerichtetes Theater – das allein schon aus diesem Grund von einem großen Teil der Bevölkerung gemieden wurde – war ohne Subvention nicht möglich.

Die Rückkehrer wollten dort besseres Theater machen, als es ihnen am Volkstheater möglich gewesen war, und das gelang ihnen wohl auch. Aber es war, im Gegensatz zu Zürich, Theater im luftleeren Raum. Als sie, fast zehn Jahre später, bei der Einweihung des neuerbauten Burgtheaters den aus Berlin angereisten Langhoff und den aus München kommenden Horwitz trafen, verzichteten sie auf die offizielle Feier und saßen die ganze Nacht in einem kleinen Beisl zusammen, und Paryla sagte immer wieder: »Ja, ja, die Jahre in Zürich … das kommt nicht wieder.«

Horwitz war um diese Zeit schon Intendant des Münchner Staatsschauspiels, und er hatte Ginsberg als seinen Hauptdarsteller mitgenommen. Die erste Inszenierung von Horwitz war der *Misanthrop* von Molière, den er in Zürich und Basel mit Ginsberg schon gemacht hatte.

Ginsberg: »Das war ein unvergeßlicher Moment, als es dunkel wurde und draußen die Musik einsetzte, und ich im Dunkel vor dem Auftritt stand und mir plötzlich wie in einem Kurzfilm die ganzen vergangenen Jahre durchs Hirn schossen, und ich mich fragte: was machst du denn hier? Dieser Freund ist gestorben, jener ist umgebracht worden, und der und der, und den und den haben sie im Konzentrationslager verrecken lassen, du kannst doch gar nicht mit deinem Gesicht vor dieses Publikum treten, in dem vielleicht die Schuldigen sitzen … Da war der Vorhang schon auf, und der Moment des Auftritts war da, und es war wie ein Sprung durch eine Glasscheibe, und die erste Viertelstunde war wie im leeren Raum, wie im Eis. Dann brach der erste ganz große Szenenapplaus los …«

Horwitz und Ginsberg und andere, die später zurückgingen, wurden mit Herzlichkeit aufgenommen. Und doch war alles eben anders. In Zürich war man Teil eines Ganzen, war man Kamerad und Freund gewesen, dort hatte man sich über alles aussprechen können, nicht zuletzt über Fragen der Auffassung, der Aufführung, des Stils. In Deutschland, in Österreich war man schon deshalb besonders freundlich zu den Rückwanderern, damit nicht der Verdacht aufkomme, man wäre jemals »dafür« gewesen. Aber Offenheit? Kameradschaft? Demokratischer Geist in künstlerischen Fragen?

Auch Steckel wollte fort. Er war niemals Schweizer geworden, hatte es auch nie versucht. Natürlich hatte ihm das Nazi-Konsulat in Zürich seinen Paß nicht erneuert, aber nach dem Krieg bekam er sofort wieder seinen deutschen Paß. Nur machten die Besatzungsbehörden Schwierigkeiten, als er einmal in die Bundesrepublik reisen wollte. Steckel konnte sich das nicht erklären. Er hörte schließlich aus verläßlicher Quelle, man halte ihn für einen Kommunisten.

Er war fassungslos. Wie kam man bloß auf solche Ideen? Ich erinnere mich, daß er mit mir darüber sprach und wiederum ich mit verschiedenen Offizieren der französischen und amerikanischen Besatzungsmacht, die für dergleichen zuständig waren. Die Erklärung, warum man Steckel in Deutschland nicht haben wollte, war in der Tat der Verdacht, er sei Kommunist, und dieser Verdacht beruhte darauf, daß seine erste Frau, von der er damals noch nicht geschieden war, sich sofort nach Kriegsende aufgemacht hatte, um wieder nach Deutschland zurückzukehren und dort irgendwo, ich glaube in München, ganz offenkundig ihre Sympathien für die Kommunisten zeigte. Steckel mußte also vorläufig in Zürich bleiben.

Wie schnell sich alles änderte – auch in Zürich, gerade in Zürich, wo sich doch, wie es der Mehrzahl der Künstler erschien, wie es Emil Oprecht sich wünschte, nichts oder nicht viel hätte ändern müssen. Eben noch war man ein Herz und eine Seele gewesen ...

Wälterlin war, eigentlich ein wenig plötzlich, von dem Gefühl übermannt worden, die große Schauspielerfamilie habe sich seit Jahren nicht mehr so recht vertragen, man sei einander auf die Nerven gegangen, man habe sich viel zu oft gezankt, man dürfe froh sein, sich nicht mehr täglich sehen zu müssen. Es kam dazu, daß deutsche und österreichische Theaterdirektoren in Zürich eintrafen, um sich das jetzt schon sagenhafte Schauspielhaus anzusehen und, wenn möglich, Künstler einzukaufen. Maria Becker wurde mit großem Tamtam ans Burgtheater nach Wien geholt, wo sie sich freilich nicht lange hielt. Die Giehse – allerdings unter besonderen Umständen – nach Ostberlin und später an die Kammerspiele München, von wo sie gekommen war.

Es war eine Art Auflösung. Neue Luft wehte, in der sich auch diejenigen, die geblieben waren, nicht recht wohlfühlten. Und es kamen neue Leute.

Als erster erschien Heinz Hilpert, bedeutender Berliner Regisseur der Zwanziger- und frühen Dreißigerjahre, der nach Reinhardts Fortgang das Deutsche Theater weitergeführt hatte, und zwar Goebbels zum Trotz mit großem Anstand. Er hatte vorher die Billigung des emigrierten Reinhardt eingeholt. Hilpert war ein kleiner kompakter Mann mit einer überzeugenden Berliner Schnauze, der seine jüdische Frau über die Schweizer Grenze geschmuggelt hatte und während des Krieges gelegentlich nach Zürich gekommen war, um sich auszusprechen. So geschah es, daß er, im Restaurant Bahnhof Stadelhofen sitzend, sehr laut erklärte, in Deutschland sei alles zum Kotzen. Bis die anderen, besorgt um seine Sicherheit – er mußte ja schließlich wieder zurück –, ihm zuraunten: »Um Gottes willen, man weiß ja nicht, wer neben einem sitzt!«

Nun sah es so aus, als würde sich Hilpert, der in der letzten Minute aus Berlin geflüchtet war, in Zürich häuslich niederlassen und am laufenden Band inszenieren. Einige der »alten« Schauspieler muckten auf. Immerhin, Hilpert war 1933 in Deutschland geblieben, war sogar Staatsrat von Görings Gnaden geworden. Wenn er seinerzeit nicht emigriert war – um Schlimmeres zu verhüten, wie er behauptete –, warum blieb er jetzt nicht in Deutschland, um beim Aufbau mitzuhelfen? Wer fragte das? Ein Gremium der Schauspieler, das sich zu dem Zweck gebildet hatte, die Neuen zu untersuchen, und vor diesem Gremium mußte der große Hilpert erscheinen und Rede und Antwort stehen. Hilpert war erst etwas verblüfft, fand aber dann die Sache ganz in Ordnung. Er machte in Zürich ein paar Inszenierungen, fuhr dann aber wieder heim ins Reich.

Es kam der junge Schauspieler Bernhard Wicki – eigentlich war er schon in den letzten Kriegstagen gekommen mit seiner Frau, der hübschen Schauspielerin Agnes Fink. Er hatte vom Vater her einen Schweizer Paß, war aber niemals in der Schweiz gewesen. Zuerst wanderte das Ehepaar in ein Lager. Dann bereiste es die

Schweiz kreuz und quer mit Generalabonnement, das noch in Deutschland erstanden worden war, und sechsunddreißig Franken, ihrem letzten Besitz. Wie das zwei Wochen reichte? Wicki konnte das später selbst nicht mehr sagen.

Wicki war am Münchner Staatstheater gewesen, ein großer, schwarzhaariger, »schöner« junger Mann, ein Held, vollgepumpt mit Heldentum und Pathos bis zum Überlaufen. Was er jetzt am Schauspielhaus sah, verwirrte, ja erschreckte ihn über die Maßen. »Das war so einfach und doch gerade dadurch so schwer. Ich glaubte nicht, daß ich das könnte.« Er spielte dann unter Wälterlins sehr liebevoller Führung einige Rollen, so den Harry in Eliots *Familienfeier*, eine Art Orest, dann den Orsino in *Was ihr wollt* und den Clavigo. Seine Frau, die nur mitgenommen worden war, wurde ein echtes Mitglied des Ensembles. Wicki nicht – er traf den Stil der Zürcher Inszenierungen nie.

Es kamen eine Menge neuer Leute. So Wilfried Seyferth, ein hochbegabter, sehr verwendbarer Schauspieler vom Deutschen Theater in Berlin, der Zürich einige Jahre später verlassen und wieder ein paar Jahre danach unter tragischen Umständen den Tod finden sollte. Es kam Brigitte Horney, die zauberhafte Verkörperung zarter Geschöpfe, die in den letzten Jahren in Deutschland nur noch gefilmt hatte. Die »Alten« betrachteten sie ein wenig wie exotische Tiere. Die »Neuen« spielten nicht ihre Rollen, sie spielten sich selbst. Sie machten nicht einmal Maske. In Zürich hatte jeder jede Rolle spielen und schon aus diesem Grund Maske machen müssen; kein Publikum der Welt will allabendlich dasselbe Gesicht sehen.

Die »Neuen« verstanden auch nicht den spezifischen und oft rauhen Ton des Zürcher Schauspielhauses. Sie glaubten, noch hinter den Kulissen betonen zu müssen, wer sie waren, und kamen da zum Beispiel bei Prüfi gerade an den Richtigen. Der sagte einem Schauspieler, der sich besonders wichtig machte und verschiedene Male erklärte, seine Hosen müßten endlich gebügelt werden: »So was wie Sie durfte bei uns früher überhaupt nur zum Fenster reinkieken, und unten hatte er gar nischt an!«

Und dann kam einer, der ganz anders war als die übrigen Neuankömmlinge: Gustav Knuth. »Brandmager ist er!« konstatierte Heinrich Gretler, als er ihn zum erstenmal sah. Gustav Knuth, geboren in Braunschweig, wo die besten Würste der Welt herkommen, hatte Schlosser werden sollen, lief aus der Lehre fort und lernte bei Casimir Paris, Hofschauspieler, später lernte er auf vielen kleinen deutschen Bühnen, wo er nur kleinere Rollen spielte, wo er alles spielen mußte, eingeschlossen Operette. Er war auch vorübergehend in Basel tätig, wo er Oskar Wälterlin kennenlernte – aber die entscheidende Station seines Lebens war doch Hamburg, wo er sich unter dem alten Friedrich Otto Fischer in sicherer Obhut wußte.

Der große, schlanke Bursche mit einem Gesicht, das nicht recht zu seiner Größe und Kraft zu passen schien – es war ein geradezu empfindsames Gesicht –, stellte durchaus keinen einfachen Fall dar. Er war zu wenig von sich selbst überzeugt, zu

bescheiden und zurückhaltend. Man mußte ihn gewissermaßen aus sich heraus-
locken. Was freilich dann aufblühte, war immer wieder erstaunlich. Knuth hatte
einen eigenen Ton, trocken, würzig, an das Bauernbrot der Gegend erinnernd, aus
der er stammte, den Ton eines modernen jungen Menschen. Knuths Stil – so läßt
es sich vielleicht am besten umschreiben – war die deutsche Version des amerikanischen »Unterspielens«.

Leopold Jessner, der berühmt-berüchtigte Direktor-Regisseur des Staatstheaters
in den Zwanzigerjahren, holte ihn 1929 nach Berlin, als Boxer in *Harte Bandagen*,
einem Stück, das angeblich von einem Ferdinand Reyher, in Wahrheit aber von
Brecht stammte und das so durchfiel, daß es Jessner unter seinen Trümmern
begrub; ebenso Knuth, der zurück nach Hamburg mußte.

Wie den wirklich deutschen Deutschen war Hitler auch Knuth ein Greuel; er sah
seine Horden mit bangen Vorahnungen in Hamburg einmarschieren, und er war
glücklich, als ihn das Schauspielhaus – noch war Rieser Direktor – einlud, zu
gastieren. Er spielte einen Schwank, *Der Olympiasieger*, und seine Rolle war ihm
wie auf den Leib geschrieben. Er gefiel sehr, und Rieser fragte ihn, ob er bleiben
wolle. Und ob er wollte – schon um Hitler nicht mehr sehen und hören zu müssen.
Vielleicht sagte er das zu schnell, denn Rieser schlug eine Gage von Fr. 700,– vor.

Um diese Zeit bekam der Schauspieler Goldner in Zürich 2000 Franken; Knuth
erhielt in Hamburg 1200 Mark, und zwar zwölf Monate hindurch. In Zürich, wo er
nur acht Monate Garantie haben würde, müßte er, wie er sagte, 1600 Franken pro
Monat haben. Rieser sagte nein, und Knuth fuhr sehr schweren Herzens nach
Hamburg zurück.

Später, zurückblickend: »Hätte ich damals geahnt, wie alles kommen würde, dann
hätte ich auch für siebenhundert Franken abgeschlossen...« Kurze Zeit darauf
bot Rieser ihm 1600 Franken, aber da hatte Knuth schon mit dem Deutschen
Schauspielhaus Hamburg abgeschlossen. Rieser holte daraufhin die damalige
Frau Knuth, die Schauspielerin Gustl Busch, in der Hoffnung, Knuth würde
nachkommen. Aber da war es abermals zu spät, Knuth war bereits am Berliner
Staatstheater bei Gustaf Gründgens. »Der hat mich gepflegt.« Hier wurde Gustav
Knuth, was er geworden ist. Bei Kriegsende drehte er gerade einen Film mit Hilde
Krahl in der Lüneburger Heide, betitelt *Das Leben geht weiter*. Es ging, nachdem
die Filmleute zahlreiche Angriffe von Tieffliegern überstanden hatten, nachdem
Knuth zu Fuß nach Hamburg zurückgewandert und Frau und Sohn wiedergefun-
den hatte, in der Tat weiter. Er spielte wieder Theater.

Dann erschien eines Tages Wilfried Seyferth bei Knuth mit einem Brief Wälterlins. Ob er nicht nach Zürich kommen wolle? Man brauche ihn! Jetzt nach Zürich?
Die Nazis waren fortgejagt, endlich, endlich war der Augenblick da, den er so sehr
ersehnt hatte. Gerade jetzt sollte er fort? Mußte er nicht mithelfen, das deutsche
Theater aufzubauen?

Er lehnte das Angebot ab. Er lehnte ein zweites Mal ab. Erst bei der dritten

Anfrage sagte er zu. Hauptsächlich auf Drängen seiner zweiten Frau, der Schauspielerin Elisabeth Lennartz. Mit zwei lädierten alten Koffern, die seine ganze
Habe enthielten, kam er nach Zürich. Er besaß nur den einen Anzug, den er auf
dem Leib trug. Er besaß keinen Teller, keine Gabel, kein Handtuch.

Die Kollegen steuerten bei, was sie konnten, damit dieser bescheidene junge
Mann nicht auf dem nackten Boden schlafen, nicht aus Papiertüten essen mußte.
Einer brachte drei Stühle, ein anderer ein paar Gabeln und Löffel. Bei Knuth
spürten sie gleich, daß er zu ihnen gehören würde, ja eigentlich schon gehörte.

Zuerst hatte er ein bißchen das Gefühl, er müsse wieder von vorn anfangen, denn
sein Berliner Ruf war nicht bis hierher gedrungen. Und ungefähr alle vierzehn
Tage Premiere! Das war für ihn, der damals ziemlich unterernährt war, im Anfang
sehr schwierig. Aber: »Ich habe mich sehr schnell erholt, jetzt, wo ich wieder richtig
essen konnte!« Und ob er richtig aß! »Ich habe den Entschluß, nach Zürich zu
gehen, noch keine einzige Stunde bereut.«

In der ersten Spielzeit hatte er nicht weniger als siebzehn Premieren. Die dritte war
Des Teufels General.

Carl Zuckmayer, mittelgroß, breit, mit einem gleichzeitig scharfen und behäbigen
Gesicht, mit, damals noch, einem Schock schwarzer Haare von fern an seine
geliebten Indianerfiguren aus den Büchern von Karl May erinnernd, hatte seit
1938 in den Vereinigten Staaten als Emigrant gelebt. Glücklich war er nicht
gewesen. Kaum einer paßte weniger nach Amerika als dieser der deutschen,
österreichischen, vielleicht auch der schweizerischen Landschaft so verhaftete
Mann. Kurz nach dem Krieg war er zum US-Theateroffizier in Deutschland
ernannt worden, einer von vielen! Er verfügte über große Machtvollkommenheit,
aber nur innerhalb des amerikanisch-besetzten deutschen Gebiets. Um in die
Schweiz zu gelangen, brauchte er die Erlaubnis gewisser Stellen, die ich vermitteln
konnte – aber da war noch das technische Problem des Transportes über die
Grenze zu bewältigen. Das löste er nur mit Hilfe eines deutschen Filmproduzenten, der während der Hitlerjahre in der Schweiz gelebt hatte und jetzt mit seinem
Wagen zwischen München und Konstanz pendelte. Bis nach Zürich brachte ich
ihn in meinem US-Militärauto. Der Grund dafür, daß Zuckmayer unter allen
Umständen nach Zürich mußte: die Uraufführung von *Des Teufels General* am
14. Dezember 1946 im Schauspielhaus.

Zuckmayer hatte dieses Stück in der Emigration geschrieben, auf seiner Farm im
nordamerikanischen Vermont. Ich erinnere mich noch genau daran, wie er es
einigen von uns vorlas. Wir fanden es großartig – und das Großartigste daran war,
daß er es so weit vom Schuß hatte schreiben können, dieses Schauspiel, das in
höchsten Nazikreisen spielte. Jede Szene, jeder Satz war so echt, als wäre Zuckmayer dabei gewesen.

Das Drama des Luftwaffengenerals Harras, der, obwohl er die Nazis nicht mag,
die meisten von ihnen sogar verachtet, ihre Rassentheorien verabscheut, ihren

Opfern, wo immer er kann, hilft, doch mitmacht; denn er ist nun mal der Fliegerei verfallen. Bis er erkennt, daß er sich, der sich darauf herausredet, nur Techniker zu sein, mitschuldig gemacht hat.

Gibt es einen Ausweg? Kann er nicht wie einer seiner Offiziere in den Widerstand gehen? Das vermag er nicht. So bringt er sich dann schließlich um. »Wer auf Erden des Teufels General wurde und ihm die Bahn gebombt hat – der muß ihm auch Quartier in der Hölle machen.«

Zuckmayer schrieb dieses Stück zu einer Zeit, als die Deutschen noch überall zu siegen schienen, und als doch schon innerhalb der Wehrmacht nicht mehr alles stimmte. Das freilich konnte er nur ahnen, nur spüren, nicht wissen. Auch, daß Fliegergeneral Ernst Udet, ehemals sein Freund und ganz sicher kein Nazi – das Urbild des Harras –, in Wahrheit nicht Opfer eines Motorendefekts wurde, wie das bei Harras der Fall zu sein scheint, sondern Selbstmord verübte – nein, auch dafür gab es keine Beweise, schon gar nicht im feindlichen Ausland. Darüber konnte niemand hoch oben in Vermont Zuckmayer Auskunft gegeben haben.

Und was die Möglichkeit einer Aufführung anging – in den USA bestand sie nicht. Sie bestand um die Zeit, als das Drama entstand, nirgends auf der Welt. Er schrieb sein Stück also für die Schublade.

Als ich kurz nach Kriegsende mit den »neuen« deutschen Theaterdirektoren sprach, war die Ablehnung allgemein. »Was weiß ein Emigrant von den Nazi-Offizieren?« war die Begrüßung. Gustav Knuth später: »Er hat das Stück auf keinem Schreibtisch geschrieben, er hat es direkt auf den Bühnenboden geschrieben.«

Als das Buch, besser das schreibmaschinengeschriebene Heft, nach Kriegsende in Zürich anlangte, war auch Wälterlin sehr dagegen, das Stück zu spielen. Deutsche Offiziere auf seiner Bühne! Die verhaßten Naziuniformen sollten dort paradieren, wo man jahrelang gegen sie gespielt hatte? Undenkbar! Übrigens, bei Frisch waren die deutschen Soldaten in stilisierte Uniformen gekleidet worden. Wälterlin, schließlich überstimmt, prophezeite: »Der Zuckmayer läuft keine sechsmal!« Er sagte es auch zu mir.

Der Dichter war seit 1938 nicht mehr in Zürich gewesen. Damals, auf dem Weg ins amerikanische Exil, als man sein Stück *Bellman* uraufführte, hatte sein letzter Besuch dem berühmten Restaurant Kronenhalle gegolten. Ihm galt nun auch sein erster, spät am Abend, kaum daß er angekommen war. Zwei Zuger Kirsch und ein großes Pilsner. Am nächsten Morgen ins Schauspielhaus. Das erste, was er aus dem verdunkelten Zuschauerraum sah, war der ihm unbekannte Gustav Knuth auf der Bühne. Das erste, was er hörte, war die Stimme seines Freundes Heinz Hilpert, der hinter dem Regiepult saß. »Ja, ja, Gustav, ick weeß, der hat mehr Text als der Lear, aber jetzt mußte 'n doch mal können!«

Zuckmayer: »Da wußte ich, ich bin zu Hause!«

Es war für Knuth wirklich mehr Text zu erlernen, als er je für eine Rolle hatte büffeln müssen, und das in knapp drei Wochen! Die Premiere nahte unerbittlich heran, und es war nicht irgendeine Premiere, es ging um ein Stück, das weit über die Grenzen Zürichs und der Schweiz interessierte, und Knuth blickte durch das Guckloch im Vorhang und sah viele, die er ein Leben lang aus der Ferne bewundert hatte: Albert Bassermann und Curt Goetz, Oskar Homolka und Alfred Polgar, Hans Albers...

Es wurde ein sehr starker Erfolg. Dank Knuth, dank Wilfried Seyferth als Gestapomann – eine wahrhaft gespenstische Leistung, man fürchtete geradezu, dieses geschmeidige, liebenswürdige Scheusal würde von der Bühne herunter in den Zuschauerraum treten und Verhaftungen vornehmen; dank Erwin Kalser als kollaborierender Großindustrieller, dank Heinrich Gretler als Berliner Chauffeur in den Diensten von Harras, dank Anne-Marie Blanc als Pützchen. Das ist eine schöne junge Dame, gleichzeitig eine böse Nazisse, die mit einem kleinen Lächeln Menschen denunziert und einem qualvollen Tod überliefert. Knuth hielt es, als die Proben begannen, für undenkbar, daß eine Schweizerin, dazu noch eine Welsche, die nie in Deutschland gewesen war, den Ton dieser Person richtig treffen würde.

Es wurde ihr auch sauer, bei ihrem ersten Auftritt den Hitlergruß auszuführen und übergangslos Harras die Hand zum Kuß zu reichen. Das mußte sie eine Woche zu Hause üben, bevor sie es konnte. Das verlangte saloppe Deutsch lernte sie, wie sie später gestand, ganz einfach dadurch, daß sie Hilpert aufmerksam bei den Proben zuhörte und dort ausharrte, auch wenn sie nicht mehr benötigt wurde.

Das personen- und typenreiche Stück war ungemein schwer zu inszenieren. Es ist wohl keine Übertreibung zu behaupten, daß dies einer der größten Würfe Heinz Hilperts war – nur zu vergleichen mit seinen Vorkriegs-Inszenierungen etwa des *Hauptmann von Köpenick* oder der *Verbrecher*. Namentlich der erste Akt, der im Restaurant Horcher spielt, Sammelplatz des eleganten und politischen Berlin in den Zwanziger- und Dreißigerjahren, erwies sich als ungemein schwierig. Hier gebührt ein Sonderlob dem Bühnenbildner Teo Otto, der ein Restaurant auf die Bühne zauberte, das später zum Modell für alle Inszenierungen des Dramas wurde. Es wäre indessen nicht gerecht, über diesen ersten Akt zu sprechen, ohne eines der Hauptmitwirkenden zu gedenken, auch wenn ihn das Publikum nicht zu sehen bekam: Guschti Forster. Für ihn war dieser erste Akt die Hölle. »Bedenken Sie, ein Restaurant! Geschirr, Gläser, Flaschen mit Wein – in Wirklichkeit Tee –, Sektflaschen – in Wirklichkeit Asti zu zwei Franken fünfzig die Flasche, aber allabendlich fünf bis sechs Flaschen–, Aschenbecher, kaschierter Kaviar, Zigarren, Zigaretten! Gräßlich! Gräßlich!«

Nach der Premiere Feier im Pfauen und dann Nachfeier in der Wohnung des Filmproduzenten Fueter, mit dem Anne-Marie Blanc verheiratet war. Man redete Zuckmayer zu, etwas auf der Gitarre zu spielen. Er war bekannt für seine sagenhaft lustigen und unanständigen Lieder. Zuckmayer zweifelnd: »Hängt ihr sehr an eurer Wohnung?«

Er sollte recht behalten mit seinen Bedenken. Die empörten Nachbarn schlugen Krach und ruhten nicht eher, bis ein Polizist auftauchte. Doch als Zuckmayer sich ihm vorstellte, wurde er nachsichtig; er wußte, daß heute abend Premiere gewesen war, er hatte selbst vor Jahren den *Bellman* gesehen. Er zog ab – übrigens nicht ohne eine Flasche Schnaps.

Das Stück ging nicht sechsmal, sondern mehr als sechzigmal. Es ging auch in Deutschland und Österreich, und nicht nur, weil alle bekannten Charakterschauspieler den Harras spielen wollten – in Berlin O. E. Hasse, in Köln René Deltgen, in München Paul Dahlke, in Wien Ewald Balser, in Frankfurt Martin Held –, sondern weil es eine Art Alibistück wurde mit dem ungeschriebenen Motto: Seht, wir Deutschen waren gar nicht so schlimm, es gab auch Anständige unter uns, und eigentlich waren wir alle im Widerstand.

Gerade, weil solche Schlüsse möglich waren, wurde das Stück in Zürich heftig und zum Teil abfällig diskutiert. Die einheimische Kritik war fast durchweg positiv, die ausländische hingegen voller Zweifel, »ob es schon an der Zeit sei, eine derartige, zumindest partielle Propaganda für das ›andere Deutschland‹ zu gestatten, als die das Stück – wenigstens in der Schweiz – nur allzu leicht verstanden werden könnte. Noch liegt Auschwitz zeitlich allzu nahe ...«

Ja, Erwin Kalser hatte mitgespielt. Er war aus Amerika zurückgekehrt, kaum, daß die ersten Dampfer fuhren, er schien es gar nicht erwarten zu können; und unter der Hand erfuhr man auch am Pfauen, wie wenig glücklich er drüben gewesen war, wie oft er drüben von Zürich gesprochen und daß er sich die Zeichnung des Schauspielhauses von Trudi Egender über sein Bett gehängt hatte. In Zürich selbst sprach er freilich nie davon, im Gegenteil, er erzählte sehr ausführlich und mit Genuß von drüben. Hollywood war nicht mehr die riesenhafte, Menschen verschlingende Traumfabrik, sondern ein liebevolles »bei uns da drüben«, und Zürich war plötzlich viel zu klein und eng, und konnte man hier überhaupt leben? Kalser war wie immer, wenn er einigermaßen glücklich war, recht unglücklich – und umgekehrt. Hinzu kam die Einstellung Wälterlins, es müßten doch einmal neue Leute ausprobiert werden, und die Tatsache, daß sich Kalser nie sehr gut mit seinem Direktor verstanden hatte, erstens, weil er sein Direktor war und dann, weil es Kalser nicht gegeben war, den Mund zu halten, wenn er nicht richtig fand, was oder wie es ein anderer machte. Und das fand er eigentlich immer. So ging er schließlich nach Berlin, wo er sehr gefeiert wurde und sehr unglücklich war und dauernd von Zürich redete. Er war eine seltsame Synthese von Liebenswürdigkeit und Bissigkeit, gleichzeitig beliebt und unbeliebt, umworben und gemieden. Im Alter änderte sich das. Er wurde ruhiger, stiller, sagte nicht in allen Fällen, was er von anderen Schauspielern und Regisseuren hielt, nämlich meist nichts. Er wußte, daß er nicht mehr lange zu leben hatte – vermutlich sogar, wie krank er war. Es dauerte dann auch nicht mehr lange, bis er starb.

Auch Albert Bassermann war aus den Vereinigten Staaten zurückgekehrt, wo er ganz von vorn hatte beginnen müssen und sich eine kleine Filmkarriere aufgebaut hatte; er war nunmehr schon hoch in den Siebzigern, aber immer noch ungebrochen und spielwütig. Oder vielleicht wäre er gar nicht so spielwütig gewesen, wenn er nicht hätte auftreten müssen, um leben zu können. Aber der Mann, der von allen deutschen Schauspielern die höchste Gage bezogen hatte, pflegte sein Leben lang auf so großem Fuße zu leben, daß nichts, aber auch gar nichts übrig geblieben war; zu seinem Lebensstandard gehörte auch, daß er alle im Theater mit fürstlichen Trinkgeldern bedachte, hundert Franken für Prüfer etwa oder fünfzig Franken für die Souffleuse, die beide das Geld nicht nehmen wollten, weil sie ja wußten, wie es um Bassermanns Finanzen bestellt war. Aber nicht nehmen, das ging auch nicht, das hätte den Mann beleidigt.

Bassermann kam öfter wieder, aber die Theaterjugend hatte nicht den gleichen Respekt vor ihm wie die Kollegen; es wurde immer schwieriger, seine Stücke so oft anzusetzen, wie es notwendig gewesen wäre, um ihm ein anständiges Leben zu garantieren, und das galt auch für andere Städte, in denen er gastierte. Und so wurden aus den Städten Städtchen und Dörfer. Ich erinnere mich noch deutlich, in einem Nest unweit Zürichs ein Plakat entdeckt zu haben etwa folgenden Inhalts: »Heute abend im Schützenhaus *Gespenster* von Henrik Ibsen mit Albert und Else Bassermann.«

Am Schauspielhaus trat er etwa um die gleiche Zeit im *Raub der Sabinerinnen* auf, einem Schwank, den er früher gelegentlich gespielt hatte und dessen Aktschlußpointe darin bestand, daß er, der nun Achtzigjährige, als Theaterdirektor Striese in Unterhosen dastand – er, der große Herr unter den deutschen Schauspielern.

Damals packte er seine in Zürich eingestellten Kisten aus und um. Sie enthielten alles, was er ein Leben lang an Büchern, Rollenbüchern, Andenken aufgespeichert hatte. Und sein ganzes Leben zog noch einmal an ihm vorüber.

Sein Tod, plötzlich, aber nicht unerwartet, war noch einmal ein großer Theatercoup. Er starb schlafend in einem Flugzeug New York – Zürich. Seine Frau, mit Recht befürchtend, man würde die Leiche während der Zwischenlandung in Neufundland ausladen, tat unter Aufbietung ihrer letzten Kräfte so, als wäre er nur eingeschlafen, und teilte dem Piloten den wahren Sachverhalt erst mit, als sich das Flugzeug zur Landung in Zürich anschickte. Das Schauspielhaus wurde benachrichtigt. Hirschfeld eilte sofort – wohin? Wo fand er den größten deutschen Schauspieler? Nicht in einer Leichenhalle feierlich aufgebahrt, nein, in der Städtischen Sanitätswache am Neumühlequai, in einem Nebenraum, dicht neben der Garage für die Unfallwagen Zürichs, dort, wo sonst die Fahrer Karten spielen. Man hatte zwei Tische zusammengeschoben, die Leiche daraufgebettet und mit einem weißen Tuch zugedeckt. Hirschfeld, in Erinnerung: »Und doch beherrschte dieser tote große Mann auf eine geradezu unheimliche Weise den

Raum, so, als stände er noch einmal auf der Bühne, als konzentrierten sich noch einmal die Blicke auf ihn ...«

Bassermann hatte einen Brief geschrieben, den Hirschfeld von der Witwe erhielt und in dem es hieß: »Ich habe keinen Grund, den Tod zu fürchten, wohl aber den Scheintod.« Darum wollte er, daß man ihm das Herz aus der Brust nehme. Dies geschah noch am selben Abend – überflüssig zu sagen, wieviel an Formalitäten zu erledigen war, bis die zuständigen Behörden ihre Zustimmung erteilten.

Bei der letzten Feierlichkeit im Krematorium durfte keiner der Freunde Bassermanns anwesend sein; die Witwe ließ niemanden herein, sie wollte mit ihrer Tochter allein mit dem Toten sein. So kam es, daß der vielleicht am meisten umjubelte deutsche Schauspieler ganz still von der Bühne des Lebens abtrat.

Drei Monate nach der Zuckmayer-Uraufführung gab es am 19. April 1947 eine weitere Uraufführung von Bedeutung: *Es steht geschrieben* von Friedrich Dürrenmatt. Der Theaterskandal, der im Schauspielhaus in all den Jahren, in denen man ihn hätte erwarten können, nicht ausgebrochen war – auch niemals stattfand, wenn er mehrfach angedroht war, nicht bei den *Rassen* oder bei *Professor Mannheim* oder bei *Der Mond ging unter* –, hier wurde er Ereignis. Hier, als einer der wahrhaft großen zeitgenössischen Dramatiker aus der Taufe gehoben wurde.

Friedrich Dürrenmatt – wie soll man ihn beschreiben? Vielleicht am besten als eine Figur aus einem Stück von Dürrenmatt. Mittelgroß, sehr kompakt, mit unendlich lebendigen Augen, die stets zu sagen scheinen: Ganz ernst müßt ihr mich nicht nehmen!, mit einer nicht unbedingt sanften, wohl aber behutsamen Art sich auszudrücken. Friedrich Dürrenmatt aus Konolfingen unweit von Bern, Sohn eines Pfarrers, hatte in Zürich und Bern Philosophie studiert, ging gelegentlich ins Theater – »es langweilte mich tödlich!« –, schrieb sein erstes Theaterstück, als er knapp zwanzig war – das war also jetzt sechs Jahre her –, entschloß sich, es nie herauszugeben, schrieb ein neues. Das war vor einem Jahr. Er lebte in Bern, kannte keinen einzigen Menschen vom Theater, hatte aber einen Bekannten, der einen Bekannten hatte, der ... kurz, das Stück kam zu Kurt Horwitz, der damals ans Basler Stadttheater als Schauspieldirektor abgeschlossen hatte.

Horwitz war beeindruckt, schrieb an Hirschfeld, er glaube den langgesuchten schweizerischen Dramatiker endlich gefunden zu haben, werde ihn aber in Basel nicht spielen können – Besetzungsschwierigkeiten! Auch Ginsberg, bester Freund von Horwitz, der mit ihm nach Basel abgeschlossen hatte, war von dem Stück beeindruckt, besonders von dem Autor, als er ihn kennenlernte. »Er war das Gegenteil von dem, was man sich unter einem nüchternen Schweizer vorstellt.« Hirschfeld war sofort dafür, das Stück herauszubringen, und da Horwitz es ihm geschickt hatte, sollte er es auch inszenieren.

Nicht alle gingen mit Hirschfeld und Horwitz einig. Eine vom Schauspielhaus ernannte Kommission, die die Aufgabe hatte, neue Theaterstücke, besonders schweizerischen Ursprungs, zu finden, gab sich skeptisch. Hans Bänninger, ehemals Schauspieler, der inzwischen am Radio arbeitete, aber auch der Kommission angehörte, sagte, es gäbe da »eine Szene auf dem Dach«, die sei, milde gesagt, heikel. »Wenn ihr da nichts tut, wird sich etwas tun!« Er sollte recht behalten. Genau bei dieser Szene brach der Skandal los.

Es geht bei diesem Stück um die Reformationszeit, zumindest bildet sie den Hintergrund. Schauplatz: Münster in Westfalen. Die von der Reformation enttäuschten Wiedertäufer suchen sich ihr Recht. Aufstand. Kampf, Blutvergießen. Der Bischof, von den Wiedertäufern geschlagen, die in der Stadt nach demokratischen Grundsätzen herrschen, belagert Münster. Das zieht sich sechzehn Monate hin. Erst dann fällt die Stadt, übrigens durch Verrat. Massaker der Wiedertäufer. Ihre Führer werden gemartert und, damit alle Welt von ihren Folterungen abgeschreckt werde, durch die Lande geschleift, schließlich aufs gräßlichste hingerichtet. Und ihre Lehre wird durch wahre Feldzüge von Flüsterpropaganda »hingerichtet«.

Was wollte Dürrenmatt? »Vielleicht wäre noch zu sagen, es sei nicht meine Absicht gewesen, Geschichte zu schreiben, wie ich denn auch Dokumenten nicht nachgegangen bin, kaum daß ich einige wenige Bücher gelesen habe über das, was sich in jener Stadt zugetragen. In diesem Sinne mag die Handlung frei erfunden sein. Was mich rührte, war die Melodie, die ich aufgenommen habe, wie bisweilen neuere Instrumente alte Volksweisen übernehmen und weitergeben. Inwieweit sich heutiges Geschehen in ihr spiegelt, sei dahingestellt. Es wäre jedoch der Absicht des Verfassers entsprechender, die mehr zufälligen Parallelen vorsichtig zu ziehen.« Und »eine Welt in ihrem Untergang, in ihrer Verzweiflung, aber auch in ihrem Glanz, der jedem Ding anhaftet, das untergeht, zu malen...«.

Und warum hatte er gerade die Reformationszeit, die Tragödie der Wiedertäufer zum Modell genommen? Weil ihm hier eine menschliche Tragödie, vielleicht die menschliche Tragödie schlechthin, am stärksten, weil am simpelsten zur Realität geworden schien. Hie Mensch als menschliches Wesen – hie Mensch als Kämpfer für christliche Ideen, deren Durchführung ihn jenseits des menschlichen, darüber hinaus, also über den Menschen hinaus, gelangen lassen muß. Dieses menschliche Drama wird an zwei Männern demonstriert – an einem Reichen, Bernhard Knipperdollinck, der, um Christ zu werden, allen Gütern der Erde entsagt und im Schmutz watet, und an dem Volksverführer Bockelson, der über sich selbst hinauswächst, seine Mitbürger versklavt und ins tiefste Unglück führt, wo sie alle untergehen, ohne daß es schließlich einen rechten Sinn hat.

Ideen im Widerstreit. Aber nicht Menschen, die einander bekämpfen. Absturz in die Katastrophe, aber nicht geformte Tragödie. Kaum Szenen, dafür um so mehr Monologe, selbst wenn mehrere Personen auf der Bühne stehen – sie sind immer allein mit sich und ihren Problemen.

Aber wie dieser junge Dürrenmatt seine Menschen zeichnete! Da spürte man die

Pranke, den unverwechselbaren Griff. Wie er sie reden ließ! Die Worte, die Sätze wie Felsblöcke, das ging einem nicht mehr aus dem Ohr. Und er hatte eine Phantasie, die ins Maßlose wucherte, wenn er die menschlichen, allzu menschlichen Wiedertäufer mit ihren sexuellen und alkoholischen Maßlosigkeiten zu Papier brachte. Zu Papier? Da war nichts Papier, da war alles wie aus Holz geschnitzt.

Freilich, diese Maßlosigkeit löste dann auch den Theaterskandal aus. Es sah aus, als wäre dieses erste Stück Dürrenmatts auch das letzte, das je aufgeführt werden würde. Es kam anders – aber es sollte noch ein paar Jahre dauern, bis es so weit war.

Um die Zeit, da Dürrenmatt in Zürich »begraben« wurde, führte Wälterlin in Wien durch mich vermittelte Verhandlungen, deren Resultat war, daß eine Frau nach Zürich kam, die vorher niemals hier gespielt hatte: Käthe Dorsch, die erste deutsche Schauspielerin. Sie war es seit Jahren, obwohl man ihr die Jahre nicht ansah und obwohl sie relativ spät Schauspielerin geworden war, nachdem sie zuerst Operette gemacht hatte. Das Erstaunlichste an dieser Frau war nicht so sehr ihr beachtliches Können, als vielmehr ihre Persönlichkeit. Ihr Aussehen: sie war nicht eigentlich schön, aber sie war das, was man früher liebreizend nannte, man konnte sich ihrem Charme keinen Augenblick entziehen, sie wirkte so warmherzig, und nur ganz nebenbei stellte man fest, daß sie eine Haut hatte von der Glätte eines Pfirsichs, daß das Blond ihrer Haare so unendlich echt wirkte – auch als es nicht mehr ganz echt war –, daß ihre Augen von einem Blau waren, das so selten ist, von dem Blau des Meeres an gewissen Tagen, des unendlich tiefen Meeres, von dem man doch glaubt, daß man bis auf seinen Grund sehen kann. Und ihre Stimme! Eine helle, unendlich melodische und doch so natürliche Stimme. Die Dorsch war, was man von manchen Künstlern übertreibend sagt: einmalig.

In der Hitlerzeit konnte sie es sehr oft beweisen. Sie war gegen das Regime, und mit einem Mut, dessen nur Frauen fähig sind, sagte sie es immer wieder und ohne ihre Stimme zu dämpfen. Die hohen und höchsten Nazis kannten ihre Einstellung, aber so enorm war die Popularität der Dorsch, daß sie nicht wagten, etwas gegen sie zu unternehmen. Der Zufall wollte es, daß sie als sehr junges Ding den damaligen Hauptmann Göring kennenlernte, der, als er noch keinerlei politische Ansichten und Bindungen hatte, sich sterblich in sie verliebte und sie heiraten wollte. Die beiden waren später gute Freunde geworden. Und diese Freundschaft nützte die Dorsch nach Ausbruch des Dritten Reichs hemmungslos aus, um Gefährdete in Sicherheit zu bringen, manchen aus dem Konzentrationslager zu holen und über die Grenze zu schmuggeln. Zu diesem Zweck machte sie nicht etwa Bittgänge oder gar Fußfälle, sondern sie forderte die Intervention Görings, als sei dies das mindeste, was er tun könne, schrie ihn an, beschimpfte ihn, wenn er nicht sogleich in Aktion trat, ruhte nicht, bis die Sache erledigt war. Und litt unsäglich darunter, daß sie nicht mehr tun konnte.

Jetzt lehnte sie ein längeres Engagement am Schauspielhaus ab. Sie fand, daß sie in Deutschlands und Österreichs schwerster Zeit in ihre Heimat gehöre, um ihren Landsleuten wieder zu helfen. Und eigentlich kam sie nur aus diesem Grund. Während ihres Aufenthaltes von rund drei Monaten verbrachte sie den größten Teil ihrer Zeit mit Einkäufen von Lebensmitteln und Wollsachen, die sie an alle nur erdenklichen Leute sandte. Sie lebte spartanisch, um andere in den Genuß von Dingen zu bringen, die es in den vom Krieg verwüsteten Ländern noch lange nicht gab.

Im Herbst 1947 spielte Käthe Dorsch zwei Rollen, die den Zürchern eine Ahnung davon vermittelten, was sie konnte. Zuerst in *Miss Sara Sampson* die berühmte Lady Marwood, Vorbild aller Intrigantinnen. Es war immer ihr Lieblingswunsch gewesen, diese Rolle zu spielen, die man sie, die Zärtliche, Liebliche, Gute, in Berlin und Wien nicht hatte spielen lassen. Und Zürich sah eine Rokoko-Medea, eine Dämonin in der Maske einer eleganten Dame von Welt, die entweder nur lieben oder hassen konnte, eine Frau, die sich mit einem halben Blick verriet, die, wenn sie bereit war, sich preiszugeben, Aussprüche tat, die in die tiefsten Tiefen der menschlichen Seele Einblick gaben. Sie erreichte das, wie immer, indem sie gar nichts machte – und nur da war.

Eine Woche später stand sie auf derselben Bühne in der Hauptrolle des von Carl Zuckmayer bearbeiteten Volksstücks *Die Unvergeßliche (So war Mama)* von John van Druten. Ein Nichts von einem Stück, nur Gelegenheit für die Dorsch, eine aus Schweden nach Amerika ausgewanderte Mutter darzustellen, Oberhaupt einer Familie, eine, die für alle da ist und alles, was es an Verwirrung, an Unordnung, an kleinen Tragödien gibt, wieder in Ordnung bringt. Und sie war so, wie eben nur sie sein konnte, als spielte sie keine Rolle, als spräche sie keine eingelernten Texte, sondern als entstünde jedes Wort, das über ihre Lippen kam, immer erst eine halbe Sekunde, bevor es ausgesprochen wurde. Sie war, auf eine unheimliche und zugleich köstliche Art, transparent. Sie war die Dorsch.

Jubel ohne Ende.

Vorher, als der Dürrenmatt durchfiel und die Dorsch sich bereit erklärte, nach Zürich zu kommen, im Frühjahr 1947 also, bereitete Ferdinand Rieser seine Rückkehr nach Zürich vor. Er kam im Mai. Er hatte drüben in Amerika nicht hungern müsen, aber, was vielleicht ebenso schlimm für ihn war, nichts verdienen können. Schlimmer, niemand hatte sich besonders um ihn gekümmert oder um seine Frau, die er, wir wissen es, für eine große Dichterin hielt. Das Heimweh nach Zürich, wo eben alles ganz anders gewesen war, hatte ihn nie ganz verlassen. Was er wollte? Er wußte es selbst nicht. Immerhin, er war Eigentümer der Genossen-schaft Pfauen, der unter anderem auch das Schauspielhaus gehörte, das er ja nur verpachtet hatte. Das Theater wieder übernehmen? Vielleicht hatte er auch mit diesem Gedanken gespielt. Aber er mußte doch sehr schnell einsehen, daß sich unter Oprecht und Wälterlin die Dinge völlig verändert hatten und daß man die Uhr nicht zurückdrehen konnte.

Und dann, bevor er irgendeine Entscheidung zu treffen vermochte, geschah etwas Furchtbares. Er hatte mit seiner Frau und Freunden im Hotel Belvoir in Rüschlikon zu Abend gegessen. Als man aufbrach, wollte er noch Wasser in den Kühler seines Autos nachfüllen. Jeder Kellner hätte das getan, gegen ein Trinkgeld von ein paar Rappen. Aber nein, Rieser war ja so sparsam! So ging er selbst, eine mit Wasser gefüllte Flasche tragend. Die Glühlampe, die eine Unterführung aus Beton in der Höhe des Parkplatzes hätte beleuchten sollen, war an jenem Abend außer Funktion. Rieser sah daher den vielleicht einen halben Meter hohen Absperrungsdraht nicht, stürzte kopfüber in den Schacht: Schädelbruch, sofortiger Tod. Erst nach einer Viertelstunde begann man ihn zu suchen.

Am 1. Juli 1947 fand auf dem Friedhof Fluntern die Abdankung statt. Strömender Regen. Es versammelten sich schließlich knapp zwei Dutzend Personen. Des Toten Bruder, Dr. Siegfried Rieser, hatte Mühe, jemanden aufzutreiben, der bereit war, einige passende Worte zu sprechen. Schließlich fand sich einer, der etwa folgende Trauerrede hielt: »Ich bin der Nachbar... Sie alle wissen, was geschehen ist... Sollte irgend jemand hier sein, der das nicht weiß, so kann ich es ihm nachher erzählen.«

Er erwähnte noch, daß Rieser Direktor des Schauspielhauses gewesen sei. Dann zog er sich die Handschuhe aus, was ihm einige Mühe zu bereiten schien, und schloß: »Jetzt wollen wir beten – jeder auf seine Weise.«

Das Unwetter war noch schlimmer geworden, draußen im Platzregen stand Riesers Sarg, der schließlich ohne viel Zeremonien versenkt wurde. Offenbar hatten es alle eilig, sie wollten sich keinen Schnupfen holen. Von der Stadt Zürich war kein Vertreter erschienen. Von den Schauspielern war nur ein einziger gekommen.

Rieser hatte, nehmt alles nur in allem, Besseres um seine Stadt, um das Schauspielhaus verdient.

9. September 1948: Neueinstudierung von *Hamlet* im Schauspielhaus. Die Titelrolle spielt ein neuer Mann, Will Quadflieg, jung, groß, prächtig aussehend, der leibhaftig gewordene jugendliche Held und Liebhaber.

Er war genau fünfzehn Jahre vorher zum Theater gegangen, damals, als die ersten Flüchtlinge in Zürich eintrafen. Er hatte seine Jugend im »Kohlenpott« verbracht, dort gleich nach dem Abitur als Volontär Theater gespielt; dann ging er nach Gießen, nach Gera, schließlich nach Berlin, zuerst an die Volksbühne, dann ans Schiller-Theater. Diese Jahre, in denen andere junge Männer sich entscheiden mußten, ob sie sich hinter oder gegen Hitler einreihen würden, ließen den Kelch an ihm vorübergehen. An den Provinztheatern war er jeweils nur sehr kurze Zeit.

Leonard Steckel als Schigolch in Wedekinds »Lulu«, 1962

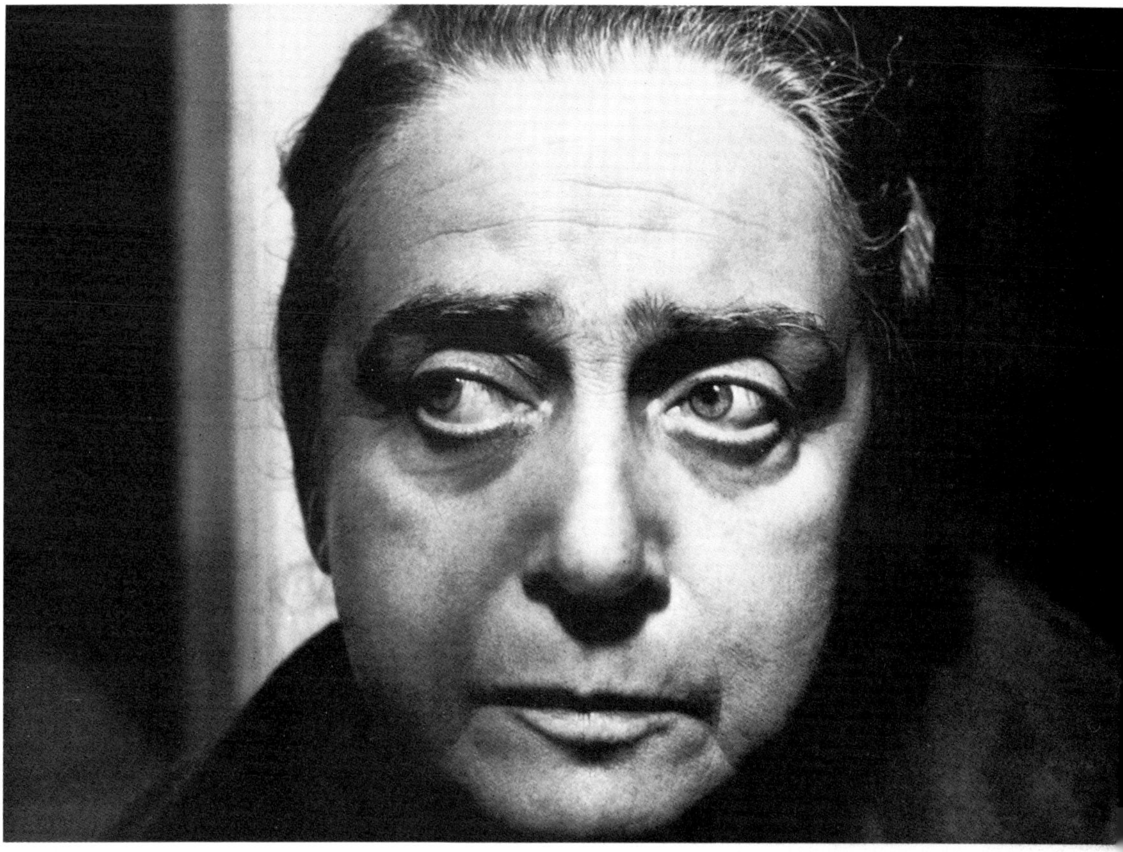

55 »Die Physiker« von Friedrich Dürrenmatt, Uraufführung 1962. Therese Giehse
als Mathilde von Zahnd ...

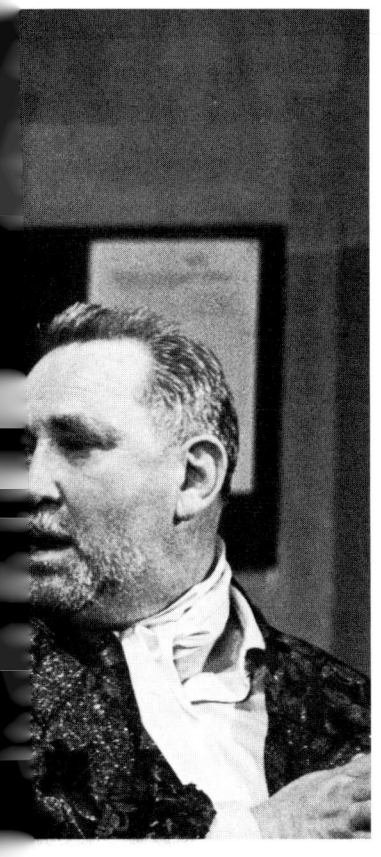

56 … Gustav Knuth als Newton …

57 … und die drei Physiker Einstein (Theo Lingen), Möbius (Hans-Christian Blech), Gustav Knuth (Newton)

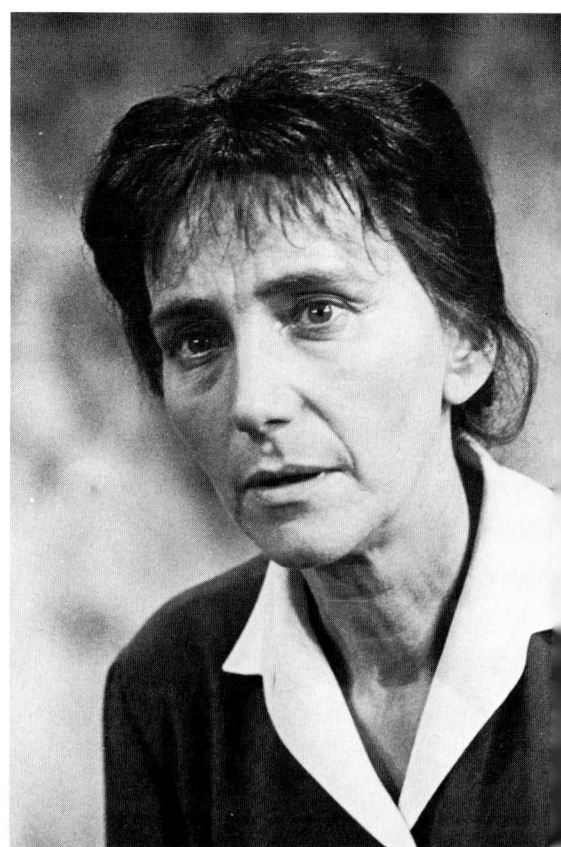

58/59 »Andorra« von Max Frisch, Uraufführung 1961.
Peter Brogle als Andri und Angelica Arndts als Mutter ...

60 ... sowie Carl Kuhlmann als Wirt und Willy Birgel
als Doktor

Daher fiel es nicht weiter auf, daß er dem Drängen der diversen Obmänner, endlich in die Nazi-Partei einzutreten, nicht nachgab. In Berlin hatte er vor diesen Quälgeistern Ruhe. Auch der Krieg blieb ihm erspart, er war ein zu wichtiger Mime, als daß man ihn hätte entbehren können. Während andere junge Männer die furchtbarsten Strapazen durchmachen mußten und viele gerade des Quadflieg-Jahrgangs fielen, durfte er spielen und allenfalls an der Front Goethe und Claudius vorlesen.

Übrigens gab es im Schiller-Theater eine sehr aktive Widerstandszelle. So konnte es etwa geschehen, daß der schon betagte Schauspieler Eduard von Winterstein im Jahre 1942 eine Probe plötzlich abbrach, eine Rede zum Gedächtnis des soeben in New York verstorbenen Max Reinhardt hielt und alle andächtig zuhörten – Winterstein und seinem »Publikum« geschah nicht das geringste.

Quadflieg verbrachte die letzten Kriegsmonate nach Schließung der deutschen Theater damit, Rezitationsabende für die Truppen zu veranstalten; unter anderem trug er den *Faust* an Bord eines Unterseebootes vor.

Nach dem Krieg las er weiter, aber jetzt für sich, in einer Mansarde, die er einem Buchhändler in Lübeck abgemietet hatte – auch das Lesematerial beschaffte ihm dieser brave Mann. Später bezeichnete er diese Periode als die »Zeit meines Reifeprozesses«. Und: »Alles was ich bis dahin am Theater gespielt hatte, gilt eigentlich nicht.«

Er ging nach Hamburg, war Mitbegründer der »Jungen Bühne«, die in der Aula einer Schule spielte, erhielt im entsetzlich kalten Winter 1947/48 ein Telegramm Wälterlins: »Wollen Sie nicht bei uns spielen?«, kam beglückt – er wollte nicht mehr hungern und frieren – im Frühjahr nach Zürich. Und mußte vorsprechen. Eine bittere Sache für einen arrivierten Schauspieler. Aber in Zürich kannte ihn ja niemand. Er sprach vor, ohne seinen Sommermantel auszuziehen, und als Wälterlin und die anderen ihn aufforderten, doch abzulegen, erklärte er, ihm sei ein wenig kalt. In Wahrheit trug er eine Hose, die schon zu durchgesessen war, als daß er sich darin hätte zeigen wollen.

Damals, obwohl schon drei Jahre nach Kriegsende, war alles noch entsetzlich schwierig für Deutsche. Beispiel: Von Zürich aus sollte Quadflieg nach Salzburg, um bei den Festspielen mitzuwirken. Er hatte zwar einen Vertrag, aber das interessierte die noch allmächtigen Besatzungsbehörden nicht im mindesten. Der zuständige Permit-Offizier in Bern sagte nein. Die junge, sehr attraktive Sekretärin Friedl Bischof nahm die Sache in ihre kompetenten Hände, einmal, weil man der Gerechtigkeit zum Siege verhelfen mußte, und vielleicht auch, weil Quadflieg so gut aussah. Er bekam schließlich einen Tagesschein zum Überschreiten der schweizerisch-österreichischen Grenze bei Bregenz. Drüben erwartete ihn der von Bischof alarmierte kunstbeflissene Bürgermeister von Bregenz, um ihn weiter zu schleusen. Erkennungszeichen: rote Nelke im Knopfloch.

Quadflieg kam zurück, begann die Proben zu *Hamlet*. Er war abgerissener denn je.

Prüfi besorgte ihm einen nicht mehr ganz neuen Wintermantel für nur hundert Franken. Quadflieg war entzückt, fragte Knuth, wie ihm der Mantel gefalle. »Das ist ein schöner Mantel!« antwortete Knuth. »Ich muß es wissen, er war einmal meiner.«

Quadfliegs Familie saß noch in Hamburg. Die Engländer wollten sie nicht herauslassen; Frau und Kinder mußten schließlich bei Basel schwarz über die Grenze gehen, an einem Sonntagnachmittag. Quadflieg, der gerade den Tasso spielte, erfuhr durch einen Telefonanruf nach dem ersten Akt, daß es geklappt hatte. Ja, er spielte den Hamlet, den Tasso, den Don Carlos, den Orest und den Prinzen von Homburg, alle berühmten Rollen aus dem Fach des »jugendlichen Helden und Liebhabers«, der er ja war. Und damit hätte er eigentlich ein Fremdkörper sein müssen in dem Haus, das ja stets versucht hatte, kein traditionelles Theater zu machen, die Klassiker nicht auf schön, pathetisch, wohltönend zu spielen, sondern realistisch. Er spürte das auch, aber wurde ihm klar, wie Wälterlin ihm, schon im *Hamlet*, das Pathos wegnahm, das Bewußtsein, Klassiker zu spielen, die Schwere, und ihn leicht und locker werden ließ? In Berlin hatte er diese Dramen mit großem Aufwand gespielt, Aufwand an Ton, Gestik, Gefühl, sozusagen überspannt, hochgespannt, dramatisch hochgetrieben. Kalser, der bei der Umkrempelung des Künstlers mithalf, rief: »Nimm den falschen Dampf weg, laß alles weg, was du an Vorstellungen von diesen großen Figuren mitgebracht hast, vergiß, daß berühmte Schauspieler das vor dir gespielt haben und wie sie es gespielt haben, werde erst einmal Mensch!«

Das war gar nicht so einfach. Es war nach diesen schweren Jahren in Deutschland nicht einmal leicht, locker auf der Bühne zu stehen oder zu sitzen. Quadflieg beneidete die anderen, die machten das, als wäre es die selbstverständlichste Sache der Welt – und die war es ja auch. Hier zeigte es sich einmal, daß es auch seine Vorteile hatte, aus Deutschland vertrieben worden zu sein und unter Hitler nicht Theater gespielt zu haben.

Es gab allerdings auch eine Kehrseite der Medaille. In Deutschland hatte man mehr Geld verdient; und jetzt, nach der Währungsreform, verdiente man auch wieder mehr als in Zürich. Quadflieg konnte mit seiner Gage nicht auskommen, sie langte nicht hin und nicht her, und wie schlimm es war, geht aus einem Brief hervor, den Quadflieg an den Verwaltungsrat schrieb, er brauche dringend einen neuen Hut und einen Anzug. So war es nur eine Frage der Zeit, bis er wieder in Deutschland zu spielen begann, zuerst nur ein paar Monate, um sich schließlich ganz von Zürich zu lösen.

Es erschien – etwa um die gleiche Zeit wie Quadflieg, Anfang 1948 war das wohl – ein ganz anders gearteter Gast an der Limmat oder eigentlich am Zürichsee, denn er nahm in Küsnacht Quartier, einer, dem am Geld nicht viel lag, jedenfalls damals noch nicht, und schon gar nichts an einem neuen Anzug oder Hut, einer, dem man das falsche Pathos nicht abgewöhnen mußte, denn er hatte ein Leben damit verbracht, es den anderen abzugewöhnen: Bert Brecht, mit kurzgeschnittenen Haaren, mit hochgeschlossener Joppe, mit Brille – wollte er seine eher weichen Augen verbergen? –, betont salopp, ja, nicht immer ganz gut gewaschen. Er kam, um sich umzusehen. Er war noch nicht entschlossen, nach Deutschland zurückzugehen, und wußte noch viel weniger, ob er nach Westdeutschland oder in die Sowjetzone gehen sollte. Das jedenfalls sagte er mir.

Er hatte all die Jahre in den USA überwintert, aber sich dort nicht mehr halten können. Es war die Zeit der Vernehmungen des Senators McCarthy. Auch Brecht war vor das Hauskomitee geladen worden, man hatte ihn befragt, ob er Kommunist sei, und er hatte unter Eid ausgesagt, nein, das sei er nicht. Sein Kommentar in meinem Hotelzimmer: »Die Dummköpfe!«

In Zürich verbrachte er Wochen, ja Monate damit, sich über Theater zu unterhalten, ging fleißig ins Schauspielhaus und kritisierte Stücke und Aufführung; seine Gesprächspartner waren Hirschfeld und Otto. Brecht hatte einige neue Stücke mitgebracht, die er vorlas. Hirschfeld plädierte sogleich dafür, eines von ihnen, *Herr Puntila und sein Knecht Matti*, zur Aufführung zu bringen, nicht zuletzt, weil das Schauspielhaus die ideale Besetzung bereit hatte: Steckel als Puntila und Knuth als Knecht. Brecht wieder verlangte als Regisseur Kurt Hirschfeld.

Eine seltsame Wahl? Hirschfeld hatte noch niemals in Zürich inszeniert. Der Grund: er hatte sich darum kümmern müssen, daß die richtigen Stücke herauskamen und richtig inszeniert wurden. Kurz, er war das dramaturgische Gewissen, die dramaturgische Führung des Theaters gewesen und damit über den Direktor hinaus die eigentliche Führung, denn das Schauspielhaus war zumindest seit den Dreißigerjahren ein Theater geworden, in dem es vor allem darauf ankam, was gespielt und daß es richtig gespielt wurde und nicht, ob es nun etwas bessser oder weniger gut gespielt wurde.

Und da Brechts erstes Anliegen bei der Inszenierung war: »Was will dieses Stück? Was will diese Szene?« und dann erst: »Wie ist das herstellbar?«, war die Wahl Hirschfelds nur logisch – oder nur Vorwand, denn der Dichter wollte eigentlich selbst Regie führen, wofür er dann keine Arbeitserlaubnis bekam.

Mit Teo Otto, den er von früher her kannte, verstand sich Brecht prächtig. Seine Methode, an einer Inszenierung zu arbeiten, zum Beispiel am Bühnenbild, war die Unterhaltung, und während solcher Gespräche kamen die Einfälle, die dann »eingebaut« wurden. Die Fabel von Puntila, dem Vielfraß, der die Menschen ausnutzt und schindet, hatte Brecht während seines finnischen Exils kennengelernt.

Otto fragte sich, wie man Finnland unverwechselbar auf die Bühne bringen könne, ohne naturalistisch zu werden? Antwort: Da in der finnischen Landschaft Birken dominieren, Hintergründe und Seitenteile aus Birkenholz. Einfach, nicht wahr? Wie Tag und Nacht darstellen, wo Brecht doch »Stimmungen« haßte?

Indem man bei vollausgeleuchteter Bühne eine Sonne zeigte oder einen Mond und angezündete Laternen. Wieder ganz einfach! Man mußte nur darauf kommen.

Brecht war in Berlin dafür bekannt und gefürchtet gewesen, Schauspieler und Regisseure mit Ausdrücken zu belegen, die nicht druckreif waren. Nun kam ein ganz anderer Brecht zum Vorschein, ein stiller, der sich nur Notizen machte, einer, der nach der Probe Vorschläge unterbreitete, und zwar großartige und immer sehr brauchbare. Nur mit Steckel ging es zuerst nicht, der wollte in seine Rolle hineinsteigen und saftig sein, anstatt verfremdet zu deklamieren, wie Brecht sich das vorgestellt hatte. Resultat: Steckel war drauf und dran, abzuspringen. Da meinte Hirschfeld: »Jetzt lassen wir Steckel es einmal so machen, wie er will.« Und so geschah es. Schon bei der Wiederholung des betreffenden Bildes war Brecht mit Steckel einverstanden, der, nachdem er sich erst einmal ausgespielt hatte, das meiste wieder zurücknahm. Die drei Wochen Proben mit dem gefürchteten Brecht wurden drei Wochen Vergnügen mit viel Lachen und Spaß.

Damals war Brecht wohl schon halb und halb entschlossen, in Zürich zu bleiben. Er hatte sich einen Arbeitsraum in der Hottingerstraße gemietet, ein Riesenzimmer mit zahlreichen Arbeitstischen; hier entstanden einige seiner Modell-Inszenierungen. An den Wänden hingen die Entwürfe des befreundeten Caspar Neher. Auf dem Tisch wurden die einzelnen Szenen durchgearbeitet: »Von hier kommt dieser Schauspieler, dort steht jener, hier brauchen wir einen Stuhl, dort ein Fenster...«

Aber würde Brecht in Zürich bleiben dürfen? Hier wußten ja die Behörden im Gegensatz zu den weltfremden amerikanischen Politikern um seine politische Gesinnung. Oprecht, der in Bern darüber verhandelte, schien entmutigt. Da geschah es, daß Brecht eine Einladung vom Stadtpräsidenten erhielt zu einem Fest im Muraltengut, wo alles anwesend war, was in Zürich Rang und Namen hatte. Eigentlich wollte er nicht hingehen, er war nicht für Gesellschaften, aber die Sekretärin Sager, die ebenfalls gebeten worden war, überredete ihn, mit ihr zu kommen. Und er tat's schließlich zur Verblüffung von Hirschfeld und Otto. Der Plan der Sagi: »Nachher werde ich zum Stadtpräsidenten gehen und sagen, Sie können ja nicht gut einen Mann als Ihren Gast empfangen und dann hinauswerfen!«

So geschah's, und Brecht bekam seine Aufenthaltsbewilligung.

Um diese Zeit lernte Brecht auch Dürrenmatt kennen, sah dessen *Romulus der Große* in Basel, stellte noch auf der Heimfahrt zusammen mit Hirschfeld fünfundzwanzig kritische Einwände auf und schickte sie Dürrenmatt. Eine lange Unterhaltung der beiden folgte. Auch Frisch machte die Bekanntschaft Brechts und war ebenso wie Hirschfeld immer wieder fasziniert von dem erstaunlich analytischen Verstand des Dichters, besonders von dem, was Brecht zu Shakespeare zu sagen hatte, den er sehr genau kannte. Damals entstanden übrigens viele Aufsätze Brechts über das Theater, später im »Kleinen Organon« zusammengefaßt.

Brecht unterhielt sich überhaupt leidenschaftlich gern. Er hörte jedem zu, er arbeitete auf die geringste Anregung hin um. Er plante damals vieles, vor allem Volksstücke, er wollte fort von den großen Dramen und zur Volkskomödie hin; eines seiner Vorbilder war Johann Nestroy, den er fast ebenso gut kannte wie Shakespeare.

Eine wichtige persönliche Beziehung, die damals entstand, war die zwischen Brecht und Therese Giehse. Brecht hatte noch in Amerika durch mich davon gehört, daß die Giehse seine Mutter Courage spielte und war, ohne sie zu sehen, dagegen gewesen, denn diese Rolle, so meinte er, könne nur Helene Weigel, seine Frau, so spielen, wie sie gespielt werden müsse. In dieser Überzeugung ging er so weit, daß er Hemmungen hatte, die Giehse überhaupt kennenzulernen. Aber als sie dann eine kleine Rolle im *Puntila* spielte, war er so fasziniert von ihr, daß die Rolle von Probe zu Probe wuchs.

Puntila wurde ein Erfolg, aber wenn man Brecht glauben durfte, infolge eines Mißverständnisses, denn das Publikum, anstatt Stellung gegen den Ausbeuter zu beziehen, fand ihn sympathisch. Brecht war betroffen; das mußte künftighin verhindert werden, und später, als er das Stück in Berlin herausbrachte, bekam Steckel, den er mitnahm, eine Glatze und ein »unsympathisches« Aussehen. Er blieb trotzdem sympathisch, die Leute lachten über ihn und wollten ihm nicht gram sein.

Brecht ging dann also doch nach Berlin, obwohl er inzwischen vieles über die Zustände dort und über das Verhalten der Russen gehört hatte, was ihm nicht gefiel. Er war schon halb und halb entschlossen, sich in West-Berlin niederzulassen, aber die amerikanischen Kulturoffiziere, die nur wußten, daß er Kommunist war, wollten sonst nichts von ihm wissen. So ging er denn nach Ost-Berlin, wo man ihm ein Theater zur Verfügung stellte und ihn proben ließ, solange er wollte. Doch froh wurde er dort nicht, es geschah zu vieles, das, auch nur schweigend zu erdulden, er vor seinem Gewissen nicht zu verantworten vermochte, er, der ein Leben lang gegen Unterdrückung und Diktatur geschrieben hatte. Er wurde schweigsamer und schwieg schießlich ganz, als eines seiner Stücke verboten wurde. Zuletzt soll er ein sehr unglücklicher Mann gewesen sein. Einmal sagte er zu Steckel: »Vielleicht werden wir uns noch nach den Freiheiten des wilhelminischen Zeitalters zurücksehnen.«

Möglicherweise dachte er auch an eine Rückkehr nach Zürich. Denn seine Einnahmen ließ er – das zumindest war nicht linientreu – regelmäßig auf eine Zürcher Bank überweisen. Auf der anderen Seite schrieb er immer wieder an Hirschfeld und machte ihm wiederholt den Vorschlag, an sein Berliner Theater zu kommen.

Hirschfeld sagte nein, obwohl ihn die Persönlichkeit Brechts bis zuletzt faszinierte. Und Brecht ist ja auch aus seinem Leben oder seiner Entwicklung nicht wegzudenken und daher auch nicht aus der Entwicklung des Schauspielhauses. Denn Brecht ist es zu verdanken, daß Hirschfeld nun zu inszenieren begann, ein anderer Regisseur als die meisten anderen, einer, dem es vor allem und immer wieder zuerst auf das Stück ankam, auf seinen Gehalt, darauf: »Was sagt dieses Stück aus?« Und: »Wie ist die Aussage herstellbar?«

Brecht gründete bald sein eigenes Theater, das sogenannte Berliner Ensemble, das vorübergehend in dem von Wolfgang Langhoff geleiteten Deutschen Theater zwei- oder dreimal pro Woche gastierte, bis man ihm das Theater am Schiffbauerdamm, in dem die *Dreigroschenoper* einst uraufgeführt worden war, zur Verfügung stellte.

Vor der Gründung des Berliner Ensembles wollte Brecht den *Puntila* in Berlin herausbringen und überhäufte Steckel mit Telefonaten, er solle doch die Hauptrolle auch in Berlin spielen. Steckel wäre gerne gekommen, aber das deutsche Konsulat weigerte sich, ihm den Weg zu ebnen, und die westlichen Besatzungsmächte waren nach wie vor gegen ihn, weil er angeblich Kommunist war.

Brecht wandte sich an den russischen Kulturoffizier in Berlin, und der wußte Rat. Er verschaffte Steckel einen Flug Zürich-Prag – in Prag war jeder willkommen, der von den Sowjets favorisiert wurde – und von Prag nach Berlin. Steckel spielte seinen Puntila.

Auch später, wenn er nach West-Berlin wollte, hatte Steckel Schwierigkeiten. Der zuständige amerikanische Offizier meinte, er solle ruhig bei den Kommunisten im Osten bleiben und überhaupt – wie sei er denn nach Berlin gekommen?

Es war alles sehr entmutigend für ihn. Ich erinnere mich, als ich ihn einmal im Osten besuchte, war er recht verzweifelt, denn er fühlte sich dort nicht mehr wohl, ja nicht einmal sicher. Er wollte fort. Kurz entschlossen packte ich ihn in meinen amerikanischen Militärwagen, wir fuhren zu seiner Wohnung, er holte seine Koffer, es dauerte nicht lange – offenbar hatte er sie stets bereit –, wir fuhren in den Westen Berlins, und es war dann doch nicht so schwer, ihm eine Flugkarte nach Zürich zu besorgen. Der zuständige amerikanische Offizier erfuhr von der Sache nichts, die Kontrollen am Flughafen waren beruhigt, als sie ihn in meiner Begleitung – ich hatte wieder einmal Uniform angelegt – sahen.

Steckel ist wohl nie wieder in den Osten gefahren.

27. Oktober 1949. *Eine kleine Stadt.* Jawohl, wieder einmal das Thornton-Wilder-Stück. Wälterlin hatte es seinerzeit, noch vor dem Krieg, inszeniert; es war durchgefallen oder, wie die »NZZ« mutig schrieb, das Publikum war durchgefallen. Das hatte Wälterlin nicht ruhen lassen, und jetzt probierte er es noch einmal. Wieder führte er Regie, wieder stellte Kalser den Spielleiter dar, aber sonst waren die meisten Rollen neu besetzt, und das süße kleine Mädchen aus dem ersten Akt,

das im zweiten heiratet und im dritten schon unter den Toten weilt, war eine blutjunge schweizerische Schauspielerin namens Liselotte Pulver.

Sie sah nicht so aus, wie Mädchen aussehen, die Schauspielerin werden wollen, eher wie eine Sportlerin, um nicht zu sagen, wie ein großer Junge, nicht schön, aber mit einem lebendigen, eher frechen Gesicht. Der Vater, ein Berner, verlangte, sie solle auf die Handelsschule gehen, aber die Mutter, ehemals Sängerin, glaubte an die künstlerische Mission ihrer Tochter. Die lernte Grillparzers Medea auswendig – damals war sie fünfzehn –, sprach mit vielen rollenden Rs Hirschfeld vor, der sich totlachen wollte, ihr aber riet, es später noch einmal zu versuchen. Später, das war im März 1949. Inzwischen hatte sie Schauspielstunden genommen, unter anderem bei Maria Schells Mutter, war am Stadttheater in Bern engagiert worden, hatte dort dies und das gespielt und landete nun am Schauspielhaus. Zuerst wurde sie nur für gewisse Rollen verpflichtet.

Als Emily in der *Kleinen Stadt* hatte sie einen großen Erfolg, und diesmal hatte auch das Stück einen großen Erfolg. Liselotte Pulver spielte dann noch dies und das, vor allem alle nur denkbaren Pagenrollen: Kalser nannte sie schließlich nur noch Lord Pulver. Sie spielte auch im *Tell* jenen Knaben, der die berühmten Worte »Die braune Liesl kenn' ich am Geläut!« zu äußern hat, spielte die Lucy in der *Dreigroschenoper*, und es sah so aus, als würde sie am Schauspielhaus ganz groß werden, die Nachfolgerin der Becker etwa, aber dann holte sie der Film nach Deutschland. Hirschfeld: »Ich warnte sie vor dem Film!« Aber vor den Filmgagen konnte er sie nicht warnen!

Max Frisch hingegen wurde am Schauspielhaus eine Institution, er schrieb fleißig, Stück um Stück, sie wurden alle aufgeführt, wie sich das gehört. Da waren, noch 1946, sein Erstling *Santa Cruz* und wenige Monate später *Die chinesische Mauer*. Da war im Januar 1949 *Als der Krieg zu Ende war*, ein Stück aus dem russischbesetzten Berlin. Da war, im Februar 1951, *Graf Öderland* und, im Mai 1953, *Don Juan oder Die Liebe zur Geometrie*. Es handelte sich bestenfalls nur um Achtungserfolge, manchmal waren nicht einmal sie zu erzielen, aber Hirschfeld blieb unbeirrbar, er hielt es für wichtig, diesen jungen, klugen, intellektuell wirkenden Mann zu fördern, das heißt zu spielen; es würde sich, dessen war er sicher, sehr bald einmal zeigen, daß es nicht umsonst gewesen war.

Friedrich Dürrenmatt hingegen wurde nicht mit dem gleichen Eifer aufgeführt, es entstand so etwas wie eine Krise zwischen ihm und dem Schauspielhaus, er mußte darauf warten, zuerst in Deutschland gespielt zu werden. *Die Ehe des Herrn Mississippi* wurde sogar vom Schauspielhaus gegen Hirschfelds Stimme abgelehnt, *Ein Engel kommt nach Babylon* erst lange nach Düsseldorf und München herausgebracht.

Dürrenmatt wurde auch in Deutschland wenig gespielt, es ging ihm so schlecht, daß er seine Wohnungsmiete nicht mehr entrichten konnte und sich – logisch! ein

Haus kaufte, das er vorläufig nicht bezahlten mußte. Brecht wollte ihm helfen, besorgte ihm einen Dramaturgenposten bei Langhoff in Berlin, aber da Dürrenmatt allergisch gegen den Kommunismus war, wurde nichts daraus. Dürrenmatt mußte schließlich so tief hinuntersteigen, daß er – Theaterkritiken schrieb. Die »Weltwoche« gab ihm dazu Gelegenheit.

Diese Kritiken waren von einer Klarheit und Kraft der Formulierung, die an Lessing gemahnte, von einer Aktualität, die mehr als zehn Jahre später noch aktuell wirkte. Interessant, bedeutend, wichtig über den einmaligen Anlaß hinaus war, was Dürrenmatt über eine *Wilhelm Tell*-Aufführung zu sagen hatte:

> Da es sich hier nicht nur um unseren sagenhaften Nationalhelden handelt, sondern auch um die Gründung unseres Staates, um eine Angelegenheit also, die uns angeht, hat sich, wie könnte es anders sein, vor dieses Kunstwerk, das in der Konzeption, in der Apfelschuß-Szene und in vielem, eine erstaunliche Größe erreicht, ein Patriotismus geschoben, der die Schwerpunke dieses Schauspiels so entscheidend festlegt, daß es gefahrlos geköpft werden kann, was denn auch diesmal geschah. Parricida braucht nicht aufzutreten, Tell ist von vornherein vom Zuschauer, vom Patriot gerechtfertigt. Die Szene, die das Stück erst in die Geschichte Europas einordnet, dieser große Einfall der Begegnung zweier Mörder, der ihm seine Dimension gibt, fällt dahin. Die Schweizer Geschichte genügt an diesem Abend. Doch ist damit die außergewöhnliche Schwierigkeit, mit der eine *Tell*-Inszenierung hierzulande zu kämpfen hat, auch nicht genügend erklärt. Die Schwierigkeit ist eine eigenartige und beachtenswerte, sie besteht im Gegensatz eines stilisierten dramatischen Werkes zu seiner Realität, im Gegensatz einer bestimmten Kunst zur Wirklichkeit.
>
> Daß dieser Gegensatz auf dem Theater nicht zu sein braucht, ja, Unsinn ist, das, glaube ich, ist zweifellos, daß der Tell bei uns in diesen Gegensatz gerät, sein schweizerisches Schicksal: ein Unfall, der höchst genau die Grenze Schillers aufzeigt. Sie liegt darin, daß dieser Dichter die Menschen stilisiert, um die Geschichte interpretieren zu können, daß er nicht eine Welt baut, wie andere, sondern die Welt aufhellt, indem er ihren Sinn zeigt, daß er, um es paradox zu sagen, keine andere Realität besitzt, als die Idee hinter der Geschichte. So ist er auch hier groß darin, daß er im Tell die Geschichte eines Volkes gibt, aber eben auch nur so, wie Schiller das Volk sieht: als Idee, während der Einzelne, der dieses Volk verkörpert, dieser idealisierte, sentenzenredende Bauer, verglichen etwa mit dem geringsten Trunkenbold Shakespeares, keine Realität mehr hat. Die Größe des Tell, zu der wir aufs neue stehen (es verwundert uns beinahe), liegt in seiner Abstraktheit, das Schicksal, das er auf einer schweizerischen Bühne erleiden muß, darin, daß notgedrungen diese Abstraktheit aufgehoben wird, indem sie sich in eine Besonderheit verwandelt, aus einem abstrakten Rütli das Rütli wird, aus abstrakten Menschen unsere Nationalhelden, aus einem abstrakten Volk wir selbst. Aus einem Drama wird ein Festspiel, denn

doch wohl nur in einem solchen ist es heute noch angängig, sich so idealisiert dargestellt zu sehen. Daher denn auch oft die heimtückische Gefahr des unfreiwillig Komischen, die bei uns auf diesem Stück wie ein Fluch lastet, da sich Idee und Wirklichkeit Auge in Auge gegenüber befinden, jene auf der Bühne und diese im Zuschauerraum. Dies vorausgeschickt, hat sich die Regie zu überlegen, welchen Weg sie einschlagen soll, wenn sie Theater geben will und kein Festspiel. Es muß ein Weg gefunden werden, der dem Stück die Abstraktheit wiedergibt...

Dürrenmatt nahm das Schauspielhaus ernst, man möchte sagen, verflucht ernst. Die Stadt Zürich nahm es nicht ernst – oder nicht mehr. Irgend etwas war seit Kriegsende geschehen, eine Wandlung hatte sich vollzogen. Was war es? Zürich war eine Weltstadt geworden, sozusagen über Nacht, ein beliebter Treffpunkt der großen internationalen Welt. Die eleganten Hotels waren ständig überfüllt, die erstklassigen Geschäfte überlaufen, der kleine Flughafen genügte nicht mehr, die Straßen wurden für den Autoverkehr zu eng. Aber das Schauspielhaus war in diese Neukonjunktur nicht einbezogen, es blieb eine lokale Institution wie etwa ein Fußballklub, aber selbst als solche geriet es aus dem Brennpunkt des allgemeinen Interesses. Das Anti-Hitler-Theater war ohne Hitler nicht mehr so wichtig, die von der Bühne herab verkündeten Ideen verloren ihre Schlagkraft, als es keine von der Wirklichkeit bedrängten Zuschauer mehr gab. Man ging ins Theater oder man ging nicht, und man ging in steigendem Maße nicht mehr. Die »Gesellschaft der Freunde des Schauspielhauses« litt an chronischem Mitgliederschwund, sogar die bis dahin so populären Galavorstellungen für die kräftig zahlenden Mitlieder mußten eingestellt werden.

Und dann schien überhaupt alles zu Ende. Was anfangs nur Gerücht war, verdichtete sich zur Tatsache: die Witwe Ferdinand Riesers wollte den gesamten Gebäudekomplex der Pfauen-Genossenschaft verkaufen. Der Pachtvertrag der Neuen Schauspiel AG lief 1952 ab. Der neue Käufer, wer immer es sein mochte – würde er das Theater weiterbestehen lassen? Würde er nicht das Gebäude abreißen, ein Bürohaus errichten, eine Bank, ein modernes Hotel, ein Kino?

Und was dann? Wie würde es weitergehen? Würde es überhaupt weitergehen? Bestand eine kleine Möglichkeit, daß Marianne Rieser das Theater selbst über-nehmen und führen würde? Sie hatte eine vage Idee, berühmte, hauptsächlich durch ihre Tätigkeit in Hollywood bekannte Stars von Fall zu Fall zu verpflichten. So fiel zum Beispiel in den Unterhaltungen der Name Marlene Dietrich. Ob die etwas davon wußte, darf füglich bezweifelt werden. Otto Weissert, inzwischen als Direktor der Kabarette »Cornichon« und »Fédéral« prominent geworden, von Marianne Rieser befragt, ob er die Direktion mit ihr zusammen übernehmen würde, winkte hastig ab und gab den dringenden Rat, von solchen Experimenten abzusehen. Die theaterfreudige Bevölkerung der Stadt stehe hinter denen, die im Krieg das Schauspielhaus geleitet und bespielt hatten.

Verkaufen? Da gab es zwei Möglichkeiten. Entweder würde der Käufer eine andere Verwendung für die Baulichkeiten der Pfauen-AG finden; oder auch die Leitung des Theaters übernehmen, zumindest ein Mitbestimmungsrecht verlangen. So war es im Falle des Migros-Begründers Duttweiler. Kurz, das Schauspielhaus würde nicht das bisherige Schauspielhaus bleiben. Für Oprecht, Wälterlin und die Schauspieler ein völlig unerträglicher Gedanke.

Eine bemerkenswerte Frau trat auf den Plan, von Marianne Rieser mit der Wahrung ihrer Interessen beauftragt: Ellen Richter, eine kleine schwarzhaarige Dame, einst Stummfilmstar in Berlin, Spezialistin für Spioninnen, Vamps, Femmes fatales. Später hatte sie ihre eigene Filmgesellschaft geleitet, war in den Hitlerjahren in New York und Hollywood gewesen. Eine überaus gescheite Frau. Sie geriet sofort in Streit mit Emil Oprecht. Auf den ersten Blick sah es so aus, als müßte es so sein, denn Ellen Richter wollte das Theater für einen möglichst hohen Preis verkaufen. Aber wer kam denn überhaupt in Frage, wenn Privatkäufer aus bereits angedeuteten Gründen nicht, insbesondere nicht für Oprecht und seine Künstler in Frage kamen? Die Stadt natürlich. Die Stadt, so vermutete Oprecht, würde kaufen, wenn der Preis entsprechend günstig wäre. Also mußte er versuchen, ihn zu drücken, indem er die Schattenseiten des Hauses ins Treffen führte, indem er von notwendigen Reparaturen, ja, Umbauten sprach. Je nachdrücklicher und je lauter er das tat, um so mehr mußten die Bedenken der Stadt und der Bevölkerung steigen, ein so »baufälliges« Objekt zu erwerben.

Die Stadt war übrigens bereit, das Haus für rund drei Millionen Franken zu erwerben. Jedenfalls faßte der Gemeinderat nach langwieriger Debatte mit 71 zu 29 Stimmen Ende Juni 1951 einen entsprechenden Entschluß. Die Sache hatte nur einen Haken: es mußte wegen der Höhe der Summe zu einer Volksabstimmung geschritten werden.

Wie stand es? Die Theaterbesucher waren sicher für den Kauf, der das Schauspielhaus am Pfauen belassen hätte. Die Presse, mit einigen wenigen Ausnahmen war dafür. Die Prominenz Zürichs war dafür. Aber das Volk?

Der ehemalige Stadtpräsident Dr. Klöti, der seine Zürcher kannte, äußerte sich skeptisch. Er fürchtete, die Schweizer würden nur höchst ungern Geld für kulturelle Zwecke ausgeben und sagen: »Mögen doch die reichen Leute zahlen, die ins Theater gehen.«

Auch Oprecht war nicht so optimistisch, wie er sich gab. Er beschloß, eine Werbeaktion aufzuziehen unter dem Motto »Erhaltet das Schauspielhaus am Pfauen!«, und engagierte dafür einen sachkundigen Manager namens Langer. Der entwickelte sogleich ein Programm von geradezu amerikanischen Ausmaßen. Es wurden Zeitungsartikel geschrieben. Es wurden Kundgebungen vorbereitet. Die Schauspieler sollten in Vereinslokalen, in Kasinos, in Restaurants, ja, selbst in den Filialen des Lebensmittelvereins Zürich auftreten und rezitieren. Plakate wurden gedruckt – bekannte Grafiker stellten sich freiwillig zur Verfügung. Die

Parteien wurden angesprochen. Bekannte Politiker wurden bearbeitet. Umzüge wurden veranstaltet. Alle nur denkbaren Vereine wurden mit Propagandamaterial überhäuft, Inserate aufgegeben, die mit den Inseraten von Duttweilers Landesring, der sich gegen den Kauf aussprach, kollidierten. Stadtpräsident Landolt wandte sich in einem beschwörenden Offenen Brief an die Bevölkerung. Alfred Polgar, der bekannte Kritiker, ja, selbst Thomas Mann meldeten sich zum Wort. Will Quadflieg, Maria Becker, Anne-Marie Blanc, Ernst Ginsberg rezitierten Tag und Nacht für die gute Sache, für ihre Sache; Buchhandlungen, Warenhäuser, Drogerien, Modefirmen, Schuhhäuser, Weinhandlungen, Frisiersalons, Blumengeschäfte, Konditoreien stellten ihre Schaufenster für Plakate und Bilder von Künstlern zur Verfügung. Ein Fackelzug der Jugend von imponierendem Ausmaß wurde in Szene gesetzt.

Und das Resultat? 30 578 Stimmen sprachen sich für den Kauf aus, 30 826 Zürcher stimmten mit Nein. Ein sehr knappes Ergebnis. Kein rechter Sieg derer, die den Kauf für unzumutbar hielten. Immerhin eine Niederlage für die vom Schauspielhaus.

Da saßen sie nun, die Direktoren, die Sekretärinnen, die Schauspieler, die während vieler Wochen Tag und Nacht gearbeitet, Briefe geschrieben, Plakate ausgetragen, rezitiert hatten. Und alles sollte umsonst gewesen sein? Nicht weniger entsetzt als sie, die Betroffenen, waren die Freunde des Schauspielhauses in Zürich, in der Schweiz, aber auch die im Ausland. Heinz Hilpert, inzwischen Direktor des Deutschen Theaters in Göttingen, die Leitung der Württembergischen Staatstheater in Stuttgart, die Theaterleiter in Frankfurt und München sandten fassungslos Telegramme und Briefe. Die Wiener, Berliner, ja sogar die Londoner und Pariser Zeitungen äußerten sich befremdet, wenn nicht geradezu empört. Nur Oprecht blieb ruhig. »Wir müssen eben wieder von vorn beginnen.« Auch Ellen Richter verlor nicht die Nerven. Sie hatte mit einem solchen Ausgang gerechnet – und insgeheim mit der Schweizerischen Bankgesellschaft verhandelt. Die erklärte sich bereit, den Gebäudekomplex zu kaufen, den Mietvertrag mit dem Schauspielhaus zu erneuern und nicht mit der Miete heraufzugehen, ja darüber hinaus dringend notwendige Reparaturen ausführen zu lassen.

Übrigens: wenn die Großbank das »Geschäft« nicht gemacht hätte, standen einige Zürcher Bürger bereit, tief in ihre Taschen zu greifen und das Schauspielhaus zu retten. Oprecht und Ellen Richter, seit Monaten nicht mehr Feinde, sondern Verbündete, die an einem Strang zogen, hatten sich geschworen: Wenn die Sache endlich klappte, würden sie ganz groß feiern. Ellen Richter: »Wir wollten ausgehen, wir wollten so viel Champagner trinken, bis wir unter dem Tisch lagen!« Als es so weit war, fühlten sich beide so ermattet, daß aus der Feier eine Viertelstunde im Café Pfauen wurde. Ellen Richter trank eine Tasse Kaffee, Emil Oprecht ein Glas Orangensaft.

Ach, Emil Oprecht war um diese Zeit, im Herbst 1951, schon ein sehr kranker, ein sterbenskranker Mann, er ahnte es nur noch nicht. Ende 1951 muße er sich operieren lassen; ein Blick genügte, und die Ärzte wußten, daß er verloren war. Wie durch ein Wunder hielt er noch bis Oktober 1952 durch. Seine Kräfte schwanden, der einst so robuste Mann war nur noch der Schatten seiner selbst, aber, Ironie des Schicksals, jetzt war er, den man während der Hitlerjahre wie einen Aussätzigen behandelt hatte, ein umworbener Mann, saß in wichtigen Kommissionen, leitete unzählige Komitees, das Theater, das Verlagswesen, den Buchhandel betreffend, spielte in der UNESCO eine führende Rolle, flog von Konferenz zu Konferenz, bald nach Paris, bald nach München oder Wien, arbeitete schwer bis in die letzten Tage hinein, nahm sich von einer Konferenz aus Venedig zurückkehrend, kaum noch Zeit zu sterben.

Unvergeßlich für alle, die ihn kannten – und wer ihn kannte, liebte ihn –, die Trauerfeier im Schauspielhaus, das stille Fallen des Vorhangs, als alles zu Ende war über der blumengeschmückten Bühne, hinter der »Opi« so oft gestanden hatte. Es schien im Augenblick so, als wäre wirklich alles zu Ende. Aber im Theater geht der Vorhang ja immer wieder auf. Und so war es auch im Pfauen.

Vorhang auf. Immer wieder. Wir müßten eigentlich noch von zahllosen Theaterabenden sprechen, die, weit über die Abende hinaus, Bedeutung hatten und beispielhaft und sehr oft im stärksten Sinne des Wortes beispielgebend waren. Etwa die deutschsprachige Erstaufführung von Maxim Gorkis *Wassa Schelesnowa* mit der Giehse als alte böse Frau oder die Premiere der englischen Restaurations-Komödie *Die Lästerschule* von Sheridan, von Kalser liebevoll und elegant übersetzt mit so viel Mühe und Sorgfalt, daß er darüber vergaß, seine eigene Rolle zu lernen; oder Büchners *Woyzeck* mit dem aus Berlin eingetroffenen vorzüglichen Charakterspieler Walter Richter, und wieder, am 6. November 1948, eine Schweizer Erstaufführung, *Die schmutzigen Hände* von Jean-Paul Sartre, ein antikommunistisches Stück, von dem der Autor, als er vorübergehend kommunistisch wurde, nichts mehr wissen wollte, mit der betörend schönen, jungen Anneliese Römer. Drei Jahre später, am 3. November 1951, des gleichen Autors *Der Teufel und der liebe Gott*. Da war die deutschsprachige Erstaufführung von Tennessee Williams' *Endstation Sehnsucht*, und ein alter Sardou, *Cyprienne*, die von der Gold bezaubernd verkörpert wurde; die gleiche Schauspielerin sollte bald darauf in *Undine* von Giraudoux eine ganz große Leistung vollbringen. Da war Hermann Wlachs Nathan in Hirschfelds vornehm-kluger Inszenierung – eine einmalige Leistung. Aber Wlach hatte ja in allen diesen Jahren so sehr viele »einmalige Leistungen« vollbracht, und erst jetzt bemerken wir, daß wir eigentlich viel zu wenig von ihm gesprochen haben. Wir hätten erzählen sollen von seiner Berliner Zeit im Ersten Weltkrieg, wo er fast dem kommenden Werner Krauß den Rang ablief in kleineren Rollen, versteht sich. Immerhin gab es damals manche Kritiker, die auf ihn setzten. Er aber ging nach Hamburg, wo er der Star wurde, bis er auf dem Umweg über

Salzburg nach Zürich kam, noch bevor er aus Deutschland oder Österreich hätte fliehen müssen, lange vor Hitlers Machtergreifung also.

Warum eigentlich haben wir so wenig von ihm erzählt? Vielleicht, weil er sehr selten eine überragende Rolle spielte. Das ist ungerecht – denn er spielte immer mit, war immer da, in des Wortes stärkster Bedeutung, die Menschen, die er auf die Bühne stellte, konnte man so schnell nicht vergessen. Und nun erst sein Nathan! Nicht der larmoyante und von Edelmut triefende Nathan, wie er nach dem Krieg in Deutschland und Österreich aus Alibigründen so unendlich oft dargeboten wurde, sondern ein ruhiger, fast in sich gekehrter Nathan, dem kein Gott zu sagen gegeben hatte, was er litt und der es auch nicht zeigen wollte. Ein Nathan, der sein Kreuz trug, damit andere von ihren Sünden erlöst würden.

O. E. Hasse gab ein leider nur zu kurzes Gastspiel im *Liebestrank* von Wedekind und Erwin Piscator ein vielleicht überflüssiges mit Peter Ustinovs herrlichem Stück *Die Liebe der vier Obersten.*

Der berühmte Regisseur der Zwanzigerjahre versagte, als er keine unbegrenzten Möglichkeiten mehr hatte; er wollte in dieser lustigen Parodie auf das besetzte Deutschland mit dem Dornröschen-Hintergrund Photos aus den Konzentrationslagern einblenden, er wollte Särge über die Bühne tragen lassen, um zu dokumentieren, daß die deutsche Romantik begraben sei, er wollte das Dornröschen als Germania ausstaffieren.

Das Schauspielhaus hatte Piscator, der nicht mehr nach den Vereinigten Staaten zurückkehren konnte, eine Chance gegeben. Sie war vertan.

Keine echte Chance bekam der Österreicher Fritz Hochwälder, seit 1938 als Emigrant in Zürich lebend, ursprünglich Handwerker, in der Zwischenzeit Dramatiker von internationaler Bedeutung geworden, überall aufgeführt, in Berlin und Paris mit Sensationserfolg. In Zürich brachte man, als es gar nicht mehr anders ging, *Donadieu*, eines seiner schwächsten Stücke, heraus.

Ebensowenig tat man Carl Zuckmayer einen Gefallen, als man sein Atomdrama *Das kalte Licht* herausbrachte. Es mußte durchfallen. Das war am 1. Oktober 1955. Am 9. Oktober, also eine gute Woche danach, kam es zu der Uraufführung (!) von William Faulkners *Requiem für eine Nonne.*

Es war einer der letzten Wünsche des sterbenden Oprecht gewesen, daß Heidemarie Hatheyer, groß, sehr blond, mit einem zu ihrem Haar seltsam kontrastierenden slawischen Gesicht, eine österreichische Schauspielerin, die damals in Berlin lebte und sich zwischen Theater und Film aufteilte, ans Schauspielhaus engagiert werde. Übrigens wäre sie beinahe schon viele, viele Jahre früher gekommen, noch vor Kriegsbeginn. Damals hatte sie gerade in Wien ihr Abitur gemacht, spielte Operette, als Rieser sie sah und ihr ein Engagement in Zürich vorschlug. Die Frage war die Gage, da die junge Dame ihre Mutter mitbringen und ernähren mußte. »Das können Sie mit vierhundert Franken!« sagte Rieser. Als die Hatheyer

ihren Wiener Vertrag gelöst hatte und es Rieser mitteilte, schickte er ihr, in der
Annahme, ihr bliebe keine andere Wahl mehr, einen Vertrag über 250 Franken.
Glücklicherweise kam gerade der Leiter der Münchner Kammerspiele, Otto
Falckenberg, nach Wien und engagierte sie als Nachfolgerin der Gold. Von
München holte Gustaf Gründgens sie nach Berlin.
Sie war eine unverwechselbare Schauspielerin, in gewissen Rollen der Dorsch
nicht unähnlich, aber weniger lieblich, viel härter, auch nervöser. In Zürich kannte
man sie vor allem als Filmschauspielerin. Ihre Geierwally hatte Sensation gemacht. Als der Film *Die Ratten* nach dem Drama von Gerhart Hauptmann
herauskam und sie und Curd Jürgens sich dem Premierenpublikum zeigten,
wurden sie auch vom Schweizerischen Fernsehen interviewt. Die erste Frage des
Interviewers: »Frau Hartmeier (!), haben Sie schon mal Theater gespielt?« Das war
etwa drei Wochen nach dem Sensationserfolg des *Requiem* im Schauspielhaus.
Dieses Stück hatte Faulkner viele Jahre zuvor nach einem Roman geschrieben,
aber niemand hatte gewagt, es zur Aufführung zu bringen. Kein Zufall, denn es
handelte sich um ein höchst schwieriges, zumindest bei der ersten Lektüre eher
wirres Stück. In Zürich glaubte niemand daran, mit Ausnahme von Kurt Hirschfeld. Leopold Lindtberg, der die Regie übernommen hatte, war im Zweifel. Später
erzählte er mir, er habe das Stück nicht, wie es seine Gewohnheit war, zwei- oder
dreimal gelesen, sondern zehnmal, bis ihm klar wurde, wo er Striche machen
mußte – das ungestrichene Werk hätte fünf Stunden Spieldauer gekostet –, was er
umstellen muße, um die Handlungslinie klar werden zu lassen. Er schlief in dieser
Zeit der Vorbereitung sehr schlecht, auch nach Tisch, obwohl es eine alte Gewohnheit war, ein kurzes Mittagsschläfchen zu halten, etwa zehn, allenfalls elf Minuten.
Aber auf den Proben wurde er dann wieder guten Mutes. Er war sehr angetan von
seiner Haupdarstellerin. Seiner Frau und auch anderen sagte er erstaunt, sie sei
besonders gescheit. Es gibt ja nicht gerade viele kluge Schauspielerinnen, die
Hatheyer bildete offenbar eine Ausnahme. Sie machte ihn darauf aufmerksam, wo
er falsche Striche oder nicht genug Striche gemacht hatte, weil so, wie das Script
jetzt vorlag, gewisse Sätze einander widersprachen. »Lindi« zu seiner Frau: »Die
ist so klug! Wenn die einmal nicht mehr Theater spielt, dann müßte man sie als
Dramaturgin engagieren.«
Man hatte für das Stück fünf Wochen Proben angesetzt. Zum Erstaunen aller
Mitwirkenden hatte die Hatheyer ihre Rolle – die längste Frauenrolle der Weltliteratur – in knapp sechs Tagen gelernt, und nach drei Wochen war Lindtberg bereit,
das *Requiem* herauszubringen. Freilich, da fand gerade die Premiere des neuen
Zuckmayer-Stückes statt. So kam das *Requiem* erst eine Woche später heraus.
Der Inhalt: Die junge Temple Drake, aus der Society eines amerikanischen
Südstaates, wird noch als junges Mädchen von Gangstern entführt, viele Wochen
lang in einem Bordell gefangengehalten, dann doch von ihrem Bräutigam geheiratet, der nie müde wird, ihr das »Geschehene« vorzuwerfen, indem er es ihr

»verzeiht«. So wird die Ehe denkbar unglücklich, und Temple ist schließlich nur zu bereit, mit einem der wieder auftauchenden Gangster fortzulaufen. Das Negerdienstmädchen Nancy sieht keine andere Möglichkeit, das Unheil zu verhüten, als daß sie das kleine Kind ihrer Herrin umbringt. Nun kann Temple wohl nicht mehr fort. Die Negerin wird zum Tode verurteilt. Erst langsam dämmert es Temple, daß Nancy sich für die Herrin geopfert hat. Nun will sie die Negerin retten – und geht bis zum Gouverneur des Staates. Vergebens, die Negerin muß sterben, übrigens ist sie bereit dazu, sie hat sich mit ihrem Gott und der Welt versöhnt. Und Temple? Wird sie zu ihrem Mann, zum Leben zurückfinden?

Die entscheidende Szene ist die beim Gouverneur, wo Temple sich sozusagen seelisch entkleidet und nach und nach alle ihre Geheimnisse preisgibt, kaum eine Szene, fast nur ein Monolog, der fünfundvierzig Minuten dauert. Würde die Schauspielerin das durchstehen? Würde der Regisseur Lindtberg den enormen Stoff bewältigen?

Vor den fünfundvierzig Minuten hatten alle Beteiligten gewisse Angst – fünfundvierzig Minuten Monolog, eigentlich nur Rückblende, nichts Neues geschieht: Würde das Publikum das durchstehen? Theaterinteressierte Kreise hatten von der Sache mit den fünfundvierzig Minuten gehört. Man wartete mit einer gewissen sportlichen Spannung darauf. Es war die letzte Szene vor der Pause.

In der Pause wurde dann ein Bekannter der Schauspielerin von verschiedenen Personen mit der Frage bestürmt: »Wann kommen eigentlich die kitzligen fünfundvierzig Minuten?« Keiner hatte bemerkt, daß die Hatheyer soeben eine Dreiviertelstunde auf der Bühne gestanden und pausenlos gesprochen hatte. Da wußten die im Schauspielhaus, daß eine große Schlacht gewonnen war.

Aus einer Kritik Manuel Gassers in der »Weltwoche«:

Heidemarie Hatheyer hat, als sie die Rolle übernahm, alles auf eine Karte gesetzt. Und sie hat gewonnen. Das heißt: sie gewinnt an diesem Abend zehn-, zwanzigmal. Sie gewinnt, wenn sie kalt, oberflächlich, gemein und wenn sie zerknirscht und rührend ist. Sie gewinnt auf allen drei Ebenen des Spiels: in der Gegenwart der eigentlichen Handlung, in der Mitvergangenheit der eingeschachtelten Rückblendeszene, in der Vorvergangenheit der Bordellerzählung. Und sie gewinnt in der endlichen Läuterung am Schluß, die deshalb Faulkners Meisterstück ist, weil sie nur gerade den Augenblick der Umkehr zeigt, die Richtungsänderung am Ort, und uns mit einem »versöhnlichen Ende« verschont. Wenn je von einer Starrolle gesprochen werden konnte, dann hier.

Ein Jahr später spielte die Hatheyer die Rose Bernd, die sie kurz zuvor bei Gustaf Gründgens gegeben hatte. Wieder möge, statt einer Beschreibung des Autors, eine Kritik zitiert werden, die Elisabeth Brock-Sulzer für die »Tat« verfaßte:

Eine bäurische, wilde Rose Bernd. Man glaubt ihr die Lebensfreude, die Wut, das Verbrechen. Glaubt es ihr mehr als seinerzeit der ebenfalls starken Rose Bernd Käthe Golds, die die viel nervösere, anfälligere Natur ist. Aber man glaubt ihr auch die kindlichen Töne, die Innigkeit, die Lauterkeit, die Verletzlichkeit. Wie klingen hier die Liebesszenen, reines Dur noch, wo es Abschied heißt. Wie schön ist der flüchtige Glanz, der über ihr Gesicht geht, wenn ihr Frau Flamm die Puppe zeigt. Wie unvergleichlich dann der Zerfall! Dieser vierte Akt, wo die Rose, gar nicht so sehr »aufgedonnert«, wie es Hauptmann gewünscht hat, fahl und verquer erscheint, stur alles ableugnet – wie denn überhaupt die Züge von Dummheit, die Hauptmann in die Rolle eingebaut hat, durchaus genial sind – bis zu dem Ausbruch: »Ich hoa mich geschaamt.« Hier ist schon alles sichtbar, was im letzten Akt grausig ausbrechen soll und ausbricht, eine Verstarrung und Vereisung des Lebens, die nur noch von der Katastrophe gesprengt werden kann. Diese Rose Bernd ist ein Ereignis.

Die Hatheyer wurde trotz Verpflichtungen in Berlin, Wien und Düsseldorf ein Mitglied des Pfauen-Ensembles, spielte in den nächsten Jahren zahlreiche moderne und klassische Rollen, reiste auch mit einigen Inszenierungen des Schauspielhauses durch Deutschland.

Das *Requiem* war 1955 herausgekommen. Im gleichen Jahr war ein für das Schauspielhaus sehr wichtiger Mann, der Musiker Rolf Langnese, festengagierter musikalischer Leiter geworden.

Er war 1904 in Schwerin geboren, zufällig, die Eltern befanden sich gerade auf einer Reise. Der Vater war Deutscher, die Mutter Schweizerin. 1906 übersiedelte man nach Zürich.

Rolf Langnese war sehr früh entschlossen, Musiker zu werden. Sein besonderes Talent war das Klavier. Er war schon fertig ausgebildet in Berlin und später in Paris, als ihn Kinderlähmung befiel. Das war eine Unterbrechung seiner Karriere, aber keineswegs deren Ende. Er wurde ein sehr bekannter Konzertpianist, ein so vortrefflicher, daß ihn der große Furtwängler als Solist nach Berlin holte, wohin er immer wieder hätte kommen können. Aber er ging nicht mehr nach Deutschland, als Hitler kam, und verließ Wien, wo er zusammen mit seinem Freund Rolf Liebermann und dem rassisch »einwandfreien« deutschen Dirigenten Hermann Scherchen die musica viva gegründet hatte, die das machte, was man im Dritten Reich Entartete Kunst nannte.

Es wurde schon berichtet, daß er unter denen war, die die Gründung der Neuen Schauspiel AG finanziell ermöglichten. Er lebte eine Zeitlang mit seinem Freund Liebermann in Ascona, kam aber immer wieder nach Zürich zurück, um im politischen Cabaret »Cornichon« die Klavierbegleitung zu übernehmen.

Gelegentlich, aber wirklich nur gelegentlich komponierte er die eine oder andere Bühnenmusik für das Schauspielhaus. Seine Karriere als Pianist hatte er aus privaten Gründen aufgegeben. Die Bindungen ans Schauspielhaus wuchsen. Schon gegen Ende des Krieges hatte man ihn gefragt, ob er die Musik zu einem Nestroy machen wollte. Er wollte. Von da an war er ständiger freier Mitarbeiter, der musikalische Leiter war immer noch der Komponist Paul Burkhard. Als der dann ausschied, um sich ganz seinen Kompositionen zu widmen, übernahm Langnese seinen Posten. Das Gehalt war nicht überschwenglich, aber das störte den begüterten jungen Mann nicht im geringsten. Lindtberg übertrug ihm fast zu jeder seiner Inszenierungen die Komposition der Bühnenmusik.

Berühmt wurde er über das Schauspielhaus hinaus 1957/58 – also rund drei Jahre nachdem er sich fest an das Theater gebunden hatte –, und 1961 durch seine Bühnenmusik zu *Faust I* und *Faust II*, die Lindtberg in Zürich und Salzburg inszenierte.

Im Laufe der Jahre komponierte er rund fünfzig Bühnenmusiken für Zürich, allein rund ein Dutzend Shakespeare-Partituren. Er starb früh, bereits in den Sechzigerjahren.

Am Sonntag, dem 29. Januar 1956, nachmittags, war in dieser Spielzeit zum letztenmal das *Requiem* gegeben worden. Abends fand die Uraufführung des neuen Dürrenmatt, *Der Besuch der alten Dame*, statt. Es war die erste Dürrenmatt-Uraufführung seit seinem skandalumwitterten Erstlingswerk. Hier war dem Dichter, das spürte man sofort, ein großer Wurf gelungen. Eine Frau, als schwangeres junges Mädchen von ihrem Freund Ill aus der sittlich entrüsteten Stadt Güllen vertrieben, kehrt nach einem Lebensalter zurück, als sagenhaft reiche und mächtige Besitzerin von Ölquellen. Sie hat ihre Macht dazu benutzt, die Stadt zu ruinieren. Sie ist bereit, ihr durch krösushafte Spenden wieder auf die Beine zu helfen. Ihr Preis: das Leben ihres damaligen Liebhabers, der längst verheiratet und ein guter Bürger geworden ist. Wiederum ist die Stadt sittlich entrüstet. Aber bald beginnt die Wandlung der Biedermänner. Man will schließlich leben, man will gut leben. Kommt es auf ein einziges Menschenleben an, wenn die Geschäfte einer ganzen Stadt wieder florieren können? Ill muß schließlich dran glauben. Die alte Dame verschwindet unter Zurücklassung großer Summen mit ihrem Gefolge und seinem Sarg.

Spannend, erregend, erschütternd. Ein Stück, das bald darauf nicht nur auf allen deutschsprachigen Bühnen, sondern auch in London, in Paris, ja, selbst in New York gespielt werden sollte und in Hollywood verfilmt wurde. – Damit begannen der Ruhm und der Wohlstand Dürrenmatts. Die Zürcher Aufführung tat das ihre. Als zurückkehrende Rächerin: die Giehse, von einer unmenschlichen Härte. Als Ill Gustav Knuth, gesammelt, ruhig, fatalistisch, sehr menschlich. Auch die kleinsten Rollen waren vorzüglich besetzt. Regie: Oskar Wälterlin. Es war seit Jahren seine stärkste Leistung. Hier gelang es, eine Wirklichkeit zu zaubern, die doch unwirklich blieb, einen Alpdruck fühlbar zu machen, der doch real wurde, ein Drama von griechischer Strenge fast verspielt zu montieren, die monströsesten Dinge aussprechen zu lassen, als wären sie Alltäglichkeiten, hinter bewußt banale Äußerungen des Alltags zu leuchten, bis sie unheimlich wurden. Eine Meisterleistung, vielleicht *die* Meisterleistung Wälterlins schlechthin.

Wälterlin hatte sich in den letzten Jahren außerordentlich entwickelt. Von der Oper kommend, war es lange sein Anliegen gewesen, den rechten Ton zu finden – das ist wörtlich zu nehmen. Er spürte einen Satz wie eine Melodie, und er versuchte, den Schauspielern diese Melodie beizubringen. Das ging oft so weit, daß er ihnen die Sätze in der, wie ihm schien, richtigen Betonung vorsprach. Bei nicht ganz ersten Schauspielern hatte das die Wirkung, daß sie erstaunlich »richtig« sprachen. Bei ersten Schauspielern hatte das zur Folge, daß sie irritiert wurden, und daß es heftige Auseinandersetzungen, ja, Szenen gegeben hätte, wäre so etwas mit Wälterlin, der immer Herr blieb, immer liebenswürdig und höflich, überhaupt möglich gewesen. Wo Steckel die Schauspieler zur letzten Expansion trieb, versuchte Wälterlin, sie zu zähmen; wo Lindtberg den tiefsten Gehalt der Worte bloßlegte, versuchte Wälterlin, die Atmosphäre, die Stimmung zu geben. Es klingt geringschätzig, aber es ist nicht so gemeint, wenn von ihm gesagt wurde, daß er nie etwas durchließ, das falsch war. Und es hieße ihn und seine Arbeit unterschätzen, wollte man von ihm sagen – was so oft gesagt wurde –, daß sein Hauptverdienst darin bestand, die richtigen Schauspieler für die richtigen Rollen auszusuchen.

Die richtigen Schauspieler für die richtigen Rollen. Das war in der Hitler-Zeit nicht immer möglich, aber es gehörte nicht zu den geringsten Verdiensten Wälterlins, daß er es doch immer irgendwie schaffte oder fast schaffte – schaffen mußte, denn er konnte ja nicht, weil die Schweiz eine Insel war, einen Schauspieler und eine Schauspielerin, die er vielleicht hätte gut brauchen können, nach Zürich bekommen. Das war jetzt anders. Und nach anfänglichem Zögern gelang es doch, einige Kräfte von draußen nach Zürich zu engagieren. Was um so notwendiger war, als in zunehmendem Maße bewährte Kräfte der großen schweren Zeit vorübergehend oder ganz abwanderten.

Die richtigen Schauspieler für die richtigen Rollen. Wälterlin holte Mathias Wieman nach Zürich. Das war ein großer, schlanker, blonder – jetzt nicht mehr ganz blonder – Mann, der am Berliner Deutschen Theater die Heldenrollen gespielt hatte, nicht auftrumpfend, pathetisch, mehr still, in sich gekehrt. Unvergeßlich, obwohl er viele Jahre zurücklag, sein Troilus in Shakespeares Stück um den Trojanischen Krieg. Unvergessen auch sein Tellheim zu der Minna von Käthe Dorsch. In Zürich begann er mit dem Faust, und zwar sowohl im ersten als auch im zweiten Teil, er sollte noch viele, viele Rollen spielen bis zu seinem Tod, der 1969 viel zu früh kam.

Die Premiere des *Faust I* fand am 21. November 1957 statt. Ihr folgte nach Jahresfrist, am 8. November 1958, die des zweiten Teils.

Bald darauf tauchte ein anderer prominenter Schauspieler auf. Das war Willy Birgel, ein hochinteressanter Charakterschauspieler. In Zürich nicht unbekannt durch seine zahlreichen Ufa-Filme.

Birgel war übrigens spät zum Film gekommen. Er war viele, viele Jahre in Mannheim der absolut erste Schauspieler gewesen, der Charakterdarsteller, der alle wichtigen Rollen spielte, vom Wallenstein bis zum König Lear. Durch eine Verkettung von Umständen wurde er für den Film entdeckt, kam gleich als Star zur Ufa und spielte dort zahlreiche Rollen. Darunter befand sich auch die Hauptrolle in ... *reitet für Deutschland*, die Geschichte eines Landedelmannes, der zahlreiche Pferderennen gewinnt. Später sagte man, dies sei ein Nazi-Propagandafilm, und in der Tat nützten die Nazis diesen Film zu Propagandazwecken aus. Aber er war nicht als Propagandafilm gedacht und schon gar nicht von Birgel, der sich nie auch nur in der Nähe dieser Partei befand.

Trotzdem zögerte man in Zürich, eben wegen dieses Films, und holte Erkundigungen ein, unter anderem bei mir, der Zugang zum berüchtigten Dokumentenzentrum in Berlin hatte, wo festgehalten war, ob einer zur Partei gehörte oder ob einer gegen die Partei gearbeitet hatte, ob im Sinne der Nazis verläßlich oder unverläßlich etc. Ich konnte nichts gegen Birgel finden, und man holte ihn.

Es handelte sich, am 13. Juni 1959, um eine Neuinszenierung der *Maria Stuart*, von der sich Wälterlin, der das Stück selbst inszenieren wollte, viel versprach. Die Hatheyer sollte, wie in Düsseldorf, die Maria Stuart spielen, die Becker ihre bewährte Elisabeth. Die Becker revoltierte, sie habe die Rolle so oft gespielt, nun sei es genug, und sie wolle auch einmal die Maria spielen. Wälterlin kam auf die Idee, übrigens unterstützt von Hirschfeld, etwas Neues zu wagen. Beide Schauspielerinnen sollten beide Rollen spielen. Einmal so, einmal so. Dies war ein interessantes Experiment – aber ein riskantes, denn in einer Rolle mußte ja notwendigerweise eine Schauspielerin die bessere sein als die andere – in der anderen gleichfalls. Es würde also zu einer Art Kompetenzkampf kommen, der alles andere als künstlerisch war. Aus diesem Grunde sagte die Hatheyer ab. Maria Becker spielte dann mit einer aus Hamburg importierten Schauspielerin ihre erste und einzige Maria Stuart – es wurde aber alles andere als ein Erfolg.

Die richtigen Schauspieler für die richtigen Rollen. Näher käme man an die Wahrheit heran, wenn man sagt, daß die Schauspieler, die vielleicht gar nicht »richtig« waren, unter ihm »richtig« wurden. Es ist sicher kein Zufall, daß ihm während seiner ersten Jahre im Schauspielhaus vor allem diejenigen Stücke gelangen, die in ihrer besonderen Zartheit ein außerordentliches Einfühlungsvermögen verlangten; daß die Stücke der großen Aktionen bei ihm oft ein wenig kraftlos herauskamen und die Stücke der großen Ideen dadurch unbefriedigend wirkten, daß die Ideen – besser: die zentrale Idee – von zuviel Stimmungen zugedeckt wurden. Was soll man anderes sagen – man muß es –, als daß sich dieser Regisseur, der in vielen Jahren eigentlich vor allem ein Regisseur von Spezialitäten war, in einem Alter, wo die meisten stehenbleiben und nichts Neues mehr leisten, zu einem Allround-Regisseur entwickelte, der plötzlich, ja, mit verblüffender Plötzlichkeit alles konnte. Es war, als ob er, der sich bei den ersten Proben an die

Schauspieler erst herantasten mußte – schon um sie nicht zu verletzen, zu irritieren, zu hemmen –, sich nun an alles, was je für das Theater geschrieben worden war, herangetastet hätte.

Er konnte alles und wollte alles machen – und machte leider zuviel, was ihn und seine Gesundheit anging. So inszenierte er in den nächsten Jahren, was überhaupt zu inszenieren war: Moderne und Klassiker, O'Neill und Schiller, das *Tagebuch der Anne Frank* und Offenbach, ein musikalisches Lustspiel von Paul Burkhard und Max Frischs »Lehrstück ohne Lehre« mit gefährlichem politischem Hintergrund *Biedermann und die Brandstifter.*

Insgesamt waren hundertfünfundzwanzig Inszenierungen Wälterlins über die Bühne des Zürcher Schauspielhauses gegangen. Er arbeitete hart, zu hart, und er inszenierte auch in Deutschland, er nahm jede ihm angetragene Arbeit an, auch an Opernhäusern, man sagte, er hätte wohl Angst vor dem Altern, wollte sich schnell ein Vermögen zusammenraffen, um gesichert zu sein.

Das war es nicht. Es war das Wissen darum, daß alles, was mit Theater zu tun hat, mit dem Tag vergeht und verweht. Dieses Wissen trieb ihn an, dieses Wissen gab ihn nicht mehr frei, dies und die Hoffnung, vielleicht doch etwas zu schaffen, was bleiben würde.

Ganz plötzlich und – zumindest für die Öffentlichkeit – unerwartet kündigte er seinen Vertrag mit dem Schauspielhaus im zweiundzwanzigsten Jahr seiner Direktion. Warum? Vieles kam da zusammen, auch Privates spielte eine Rolle. Entscheidend wohl seine – völlig ungerechtfertigte – Befürchtung, irgendwann einmal, vielleicht sehr bald, pensioniert zu werden. Er war nicht mehr jung, aber er war gewiß nicht so alt wie seine Jahre, und der Gedanke, einmal zum alten Eisen geworfen zu werden, war ihm schrecklich. Er wollte doch noch so viel zeigen!

Dann war da auch noch die Sehnsucht nach der Oper, seiner ersten Liebe. In Basel sollte er das Stadttheater übernehmen, hier hätte er die großen Opern noch einmal inszenieren, hätte die Oper ganz nach seinen Ideen noch einmal von Grund auf neu aufbauen können. Das war's wohl hauptsächlich, was ihn weit über alle praktischen Erwägungen hinaus faszinierte: noch einmal von vorn beginnen zu können. Noch einmal zu beweisen, daß er nicht alt war.

Nein, er war, obwohl schon weit über sechzig Jahre, nicht alt. Aber er war auch nicht gesund. Er hatte schon seit Jahren schwere Herzanfälle durchgestanden; er aß vorsichtig, lebte vorsichtig, konsultierte Ärzte, befolgte ihre Ratschläge, um alles zu vergessen, sobald neue künstlerische Aufgaben winkten. Während einer Probe zu seiner letzten Zürcher Inszenierung, die am 1. April 1961 herauskam, erlitt er einen Ohnmachtsanfall. Er dachte nicht daran, die Arbeit abzubrechen. Rolf Liebermann rief ihn an seine Hamburgische Staatsoper, wo Wälterlin *Pelleas und Melisande* von Debussy inszenieren sollte. Freunde warnten vor der langen Reise, vor der strapaziösen neuen Arbeit. Er dachte nicht daran abzusagen. Er fuhr nach Hamburg.

Er hielt noch eine Probe ab. Zur zweiten kam er nicht mehr. Man forschte in der fremden, von ihm nur gemieteten Wohnung nach. Man fand ihn, noch völlig angezogen, auf einem Sessel zusammengesunken. Irgendwann in der Nacht – niemand wußte, wann, niemand wird es je erfahren – hatte ihn ein Herzschlag ereilt.

Eine Ära war vorüber. Die Ära Wälterlin.

Vorhang? Endgültiges Ende, das schon so oft bevorzustehen schien? Vorhang?

Teil II

Akt VI
Kontinuität

Wälterlins Nachfolger war Kurt Hirschfeld. Bereits am Ende der Spielzeit 1959/60 war er gewählt worden, also ein Jahr bevor Wälterlin abzutreten wünschte.

Die Wahl war sinnvoll. Eine Zeitlang hatte man gerätselt – bedeutende Persönlichkeiten der Theaterwelt ließen wissen, sie seien nicht abgeneigt, nicht uninteressiert, nach Zürich zu kommen. Ferner stand Leopold Lindtberg zur engeren Wahl. Aber er hatte zu viele auswärtige und ausländische Regieverpflichtungen, als daß er dem Theater am Pfauen hundertprozentig hätte zur Verfügung stehen können.

Aber erstaunlicherweise war nicht dieser Gesichtspunkt ausschlaggebend. Und schon gar nicht die Tatsache, daß Kurt Hirschfeld in all diesen Jahren als Vizedirektor das Theater mitgeleitet, sehr oft ganz allein geleitet hatte. Sondern eher die Tatsache, daß Hirschfeld, wäre er nicht Direktor geworden, in Zürich mehr oder weniger im luftleeren Raum gestanden hätte, was er nun wirklich nicht verdiente.

Übrigens, auch Hirschfeld hätte anderswo unterkommen können. Vor 1952 hatte er den sehr ehrenvollen Antrag, nach Berlin zu kommen. Der Regierende Bürgermeister Reuter wollte ihn als Intendanten des aus den Trümmern neu erstandenen Schiller-Theaters, immerhin des größten Theaters Berlins. Aber Hirschfeld hatte, nach einer Besprechung mit Reuter, abgelehnt. Der Grund? Es gab wohl deren viele. Da war einmal, daß er eine junge deutsche Schauspielerin geheiratet hatte, die seinetwegen ihren Beruf aufgab und die einen Horror davor hatte, wieder in die Trümmer zurückzukehren.

Da war ferner – vielleicht sogar der Hauptgrund, daß Hirschfeld »sein« Werk – als das empfand er, nicht zu Unrecht, das Schauspielhaus – nicht im Stich lassen wollte. Erstaunlicherweise wurde diese Treue bei den Besprechungen des Verwaltungsrates, der über die Nachfolge Wälterlins zu entscheiden hatte, nicht honoriert, ja kaum erwähnt.

Hirschfeld war ein Programm. Mit Recht betitelte der Schweizer Publizist Gody Suter sein erstes Interview mit dem zukünftigen Direktor mit dem Hirschfeld-Zitat »Mir liegt an der Kontinuität!«

Es war zu lesen:

> Es gibt in der Theaterarbeit gerade heute kein Ausruhen in der Routine, kein bequemes mit der linken Hand machen. Wer in seiner Anstrengung nachläßt, verliert; wer sich auf einmal Bewährtes verläßt, gibt auf. Kontinuität bedeutet (und besonders für das Schauspielhaus) Fortsetzung der Anstrengung. Wir haben ja nie nach irgendeinem Rezept gearbeitet, das sich nun ständig wiederholen ließe. Wir haben immer und in jeder Spielzeit die Ziele neu gesetzt, und zwar aus eigener Entscheidung und nicht in der Nachahmung momentaner auswärtiger Erfolge. Aber wir haben es oft erlebt, daß unsere Erfolge nachgeahmt wurden.

Hirschfeld nannte Namen von Schauspielern, mit denen er weiter arbeiten wollte, darunter die Giehse, die Hatheyer, die Becker, Gustav Knuth, Ernst Ginsberg und den erst seit kurzem dem Ensemble angehörenden, explosiven und sehr erregenden Charakterschauspieler Ernst Schröder aus Berlin. Mit Recht erwähnte Hirschfeld ihn als einen der wenigen Schauspieler, die ihm besonders am Herzen lagen. Zwar war Schröder erst 1958 nach Zürich gekommen, zwar spielte er, wie auch Knuth, die Giehse, die Hatheyer, nur einige Monate im Jahr am Pfauen, aber er gehörte doch schon dazu.

Ernst Schröder kam aus Berlin – oder eigentlich aus Wanne-Eickel im Ruhrgebiet, ein schmächtiger, blonder, sehr gut aussehender Jüngling, der bei dem berühmten Saladin Schmitt in Bochum studiert hatte und als vielversprechender jugendlicher Held nach Bielefeld engagiert worden war, wo er auch Regie führte. Es folgte ein Jahr Kiel. Dort sah ihn der alternde Paul Wegener, einer der großen deutschen Charakterschauspieler, und empfahl ihn ans Schiller-Theater. Er gab sein Debüt in *Heinrich IV.* als Prinz Heinz; Wegener spielte den sterbenden König, die Paraderolle des Falstaff hatte Heinrich George, der Theaterdirektor von Goebbels' Gnaden, übernommen. Diejenigen, die Schröder damals sahen, meinten, er sei noch nicht ganz fertig, aber er werde einmal ein vorzüglicher Heldendarsteller werden. Vorläufig einmal mußte er auf andere Weise den Helden spielen, er wurde eingezogen, kam an die russische Front, wurde verletzt – er selbst sagte später: »glücklicherweise« –, konnte zurück ans Schiller-Theater.

Schröder legte in kurzer Zeit eine Entwicklung zurück, die den wenigsten Schauspielern gelingt und, wenn sie gelingt, zwanzig bis dreißig Jahre in Anspruch nimmt: die Entwicklung vom jugendlichen Helden zum Charakterdarsteller. Man könnte sagen, daß er als Darsteller jugendlicher Helden oder in Liebhaberrollen gar nicht mehr möglich war; denn er hatte in kurzer Zeit enorm zugenommen. Er war nicht mehr der schmächtige Jüngling, er war ein breiter, massiger Kerl geworden. Aber es wäre falsch, die Wandlung Schröders als eine Folge seiner äußeren Verwandlung zu deuten. Es handelte sich um eine innere Verwandlung, und die nächsten Jahre sollten zeigen, daß sie notwendig und folgerichtig gewesen war. Er spielte an ersten Berliner Theatern die großen Charakterrollen, die man sonst nur Männer vom Kaliber eines Werner Krauß oder Paul Wegener, der inzwischen gestorben war, oder allenfalls eines Walter Franck hatte spielen lassen. Er war ein Tartuffe, vor dem man Angst bekommen konnte. Er war ein Dorfrichter Adam, der einen weniger lächeln als zittern machte. Er spielte das große klassische Repertoire.

Dürrenmatt war es, der ihn nach Zürich brachte; er hatte ihn in einer großen Rolle in seinem Stück *Die Ehe des Herrn Mississippi* gesehen und erklärt, Schröder gehöre ans Schauspielhaus.

Im Januar 1958 also kam er nach Zürich und spielte unter Lindtberg einen Richard III., wie man ihn seit Werner Krauß nicht mehr gesehen hatte und wohl auch so schnell nicht wieder zu sehen bekommen würde. Eigentlich ist im Zusammenhang mit dieser Rolle das Wort »spielen« fehl am Platz. Man kann gar nicht erspielen, was sich Shakespeare da ersonnen hat, einen Bösewicht, der bei jeder Gelegenheit nicht nur sich selbst, sondern auch anderen gegenüber zugibt, daß er einer ist – und doch die Menschen für sich einfängt und gefangenhält, nicht zuletzt die Frau, deren Mann er soeben ermordet hat. So etwas glaubhaft zu machen, ist eine Frage der Persönlichkeit. Schröder erwies sich als Pesönlichkeit, und zwar eine ungemein wandelbare. Erinnert sei nur an seinen Brandstifter in Max Frischs *Biedermann und die Brandstifter*, einen gemütlich-gefährlichen Ganoventyp, oder an seinen Spießbürger in *Die Hose* von Sternheim, den er auch in Berlin mit enormem Erfolg gespielt hatte.

Ernst Schröder: ein guter Schauspieler, ein intelligenter Schauspieler, was eigentlich sehr selten ist, und ein sehr vielseitiger, wenn er auch nie ein Schauspieler des Herzens sein kann und wohl auch nicht sein will, einer, der, um mit Josef Kainz zu sprechen, »die Träne hat« wie etwa der, was das Rollenfach angeht, ihm verwandte und doch so völlig anders geartete Gustav Knuth.

Zurück zu Kurt Hirschfeld. Es kam ihm als Direktor des Schauspielhauses nicht nur auf die großen Schauspieler an, die bereits in seinem Theater versammelt waren. »Wir brauchen nicht nur die Spitzenkräfte des deutschen Theaters, wir müssen auch ständig an der Verbesserung und Erneuerung des mittleren Ensembles arbeiten.«

Und vor allem: »Eine unserer wesentlichen Aufgaben wird es sein – wie bisher übrigens –, Uraufführungen nach Zürich zu ziehen. Das läßt sich aber nur erreichen, wenn das Ensemble ausgeglichen ist; wenn die Autoren die Garantie haben, daß ihre Stücke in adäquater Besetzung herauskommen.«

Er hatte das unwahrscheinliche Glück, gleich zwei entscheidende Uraufführungen innerhalb seiner ersten Spielzeit herausbringen zu können. Diese Spielzeit 1961/62 ließ sich überhaupt erstaunlich gut an. Da kam *Hamlet* mit Rolf Henniger aus Berlin, diesem klugen und sensiblen Schauspieler, der dem Zürcher Ensemble schon vorübergehend angehört hatte; *Candida* mit der Hatheyer, dem jungen

Peter Brogle, einem der wenigen schweizerischen Nachwuchsschauspieler von Temperament, Talent und Nerven.

Dieser Aufführung – Regie Kurt Horwitz – hatte man mit einiger Skepsis entgegengesehen. Hirschfeld wollte sie unbedingt bringen, die Hatheyer war voller Bedenken. Sie hatte die Rolle vor einigen Jahren in Berlin über hundertmal gespielt, ganz zu schweigen von einer Tournee durch Deutschland und Österreich. Sie hätte mit dieser Rolle eigentlich am Schauspielhaus debütieren sollen, aber es war, wie bereits beschrieben, das *Requiem* daraus geworden. Übrigens hielt ursprünglich auch die Kritik, wie sie nachher zugab, die Besetzung für falsch. Die Hatheyer war eben durch das *Requiem*, durch ihre Rose Bernd und verschiedene andere Rollen, die sie in Zürich verkörpert hatte, gewissermaßen als Hochdramatische abgestempelt.

Aber es kam anders. Die Aufführung wurde ein Triumph für die Schauspielerin, die man von dieser Seite in Zürich noch gar nicht kannte. Die Kritik gab fast einmütig zu, ihre vorgefaßte Meinung, die Hatheyer sei eine falsche Besetzung, habe sich keineswegs bestätigt, im Gegenteil. Auch der junge Brogle in der Rolle des jungen Marchbanks hatte einen sehr starken Erfolg und war von nun an nicht mehr aus dem Ensemble des Zürcher Schauspielhauses wegzudenken.

Dann kamen nach verschiedenen anderen Aufführungen, die das Schauspielhaus nach seiner Gewohnheit immer nach zwei, allenfalls drei Wochen anbot, zwei sensationelle Uraufführungen heraus. Da war als erstes *Andorra* am 2. November 1961, ein fast historisches Datum in der Theatergeschichte.

Max Frischs *Andorra*: Anklage gegen das Vorurteil schlechthin, ein Werk, an dem er seit Jahren gearbeitet hatte, ein großer Wurf, ein hartes, ein grandioses Theaterstück, unter der Regie des neuen Direktors mit den besten Schauspielern herausgebracht, die das deutschsprachige Theater zu bieten hatte. Es wurde noch in derselben Spielzeit von zahlreichen deutschen Bühnen gespielt – immer mit der besten Besetzung des jeweiligen Hauses –, aber nirgends so gültig wie in Zürich.

Dieses Stück spielt keineswegs, wie man hätte vermuten können, in dem wirklich existierenden Pyrenäenstaat Andorra, sondern in einem von Max Frisch erfundenen. In einem Land, in dem Bigotterie herrscht und Angst vor dem viel größeren und militärisch mächtigeren Nachbarland der »Schwarzen«.

In dieses Land ist vor vielen Jahren der Junge Andri geschleust worden und zwar aus eben dem Land der Schwarzen. Der Lehrer, der ihn aufzieht, behauptet, er sei ein Jude – in Wahrheit ist Andri der uneheliche Sohn dieses Lehrers mit einer feinen Dame aus dem Land der Schwarzen. Der Lehrer glaubte damals, als er diese Verfälschung unternahm, Andri würde so mehr Mitgefühl erwecken, da man ja für alles war, gegen das die Schwarzen waren, also auch für die Juden. Aber nur vorübergehend. Inzwischen hat sich der Antisemitismus in Andorra auch ausgebreitet, Andri wird wie ein Aussätziger behandelt, er ist eben anders, so glauben die Spießbürger von Andorra und schließlich auch er selbst. Er nimmt dieses Schicksal auf sich.

Es kommt, wie befürchtet, zu einem Überfall der Schwarzen, und sie veranstalten eine Judenschau. Sie stehen auf dem idiotischen Standpunkt, man könne Juden an den Füßen erkennen. Andri wird so als Jude erkannt und umgebracht. Die Spießbürger ducken sich, was anderes können sie tun? Die Schwarzen haben ja die Macht.

Dieses Stück ist natürlich eine Parodie – allerdings eine sehr, sehr bittere – auf die Zustände im Dritten Reich. Als solche wurde sie auch überall verstanden, doch die Erschütterung blieb nirgends aus.

Die Zürcher Uraufführung war eine der großen Regietaten von Kurt Hirschfeld. Die Regie hätte nicht besser sein können. Das Stück wurde eher leise gespielt, aber nach dem Motto: »So ist es eben.« Die Handlung besteht ja meistens aus Unterhaltungen der Spießbürger vor dem Café auf dem großen Platz des Städtchens. Als Spießbürger goldrichtig und unter die Haut gehend Ernst Schröder, Willy Birgel, Carl Kuhlmann, Rolf Henniger. Den durch Vorurteile zum Tode verurteilten Jüngling, den Juden, der gar kein Jude ist, verkörperte unvergleichlich Peter Brogle.

Nicht einmal ein halbes Jahr später, am 21. Februar 1962 – auch dies ein historisches Theaterdatum – Uraufführung *Die Physiker* von Friedrich Dürrenmatt. Eine angebliche Komödie, die aber gar nicht so lustig ist. Drei berühmte Physiker haben sich in eine private Irrenanstalt begeben. Sie halten sich – angeblich – für Einstein, respektive für Newton, und der Dritte behauptet, seine Eingebungen dem Diktat des Königs Salomo zu verdanken. In Wirklichkeit sind sie gar nicht krank, keineswegs irre, sondern wollen nur, von der Mitwelt unerkannt und unbelästigt, ihre Theorien und Formeln entwickeln, die – es handelt sich um Kernphysik – die Welt verändern würden.

Als ihre Krankenschwestern sie durchschauen, bringen sie sie, ohne mit der Wimper zu zucken, um. Die eingeschaltete Polizei tappt im dunkeln. Nicht so die leitende Ärztin und Besitzerin des Sanatoriums, eine bucklige ältere Dame. Sie hat insgeheim die Arbeiten der drei Physiker fotokopieren lassen. Sie sperrt sie ein – als angebliche Irre. Sie selbst träumt nun von Weltherrschaft, da sie im Besitz der von den Spitzenphysikern erarbeiteten Geheimnisse ist. Sie selbst, die Ärztin, ist verrückt!

Die Physiker: eine bitterböse Komödie um das Ende der Welt, hervorragend gespielt von Hans Christian Blech, Gustav Knuth und Theo Lingen. Die zentrale Rolle der verrückten Ärztin stellte Therese Giehse dar. Regisseur war Kurt Horwitz.

Eine außerordentliche Aufführung. Vielleicht kein außerordentliches Stück, aber ein zeitnahes, und dank der fatalen Aktualität ist es in den Jahren nach der Uraufführung immer und überall aufgeführt worden und wird wohl noch lange,

lange gespielt, falls nicht, wie Dürrenmatt vermuten läßt, die Welt eines Tages an der Kernenergie zugrunde gehen wird.

Jedes dieser Stücke konnte »nur« vierzig-, fünfzigmal aufgeführt werden; es hätte hundertmal und mehr gegeben werden können. An der Kasse des Schauspielhauses begab sich Fürchterliches. Die Leute, die keine Karten bekommen konnten, wandten sich protestierend an die Presse.

Die Hauptkassiererin Anny Frick, auch schon ein halbes Leben mit dabei: »Und die Zeitungen druckten das auch noch . . . schrecklich! Überhaupt, solche Sachen, wie sich da abspielten, kannte man bisher nicht, und ich hoffe nur, daß sich so etwas nicht wiederholen wird. Da würde man ja verrückt, langsam aber sicher, selbst bei meiner dicken Haut. Es wurde an sechs Kassen gleichzeitig verkauft. Aber das ändert ja nichts daran, daß wir nur 1015 Plätze haben. Außerdem gibt es Leute, die immer nur in der ersten bis vierten Reihe sitzen wollen . . . Überhaupt gibt es nur noch feine, nur noch vornehme Leute, ob jung oder alt. Einfache, bescheidene, die vier Franken ausgeben wollen, sind sehr selten geworden. Heute verkauft man das Theater von vorn nach hinten – früher von hinten nach vorn.« Wie lange das alles vorbei zu sein scheint . . .

Und doch war es Hirschfeld auch in der Zeit der größten Hausse – welch schreckliches Wort in Verbindung mit dem Theater – völlig klar, daß es nicht immer so sein würde. Und er warnte vor allzu großem Optimismus. »Wir ernten nun, was wir in Jahren gesät haben. Die Kontinuität zahlt sich aus.«

Aber mit der Kontinuität ist das so eine Sache. Es gibt nur eine Kontinuität der Bemühung, keine Kontinuität der Leistung. Es gibt keine Schriftsteller, geschweige denn Dichter, die regelmäßig Schlager oder auch nur Brauchbares schreiben könnten. Keine Schauspieler und Regisseure, die Jahr für Jahr einmalige Leistungen vollbringen. Die Einmaligkeit ist eben einmalig.

Und das Publikum? Die Leute stürmten bei besagten Stücken die Kassen, aber sie erschienen meist nur ein oder zwei Stunden vor Kassenöffnung. In anderen Ländern stellen sich die Theaterfanatiker, namentlich die minderbemittelten, oft bis zu vierundzwanzig Stunden vor Kassenöffnung an, sie verbringen Nächte im Freien, auf mitgebrachten Klappstühlen, mit heißem Kaffee in Thermosflaschen und belegten Broten und, das Wichtigste von allem, mit endlosen Gesprächen über das Theater, über die Vorstellungen, die sie gesehen haben, über die Künstler und ihre privatesten Angelegenheiten, über die sie erstaunlich gut informiert sind.

Wie sieht die Welt, die ja vorläufig noch steht, in der Zeit der Ära Hirschfeld aus? In der Sowjetunion ist Breschnew Herrscher geworden, in den Vereinigten Staaten John F. Kennedy Präsident. Der erste Mensch ist in den Weltraum geflogen. In Berlin hat die DDR-Regierung die Mauer quer durch die Stadt gebaut. Und Präsident Kennedy hat verhindert, daß die Sowjetunion auf die USA gerichtete

Atomwaffen aufstellt, ja, sie sogar unter Kriegsandrohung gezwungen, diese Waffen wieder in die Sowjetunion zurückzunehmen.

Der Spielplan, den Hirschfeld machte, war einmalig. Er war bunt, er brachte Stücke für Schauspieler, für seine Schauspieler, er brachte junge Schweizer Autoren, von denen er wußte, daß sie nur einige Vorstellungen garantieren würden, aber er wollte die jungen Leute nicht entmutigen. Doch sorgte er dafür, daß die Ausgaben solcher Experimente relativ gering blieben. Die Klassiker und die Erfolgsstücke, von denen ja bereits die Rede war, brachten das wieder ein.

Hirschfeld liebte die Stücke – er war und blieb, was er vorher gewesen war: der Dramaturg des Theaters. Es gab eigentlich nur einen Dramaturgen, nämlich ihn, später auch Peter Löffler. Als Aufgabe eines Dramaturgen verstand Hirschfeld nicht nur, Stücke, die er kannte, auf den Spielplan zu setzen, oder solche, die er kennenlernte – es wurden ja immer neue Stücke eingereicht –, sondern auch an ihrer Fertigstellung mitzuarbeiten.

Sowohl Dürrenmatt als auch Frisch waren in ihren Anfängen noch lange nicht das, was sie später wurden, nämlich perfekte Dramatiker. Die Originalfassung ihrer Stücke mußte bearbeitet werden, durch sie selbst, aber fast immer mit Hilfe von Hirschfeld. Im Falle von Dürrenmatt weiß ich, daß er sechs Wochen lang an einem Stück mit ihm arbeitete, im Falle von Frisch waren es drei Wochen. In anderen, mir nicht bekannten Fällen, mag es kürzer oder länger gewesen sein – jedenfalls unterzog er sich dieser Mühe.

Wie war das möglich? Wie schaffte er es, Stücke zu suchen, Schauspieler zu suchen, Regie zu führen?

Sein Arbeitstag war sehr lang. Gewöhnlich stand er um 5 Uhr 30 morgens auf. Spätestens um 6 Uhr 30, meistens früher, frühstückte er – in seinen Zeiten als Junggeselle mußte er sich das Frühstück selbst zubereiten, nach seiner Verheiratung machte ihm das seine junge Frau. Spätestens um sieben, meistens früher, war er im Schauspielhaus. Er blätterte in den Morgenzeitungen und machte sich dann an die Post. Um zehn Uhr begannen die ersten Besprechungen mit Regisseuren, mit Schauspielern, und wenn er selbst inszenierte, hatte die Probe schon eine halbe Stunde früher begonnen. Nach der Probe oder jedenfalls etwa gegen 2 Uhr nachmittags ging er nach Hause und legte sich hin – aber nur genau fünfzehn Minuten. Dann eilte er wieder ins Schauspielhaus zurück. Meist blieb er während der Abendvorstellung, zumindest aber bis diese begann. Am späten Abend las er dann noch neue Stücke oder richtete die Stücke ein, die er selbst inszenieren wollte.

Und das sieben Tage pro Woche.

Bei einer Feier, 22 Jahre nach Hirschfelds Tod, hielt der Komponist und Opernchef Rolf Liebermann in Zürich eine Rede zu seinem Gedenken, in der er Teo Otto über die frühen Zeiten des Schauspielhauses zitierte: »Indem der

Einzelne verantwortlich beteiligt war am Ganzen, indem der Einzelne überfordert wurde, kam er näher zu sich.« Dies galt wirklich in entscheidendem Maße für Hirschfeld.

Er spielte nicht nur neue und interessante Stücke, er rief auch wichtige Schauspieler nach Zürich. Zu erwähnen wäre etwa, daß er 1963 den jungen, höchst begabten Charakterspieler Wolfgang Reichmann holte. Der hatte schon ein Jahr vorher am Schauspielhaus gastiert, dann sah er dort die eine oder andere Vorstellung, die ihm gar nicht gefiel, und er war entschlossen, nicht nach Zürich zu gehen, obwohl ihm die Stadt sehr zusagte. Dann bekam er das Angebot, den Thoas in der *Iphigenie* zu spielen, die Titelrolle war mit Maria Becker besetzt. Er spielte, gefiel Hirschfeld und bekam den Vertrag.

Wie er mir später sagte, »begannen nun die fünf schönsten Jahre meines Theaterlebens überhaupt. Da kamen die großen Uraufführungen von Dürrenmatt und Frisch. Und die Atmosphäre im Haus! Man duzte sich, es gab keinen Portier, es gab nur ein einziges Büro, für heutige Begriffe völlig undenkbar, jeden Abend, an dem ich spielte, kam Hirschi in die Garderoben, in alle Garderoben, quatschte mit uns. Und das Haus war nur sehr wenig subventioniert. Das war wunderbar. Das war aber so, daß wir alle um das Leben spielten. Eigentlich habe ich immer ums Leben gespielt, aber hier in diesem Haus besonders.«

Hirschfeld wußte übrigens Schauspieler sehr klar einzuschätzen. Als Reichmann sich einmal für einen Kollegen einsetzte, der nie große Rollen bekam, antwortete er: »Mein lieber Reichi, dieser Mann ist als Zweiter ein Erster, aber als Erster ein Zweiter.«

Hirschfeld sagte ein andermal: »Das ist kein so doller Schauspieler, aber er ist nie provinziell.« Provinziell war für ihn der Inbegriff alles Schrecklichen.

Reichmann später, viel später: »Das sind Differenzierungen, von denen man heute keine Ahnung mehr hat, die von heute wissen gar nicht den Unterschied.«

Hirschfeld, der durchaus nicht behauptete, alles erfunden oder entdeckt zu haben, zitierte oft, zum Beispiel Laurence Olivier: »Im Film ist der Regisseur der Star, im Fernsehen der Autor, im Theater der Schauspieler.« Er hielt die Schauspieler für das Wichtigste am Pfauen. Reichmann spielte also den Caliban in Shakespeares *Sturm*, später den Holofernes in Hebbels *Judith* und den Othello.

Ganz anders als Reichmann war der junge Helmut Lohner. 1933 in Wien geboren, wurde er als Grafiker ausgebildet und kam erst dann zum Theater – nach einer kurzen Ausbildung bei einem Sprechlehrer, wie man das in Wien nannte. Sein erstes Engagement: Chorsänger in Baden, einer kleinen Stadt bei Wien, wo Max Reinhardt geboren war. Er kam dann an das Wiener Theater in der Josefstadt, dann an verschiedene Provinztheater, ging dann an die Freie Volksbühne in Berlin, spielte dort in der *Heiratsvermittlerin* von Thornton Wilder neben der aus New York angereisten Emigrantin Grete Mosheim. Er ging vorübergehend nach Hamburg, spielte darauf – er war gerade 25 Jahre alt geworden – in der Basler

Komödie seinen ersten Hamlet und beschloß in der Schweiz zu bleiben. Einige
Jahre später spielte er den Hamlet in Düsseldorf unter der Regie von Karl Heinz
Stroux und war von Stund an eine Berühmtheit in ganz Deutschland.

Hirschfeld holte ihn – er hatte ihn wohl in Basel als Hamlet gesehen – nach Zürich.
Sein erstes Auftreten fand am 30. April 1964 statt in Horváths *Geschichten aus dem
Wiener Wald*. Da spielte er die Hauptrolle. Seine zweite Rolle hatte er in *Don Juan
oder Die Liebe zur Geometrie* von Frisch. Das war im Mai 1964 und in jedem Sinne
ein Durchbruch.

Reichmann war eigentlich nie jung. Er war, etwa vergleichbar mit Werner Krauß,
sehr früh ein Charakterschauspieler, nie ein Liebhaber, aber eine außerordentliche Persönlichkeit und von großer Präsenz, einer, dem man wirklich alles glaubte.
Lohner hingegen war eigentlich immer jung. Man konnte sich kaum vorstellen,
daß er schon über zwanzig war. Ein hübscher blonder Junge mit einem sehr
schmalen Körper. Er hatte auch in den tragischen Rollen immer etwas Lausbu-
benhaftes, ja, sogar als Hamlet, den er später auch in Zürich spielen sollte. Er tilgte
nie die letzten Spuren seines Wiener Akzentes, aber das störte bei ihm ebensowenig wie etwa bei Paula Wessely.

Lohner war ein sehr emsiger Schauspieler. Bei Stroux mußte er es sein, denn er
gab ihm eine Unzahl von Rollen, die ihn fast allabendlich auf die Bühne brachten,
auch Rollen, die ihm vielleicht nicht so gut lagen, wie etwa die des Mephisto im
Faust.

Es wäre noch unendlich viel über Hirschfeld zu erzählen, vor allem daß er immer
und immer wieder die Klassiker spielte. In der ersten Saison den *Sommernachtstraum*, *Torquato Tasso*, in der zweiten *Nathan der Weise* (in der Titelrolle unvergeßlich, leise, nie pathetisch: Mathias Wieman) und die *Medea*. Hierüber wäre
einiges zu berichten.

Dieses Stück ist der dritte Teil der Trilogie *Das goldene Vlies* von Grillparzer. Alle
drei Teile werden selten gespielt. Aber im Jahr zuvor hatte es Lindtberg an der
Burg in Wien versucht mit der Hatheyer in der Mammutrolle der Medea, die zuerst
als achtzehnjähriges Mädchen aufzutreten hat, später als Frau, die bereits Kinder
hat, wenn auch kleine. Die Aufführung war in Wien ein Riesenerfolg geworden,
sie wurde, in der Burg eine Seltenheit, fast en suite gespielt, bis die Hauptdarsteller
so heiser wurden, daß man ihnen eine Woche Urlaub in einem Bergsanatorium
gewähren mußte.

Lindtberg wollte die Produktion 1963 in Zürich wiederholen, aber die Hatheyer
weigerte sich. Sie wollte nicht noch einmal eine Achtzehnjährige darstellen
müssen, das war allenfalls auf der geräumigen, tiefen Bühne der Burg möglich
gewesen, wo sie diesen, wenn auch kurzen ersten Teil im wesentlichen mit dem
Rücken zum Publikum und im Schatten spielen konnte. In Zürich wäre das nicht
möglich gewesen, schon wegen der räumlichen Verhältnisse. Man einigte sich auf
den dritten Teil der Trilogie, *Medea*. Und die wurde nun ein ungeheurer Erfolg.

Der unheldische »Held« Jason, der Partner Medeas, war eine der ersten Zürcher Rollen von Peter Arens.

Arens war 1928 in Freiburg/Breisgau geboren. Der Vater war Deutscher, und als er sehr früh starb, zog die Mutter, die aus der Schweiz stammte, mit ihm nach Bern. Sie war Jüdin und hatte entsprechende Bedenken, nach Deutschland zurückzukehren. Als der Kinderpaß Peters ablief, begleitete sie ihn auf das deutsche Konsulat, wo er, damals sechzehn Jahre alt, einen Paß beantragte. Der Konsul erklärte, er sei Halbjude, müsse also sofort nach Deutschland und zum Militär. Darüber wolle er mit ihm im Nebenzimmer sprechen.

Die Mutter wollte aber dabei sein. Der Konsul weigerte sich, sie mitzunehmen. Aber der junge Peter reklamierte: »Ohne meine Mutter gehe ich nicht.« Der Konsul resignierend: »Dann haben Sie nicht die Ehre, weiterhin deutscher Staatsangehöriger zu sein!«

Er wurde staatenlos und ein halbes Jahr später Schweizer. Die Mutter war ebenfalls staatenlos geworden. Sie hatte eine Pension eröffnet, in der sehr viele Schauspieler und Opernsänger wohnten, und so kam Peter, der sehr früh entschlossen war, zum Theater zu gehen, unter die Theaterleute. Er nahm Unterricht und wurde schließlich am Stadttheater Bern engagiert. Für drei Jahre. 1950 ging er ans Deutsche Theater Göttingen, wo Heinz Hilpert inzwischen das Szepter schwang, dann vorübergehend nach Hamburg und an die Kammerspiele in München. Dort spielte er viel, unter anderem auch unter Fritz Kortner, den er nicht unbedingt für einen großen Regisseur hielt, den er aber sehr schätzte. »Ich habe wahnsinnig gern mit ihm gearbeitet, vor allem, wenn nur zwei oder drei Personen auf der Bühne standen. Schrecklich war er bei Massenszenen, da wurde er böse. Ich habe aber unendlich viel bei ihm gelernt, auch rein handwerkliche Dinge, wo man schlucken muß, wo man eine gewisse Geste machen muß, wie das oder das zu bewerkstelligen sei. Ich habe nie einen Regisseur erlebt, der so viele Tricks kannte.«

Arens war nur vorübergehend zu dem Regisseur Leopold Lindtberg gekommen, fest kam er zwei Jahre später, als Lindtberg Direktor war.

Bei dieser Gelegenheit muß eine blonde, sehr hübsche und sehr sympathische Schauspielerin erwähnt werden, Margrit Ensinger, im Privatleben die Frau von Arens. Sie war, als sie nach Zürich kam, in der Schweiz unbekannt. Nicht so in Deutschland. Sie hatte in Göttingen unter Heinz Hilpert gespielt, am Hamburger Thalia-Theater, an den Kammerspielen in München war sie fast ein Star gewesen, dann spielte sie am Schiller-Theater in Berlin unter Barlog, wo sie allerdings nicht besonders aufgefallen war, dafür um so mehr bei Stroux in Düsseldorf. Und die Kammerspiele in München hatten sie wiederholt. Dort war sie eine der führenden Schauspielerinnen geworden. Nun aber wollte sie dort spielen, wo ihr Mann engagiert war.

Sie hatte in Zürich als Recha im *Nathan* begonnen, und nun spielte sie die

Mathias Wieman in Lessings »Nathan der Weise«, 1963

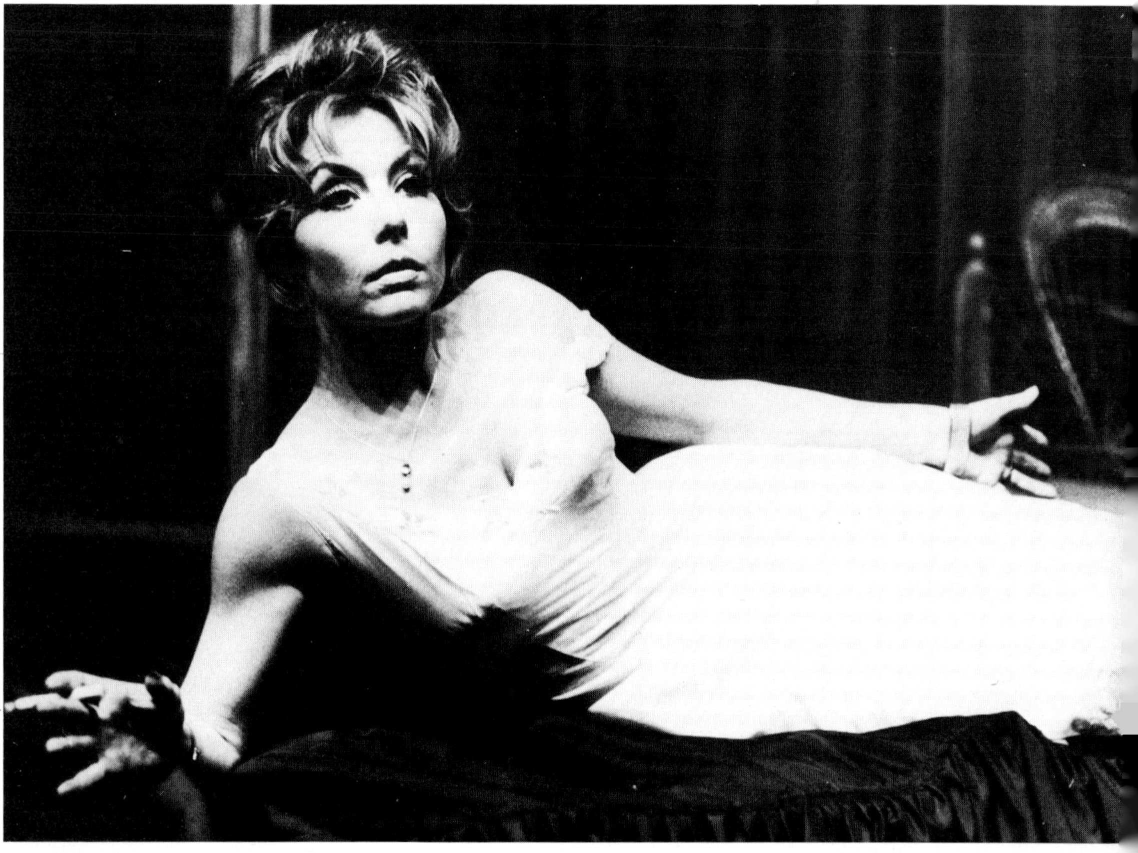

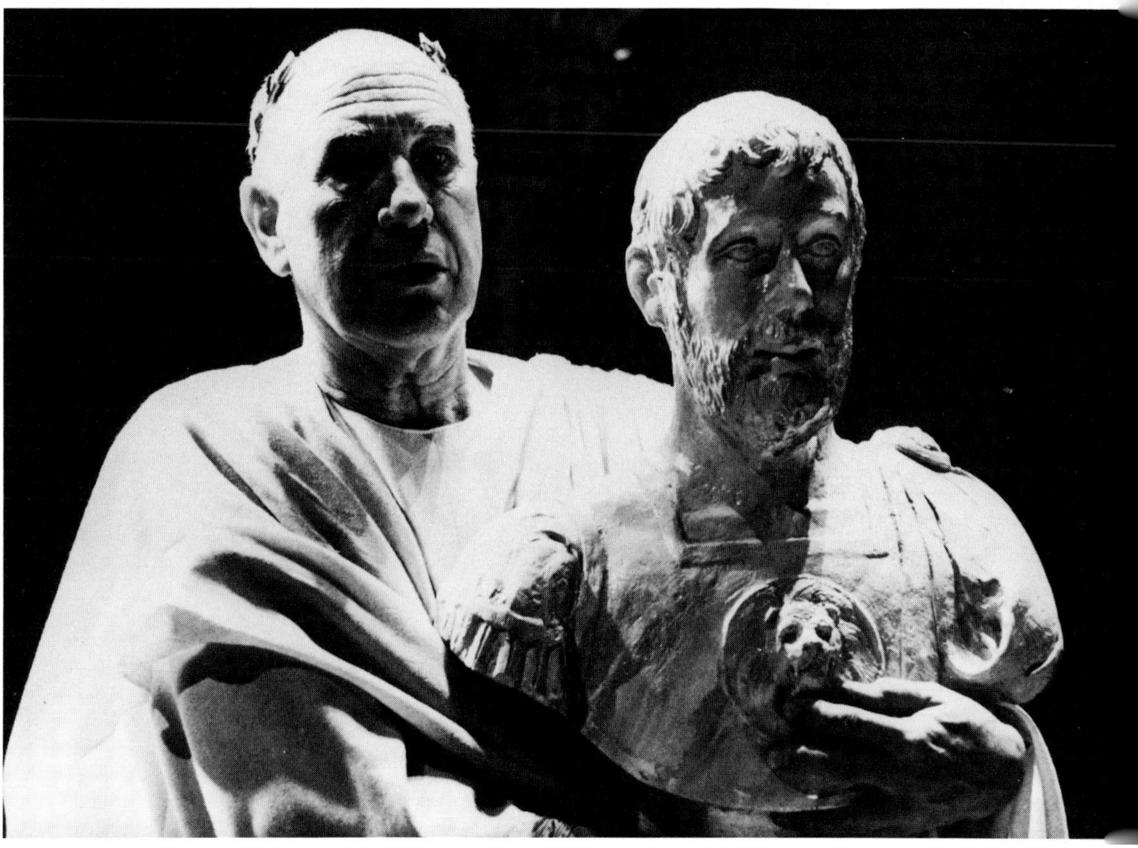

Christoph Bantzer als Candide, 1978
62 Oben: Sonja Ziemann als Maggie in Tennessee Williams' »Die Katze auf dem heißen Blechdach«, 1965
63 Charles Regnier in Dürrenmatts »Romulus der Große«, 1980

65 Heinrich Gretler und Annemarie Dermon in Joâo Bethencourths »Der Tag, an dem der Papst gekidnappt wurde«, 1973, dem größten Publikumserfolg in der Geschichte des Schauspielhauses

66 Peter Ehrlich und Peter Brogle in Ben Jonsons »Volpone«, 1985

rivalisierende Königstochter in *Medea*. Und von nun an, dies sei schon hier gesagt, war sie aus dem Ensemble nicht mehr wegzudenken. Sie spielte oft, und sie war, von wenigen Ausnahmen abgesehen, immer erfreulich. Erfreulich ist wohl das beste Wort. Sie war hübsch, fast schön, zierlich, auch später nach vielen, vielen Jahren hatte sie noch die Figur eines jungen Mädchens. Sie wurde nicht immer ihrem Talent entsprechend eingesetzt, aber sie spielte alles, was man ihr anbot oder was man von ihr verlangte. Sie war im besten Sinne des Wortes eine Ensembleschauspielerin, und sie sollte es auch bleiben.

Zurück zur *Medea*. Die Hatheyer konnte sich von einer ganz neuen Seite den Zürchern präsentieren. Als eine Wilde. Die Presse überschlug sich. Viele Kritiker behaupteten, dergleichen habe man in Zürich noch nie gesehen. Dem mochte so sein, vielleicht war das etwas übertrieben, man hatte ja in Zürich schon sehr viel Großartiges gesehen.

Aber vielleicht sollte man doch ein Zitat anführen, nämlich aus der Kritik von Werner Wollenberger. Dieser junge, gutaussehende Journalist hatte es sich zur Gewohnheit gemacht, die meisten Stücke, die er sich ansehen mußte, in der Luft zu zerreißen. Das galt besonders für die Arbeiten von Lindtberg. Diesmal schrieb er: »Während des Abends ein Gedanke: das ist einmalig, das gibt es sonst nicht mehr. Und später – in der Erinnerung – eine Überlegung, die mir Mühe machte: die Idee, daß ich in fernen Tagen, wenn das Gespräch auf Schauspielerinnen kommt, Jüngeren gegenüber hochmütig den Satz fallen lassen werde: ›Alles schön und gut – aber Sie haben ja die Hatheyer nicht mehr gesehen!‹«

Das sollte übrigens bittere Wahrheit werden – nicht nur was die jungen Schauspielerinnen anging, sondern auch einen späteren Direktor des Theaters, der es in den Abgrund führen sollte. Aber das ist eine andere Geschichte.

Interessant ist auch, daß Hirschfeld die bis dahin nur durch den Film bekannte Sonja Ziemann nach Zürich holte. Daß sie eine ernst zu nehmende Schauspielerin war, konnte damals kaum jemand ahnen. Irgendwie interessierte sich Hirschfeld für sie, und so kam sie nach Zürich und trat Silvester 1963 in der Komödie *Die Dame vom Maxim* von Feydeau auf – ihr Partner war Hubert von Meyerinck – und hatte starken Erfolg. Bald war sie noch in anderen Stücken zu sehen.

Ein anderer, der ebenfalls neu ans Schauspielhaus kam, war der spätere, langjährige Partner und Freund der Ziemann, Charles Regnier. Er spielte 1964 das dokumentarische Drama von Heinar Kipphardt, *In der Sache J. Robert Oppenheimer*, eine fingierte Gerichtssitzung über den Atomphysiker, dem man später Kommunistenfreundlichkeit vorwarf. Dieser Regnier war eine für Zürcher Begriffe ganz neue Art von Schauspieler. Der gutaussehende Mann mittleren Alters ähnelte in seinem Stil den Amerikanern. Er war leise, präzise, zeigte wenig Gefühle, unterspielte und war trotzdem, oder gerade deshalb, sehr eindrucksvoll. Er trat dann noch einmal in der gleichen Spielzeit auf in Arthur Millers *Nach dem Sündenfall*, der Ehegeschichte Millers mit Marilyn Monroe. Die weibliche Haupt-

rolle spielte Sonja Ziemann. Es war ein peinliches Stück, das empfand man nicht
nur in Zürich so, sondern überall: es ging um das Ausplaudern von privaten
Dingen – privaten Ehekämpfen–, aber gerade das war natürlich der Grund für
einen starken Erfolg, über den sich zumindest Hirschfeld nicht freuen konnte.
Aber um diese Zeit war er ja nur noch dem Namen nach Direktor.

Die Ära Hirschfeld dauerte nur gute zwei Jahre. Während seines zweiten »Regie-
rungsjahres« erlebte Hirschfeld den Tod des von ihm angebeteten Gustaf Gründ-
gens. Auch den Rücktritt Konrad Adenauers, die Ermordung des amerikanischen
Präsidenten John F. Kennedy, Ereignisse, die die Welt erschütterten.
Hirschfeld erkrankte. Zuerst wollte er das nicht wahrhaben, machte weiterhin
Dienst, aber es war bald klar, daß er dazu körperlich nicht mehr fähig war.
Kantonsspital. Diagnose: Krebs. Wir, die wir ihn regelmäßig besuchten und
regelmäßig feststellen mußten, daß er immer mehr an Kraft verlor und auch an
Mut und Zuversicht, wußten, das Ende war absehbar.
Aber es dauerte noch sehr, sehr lange. Seine Witwe hat später behauptet, die
Krankheit wäre vielleicht nicht tödlich verlaufen, hätte er noch Kraftreserven
gehabt. Dies mag der Fall sein, aber es ist nur eine Laienansicht. Die Ärzte
schüttelten den Kopf.
Nach seiner Einlieferung ins Krankenhaus ging alles weiter wie vorher. Hirschfeld
hatte den Spielplan so gut vorbereitet, daß seine Abwesenheit kaum ins Gewicht
fiel. Auch konnte er vom Krankenhaus immer noch Direktiven geben, Briefe
diktieren und sich mit Schauspielern und Regisseuren beschäftigen.
Mir sagte er sehr oft, er glaube nicht, daß er noch einmal aus dem Krankenhaus
herauskäme, aber er hoffte es wohl doch. Wie dem auch sei: er kam nicht mehr
heraus, das heißt, er wurde noch einmal nach Deutschland gefahren, um in einem
Sanatorium am Tegernsee langsam zu sterben. Sehr langsam.
Es spricht für den damaligen Verwaltungsrat, daß er nicht, was wohl sehr viele
andere Gremien dieser Art getan hätten, einen neuen Direktor bestimmte. Das
hätte ja für Hirschfeld bedeutet, daß sein Todesurteil bereits gefällt war. Und das
wollte man unter allen Umständen vermeiden. So starb er am Tegernsee, in der
Hoffnung, daß er doch eines Tages wieder gesund werden würde, am 8. November
1964.
Sein Freund Rolf Liebermann in seiner bereits erwähnten Gedenkrede: »Ich
denke, daß es Kurt Hirschfeld zugute kommt, ihn nicht als Vorbild zu apostrophie-
ren, das man in Museen sperrt, so ehrenwert es ist, seiner zu gedenken. Aber dieses
Gedenken sollte nicht Abschluß, sondern Anfang sein, nicht postume Würdigung
für etwas, das heute nicht mehr vorstellbar und aufteilbar ist, sondern für etwas,
das aus den Bezugspunkten, die er sich wählte, neue Kräfte erschließt, mit
derselben Intensität auch zur Offenheit und zur Schwäche, und mit dem Bewußtsein seines ›humanen Denkens und Wollens‹, das man nicht zerredet, sondern in

Taten umsetzt. Man muß da anfangen, wo Kurt Hirschfeld in seiner ›dramatischen Bilanz‹ endet:

›Das Bild des Menschen in seiner ganzen Mannigfaltigkeit mit allen ihm geschenkten Möglichkeiten, aus allen nur möglichen Perspektiven gesehen, wurde immer wieder zur Diskussion gestellt. Wir dürfen vielleicht heute sagen, daß es zumindest gelungen ist, dieses Gespräch zu beginnen. Lassen Sie uns anfangen, es fortzusetzen.‹«

Mit Hirschfelds Tod war ein Kapitel des Schauspielhauses Zürich zu Ende.

Es begann die Ära Lindtberg.

Hirschfelds Tod fiel in eine – zumindest auf den ersten Blick – ruhige Zeit, verglichen mit den Zeiten, vor deren Hintergrund das Schauspielhaus Zürich groß geworden war.

Im Januar 1965 starb, neunzig Jahre alt, Winston Churchill, in Vietnam tobte ein Krieg, der sich vorläufig noch nicht so nannte und freilich bald die schrecklichsten Folgen haben sollte. Mao Tse-tung leitete seine sogenannte Kulturrevolution ein. In Bonn kam es zum Rücktritt des Adenauer-Nachfolgers Ludwig Erhard, der, wie Adenauer prophezeit hatte, zwar ein vorzüglicher Wirtschaftsfachmann war, dem die Bundesrepublik und Europa viel verdankte, der aber von Politik wenig verstand. Sein Nachfolger Kurt Georg Kiesinger war, wenn möglich, ein noch farbloserer Mann, der nur regieren konnte, weil die CDU und die SPD sich zu einer Koalition zusammenschlossen. Er war der erste Bundeskanzler, der einmal in der Nazi-Partei gewesen war. Über seine Rolle dort gab es Diskussionen. Vielleicht war er nur ein kleines Würstchen. Als Bundeskanzler war er sicher ein kleines Würstchen.

In Princeton starb der Atomphysiker J. Robert Oppenheimer. Die Tochter Stalins floh aus der Sowjetunion in die Vereinigten Staaten. Sie schrieb ein uninteressantes Buch, das alle Welt enttäuschte. Ja, schließlich starb, 91 Jahre alt, Konrad Adenauer. Er war nicht sehr glücklich über das, was seit seinem Rücktritt geschehen war und wohl weiterhin geschehen würde. Und wieder ein paar Wochen später brach der Sechs-Tage-Krieg aus, in dem Israel innerhalb dieser sechs Tage Ägypten, Syrien, Jordanien und noch zwei andere arabische Staaten besiegte, wo man doch geglaubt hatte, sehr schnell mit dem verhältnismäßig jungen, bevölkerungsarmen, kleinen Staat fertigzuwerden.

In Zürich war schon vor der Ernennung Hirschfelds zum Theaterdirektor beschlossen worden, das Haus umzubauen – in anderen Ländern wäre es längst als baufällig und nicht bespielbar geschlossen worden. Aber es kam auch jetzt zu keinem Neubau, nicht einmal zu einem Umbau.

Hirschfeld war tot, doch er sollte noch einmal Gegenstand einer Diskussion sein. Der Verwaltungsrat hatte sie veranstaltet, aber auch einige wichtige Männer der Stadt Zürich nahmen daran teil, vor allem der Stadtpräsident Landolt, sowie dem

Hause nahestehende Persönlichkeiten wie zum Beispiel Max Frisch und Friedrich Dürrenmatt. Zur Debatte stand die Frage, wie man Hirschfelds Verdienste weiter honorieren solle. Daß er Verdienste um dieses Haus hatte, wollte wohl niemand bestreiten. Diejenigen, die genau Bescheid wußten, waren sich klar darüber, daß er es in stärkerem Maße als selbst Wälterlin gewesen war, der das Theater in all diesen Jahren in Gang gehalten, ja, zum bedeutendsten deutschsprachigen Schauspielhaus Europas gemacht hatte. Eine Pension für die Witwe würde automatisch sein, eine sehr geringe, denn die Pensionskasse des Schauspielhauses war erst nach dem Krieg entstanden. Hirschfeld hatte da nicht viel eingezahlt, denn er hatte nie sehr viel verdient. Er hätte mehr Gehalt verlangen können, die großen Schauspieler, auch die Gastregisseure bekamen viel höhere Gagen, aber er war wohl zu bescheiden gewesen. Mit dem, was ihm die Pensionskasse ausgezahlt hätte, würde kaum die Miete der Wohnung zu bezahlen sein, in der er gelebt hatte und in der nun seine Witwe und seine kleine Tochter lebten. Und auch wenn sie sich eine kleinere Wohnung suchten – so sehr viel kleiner konnte sie gar nicht sein –, würde es sich nur um ein paar Franken Ersparnis handeln.

Es kam zu ziemlich heftigen Debatten. Einer der leitenden Männer der Stadt – sein Name ist bekannt, aber er soll hier nicht genannt werden – meinte, Zürich schulde Hirschfeld eigentlich gar nichts, also warum eine Pension?

Der Stadtpräsident Landolt, der es hätte besser wissen müssen, meinte, die Frau könne ja arbeiten gehen. Diese Frau hatte seinerzeit Hirschfeld zuliebe ihren Beruf als Schauspielerin aufgegeben, sie würde wahrscheinlich als Schauspielerin kaum ein Engagement finden. Sollte sich die Frau des einmaligen Hirschfeld als Putzfrau verdingen?

Die Diskussion wogte hin und her, schließlich erklärten Dürrenmatt und Frisch unisono: »Wenn die Witwe keine anständige Pension bekommt, wird keines unserer künftigen Stücke in Zürich mehr zu sehen sein!«

Das gab den Ausschlag. Man einigte sich auf Fr. 3000,– monatlich. Damit konnte die Witwe zwar keine sehr großen Sprünge tun, aber ihre Existenz und die der Tochter war gesichert.

Der Nachfolger?

Der zuständige Verwaltungsrat hatte ja mit Rücksicht auf Hirschfeld nichts unternommen, um einen möglichen Nachfolger zu suchen oder gar zu bestimmen – das wäre dem Sterbenden sicher zu Ohren gekommen. Im übrigen gab es wirklich nur einen, der prädestiniert war. Das war Leopold Lindtberg, der ja schon als Nachfolger Wälterlins zur Diskussion gestanden hatte, aber zugunsten Hirschfelds nicht gewählt wurde. Da meldete sich noch ein anderer: Peter Löffler, jahrelang Assistent Hirschfelds als Dramaturg. Ein junger, gutaussehender Mann, von dem man durchaus erwarten konnte, daß er Theater machen würde, das seines Chefs und Lehrmeisters würdig gewesen wäre. Aber er wurde gar nicht diskutiert.

Denn Lindtberg erklärte sofort, er kandidiere nicht, wenn man sich nicht ohne Wahl auf ihn einige, verzichte er auf den Posten. Und so verschwand Löffler aus Zürich. Er ging nach Berlin als Sekretär der Akademie der Künste. Wie sich später herausstellen sollte, war das im Augenblick ein Glücksfall für ihn, der aber weder für ihn noch für die Stadt Zürich von Dauer sein sollte. Davon später.

Bevor Lindtberg sein Amt antrat, erklärte er dem Verwaltungsrat, es gäbe da gewisse Bedenken seinerseits, oder um es besser zu sagen, er könne sich in der ersten Zeit nicht so sehr dem Schauspielhaus widmen, wie er gerne möchte. Gewiß, er würde alles tun, was in seinen Kräften stehe, aber er sei eben noch nicht zu hundert Prozent verfügbar.

Der Grund: er war andere Verpflichtungen eingegangen. Er hatte Verträge mit dem Burgtheater und anderen Häusern. Einige von ihnen konnte er lösen. Die mit Wien wohl nur schwer, und er wollte das auch gar nicht. Er war schließlich Wiener. Und es mußte ihm als Juden, der auch vor Hitlers Österreich-Annexion Schwierigkeiten gehabt hätte, am Burgtheater zu arbeiten – nicht einmal Rein- hardt wurde ja an dieses Theater geholt, selbst nicht zu einer Zeit, da er eindeutig der bedeutendste Regisseur der Welt war, und immerhin Österreicher, aber eben österreichischer Jude! –, eine große Genugtuung sein, daß man ihn jetzt dort brauchte.

Der Verwaltungsrat und darüber hinaus die Stadt, die ja immer mehr an Einfluß auf das Schauspielhaus gewann, ganz einfach dadurch, daß immer mehr Aktien der Gesellschaft von der Stadt aufgekauft wurden, zeigten Verständnis. Natürlich mußte Lindtberg die längst eingegangenen Verträge einhalten. Natürlich würde er auch weiterhin gelegentlich anderswo inszenieren – in seinen letzten Jahren hatte das ja auch Wälterlin getan. Man gab ihm das Versprechen, daß er in dieser Beziehung ganz unbesorgt sein könne. Es waren ja schließlich genug eingearbei- tete Arbeitskräfte im Theater, die auch ohne daß er tagtäglich im Büro erschien, die Routinearbeit leisten würden.

Obwohl Lindtberg ja nun über dreißig Jahre am Schauspielhaus gearbeitet hatte – er hatte die Büroräume, übrigens sehr wenige und sehr kleine, selten betreten, es sei denn, um Rücksprache mit den jeweiligen Direktoren zu halten. Er war intelligent genug, um zu wissen, daß es viel Büroarbeit gab, aber er war nie zu solcher Arbeit herangezogen worden und hatte nie mit Schauspielern verhandeln müssen, mit Autoren, mit anderen Regisseuren, er hatte niemals Telefonate geführt, um den einen oder anderen Schauspieler ans Theater zu holen, er hatte »nur« Stücke gelesen und immer wieder gelesen und, wenn es sich nicht um deutsche handelte, die vielen Übersetzungen und die Kommentare dazu. Er hatte die Stücke durchgearbeitet und dann mit den Schauspielern probiert, er hatte mehr geleistet als zwei oder drei andere hätten leisten können. Aber eben keine Verwaltungsarbeit, die jetzt ganz automatisch auf ihn zu kam.

Er biß die Zähne zusammen, machte was notwendig war und bereitete seine erste

Spielzeit – 1965/66 – vor. Sein Motto, sein Credo, sein eiserner Grundsatz, von dem er nie, wirklich nie abwich: gute Stücke mit guten Schauspielern.

Wie bei Gründgens, der übrigens Lindtberg sehr schätzte, was auf Gegenseitigkeit beruhte, waren es immer die Schauspieler, die an erster Stelle standen. Seine ständige Frage war: Was spielt dieser Schauspieler? Was spielt jener? Bei Lindtberg war auch diese Frage wichtig, aber vielleicht noch wichtiger diese: Wer kann dieses Stück, das unbedingt herauskommen muß, spielen? Wer jenes Stück?

Er entschloß sich, mit den *Ratten* von Gerhart Hauptmann zu eröffnen. Das ist das Stück von der Frau des Maurerpoliers John, die kein Kind bekommen kann. Sie nähert sich schließlich einem polnischen Dienstmädchen, das schwanger ist, aber nicht weiß, wie sie ihre Stellung behalten und das Kind durchbringen kann, und kauft ihr dieses Kind ab. Und gibt es als ihr eigenes aus. Das spielt sich um die Jahrhundertwende in einer Berliner Mietskaserne ab.

Eine nicht geringe Rolle spielt auch ein ehemaliger Theaterdirektor, der im Augenblick noch nicht weiß, wohin er engagiert werden wird und seinen Fundus auf dem Dachboden des Hauses, in dem Frau John wohnt, untergebracht hat. Diesen Hassenreuther spielt meist ein großer bulliger Mann. In Berlin, wo das Stück 1911 bei seiner Uraufführrung durchgefallen war und erst 1917 zum wohlverdienten Erfolg unter Reinhardt wurde – und auch später – spielten diese Rolle Typen wie Emil Jannings oder Heinrich George. In Zürich entschloß sich Lindtberg, den kleinen, fast zierlichen Fritz Schulz zu holen, der, ebenfalls Emigrant, am Stadttheater als Operettenkomiker untergekommen war. Eine höchst interessante Besetzung, wie Lindtberg überhaupt alle Rollen vorzüglich besetzen konnte. Aber wer sollte die zentrale Rolle der Mutter John spielen?

Lindtberg fuhr nach Berlin, um die Hatheyer zu holen, die dort allabendlich auftrat. War sie nicht zu jung? In der Tat, die Mutter John war, abgesehen von der Uraufführung, immer von etwas reiferen Damen gespielt worden. Lindtberg war der Ansicht, die John könne gar nicht jung genug sein, denn würde man einer älteren Frau glauben, daß sie noch ein Kind bekommt? Würden die Nachbarn in einer Mietskaserne, wo jeder alles über jeden wußte, es ihr glauben? Nein, die John mußte noch jung sein. Die Hatheyer willigte ein.

Nicht nur die Kritiken, auch das Publikum bejubelte sie über die Maßen.

Die Eröffnungsvorstellung Lindtbergs am 10. September 1965 wurde ein Triumph. Man hatte viele großartige Aufführungen in diesem Hause gesehen. Aber diese war eine der besten. Das Stück lief an die fünfzig Mal. Und war immer auf eine Woche im voraus ausverkauft.

Nur fünf Tage später, kam Lessings *Minna von Barnhelm* heraus. Bei dieser Aufführung stellte Lindtberg eine neu engagierte Schauspielerin vor, die junge, bildhübsche, blonde Christiane Hörbiger-Wessely, wie sie sich damals noch nach ihren beiden berühmten Eltern nannte.

Lindtberg hatte sie in Wien kennengelernt, hatte sogar mit ihr gearbeitet, sie spielte das Gretchen in seinem *Faust*. Sie war früh entschlossen, nicht am Burgtheater zu bleiben. Immerhin spielten dort ihre Eltern und ihre ältere Schwester, sie hielt es für grotesk, daß das Burgtheater sozusagen zu einem Familientheater werden sollte. Sie ging nach München, wo sie unter Fritz Kortners Regie an den Kammerspielen die Luise in *Kabale und Liebe* spielte. Die Münchner waren begeistert.

Nun also hatte Lindtberg sie nach Zürich geholt. Sie spielte die Franziska unter der Regie von Michael Hampe, dem Salzburger Regieassistenten von Lindtberg, den er ebenfalls nach Zürich gebracht hatte: ein außerordentliches Regietalent, das aus unerfindlichen Gründen bei den Schauspielern nicht sehr beliebt war. Hier irrten sich – ausnahmsweise – die Schauspieler. Hampe war wirklich ein besonderes Talent. Und er hatte auch nie einen Mißerfolg. Im Gegenteil, alle seine viel zu wenigen Zürcher Inszenierungen in den nächsten Jahren wurden große Erfolge.

Der Erfolg der *Minna* war nicht Minna zu danken, die von der reizenden Dinah Hinz, auch einem Schauspielerkind, dargestellt wurde. Sie war eher blaß. Dafür trat die Franziska in den Vordergrund. Die Hörbiger – den zweiten Namen legte sie bald ab – war nicht nur ungewöhnlich hübsch und graziös, sie hatte auch sehr viel verhaltene Kraft. Man spürte hinter dieser quicklebendigen, ausgelassenen Franziska die Entschlossenheit, mit ihrer Herrin durch dick und dünn zu gehen – *Minna von Barnhelm* ist bekanntlich die Geschichte einer mutigen jungen Dame, die durch das vom Siebenjährigen Krieg zerstörte und höchst unsichere Land zog, allein und nur von ihrer Zofe Franziska begleitet, um nach dem geliebten Mann zu suchen. Damals eine Heldentat; diese Grundfarbe des Stücks wird von den meisten Regisseuren vergessen oder unterschlagen. Hampe unterschlug sie nicht.

Die Hörbiger blieb damals nicht lange in Zürich. Sie hatte noch Verpflichtungen am Wiener Burgtheater. Aber sie kam im folgenden Jahr wieder und spielte die *Liebelei* von Schnitzler mit Karlheinz Böhm als Fritz. Da war sie schon eine ausgereifte Tragödin. Ihre außerordentlich erfolgreiche Christine ließ vermuten, sie würde demnächst zu einer »Hochdramatischen« heranwachsen, wie etwa die Becker oder die Hatheyer. Dies geschah nie. Vielleicht die Schuld oder das Verdienst Lindtbergs, der sie vor allem im lustigen Bereich einsetzte, etwa als Marie in *Was ihr wollt*, später als Beatrice in *Viel Lärm um nichts*. Beide Male unter seiner Regie, und dann noch in der Spielzeit 1968 im *Talisman*, dem Stück Nestroys, in dem ein junger Mann fast daran zugrunde geht, daß er rothaarig ist – als Titus Feuerfuchs unvergeßlich: Helmut Lohner.

Die Hörbiger war sozusagen über Nacht ein Mitglied des Ensembles geworden, das man sich gar nicht mehr wegdenken konnte.

Es folgte das Stück *Der Himbeerpflücker* von Fritz Hochwälder, der während seines Exils ja nicht gerade gut vom Schauspielhaus behandelt worden war. Ein Grund, vermutlich der einzige, für Lindtberg, dieses nicht sehr gelungene Stück aufzuführen, ein Beweis dafür, wie unter Lindtberg am Schauspielhaus gearbeitet wurde. Und ein weiterer Beweis dafür war, daß knapp fünf Wochen nach den *Ratten* das seltsame Stück von Jacques Audiberti *Die Zimmerwirtin* herauskam, wieder mit der Hatheyer, die sich nun, ganz im Gegensatz zu ihrer bürgerlichen Mutter, außerordentlich elegant, frivol, verführerisch gab, eine moderne Circe. Die Regie hatte Werner Kraut, ein verläßlicher Spielleiter, der gelegentlich in Zürich arbeitete. Der Partner der Hatheyer war der neu gewonnene Schauspieler Peter Ehrlich, der von nun an eine Bereicherung des Ensembles sein sollte. Ja, da war auch noch der Sohn Gustav Knuths, Klaus, ein reizender Komiker, der bei Stroux in Düsseldorf gezeigt hatte, was er konnte, aber in Zürich in den folgenden Jahren es nur sehr selten zeigen sollte oder durfte. Alles in allem eine außerordentliche Aufführung – aber das Publikum mochte das Stück nicht. Die Schauspieler, vor allem die Hatheyer, zogen es durch.

Drei Wochen später: Tennessee Williams' *Die Katze auf dem heißen Blechdach*, ein außerordentliches Stück, außerordentlich gespielt von der wiederkehrenden Sonja Ziemann und vor allem von Peter Arens, erfreulich gut aussehend, voller Wärme und von leiser Melancholie, ein Schauspieler, der aber auch, wie sich viel später erwies, sehr komisch sein konnte: Peter Arens, ein Nervenschauspieler, einer, der innerhalb der immer notwendigen Erneuerung der Klassiker einige entscheidende Rollen spielen sollte.

In der *Katze auf dem heißen Blechdach* war Arens ein neurotischer junger Mann, der Angst hat, mit seiner Frau zu schlafen, weil er sich für homosexuell hält, ohne es zu sein. Ich hatte damals den – fälschlichen – Eindruck, dieser junge Mann müsse in Amerika oder England ausgebildet worden sein, denn er beherrschte die Kunst des Unterspielens, in seinem Gesicht schien fast gar nichts vorzugehen, und doch wußte man genau, wie ihm zumute war, wußte, bevor er einen Satz angefangen hatte, was er sagen würde – nein, mußte. Wer etwas von Theater verstand, wußte schon damals, hier wuchs einer der ersten Schauspieler der deutschsprachigen Bühne heran. Es sollte auch nicht mehr lange dauern, da war er es.

Anderthalb Monate später – dazwischen hatte die Sophokles-Premiere *Aias* stattgefunden – Georges Feydeaus *Kümmere Dich um Amélie*, ein bereits klassischer Schwank, der allerdings lange Zeit vergessen war, mit Sonja Ziemann.

Kaum drei Wochen später – jawohl, so häuften sich die großartigen Aufführungen im Schauspielhaus damals – die Uraufführung des neuen Stücks von Friedrich Dürrenmatt, *Der Meteor:*. Der Schriftsteller und Nobelpreisträger Schwitter ist in einer Klinik gestorben, genauer, für tot erklärt worden. Aber er wacht wieder auf, verläßt heimlich die Klinik, geht zu sich nach Hause, um dort in Ruhe sterben zu können. Nur, er kann nicht sterben, obwohl es immer so aussieht als ob. »Ein Skandal, daß ich noch lebe!« ruft er aus, verbrennt seine Manuskripte und sein gesamtes Vermögen, das er zu diesem Zweck aus der Bank geholt hatte. Und:

»Wann krepiere ich endlich?« Er krepiert nie, wohl aber krepieren diejenigen, die gekommen sind, um ihn zu besuchen. Seine neunzehnjährige Frau, die ehemals Callgirl war, ihre Mutter, eine Toilettenfrau, die auch Zuhälterdienste leistet, der Arzt, der ihn betreut, ein Neffe, der ihn beerben will, und ... und ... und ...

Dürrenmatt hatte das Stück für Leonard Steckel geschrieben, der es auch spielte. Einmalig. Das heute noch zu beschreiben, ist fast unmöglich. Steckel, der damals ja nicht mehr der Jüngste war, schien immer wieder in Todesnähe – und war dann wieder springlebendig. Viele Zuschauer fühlten sich in dieser Komödie von Dürrenmatt, die ja auch sehr viele ernste Momente hatte wie alle Komödien Dürrenmatts, wie in Wechselbädern. Bald war es totenstill, die Angst nahm die Zuschauer gefangen, bald brüllten sie vor Lachen und konnten sich gar nicht fassen. Steckel war wirklich einmalig in dieser Rolle – seiner letzten am Schauspielhaus, was freilich damals niemand wissen konnte.

Die Klosettfrau, die wohl zweitwichtigste Rolle des Stücks, war für die Giehse geschrieben. Aber sie konnte sie nicht spielen, denn sie war aus dem Zürcher Ensemble ausgeschieden. Dies ist eine Geschichte, die wichtig genug ist, erzählt zu werden.

Die Giehse, die vermutlich ihr ganzes Leben lang politisch eher links stand, hatte ja ihren größten Triumph in Zürich als Mutter Courage von Brecht erlebt. Ob sie den Dichter schon in der Vor-Hitlerzeit in München gekannt hatte, wie behauptet wurde, war von mir immer bezweifelt worden. Als er sie 1948 während der Proben zu *Puntila* sah und mit ihr arbeitete, war er überrascht von ihren Fähigkeiten. Und kaum war er in Berlin, bat er sie, zu ihm zu kommen. Sie kam. Und sie exponierte sich mit Brecht, für Brecht und vor allen Dingen für die kommunistische »Sache« – unübersehbar. Dies war besonders problematisch nach dem Aufstand der ostdeutschen Arbeiter, die von den sowjetischen Panzern niedergemetzelt wurden. Brecht stand eindeutig auf der Seite der Sowjets.

Um diese Zeit wurde ein Mann, der im Osten Berlins wohnte – wohlgemerkt, dies war vor dem Bau der Mauer –, aber im westlichen Schloßpark-Theater als Vorhangzieher fungierte, im Osten verhaftet. Er durfte nicht mehr in den Westen. Als die Giehse nun in Westberlin spielen wollte, fand die für das betreffende Theater zuständige britische Militärregierung, das ginge nicht an. Wenn die vom Osten es schon für indiskutabel hielten, daß einer im Westen den Vorhang zog, konnte nicht gut eine prominente östliche Schauspielerin im Westen auftreten.

Der Ordnung halber sei hinzugefügt, daß ich mit dieser Sache in Zusammenhang gebracht wurde und die Giehse später verkündete, ich sei derjenige gewesen, der ihr das Auftreten in Westberlin unmöglich gemacht hätte, ich, der viele Jahre ihr Freund gewesen war und viel hatte für sie tun können oder müssen. Dabei konnte ich in dieser Sache gar nicht tätig werden, denn, wie gesagt, es handelte sich um ein Theater im britischen Sektor der Stadt, und ich war ja schließlich für Kulturelles im amerikanischen Sektor zuständig.

Das Zürcher Schauspielhaus fand, wenn die Giehse sich so eindeutig auf die Seite der Sowjets und Kommunisten stelle, könne sie in Zürich nicht mehr auftreten; dies geschah fast zehn Jahre, bevor Lindtberg die Direktion übernahm.

Die Giehse traf ihre Entscheidung. Sie verließ Brecht, aber sie kam auch nicht nach Zürich zurück. Sie ging nach München, wo die Kammerspiele ihr einen lebenslänglichen Vertrag gaben, zu Recht, es handelte sich um eine Wiedergutmachung, sie hatte ja schließlich früher diesem Theater zu großen Erfolgen verholfen und hatte vor Hitler fliehen müssen.

Einige Jahre später spielte sie dann die Rolle, die Dürrenmatt im *Meteor* für sie geschrieben hatte, in München und – erstaunlicherweise war sie gar nicht so gut. Eine der wenigen Male, in denen sie nicht hervorragend war, ausgerechnet in einer Rolle, die für sie geschrieben worden war. In Hamburg, wo die Steckel-Rolle O. E. Hasse übernommen hatte – nicht annähernd so lustig und auch traurig wie jener –, spielte die Hatheyer die Rolle der Toilettenfrau, mit einer Maske, die sie so veränderte, daß sie auf der Generalprobe, auf ihren Auftritt wartend, von dem Inspizienten angefaucht wurde, was sie denn hier zu schaffen habe. Er hatte sie nicht erkannt.

Was wäre noch aus der Lindtberg-Ära zu berichten? Vielleicht die deutsche Erstaufführung von *Winzige Alice* von Edward Albee, inszeniert von August Everding. Das Stück war schier unverständlich, zumindest ich und diejenigen, bei denen ich mich erkundigte, waren nicht in der Lage, mir den Inhalt preiszugeben. Aber es war so herrlich inszeniert, und von Agnes Fink und Peter Arens so großartig gespielt, daß die Aufführung ungemein gefiel. Everding sollte dann noch einige Male ans Schauspielhaus kommen. Er hätte viel öfter in Zürich gearbeitet, hätte man ihn aufgefordert. Davon später.

Carl Zuckmayers siebzigster Geburtstag nahte heran. Lindtberg rief ihn an, etwa ein halbes Jahr zuvor, er wollte wissen, welches Stück von Zuckmayer das Schauspielhaus zu Ehren seines Geburtstages herausbringen sollte. Zuckmayer sagte: »Ich würde mich sehr freuen, wenn ihr ein Stück von mir herausbringt, das noch nie gespielt worden ist. Es heißt *Kranichtanz*. Übrigens ein Einakter. Nicht abendfüllend.«

Das konnte Lindtberg nur recht sein, denn jemand mußte ja eine Festrede halten – in diesem Falle würde es Heinz Hilpert sein, der Regisseur der ersten großen Berliner Zuckmayer-Erfolge war, vor allem des *Hauptmann von Köpenick*. Lindtberg würde natürlich auch sprechen, Zuckmayer mußte antworten, es war also gut, wenn das Stück, das noch nie gespielt worden war, nicht allzu lang dauerte.

Zuck hatte auch Besetzungswünsche. Er wollte, daß die Hauptrolle von der Hatheyer gespielt würde, die ja viele Stücke von ihm in Düsseldorf und auch in Berlin gespielt hatte. Der Liebhaber sollte Gustav Knuth sein. Dann waren da noch eine Charakterrolle und ein paar kleinere Rollen.

Als das Stück eintraf, war Lindtberg gerade einmal wieder in Wien. Die Hatheyer war auch irgendwo. Das war der Grund dafür, daß ich der erste war von denen, die Zuckmayer nahestanden, der das Stück zu lesen bekam. Ich las es und verstand sofort, warum dieses Stück bisher nie gespielt worden war. Es ging da um eine Frau, die ihren Mann betrügt, und ihn zuletzt erschießt. Und zwar mit einem Gewehr, das die ganze Zeit sichtbar ist. Sonst begriff ich nichts, vor allem nicht, warum Zuck unbedingt dieses Stück auf der Bühne haben wollte.

Ich versuchte Lindtberg zu erreichen, bekam aber nur seine Sekretärin. Ich fragte: »Hat Herr Lindtberg das Stück gelesen?«

Und sie: »Nein, Sie finden es also auch schlecht...« Sie wußte also genau, warum ich angerufen hatte.

Als Lindtberg einige Tage später zurückkam und das Stück las, rief er mich an, das heißt, er wollte die Hatheyer sprechen, die aber erst einige Tage später zurückkommen würde. Also mußte ich mir sein Gejammer anhören. Er fand, das Stück sei unspielbar, aber da er es nun ja Zuckmayer versprochen habe... »Das Schlimmste: man kann ja gar nicht viel streichen! Es ist doch ein Einakter!«

Ungefähr zwei Wochen vor dem 70. Geburtstag begannen die Proben. Den betrogenen Ehemann, die Charakterrolle, spielte Robert Tessen, der auch den Kranichtanz aufführte – man frage nicht, warum und was dieser Kranichtanz eigentlich sollte. Knuth, der ja immer gut gelaunt war und Zuckmayer sehr mochte, war bereit die ihm zugedachte Rolle des Liebhabers zu spielen, für den er etwas zu alt und viel zu dick war. Seinetwegen würde keine Frau ihren Mann, der gedroht hatte, sie umzubringen, betrügen. Die Hatheyer sah auch keine Möglichkeit, die Rolle nicht zu spielen, wo Zuck, der ihr nahestand und den sie für einen großen Dichter hielt, es doch ausdrücklich wünschte!

Lindtberg war verzweifelt. Am Tag der Premiere, die dann auch die einzige Aufführung bleiben sollte, sagte mir Lindtberg: »Es wird einen Skandal geben!«

Ich lachte. »Am 70. Geburtstag von Zuckmayer gibt es keinen Skandal!«

Ich hatte recht. Es gab keinen. Ich weiß nicht, was die Leute sich dachten, aber sie klatschten höflich, nein, der Applaus war außerordentlich und wollte gar nicht enden. Immer wieder mußten die Schauspieler an die Rampe und der beglückte Zuck mit ihnen. Nachher gab es ein Fest im ersten Stock der Kronenhalle, wo Zuck schon seit Jahren, eigentlich seit Kriegsende, Dauergast war. Er wohnte ja in der Schweiz, eine Zeitlang in der Nähe von Montreux, später in Saas-Fee. An unserem Tisch: Zuck und seine Frau, Lindtberg und seine Frau, die Hatheyer und ich sowie Hilpert, dessen Festrede das Beste an dem ganzen Abend war und über dessen Schlußbemerkung: »Im übrigen, Zuck, wirst du dieselbe Rede am nächsten Sonntag im Berliner Schiller-Theater noch einmal hören!« man sehr lachte.

Auch am Tisch ging es fröhlich zu. Am glücklichsten war Lindtberg. »Wie man sich doch täuschen kann!« sagte er. »Das war doch ein Riesenerfolg! Ich werde jetzt einen weiteren Einakter suchen, und wir nehmen dann die beiden Einakter ins Programm!«

Und ich: »Lindi, Zuck hat nicht jeden Abend 70. Geburtstag!«
Lindtberg wußte natürlich genausogut wie ich, wie wir alle, vielleicht besser als wir alle, daß der Beifall nicht dem mißratenen Stück Zucks gegolten hatte, sondern seinem Gesamtwerk und seiner Person. Er versuchte dann auch gar nicht den zweiten Einakter zu finden, der zu dem entsetzlichen *Kranichtanz* gepaßt hätte.

Die ersten Premieren der Spielzeit 1966/67 waren Shakespeares *Was ihr wollt*, Schnitzlers *Liebelei* und der frühe Brecht *Mann ist Mann* mit Kurt Beck sowie *Durch die Wolken* von François Billetdoux, inszeniert von Lindtberg mit der einmaligen Marianne Hoppe, und die deutschsprachige Erstaufführung von Peter Shaffers *Die Jagd nach der Sonne*. Es kam *Der Richter von Zalamea* mit Reichmann, *Die Wiedertäufer* von Friedrich Dürrenmatt, eine Bearbeitung seines Erstlings *Es steht geschrieben*, wieder mit Gretler und Knuth, aber diesmal ohne Theaterskandal. Es folgten u. a. *Schwester George muß sterben* von Frank Marcus, ein Stück über eine lesbische Beziehung, mit der Becker, Sonja Ziemann und Anne-Marie Blanc, sowie *Der Balkon* von Jean Genet.
Die Spielzeit 1967/68 wurde mit Tennessee Williams' *Orpheus steigt herab* eröffnet: Das ist die Geschichte eines herumziehenden jungen Burschen, der mit nichts als seiner Gitarre in einem kleinen Nest in den Südstaaten erscheint, wo Neger noch gelyncht oder zu Tode gehetzt werden – aber nicht nur Neger, sondern alle Fremdlinge, die nicht ins Bild passen –, wo Bigotterie an der Tagesordnung ist, wo niemand weiß, was hinter verschlossenen Fenstern und Türen vor sich geht. Wo jeder gegen jeden ist, und alle gegen eine schöne Frau, eine Sizilianerin, die als »Lady« in die Stadt gekommen ist, und, obwohl sie einen mächtigen, viel älteren, reichen und schon vom Tode gezeichneten Mann geheiratet hat, eine Fremde bleibt. Sie verliebt sich in den jungen Mann, der mehr oder weniger alle Frauen verzaubert und sich so automatisch alle Männer der Stadt zu Feinden macht, und will mit ihm fliehen. Dies wird in letzter Minute verhindert. Als ihr Mann den Eindringling erschießen will, wirft sie sich dazwischen und wird tödlich getroffen. Aber auch ihr Geliebter kommt nicht davon. Die Männer der Stadt stürzen sich auf ihn, man weiß, was mit ihm geschieht.
Den Stoff verfilmte Sidney Lumet mit Anna Magnani und Marlon Brando. In Zürich spielten diese Rollen Heidemarie Hatheyer und Helmut Lohner. Daß beide sehr gut waren und überhaupt die ganze Aufführung hervorragend gelang, war wohl mit das Verdienst des jungen Regisseurs Werner Düggelin, der nach Lehrjahren in Paris seit einiger Zeit in Zürich und in einigen Städten der Bundesrepublik inszenierte.
Aber alles in allem war dieses Stück wohl nicht eines der stärkeren von Williams, der übrigens – unerkannt – der Generalprobe beiwohnte. Ich fragte ihn später, wie es ihm gefallen habe – er verstand ja kaum ein Wort deutsch –, aber immerhin, es handelte sich um sein Stück. Er zeigte sich sehr befriedigt und fand die Aufführ-

rung besser als die am Broadway. Allerdings der Film, das sei eine andere Sache gewesen.

Was Düggelin anging: er war einer der wenigen in der Schweiz geborenen Regisseure, und so sollte er in Zürich in Zukunft öfter am Schauspielhaus inszenieren. Er war eine ganz besondere Art von Regisseur. Er verstand sich weniger als Leiter der Schauspieler, denn als ihr Kamerad. Es ging immer sehr leise zu auf seinen Proben, freilich auch sehr lebendig. Er hatte tausend Einfälle zu Details, die er ausprobieren wollte, und er hatte eine unendliche Geduld mit den Schauspielern, die manches nicht so brachten, wie er es sich gedacht hatte. Wenn ihm ein Stück lag – und das gilt auch für spätere Zeiten –, hatte er außerordentliche Kräfte. Aber wenn ihm ein Stück nicht lag, fiel ihm wenig ein. Er wurde in den folgenden Jahren ein Mitglied des Ensembles, gleichgültig ob er einen festen Vertrag für die Spielzeit hatte oder nur gelegentlich einen Stückvertrag. Er war kein überragender Regisseur wie etwa Lindtberg, aber ein sehr verläßlicher.

Während Lindtberg in Zürich das neue Stück von Max Frisch, *Biografie*, mit Erfolg herausbrachte, gastierte ein Teil des Schauspielhaus-Ensembles mit Martin Walsers *Zimmerschlacht* in Berlin.

Das Stück war ursprünglich ein Einakter. Fritz Kortner war als Regisseur für die Uraufführung an den Münchner Kammerspielen vorgesehen. Er verlangte einen zweiten Akt, und den schrieb Walser wohl widerstrebend. Das Ganze wurde in München ein Durchfall. Das Stück war aber schon von vielen Theatern angenommen worden, die nach diesem Ergebnis von ihren Verträgen zurücktraten.

Die Hatheyer bekam eine Kritik in die Hände, fand das Stück interessant, ließ es sich kommen, las es und sagte, sie wolle es spielen, freilich nur den ersten und ursprünglich einzigen Akt. Das Schauspielhaus glaubte nicht so recht an die Sache. Die Hatheyer, die sowieso am Berliner Renaissance-Theater spielen mußte, schlug es dort vor, und die Direktion wehrte sich nach Kräften. Die Hatheyer blieb hartnäckig. Auch dem bisherigen Generalintendanten in Köln, dem Schauspieler Arno Assmann, gefiel das Stück. Und dem Regisseur Leonard Steckel? Er las das Stück und war, genau wie die Hatheyer, begeistert. Es fanden insgesamt achtzehn Proben statt, und keine dauerte länger als zwei bis drei Stunden. Zu mehr reichten die Kräfte des alternden Steckel nicht mehr aus. Es sollte übrigens seine letzte Inszenierung werden.

Man ging mit gemischten Gefühlen in die Berliner Premiere, befürchtete eine Wiederholung des Münchner Desasters. Das Gegenteil war der Fall. Der Abend, der nur eine Stunde und fünfundvierzig Minuten dauerte, endete mit enormem Applaus. Das Stück konnte an die hundertmal hintereinander gespielt werden. Dann kam eine fast ebenso lange Serie in Düsseldorf, eine kürzere Serie in Hamburg, drei ellenlange Tourneen. Das Stück war nicht totzukriegen.

Die Spielzeit 1967/68 sollte die letzte von Lindtberg sein, denn zur Überraschung aller warf er das Handtuch.

Was war der eigentliche Grund? Es gab nicht einen, es gab deren viele.

Da war einmal die Büroarbeit, die ihm so gar nicht lag und die immer intensiver werden mußte, weil er über längere Strecken gar nicht in Zürich war, sondern in Wien oder auch sonstwo Regie führte. Wenn er dann zurückkam, war eben entsetzlich viel liegengeblieben, was nun um so schneller erledigt werden mußte. Und er mußte ja dann auch immer gleich wieder etwas inszenieren. Das Inszenieren, so schwer es ihm fiel – er machte es sich eben schwer –, stellte keine Belastung für ihn dar. Er sprach immer wieder von den Stücken, die er so gern inszeniert hatte, er sprach vom *Schloß* nach Kafka, vom *Requiem für eine Nonne* von Faulkner, von der Uraufführung der *Mutter Courage*, aber auch von Opern, die er in Wien inszeniert hatte, von Shakespeares Königsdramen, von denen er noch einige am Burgtheater inszenieren sollte.

Ich erinnere mich noch, daß er von einer Regiearbeit aus Wien zurückkam, und ich ihm sagte, ich hoffe, er würde nun einige Zeit in Zürich bleiben. Aber er hatte bereits für den nächsten Monat mit der Wiener Staatsoper abgeschlossen. Ich machte ihm leise Vorwürfe – wir standen gut genug dazu, daß ich mir das erlauben konnte –, er sah mich an: »Man kann doch ein Angebot der Wiener Oper nicht zurückweisen!«

Da war mir bereits klar, daß er nicht mehr lange Direktor in Zürich bleiben würde. Hinzu kam, daß Versprechungen, die man ihm zu Anfang seiner Direktion gemacht hatte, keineswegs eingehalten wurden – nämlich in Kauf zu nehmen, daß er auch anderweitig beschäftigt sein würde. Man hatte wohl nicht damit gerechnet, daß sich die auswärtigen Verpflichtungen so häufen würden. Aber selbst wenn sie sich nicht gehäuft hätten – es gab so etwas wie eine stille innere Revolte. Der Stab der Mitarbeiter wünschte, daß der Direktor im Hause sei, nicht nur gelegentlich, sondern immer.

Das wollte »Lindi« nicht. Das konnte er gar nicht. So erklärte er dem verblüfften Verwaltungsrat, daß er für die nächste Saison, also für 1968/69, nicht mehr zur Verfügung stehen würde.

Noch etwas spielte mit: die Kritik. Neunzehn von zwanzig Schauspielern oder die Regisseure erklären immer wieder, sie läsen prinzipiell keine Theaterkritiken. Was in achtzehn von neunzehn Fällen nicht stimmt. Lindi gehörte zu den wenigen Ausnahmen. Er las Theaterkritiken, und es kam nicht selten vor, daß er, wie er offen zugab, gewisse Folgerungen für sich und seine Arbeit daraus zog. Mit der Theaterkritik in Zürich war es nun so, daß sie bis zur Übernahme der Direktion durch Lindtberg fast immer mit Begeisterung über ihn geschrieben hatte. Dies änderte sich seltsamerweise, als er die Direktion übernahm. Als ob er ein schlechterer Regisseur geworden wäre!

Aber der noch relativ junge Theaterkritiker Werner Wollenberger, der vorüberge-

hend sogar Chefredakteur einer Wochenzeitung war – ein sehr begabter Schreiber, der durch seine amüsanten Texte für Kabaretts in Zürich sehr populär
geworden war –, verriß Lindtberg bei jeder Gelegenheit nach Strich und Faden.
Lindtberg nahm das viel zu ernst. Er litt geradezu unter den ungerechten Verris-
sen.

Ich dachte, es sei meine Freundespflicht, etwas zu unternehmen. Wir, meine
Frau und ich, luden Lindi, Valeska und das Ehepaar Wollenberger zum Abendessen ein. Nach dem Essen verzogen sich die Damen ins Wohnzimmer. Ich
wollte folgen, aber der gequälte Ruf Lindtbergs »Du bleibst da!« hielt mich
zurück.

Es kam zu einer Debatte der beiden, die eigentlich kaum eine Debatte war.
Wollenberger gab in seiner netten, geschmeidigen Art zu, er habe es wohl ein
bißchen zu weit getrieben. Diese rasanten und oft persönlichen Angriffe würden
künftighin unterbleiben.

Sie unterblieben aber nicht. Schon in seiner nächsten Kritik, wenige Wochen
später, schlug Wollenberger die alten Töne an.

Der Verwaltungsrat war mit Recht über Lindtbergs Entschluß verblüfft. Denn
Lindtberg war alles in allem, trotz seiner vielen Abwesenheiten, der wohl erfolgreichste Theaterleiter, den das Schauspielhaus je hatte. Künstlerisch war er kaum
überbietbar. Und was das Geschäftliche anging: unter seiner Leitung hatte das
Theater eine durchschnittliche Besucherfrequenz von 85 Prozent erreicht, etwas
selbst damals ganz Ungewöhnliches. Freilich, das ging natürlich auch auf das
Konto seiner Vorgänger. Ohne die Arbeit, die Wälterlin, vor allem aber die
ungeheure Arbeit, die Hirschfeld schon unter Wälterlin und nachher als Direktor
geleistet hatte, wäre wohl die Frequenz nicht so hoch gewesen.

Die Ratlosigkeit des Verwaltungsrats sollte nicht lange dauern. Man hatte ja
einen Nachfolger: Peter Löffler, der sich schon drei Jahre zuvor um den Direk-
torposten beworben hatte, der ja von Hirschfeld angelernt worden war. Der
würde dem Theater sicher eine weitere Kontinuität garantieren, würde die Tradition wahren.

Was sich sehr bald als Irrtum herausstellte.

Lindtberg ging also, und einen Augenblick sah es so aus, als sei das Ende des
Schauspielhauses gekommen, des Schauspielhauses, wie es mehr oder weniger
seit 1933, sicher aber seit 1938 gewesen war. Ein Theater von höchster Qualität.

Wälterlin hatte schon vor Jahren gesagt: »Unsere zum größten Teil bäuerliche
Bevölkerung hat künstlerischen Sinn und zeigt das auch in der Ausschmückung
ihres Lebens. Aber sie wertet den Menschen nach seiner Hände Werk und ist
reserviert gegenüber dem künstlerischen Brotberuf, der so ganz anders ist als die
allgemein anerkannte und nützliche Betätigung... Es gab Liebhaber des Theaters, die in der Heimat es nicht entbehren wollten. So entstand, entsprechend den
gutdotierten Hoftheatern, als Imitation, das Theater einer kleinen Oberschicht,

das, was wir Provinztheater nennen. Gerade dieses war es wohl, was einer
wahrhaften Popularisierung des Theaters im Wege stand, das ja ständig seinen Ort
verpflanzte, wo man nicht darauf eingestellt war...«

Nochmals die Hauptkassiererin Anny Frick, die es wissen mußte: »Daß die Leute
hier weniger theaterbegeistert sind als irgendwo im Ausland, liegt in der Art der
Schweizer; sie sind schwerfälliger. Echte Theaterfanatiker sind hier wirklich dünn
gesät, glaube ich; das zeigt sich dadurch, daß es hier in Zürich nur wenige Theater
gibt, und die müßten eigentlich immer ausverkaufte Häuser haben. Zum Beispiel
sind die Leute bei einem neuen Stück, von dem man noch nichts oder wenig weiß,
sehr vorsichtig; sie vertrauen nicht einfach der Auswahl des Schauspielhauses.«

Und Dr. Oscar Düby, während der entscheidenden Hitler- und Kriegsjahre, wir
erinnern uns noch, leitender Beamter der Fremdenpolizei in Bern und als solcher
sehr hilfsbereit, wenn es darum ging, die Engagements von Emigranten durchzu-
drücken: »Die Schweiz hat keine sehr tiefgehende Theatertradition. Man sah in
manchen Städten ein sehr intensives Bemühen um Malerei und Musik, aber
Theater war keine Sache, mit der man sich viel befaßt hätte. Die Bühnen waren
nur Ableger des deutschen Theaters, und zwar Provinzableger. Die Eigenständig-
keit des schweizerischen Theaters hat, so grotesk es auch klingen mag, eigentlich
erst richtig eingesetzt mit dem Nationalsozialismus, als die Schweiz darauf gebracht wurde, daß sie kulturell und kultur-politisch ihren eigenen Weg zu gehen
hatte... Und heute? Wenn man in Wien mit einem Taxichauffeur spricht, so weiß
er Bescheid über die Oper und über die Theater. Das ist auch heute noch eine
ausgesprochene Ausnahme in der Schweiz. Und das gilt ein bißchen für alle, die
außerhalb der unnmittelbar interessierten Kreise leben. Das sieht man auch in den
Sitzungen der Gemeinderäte...«

Wie sieht es im Theater selbst aus, sozusagen hinter den Kulissen? Da hat sich
schon manches gebessert. Der technische Leiter Ferdinand Lange: »Als ich
herkam, hatten wir im ganzen fünfzehn Leute, heute haben wir immerhin vierzig.
Im einzelnen: zwanzig Bühnenarbeiter, drei Requisiteure, acht Beleuchter, sieben
Schreiner, ferner eine Maler-Equipe von drei bis vier Mann. Die Werkstätten sind
ausgebaut, wir haben auch moderne Maschinen. Natürlich sind wir noch nicht
eingerichtet wie die großen Theater, aber immerhin kann man mit dem, was wir
haben, anständig arbeiten und gute Sachen herstellen. Und es wird ja ständig
weiter verbessert.«

Walter Groß, der Beleuchtungschef, der 1940 ans Schauspielhaus kam – vorher
arbeitete er auch gelegentlich im Bernhard-Theater, war Kino-Operateur, drehte
während des Krieges Propagandafilme für die Armee: »Damals gab es rund
zwanzig Scheinwerfer, heute gibt's fünfundsiebzig – und zweitausend und drei-
tausend Watt stark. Früher hatte ich zwei Mann für die Beleuchtung zur Verfügung, heute sechs, dazu Aushilfsbeleuchter und zwei Logenbeleuchter. Es wird
nach einem festen Schema gearbeitet. Während der Proben wird alles notiert.

Jeder Arbeiter muß genau wissen, was er zu tun hat. Es ist nicht so kompliziert, es ist mehr eine Konzentrationsaufgabe. Jeder Beleuchter muß das Stück begreifen, genau wie ein Schauspieler, muß wissen, warum er seine Arbeit macht; im Gegensatz zu einem Bühnenarbeiter, der die Wand oder den Stuhl irgendwohin stellt, und damit ist seine Arbeit getan. Aber ein Beleuchter muß genau wissen, warum dieser Lichtfleck jetzt hier sein soll, warum er jetzt Grün oder Gelb einlegen muß, warum diese Stimmung jetzt gebraucht wird. Er muß eben das Stück begreifen, er muß mit dem Stück mitgehen, er muß es im Ablauf kennen, im Text, damit er richtig reagiert. Wenn einer einen Fehler macht, so ist alles verpatzt, eine ganze Szene kann geschmissen sein.«

Der Grund dafür, daß früher weniger Beleuchtung benötigt wurde oder besser, weniger Beleuchter als heute, ist der, daß die Dekorationen geschlossen waren, das heißt, aus drei Wänden und Decken bestanden, daß also weniger Licht vergeudet, daß überhaupt viel mehr mit Dekorationseffekten, mit Bauten, mit Treppen, mit Sälen, Bäumen und Malereien gearbeitet wurde. Ein Baum stand da. Heute wird er angedeutet und entsprechend beleuchtet. Eine Wand stand da. Heute allenfalls eine Tür. Oder vielleicht wird der Baum oder die Tür auch nur projiziert. Früher gab es keine Projektionen. Früher wurden dunkle Szenen bevorzugt, heute helle. Das ist nicht zuletzt auch der Einfluß Bert Brechts und der anderen modernen Autoren. Früher fiel nach jeder Szene der Vorhang, heute wird bei offener Szene umgebaut; das bedeutet unter anderem, daß keine Zeit oder Möglichkeit bleibt, auf oder hinter die Bühne zu eilen und Scheinwerfer neu einzustellen.

Noch einmal Groß: »Damals war es schwer für die Dekorateure. Heute ist es schwer für die Beleuchter!«

Aber obwohl so viele Neu-Investitionen vorgenommen worden sind, obwohl das Haus ständig »modernisiert« wird – es bleibt hoffnungslos veraltet und überaltert und wird es immer mehr.

Das beginnt schon bei den Garderoben. Ausländische Schauspieler sind geradezu entsetzt. Da kam das »Old Vic« mit *Timon von Athen*, und der Hauptdarsteller, der ständig auf dem Boden herumzukriechen hatte, erklärte erbittert: »If you have no bathroom, I am not going to play.« Hirschfeld verhinderte die Katastrophe, indem er das Badezimmer seiner nahe gelegenen Wohnung zur Verfügung stellte. Das aus dem Theater strömende Publikum war einigermaßen erstaunt, als es den Helden, der soeben gestorben war, nur mit einem Bademantel bekleidet über die Straße schlendern sah.

Oder da sind die Büros, lächerlich kleine Zimmer in einem sehr alten Haus, zwei Telefonleitungen – in Deutschland hätte ein solches Theater Dutzende von Büros und eine Telefonzentrale mit unzähligen Anschlüssen. Oder man denke an die Zustände hinter der Bühne: ein Konversationszimmer, das nur eine Handvoll Menschen faßt, enge winklige Treppchen, die zu den Garderoben führen, Garderoben ohne Waschgelegenheit, keine Seitenbühne, überhaupt kein Platz, Dekorationen abzustellen, keine Probebühne – wenn die Bühne selbst besetzt ist, muß im Foyer probiert werden; das Foyer ist so eng, daß auch bei mittelmäßig besetztem Haus ein lebensgefährliches Gedränge entsteht.

Seit 1950 weiß jeder Eingeweihte, daß in diesem Haus nicht mehr lange gespielt werden kann. Seit 1960 ist offiziell festgestellt: »Die Zustände sind unhaltbar.« Aus einem Brief der Leitung des Schauspielhauses an den Stadtpräsidenten vom 7. September 1962:

> Im Bühnenhaus, das wegen der Nachbarrechte nicht erweitert werden kann, wird der tägliche Betrieb sowohl durch die bestehende Enge wie durch die Überalterung der technischen Einrichtungen erschwert. Seiten- und Hinterbühne zur Abstellung der im laufenden Repertoire benötigten Dekorationen fehlen gänzlich. Die für bestimmte Inszenierungen unentbehrliche alte Drehbühne muß ersetzt werden. Die mehrmals überholte und erneuerte Beleuchtungsanlage ist veraltet und unpraktikabel. Über ein ausreichendes Kulissenmagazin verfügt das Schauspielhaus nicht; dadurch wird die Aufbewahrung der Dekorationen zum Zwecke späterer Wiederverwendung oder Verarbeitung erschwert oder verunmöglicht. Die wichtigsten Werkstätten – Schreinerei, Schlosserei und Malersaal – befinden sich an verschiedener Stelle außerhalb des Hauses; bei den täglichen notwendigen Transporten geht wertvolle Zeit, Arbeitskraft und damit Geld verloren. – Unter diesen Umständen drängt sich der Gedanke auf, daß eine produktive, auf lange Sicht zu verantwortende Lösung unserer räumlichen und betrieblichen Probleme nur in einem in absehbarer Frist zu erstellenden Neubau gefunden werden kann. Glücklicherweise besteht, nachdem der Kanton das benachbarte Turnplatzareal dafür zur Verfügung gestellt hat, unter allen Beteiligten Einigkeit nicht nur über die Notwendigkeit eines Neubaus, sondern auch in der Frage des zukünftigen Standortes.

Und während diese Zeilen entstanden, war gerade der offizielle Beschluß gefaßt worden, ein neues Schauspielhaus zu bauen. Er wurde aber nicht durchgeführt.

Damals waren wir ganz froh darüber. Wir hatten uns an den alten Kasten so gewöhnt, nein, wir hatten ihn liebgewonnen! Und all die Schauspieler, die Gelegenheit hatten, die neuen, so viel größeren Häuser in Deutschland zu bewundern, kamen gern zurück und waren dankbar dafür, wieder zu Hause zu sein. Am Pfauen, wo alles ein bißchen zu alt, zu unbequem, zu klein, zu wenig prächtig war – aber wo man immer wieder spürte: Hier sind nicht ungezählte Millionen verschwendet worden, um das kulturelle Niveau der Stadt und des Landes zu beweisen, um eine Vergangenheit, auf die man nicht allzu stolz sein kann, zuzudecken. Hier wird nur gut Theater gespielt.

Teo Otto: »Das menschliche Klima dieses Theaters ist einmalig.«

Das galt auch für die hinter der Bühne. Inspizient Baschwitz: »Früher gab es in

Zürich keine besonders guten Bühnenarbeiter. Das hat sich geändert. Heute sind alte Arbeiter da, die zu ihrer Sache stehen, Arbeiter, die mitdenken, die in kürzester Zeit wissen, worum es geht, die selten oder nie Fehler machen. Und obwohl alle anderen Theater der Welt bessere Bedingungen bieten, nämlich was Unfallverhütung und Technik anbelangt, kommen in Zürich seltener als anderswo ernsthafte Pannen vor. Und ein Unglücksfall größeren Ausmaßes hat sich noch nie ereignet. Das ist das Wunder dieses Theaters.«

Da ist Harry Altorfer, der Vorhangzieher, der nebenbei auch noch das Haus abschließen und die – entsetzlich veraltete – Heizung bedienen mußte. Er hat begreiflicherweise sämtliche Stücke unzählige Male gesehen. Und langweilte sich nie. »Man sieht immer etwas Neues.«

Die Friseuse Magnani: »Ich weiß nicht, warum, selbst in den Ferien laufe ich jeden Tag einmal zum Schauspielhaus... wie ein Pferd zu seinem Stall.«

Auch Prüfi hätte sich sein Leben ohne das Schauspielhaus kaum noch vorstellen können, obwohl er immer über zuviel Arbeit klagte. Als er einmal einen Schauspieler trösten wollte, dem der Vater gestorben war und der trotzdem am selben Abend spielen mußte, bemerkte er: »Jeder hat seins zu tragen, weeßte, sieh mal mir an. Wat hab' ick? Drei Kostümstücke hintereinander!«

Drei Kostümstücke... Unzählige andere Stücke... Premieren... Immer wieder Premieren... und Schauspieler, die auf der Bühne stehen und sprechen, agieren und abgehen, wiederkommen und wieder abgehen.

Erinnern wir uns noch? Laßt uns sie noch einmal alle Revue passieren, die wir in zahllosen Rollen gesehen haben: Maria Becker, Walter Richter und Leonard Steckel, Will Quadflieg und Emil Stöhr, Sybille Binder und Erwin Kalser, Wolfgang Langhoff und Hortense Raky, Hermann Wlach und Heidemarie Hatheyer, Ernst Ginsberg und Liselotte Pulver, Gustav Knuth und Käthe Gold, Albert Bassermann und Elisabeth Bergner, Kurt Horwitz und Adrienne Gessner, Karl Paryla und Grete Heger, Heinrich Gretler und Therese Giehse, Erwin Parker und Maria Schanda, Wolfgang Heinz und Josy Holsten, Heinz Woester und Gisela Mattishent, Wolfgang Stendar, Carl Kuhlmann und... Da ist Anne-Marie Blanc, die hier begann, die schon dabei war, als Gretler den Tell spielte, die damals als namenlose Bäuerin auf der Bühne herumstehen durfte, die in der Zwischenzeit sämtliche Frauenrollen im *Tell* gespielt hat und so ziemlich alles, was es überhaupt zu spielen gab: »Und meine drei Jungen haben in vielen, vielen Jahren alle die Tell-Knaben gespielt.«

Und da ist Traute Carlsen. Für sie hat es Zeiten gegeben, da besaß sie eine Villa, zwei Autos und hatte fünf Dienstboten. Dann lebte sie in einem winzigen Häuschen mit ihren zahllosen Hunden und Katzen und anderem Getier ganz allein, mußte alles selbst machen und meinte lakonisch: »Man muß eben umlernen. Aber das Wichtigste ist wohl, daß ich noch meinen Beruf habe, daß ich noch spiele und damit anderen Freude mache. Und mir auch. Wenn ich auf der Bühne stehe, bin ich ja gar nicht mehr die alte Traute, da bin ich eben eine andere ...«

Sie alle, die immer andere waren auf dieser Bühne, ziehen noch einmal an uns vorüber. Und da sind auch die ausländischen Studenten, die, im Krieg in Zürich gestrandet, Komparserie machten und bei den Umbauten mitwirkten. Sie jedenfalls haben die Zeiten im Schauspielhaus nicht vergessen. Sie haben sich nach dem Krieg in alle vier Himmelsrichtungen zerstreut, einer ist Doktor in Paris geworden, ein anderer Fabrikdirektor in Lüttich, ein dritter Rechtsanwalt in New York, ein vierter hat einen Lehrstuhl in London, ein fünfter ist Großindustrieller in Luxemburg; aber sie kamen immer wieder nach Zürich, und dann gingen sie wohl zu Ferdinand Lange, um guten Tag zu sagen. Sie haben ihre Sache damals gut gemacht und in der Zwischenzeit bewiesen, daß sie nicht nur statieren und umbauen können. Teo Otto fragte mich damals – oder eigentlich war es mehr eine Feststellung: »Ob nicht der eine oder andere, wenn er auf einer piekfeinen Cocktailparty sitzt und sich langweilt, denkt: Donnerwetter, die Zeiten in Zürich waren doch schön!?«

Vielleicht auch, weil das Theater am Pfauen doch ein besonderes Theater war. Friedrich Dürrenmatt: »Ich glaube kaum, daß es ein zweites Theater gibt, in welchem sich die Dramatik aller Zeiten besser widergespiegelt sieht als im Schauspielhaus Zürich, gezwungenermaßen, gilt es doch, jede Saison an die zwanzig Stücke herauszugeben, dazu Gastspiele anderer Bühnen. Es ist eine schnellatmende Bühne mit einem instruierten Weltkleinstadtpublikum, das freilich ... von Aischylos bis Osborne alles kennt. Doch bedingen die vielen Premieren eine kurze Probenzeit. Perfektion ist unmöglich (beurteilt man die Aufführungen im Ganzen und nicht im einzelnen). An ihre Stelle muß die Intensität treten. Daß dies in den entscheidenden Aufführungen immer wieder geschah und geschieht, eben nur dies macht den Ruhm dieser Bühne aus. Jede Premiere des Schauspielhauses kann nur durch einen besonderen Einsatz zu einem großen Abend werden, auch wenn allererste Kräfte vorhanden sind. Mit diesen Umständen muß der Autor auch rechnen. Es wird ihm auf der Bühne kaum gelingen, seinem Werk bei einer Uraufführung eine endgültige Bühnengestalt zu geben, vieles wird vorläufig bleiben müssen, doch sein Stück wird kaum eine bessere Feuerprobe durchmachen können. Das Schauspielhaus ist mit seinen Autoren strenger als andere Bühnen, es kann sich nicht leisten, seine Fehler zu retuschieren, denn es ist eine handelnde und nicht eine ausklügelnde Bühne, aber gerade so wie ein Schauspieler sich an diesem Ort nur dann behaupten kann, wenn er schauspielerische Substanz mitbringt, so auch der Schriftsteller. Das Schauspielhaus ist gerade durch seine Unvollkommenheit ein vollkommenes Theater, und ich liebe es deshalb auch mehr als andere Theater.«

Auch der gute Prüfi hat einmal eine Synthese des Schauspielhauses versucht oder eigentlich des Theaters überhaupt – aber er hat ja nur an diesem einen gearbeitet.

Als Ginsberg zum erstenmal den Misanthrop spielte, wollte er wissen, wie dieser unbestechlichste aller Kritiker ihn gefunden habe. Die Antwort: »Ach, wunderbar, Mensch, wunderbar! Ach weeßte, Molière, für so etwas ist Theater überhaupt geworden!«

Ginsberg: »Wie meinst du das?«

Prüfi, leicht verlegen: »Na ja, Theater muß doch mal geworden sein, das hat's doch nicht immer gegeben, und ick meine eben, Molière, da geht der Vorhang auf, und es ist hell, und ich sehe alles, und ich verstehe jedes Wort, das da geredet wird, ick bin doch doof, aber da versteh' ick jedes Wort, und ick lache, und ick freue mir, und es wird immer schöner und schöner von Akt zu Akt, und am Schluß bin ick ganz selig und geh' ganz selig nach Hause! Aber nimm's doch mal, wie es heute ist, da geht der Vorhang auf. Und spätestens nach zehn Minuten merk' ich, o weh, das ist ein Problem und dann – ick versteh' nich, ick versteh' nich, ick streng mir so an, glaub mir, ick versteh's wirklich nich, und dann wird's immer schlimmer von Akt zu Akt, am Schluß ist's zappenduster, und ick geh' ganz belämmert nach Hause, glaub mir, für so was wär' Theater nie geworden!«

Das wäre ein Happy-End gewesen. Vorhang. Wo ist denn der gute Altorfer? Eine Vision: da sitzt er ja wie immer an seinem Vorhang. Müde? Gelangweilt? Nein, durchaus nicht. Er könnte immer zusehen, immer zuhören, wenn vom Theater die Rede ist. Er würde, wäre er noch einmal jung, sofort wieder zum Theater gehen. »Ich wäre auch gern Schauspieler geworden oder Inspizient.« Die Hauptsache: Theater! Freilich, beim Theater muß man auf vieles verzichten. »Wenn andere Feierabend haben, müssen wir arbeiten, gerade an den Feiertagen geht es am schlimmsten zu. Aber man gewöhnt sich daran. Wir sind eben dazu da, anderen Freude zu machen.«

Er stockt. Er will noch etwas sagen. Was ist es denn, Altorfer?

»Nun ja, ich werde bald fünfundsechzig, dann werde ich vielleicht pensioniert, aber wissen Sie, ich kann mir das gar nicht vorstellen, daß es acht Uhr wird und ich nicht hier an meinem Vorhang sitzen und ihn ziehen soll . . .

Wir können es uns auch nicht recht vorstellen . . . Und vielleicht geschieht da ein kleines Wunder. Am Theater geschehen ja oft Wunder. Aber nun ist es spät geworden, guter Altorfer, sehen Sie, die Lichter verlöschen schon, die Schauspieler haben ihre letzten Worte gesprochen, sie sind abgegangen, die Bühne ist leer, jetzt wird es dunkel und immer dunkler, und jetzt sieht man schon gar nichts mehr. Wie haben Sie doch einmal gesagt, lieber Altorfer? »Es gibt sanfte Vorhänge und brutale, schnelle und langsame, überraschende und solche, die man erwartet hat . . .«

Akt VII

Jäher Sturz und Reparatur

Zurück zum Ende der Ära Lindtberg. Peter Löffler war sogleich bereit, das Angebot des Verwaltungsrates anzunehmen. Er würde also Direktor des Schauspielhauses sein. Auf wie lange, weiß heute niemand mehr. Es sollte sich aber herausstellen, daß die Laufzeit des Vertrags ohne Bedeutung war.

Löffler hatte allerdings seine Bedingungen: er brauchte ein Jahr Zeit, um sich vorzubereiten.

Soviel Zeit hatten weder Hirschfeld noch Lindtberg benötigt. Aber man bewilligte sie ihm. Was blieb anderes übrig. Wen sollte man so schnell verpflichten?

Und wer sollte inzwischen das Schauspielhaus leiten? Ein Provisorium mußte geschaffen werden. Ein Direktorium auf Zeit, bestehend aus drei Personen: Dr. Otto Weissert, dem langjährigen und sehr verdienten Verwaltungsdirektor, der wirklich wußte, was das Schauspielhaus oder, besser noch, das Publikum des Schauspielhauses brauchte; Erwin Parker, dem bewährten Ensemblemitglied, der nie etwas anderes als Schauspieler gewesen war; und dem für so unendlich viele, schöne und wichtige Dekorationen verantwortlichen Teo Otto – er starb, bevor er überhaupt irgendwelche Verantwortung übernehmen konnte, im Juni 1968. Und Parker konnte, was er auch immer betonte, mitreden, gute Ratschläge erteilen, aber kaum neue Ideen hervorbringen. Dazu war er ja nie erzogen worden. Die Verantwortung blieb also im wesentlichen an Weissert hängen. Und der konnte natürlich auch nicht zaubern. Wie sollte man auch innerhalb von wenigen Monaten einen neuen Spielplan auf die Beine stellen? Man mußte im wesentlichen spielen, was Lindtberg noch angenommen oder geplant hatte, oder gar, wie im Falle *Der Preis* von Arthur Miller, ein bereits abgespieltes Stück wiederaufnehmen. Was schließlich herauskam, bewirkte alles andere als eine glänzende Spielzeit, aber das Publikum verstand, daß man diesen Zustand denen, die sozusagen von Improvisationen leben mußten, nicht anlasten konnte. Es blieb dem Schauspielhaus treu, was auch immer es zu sehen bekam.

Es bekam zum Beispiel eine völlig ungenügende, provinzielle Aufführung des *Marquis von Keith* von Frank Wedekind zu sehen, in der Hauptrolle der ausgebrannte Ullrich Haupt, einst unter Gründgens ein interessanter Schauspieler. Und einen allerdings fulminanten Peter Arens in der anderen Hauptrolle. Haupt wurde übrigens später noch einmal eingesetzt, bereits unter der Direktion von Peter Löffler, und zwar als Regisseur von Wedekinds *Musik*, einem zu Recht fast nie gespielten Stück. Er inszenierte es mit seiner Frau in der Hauptrolle, die behauptete, Schauspielerin zu sein oder gewesen zu sein, was sie in Zürich nicht unter Beweis zu stellen vermochte.

Sonst noch? Es gab u.a. eine recht gute Aufführung von Pirandellos *Sechs Personen suchen einen Autor*, es gab eine bezaubernde Aufführung von Franz Molnárs *Die Fee*, in der die Hörbiger brillierte, es gab einen etwas umständlichen *Zerbrochenen Krug* mit Knuth in der Rolle des Dorfrichters. Vorher war *Turandot oder Der Kongreß der Weißwäscher* von Bert Brecht gespielt worden. Ein aus gutem Grund selten gegebenes Stück.

Es gab so viele Premieren wie sonst auch. Es herrschte Ruhe, wie man hoffte, Ruhe vor dem Sturm, den Löffler entfachen würde. Er hatte ja ein Jahr Zeit, um einen künstlerischen Sturm zu entfachen.

Was ging in der Welt vor? Der amerikanische Bürgerrechtler Martin Luther King wurde während einer Ansprache durch Schüsse tödlich verletzt. In Frankreich kam es zu Studentenunruhen, Streiks, die gefährliche Ausmaße annahmen. In Amerika wurde der Senator Robert Kennedy, der in aussichtsreicher Position für die demokratische Präsidentschaftskandidatur gestanden hatte, ermordet. Noch im August besetzten sowjetische und polnische Truppen, aber auch solche aus der DDR, Ungarn und Bulgarien, die Tschechoslowakei, wo damals »Tauwetter« herrschte. Und gegen Ende dieses Jahres startete Apollo 8 zum ersten bemannten Mondflug in der Geschichte der Menschheit.

In Zürich machte man sich große Hoffnungen auf Peter Löffler. Daß sie nicht berechtigt waren, hätte man ahnen können. Denn Hirschfeld, sein jahrelanger Chef, hatte immer gesagt, daß Löffler ein vorzüglicher zweiter Mann sei, doch ein schlechter erster Mann sein würde. Aber man konnte nicht wissen, daß sich mit Löffler eine Wandlung vollzogen hatte. Er war, das sei noch einmal erwähnt, als Präsidialsekretär an die Akademie der Künste nach Berlin gegangen. Dort hatte er Sitzungen der Mitglieder zu arrangieren, Veranstaltungen zu organisieren, aber eigentlich nichts getan, was mit Theater zu tun hatte. Man sagte, er habe seine Sache gut gemacht.

Er war Sohn eines berühmten und reichen Arztes, den er bald beerben würde. Darüber hinaus hatte er eine Frau geheiratet, die ihrerseits Erbin eines großen Vermögens war. Trotzdem war er unter den Einfluß von linken Kreisen geraten. Er kehrte aus Berlin mit ganz neuen Ideen nach Zürich zurück. Als ein Schüler Hirschfelds war er nach Berlin gegangen, zurück kam er als einer, der nichts mehr von dem verwirklichen wollte, was seinem Lehrer vorgeschwebt hatte. Ich hörte, noch lange vor Beginn der Spielzeit 1969/70, eine programmatische Rede, die er vor der Association of Foreign Press in Zürich hielt. Da erklärte er unter andere-rem, er wolle vor allem gesellschaftskritische Stücke ins Repertoire bringen. Was er sich darunter vorstellte, führte er nicht weiter aus. Aber er sagte zum Beispiel, in dem Theater, das er leiten sollte, würden Schauspieler über dreißig Jahre wohl kaum einen Platz finden. Welch ein Unsinn! Nicht nur, daß alle guten Schau-spieler, die am Zürcher Schauspielhaus tätig waren, das dreißigste Lebensjahr überschritten hatten – welches Stück der Weltliteratur, der alten und der neuen, kann man mit Schauspielern unter dreißig spielen? Nicht einmal die *Räuber*. Da gibt es immerhin einen alten Graf Moor, von dem Diener Daniel und dem Pastor Moser zu schweigen, ganz abgesehen davon, daß selten junge Schauspieler fähig waren und sind, den Karl oder den Franz zu spielen. *Frühlings Erwachen* von Wedekind? Da gibt es auch Lehrer und Eltern, die älter als dreißig sein müssen. Eigentlich gab und gibt es überhaupt kaum ein Stück, in dem nicht ältere Personen die großen Rollen spielen. Wer hatte Peter Löffler solche Ideen einge-geben?

Als Dramaturgen brachte er Klaus Völker mit, der in Zürich zwar unbekannt, in Theaterkreisen der Bundesrepublik aber für seine extrem linke Einstellung be-rüchtigt war. Zürich sollte es bald zu spüren bekommen, denn in den Programm-heften, die er herausgab, war dauernd von Marx oder Mao Tse-tung die Rede. Was da zu lesen war, hatte nicht den geringsten Zusammenhang mit dem Stück, das die Besucher sehen sollten. Es war kommunistische Propaganda in Reinkul-tur.

Als die ersten Proben begannen, war ein Schauspieler, der bis dahin geglaubt hatte, das Zürcher Schauspielhaus sei das idealste Theater Europas, nämlich Wolfgang Reichmann, zum Stadtpräsidenten gegangen und hatte ihm gesagt, wenn das so weiterginge – es hatte ja noch gar nicht angefangen –, wäre das Theater am Ende der Saison ruiniert. Der Stadtpräsident hörte ihm zu, aber er glaubte ihm nicht.

Um etwa die gleiche Zeit kam ein Informationsblatt des Schauspielhauses für die Presse in Umlauf. Das Blatt enthielt das vorläufige Programm des Schauspiel-hauses. Auf den ersten Blick konnte man es gar nicht entziffern, erst bei genaue-rem Hinsehen konnte man einen Teil dechiffrieren, dann mußte man das Blatt umdrehen, um den Rest zu entschlüsseln. Ich war entsetzt. Ich nehme an, andere auch.

Ich hatte zufällig – wirklich rein zufällig – mit dem damaligen Präsidenten des Verwaltungsrates, dem Rechtsanwalt Dr. Eduard Zellweger, zu tun. Ich besuchte ihn in seiner Wohnung und sagte ihm, was ich befürchtete: »Diese Spielzeit wird eine Katastrophe für das Schauspielhaus. Wenn Sie mich fragen, die schlimmste, die das Schauspielhaus je gesehen hat.« Dr. Zellweger lächelte gemütlich. Er meinte, so schlimm würde es wohl nicht werden.

Ich war nicht zu überzeugen, und ich verließ Dr. Zellweger, um in das benachbarte Haus zu gehen, wo die Witwe von Emil Oprecht wohnte. Ich sagte zu ihr: »Ich weiß jetzt, was Dr. Zellweger tut! Er sagt zu seiner Frau: ›Ich hatte soeben den Besuch eines Verrückten!‹«

Ich weiß nicht, ob er das wirklich gesagt hat. Ich weiß nur, daß etwa vier Wochen später, immer noch vor Beginn der Spielzeit, die Sekretärin Dr. Zellwegers mich anrief und mir sagte, Dr. Zellweger sei in Davos, er käme am Dienstagabend zurück und würde mich gerne am Mittwoch sprechen. Ich antwortete ihr, das sei leider unmöglich, denn ich müsse am Dienstag nach Berlin fliegen.

Eine halbe Stunde später läutete die Sekretärin noch einmal an, Dr. Zellweger habe sich entschlossen, schon am Montag zurückzukommen, ob ich am Dienstagvormittag zu ihm ins Büro kommen könnte. Ich kam. Er fragte mich: »Wie haben Sie das eigentlich vorher wissen können?« Ich sagte ihm, ein Blick auf das sogenannte Programm habe mich überzeugt, daß es so nicht gehe. Und er: »Wir werden ihn wohl entlassen müssen!«

Die Entlassung erfolgte dann auch, vermutlich fristlos. Ich weiß nicht mehr genau, wann, ich weiß nur, daß sie sehr bald nach Beginn der Spielzeit erfolgte.

Nach allem, was man später hörte, war das Klima im Hause ziemlich schlimm geworden. Bis dahin hatte allgemeine Eintracht, ein kollegiales Mitempfinden des Schauspielers anderen Schauspielern gegenüber bestanden. Nun grüßten diejenigen, die neu hinzukamen, die Löffler engagiert hatte, kaum noch die »Alten«. Von denen waren gar nicht mehr viele im Hause. Sie hatten sich auf Warte-Stellung zurückgezogen. So die Hatheyer, die Becker, Lohner. Eine Kraft wie die Hörbiger, nach der sich alle Theaterdirektoren hätten die Finger lecken können, wurde links liegen gelassen und nur gelegentlich gefragt, ob sie wohl bereit wäre, eine Rolle zu übernehmen. Sie war bereit, obwohl die Rolle im *Selbstmörder* von Nikolaj Erdman nicht gerade sehr geeignet für sie war.

Löffler eröffnete seine Spielzeit mit *Prometheus* von Aischylos, Bearbeitung von Heiner Müller, Regie Max Peter Ammann. Dies ist eines der am seltensten aufgeführten Werke von Aischylos, von dem eigentlich nur, und auch das nur gelegentlich, die *Orestie* auf die Bühne gebracht wird.

Bei *Prometheus* handelte es sich letzten Endes darum, ob die Götter die Menschen weiterregieren dürfen oder ob man ihnen die Macht entreißt. Der Regisseur hatte am Berliner Schiller-Theater einige interessante Inszenierungen herausgebracht. Seine Regiearbeit in Zürich war nicht besonders interessant – zumindest nicht für das breite Publikum. Die Presse ging eher mit. Man wollte ja Löffler eine Chance geben, nicht ahnend, was sich bereits vor der Eröffnung hinter den Kulissen abgespielt hatte. Der Regisseur befand, das Stück sei zu hart, man müsse es irgendwie mildern. Er konnte ja dieses Bedürfnis mit der Tatsache begründen, daß die alten Griechen solchen schweren Stücken meist ein Satyrspiel folgen ließen. Er entschloß sich, eine Jazzband spielen zu lassen, die im wesentlichen aus deutschen Musikern und einem schwarzen Amerikaner bestand.

Über das, was die Mitglieder der Jazzband dazu gesagt hatten oder gesagt haben sollten, wollte sich Klaus Völker im Programmheft verbreiten. Die Musiker, die den Beitrag lasen, waren empört und verlangten, daß diese angeblich unwahren Äußerungen nicht im Programmheft erscheinen sollten. Dies versprach ihnen der Regisseur, nachdem Völker es ihm versprochen hatte. Aber als die Musiker am Premierenabend das Programmheft erhielten, stand alles drin, was Völker ursprünglich geschrieben hatte. Darüber gerieten sie außer sich. Es gab ein ungeheures Wortgefecht hinter den Kulissen, das damit endete, daß der schwarze Jazz-Musiker auf die Bühne sprang und ins Publikum schrie: »Schauspielhaus ist Scheiße!«

Ein starkes Stück! Und wohl nicht ganz im Einklang mit einer griechischen Tragödie. Einige wenige glaubten allerdings, das gehöre zum Stück – alles war möglich!

Das Publikum war empört, und die Presse versuchte erst gar nicht, die Gründe dieses Eklats zu erörtern. Eines wurde schon hier deutlich: der neue Direktor hatte die Zügel von Anfang an nicht in der Hand. Sonst wäre der Jazz-Musiker sofort entlassen worden. Aber er durfte ruhig weiterspielen. Er hatte ja »nur« das Publikum und natürlich auch das Haus beleidigt.

Die Neuen, die Löffler engagiert hatte – die es nicht einmal für nötig hielten, sich vorzustellen oder Guten Tag zu sagen –, waren vor allem die Schauspieler, die der blutjunge Regisseur Peter Stein mitbrachte.

Peter Stein hatte eine Vergangenheit, von der nur sehr wenige in Zürich etwas wußten. Aus reichem und feinem Hause kommend, war er frühzeitig zum Theater gegangen, an den Münchner Kammerspielen Assistent von Fritz Kortner geworden, und, obwohl er einen teuren Sportwagen fuhr und ziemlich viel Geld (seines Vaters) verbrauchte, sehr nach links gerutscht. So hatte er 1968, gelegentlich seiner Inszenierung des *Vietnam-Diskurs* von Peter Weiss im Werkraumtheater der Kammerspiele, hinter dem Rücken des Direktors August Everding versucht, eine Szene einzubauen, in der die Schauspieler das Publikum aufforderten, Geld für den Vietkong zu spenden, und von der Bühne herabstiegen, um es in Empfang zu nehmen. Das konnte Everding noch verhindern. Er mußte allerdings unter dem Druck seines jungen Regisseurs einen Saal mieten, in dem Stein und seine Genossen, wer immer sie waren, ihre Forderung an das Publikum erheben konnten – ohne dabei viel zu erreichen. Er war dann entlassen worden, hatte sich nach Bremen begeben, wo das progressive Theater großgeschrieben wurde, und hatte dort unter anderem einen *Tasso* inszeniert, der weithin berühmt wurde.

Dieser Peter Stein kam nun nach Zürich und mit ihm kamen seine Freundin, die herrliche Schauspielerin Jutta Lampe, sowie Edith Clever, der in der Schweiz geborene Schauspieler Bruno Ganz, und andere, die alle mit ihm in Bremen zusammengearbeitet hatten. Sie gastierten zunächst mit ihrem Bremer *Torquato Tasso*.

Das Publikum war fasziniert. Es war in der Tat eine vorzügliche Vorstellung, nur eben nicht die des *Tasso* von Goethe. Kenner der Literaturgeschichte wissen, daß Goethe jahrelang an diesem *Tasso* gearbeitet hatte. Peter Stein brauchte nur ein paar Tage, um ihn umzustellen. Die Sache begann, wenn ich mich richtig erinnere, mit einer Szene des dritten Aktes, dann kam etwas aus dem zweiten Akt, dann etwas aus dem ersten Akt und dann wieder etwas aus dem zweiten oder dritten Akt. Das so sorgfältig geplante und wirklich einmalig konsequente Seelendrama wurde völlig verändert.

Ich erlaubte mir, in meiner Kritik darauf hinzuweisen, dies sei – jenseits aller schauspielerischen und regielichen Leistungen – unzulässig. Da das Publikum die Aufführung akzeptierte, wurde ich, zum ersten Mal in meinem Leben, aber keineswegs zum letzten Mal, als Reaktionär hingestellt. Eine Zeitung, keine schweizerische, sondern ein Frankfurter Blatt, stellte sogar fest, ich sei ein Faschist. Ausgerechnet ich, der einzige Kritiker des *Tasso*, der gegen den Faschismus in den Krieg gezogen war, nicht nur mit Worten, sondern auch mit Waffen.

Die Sache hatte ein Nachspiel. Wesentlich später, nach vielen Jahren ruhmreicher Inszenierungen an der Berliner Schaubühne, die er gegründet hatte, erklärte Peter Stein in einem Interview mit Schülern – in dem er bekanntgab, er werde als Theaterdirektor zurücktreten –, er würde den *Tasso* heute (das war also Mitte der Achtzigerjahre) nicht wieder so inszenieren wie damals.

Nun kann man ja sagen, daß jeder Mensch das Recht hat, sich zu wandeln. Aber hätten dann nicht diejenigen, die meine Kritik damals für altmodisch hielten, jetzt sagen müssen, ich hätte wohl damals bereits etwas gewußt, was Stein erst viel, viel später begriff. Überflüssig zu sagen, daß niemand von den vielen, die über mich die Achseln gezuckt hatten und mit Schimpfworten über mich hergezogen waren, nun ein gutes Wort für mich fanden. Nun, ich habe es überlebt.

Zum Skandal kam es schließlich, als Peter Stein mit Joana Maria Gorvin und Wolfgang Reichmann ein Stück des Engländers Edward Bond inszenierte. Es hieß *Early Morning* und kam mit dem deutschen Titel *Trauer zu früh* heraus: Klaus Völker hatte den Unterschied zwischen Morning (Morgen) und Mourning (Trauer) nicht gekannt. Niemand im Theater schien diesen Unterschied zu kennen, schon gar nicht der Direktor, auch nicht der Regisseur.

Bond war wohl ein bevorzugter Dramatiker von Peter Stein, er hatte sein Drama *Gerettet* im Werkraumtheater der Münchner Kammerspiele meisterhaft inszeniert. Aber dieses neue Stück war – ja, was war es eigentlich? Eine Parodie auf die Vergangenheit, auf das Zeitalter der Königin Victoria, die ja selbst eine Hauptrolle spielt? Eine Parodie auf Florence Nightingale, die berühmte Krankenpflegerin, die – im Stück – Prinz George heiraten sollte, der seinerseits ein siamesischer Zwilling ist und von seinem Bruder Arthur nicht loskommt. Die Nightingale wird das Opfer der hier lesbischen Königin Victoria. Überflüssig zu sagen, daß alle Personen des Stückes umkommen, meist auf eine keinem Publikum der Welt zumutbare Weise. Zum Teil durch Lynchjustiz. Oder durch einfachen Mord mit der Kugel, dem George zum Opfer fällt und dessen Leichnam nun Arthur für den Rest des Stückes mit sich herumschleppen muß, zuletzt als Skelett. Auf Erden haben die Greuel übrigens kein Ende, mit Kannibalismus geht es im Himmel weiter.

Die Gorvin spielte die böse Königin, Jutta Lampe die Florence, Wolfgang Reichmann den Prinzgemahl. Die meisten Szenen waren brutal, pervers, obszön.

Das Stück war unmöglich, was auch die gesamte Kritik feststellte, nicht nur die in Zürich, nicht nur die in der Schweiz, sondern auch die der Bundesrepublik. Einzig Ivan Nagel von der »Süddeutschen Zeitung« proklamierte Peter Stein als genial und fand überhaupt, nehmt alles nur in allem, die Sache doch höchst interessant.

Bei der Premiere meldete sich das Publikum mit Protesten. Bereits nach einer knappen halben Stunde stand eine Dame in der dritten Reihe auf und fragte, wann endlich man in Zürich wieder gutes Theater sehen könne. Sie wurde mit Beifall bedacht. Der Rest des Stückes, noch etwa drei Stunden, war durchsetzt von lauten Protesten. Nach der Pause kamen viele der Zuschauer erst gar nicht mehr zurück – etwas ganz Neues im Schauspielhaus, in das man sich bisher gedrängt hatte. Am Ende Beifall und – viel stärkere – Mißfallensäußerungen. Es tobte ein richtiger Kampf im Publikum, wobei diejenigen, die gegen das Stück und die Aufführung waren, sich weit in der Überzahl befanden. Während einer Verbeugung zeigte Wolfgang Reichmann mit einer Gebärde auf die Rangloge, in der Peter Löffler saß. Die Gebärde sagte, hier säße der eigentlich Verantwortliche. Und Reichmann hatte das Publikum hinter sich.

Mit diesem Theaterskandal am 2. Oktober 1969 war die Spielzeit von Peter Löffler eigentlich schon zu Ende, wenn sie sich auch noch eine Zeitlang weiterschleppte. Es war nichts Vernünftiges mehr zu sehen, und zu jeder Aufführung kamen weniger Besucher als zu der vorhergehenden. Es lohnt sich gar nicht, im Rahmen eines Rückblicks auf die einzelnen Vorstellungen einzugehen.

Oder doch auf eine. Es ging um das wirklich kleine Stück *Die Mitschuldigen* von Goethe mit einer Dekoration und einigen wenigen Personen. Es wird normalerweise in einer guten Woche, allerhöchstens in vierzehn Tagen inszeniert. In Zürich inszenierte es ein gewisser Dietrich Graf Oertzen. Er hatte sich schon bei Stroux in Düsseldorf versucht und war berüchtigt dafür, daß er niemals ein Stück zu Ende inszenieren konnte, immer mußte jemand für ihn einspringen. Das hätte eigentlich Löffler bekannt sein müssen, als er den jungen Mann nach Zürich engagierte. Erst nach sechs Wochen Probedauer erkundigte er sich beim Regisseur, wann er denn nun fertig sei. Er mußte vernehmen, daß der Graf mit dem Vorspiel beinahe fertig sei und sich in wenigen Tagen dem Stück selbst zuwenden würde. Dem Vorspiel? Jawohl, der Graf hatte sich ein Vorspiel ausgedacht, nämlich die Ankunft der Komödianten, die dann die *Mitschuldigen* spielen sollten. Dieses Vorspiel zu schreiben, hatte Goethe vergessen. Der Graf holte es nach.

Unfaßbar, daß dies alles während der sechswöchigen Proben keinem Verantwortlichen im Hause aufgefallen sein sollte. Die Ankunft der Komödianten: das bedeutete doch immerhin eine Anzahl von Personen, die die Komödianten willkommen hießen. Da mußten doch Kleinstdarsteller oder Statisten eingesetzt werden. Und das ohne das Wissen des Direktors und seines Dramaturgen? Unwahrscheinlich, undenkbar.

Die Sache endete damit, daß der Graf fristlos entlassen wurde. In Zürich sah man ihn fürderhin nicht mehr. Ob anderswo, mag dahingestellt bleiben.

Löffler inszenierte das Stück zu Ende, das heißt, um genau zu sein, es kam heraus, blieb fast unbeachtet, verschwand wieder.

Noch einmal betätigte sich Löffler als Regisseur. Er inszenierte aus Gründen, die nur ihm bekannt waren, *Wilhelm Tell*. Dieses Stück, das die Stadtverwaltung unbedingt für die Schulen auf dem Spielplan sehen wollte, wenn auch meist nur in Nachmittagsvorstellungen, war fast während jeder Saison gespielt worden, ohne daß davon viel geredet wurde. Löffler dachte sich etwas Besonderes aus. Er holte sich für die Titelrolle einen Gast, den ehemaligen Gründgens-Schauspieler Max Eckard.

Dabei gab es drei oder vier Schauspieler, die in Zürich fest engagiert waren und den Tell auch hätten spielen können. Warum Löffler Eckard holte, wurde niemals klar. Eckard war ein recht guter Schauspieler und hatte sich als solcher im Gründgens-Ensemble sowohl in Düsseldorf als auch in Hamburg hundertmal erwiesen. Aber war es notwendig, ihn aus München, wo er jetzt am Residenztheater engagiert war, nach Zürich zu holen?

Vieles mag mitgespielt haben. Eckard sah sehr gut aus. Groß, stämmig, blond, blauäugig – ein Bild von einem Mann. Vielleicht gefiel er besonders dem neuen Direktor. Wie dem auch sei: was Max Eckard auf den Proben erlebte, gefiel ihm ganz und gar nicht, er war entsetzt. Er war nach Zürich gekommen, weil viele seiner vertrauten Kollegen da waren, etwa Gustav Knuth, die Hatheyer oder Reichmann, Kollegen, mit denen er sich gut verstand, und er konnte sich nicht gut vorstellen, daß sie an einem schlechten Theater spielen würden. Aber was er nun auf den Proben erleben mußte, machte ihn nicht nur stutzig, er war geradezu verzweifelt. Er versuchte aus dem Vertrag herauszukommen, aber es ging nicht. Löffler bestand auf Max Eckard. Und so mußte er den Tell spielen.

Es hat wohl selten einen Schauspieler in Zürich gegeben, der unglücklicher war als Max Eckard in der *Tell*-Zeit. Er war so vergrämt, daß er kaum noch mit jemandem reden konnte. Ich sah mir die Vorstellung an, kannte ich ihn doch recht gut aus seiner Gründgens-Zeit, und war, ehrlich gesagt, entsetzt. Ich habe viele *Wilhelm Tell*-Aufführungen gesehen, vielleicht zu viele, aber niemals eine auch nur annähernd so schlechte. Es war, als hätten sämtliche Schauspieler, beileibe nicht nur Eckard, ein Schild um den Hals hängen, auf dem stand: »Wir spielen diese Sache ungern!«

Die Verzweiflung Max Eckards dokumentierte sich dadurch, daß er nach der

Vorstellung – zum Bahnhof fuhr. Jawohl, er war fast jeden Abend, manchmal auch schon nachmittags, am Bahnhof. Das klingt albern, aber er ging zum Bahnhof und sah den Zügen nach, die in die Bundesrepublik fuhren, wie ein kleiner Junge, der Heimweh hat. So war es auch. Und noch am Abend der letzten *Tell*-Vorstellung verließ er Zürich, um die Stadt nie wieder zu besuchen. Er hatte sich wohl unter einem Regisseur am Schauspielhaus Zürich, ganz zu schweigen vom Direktor, etwas anderes vorgestellt, als ihm Löffler bieten konnte.

Peter Stein mußte schließlich das Feld räumen. Nein, er wurde nicht vor die Türe gesetzt, wie es später immer wieder von einer falsch informierten Presse verkündet wurde. Stein, und mit ihm die Seinen, war längst entschlossen, anderswohin zu gehen, Löfflers Nachfolger Harry Buckwitz hat gar nicht die Möglichkeit gehabt, ihn zu kündigen oder sich die Frage zu stellen, ob er eventuell mit ihm weiterarbeiten wollte. Stein strebte nach einem eigenen Theater. Er müßte wahrscheinlich, wenn man ihn heute befragen würde, zugeben, daß dieses Ziel mit ein Grund für ihn gewesen war, nach Zürich zu kommen. Denn was er von Löffler hielt – siehe unten.

Bevor Stein ging, sprang er nochmals ein, als *Kikeriki* von Sean O'Casey mitten in den Proben zu stranden drohte, und er brachte dann noch ein unmögliches englisches Stück, *Changeling* von Thomas Middleton und William Rowley, heraus. Aber bereits nach einer der ersten Inszenierungen unter der Direktion Peter Löfflers, nämlich des *Tasso*, hatte er sich nach einem eigenen Theater umgesehen. Für sich selbst und für seine wichtigsten Schauspieler, die Lampe, die Clever, Bruno Ganz und andere.

Da er überall Mitspracherecht verlangte, fand sich lange kein Haus in der Bundesrepublik, das ihn akzeptieren wollte. Schließlich war man in Westberlin bereit, ihm das leerstehende Theater am Halleschen Ufer zur Verfügung zu stellen, wo er die Schaubühne gründete, und zumindest am Anfang fast ohne Subventionen herrliches Theater machte.

Als mir damals bekannt wurde, daß er Zürich verlassen wollte, lud ich ihn in ein Restaurant unweit des Schauspielhauses ein und fragte ihn, ob er Peter Löffler nach Berlin mitnehmen würde. Er sah mich ungläubig an und deutete mit dem Zeigefinger auf seine Stirn, als wolle er sagen, er sei doch nicht verrückt. Jedenfalls hielt er nicht viel von dem Mann, der ihn nach Zürich gebracht hatte. Er sprach es auch ziemlich deutlich aus.

Ja, um diese Zeit war Löffler längst gekündigt. Ich glaube, der formelle Kündigungsgrund war nicht so sehr sein künstlerisches Versagen, sondern die Tatsache, daß er noch vor Beginn seiner Direktion sein Budget bei weitem überschritten hatte. Er hatte entgegen seinem Vertrag weit mehr Personal engagiert, als ihm erlaubt war – zumindest nicht, solange der Verwaltungsrat nicht zugestimmt hatte. Aber der eigentliche Grund war sein völliges Versagen als künstlerischer Leiter. Es war die größte Katastrophe in der Geschichte des Schauspielhauses.

Abschließend wäre zu Peter Löffler zu sagen: Es gab einige Leute in Zürich, die glaubten, das Schauspielhaus habe Löffler zu schnell abserviert. Er hätte doch einiges gezeigt, man hätte ihm mehr Chancen bieten können. Es gab sogar einige, allerdings nur wenige, die meinten, Löffler hätte Hervorragendes geleistet. Er sei der geborene Theaterdirektor. Zu diesen einigen wenigen gehörte Peter Löffler selbst. Er bewarb sich um die nächste Direktorenstelle, die frei war: am Staatstheater Kassel. Offenbar war das Ausmaß seines Versagens in Zürich dort nicht bekannt. Oder man dachte vielleicht, was für Zürich nicht gut genug sei, sei immer noch gut genug für Kassel.

Das Gegenteil stellte sich heraus. Bald nachdem er seinen neuen Posten bezogen hatte, reihte sich Mißerfolg an Mißerfolg. Auch dort schied er vorzeitig aus, sein Vertrag wurde jedenfalls nicht verlängert. Seither hat er es, damals noch ein relativ junger Mann, nicht mehr mit dem Theater versucht. Jedenfalls hat man von ihm nichts mehr im Zusammenhang mit Theater gehört – außer gelegentlichem Wehgeschrei jener, die das wenige, das er gezeigt hatte, für hervorragend hielten.

Was nun? Die Mitglieder des Verwaltungsrates, vor allen Dingen Dr. Zellweger, fragten herum. Wußte jemand irgend jemanden, der bereit und geeignet wäre, der Nachfolger von Löffler zu werden? Diese Fragen ertönten schon wenige Wochen nach Beginn der Löffler-Spielzeit, ich würde sagen, sehr bald nach der Bond-Premiere.

Zu den Befragten gehörte auch ich. Ich nannte drei Namen. Der erste, von dem ich glaubte, er würde ein guter Direktor sein, war Gerhard Hirsch, den Oscar Fritz Schuh, der Generalintendant in Köln gewesen war, nach Hamburg mitnahm, als er dort als Nachfolger von Gründgens das Deutsche Schauspielhaus übernahm. Hirsch war nicht nur ein guter Verwaltungsdirektor, er verstand auch sehr viel von künstlerischen Dingen, er wäre vielleicht der ideale Mann gewesen. Aber bevor man ihn fragen konnte, gab es ihn nicht mehr. Er hatte persönliche Schwierigkeiten, die nichts mit seinen Leistungen als Verwaltungsdirektor – jetzt unter Lietzau in Hamburg – zu tun hatten, sondern sehr privater Natur waren. Er sah sich Erpressungen und Verleumdungen ausgesetzt und hatte das Gefühl, Hamburg stehe nicht hinter ihm. Dies wäre auch, hätte es einen Skandal gegeben, sicher der Fall gewesen. So nahm er sich das Leben, gerade als der Senat von Hamburg beschlossen hatte, alles, was gegen Hirsch angeblich oder in Wirklichkeit vorlag, niederzuschlagen.

Mein zweiter Tip war Ernst Haeusserman, damals nicht mehr Direktor des Wiener Burgtheaters, sondern nur noch Co-Direktor des Theaters in der Josefstadt. Er wäre gekommen und hätte sicher kein schlechtes Theater gemacht, denn er machte sehr gutes Theater, als er nur wenige Jahre darauf das Theater in der Josefstadt als wahrer Nachfolger Max Reinhardts allein übernahm und vorzüglich führte.

Mein dritter Tip war Harry Buckwitz, der bereit war zu kommen, allerdings nur für zwei oder drei Jahre. Er war Generalintendant in Frankfurt gewesen, hatte Opern und Schauspiele inszeniert und sehr viele erste Schauspieler entdeckt, als sie noch keine ersten Schauspieler waren.

Buckwitz sah seine Aufgabe darin, wieder Ordnung zu schaffen, denn unter Löffler war die Besucherfrequenz des Hauses weit unter fünfzig Prozent gefallen, wenn man den damaligen Veröffentlichungen glauben durfte. Das war nicht viel mehr als die Hälfte der Platzausnutzung, die Lindtberg erreicht hatte, dem man vorgeworfen hatte, er habe sich nicht genügend um das Theater gekümmert.

Eine schwere Aufgabe für Buckwitz? Konnte er sie lösen?

Harry Buckwitz, auf den der Verwaltungsrat sich sehr schnell geeinigt hatte, war keineswegs ein unbeschriebenes Blatt. Er war auch kein junger Mann mehr, was Max Frisch zu der Äußerung veranlaßte, er sei nicht der Richtige. Aber er war ein Mann mit großer Theatererfahrung, was Friedrich Dürrenmatt zu der Äußerung veranlaßte, er sei der Richtige.

Große Bühnenerfahrung: in seiner Jugend hatte er an mehreren deutschen Provinztheatern, später auch an gehobenen Häusern, als Schauspieler gewirkt; auch nach Hitlers Machtergreifung war das eine Zeitlang noch möglich an Bühnen, deren Direktoren nicht von den Rassenideen der Nazis überzeugt waren, wohl auch, weil er eine »Arierin« zur Frau hatte. Aber dann ging es nicht mehr.

Er sprach in Zürich vor, aber es war zu spät, es gab keinen Platz mehr für ihn. Er wanderte mit seiner Frau nach Afrika, aus, in den Teil des afrikanischen Kontinents, der von den Briten beherrscht wurde. Und wurde prompt mit seiner Frau in ein Lager gesperrt, als der Zweite Weltkrieg ausbrach.

Die Frau kam sehr schnell frei und konnte nach Deutschland zurück. Erstaunlicherweise ließ man nach einer gewissen Zeit auch Harry Buckwitz gehen, obwohl er noch Soldat hätte werden müssen. Er wurde es nicht. Er wurde Manager eines Hotels in Lodz, einer großen Stadt des von den Deutschen besetzten Polen, in der vor allem SS-Offiziere wohnten oder verkehrten. Und blieb es bis Kriegsende.

Es gelang ihm, nach Deutschland zurückzukehren, und er landete in München. Er wollte dort Theaterdirektor werden. Dazu mußte er – natürlich – entnazifiziert werden; jeder, der damals Theaterdirektor werden wollte, mußte sich dieser Prozedur unterziehen. Er war der zwölfte Deutsche, der in München entnazifiziert wurde. Und das war nicht, wie später, eine reine Formsache, sondern da ging es wirklich hart auf hart. Aber er wurde in der Tat entnazifiziert, es lag eben nichts gegen ihn vor, was einer völligen Reinwaschung im Wege gestanden hätte. Er wurde geschäftsführender Direktor von Kammerspielen und Volkstheater. Er ging dann als Generalintendant nach Frankfurt am Main, wo er siebzehn Jahre blieb. Er wurde dort sehr geschätzt. Als Leiter des Schauspiels und der Oper inszenierte er in jedem Jahr zwei Schauspiele und zwei Opern. Sein Hauptverdienst: er öffnete

67 Heidemarie Hatheyer in der Titelrolle und Sonja Mastoff als die stumme Kattrin in Brechts »Mutter Courage und ihre Kinder«, 1974

Folgende Seiten:
69–72 V.l.o.n.r.u.: Brigitte Horney als Irre von Chaillot, 1975; Christoph Waltz als Amadeus, 1981; Wolfgang Reichmann in Brechts »Die heilige Johanna der Schlachthöfe«, 1968; Anne-Marie Blanc in Michael Frayns »Der nackte Wahnsinn«, 1984

73–76 V.l.o.n.r.u.: Christiane Hörbiger in »Bodies« von James Saunders, 1978; Wolfgang Reichmann als Othello, 1966; Hans Dieter Zeidler als Galilei, 1972; Anne Marie Kuster als Isabella in Shakespeares »Maß für Maß«, 1985

68 Hans Dieter Zeidler als Stauffacher und Matthias Habich in der Titelrolle von Schillers »Wilhelm Tell«, 1978

77 Gustav Knuth und Willy Birgel in dem Irrenhaus-Stück »Home« von David Storey, 1972

seine Häuser denjenigen, die anderswo nicht oder noch nicht gespielt wurden. Zum Beispiel war er derjenige, der Bert Brecht spielte, als man diesen nach seiner Stellungnahme für die Russen im Jahre 1953 – sie waren mit Panzern gegen die streikenden Arbeiter in der DDR vorgegangen – im Westen boykottierte. Buckwitz hielt diesen Boykott für falsch und führte Brecht auf – andere Theaterdirektoren taten es ihm nach.

Buckwitz trat dann später, eben nach Ablauf der siebzehn Jahre, als man ihm die Erhöhung der Subventionen verweigerte – die, verglichen mit denen in den nächsten Jahren, gering waren –, von seinem Posten zurück und betätigte sich als freier Regisseur an verschiedenen Bühnen.

Der Antrag, nach Zürich zu kommen, erreichte ihn in Düsseldorf bei einer Regiearbeit in dem von Karl Heinz Stroux geleiteten Schauspielhaus. Er bat sich Bedenkzeit aus. Er fuhr nach Zürich, ohne daß das dort jemand wußte, sah sich zwei, vielleicht auch drei Löffler-Vorstellungen an, stellte fest, daß der Besuch ungefähr bei 40 Prozent lag, was man ihm später auch »amtlich« bestätigte. Er fuhr wieder nach Düsseldorf zurück und ließ von dort wissen, daß er nicht beabsichtige, dem Ruf nach Zürich zu folgen.

In Zürich war man ratlos. Schließlich erbot sich Wolfgang Reichmann, den Versuch zu unternehmen, Buckwitz umzustimmen. Er fuhr nach Düsseldorf und hatte lange Unterredungen mit Buckwitz bis tief in die Nacht hinein. Schließlich erklärte sich Buckwitz bereit, die Direktion des Schauspielhauses Zürich zu übernehmen.

Ursprünglich wollte er ja nur für zwei, allerhöchstens drei Jahre kommen. Er meinte, die würden wohl genügen, um die Unordnung, die Löffler angerichtet hatte, zu beseitigen, Ordnung zu schaffen, ein Theater wiederherzustellen, das wenigstens einigermaßen funktionierte.

Freilich, zuerst mußte er die Stücke spielen, die bereits von Löffler angenommen waren und – nolens volens – in der Besetzung, die Löffler vorgesehen hatte –, also ohne die beliebten Schauspieler, die bisher das Schauspielhaus gefüllt hatten.

In den wenigen Büroräumen des Schauspielhauses tobte der Bürgerkrieg. In einem Büro saß Buckwitz und plante für die Zukunft, das heißt vorläufig einmal für die nächste Saison. In einem anderen saß Löffler, der dem Namen nach noch Direktor war.

Harry Buckwitz überlegte, wie er das Publikum schnell zurückerobern könne.

Unzählige Briefe an bisher dem Schauspielhaus treu gebliebene, aber jetzt dort nicht beschäftigte Schauspieler gingen hinaus, es wurde mit Theaterverlagen telefoniert. Die meisten der Angeschriebenen oder Antelefonierten wußten noch nicht einmal, daß Buckwitz Direktor werden würde.

Als ob das nicht Durcheinander genug gewesen wäre, kam es, gewissermaßen mit einem Paukenschlag, zu einer neuen Katastrophe, die, wie Buckwitz selbst glaubte, seine Direktionstätigkeit in Zürich beenden würde, bevor er sie begonnen hatte.

Der Schriftsteller Hans Habe veröffentlichte einen Text, der ihm irgendwie in die Hand gefallen war – ich sage »irgendwie«, weil Habe niemals bekanntgegeben hat, wie es dazu gekommen war. In diesem Text, angeblich verfaßt von Harry Buckwitz und aus den späten Kriegsjahren stammend, fand sich, abgesehen von vielen Lobsprüchen auf Hitler und die Nazis, auch ein Satz, der die Frage beantwortete, ob Harry Buckwitz Mitglied der NS-Partei gewesen sei: »Ich bin Deutscher, also bin ich Nationalsozialist!«

Dies veröffentlichte also Hans Habe und verlangte den Rücktritt von Harry Buckwitz, respektive seinen Hinauswurf durch die Stadt Zürich, die ja nun weiß Gott mit den Nazis nichts zu tun haben wollte, nie etwas zu tun hatte, sieht man einmal von den Fröntlern und von den »zweihundert Familien« ab, die ein Bündnis mit Hitler vorschlugen.

Wer immer diesen Text fabriziert haben mochte, eines war sicher: Buckwitz konnte das Zeug nicht geschrieben haben. Als Halbjude wäre er ja niemals in die Partei aufgenommen worden! Selbst wenn er für sie Sympathie gehabt hätte, was ja durch seine Emigration vor vielen Jahren ausgeschlossen werden mußte. Also?

Buckwitz sah die Lage pessimistisch. Er würde gehen müssen, wozu er auch bereit war. Er bat mich in sein Büro. Ich rief Hans Habe an, der erklärte, er habe sichere Beweise für die Wahrheit dessen, was er publiziert habe, die Unterlagen wolle er aber nicht herausgeben. Das half Buckwitz wenig. Habe erkundigte sich bei mir lediglich, ob Buckwitz bereits gegangen sei.

Da fiel mir, der ich ja nach dem Krieg eine nicht ganz unwichtige Rolle als Berater von General Lucius D. Clay gespielt hatte, ein, wie schnell und wie glatt die Entnazifizierung von Buckwitz seinerzeit vor sich gegangen war. Ich erinnerte mich darüber hinaus, daß eine sehr hohe alliierte Stelle General Clay gebeten hatte, dafür zu sorgen, daß Buckwitz sehr schnell entnazifiziert würde. Unter schnell verstand diese Stelle nicht, daß die Entnazifizierung pro forma ablaufen sollte, das war seinerzeit gar nicht möglich. Sondern daß Buckwitz sehr schnell »drankommen« sollte. Was ja auch geschah. Ich machte mir damals Gedanken darüber, warum diese Stelle an Buckwitz interessiert sein konnte. Sicher nicht, weil er Nationalsozialist gewesen war.

Zufällig kannte ich die Adresse eines der beiden amerikanischen Offiziere, die die Entnazifizierung in München leiteten. Es war der Sohn des Schriftstellers Hendrik van Loon, den ich viele Jahre zuvor durch Josephine Baker kennengelernt hatte, als er noch beim Theater war. Ich gab ein Telegramm an van Loon auf, Buckwitz bäte darum, zu bestätigen, daß seinerzeit nichts gegen ihn vorgelegen habe.

Die Antwort kam prompt. Ein ellenlanger Brief van Loons, der sich noch genau an die Entnazifizierung Buckwitz' erinnerte. Er bestätigte, daß nie irgend etwas gegen Buckwitz vorgelegen hatte, gar nicht zu reden von einer Propaganda-

Schrift, die er verfaßt haben sollte und die ganz sicher eine entscheidende Rolle bei der Entnazifizierung gespielt haben würde, hätte es sie damals gegeben.

Buckwitz war also rehabilitiert – jedenfalls in den Augen des Verwaltungsrats und wohl auch der Stadt Zürich.

Nicht aber in den Augen des Dramaturgen Klaus Bremer. Diesen damals noch relativ jungen Mann hatte Buckwitz nach Zürich geholt. Aber dieser Bremer belohnte das Vertrauen des neuen Direktors, der sein Amt noch gar nicht angetreten hatte, schlecht. Er schrieb Artikel gegen Buckwitz, in denen er seinen Rücktritt oder seinen Hinausschmiß verlangte. Er erklärte sich unfähig, unter einer so zwielichtigen, wenn nicht verbrecherischen Persönlichkeit wie Buckwitz zu arbeiten. Diejenigen, die ihn damals kannten – ich gehörte nicht dazu –, waren der Ansicht, Klaus Bremer wolle selbst Direktor werden. Das wurde er freilich nicht. Er wurde fristlos entlassen.

Buckwitz war Pragmatiker in München und in Frankfurt gewesen. Er hatte eine Prioritätenliste für das Theater, das er wieder beleben sollte. An erster Stelle stand der Spielplan, an zweiter die Darsteller, an dritter die Regisseure. Nach Zürich holte er die durch Löffler verschreckten Schauspieler wieder zurück, er gab Peter Arens, der bisher nur gastiert hatte, einen festen Vertrag, er brachte es fertig, daß die Hatheyer, die schon mehr oder weniger entschlossen war, ans Burgtheater zu übersiedeln, nach Zürich zurückkam, er holte Lohner aus Düsseldorf zurück nach Zürich, und er brachte vor allem zwei wichtige Kräfte ans Theater, die bis dahin dort noch nicht gespielt hatten.

Die eine war die bildschöne junge Schauspielerin Renate Schroeter, die eine seiner Protagonistinnen in Frankfurt gewesen war und dann, als er Frankfurt aufgab, ans Schiller-Theater nach Berlin geholt wurde. Sie kam mit Freuden.

Die andere Neuerwerbung war Hans Dieter Zeidler. Auch er war einmal unter ihm in Frankfurt tätig gewesen, dann bei Hilpert in Göttingen und am Schiller-Theater, schließlich an der Berliner Volksbühne: ein fast jungenhafter Liebhaber, später ein etwas stämmigerer Charakterdarsteller – vielleicht einer der Großen unserer Zeit. Beide sollten mit ihren Möglichkeiten und ihren besonderen Eignungen den Spielplan mitbestimmen.

Von verschiedenen Seiten kam immer wieder der Vorwurf, Buckwitz mache Startheater.

Was ist ein Star? Einer, der das Publikum ins Theater zieht. Ein Schauspieler, den man sehen will.

Also ist es unsinnig, Startheater zu machen? Dabei geschieht so etwas gar nicht. Das Publikum macht den Star, nicht das Theater.

Buckwitz hatte nach der Entlassung von Bremer keinen Dramaturgen. Bevor er dazu kam, sich einen neuen zu suchen, meldete sich bei ihm ein junger, gutaussehender Mann, der sich selbst als Dramaturg vorschlug: Dietbert Reich, aus Hamburg stammend und in Zürich Germanistik, Philosophie und Geschichte studierend. Er war gerade dabei, seine Dissertation zu schreiben. Aber er ließ alles liegen und stehen und eilte ins Schauspielhaus.

Er war, was das Theater anging, vorbelastet. Er hatte in Hamburg die große Gründgens-Zeit miterlebt, auch noch einige Jahre unter Schuh, war seit ungefähr acht Jahren in Zürich und hatte sich am Schauspielhaus gelegentlich als Statist betätigt. Er war als solcher sehr gefragt, weil er, kein Wunder bei seiner Theaterbesessenheit, immer verfügbar war. Schließlich wurde er als Regieassistent ohne Gage herangezogen, bis man ihm diese Tätigkeit auch eines Tages honorierte. Das Entscheidende: er kannte das Schauspielhaus in- und auswendig, eben weil er dort aus- und einging, jede Produktion miterlebt, zum Teil an ihr mitgewirkt hatte. Lindtberg kannte ihn gut, denn er war Zuhörer der Vorlesungen Lindtbergs über das moderne Drama an der Universität gewesen.

Direktor Buckwitz hatte schon immer ein gutes Gespür für Menschen gehabt. Ihm gefiel Reich, und er hatte das Gefühl, dieser in verantwortlicher Position eigentlich noch unerfahrene junge Mann würde schon der Richtige sein. Und verpflichtete ihn als Dramaturgen. Wie sich herausstellte, erwies sich dieses Engagement als ein Glücksfall. Reich sollte nicht nur – mit gelegentlicher Hilfe von anderen bereits am Hause tätigen Kräften – der alleinige Dramaturg werden, er erledigte auch die Öffentlichkeitsarbeit, das heißt, er sorgte dafür, daß die Zürcher Bevölkerung immer darüber orientiert war, was am Schauspielhaus vor sich ging. Und er machte die Programmhefte – man stelle sich vor: ganz allein.

Dann kam noch einer, und das war für die Öffentlichkeit ein Schock: Werner Wollenberger, bisher dem Theater nur nahe als Kritiker, wurde der zweite Mann. Wollenberger hatte sich beworben. Er wollte nach so vielen Jahren des Kritisierens nun tätig am Theater mitwirken. Buckwitz hatte nie von ihm gehört und fragte mich, wer denn dieser Wollenberger eigentlich sei. Ich sagte es ihm, verschwieg nicht, daß Wollenberger überhaupt keine Theaterpraxis hatte, allenfalls Kabarett-Erfahrung. Trotzdem glaubte ich, Buckwitz sollte ihn holen. Denn Buckwitz kannte, mit Ausnahme von mir und einigen Schauspielern, mit denen er außerhalb von Zürich gearbeitet hatte, wie etwa die bereits Erwähnten oder auch die Hatheyer, so gut wie niemanden in Zürich, wußte nicht, welche Art von Theater die Zürcher haben wollten, was man ihnen zumuten durfte, was man ihnen besser vorenthalten sollte. Er kannte die Männer des Verwaltungsrats nur durch seine Verhandlungen, aber sonst eben niemanden. Und Wollenberger kannte Gott und die Welt. Ich sagte Buckwitz, er solle ihn holen, er brauche jemanden, der Zürich und die Zürcher kenne. Das sagten ihm natürlich andere auch. Und so engagierte er ihn.

Von diesem Augenblick an hatte Buckwitz einen Teil der Presse, die Wollenberger ganz einfach nicht für seriös halten wollte, gegen sich. Sie ignorierten, daß dieser junge und hochbegabte Kabarettist und Journalist sehr viel Gespür für das Theater hatte, was sie aus seinen Kritiken hätten erfahren können, obwohl diese Kritiken ja nicht immer durch Unparteilichkeit glänzten. Aber sie mochten ihn einfach nicht und sie mochten ihn schon gar nicht als künstlerischen Berater eines Theaters.

Um es gleich vorweg zu sagen: dieser schillernde Wollenberger bewies in der Tat großes Talent für die Spielplangestaltung. Freilich wirkte es sich negativ aus, daß er das Wort Disziplin nur vom Hörensagen kannte. Es ist eine alte Regel, daß die leitenden Personen eines Theaters sehr früh am Morgen, sicher nicht später als um neun Uhr, in ihren Büroräumen erscheinen müssen. Um zehn, manchmal auch um halb zehn beginnen die Proben, und dann haben die Schauspieler nicht mehr die Möglichkeit, sich mit ihren Direktoren und deren Stellvertretern zu unterhalten.

Aber Wollenberger kam wohl nie vor dem frühen Nachmittag. Denn er schrieb weiterhin, wenn auch keine Theaterkritiken mehr, so doch sogenannte Kolumnen – obwohl er Buckwitz ein halbdutzendmal versprochen hatte, es in Zukunft nie mehr zu tun. Schlimmer noch, als daß er so spät kam, war die Tatsache, daß er Termine nicht einhielt und Leute, die mit ihm etwas besprechen wollten, unter Umständen drei oder vier Stunden warten ließ. Am allerschlimmsten, daß er, um sich beliebt zu machen, dieselbe Rolle verschiedenen Schauspielern versprach. So mußte Buckwitz immer wieder beruhigend eingreifen. Aber wie gesagt, Einfälle hatte Wollenberger eher zu viele als zu wenige.

1970: Der ägyptische Staatspräsident Nasser, kriegslüsterner Erzfeind Israels, stirbt, sein Nachfolger Sadat gibt vorläufig seine friedlichen Absichten noch nicht zu erkennen. 79jährig stirbt Charles de Gaulle einsam auf seinem Landsitz.

Buckwitz ging 1970/71 in seine erste Spielzeit, die noch weitgehend von Löffler geplant war. Ohne schwere Einbußen, die Buckwitz zu Beginn nicht riskieren konnte und wollte, konnte er diese vertraglich fixierten Premieren nicht einfach absagen.

Aber er wußte sehr wohl und mit ihm wußte es sein Team, dem Wollenberger noch nicht angehörte, daß das frühere Schauspielhaus-Publikum nicht so ohne weiteres bereit war, alles zu vergeben und zu vergessen, was in der letzten Spielzeit vor sich gegangen war. Deshalb wurde am 17. September 1970 ein Abend veranstaltet, den er *Sympathiekundgebung des Schauspielhaus-Ensembles an das Zürcher Publikum: Wozu das Theater?* nannte. Er bestand im wesentlichen aus Textrezitationen von Aristophanes, Shakespeare, Calderón, Schiller, Goethe, aber auch Brecht, Frisch und Dürrenmatt. Es sprachen unter anderen Walter Richter, Willy Birgel, Gert Westphal, Wolfgang Reichmann, um nur einige zu nennen.

Das Publikum kam, wie in den Vor-Löffler-Zeiten, applaudierte auch häufig und stark, der Abend wurde zu einer Art Vertrauenskundgebung, so faßte die »Neue Zürcher Zeitung« die Sache jedenfalls auf. Auch andere Blätter, und nicht nur die aus Zürich, deuteten ihr Wohlwollen an, das ja dringend benötigt wurde.

Aus der Reihe der großen Zeitungen tanzte eigentlich nur der »Tages-Anzeiger«,

die auflagenstärkste Zeitung Zürichs, in der diese *Sympathiekundgebung* als
»reichlich kurios« bezeichnet wurde – zumindest prägte der Theaterkritiker Peter
Meier diesen Ausdruck. Wichtig für ihn war wohl nur, daß sich die *Sympa-*
thiekundgebung, auch ohne die Sünden der Löffler-Zeit als solche aufzuzeigen
oder überhaupt ihrer Erwähnung zu tun, von der letzten Saison distanzierte. Einer
Saison, die zwar das Publikum verjagt, aber von diesem Meier als besonders
interessant immer wieder gefeiert worden war.

Wieder einmal ein Beweis dafür, wie wenig die Kritik vermag, wenn sie der
Ansicht der Theaterbesucher entgegengesetzt ist.

Und dann begann die Spielzeit. Die erste Premiere galt Alfred Jarrys *Vater Ubu*,
einem Produkt des »Theaters der Grausamkeit« oder des Antitheaters, jedenfalls
ein Stück aus einer Richtung des französischen Theaters, die vorübergehend
modern, aber längst vergessen war. Durchfall.

Die nächste Premiere: Goethes *Egmont* mit dem überfordert wirkenden Ullrich
Haupt und der jungen Renate Schroeter, einer echten Erfüllung der schwierigen
Klärchen-Rolle. Regie führte der neue Direktor. Die Kritiken waren negativ, aber
das Publikum kam wieder, wenn auch nicht gerade in Scharen.

Es folgte ein Jugendwerk von Goethe, *Die Aufgeregten*, bearbeitet von dem
Schweizer Schriftsteller Adolf Muschg. Wieder ein Reinfall! Nun ist es eine alte
Weisheit beim Theater, übrigens auch bei der Oper und im Konzertbereich, daß es
einen Grund hat, wenn das Werk eines berühmten Dichters oder Komponisten nie
aufgeführt wird. Nun, Goethe ist sicher der berühmteste deutschsprachige Dichter, und man hat ja wohl alles von ihm aufgeführt, gelegentlich sogar Jugendwerke
wie *Die Mitschuldigen*. Aber *Die Aufgeregten* sind wohl nie gespielt worden. Sie
taugen nichts. Sie sind nicht einmal interessant als Jugendwerk eines so großen
Mannes wie Goethe. Löffler hätte es wissen müssen, sein Dramaturg hätte es
wissen müssen, und Adolf Muschg hätte es wissen müssen. Dieser Muschg hatte in
jener Zeit bereits einige erfolgreiche Bücher geschrieben, aber soweit bekannt,
keine Theaterstücke. Mit seiner unsinnigen Bearbeitung eines unspielbaren
Stücks hatte er bewiesen, daß er von Theater wenig verstand. Bei der Premiere am
10. Oktober 1970 hatte ich den Eindruck, als verließen in der Pause mehr
Besucher das Theater, als zu Beginn hereingekommen waren.

Es folgte der *Urfaust*, den Buckwitz sozusagen in letzter Minute angesetzt hatte
und der von Friedrich Dürrenmatt bearbeitet und inszeniert worden war. Die
Hauptrolle spielte der dafür reichlich alte, aber immer noch solide Attila Hörbiger,
die sehr junge Schauspielerin Anne-Marie Kuster das Gretchen, Christiane Hörbiger zwei kleinere, Willy Birgel eine ganze Anzahl von kleinen Rollen. Es war ein
sehr starker Erfolg.

Der Mephistopheles wurde von Hans-Helmut Dickow gespielt. Ein vorzüglicher
Schauspieler, der vor einiger Zeit eine mutige Tat vollbracht hatte, wie sie im
Lager der stets um ihre Karriere oder gar um ihre Existenz besorgten Schauspieler

alle fünfzig Jahre einmal vorkommt. Er hatte in Stuttgart, wo er einen lebenslänglichen Vertrag am Staatstheater besaß, gekündigt, weil er mit der neuen Art Regie
zu führen, der sogenannten progressiven, nicht einverstanden war – in Stuttgart
wurde diese Richtung von dem Brechtschüler Peter Palitzsch praktiziert. Dickow
spürte, in dieses Theater paßte er nicht hinein. Er ist, soweit bekannt, der einzige
Schauspieler, der diese mutige Konsequenz gezogen hat. Die anderen, die eigentlich auch gegen die Regie-Diktatoren hätten kämpfen sollen, hatten nicht den Mut
dazu.

Und dann ein enormer Erfolg: *Die herrschende Klasse* von Peter Barnes. Dieses
Stück – in Zürich fand die deutschsprachige Erstaufführung statt – ist auf den
ersten Blick ein Lustspiel à la Oscar Wilde, das sich über die Gesellschaft lustig
macht. Aber wenn man näher hinsieht, ist es gar nicht lustig. Die Gesellschaft – die
hohen Adligen machen in diesem England die Gesellschaft aus – verurteilt
diejenigen, die Selbstverständliches sagen, namentlich in moralischer und auch
politischer Hinsicht. Und diejenigen, die etwa für die Todesstrafe eintreten,
werden für besonders gescheit und wichtig gehalten. Reichmann spielte den
Mann, der durch diese Wechselbäder der Vorurteile und Gesinnungen gehen
muß. Es war sehr komisch, aber es war auch ein bißchen traurig. Das Zürcher
Publikum verstand durchaus, was Barnes sagen wollte – in vielen großen deutschen Städten wo das Stück anschließend gegeben wurde, verstand man das nicht
so recht. Der Premieren-Beifall war überwältigend, das Stück hätte viel öfter
gespielt werden können, als das Abonnementsystem es zuließ.

Es kamen dann wieder ein paar Reinfälle, darunter der noch von der letzten
Direktion angenommene *Nackte Hamlet* von Joseph Papp, eine Parodie auf das
berühmte Stück, die eigentlich niemand sehen wollte. Und ein neuer Dürrenmatt,
Porträt eines Planeten, der auch nicht sehr erfolgreich war.

Die erste Spielzeit von Buckwitz, die wohl kaum als gelungen bezeichnet werden
konnte und deren Verlauf er ja auch nicht zu verantworten hatte, führte im Mai/
Juni 1971 schließlich zu einem starken Publikums- und zu einem starken künstlerischen Erfolg.

Der Publikumserfolg: ein Stück mit dem seltsamen Titel *Das Testament des
Hundes*. Es schien auf den ersten Blick völlig ungeeignet für das Schauspielhaus.
Werner Wollenberger, der gerade seinen Vertrag antrat, hatte es in Vorschlag
gebracht. Gott allein weiß, woher er es hatte, aber daß er sich so dafür einsetzte,
bewies seine Spürnase für wirksames Theater. Es handelte sich um ein brasiliani-
sches Volksstück des in seiner Heimat wohl bekannten, aber darüber hinaus
unbekannten Ariano Suassuna, basierend auf nordbrasilianischen Volksliedern,
Moritaten und Balladen. Die Handlung spielte in Sertao, einem ausgedörrten Teil
Nordbrasiliens, mit seiner hungernden Bevölkerung, die stiehlt und plündert, auf
der anderen Seite aber sehr gläubig und natürlich abergläubisch ist.

Die wohl auch in Brasilien selbst absurde, vermutlich gewollt absurde Handlung:

Ein Testament verlangt die kirchliche Bestattung eines Hundes, wofür die Geistlichkeit eine ansehnliche Summe als Legat erhält. Wenn nicht, dann nicht. Die Geistlichkeit entschließt sich, den Hund zu begraben und das Geld zu kassieren. Dies ist der erste Teil des Stückes. Der zweite Teil spielt dann im Himmel, denn nicht nur Hunde müssen sterben. Die Sterblichen des ersten Teils treffen einander wieder und bei dieser Gelegenheit auch Jesus, Maria und den Teufel. Durch das ganze Stück, sowohl hier wie auch drüben, geistert ein brasilianischer Eulenspiegel, der in allem seine Finger hat und das Geschehene sehr spaßig kommentiert. Und manchmal auch singt, denn seine Gitarre hat er stets bei sich.

Diesen Grilo spielte Helmut Lohner umwerfend. Ein südamerikanischer Harlekin, nein, ein weltweit verständlicher. Wenn Lohner nie vorher oder nachher etwas Gutes gemacht hätte, man müßte ihn allein nach dieser Leistung als einen großen Schauspieler bezeichnen. Andere vorzügliche Schauspieler waren mit dabei. So Klaus Knuth, Margrit Ensinger und Fred Tanner, einer der wenigen Schweizer in diesem schweizerischen Theater, und vor allem Erwin Parker, der für sein Alter immer noch erstaunlich jung wirkte. Und es muß erwähnt werden, daß George Gruntz, als Jazzmusiker schon international bekannt, eine vorzügliche Musik beisteuerte und daß der Pole Konrad Swinarsky mit beneidenswert leichter Hand Regie führte. Es war alles ungemein lustig, und doch hatte diese Fröhlichkeit einen dunklen, sozialkritischen Hintergrund.

Der künstlerische Erfolg: *Trauer muß Elektra tragen* von Eugene O'Neill, eine Modernisierung des Atriden-Stoffes. Hier führte Karl Heinz Stroux in Zürich zum ersten Mal Regie, leider sollte es auch das letzte Mal sein, obwohl Buckwitz hoffte, ihn immer einmal wieder ans Schauspielhaus holen zu können. Die Besetzung war hoch und hehr. Die Klytämnestra/Christine spielte Heidemarie Hatheyer, die Elektra/Lavinia Renate Schroeter, den Orest/Orin Helmut Lohner. Es war großes Theater. Das Publikum zeigte sich sehr beeindruckt, die Presse weniger, dem »Tages-Anzeiger« gefiel die Sache ganz und gar nicht.

Wichtiger als der baldige Erfolg beim Publikum und der Mißerfolg bei einem großen Teil der Presse war die Tatsache, daß die Menschen in Zürich spürten: im Schauspielhaus wird wieder Theater gemacht, und zwar so, wie man es hier sehen wollte.

Wenige Monate vor der Beendigung der ersten Spielzeit von Harry Buckwitz, am 9. Februar 1971, starb Leonard Steckel. Der Tod kam ganz plötzlich.

Steckel hatte damals, nach Jahren, die er im heimischen Berlin verbrachte, festen Wohnsitz in München genommen. Und von dort fuhr er an besagtem Tage mit dem TEE nach Zürich. Zu Besprechungen mit Buckwitz.

Gesellschaft leistete ihm Ullrich Haupt. Um die Mittagszeit ging Haupt in den Speisewagen, und er forderte Steckel auf, mitzukommen. Der wollte nicht. Grund: obwohl er immer gerne aß, wollte er sich diesmal seinen Hunger für Zürich aufsparen, für sein Lieblingslokal, die Kronenhalle, wo er bereits zum Abendessen verabredet war.

Wenige Minuten später kam es zu einem Zugzusammenstoß bei Aitrang, nicht weit von München. Die Gründe wurden nie ganz geklärt, es hieß dann in den Zeitungen, der Zugzusammenstoß sei auf »menschliches Versagen« zurückzuführen.

Wie dem auch sei: der Speisewagen wurde nur ein bißchen gerüttelt, die Fenster zertrümmert, durch eines stürzte sich Ullrich Haupt im Schock einfach in die Landschaft und rannte weiter, immer weiter, kam erst nach einigen Kilometern zum Stehen. Dann nahm er den nächsten Zug nach Zürich.

Wäre Steckel mit in den Speisewagen gegangen, wäre ihm vermutlich auch nichts passiert. Aber der Waggon, in dem er sich befand, wurde völlig zerquetscht. Und Steckel war – so die Ärzte – sofort tot.

Eine Katastrophe für das deutschsprachige Theater, besonders für das Schauspielhaus Zürich, an dem er sicher noch oft gespielt und inszeniert hätte.

In der nächsten Spielzeit von Buckwitz kam – ohne Zweifel das Verdienst Wollenbergers – als erste Premiere Nestroys *Lumpazivagabundus*, ein sehr starker Erfolg, wiederum mit Attila Hörbiger. Im Nachtstudio, das 1970/71 von Buckwitz gegründet worden war – die Vorstellungen begannen immer erst nach Ende der Abendvorstellung, für gewöhnlich um 22 Uhr, manchmal auch später –, wurde der dramatische Erstling von Thomas Bernhard vorgestellt: *Ein Fest für Boris*. Die Aufführung hätte beinahe überhaupt nicht stattgefunden, denn Agnes Fink, die eine der Hauptrollen spielte, erklärte sich plötzlich außerstande, aber ein paar Tage später war sie dann doch bereit, und es kam nicht zuletzt durch sie zu einem starken Erfolg.

Im Januar 1972 *Home* von David Storey, von vier Schauspielern gespielt: Gustav Knuth, Willy Birgel, Heidemarie Hatheyer und Margrit Ensinger. Ein Stück, das in einem Irrenhaus – eben Home, dem Zuhause – spielt. Es war ungeheuer aufregend und bewegend, obwohl so gut wie nichts vor sich ging, denn am Ende war alles wieder wie zu Anfang. Erstaunlich, daß Willy Birgel, um diese Zeit schon halbtaub, seine Rolle so großartig spielte. Er konnte, besonders wenn er mit dem Rücken zu seinen Partnern stand, nur ahnen, was sie sagten, und wann sein Stichwort gefallen war, es sicher nicht hören. Und trotzdem kam es nie zu einer Panne. Bei *Home* vollbrachte Dieter Giesing eine außerordentliche Regieleistung. Er wurde nie wieder geholt. Warum?

Im Nachtstudio wurde Hansjörg Schneiders *Sennentuntschi* uraufgeführt, mit Walo Lüönd und Anne-Marie Kuster. Das war eine Entdeckung Wollenbergers, wie er überhaupt in der nächsten Zeit nicht nur einige Schweizer Autoren, sondern auch Schweizer Schauspieler ans Haus holte.

Nach Büchners *Woyzeck* folgte Edward Albees *Alles vorbei*. Albee war ein Begriff geworden durch den Erfolg von *Wer hat Angst vor Virginia Woolf?*, ein Stück, das in Zürich gar nicht herausgekommen war, weil Hirschfeld, dem man die deutschsprachige Erstaufführung angeboten hatte, nicht recht daran glaubte. Die Becker spielte es dann in Berlin, die Hatheyer in Düsseldorf, aber nach Zürich gelangte es nur in Gestalt eines Berliner Gastspiels.

Dieser neue Albee war kein Erfolg. Er war schon in New York ein Durchfall gewesen. Dazu kam es in Zürich nicht, schon durch die Hauptdarstellerinnen Heidemarie Hatheyer und Anne-Marie Blanc, aber ein Renner war es nicht.

Ein Erfolg wurde drei Wochen später *Leben des Galilei* von Bertolt Brecht, mit dem sehr starken Zeidler in der Hauptrolle. Der größte Erfolg der Spielzeit fand an ihrem Ende statt: die Uraufführung von Rolf Hochhuths *Die Hebamme* mit der Hatheyer und Reichmann. Dieses Stück wurde über fünfzig Mal gespielt, es hätte viel öfter angesetzt werden können, aber das war nicht möglich. *Die Hebamme* spielt nach dem Zweiten Weltkrieg, auf den ständig Bezug genommen wird. Ähnlich wie Hochhuths Erstling *Der Stellvertreter* ist *Die Hebamme* ein zeitkritisches Drama. Es geht um das Obdachlosenproblem der Nachkriegszeit in der Bundesrepublik: auf der einen Seite stehen zahllose Obdachlose, auf der anderen zahllose leerstehende Häuser. Korrupte Beamte sehen über das Elend hinweg. In dem Stück erschleicht sich eine über siebzigjährige vertriebene Krankenschwester das Geld, das laut Lastenausgleich einer ebenfalls vertriebenen, aber inzwischen verstorbenen adeligen Dame zusteht, und verwendet es dazu, ein Altersheim zu bauen, was ihr auch nach vielen Intrigen gelingt. Zuletzt ermuntert sie die Alten, die Baracken, in denen sie gehaust haben, zu verbrennen und in das neue Heim zu ziehen. Ganz zum Ende erliegt sie einem Herzschlag während eines Gerichtsverfahrens gegen sie. Aber die Botschaft hat sie weitergegeben.

Ein starkes, ein aufregendes Stück!

In diesem Jahr 1972 hatten sich Präsident Nixon und Mao Tse-tung getroffen, Nixon war dann im Zuge der Entspannungspolitik – zu der Entspannung kam es dann ja doch nicht – in die Sowjetunion gefahren. In München fanden die XX. Olympischen Spiele statt, in deren Verlauf einige arabische Terroristen jüdische Athleten umbrachten, was aber die Sportler der Welt nicht davon abhielt, die Spiele fortzusetzen – auf Geheiß des Präsidenten des Internationalen Olympischen Komitees, Avery Brundage, der ein Freund Hitlers gewesen war und nie ein Freund der Juden. Einige der arabischen Terroristen wurden gefaßt, mußten aber freigelassen werden, denn sie wurden, wie man es so nannte damals, freigepreßt. Sonst hätte man ein deutsches Verkehrsflugzeug in die Luft gesprengt.

Die Spielzeit 1972/73 war voller Erfolge. Gespielt wurden unter anderem Shakespeares *Sommernachtstraum*, Stefan Zweigs Bearbeitung des *Volpone* von Ben Jonson unter der Regie des Wiener Regisseurs Michael Kehlmann, *Marat/Sade* von Peter Weiss, *Die Trauung* von Witold Gombrowicz, Brecht/Weills *Dreigro-*

schenoper und ein neuer Dürrenmatt, *Der Mitmacher*, mit Peter Arens: interessant, aber nicht gerade ein Publikumsrenner.

Zu Beginn der Spielzeit 1973/74 tauchte ein neuer Mann am Schauspielhaus auf: der Berliner Regisseur Horst Balzer. Von Anfang an war er von Buckwitz als möglicher Nachfolger gedacht. Vermutlich deshalb war Wollenberger sofort sein Todfeind. Und leider, leider gab Balzer nur allzuviel Grund dafür, ihn abzuqualifizieren.

Nicht am Anfang bei der Inszenierung des *Baal*, einem Frühwerk von Bertolt Brecht. Ein schwer verständlicher Dramenklotz. Aber die Aufführung in Zürich mit Hans Dieter Zeidler war grandios und ein starker Publikumserfolg, obwohl viele glaubten, »so was« könne man nicht spielen.

Am 3. November 1973 ging der größte Erfolg, den das Schauspielhaus je hatte, erstmals über die Bühne am Pfauen. Es war nicht das beste Stück, sicher nicht, aber eine außerordentlich amüsante südamerikanische Komödie von João Bethencourt, die Wollenberger entdeckt hatte: *Der Tag, an dem der Papst gekidnappt wurde*. Inhalt: Der Papst ist irgendwie in die Vereinigten Staaten gekommen, residiert in einem New Yorker Hotel. Er fühlt sich dort nicht glücklich, vielleicht ist er auch nur unruhig, jedenfalls unternimmt er einen Spaziergang auf einer der großen Avenues, die die Stadt durchziehen. Die Passanten bemerken ihn nicht, wohl aber ein jüdischer Taxichauffeur, der anhält, ihn bittet, einzusteigen und ihn in sein kleines Haus fährt. Der Taxichauffeur wohnt da mit seiner Familie: ein bürgerlicher, aber nach religiösen Gesichtspunkten geführter Haushalt, es gibt zum Beispiel nur koscheres Essen, das dem Papst, wie er versichert, mundet. Er ist nicht weiter beunruhigt, als der Taxichauffeur ihm erklärt, er sei vorläufig sein Gefangener. Der Welt, das heißt, den Zeitungen und Rundfunk- respektive Fernsehanstalten gibt er bekannt, der Papst bleibe vorläufig gefangen, solange es irgendwo auf der Welt einen Krieg gebe. Erst bei allgemeinem Frieden würde er freigelassen.

Eine Unzahl von skurrilen Situationen entsteht, um so mehr, als der Papst es ablehnt, sich mit Gewalt befreien zu lassen. Er fühlt sich in dem jüdischen Haushalt ganz wohl. Die humane Forderung des jüdischen Taxifahrers hat Erfolg. Überall auf der Welt werden die Waffen niedergelegt. Der pazifistische Chauffeur ist entzückt, der Papst ist ganz außer sich vor Freude. Mit großen Hoffnungen zieht er, nunmehr freigelassen, von dannen. Aber kaum ist er fort, da beginnen, so meldet der Rundfunk, überall auf der Welt wieder Kriege. Fazit: Man kann Frieden eben nur mittels Gewalttaten erzwingen, und auch das nur für begrenzte Zeit. Es war alles sehr schön, aber es war alles umsonst.

Ein außerordentlicher Spaß, diese Komödie, die keinerlei literarische Ansprüche stellt. Hervorragend inszeniert von Werner Kraut, der seit vielen Jahren immer einmal wieder nach Zürich kam und meistens Erfolg hatte, weil er das Stück aufführt, wie der Autor es sich erdacht, erträumt, gewünscht, wie er es gefordert hat, im Gegensatz zu den neuen Regisseuren, die schon überall im deutschsprachigen Gebiet ihr Unwesen trieben. Sie spielen nicht das Stück, sondern ihre Auffassung davon, wie das Stück gespielt werden müßte, so daß die Ähnlichkeit zwischen dem, was der Autor sich dachte und der Regisseur sich vorstellte, immer seltener wird.

Gespielt wird der Papst von Heinrich Gretler, dem mittlerweile sehr alt gewordenen, aber immer noch vorzüglichen Schweizer Schauspieler: sehr liebenswürdig, gutmütig, autoritär, ohne daß die anderen das schmerzhaft zu spüren bekommen. Er ist ein Papst im besten Sinne, ein Papst wie aus dem Fernsehen. Der Chauffeur ist Peter Ehrlich, ein seit einigen Jahren tätiger, noch junger Charakterschauspieler, jedenfalls sehr komisch und, wichtiger, authentisch. Seine Frau ist Grete Heger, nicht mehr das bildhübsche junge Mädchen, sondern eine gereifte Frau – auch sie vorzüglich.

Das Publikum ging sofort mit. Es war ein großer Erfolg, wie Buckwitz, wie Reich und Wollenberger, wie alle, die am Schauspielhaus tätig waren, es nicht anders erwartet hatten. Aber ein Erfolg, der sich über mehrere Spielzeiten erstreckte, die einzige Produktion des Schauspielhauses, die es auf über hundert Aufführungen brachte – das hatte niemand erwartet.

Woran lag das? Am Stück? An Gretler? An der Regie von Werner Kraut? Daran, daß das Publikum nach Herzenslust lachen konnte? Aber die anderen überdurchschnittlichen Erfolge in der Geschichte des Schauspielhauses waren sehr ernste Stücke gewesen, etwa *Des Teufels General*, *Requiem für eine Nonne*, *Andorra* oder *Die Hebamme*, um nur einige zu nennen.

Schwer, nein, unmöglich zu sagen. Es zeigte sich, wieder einmal, diesmal allerdings auf eine positive Weise, wie unsicher alles am Theater ist. Man weiß nie, ob man einen Erfolg produziert oder einen Flop. Wenn man es wüßte – gäbe es dann Mißerfolge am Theater?

Balzers zweite Inszenierung war dann das amerikanische Musical *Kiss me, Kate!* mit der Musik von Cole Porter. Die Hauptrollen spielten Zeidler und die Hörbiger. Wieder ein Riesenerfolg. Nicht zuletzt dank der zünftigen Regie.

Nicht gerade erfolgreich war das neue Stück von Arthur Miller, *Die Erschaffung der Welt*, das sich Leopold Lindtberg zu seinem Comeback ausgesucht hatte. Die weibliche Hauptrolle sollte die Hörbiger spielen, die die Eva aber aus religiösen Gründen, so hieß es, nicht spielen wollte. Die Schroeter, die sie übernahm, war dann ausgezeichnet. Ohne Zweifel die stärkste Leistung war die von Helmut Lohner als Schlange respektive Teufel. Aber das Stück gefiel ganz und gar nicht. Das gleiche Schicksal erlitt Lohner, als er unter Buckwitz den Hamlet spielte. Es war eine in keiner Beziehung wirklich gelungene Aufführung. Vielleicht lag der Mißerfolg daran, daß Lohner den Hamlet so oft gespielt hatte. Zu oft. Nach eigener Aussage über dreihundertmal.

Spätfrühling des Jahres 1974: *Emilia Galotti*. Aber nicht, wie auf dem Programm stand, das Stück von Lessing. Sondern die Fassung von Dürrenmatt, der das Stück bearbeitet hatte und Regie führte.

Es war eine Bearbeitung ohne innere Notwendigkeit. Lessing hatte ein Meisterwerk geschrieben, eine antike Tragödie im Konversationston mit unheimlichen Tiefen. Bei Dürrenmatt Pathos, das nie überzeugte und meist absurd wirkte. Hier zeigte sich, was sich anderswo schon oft gezeigt hatte, daß es schädlich ist, Meisterwerk zu »bearbeiten«. Katastrophal, wenn der Bearbeiter nicht Dürrenmatt hieß.

Zeidler war, natürlich, interessant und präsent, aber beileibe nicht der elegante Prinz mit seinem Heißhunger auf immer neue weibliche Opfer, die er auch alle zu verführen versteht. Renate Schroeter war nicht die alternde Geliebte Orsina. Überhaupt hatte niemand die geringste Ähnlichkeit mit den Figuren, die Lessing sich ausgedacht hatte.

Warum das alles? Der Grund: Buckwitz und seine Mannschaft wollten Dürrenmatt fest an das Theater binden. Er sollte laufend in Zürich beschäftigt werden, Regie führen, bearbeiten. Hatte er nicht für das Basler Theater, wo er eine Zeitlang Dramaturg honoris causa war, Strindbergs *Totentanz* in ein damals effektvolles *Play Strindberg* verwandelt? (Aber Hand aufs Herz, wer spielt das Stück heute noch? Nur der originale *Totentanz* hat überlebt!) Von Basel war Dürrenmatt in Unfrieden mit dem Theaterdirektor, dem Regisseur Werner Düggelin, der ihn geholt hatte, geschieden.

Wie dem auch sei, seine *Emilia Galotti* war ein vielbeachteter Mißerfolg. Das trug wohl mehr und mehr zu dem Entschluß Dürrenmatts bei, sich doch nicht fest an ein Theater zu binden, sondern lieber Stücke fürs Theater zu schreiben.

Noch bevor die *Emilia* herausgekommen war, hatte Horst Balzer *Akrobaten* von Tom Stoppard mit Gert Westphal, Erwin Parker und Peter Ehrlich herausgebracht, ein durchaus interessantes Werk, sehr lustig, auch sehr treffend inszeniert. Wenn der Erfolg ausblieb, so war das nicht so sehr die Schuld der Aufführung, als vielmehr die Fremdheit des Themas. Ein Stück, das von den Schicksalen englischer Zirkusleute handelt, vermochte in Zürich – auch anderswo auf dem Kontinent – nicht allzu sehr zu interessieren.

Was lasen denn die Zürcher, die das Theater besuchten, in den Zeitungen, was hörten sie am Radio oder was sahen sie im Fernsehen? In Vietnam hatten die Amerikaner Anfang 1973 einen Waffenstillstand geschlossen – nicht so sehr, weil das eine militärische Notwendigkeit gewesen wäre, als weil der Druck der öffentlichen Meinung in den Vereinigten Staaten die Führung dazu zwang. Man sollte das nicht vergessen. Wie man auch immer über Vietnam denkt oder später denken wird, feststeht, daß nicht die Waffen entschieden, sondern der Abscheu des amerikanischen Volkes vor jedwedem Krieg.

In Chile hatte eine Militärjunta einen Putsch gemacht, und es war wieder einmal ein Krieg gegen Israel ausgebrochen, der sogenannte Jom-Kippur-Krieg, weil er an diesem höchsten Feiertag der Juden ausgebrochen war. An einem Tag, an dem die ägyptische Führung mit Recht vermutete, daß die Israeli nicht einsatzbereit sein würden. Die Ägypter hatten auch anfangs Erfolge, aber eben nur anfangs. Als die Sache dann so aussah, als würden die Israeli auch diesen Krieg gewinnen, sorgten die Supermächte dafür, daß er abgebrochen wurde.

Eben diese Macht der Meinung des Volkes in einer Demokratie zwang wenig später, am 8. August, den Präsidenten Richard Nixon im Verlaufe der Watergate-Affäre, die seit zwei Jahren schwelte, zurückzutreten. Man kann auch von der Macht der Presse in einer Demokratie sprechen. Denn letztlich waren es zwei kleine Reporter, allerdings angestellt bei einer der großen Zeitungen, der »Washington Post«, die den Watergate-Schwindel aufdeckten.

Schon ein paar Wochen vorher war in der Bundesrepublik Willy Brandt als Bundeskanzler zurückgetreten. Grund: sein engster Vertrauter hatte sich als DDR-Top-Spion erwiesen. Ein Politiker, der so wenig Scharfblick besitzt, diesem Mann so ziemlich alles anzuvertrauen, was geheim bleiben sollte, unter anderem auch Details seines reichlich schillernden Privatlebens, konnte nicht Bundeskanzler bleiben. Seltsamerweise aber blieb er der leitende Mann seiner sozialdemokratischen Partei. Wo lag da eigentlich der Unterschied? Es gab kaum einen. Und Brandt sollte seine Partei in den nächsten Jahren in tiefe Krisen führen.

Zur Eröffnung der Spielzeit 1974/75: Brechts *Mutter Courage* mit der Hatheyer in der Titelrolle. Ihre Partner waren Zeidler und Lukas Ammann, ein eleganter Schauspieler, und Blanche Aubry, früher Basel und nun seit vielen Jahren schon am Burgtheater. Eigentlich spielte das halbe Ensemble mit. Unter anderem auch der junge, reizende Wiener Alfred Pfeifer.

Die Aufführung unter Buckwitz war, was die Ausstattung anging, sehr seltsam. So bestand der Theatervorhang, der sich ja immer wieder schließen muß, weil das Stück aus zahlreichen Bildern besteht – Bilder einer nach dem Dreißigjährigen Krieg zerstörten Welt –, aus weißer Seide. Was das Publikum befremdete.

Das Publikum: die meisten, die im Zuschauerraum saßen, hatten frühere Aufführungen – noch während des Krieges und auch kurz nach dem Krieg mit der Giehse in der Hauptrolle – nicht erlebt. Sie waren erschüttert von dem, was sie zu sehen und zu hören bekamen. Aber viele Zeitungen – nicht alle, nicht die wichtigsten – stellten Vergleiche an, die auch ohne daß der Regisseur oder die Schauspieler Schuld daran getragen hätten, sich zuungunsten der Aufführung auswirkten. Die Kritiker und der ältere Teil des Publikums, die die früheren Aufführungen gesehen hatten, begriffen nicht oder wollten nicht begreifen, daß die umwerfende Wirkung dieses Antikriegsstücks damals nicht zuletzt damit zu tun hatte, daß es ein Antikriegsstück war, das während des Kriegs gespielt wurde – oder kurz nach dem Krieg, als er allen noch in den Gliedern steckte. Jetzt, im Jahre 1974, war der

Krieg fast dreißig Jahre vorbei, und diese Bedrohung, die damals bestanden hatte, gab es jetzt nicht mehr. Eben diese Bedrohung, die damals das Stück so hautnah machte. Aber davon hatte auch die erste Darstellerin, die Giehse, profitiert.

Wenn man in Zürich die *Mutter Courage* spielte, mußte man eben gegen Therese Giehse anspielen, die die Rolle in der Uraufführung gespielt hatte, dann noch einmal einige Jahre später, und mit starkem Erfolg. Viele Kritiker waren von Anfang an entschlossen, die Hatheyer nicht als würdige Nachfolgerin zu empfinden, obwohl sie ja schließlich Seiten der Courage spielen konnte, die bei der Giehse wenig glaubwürdig waren, etwa die Frau, die von Männern begehrt wird. Einige Kritiker begnügten sich mit der Feststellung, die Hatheyer käme an die Giehse überhaupt nicht heran. Ein anderer gab zu, die Hatheyer sei gut gewesen, jedoch: »Es mußte aber eine Stunde vergehen, bis sie zu ihrer Figur fand.«

Lediglich die Kritiker-Päpstin Zürichs, Frau Elisabeth Brock-Sulzer, die über die Giehse sagte: »Sie hatte die Kunst des unfehlbaren knock outs, sie zielte gewalttätig, siegte gleich zu Beginn. Steinern unverkennbar ein jedes Mal...«, schrieb über die Nachfolgerin: »Frau Hatheyer spielt sehr viel abgestufter. Sie hat viel mehr Register. Ihre Courage hat Lebenslust, Fröhlichkeit, Weiblichkeit, Pfiffigkeit, Profitlichkeit, Zorn, Schmerz, Trauer, Stolz, Einsicht, Vergeßlichkeit, sie schlägt den Takt des Lebens, sie hat Vergangenheit und das Vergessen der Vergangenheit, sie hat viel erlebt und alles behalten, das heißt, nichts...«

Diese Kritik entsprach der Begeisterung des Publikums. Die Aufführung war ein Triumph und festigte die Stellung des Direktors Buckwitz, der Regie führte. Und die Hatheyer erhielt auf Grund ihrer Courage ein Angebot aus New York, das sie allerdings nicht annahm.

Das Stück wurde ein außerordentlicher Publikumserfolg. Es wurde an die fünfzigmal gespielt, hätte öfter angesetzt werden können, aber die Hatheyer und einige andere Darsteller waren anderweitig verpflichtet.

Es folgte nach einigen anderen Premieren – u.a. Peter Shaffers *Equus* und Anouilhs *Der arme Bitos* – die Komödie *Es war die Lerche* des israelischen Bestseller-Autors Ephraim Kishon. Das Stück hatte einen bezaubernden Grundeinfall. Romeo und Julia sind entgegen Shakespeares Version ein Paar geworden – wie sieht nun ihre Ehe dreißig Jahre später aus? Kishon schrieb das Stück dieser Ehe, die durchaus nicht mehr die von Liebenden ist, sondern eben von älteren Leuten, die einander satthaben, für einen älteren, fetten Kabarettisten und eine ältere und durchaus nicht mehr attraktive Partnerin – in Israel wurde die Sache ein Riesenerfolg.

Kishon dachte nun – man kann gar nicht verstehen, daß ein so kluger Mann einen solchen Denkfehler machte –, daß der Erfolg noch größer werden könnte, wenn man das alte Paar mit attraktiven jungen Schauspielern besetzte. So mußten Helmut Lohner, der fast noch den Romeo von Shakespeare hätte spielen können, und Christiane Hörbiger, die ebenfalls fast noch die Ur-Julia darzustellen vermocht hätte, die Hauptrollen mimen – die Pointe war damit beim Teufel! Das verdutzte Publikum fragte sich, warum sich die beiden attraktiven Schauspieler dauernd zankten. Es war gar nicht komisch. Es war nur noch unerklärlich.

Bald darauf die Uraufführung von Zuckmayers Stück über den *Rattenfänger* von Hameln, kein gutes Werk, auch die vorzügliche Leistung Lohners in der Titelrolle konnte es nicht retten.

In diesem Jahr 1975 hatte in Stammheim bei Stuttgart unter ungeheuren Sicherheitsmaßnahmen, wie man sie bis dahin nirgends gekannt hatte, der Prozeß gegen die Baader-Meinhof-Gruppe, von der Mehrzahl der Deutschen als Bande bezeichnet, begonnen. 35 Staaten unterzeichnen in Helsinki das KSZE-Abkommen, nach dem diese Staaten das Selbstbestimmungsrecht ihrer Bürger garantierten – aber das alles stand nur auf dem Papier. Die östlichen Diktaturen dachten gar nicht daran, sich an dieses Abkommen zu halten. Die westlichen auch nicht.

Einige Monate später starb General Franco, der Spanien diktatorisch regiert hatte – er war eigentlich schon viele Wochen, wenn nicht Monate vorher tot gewesen und nur durch eine Unzahl von Medikamenten und alle möglichen Maschinen künstlich am Leben gehalten worden. Um die gleiche Zeit, am 17. Dezember 1975, starb in Zürich, nach monatelangem furchtbarem Leiden und fast völlig vergessen eine ungleich weniger prominente Frau: die hochverdiente, sehr, sehr menschliche Elisabeth Birsinger. Sie war früher eine hohe Beamtin der Fremdenpolizei in Zürich gewesen und hatte gegen den Wunsch, ja oft gegen den Willen ihrer vorgesetzten Behörde in Bern es den vor Hitler geflohenen Emigranten ermöglicht, nach Zürich zu kommen, insbesondere vielen, die dann dort wirken konnten. Sie war der gute Engel des Schauspielhauses. Ohne ihre mutige Tatkraft hätten viele Künstler – von anderen Flüchtlingen ganz zu schweigen – Hitler nicht überstanden. Als sie beerdigt wurde, kamen nur wenige, um ihr die letzte Ehre zu erweisen, vom Schauspielhaus niemand. Und es fand sich nur eine einzige Zeitung, ein kleines Lokalblatt, in der ein Nachruf von mir veröffentlicht wurde. Bei den anderen, für die sie so viel getan hatte, war sie längst vergessen.

Gegen Ende des Jahres erhielt der sowjetische Physiker Andrej Sacharow den Friedensnobelpreis, aber – Helsinki hin, Helsinki her – er durfte nicht einmal die Sowjetunion verlassen, um diesen Preis in Empfang zu nehmen.

Im Schauspielhaus wurde die neue Saison 1975/76 mit Jean Giraudoux' *Die Irre von Chaillot* eröffnet. Die alte Dame, die schon von vielen bedeutenden älteren Stars gespielt worden war, wurde diesmal von dem damals meist in Amerika lebenden deutschen Filmstar Brigitte Horney dargestellt. Sie war reizend, aber entsprach nicht der Rolle. Trotzdem ein Erfolg!

Nächster Erfolg, nur eine Woche später *Sunny Boys*, das berühmte Lustspiel des Amerikaners Neil Simon mit Gustav Knuth und Robert Tessen in den Rollen der beiden ehemaligen Varieté-Stars, die ein Leben lang Krach miteinander hatten und auch jetzt wieder Krach bekommen. Das war zwerchfellerschütternd, wie fast überall, wo das Stück aufgeführt wurde und noch aufgeführt wird.

Am 15. November 1975 wurde ein sogenanntes Zweites Programm eröffnet. Gespielt wurde im Tramdepot Tiefenbrunnen das amerikanische Stück *Kennedys Kinder* von Robert Patrick, eigentlich kaum ein Theaterstück, mehr eine Folge von Dialogen. Im Zweiten Programm folgte dann *Dunant*, das Drama um den schweizerischen Gründer des Roten Kreuzes von Herbert Meier, einem kommenden jungen Schweizer Dichter, der Ende 1974 mit *Stauffer Bern*, einer lange totgeschwiegenen schweizerischen Skandalgeschichte um die Jahrhundertwende, starken Erfolg gehabt hatte.

Es folgten immer wieder interessante Stücke in gelungenen Aufführungen, oder auch solche, die das Publikum nicht für gelungen befand. Zu letzteren gehörte *Wald* von Alexander N. Ostrowski. Es geht da um die Geschichte einer sehr reichen älteren Frau, die sich einen jungen Liebhaber zulegt. Ein amüsantes, gesellschaftskritisches Stück, wenn man es so spielt, wie es sich Ostrowski, Autor zahlreicher Komödien, vorgestellt hatte. Aber just das wollten die Regisseure nicht – ja, es waren zwei, sie kamen beide aus der DDR, der eine war Mathias Langhoff, der Sohn jenes Wolfgang Langhoff, der den Ruhm des Schauspielhauses in den Dreißigerjahren mitgeprägt hatte, der andere sein Kompagnon Manfred Karge. Um diese Zeit inszenierten sie prinzipiell nur zusammen, warum, weiß Gott allein. Sie hatten bestimmte Vorstellungen von dem Stück. Die Hatheyer sollte die weibliche Hauptrolle spielen. Sie fand – und das taten und tun viele – die Geschichte nicht gerade sehr appetitlich. Aber so alt wie die Regisseure es wollten, mußte man ja die Frau nicht spielen, selbst die Gier einer fünfzigjährigen Frau nach den Liebkosungen eines noch nicht einmal Zwanzigjährigen war schon problematisch. Aber die beiden Regisseure wollten unbedingt eine Sechzig-, am liebsten Achtzigjährige aus der Figur machen. Die Hatheyer sah keinen Grund dafür. Es gab Zwistigkeiten. Zuletzt trat sie von der Rolle zurück, oder vielleicht waren es auch die Regisseure, die nicht mehr mit ihr arbeiten wollten. An ihrer Stelle kam Gisela Uhlen. Auch sie war keineswegs eine alte Frau, sondern etwa mit der Hatheyer gleichaltrig. Sie spielte die Rolle genau wie die Regisseure sie gespielt sehen wollten, und die Sache wurde ein völliger Reinfall.

Ein lustiges Nebenbei: Die Uhlen verliebte sich in einen blutjungen Techniker am Schauspielhaus und heiratete ihn – es war keineswegs ihre erste, eher ihre fünfte oder siebente Ehe. Sie hielt übrigens nicht lang. Sicher nicht nur infolge des Altersunterschieds, die Uhlen war ja schließlich eine bedeutende Künstlerin, der blutjunge Ehemann eben »nur« ein Elektriker, der keineswegs Ruhm geerntet hatte.

Dann kamen die *Troerinnen* des Euripides. Die Hekuba spielte die Hatheyer und war vielen Kritikern viel zu jung für diese Rolle einer Urmutter. Aber sie war ergreifend. Auch die anderen waren sehr stark, besonders die Schroeter als

Andromache und Annemarie Dermon als Kassandra. Lediglich die schöne Helena fiel etwas aus der Rolle. Man hatte eine Berlinerin geholt, die gar nicht schlecht war, aber schön war sie auch nicht. Und damit hatte eigentlich der Trojanische Krieg jeden Sinn verloren. Trotzdem: es war ein wichtiger Abend.

Und dann war es endlich so weit: das Schauspielhaus sollte umgebaut werden. Davon war ja schon rund zwanzig Jahre die Rede gewesen. In der Schweiz war dafür laut Gesetz ein Volksentscheid notwendig. Es gab Demonstrationen, die für einen Entscheid zugunsten des kostspieligen Umbaus waren, und Demonstrationen derer, die dagegen waren. Zu denen, die dagegen demonstrierten, gehörte auch ein Architekt namens Felix Schwarz, der, ob man es glaubt oder nicht, nachher den Auftrag für den Umbau erhielt – und ihn durchaus nicht zufriedenstellend ausführte. Auf der anderen Seite demonstrierten die Schauspieler des Hauses, unter ihnen Lohner, Hatheyer, Hörbiger etc. In diesem Punkt waren sie sich alle einig. Allein die Garderobenverhältnisse wären in keinem anderen Land Europas von der Polizei geduldet worden. Da mußte Abhilfe geschaffen werden. Auch was die Technik des Theaters betraf – sie war trostlos veraltet. Aber vor allem: die Sicherheit des Publikums war nicht länger garantiert.

Am 31. Mai 1976 fand also die letzte Vorstellung unter dem Titel *Kehraus im Schauspielhaus* statt. Neben einigen Reden gab es eine stark gekürzte Aufführung vom *Raub der Sabinerinnen*, dem uralten unverwüstlichen Schönthan-Schwank. Den Striese spielte Gustav Knuth, seine Frau in einer Neubearbeitung durch Curt Goetz erst ins Leben gerufen, die Hatheyer.

Das Lustigste an diesem Abend war, daß eigentlich keiner der Mitwirkenden seine Rolle konnte, zum Lernen war kaum Zeit gewesen, dazu hatte es viel zu wenig Proben gegeben. Aber das war weiter nicht schlimm. Die Schauspieler agierten unter dem Motto: Alles ist erlaubt! Lohner als hemmungslos lispelnder Schauspieler machte davon den meisten und lustigsten Gebrauch. Es war beste, weil gewollte Schmiere. Die Leute lachten sich tot, aber sie weinten auch ein bißchen. Es war ja der Abschied vom Haus. Nicht für immer, aber es war eben doch ein Abschied.

Und das scheint auch der gegebene Moment, um etwas Abschließendes zu sagen. Buckwitz hatte das Theater aus den fürchterlichen Tiefen, in die es von Löffler gestürzt worden war, wieder herausgeholt. Aber die Kritiker hatten kaum ein gutes Wort für das, was Buckwitz ihnen bot. Das mochte damit zusammenhängen, daß sie etwas gegen Werner Wollenberger hatten, aber auch viele der Künstler wurden, weil sie schon einmal dabei waren, in Grund und Boden kritisiert.

Ja, Buckwitz hatte sicher nicht das beste Theater der Welt gemacht, aber er hatte ein unter diesen Umständen recht gutes Theater gemacht und manchmal ein vorzügliches. Und er hatte die Besucherfrequenz erstaunlicherweise wieder bis an die 80 Prozent in die Höhe getrieben.

Das Schauspielhaus siedelte für die nächsten anderthalb Jahre, also bis Ende 1976, ins Corso über, ein ehemaliges Varieté-Theater, in den letzten Jahren eines der führenden Kinos der Stadt. Man konnte dort auch Theater spielen; aus der Varieté-Zeit gab es noch Garderoben, es gab eine Bühne, die geräumig genug war, um auf ihr Dekorationen aufzubauen und zu spielen. Freilich, das Schauspielhaus war es nicht, das Schauspielhaus war nicht zu ersetzen.

Die erste Corso-Saison begann mit einer wenig gelungenen Inszenierung von *Höllenangst*, einem recht unbekannten Nestroy, gefolgt von *Wallenstein*, bearbeitet von Harry Buckwitz. Die Titelrolle spielte Hans Dieter Zeidler, eigentlich die ideale Verkörperung dieser Figur. Aber irgendwie ging die Sache schief. Jedenfalls blieb nur die Erinnerung an eine recht trockene und unbeschwingte Darbietung. Lag es am Raum?

Es folgte, nach dem *Appartement*, einem Musical von Neil Simon und Burt Bacharach mit Alfred Pfeifer in der Hauptrolle – unvergeßlich, lustig, charmant, traurig –, ein alter Zuckmayer: *Der Hauptmann von Köpenick*.

Dieses »deutsche Märchen«, diese Anprangerung der Zustände im deutschen Kaiserreich, wo die Militärs Halbgötter waren, wenn nicht Götter, hatte kaum etwas von seinen Wirkungsmöglichkeiten eingebüßt. Horst Balzer war ein letztes Mal nach Zürich gekommen, um es zu inszenieren. Dies gelang auch, obwohl das Stück mit seinen zahlreichen Bildern eigentlich ein Theater verlangte, das technisch besser bestallt war als das Corso.

Der eigentliche Grund, gerade dieses Stück jetzt herauszubringen, war wohl wichtig genug. Er hieß Gustav Knuth. Man hatte diesen ja wirklich hochverdienten und hervorragenden Schauspieler in der letzten Zeit selten in Zürich gesehen. Nicht daß es keine Rollen für ihn gegeben hätte, obwohl er nun schon siebzig war, nein, er machte viel Fernsehen und war damit äußerst erfolgreich. Erstaunlich, daß dieser Schauspieler, der einst unter Gründgens die großen klassischen Rollen gespielt hatte, durch diese eher minderwertigen, wenn auch amüsanten Unterhaltungsfilme im ganzen deutschsprachigen Gebiet erst richtig populär wurde.

Dabei war eigentlich der Schuster Voigt, der sich als Hauptmann verkleidet und ein paar Stunden lang diesen Hauptmann so treffend spielt, daß er die Behörden des Städtchens Köpenick bei Berlin tyrannisieren kann, gar nicht unbedingt eine Rolle für Knuth. Nicht sein Alter störte, eher seine Erscheinung, seine Ausstrahlung. Der Witz des Stückes ist ja eigentlich der, daß ein kleiner ehemaliger Sträfling, die Bescheidenheit, die Unterwürfigkeit in Person, von dem Wunsch getrieben, nicht zu verhungern, den autoritären Hauptmann so trefflich spielen kann, respektive diejenigen tief beeindruckt, die er beeindrucken will. Knuth war nun eine an sich schon sehr beeindruckende Erscheinung, groß und kräftig, ein Mann, der eigentlich keine Mühe haben sollte, Menschen einzureden, er sei Hauptmann oder sogar General. Aber irgendwie schaffte er es doch, einen Schuster Voigt auf die Bühne zu stellen, mit dem man Mitleid haben konnte. Er war eben ein großer Schauspieler. Und trotz seines Alters hielt er die Rolle mit dem überwuchernden Text und den ständigen Aktionen durch, als sei er vierzig.

Es war übrigens die letzte Inszenierung, in der er in Zürich auf der Bühne stand. Aber wer konnte das damals schon wissen?

Wenn man ein Dutzend Jahre später noch einmal die damaligen Kritiken liest, muß einem auffallen, daß wirklich alle Rezensenten in Zürich darauf hinwiesen, wie meisterlich Heinz Rühmann seinerzeit die Rolle im Film gespielt hatte – obwohl er nur einer von vier Schauspielern war, die den Hauptmann im Film darstellten. Keiner schien zu wissen, daß der damals wohl bedeutendste deutschsprachige Schauspieler Werner Krauß in Berlin die Uraufführung und die folgenden neunundneunzig Aufführungen unvergeßlich gespielt hatte, ganz zu schweigen davon, daß, da das Stück damit noch keineswegs abgespielt war, ihm der Berliner Komiker Max Adalbert folgte, der vielleicht Krauß noch übertraf und Hauptdarsteller der ersten *Hauptmann von Köpenick*-Verfilmung wurde. Dies nebenbei.

Danach im Corso die *Travesties*, wieder ein Stück des englischen Autors Tom Stoppard. Das Stück spielt im Zürich von 1917 und in den Dada-Kreisen. Auch Lenin, der sich zu dieser Zeit in Zürich aufhielt, trat auf.

Dann einige *Anatol*-Einakter von Arthur Schnitzler. Anatol war nicht ganz treffend mit Helmut Lohner besetzt, er war zu bubenhaft, zu wenig Herr. Immerhin, man amüsierte sich. Und die Hörbiger gab als Dame der Gesellschaft in der herrlichen Szene *Weihnachtseinkäufe* einen Tropfen Wermut hinzu.

Dann kam, ziemlich fürchterlich, die *Lulu* von Frank Wedekind, eine Bearbeitung, die den *Erdgeist* und *Die Büchse der Pandora* zusammenzieht. Es war eine Inszenierung von Hans Neuenfels, der, wie immer, seinem Laster frönte, nicht das Stück zu zeigen, das er inszenierte, sondern zu zeigen, was er aus einem Stück machen konnte. So entschied er, alles in einem Zirkus ablaufen zu lassen. Die Hauptrolle spielte seine schöne, junge Frau Elisabeth Trissenaar. Sie mußte sich bis zur Unkenntlichkeit entstellen. Niemand vermochte zu sagen, wie sich diese Lulu die Männer hörig machte. Es war alles peinlich und unsinnig. Wedekind hätte sein Stück nicht mehr wiedererkannt. Die einzige menschliche Stimme im reichen Ensemble kam von Peter Arens. Ansonsten: Durchfall.

Es folgte Brechts nicht vollendeter *Schweyk im Zweiten Weltkrieg*, selten gespielt, nie ein Erfolg, auch diesmal nicht.

Und dann kam, als letzte Premiere der Saison, *Der Besuch der alten Dame* von Friedrich Dürrenmatt. Dieses Stück war seit seiner Zürcher Uraufführung um die Welt gegangen, verfilmt worden, und Gottfried von Einem hatte daraus eine – allerdings problematische – Oper gemacht. Die Uraufführung unter der Regie von Oskar Wälterlin war unvergessen geblieben, zu Recht. Seine Leistung, die der Giehse als alte Dame und Gustav Knuths als ihr Partner und Opfer waren sehr stark. Die Giehse interpretierte die Figur als eine zeitlose Rachegöttin, die

Hatheyer spielte die Rolle als eine moderne amerikanische Milliardärin, die vergebens versucht, jünger auszusehen, als sie ist. Dabei war sie noch gar nicht alt – wie die Giehse eigentlich niemals jung gewesen war.

Obwohl ein allenfalls durch das deutsche Fernsehen ein wenig bekannter Regisseur namens Eberhard Itzenplitz wenig inspiriert Regie führte, kam eine beachtliche Aufführung zustande. Das lag wohl hauptsächlich an der Hatheyer, die, auch wenn man mit ihrer Auffassung der Rolle nicht unbedingt einverstanden sein mußte, immerhin faszinierte. Ihr Partner sollte eigentlich der Schweizer Schauspieler Rolf Kaiser sein, der Kommunist war und daher am Deutschen Theater in Ostberlin wirkte. Er erlitt einen Zusammenbruch, worauf der gute deutsche Schauspieler Benno Sterzenbach einsprang. Er war sehr ordentlich, auch die übrigen Mitglieder des Ensembles, vor allem Peter Ehrlich und Margrit Ensinger spielten ganz vorzüglich.

Die Presse war nicht gut. Es war das zweite Mal, daß die Hatheyer eine Rolle verkörperte, die dem Publikum von der Giehse vorgestellt worden war. Wieder Vergleiche. Wieder zuungunsten der jüngeren Darstellerin. Schauspielerinnen dieses Kalibers sind eigenlich gar nicht miteinander zu vergleichen.

Das Stück konnte nicht öfter als dreißigmal gespielt werden, aber es war immerhin dreißigmal ausverkauft.

Im Zweiten Programm war unter anderem *Das Ende von Venedig* des jungen Schweizers Jürg Amann gelaufen, der mit seinem Erstlingswerk mehr versprochen hatte, als er jetzt hielt. Das Stück war auch denkbar ungeeignet für ein Tramdepot. Die Kritik stellte fest, die Sache sei recht langweilig. Interessanter schon ein paar Monate später *Ein Gespräch im Hause Stein über den abwesenden Herrn von Goethe* von Peter Hacks, ein Monolog, den Anne-Marie Blanc virtuos hinlegte. Starker Publikumserfolg.

In diesem Jahr 1976 kam es zu einem schweren Erdbeben in der italienischen Provinz Udine – 80 000 Menschen wurden obdachlos, wie viele dabei ihr Leben verloren, wurde nie genau festgestellt, jedenfalls nicht veröffentlicht. Und im Herbst starb in Peking der Parteivorsitzende Mao Tse-tung. Er war immerhin 83 Jahre alt geworden.

Buckwitz, der ursprünglich für zwei, allerhöchstens drei Jahre in Zürich hatte bleiben wollen, blieb schließlich bis Ende 1977 Direktor. Das Publikum zeigte sich alles in allem eher angetan von dem, was er leistete. Unter ihm war das Theater zwar nicht wieder der große Ausnahmefall im deutschsprachigen Gebiet geworden, das war wohl schon deshalb nicht möglich, weil inzwischen natürlich die Schauspieler an Theater in Berlin, München, Düsseldorf, Hamburg und Wien gingen, die bessere Gagen zahlen konnten als Zürich, obwohl sich auch hier in der letzten Zeit eine Verbesserung ergeben hatte. Außerdem hatten sie dort die Chance zu filmen oder Fernsehen zu machen, was in Zürich nur sehr selten möglich war.

Den Rest des Jahres 1977 blieb Buckwitz also noch im Amt – und im Corso. Das Schauspielhaus selbst sollte und konnte erst per 1. Januar eröffnet werden. Im Herbst 1977 hatte Buckwitz nicht mehr viel herzuzeigen. Ein Feydeau, *Der Floh im Ohr*, der lustig war und Erfolg hatte, und ein neues Stück von Dürrenmatt, *Die Frist*, in Uraufführung.

Das war ein Drama nach der Wirklichkeit. Es ging um das grauenhaft lange Sterben des spanischen Diktators Franco, der, das wußte man ja, wochen-, wenn nicht monatelang künstlich am Leben erhalten wurde – natürlich aus politischen Gründen. Die Hauptrolle des Ministers, der alle Fäden in der Hand hielt – der Todkranke trat gar nicht auf –, spielte Werner Kreindl, damals noch am Residenztheater in München, ein vorzüglicher Schauspieler, einer der besten, noch relativ jungen deutschen Charakterspieler, der sich später leider nur noch dem Fernsehen verschrieb. Auch er, seine vorzügliche Leistung, seine stets starke Präsenz konnten das Stück nicht retten. Erstaunlich. In den letzten Jahren hatte Dürrenmatt kaum noch etwas produziert, was jenseits der Schweizer Grenzen gespielt wurde. Wo lag der Grund für seine Mißerfolge am laufenden Band? Hatte das mit dem Tod von Hirschfeld, seinem früheren Berater zu tun? Damit, daß sich Lindtberg mehr und mehr von Zürich zurückgezogen hatte und auch weiterhin nur noch gelegentlich in Erscheinung trat? An seinem Alter konnte es wohl nicht liegen. »Dürri« war ja erst Mitte fünfzig.

Es kam dann schließlich – nach der späten Zürcher Premiere von Albees *Wer hat Angst vor Virginia Woolf?* – als letzte Inszenierung von Buckwitz und zum Ende der Ära Buckwitz *Die Affäre Dreyfus*. Das war ein Reißer gewesen, als es Ende der Zwanzigerjahre in Berlin herauskam – Autoren waren der Dramatiker Hans José Rehfisch, der damals viel aufgeführt wurde, und der Historiker Wilhelm Herzog. Der Berliner Erfolg war dadurch zu erklären, daß diese weltberühmte Spionageaffäre den wenigsten deutschen Theaterbesuchern noch geläufig war. Es war wirklich erschütternd, mitzuerleben, wie ein Jude durch die Machenschaften der reaktionären und zum großen Teil antisemitischen hohen Offiziere Frankreichs umgebracht werden sollte. 1977, nachdem die Welt längst wußte, daß Hitler mindestens sechs Millionen Juden umgebracht hatte – von den Verjagten gar nicht zu reden –, konnte ein solcher Einzelfall Dreyfus nicht mehr die gleiche Wirkung haben wie früher. Zudem war das Stück wirklich nicht viel wert. Buckwitz hatte es auch gar nicht aufführen wollen. Er wollte eigentlich *Julius Caesar* von Shakespeare bringen, mit Zeidler in der Titelrolle. Aus irgendwelchen Gründen konnte er dieses Projekt nicht realisieren. Er suchte nach einem anderen Stück mit vielen Personen. Er wollte einen »großen« Abgang und wählte den *Dreyfus*, der in der Tat eine Bombenrolle für seinen Lieblingsschauspieler Zeidler enthielt – den Schriftsteller Emile Zola, der ja den eigentlich ad acta gelegten Fall Dreyfus durch sein mutiges Eintreten für den unschuldig Verurteilten wieder virulent machte. Obwohl Buckwitz die

Schauspieler gut führte und Zeidler hervorragend war und mit ihm viele, viele andere – diese letzte Premiere war alles andere als ein Erfolg.

Die politischen Ereignisse im vergangenen Jahr 1977 deuteten darauf hin, daß auch eine neue politische Ära anbrechen würde. Der ägyptische Präsident fuhr nach Israel, um mit dem »Feind« endlich Frieden zu schließen. Es sollte allerdings noch eine Zeitlang dauern, bis der Friede einigermaßen perfekt wurde. Und in Deutschland machte die Rote-Armee-Fraktion Schlagzeilen. Der Generalbundesanwalt Siegfried Buback wurde auf offener Straße erschossen, der Präsident der Arbeitgeberverbände Hanns-Martin Schleyer entführt und ermordet, eine Lufthansa-Maschine auf dem Flug Mallorca-Frankfurt entführt, und die RAF ließ die Regierung der Bundesrepublik Deutschland in Bonn wissen, die Passagiere würden umgebracht werden, falls Baader und Genossen nicht aus der Haft entlassen würden. Dieser Drohung wurde nicht nachgegeben, die Geiseln der Terroristen wurden in Mogadischu von Spezialeinheiten des Bundesgrenzschutzes befreit, ein Manöver, das ihnen die Israeli in Entebbe vorgemacht hatten, wo israelische Passagiere aus den Klauen eines arabischen Diktators befreit werden konnten.

Wenig später brachten sich Baader und seine Freunde im Untersuchungsgefängnis bei Düsseldorf um. Die Meinhof hatte schon vorher Selbstmord begangen.

Und in Zürich begann, mit dem 1. Januar 1978, eine neue Ära im wiedereröffneten, renovierten Schauspielhaus.

Im Schauspielhaus gab es einen neuen Präsidenten des Verwaltungsrats. Dr. Zellweger war gestorben, sein Nachfolger wurde Dr. Willy Staehelin, ebenfalls Anwalt und einer der prominentesten in Zürich. Er hatte bisher nichts mit Theater zu tun gehabt und vom inneren Betrieb eines Theaters sehr wenig gewußt – im Gegensatz zu allen seinen Vorgängern. Aber sein großer Vorzug war, daß er sich darüber keine Illusionen machte. Er stürzte sich in die Arbeit, er wollte diesen neuen Beruf, den er ehrenhalber ausübte, erlernen, und er erlernte ihn sehr schnell. Er begriff, was Kontinuität bedeutete, die von Löffler jäh unterbrochen, von Buckwitz wieder einigermaßen hergestellt worden war. Und er versuchte, sie zu erhalten.

Seine Wahl fiel auf Gerhard Klingenberg, den bisherigen Direktor des Burgtheaters Wien, also eines viel größeren und mit höheren Geldmitteln ausgestatteten Theaters als das Schauspielhaus in Zürich. Das Burgtheater freilich ist ein mit großer Tradition beladenes Haus, das er vergeblich zu modernisieren versucht hatte.

Gerhard Klingenberg, geborener Österreicher, war an kleinen österreichischen Theatern, in St. Pölten, Klagenfurt, Innsbruck, Schauspieler und Regisseur gewesen, hatte vorübergehend im Berliner Ensemble Bert Brechts mitgewirkt, noch zu dessen Lebzeiten und in seiner letzten Uraufführung *Die Tage der Commune* eine wichtige Rolle gespielt.

Er kannte also Theater in- und auswendig und ging, nicht ohne Vorbehalte, nach Zürich. Er verzichtete auf die letzte Spielzeit seines Fünfjahresvertrages mit der Burg, um Zürich zu studieren und zu erfahren, was die Zürcher wollten, brauchten, wieviel man ihnen an Neuem, an Unerprobtem zumuten konnte. Von Zürich aus gesehen war die Sache ein Experiment. Man wußte sehr wohl, daß es mit ihm in Wien Schwierigkeiten gegeben hatte, weil er im alten Trott nicht weitermachen wollte. Es hatte auch gewisse Schwierigkeiten gegeben, weil er bedeutende internationale Regisseure wie Strehler, Barrault, Ronconi oder Peter Hall nach Wien geholt hatte. Das war, selbst für Wiener Verhältnisse, ziemlich teuer gewesen.

Er hatte den Vorteil, von Buckwitz ein gutbesuchtes Theater zu übernehmen. Freilich eines, das von Buckwitz ohne eine besonders eindeutige Linie geführt worden war. Buckwitz hatte, was durchaus nicht gegen ihn sprach und was auch niemand gegen ihn vorbrachte, ein Theater gemacht, das überall mit den vorhandenen oder neuengagierten Schauspielern und den vorhandenen Mitteln hätte gemacht werden können.

Klingenberg wollte, wie auch sein Vorgänger, für die Stadt Zürich Theater machen. Freilich, er kam politisch in eine schwierige Zeit. Das Wort Fortschritt bedeutete für viele »links« und war damit für manche ein Wort der Abschreckung. Hinzu kam in Zürich ein übrigens völlig sinnloser Skandal über die Kosten, die der Umbau des Opernhauses verursacht hatte. Die Stadt verfiel in eine Panik, und viele waren der Ansicht, je weniger man von Theater spreche, um so besser sei es — auch für das Theater. Gerade das wollte Klingenberg nicht.

Er hatte auch nicht den »Vorteil« eines Feindbildes, wie es das Schauspielhaus zwischen 1933 und 1945 gehabt hatte. Er konnte kein Feindbild aufbauen, er konnte, um mit seinen eigenen Worten zu sprechen, nur »Dinge aufspüren, die die Menschen innerlich beschäftigten oder belasteten«.

In Wien hatten ihm die Presse und das Ministerium, dem er unterstellt war, vorgeworfen, in die eigene Tasche zu wirtschaften, weil er einige klassische Stücke in eigener Übersetzung aufführte und dafür Tantiemen nahm, genauer gesagt, daß der Bühnenverlag, dem er die Übersetzung anvertraut hatte, dafür Gelder kassierte.

In Zürich wollte er sich vorläufig ganz der Direktion widmen und überhaupt nicht inszenieren. Aber der Verwaltungsrat bat ihn dringend, die Klassiker, mit denen er in Wien Erfolg gehabt hatte, in Zürich neu herauszubringen. Dazu war Klingenberg nur zögernd bereit. Er machte den Verwaltungsrat darauf aufmerksam, daß diese Stücke tantiempflichtig seien. Der Verwaltungsrat war damit durchaus einverstanden. Später, als dann Tantiemen fällig wurden, begann die Presse, ihm Habgierigkeit vorzuwerfen.

Man kann darüber geteilter Meinung sein. Aber sicher ist, daß die vehementen Angriffe gegen Klingenberg, der wie wir sehen werden, alles in allem ein interessantes und erfolgreiches Theater machte, mehr als ungerechtfertigt waren.

Ironie des Schicksals: die Presse hatte während der Jahre unter Buckwitz stets Wollenberger angegriffen, ob nun sein Name fiel oder auch nicht, allein die Tatsache, daß Wollenberger künstlerischer Berater des Theaters war, ging den meisten, die ihn nicht ernst nahmen, gegen den Strich. Wobei die Argumente und Anschuldigungen, die gegen ihn publiziert oder manchmal auch nur angedeutet wurden, gar nicht erst wiederholt werden sollen.

Klingenberg nun verkündete in seiner ersten Pressekonferenz, daß er Wollenberger nicht mehr haben wolle. Viele hätten ihm geraten, ihn zu halten, andere ihm davon abgeraten, und er wisse wirklich nicht, was Wollenberger für ihn tun könne. Dies war peinlich, um so mehr, als Wollenberger selbst davon vorher gar nichts wußte, er erfuhr es erst als Teilnehmer der Pressekonferenz.

Aber Wollenberger hätte ja wirklich wenig für Klingenberg tun können. Denn in dem Jahr, das dieser im wesentlichen in Zürich verbrachte, bevor er die Leitung des Theaters übernahm, hatte er die Stadt, die für ihn wichtigen Bewohner Zürichs und die Bedürfnisse des Theaters gut genug kennengelernt. Und das reine Amüsiertheater, das Wollenberger zwar als Kritiker verpönt, als Mitdirektor eher gefördert hatte, wäre von Klingenberg nie gemacht worden. Und so hatte Klingenberg seinen ersten Feind in Zürich.

Klingenberg interessierte nicht so sehr, was die Zeitungen schrieben. Er wußte selbst alles, was man über Theater wissen konnte. Ihn interessierte vor allem das Publikum. Immer wieder vor die Frage gestellt, ob er Vorbildern nicht nacheifern wolle, meinte er, diese seien in einer Zeit entstanden, die anders war als die jetzige. Mit einem Wort, er hatte für sich selbst eine Art von Relativitätstheorie des Theaters entwickelt. Vor jedem Publikum mußte man anders spielen, in jeder Stadt anders, in jeder Zeit anders. Eine Zeitlosigkeit der Darstellung gab es für ihn nicht.

Ein Paradebeispiel für ihn war Molières *Tartuffe*. Als *Tartuffe* entstand, war es ein Stück gegen die Heuchelei. Das wäre heute gar nicht mehr interessant. Heute sei *Tartuffe* interessant als ein Stück gegen die Phrasen, denen die Bürger oder wenn man will, die Massen so leicht erliegen. Was einen daran erinnert, daß der große Werner Krauß schon in den Zwanzigerjahren gesagt hatte, im *Tartuffe* interessiere ihn nicht die Rolle des Betrügers, der sich als Geistlicher verkleidet, sondern die Rolle Orgons, des begüterten Bürgers, der sich von Tartuffe alles abschwatzen läßt.

Was geschah denn in der Zeit, in der Klingenberg das Theater übernahm? Da war die Konferenz in Camp David, in der es der amerikanische Präsident fertigbrachte, Israeli und Ägypter zu einer Art Frieden zu bringen. Und richtig, sowohl das ägyptische Staatsoberhaupt Sadat als auch der israelische Ministerpräsident Begin erhielten prompt den Friedensnobelpreis. Anfang 1979 mußte der Schah aus dem Iran fliehen, es kam Khomeini, die Folgen brauchen hier nicht aufgeführt zu werden. Mitte 1979 wurde Margaret Thatcher Premierminister in London. Wieder ein paar Monate später besetzten iranische, angeblich »erregte Volksmassen« die amerikanische Botschaft und hielten rund siebzig Geiseln für längere Zeit gefangen – bis Ende Januar 1981. Und Ende des Jahres 1979 begannen die Sowjets mit der Invasion in Afghanistan, einem Krieg gegen die Zivilbevölkerung, die sich von den Russen nichts sagen lassen wollte.

Klingenberg begann seine erste Saison mitten in der Spielzeit, im Januar 1978, in dem, wie sich herausstellen sollte, nicht allzu gut renovierten Schauspielhaus mit einer Neuinszenierung des *Wilhelm Tell.* Das Stück war immer eine kitzlige Sache im Schauspielhaus gewesen. Viele Jahre lang hatte die Stadtverwaltung das Schauspielhaus mehr oder weniger gezwungen, dieses »schweizerische National-stück« für Schulen zu spielen, rund fünfzehnmal pro Spielzeit. In diesen Vorstel-lungen, die stets nachmittags stattfanden, mußte das Ensemble »antreten«. Es gab keinen männlichen Schauspieler, der sich nicht einigermaßen dazu eignete, den Tell, den Geßler, den Melchthal, den alten oder den jungen Attinghausen zu spielen. Und man hatte immer mal wieder mit einer neuen Besetzung nach altem, bereits lange veraltetem Regiekonzept, sozusagen zähneknirschend gespielt.

Nun versuchte es also Werner Düggelin mit einem ganz neuen Konzept. Zum einen brachte er, soweit wie möglich, Gegenbesetzungen. Geßler war nicht mehr der Bösewicht, sondern, mit Peter Brogle besetzt, eine eher psychisch belastete Figur, der Stauffacher, Hans Dieter Zeidler, nicht mehr bieder, sondern ein sehr bedachter Politiker. Entscheidend der Tell. Er wurde bisher immer als ein überragender Held gespielt. Die meisten Zuschauer hatten nie einen Tell gesehen, der jung war, der jung sein mußte, denn er hat ja kleine Kinder. Er durfte also keinesfalls über fünfunddreißig sein. Düggelin holte für diese Rolle Matthias Habich, der in jedem Augenblick ein Antiheld war, allenfalls ein junger Bauer, den man sich als Skilehrer – hätte es damals diesen Beruf gegeben – vorstellen konnte. Düggelin schenkte sich und uns den berühmten Schluß mit dem Freiheitsjubel aller. Er endete mit einer Szene, die meist gestrichen wird: der Auseinanderset-zung Tells mit Johannes Parricida, dem Herzog von Schwaben, der soeben einen Tyrannenmord begangen hat und glaubt, bei Tell Verständnis zu finden. Was aber nicht der Fall ist, denn Tell anerkennt nicht die Motive des flüchtenden Tyrannen-mörders, der seine Tat aus Karriere- oder, wenn man es milder sagen will, aus politischen Gründen begangen hat, während er, Tell, unter einem Zwang stand. Und in der Tat, auch Schiller hat ja immer wieder in seinem Drama betont, daß Tell nicht etwa Haupt einer Konspiration ist, mit der er gar nichts zu tun haben will, sondern eine Tat begeht, zu der die Verschwörer vielleicht letzten Endes doch nicht bereit gewesen wären.

Düggelin – und das war das große Verdienst der ersten Spielzeit Klingenbergs –

wollte einen leisen *Tell.* Als ich den Zuschauerraum betreten wollte, fragte mich Düggelin, in welcher Reihe ich sitze. In der fünften? »Dann hast du Glück! Dann hörst du noch was!« Was bedeutete, daß die in der zehnten oder zwanzigsten Reihe nichts mehr hören würden oder jedenfalls nicht alles. Und das war zweifellos mehr als problematisch.

Nächste Premiere, wenig später, *Candide* von Roberto Guicciardini nach dem politischen Epos des Voltaire. Die amüsante Geschichte, die Klingenberg schon am Burgtheater hatte spielen lassen, wirkte sehr lustig, obwohl man kaum von Dramatik sprechen konnte. Es war eher ein Ulk auf höchster Ebene. Regie sollte der italienische Autor selbst führen, aber er war dazu gar nicht in der Lage, denn sein Deutsch war mehr als dürftig, er konnte sich in dieser Sprache den Schauspielern kaum verständlich machen, war auch völlig unfähig, ihnen mehr zu sagen, als von wo sie auftreten und wohin sie abgehen sollten. So saß bei den Proben neben oder hinter ihm Klingenberg, der wahre Regisseur dieser gelungenen Aufführung. Den Candide spielte Christoph Bantzer, dieser ausgezeichnete junge Charakterschauspieler, der immer einmal wieder nach Zürich kam, diesmal aber für länger blieb. Er war hervorragend, man glaubte ihm aufs Wort, verstand seine Gedanken. In den anderen Rollen — und jeder Schauspieler mußte mehrere spielen — brillierten Peter Arens, Rudolph Buczolich, Christiane Hörbiger, Anne-Marie Blanc, Wolfgang Stendar, Alfred Pfeifer.

Im dritten Monat seiner Direktion trat Klingenberg offiziell als Regisseur auf bei Eugene O'Neills *Alle Reichtümer der Welt,* einem sehr harten und bösen Stück, dessen wenige Rollen er herrlich besetzen konnte mit Matthias Habich, Christiane Hörbiger, Maria Becker, Christoph Bantzer, Heinrich Trimbur und Jürgen Cziesla. Eine herrliche Aufführung, ein begeistertes Publikum. Die Vorstellungen waren, sobald sie angesetzt wurden, ausverkauft — was wollte man mehr? Es schien allen, auch den Kritikern, als sei Klingenberg der richtige Mann für das Schauspielhaus. Für lange, lange Zeit.

Es folgte eine Neuinszenierung von Max Frischs *Biedermann und die Brandstifter,* diesmal mit Kurt Beck statt Knuth als Biedermann, mit Hans Dieter Zeidler und Charles Regnier als Brandstifter.

Und schließlich, als letzte Premiere der ersten Spielzeit, die wirklich nur Erfolge erzielt hatte, abermals unter der Regie von Klingenberg: Shakespeares *Die Zähmung der Widerspenstigen* in der Übersetzung von Klingenberg. Diesmal spielte nicht, wie einige Jahre zuvor, Zeidler den Petruchio, sondern Peter Arens, die widerspenstige Katharina war wieder die Hörbiger — immer noch sehr jung, immer noch sehr widerspenstig. Diese Aufführung wurde, wie auch der *Candide,* in die nächste Spielzeit übernommen.

In dieser zweiten Spielzeit, 1978/79, ging einiges nicht so glatt. *Der zerbrochne Krug* unter Düggelin war kein rechter Erfolg, obwohl Hans Dieter Zeidler als Dorfrichter überzeugend war. Aber die anderen waren es nicht. Rosel Schäfer, die aus Basel herübergekommen war, vermochte in der Rolle der Marthe Rull nicht recht zu überzeugen, auch nicht Dietmar Schönherr als Gerichtsrat Walther. – Es folgte die Uraufführung des Dramas *Bräker* von Herbert Meier. Das Stück war interessant, die Aufführung vorzüglich, aber es stellte sich heraus, daß das große Publikum kein allzu großes Interesse zeigte. Immerhin, es war wichtig, dieses Stück herauszubringen, nicht zuletzt, weil man damit einen jungen Schweizer Dramatiker zur Diskussion stellte, der sich unter Klingenberg auch als Dramaturg bewährte und als Übersetzer zahlreicher Stücke, die in den nächsten Jahren gespielt werden sollten.

Kabale und Liebe folgte unter Klingenberg mit Hans Dieter Zeidler als großarti-gem Präsidenten, mit Bernd Seebacher als etwas zu wienerischem Ferdinand, mit Peter Arens als unbändig komischem Hofmarschall von Kalb, mit Christiane Hörbiger als viel zu junger Lady Milford. Ganz überzeugte eigentlich nur Helmut Lohner, der einen gar nicht schurkischen, eher bedauernswerten Wurm auf die Bühne stellte. Eine außerordentliche, man möchte fast sagen, einmalige Leistung. Der Sekretär Wurm, der eigentliche Motor der Handlung, wirkt ja immer, weil er nicht nur im allgemeinen Sinne unmenschlich, das heißt grausam ist, sondern Instrument des Bösen schlechthin. Nicht nur Luise, sondern jeder Leser oder Theaterbesucher bekommt Angst vor ihm. Und da er so unmenschlich ist, kommt man nur selten auf die Idee, daß er ein Mensch ist, dem der Dichter nicht zu sagen gab, was er leidet. Bei Lohner spürte man gerade das. Wurm-Darsteller unserer Zeit, vermutlich auch vergangener Zeiten, bemühten sich, dieses Scheusal von einem Menschen dadurch freundlicher zu machen, daß sie ihn unterspielten oder, anders gesagt, ihn mit seinen Missetaten nicht auftrumpfen ließen. Bei Lohner hatte man das Gefühl, als müsse er diese Missetaten oder die Bedrohungen der Existenz anderer aus einem inneren Zwang heraus Realität werden lassen. Bei ihm kam es gar nicht auf die Tonstärke an. Dieser Wurm gehörte zu Freud. Und denjenigen, die begriffen, was da an völlig neuer Sicht geboten wurde – vom Regisseur ebenso wie vom Darsteller – war dieser Wurm unvergeßlich.

Eine große Affinität hatte Klingenberg für das zeitgenössische englische Drama. Immer wieder fuhr er nach London, sah sich die neuesten Produktionen dort an, erwarb die Aufführungsrechte. War das ein Fehler? Es war allgemein bekannt, daß neben den beiden bedeutenden schweizerischen Dramatikern und denen aus den USA, die sich aber – vorübergehend? – ausgeschrieben hatten, nur die Engländer noch interessante neue Stücke brachten. Es war also nur logisch, daß Klingenberg sich für die Engländer interessierte, aber er spielte sie vielleicht in der nächsten Zeit zu oft und zu oft hintereinander.

So kam *Das Bündel*, 1969 an den Münchner Kammerspielen unter der Regie von Peter Zadek unter dem Titel *Schmaler Weg in den tiefen Norden* in deutscher Sprache erstaufgeführt. Dieses Stück, eine sehr mysteriöse Geschichte, die boshaft den Weltuntergang darstellt oder ihn zumindest prophezeien soll, hatte einen starken Erfolg, obwohl das Publikum es einfach nicht verstand. Er war den überaus starken Leistungen der Schauspieler zu verdanken, unter ihnen Margrit Ensinger, Dietmar Schönherr, Christoph Bantzer, Ingold Wildenauer, um nur einige zu nennen. Die Inszenierung stammte von dem neuengagierten Gerd Heinz, von dem man in Zürich nicht sehr viel wußte, außer daß er an bedeutenden deutschen Provinzbühnen, vorübergehend sogar am Hamburger Thalia-Theater, Regie geführt hatte. Klingenberg setzte auf ihn, einige aus dem Ensemble übrigens auch.

Es folgte am 21. Dezember 1978 die deutschsprachige Erstaufführung von James Saunders' *Bodies*, einem der englischen Gesellschaftsstücke, auf die der Direktor so großen Wert legte. Ein Vierpersonen-Stück unter seiner Regie, ein wirklich modernes Werk, ein Riesenerfolg für ihn, für Saunders, für die Schauspieler Christiane Hörbiger, Peter Arens, Annemarie Dermon, Peter Brogle. Modernes Kammerspiel im besten Sinne des Wortes: Zwei Ehepaare, ein jüngeres und ein älteres, haben es vor Jahren einmal über Kreuz miteinander getrieben. Das heißt, die Frau des einen mit dem Gatten der anderen und umgekehrt. Und dann haben sie wieder zueinander gefunden und jetzt, nach vielen Jahren und Psychoanalysen, treffen sie sich wieder. *Bodies* ist oberflächlich lustig, aber wenn man etwas tiefer schürft, und das geschieht in dem Stück, und das arbeitete die Regie von Klingenberg auch heraus, eher traurig. Zumindest macht es einen betroffen, vor allem neugierig. *Bodies*: ein toller Theaterabend, und, wenn man einmal von den Schauspielern absieht, die ja alle zum Ensemble gehörten, ein durchaus nicht aufwendiger. Ein rasanter Publikumserfolg, der hätte noch lange andauern können, wenn das Abonnement nicht immer neue Produktionen verlangt hätte.

Nicht alles glückte. Mit Shakespeares *Troilus und Cressida* war das Schauspielhaus überfordert, *Liebelei* von Schnitzler, fast immer erfolgreich, wirkte diesmal wie Aufguß, trotz einiger großer schauspielerischer Leistungen, und *Frau von Kauenhofen* von Hartmut Lange wurde zum Mißerfolg, weil das Stück nicht viel hergab, weil die Regie nichts aufregend machen konnte, und obwohl Marianne Hoppe, die für die Hatheyer eingesprungen war, und Charles Regnier spielten. Auch *Groß und klein* von dem in der Bundesrepublik stark überschätzten Botho Strauß wurde kein Erfolg. Düggelin war wieder am Werk, er hatte vorzügliche Schauspieler zur Verfügung, aber das Stück gefiel so ganz und gar nicht, obwohl die Presse sich vehement dafür einsetzte.

Im »Keller im Schauspielhaus« einem neuen Raum, der ursprünglich für kleinere Stücke gedacht war, aber niemand so recht glücklich machte, gab es in seiner zweiten Saison das Stück *Ist das nicht mein Leben?* des Amerikaners Brain Clark, das am Broadway und in London ein starker Erfolg war. In Zürich wurde es eine Produktion, die sich sehen lassen konnte. Es ging um die Frage, ob einer, der nicht wieder gesund werden kann, das Recht hat, seinen Tod zu verlangen. In der entscheidenden Rolle spielte sich Peter Ehrlich in die vordere Reihe der festengagierten Zürcher Schauspieler.

Unmöglich, von all den meist ausgezeichneten, manchmal hervorragenden, selten uninteressanten Produktionen der Ära Klingenberg zu sprechen. Immerhin gab es zu Beginn der Spielzeit 1979/80 einen *Sommernachtstraum* in der Bearbeitung von Gerhard Klingenberg und daher tantiemepflichtig, was einiges Aufsehen erregte, zumal man die deutsche Fassung nicht gerade als gelungen bezeichnen konnte und sich fragte, warum, zum Teufel, man nicht die Schlegel/Tiecksche Fassung spielte. Bemerkenswert in dieser Aufführung waren der nachdenkliche Zettel von Robert Tessen, die schöne Eva Rieck als Hermia, Peter Arens als Oberon und vor allem und wirklich unübertrefflich Kurt Beck als Puck.

Zu Silvester 1979 kam Jean-Pierre Ponnelle mit einer Molière-Inszenierung heraus.

Ponnelle: der damals blutjunge Franzose war in den Fünfzigerjahren von dem großen Theatermann Karl Heinz Stroux in Düsseldorf als Bühnenbildner entdeckt worden, wurde dann als Regisseur eingesetzt, und trotz anfänglicher Mißerfolge hielt Stroux an ihm fest. Mit Recht. Innerhalb von verblüffend kurzer Zeit war Ponnelle einer der ersten deutschen Regisseure. Dann wechselte er zur Oper über, für die er bisher in aller Welt die herrlichsten Bühnenbilder entworfen hatte. Er fand, die Oper biete ihm als Regisseur mehr Spielraum. Was ohne Zweifel stimmte, obwohl es Leute gab, die behaupteten, er habe diesen Wechsel hauptsächlich vollzogen, weil Opernregisseure mehr Geld verdienten als Schauspielregisseure.

Was das Künstlerische anging – er hatte da in der Tat eine Aufgabe. Mir gegenüber erklärte er einmal: »Wenn ich die Partitur einer Oper durchgelesen habe, weiß ich genau, wie ich sie inszenieren muß!« Er versuchte, dem Unfug, den andere »progressive« Opernregisseure anrichteten, die Stirn zu bieten. Denn sie inszenierten alles, nur nicht das, was in den Textbüchern stand – die Lektüre der Partitur entfiel für sie sowieso von vornherein, weil sie diese nicht lesen konnten.

Ponnelle hatte also aufgehört, Schauspielregie zu führen, als Klingenberg ihm vorschlug, bei ihm einen Molière-Zyklus zu inszenieren. Er wählte für den Beginn *Don Juan*, und es wurde ein bezaubernder Abend mit Peter Arens, Kurt Beck, Eva Rieck und vielen anderen. Niemals war Molière lustiger, luftiger gespielt worden, nie kam die herrliche Übersetzung von Hans Weigel eindrücklicher heraus als hier. Die Leute lachten, schmunzelten, wurden ernst, je nachdem. Ein schöner Auftakt!

Dann gab es gleich zwei moderne Engländer: *Betrogen* von Harold Pinter und *Ende des Spiels?* von Simon Gray. Das erste ergab in Düggelins sehr leiser und zarter Regie, mit der Hörbiger und Dietmar Schönherr in den Hauptrollen, einen seltsamen, aber interessanten Abend.

Ende des Spiels? war ein etwas undurchsichtiges Stück. Klingenberg hatte einen Regisseur aus Österreich geholt, von dem niemand in Zürich etwas gehört hatte und der gleich in den ersten Proben bewies, daß er kein Regisseur war. So übernahm Klingenberg die Regie. Im Mittelpunkt dieser seltsamen Familiengeschichte befindet sich ein alter Mann, der während der gesamten Dauer des Stückes auf der Bühne sitzt – Erwin Parker spielte ihn – und nicht ein einziges Wort redet. Oder doch, ganz zuletzt sagt er irgend etwas. Aber nur ein Wort, und zwar als schon alles vorbei ist. Was eigentlich vorbei ist, begreift man auch nicht, nachdem man das Stück gesehen hat. Die Hauptrolle verkörperte Heidemarie Hatheyer, andere Rollen wurden von Peter Arens, Annemarie Dermon und der Ensinger gespielt. Es war ein hochkarätiger Abend, von dem freilich niemand etwas hatte.

Dann kam Eugene Labiches *Sparschwein*, von Botho Strauß neu bearbeitet, aber keineswegs zum Leben erweckt. Botho Strauß war damals noch Dramaturg der Schaubühne in Berlin und von dessen Leiter Peter Stein hochgeschätzt und ständig inszeniert, wenn er was Neues zu bieten hatte. Dieses *Sparschwein* war eigentlich recht alt und wenig amüsant, eben eine Posse über französische Provinzler, die, Mitte des neunzehnten Jahrhunderts, nach Paris kommen und sich dort in entsetzliche Komplikationen verwickeln. In Berlin war das sehr flott gespielt worden, in Zürich wurde es mit so viel Zeigefinger und Bedeutung gespielt – Regie Gerd Heinz –, als handle es sich um *Faust II* oder *Tasso*. Die Zürcher langweilten sich, mit Recht.

Auf der Welt langweilte man sich nicht. Freilich, daß Tito mit 87 Jahren und nach einigen schweren Operationen gestorben war, regte niemanden auf. Mehr schon die Jugendkrawalle, die entstanden, weil gewisse Politiker und vor allem gewisse Zeitungen die seit Generationen dringend notwendigen Subventionen für die Renovierung des Zürcher Opernhauses übertrieben fanden. Es sprang, wie in anderen ähnlich gelagerten Fällen, nichts dabei heraus. Die Oper wurde weiter renoviert, und das kostete sogar noch mehr Geld, als ursprünglich veranschlagt.

Sonst? Die Olympischen Spiele in Moskau wurden von den USA und anderen 49 Nationen, darunter der Bundesrepublik, boykottiert. Krieg tobte zwischen Iran und Irak. Im übrigen war es die Zeit der Anschläge überall auf der Welt. Beim Oktoberfest in München kam es zu einem Anschlag, bei dem gleich dreizehn Personen getötet und über zweihundert verletzt worden waren. Ein Attentat auf den Präsidenten Reagan, das keinen Erfolg hatte, es sei denn, zu beweisen, daß Leute mit Beziehungen relativ straflos sogar den Präsidenten der Vereinigten Staaten anschießen können. Der Vater des jugendlichen Attentäters, der überhaupt keine politischen Motive hatte, sondern nur einer jungen Dame imponieren wollte, machte ein ganzes Heer von Psychiatern mobil. Mit Erfolg. Dann: Attentat auf den Papst, das glimpflich verlief. Attentat auf Sadat. Aber damit sind wir schon im Herbst 1981.

Zu Beginn der Spielzeit 1980/81 hatte Klingenberg den *Nathan* von Lessing
inszeniert. In der Bundesrepublik hatte man das Stück, kaum war der Krieg zu
Ende, überall gespielt, natürlich um darzutun, daß man nie gegen die Juden
gewesen war. In diesen Aufführungen war meist ein Nathan zu sehen, der noch
viel weiser war und vor allem viel edler als bei Lessing. Im Schauspielhaus hatte
man sich immer auf das Gedankliche verlassen, in Zürich brauchte man sich ja
nicht für den Judenmord der Nazis verantwortlich zu fühlen, und in einem
Theater, das im wesentlichen von Juden gemacht wurde, konnte man wohl kaum
befürchten, man werde des Antisemitismus bezichtigt. Dasselbe galt natürlich
auch für Klingenberg, wenn möglich in noch stärkerem Maße für seinen Hauptdarsteller Wolfgang Reichmann, der ja durchaus nicht das war, was man im
Dritten Reich als »arisch« bezeichnete.
Diese *Nathan*-Aufführung war etwas Besonderes. Es war ja schon von der außerordentlich interessanten *Nathan*-Inszenierung Kurt Hirschfelds die Rede, in der
Mathias Wieman die Hauptrolle spielte und die ganz auf Ideen und Gedanken
ausgerichtet war. Die Inszenierung von Klingenberg war weniger ein Denkstück
als ein Aktionsdrama. Das hatte vor allem mit seinem Hauptdarsteller zu tun.
Denn Wolfgang Reichmann ist Jude, obwohl offiziell »nur« Halbjude, und wie er
als Kind durchs Dritte Reich gekommen war, blieb und ist heute noch ein Rätsel.
Die Tatsache, daß ein Jude einen Juden spielt, machte einen unerhörten Unterschied.
Es soll hier nicht etwa proklamiert werden, daß Juden nur von Juden gespielt
werden könnten. Das würde ja die ganze Idee des Theaters an sich in Frage stellen.
Die größten Schauspieler der Welt haben den Shylock dargestellt, unter ihnen
Juden, aber keinesfalls nur Juden. Man denke, um im deutschsprachigen Gebiet
zu bleiben, an Bassermann, an Werner Krauß. Oder an Othello, der fast aus-
schließlich von Weißen gespielt worden ist, mit der Ausnahme des amerikanischen farbigen Mimen Robeson.
Um zum *Nathan* zurückzukehren. Reichmann war anders als die anderen. Man
spürte bei seinem Nathan, daß er das Pogrom überlebt hatte, dem seine Familie
zum Opfer fiel. Gewiß, diese Erzählung müssen alle Nathandarsteller sprechen.
Lessings Text ist erschütternd. Aber bei Reichmann spürt man: er hatte das
miterlebt. Dieser Nathan hatte das, was Reichmann wohl in seiner frühesten
Jugend erlebt und – wie Lessing es ja auch geschrieben hatte – als selbstverständlich hingenommen. Selbstverständlich? Ja, das war eben das Schicksal der Juden,
befand der empörte Lessing, und das war es, was ihn so erschauern ließ. Und das
war auch das, was bei Reichmann erschütterte. Kein Pathos, kein Selbstmitleid.
Man vergleiche etwa die Erzählung Nathans über die Vernichtung seiner ganzen
Familie mit der Klage Melchthals im *Wilhelm Tell*, als er erfährt, daß die
österreichischen Söldlinge, weil sie Melchthal selbst nicht erwischen konnten,
dem Vater die Augen ausgestochen haben. Das gibt Schiller-Melchthal die Gele-

8 Peter Arens und Wolfgang Reichmann in Lessings »Nathan der Weise«, 1980

79 Maria Becker und Christiane Hörbiger als Deborah und Sarah Harford in »Alle Reichtümer der Welt« von Eugene O'Neill, 1978

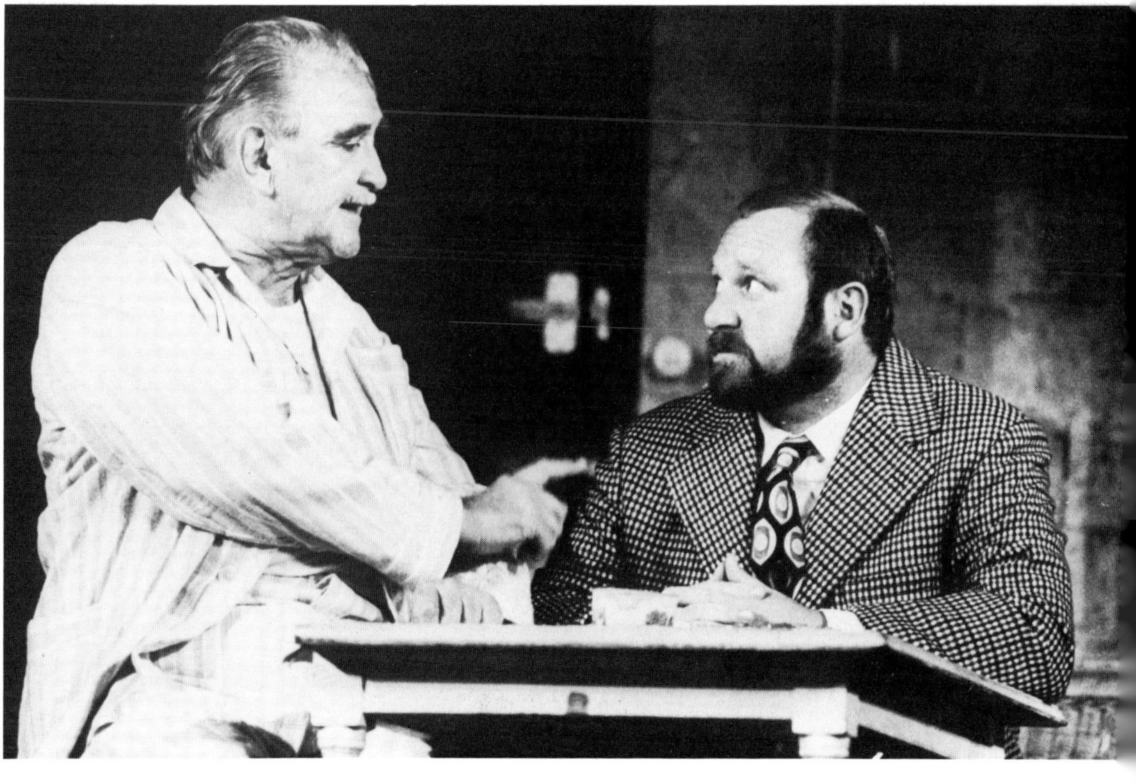

80 Gustav und Klaus Knuth in »Sonny Boys« von Neil Simon, 1975

31 Christian Quadflieg als Marquis Posa und Rudolf Bissegger als Carlos in Schillers »Don Carlos«, 1981

2 Marina Wandruszka als Minna und Eva Rieck als Franziska in Lessings »Minna von Barnhelm«, 1982

83 Renate Schroeter und Christoph Bantzer in William Congreves »Der Lauf der Welt«, 1985

genheit zu einer Klage größten Ausmaßes, von hoher dichterischer Kraft, gewiß, aber eben doch zu einer Klage. Der hilflose Sohn hält es durchaus nicht für das verdiente Schicksal eines Schweizers, das Augenlicht zu verlieren. Er ist nicht einen Augenblick lang resigniert. Er ist nur, und mit allem Recht, empört.

Nathan ist nur traurig, und wer Reichmann gehört hat, mußte mit ihm traurig sein. Und zwar für immer. Weit über den Augenblick hinaus, mag dieser Augenblick auch Stunden, Tage, Jahre dauern.

Die ganze Aufführung war auf diesen Ton der Resignation gestimmt. Dabei waren gar nicht alle Rollen bestens besetzt. Die zentrale Rolle des Tempelherrn wurde von einem jungen Wiener gespielt, dessen Deutsch vermuten ließ, er sei frühestens zur Generalprobe aus Wien gekommen, das er vorher nie verlassen hatte. Dafür war Arens ein herrlicher Sultan, Tessen ein bezaubernder Klosterbruder, und die Hatheyer brachte es zum erstenmal fertig, die Daja aus dem gewohnten Klischee der fürsorgenden Begleiterin herauszuheben und zu einer tragischen Figur zu machen – einer Christin, die sich im Orient als Fremde empfindet, die das Haus Nathans, bei aller Liebe zu diesem, als Exil empfindet und nach Europa zurück will.

Recha, die Adpotivtocher Nathans, sollte ursprünglich von Fräulein Susanne Bialucha gespielt werden, einer jungen, hübschen und sicher nicht unbegabten Dame, die einige größere Rollen zuvor verkörpert hatte, aber immer nur so, daß man den Eindruck hatte, sie steige nicht richtig ein, sie gebe nicht das, was sie zu geben habe. Schon bei den ersten Proben stellte sich heraus, warum dem so war. Die junge Schauspielerin hielt es für unter ihrer Würde, ihre Rolle zu Hause zu lernen. Sie meinte, und von dieser Ansicht war sie nicht abzubringen, dazu seien die Proben da. Sie machte sich auch nie Gedanken darüber, wie eine Szene zu spielen sei, sie bot niemals etwas an, sie überließ alles dem Regisseur, sie stand nur regungslos und offenbar uninteressiert auf der Bühne herum und wartete auf Anweisungen. Klingenberg sah sich das eine Weile an, sagte ihr dann, er verlange, daß sie innerhalb der nächsten paar Tage die Rolle lerne, so umfangreich war sie ja gar nicht, obwohl dramaturgisch entscheidend. Die Bialucha lehnte das Lernen weiterhin ab. Nach zwei Wochen nahm Klingenberg ihr die Recha ab und besetzte eine andere Schauspielerin, die dann ihre Sache sehr gut machte.

Das war das erste Mal, daß ein verantwortungsbewußter Theaterdirektor und Regisseur einen Schritt gegen die »neue Schauspielkunst« unternahm, wo die Schauspieler aufhören zu tun, was früher selbstverständlich war: ihre Rolle zu lernen und sich zu ihr etwas einfallen zu lassen, sie überlassen alles dem Regisseur oder, was noch schlimmer war, versteifen sich aufs Diskutieren. Dies ist einer der Gründe dafür, daß im gesamten deutschsprachigen Raum, von wenigen Ausnahmen abgesehen, die Proben zu einem neuen Stück anstatt drei oder vier jetzt zehn oder gar fünfzehn Wochen dauern. In Zürich war es bis jetzt noch nicht dahin gekommen, und insofern war die Tat Klingenbergs wirklich eine theaterhistorische Tat, die allerdings ohne Folgen bleiben sollte.

Um diese Zeit, im September 1980, hatte Klingenberg seinen Vertrag bereits gekündigt. Er lief noch bis Ende der Spielzeit 1981/82 und wäre automatisch um weitere fünf Jahre verlängert worden. Denn, obwohl auch Klingenberg am Anfang gewisse Fehler unterlaufen waren, hatte er zum Beispiel Maria Becker wieder ans Schauspielhaus geholt, die zu Zeiten Buckwitz' fast nur noch in München und auf Tourneen gespielt hatte; er hatte interessante Aufführungen herausgebracht und den Molière-Zyklus mit Ponnelle gestartet; er hatte Christiane Hörbiger vorzüglich beschäftigt und zu dem gemacht, was sie eigentlich schon lange war: zu einer ersten Schauspielerin ihres Fachs; er hatte Charles Regnier fest an das Schauspielhaus gebunden. Freilich hatte er Lohner gehen lassen, ein großer Verlust für Zürich – und er hatte den Regisseur Gerd Heinz immer öfter an das Theater geholt, was später zu einer Katastrophe führen sollte.

Hinter den Kulissen war die Katastrophe bereits ausgebrochen, ohne daß man sogleich spürte, daß es sich um eine Katastrophe handelte. Genaugenommen um zwei Katastrophen. Der Präsident des Verwaltungsrats, Dr. Staehelin, war zurückgetreten, eher: zurückgetreten worden. Da war Politisches im Spiel. Die Öffentlichkeit sollte nie erfahren, warum es zu diesem Rücktritt kam, aber da die Stadt die übergroße Mehrheit der Aktien besaß, muß wohl die Stadt, respektive der Stadtpräsident seine Hand im Spiel gehabt haben. Jedenfalls war es bedauerlich, denn Dr. Staehelin, der, als er den Posten antrat, nicht allzuviel vom Theater wußte, hatte sich mit Blitzesschnelle eingearbeitet und war ein vorzüglicher Mann geworden, mit viel Verständnis für die Nöte eines Theaters, besonders der Schauspieler.

An seiner Stelle holte man nun Prof. Dr. Werner Weber. Der war jahrelang Chef des Feuilletons der »Neuen Zürcher Zeitung« gewesen und hatte dort höchst interessante und richtungweisende Arbeiten über Literatur und auch Theater veröffentlicht. Er ging dann an die Universität, wo man eine besondere Professur für ihn einrichtete, die ihm ermöglichte, Literaturkritik zu lehren. Er war in dieser Stellung höchst erfolgreich. Und man erwartete, daß dieser Mann, der zwar nicht aus dem Theater kam, aber doch sein Leben lang immer wieder mit Theater, sei es auch nur in Form von Literatur, zu tun gehabt hatte, der richtige Mann sein würde.

Aber wer war ein richtiger Mann? Was hatte der Verwaltungsrat damals überhaupt noch zu sagen? Was konnte er bewirken? Buckwitz hatte jedesmal, wenn sein Vertrag verlängert wurde, dafür gesorgt, daß dem Verwaltungsrat gewisse Rechte, die er in bezug auf die künstlerische Existenz des Theaters besaß, abgenommen wurden. Der Verwaltungsrat hatte sich da keine großen Sorgen gemacht, man vertraute ja Buckwitz völlig. Man vertraute natürlich auch Klingenberg, aber es zeigten sich da doch bald gewisse Mißstände, die der Verwaltungsrat abschaffen mußte und die Dr. Staehelin auch mit gewissem Takt beseitigte.

Es handelte sich da vor allem um die bereits erwähnte Tantiemen-Frage, in der Klingenberg immer wieder von der Öffentlichkeit angegriffen wurde. Von der Öffentlichkeit? Genaugenommen nur von einer Zeitung. Und die Journalistin, die Klingenberg angriff, war nicht gerade theaterkundig. Sie hätte ihre Artikel wahrscheinlich nicht geschrieben, wenn sie von Werner Wollenberger nicht dazu angestachelt worden wäre. Wir erinnern uns: Klingenberg hatte sich von Wollenberger getrennt. Und der hatte nun nichts Eiligeres zu tun, als »Material« gegen Klingenberg zu sammeln.

Was an Klingenberg auszusetzen war, bezog sich auf seine wirklich häufigen Abwesenheiten vom Theater und seine angeblich kostspieligen Reisen nach London, wo er neue Stücke suchte. Die Vorwürfe, London betreffend, erwiesen sich als völlig aus der Luft gegriffen. Andere auch. Aber es stimmte schon, daß Klingenberg sehr oft von Zürich abwesend war. Obwohl das Theater vorzüglich ging und das Publikum alles in allem recht zufrieden war – das mochten die Zürcher einfach nicht. Dr. Staehelin, der damals noch in Amt und Würden war, sorgte mit viel Takt und Geschick dafür, daß sich das änderte.

Aber es bestand nicht der geringste Grund für den Verwaltungsrat, Klingenberg nach fünf Jahren gehen zu lassen, es sei denn bei einem sehr links gerichteten Mitglied dieses Verwaltungsrates, der Klingenberg für zu bürgerlich hielt.

Klingenberg selbst war es, der dann kündigte. Eine Kurzschlußhandlung. Er hatte genug von den Sticheleien und Angriffen. Er wollte seine Freiheit haben, inszenieren, wo immer man ihn wollte. Und man wollte ihn an vielen Theatern. Klingenberg war damals sicher, daß er nie wieder ein Theater leiten wollte.

Zurück zu *Nathan der Weise*, September 1980. Nach dieser Premiere kam wieder einmal ein unglückseliges englisches Stück, Sam Shepards, *Buried Child*, inszeniert von Gerd Heinz, von bewährten Schauspielern nicht allzu gut gespielt, vom Publikum kaum gewürdigt. Es kam Tschechows *Möwe*, mit Christiane Hörbiger als alternder Schauspielerin – sie war herrlich, aber viel zu jung für diese Rolle; mit Susanne Bialucha, die diesmal ihre Rolle gelernt hatte, aber als Nina nicht überzeugte; mit Robert Tessen als leichtlebigem Bruder der Schauspielerin, Peter Brogle als lebenslustigem Schriftsteller, mit dem jungen und unbekannten Ernst Sigrist als Sohn der Schauspielerin, der sich aus Liebe zu Nina das Leben nimmt. Eine herrliche Aufführung unter Düggelin, ein Riesenerfolg.

Dann folgte *Romulus der Große* von Friedrich Dürrenmatt, eine bitterböse Satire, früher schon einmal aufgeführt, jetzt neu bearbeitet und unter der Regie von Klingenberg mit Charles Regnier in der Hauptrolle, mit Margrit Ensinger als seiner Frau, Eva Rieck als Tochter – ebenfalls eine gelungene Aufführung. Darauf kam eine erstaunlich erregende Inszenierung des meist verunglückenden *Fiesco* von Schiller unter der Regie von Hans Hollmann. Hollmann war einmal eine große Hoffnung gewesen – und das war noch gar nicht so lange her. Er hatte immer wieder aufsehenerregende Aufführungen zustande gebracht, dazwischen aber gewagte, die ans Unfaßliche grenzten und die einen fragen ließen, ob dieser Mann noch bei Verstand sei.

Dieser *Fiesco* bewies, daß er es war. Da war der große Bogen, den der junge Schiller wohl im Sinn hatte, als er das »republikanische Trauerspiel« schrieb. Die Bearbeitung von Hollmann selbst aber, aufgrund der Fassungen, die Schiller für die Buchausgabe, respektive für die Bühne gemacht hatte, war keineswegs, wie die meisten Bühnenfassungen unserer modernen Regisseure, eine Entfernung von dem, was der Dichter gewollt hatte, sondern eine Annäherung, ein Herausarbeiten des Kerngedankens. Die Schauspieler waren vorzüglich, voran der vom Wiener Burgtheater geholte Frank Hoffmann in der Titelrolle, als alter Doria Fred Tanner und als Verrina, die Mittelpunktsfigur des Stückes, Hans Dieter Zeidler – unübertrefflich sie alle, sie hätten nicht stimmiger sein können. Der Abend war ein Beweis – heute muß man ja wieder nach Beweisen fragen! – dafür, daß Schiller eben ein guter Dramatiker war und ist.

Danach ein Stück von Peter Sattmann, *Der Erzbischof ist da*, das Peter Ehrlich unbedingt spielen wollte, weil es nur eine Rolle enthält, sonst gar nichts, und vor allem nichts, was auf dem Theater etwas verloren hätte. Dann kam der mißglückte Max-Frisch-Abend, *Triptychon*, mit einer Riesenbesetzung. Wieder unter der Regie von Heinz spielten die Becker, Brogle, die Schroeter, Tessen. Natürlich mußte man einen neuen Frisch in Zürich spielen, aber er hatte keinen Erfolg, und das wußten alle Beteiligten, auch Frisch selbst, schon vor der Premiere.

Dann kam wieder eine großartige Molière-Inszenierung von Jean-Pierre Ponnelle, diesmal *Tartuffe* mit Peter Ehrlich in der wichtigen Rolle des ständig an der Nase herumgeführten Bürgers Orgon, mit Peter Arens als Tartuffe – ganz einzigartig, gar nicht der heuchlerische Schuft, den man als solchen sofort erkennen müßte, sondern auf den ersten Blick eher manierlich, mit Christiane Hörbiger in der berühmten Zofenrolle der Dorine. Ein Bombenerfolg, ein verdienter, einer, der wieder einmal zeigte, wie Theater gespielt werden sollte, wie Theater gespielt werden muß.

Wie Theater nicht gespielt werden sollte und sicher nicht mußte, demonstrierte die nächste Premiere. *Was ihr wollt*, das Lustspiel Shakespeares, das immer, immer zum Erfolg wird, das zum Erfolg werden muß. Es wurde zu einem totalen Mißerfolg. Klingenberg meinte nach der Premiere: »Man kann gegen Heinz sagen, was man will. Er hat etwas geschafft, was vor ihm noch keiner geschafft hat, nämlich aus *Was ihr wollt* einen Mißerfolg zu machen.« In der Tat, dieser Abend war gar nicht lustig und wirkte eher sinnlos. Da spürte man deutlich, daß Heinz nur darauf aus war, alles anders zu machen, als es bisher gemacht worden war. Er hatte zwar eine hinreißende Besetzung zur Verfügung, etwa Wolfgang Stendar als liebeskranken Orsino, die bezaubernde Eva Rieck als Viola, Renate Schroeter als Gräfin Olivia, die sich in den vermeintlichen jungen Mann – die verkleidete Viola – verliebt, Hubert Kronlachner in der unverwüstlichen Rolle des karrieresüchtigen Hausverwalters Malvolio. Da konnte doch eigentlich nichts schiefgehen. Es ging aber so schief, daß der Pisa-Turm dagegen aufrecht steht.

Man könnte Seiten mit Beispielen für das Scheitern füllen. Etwa: Viola erzählt, gleich in der ersten Szene des Stücks, daß sie bei dem Schiffbruch, aus dem sie und ihre Gefährten sich retten konnten, den Bruder aus den Augen verloren hat. Sie fürchtet, er sei ertrunken und glaubt nicht recht an die Tröstungen eines Fischers, der zusammen mit ihr an den Strand gelangt ist und beteuert, er habe noch gesehen, wie der Bruder sich an einer Latte Holz festhielt, er habe sich also vermutlich auch gerettet. Dieser Bruder tritt nun im späteren Verlauf des Stücks auf – er entsteigt den Fluten, ein Schiffbrüchiger. Nicht bei Heinz! Dort klettert er aus dem Wasser in einem grauen Zweireiher, als komme er soeben aus einem erstklassigen Schneidersalon. Und er hievt gleich zwei Gepäckstücke an Land, tadellose moderne Lederkoffer. Das ist also der Jüngling, der beinahe ertrunken wäre!

Oder da ist der berühmte Monolog des Malvolio, der einen Brief studiert, von dem er glaubt, seine Herrin, die Gräfin, die er anbetet, habe ihn geschrieben. In dem Brief, den in Wahrheit Maria, die Kammerfrau, geschrieben hat, werden Andeutungen gemacht, die Malvolio zu der Überzeugung bringen, die Gräfin liebe ihn auch. Und beim Lesen des Briefes beobachten ihn die lustigen Konspiranten, also Maria, Tobias, der stets betrunkene Onkel der Gräfin, und Junker Bleichenwang, der sich ebenfalls Hoffnungen auf die Gräfin macht. Diese Szene hat noch immer und überall eingeschlagen. Nicht so in Zürich, wo die Verschworenen nicht vor, respektive hinter Büschen stehen und ihre Reaktionen stets sichtbar bleiben, sondern wo sie hinter einer völlig unmotivierten Holzwand postiert sind, dem Publikum nur gelegentlich sichtbar – von wo sie aber auch Malvolio nicht immer sehen können, es sei denn durch Gucklöcher in der Holzwand. Die Szene war nicht lustig, sie wirkte mühsam. Wie das ganze Stück. Wie gesagt, zum ersten Mal in der Geschichte von *Was ihr wollt*.

Das war im Frühjahr 1981. Um diese Zeit war es kein Geheimnis mehr, an wen man als Nachfolger für Klingenberg dachte. Nein, es war schon beschlossene Sache. Der Verwaltungsrat hatte an eine Doppeldirektion Düggelin/Heinz gedacht. Düggelin – das war verständlich. Er hatte in Basel einige Jahre lang sehr erfolgreich, auch mit künstlerischem Erfolg, das dortige Theater geleitet. Freilich, er war nicht mehr in der gesundheitlichen Hochform von damals. Doch das mußte man nicht unbedingt wissen, es konnte sich auch um vorübergehende Schwäche handeln. Aber Heinz? Heinz, der nichts, wirklich nichts außer einer erfolgreichen Bond-Inszenierung in Zürich gezeigt hatte, was ihn als Theaterdirektor qualifizierte? Und nachdem man solche Mißhandlungen von Klassikern gesehen hatte, wie zum Beispiel diesen miserablen Shakespeare?

Die letzte Spielzeit von Klingenberg begann mit einer fulminanten Aufführung von *Don Carlos* am 17. September 1981, inszeniert von Klingenberg selbst, mit Rudolf Bissegger, einem bildschönen Jüngling, als Don Carlos, mit Christian Quadflieg als Posa, der hervorragend war und von dem man sich vieles erwartete – leider kam er nicht mehr nach Zürich zurück, spielte überhaupt wohl nicht mehr viel Theater, das Fernsehen sollte ihn bald entdecken. Bemerkenswert auch der Großinquisitor, diese außerordentliche Schlußrolle, die eigentlich dem alten Gustav Knuth zugedacht war, die aber schließlich, da Knuth sich gesundheitlich nicht mehr dazu imstande sah, von Richard Münch übernommen wurde, einem alten Gründgens-Schauspieler, der imponierte. Es war alles in allem eine sehr schöne Vorstellung.

Es folgte Tschechows *Kirschgarten*, inszeniert von Gerd Heinz, in einer nicht gerade richtigen Besetzung. Agnes Fink in der Rolle der Gutsbesitzerin, die ihr Gut verliert, weil sie sich nicht darum kümmert und den Kirschgarten nicht rechtzeitig verkauft, war einfach nicht souverän genug. Peter Brogle, der verspielte Bruder, war nicht alt genug und konnte auch nicht den Lebemann um die Jahrhundertwende vorstellen. »Richtiger« war schon Peter Ehrlich als der Kaufmann, der letzten Endes den Kirschgarten erwirbt, auch Alfred Pfeifer als Student war vorzüglich, in den weiteren Rollen Hubert Kronlachner, Erwin Parker und Renate Schroeter – als Gouvernante hundertprozentig Tschechow. Aber die ganze Aufführung war eben nicht hundertprozentig, sie war eigentlich nicht einmal fünfzigprozentig.

Dann kam die Uraufführung eines Stückes des jungen Schweizer Autors Thomas Hürlimann, *Großvater und Halbbruder*. Es ging in dem Stück um die Rolle der Schweiz, oder besser der Bewohner eines kleinen Schweizer Ortes, dicht an der Grenze zu Deutschland, während der Hitler-Zeit und an deren Ende. Der junge Hürlimann konnte die Ereignisse, die er da schilderte, gar nicht miterlebt haben. Er dramatisierte wohl das, was er von seiner Familie gehört hatte. Verblüfft las man im Personenverzeichnis: »Mein Großvater..., Meine Mutter..., Mein Vater.«

Bei der Handlung, wenn man von einer solchen sprechen durfte, handelte es sich darum, daß ein Fremder aus Deutschland herüberkommt, der allgemeines Ansehen genießt, weil man ihn für den Halbbruder von Hitler hält. Als Hitler abgewirtschaftet hat, hat auch dieser Halbbruder abgewirtschaftet.

Die Uraufführung – Regie Düggelin – war ein gesellschaftliches Ereignis. Natürlich war die sehr prominente Familie Hürlimann – Politik, Kunst, Industrie – soweit noch vorhanden, erschienen, auch ihre Freunde und die Freunde der Freunde. Aber daß dieses Stück außerhalb der Schweiz je Erfolg haben würde, war von Anfang an zweifelhaft, und die Zweifel sollten sich dann bald zur negativen Gewißheit verdichten. Immerhin, man konnte dem jungen Hürlimann dramatisches Talent attestieren. Freilich auch, daß er ein unfertiges Stück abgeliefert hatte. Unter Hirschfeld, unter Lindtberg wäre das nicht so gespielt worden. Aber es waren eben andere Zeiten.

Es folgte Eduardo de Filippos *Filumena Marturano*. Hauptdarstellerin war die Becker, und sie war großartig. Aber diese Rolle der langjährigen Geliebten des reichen Soriano, der es ablehnte, sie nach so vielen Jahren zu heiraten, war schon immer und überall ein Erfolg gewesen. Die Erstaufführung am Berliner Schloßpark-Theater spielte 1953 Käthe Dorsch zusammen mit O. E. Hasse, in Berlin wurde das Stück einige Jahre vor Zürich wieder herausgebracht, diesmal mit der Hatheyer und Friedrich Schönfelder. In Zürich spielte Peter Ehrlich den Mann – vorzüglich. Alle waren vorzüglich, vor allem auch die bereits erwachsenen unehelichen Söhne des Paares, darunter Alfred Pfeifer. Regie führte – man höre und staune – Harry Buckwitz. Als er abtrat, hatte man ihm für die nächsten Spielzeiten je eine Inszenierung zugesagt. Diese Zusage war dann nicht eingehalten worden – es war nicht recht zu ersehen, warum. Jedenfalls zeigte sich Buckwitz hier wieder einmal als der Regisseur, der seine Schauspieler führen konnte und noch aus den kleinsten Rollen etwas machte. Ein stürmischer Erfolg!

Ein weniger stürmischer Erfolg war die *Medea* des Euripides in der Übersetzung des Hausdramaturgen Herbert Meier mit Annemarie Dermon als Medea, Peter Arens als Kreon und Matthias Habich als Jason. Da stimmte sehr vieles nicht. Schuld wohl des Regisseurs Luca Ronconi und nicht zuletzt Annemarie Dermons, die ganz einfach nicht die Urgewalt besitzt, die eine Medea mitbringen muß.

Aber dann kam es Silvester 1981 zu einem geradezu sensationellen Erfolg mit Peter Shaffers *Amadeus*. Dieses Stück war schon in vielen Städten, voran natürlich in London und New York, dann aber auch in Wien, München, Hamburg und später in Berlin, ein großer Erfolg geworden und sollte es lange bleiben. In Zürich hatte man sich August Everding, früher Direktor der Münchner Kammerspiele, jetzt Opernchef in München und bald darauf dort Chef sämtlicher staatlichen Theater Bayerns, geholt. Er hatte eine grandiose Besetzung zur Verfügung. Für den Salieri, dem viele Historiker die Schuld an dem frühen Tod Mozarts gaben, hatte er Wolfgang Reichmann. Er war großartig, aber diese Rolle spielte sich eigentlich überall wie von selbst. Und alle bekannten Charakterdarsteller in jedem Land, in dem es Schauspielhäuser gibt, man möchte fast sagen, in jeder Stadt, rissen sich um die Rolle und machten mit ihr Furore. Für den deutschsprachigen Raum, nenne ich nur Romuald Pekny in Wien, Walter Schmiedinger in München, Boy Gobert in Berlin.

Aber erstaunlicherweise war nicht der großartige Reichmann der Erfolg der Aufführung, sondern ein sehr junger Mann, von dem noch niemand gehört hatte. Ursprünglich hatte man in Zürich an Alfred Pfeifer als Mozart gedacht, aber der schien Everding nicht richtig. Darüber gab es hinter der Szene viel Hin- und Hergerede, aber Pfeifer, respektive Klingenberg, blieben auf der Strecke. Everding konnte seinen Günstling durchsetzen. Man war allgemein der Ansicht, daß dieser schon ein Ausnahmefall sein müßte, damit man ihm die Verdrängung des beliebten Pfeifer verzeihen könnte. Nun, er war ein Ausnahmefall. Sein Name: Christoph Waltz. Ich weiß nicht, wie alt er damals war, als er die Rolle bekam, jedenfalls wirkte er blutjung. Er war mit einem Wort: fabelhaft. Alle bei der Premiere und bei den unzähligen folgenden Aufführungen Anwesenden waren überzeugt, daß hier ein ganz großer Star geboren wurde. Man erwartete sich alles nur Denkbare von diesem jungen Waltz. Der bekam auch, nachdem die ersten Kritiken aus Zürich in anderen Städten bekannt wurden, Angebote aus Berlin, aus Wien, aus München. Aber Waltz zog es vor, in Zürich zu bleiben.

Es folgte eine sehr amüsante Aufführung eines Molière, wieder in der Übersetzung Hans Weigels: *Der eingebildete Kranke.* Wieder inszenierte Ponnelle, und wieder war es ein grandioser Abend, obwohl Peter Ehrlich in der Titelrolle nicht ganz so war, wie sein Regisseur ihn eigentlich wollte. Immerhin, das Stück ist wirklich gut genug, daß es leichte Stilabweichungen verträgt.

Dann kam ein Stück des Iren Sean O'Casey, *Juno und der Pfau,* inszeniert von Hans Lietzau, mit seiner Frau Carla Hagen in der Hauptrolle, neben ihr Zeidler und viele andere erste Schauspieler des Hauses. Aber das Stück interessierte ganz einfach nicht, weil der irische Bürgerkrieg zwischen 1910 und 1920 in Zürich niemanden mehr so recht zu packen vermochte. Immerhin, Stück und Aufführung konnten sich sehen lassen.

Und dann wieder ein Riesenerfolg: die Operette *Orpheus in der Unterwelt* von Jacques Offenbach. Hans Hollmann, der Regisseur, hatte den Text neu eingerichtet, und die Presse fand allgemein, die Bearbeitung sei mißlungen. Sie war auch der Meinung, dieses Stück gehöre nicht ins Schauspielhaus. Das mochte so sein. Aber Hollmann machte eine vorzügliche Aufführung mit Peter Arens als Pluto, mit Rolf Kaiser als Jupiter, Christiane Hörbiger als Eurydike, mit Hans Dieter Zeidler als umwerfendem Orpheus und dem wenn möglich noch komischeren Hans Styx von Hubert Kronlachner. (Das berühmte Couplet »Als ich noch Prinz war von Arkadien« war ein bißchen umgedichtet, aber genauso komisch wie das Original.) Natürlich konnte das Schauspielhaus kein veritables Operettenorchester vor der Bühne aufbauen, dazu reichte der Platz nicht, aber das Musikalische gelang um so besser, als die meisten der Mitwirkenden vorzüglich singen konnten.

Es folgten Ibsens *Gespenster,* inszeniert von Leopold Lindtberg, mit der Hatheyer als Frau Alving, Rudolph Bissegger als Oswald, Wolfgang Stendar als Pastor Manders – Zeidler hätte die Rolle spielen sollen, aber Lindtberg zog Stendar vor, der vom Typ her nicht eigentlich richtig war. Den intriganten Tischler Engstrand spielte Jürgen Cziesla und die Regine Marina Wandruszka. Eine Bombenbesetzung. Es kam zu einer gut durchgearbeiteten, soliden Aufführung. Die Hatheyer, die das Stück bereits in Berlin und auch anderswo gespielt hatte, war stellenweise ergreifend, Bissegger über weite Strecken erschütternd. All die anderen recht gut. Und die Aufführung war erfolgreich. Eine Sensation, die man erwartet hatte, wurde sie nicht. Vielleicht, wenn man gewußt hätte… Gewußt nämlich, daß dies die letzte Inszenierung von Lindtberg am Schauspielhaus sein sollte und die letzte Rolle, die die Hatheyer am Schauspielhaus spielen würde! Aber wer konnte das ahnen?

Als letzte Inszenierung der Saison und damit der Ära Klingenberg kam *Viel Lärm um nichts* heraus, und zwar in der unglückseligen Übersetzung von Richard Flatter, die Friedrich Torberg und Hans Weigel vor Jahren bereits in Grund und Boden verdammt hatten. Benedict war Peter Arens, Beatrice Christiane Hörbiger, Hero Marina Wandruszka, Claudio Rudolph Bissegger, und Regie führte Gerhard Klingenberg höchstpersönlich. Aber man spürte der Aufführung schon in der ersten Szene an, daß niemand mehr interessiert war. Jedenfalls nicht interessiert genug, um dieses bezaubernde Lustspiel zum Blühen zu bringen. Vielleicht mit Ausnahme der beiden Constabler Hans Dieter Zeidler und Robert Tessen, die alles falsch machen, was falsch zu machen ist.

Man war enttäuscht. Man hatte erwartet, daß Klingenberg mit einem Paukenschlag abgehen würde, man hatte nicht in Rechnung gestellt, er selbst wohl auch nicht, daß er zumindest in jenen Tagen nicht mehr sehr interessiert an Zürich war. Ein Fehler, ohne Zweifel. Aber ein verständlicher.

Wie enttäuscht das Publikum auch immer war, wie wenig die Arbeit Klingenbergs hergab – in unserer Erinnerung, die wir nach Jahren an diese letzte Aufführung der Klingenberg-Direktion zurückdenken, wirkt sie geradezu epochal. Nicht zuletzt im Hinblick auf das, was sich in den nächsten Jahren auf dieser Bühne ereignen sollte.

Akt VIII

Die Katastrophe

Im Herbst 1982 begann das, was man rückblickend nur eine Katastrophe für das Schauspielhaus Zürich nennen kann. Vergleichbar nur mit der Ära Löffler. Aber die war ja schon nach wenigen Wochen von den damals Verantwortlichen, dem Verwaltungsrat, als katastrophal erkannt und zeitlich limitiert worden. Der 1982 amtierende Verwaltungsrat erkannte nicht, daß eine Katastrophe ins Haus stand. Die Katastrophe hieß Gerd Heinz.

Ursprünglich dachte man ja an eine Co-Direktion Düggelin/Heinz. Die wäre möglicherweise auch nicht gerade erfolgreich geworden, wenn man bedenkt, in welchem Maße zu jener Zeit die Kräfte Düggelins nachließen – wahrscheinlich, weil er sich in früheren Jahren so stark verausgabt hatte.

Warum die Co-Direktion schließlich doch nicht zustande kam? Das hat man offiziell nie erfahren. Düggelin sagte mir, es wäre ihm unmöglich gewesen, sich noch im Spiegel anzusehen, hätte er die Bedingungen des Verwaltungsrates angenommen. Ein Mitglied des Verwaltungsrates erklärte mir später, viel später, Düggelin und Heinz hätten jeder für sich annähernd eine Viertelmillion Franken beansprucht, und das wäre einfach untragbar für das Schauspielhaus gewesen. Nun wurde Gerd Heinz alleiniger Direktor des Theaters.

Von seiner Vergangenheit wußte man nicht viel in Zürich, jedenfalls nicht offiziell. Er war einmal Schauspieler gewesen – kein sehr guter. Ich sah ihn in den Sechzigerjahren in einer geradezu grauenhaft schlechten Inszenierung der *Räuber*, der zweiten Produktion des damals neuen Direktors des Deutschen Schauspielhauses Hamburg, des glücklosen Brecht-Schülers Egon Monk. Heinz war Karl, und man mußte mich später, als er in Zürich anfing Regie zu führen, daran erinnern, daß er es war, der den »Helden« gespielt hatte, so farblos, so wirkungslos, so beiläufig war er. Ich weiß nicht, ob er dann noch irgendwo spielte, später wurde er Regisseur, aber keiner, der Aufsehen erregte, gewiß nicht, auch am Hamburger Thalia-Theater nicht, wo ihm Boy Gobert einige Aufgaben übertrug. Aber damals war er noch ein Regisseur, der versuchte, Stücke so zu spielen, wie sie geschrieben waren. Das war zu der Zeit vielleicht noch die Regel, bald wurde es eine Seltenheit. In Zürich, wohin ihn Klingenberg geholt hatte, zeigte er ja dann das eine oder andere, aber seine Neigung, als Regisseur aufzufallen, wenn auch auf Kosten des Stückes, wurde immer stärker. Seine späteren Inszenierungen waren nahezu unerträglich – siehe seine Verwüstung der ansonst unverwüstlichen Komödie *Was ihr wollt.*

Warum hatte man nun gerade ihn geholt? Er hatte doch durch nichts bewiesen, daß er das Talent besaß, ein Theater zu führen. Hatte er einen Plan? Hatte er neue Ideen? Schlug er Projekte vor, die dem Verwaltungsrat imponierten oder ihn auch nur interessierten?

Nichts dergleichen. Das konnte man sehr bald auf seiner ersten Pressekonferenz erkennen, die er in den letzten Wochen, bevor Klingenberg abtrat, gab. Eine ungewöhnliche Pressekonferenz, in der Tat. Früher war das so: Wenn einer Theaterdirektor werden wollte, wandte er sich an den oder die Eigentümer des betreffenden Theaters, gleichgültig, ob diese Privatleute waren, eine Stadt oder ein Staat. Dort fragte man ihn, ob er eine Vorstellung davon habe, wie das Theater zu führen sei. Diese Frage wurde mit einem minuziös und sorgfältig ausgearbeiteten Plan beantwortet, woraufhin der Betreffende den Zuschlag oder eine Absage erhielt, je nachdem, was sein Plan in den Augen derjenigen, die ihn zu begutachten hatten, wert war.

Das schien nur logisch und war es auch.

Während der Pressekonferenz, auf der Gerd Heinz als künftiger Direktor vorgestellt wurde, hörte man eigentlich nur das, was die Presse schon vorher wußte, nämlich, daß er der künftige Direktor sei. Auf die Frage, was er denn nun plane, antwortete er, das wisse er noch nicht, er sei eben erst ernannt worden und müsse über diese Sache noch nachdenken.

Er hatte also keine Pläne, keine ausgearbeiteten oder auch noch nicht ausgearbeiteten Projekte, er hatte keine Ahnung, was er spielen würde, wer was spielen würde. Der Verwaltungsrat schien damit zufrieden, und diejenigen von der Presse, die es eigentlich hätten besser wissen müssen, schienen auch damit einverstanden. So nahm das Unglück seinen Lauf.

Wichtige Ereignisse in der Welt, die ja früher immer irgendwie Richtlinien für das Schauspielhaus gewesen waren, mindestens bis in die Sechzigerjahre hinein, gibt es kaum zu vermelden. Ja, im April war ein Krieg um die Falkland-Inseln ausgebrochen, während dessen Dauer und auch nachher die Sympathie der meisten sogenannten Liberalen, von den Linken ganz zu schweigen, auf seiten der Argentinier stand – der Argentinier, die, befehligt von Generälen, wenig später, als in ihrem Lande zum erstenmal wieder gewählt werden durfte, vor Gericht gestellt wurden wegen Massenmorden an Oppositionellen. Dabei hatten die Bewohner der Falkland-Inseln doch fast einstimmig votiert, daß sie nicht Argentinier werden, sondern Briten bleiben wollten. Warum also sollten ihnen die Briten nicht helfen, das zu bleiben, was sie waren? Während des Militärregimes in Argentinien kamen rund neuntausend Menschen um, von denen die meisten einfach verschwanden. Trotz leidenschaftlicher Suchaktionen der Freunde und Verwandten wurden sie nie aufgefunden.

In Moskau siechte der Parteichef Leonid Breschnew dahin. Er war fünfundsiebzig Jahre alt. Nach freimütigen Äußerungen eines amerikanischen Kommentators konnte er nicht mehr sprechen und nicht mehr laufen. Auf öffentliche Veranstaltungen gezerrt, mußte man ihn stützen. Und noch bevor das Jahr 1982 zu Ende war, starb er.

Bei der ersten Pressekonferenz von Heinz fiel auf, daß er eine ganze Anzahl von Dramaturgen angestellt hatte. Früher war das Schauspielhaus mit einem Dramaturgen ausgekommen, auch unter Buckwitz waren einer oder sagen wir anderthalb Dramaturgen genug. Warum jetzt vier oder fünf? Es handelte sich durchweg um Männer, die bisher mit dem Theater nichts zu tun hatten. Erwähnenswert, daß auch ein gewisser Joachim Johanssen Dramaturg wurde, der völlig erfolglos als Schauspieler und wenn möglich noch erfolgloser als Regisseur gewesen war. Die anderen kamen vom Journalismus, wie etwa Dieter Bachmann, der in Redaktionen vortreffliche Arbeit geleistet hatte, und Peter Rüedi, der allerdings zuvor in Berlin als Dramaturg gewirkt hatte.

Als sich das Ausmaß der Katastrophe in Zürich bereits abzuzeichnen begann, nein, als sie schon ausgebrochen war, und als auch klar war, daß die Mitverantwortung daran die Dramaturgen trugen, vor allem der Chefdramaturg Peter Rüedi, rief ich den damals noch in Berlin als Generalintendant amtierenden Boy Gobert an und fragte ihn, ob Rüedi als einer seiner Dramaturgen in Berlin etwas Besonderes geleistet habe. Es trat eine längere Pause ein. Und dann kam die Antwort: »Die Pause war wohl etwas zu lang!«, womit ich eigentlich alles wußte. Das heißt, ich fand bestätigt, was ich schon beobachtet zu haben glaubte.

Meine Frage, warum Zürich gleich so viele Dramaturgen brauchte, wurde freilich nie beantwortet. Auch nicht das Rätsel, was eigentlich ein »Produktionsdramaturg« sein sollte. Während der nächsten Jahre zeichnete nämlich bei fast jeder Produktion irgend jemand als Produktionsdramaturg.

Ich überlegte hin und her. Was konnte denn ein Dramaturg zur Produktion beitragen? Früher war das so gewesen, daß ein Dramaturg Stücke las, die eingereicht wurden, oder Stücke bearbeitete, nachdem sie angenommen waren – ich erwähne nochmals Kurt Hirschfeld, der ja Dürrenmatt und Frisch außerordentlich geholfen hatte, ohne sich deshalb als Produktionsdramaturg wichtig zu machen.

Was also war ein Produktionsdramaturg? Meine Gedanken schweiften zurück. Ich hatte viele Proben von Max Reinhardt miterleben dürfen, als Schüler noch, ich hatte Proben von Leopold Jessner beobachtet, ich hatte unzähligen Proben von Gustaf Gründgens beigewohnt, von Lindtberg und von Boleslaw Barlog und, und... Niemals hatte ich einen Dramaturgen bei den Proben gesehen, also während der Produktion des Stückes. Die wenigen Dramaturgen, die diese

Theater hatten, meist nur einen oder zwei, saßen in ihren Büros, lasen Stücke und konzipierten die Programmhefte. Natürlich kamen sie zu den letzten Proben, das taten viele, die dem jeweiligen Theater angehörten und die sich ansehen wollten, was da herauskommen würde. Aber ich weiß von den angeführten Regisseuren – ihre Zahl wäre beliebig zu erhöhen –, daß keiner von ihnen je einen seiner Dramaturgen fragte, wie er das oder jenes machen sollte.

Als Karl Heinz Stroux in der ersten Zürcher Spielzeit von Buckwitz O'Neills *Trauer muß Elektra tragen* inszenierte, sah er während einer Probe im ersten Rang zwei junge Männer. Er rief ihnen zu, was sie hier zu suchen hätten – er war besonders allergisch gegen die Anwesenheit Unbeteiligter bei seinen Proben, im Gegensatz etwa zu Reinhardt oder Gründgens. Und die auf dem Rang riefen herunter, sie seien von der Dramaturgie, worauf Stroux hinauf rief, dann sollten sie wieder in die Dramaturgie zurückkehren. Nach fünf Minuten blickte er nach oben, und sie saßen noch immer da. Da drohte er, entweder würden sie sofort verschwinden oder er würde die Probe abbrechen. Sie verschwanden. Aber selbst wenn sie geblieben wären, hätten sie sicher nichts zur Produktion beitragen können.

Das erste, was Heinz und seine Dramaturgen taten, war, gewisse Schauspieler nicht mehr zu engagieren. Es handelte sich um Anne-Marie Blanc, Maria Becker, Heidemarie Hatheyer, Wolfgang Reichmann und Hans Dieter Zeidler. Sie alle waren ausnahmslos Protagonisten, die geholfen hatten, das Schauspielhaus zu füllen. Um Publikumslieblinge und um Schauspieler von besonderer Qualität.

Der Blanc und der Becker erklärte er unverblümt in einer persönlichen Aussprache, er sei seit Jahren sehr befreundet mit Agnes Fink, und die würde nun die Rollen spielen, die sonst die Blanc und die Becker gespielt hätten.

Die ließen die Sache nicht auf sich beruhen. Die Blanc konnte man einfach nicht entlassen, sie war ein Bestandteil des alten Schauspielhauses, sie hatte viele Freunde in Zürich, auch in den Kreisen des Verwaltungsrates, man mußte sie also weiterbeschäftigen. Das gleiche galt für Maria Becker, die sich das einfach nicht gefallen ließ. Nun, die Becker hatte zwar unter Buckwitz sehr wenig gespielt, aber immerhin war sie stark genug, um sich schließlich durchzusetzen. Man mußte sie dann doch wieder beschäftigen.

Um späteren »Berichtigungen« vorzubeugen: Was hier geschrieben steht, erzählten mir die betreffenden Damen selbst. Übrigens hatte Heinz auch der Hatheyer gelegentlich eines Gespräches von der Fink gesprochen. Aber auf ihre Frage, ob er sie nicht mehr wolle, erklärte er, davon könne keine Rede sein, er wolle sie natürlich. Drei Tage später erhielt sie einen Brief, in dem zu lesen war, daß er keine Verwendung für sie habe.

Die Position der Hatheyer war wesentlich schlechter als die der anderen Damen. Obwohl sie vor siebenundzwanzig Jahren ans Schauspielhaus gekommen war und die größten Erfolge der Nachkriegszeit erspielt oder mitgespielt hatte, war sie doch in der Hitlerzeit nicht mit dabeigewesen wie die beiden anderen Damen. Natürlich schätzte man ihre Kunst, aber sich für sie exponieren? Professor Weber, Präsident des Verwaltungsrats, hatte zwar erklärt, er werde die Sache in Ordnung bringen, aber nichts dergleichen geschah. Vielleicht hatte er gar nicht versucht, die Sache in Ordnung zu bringen. Peter Arens, Vertreter der Schauspieler im Verwaltungsrat, hatte protestiert – vergebens. Die Gewerkschaft schaltete sich ein, aber den von ihr vorgeschlagenen Prozeß wollte die Hatheyer nicht führen. Die Presse schwieg, mit Ausnahme der Zeitung, die schon die Ära Löffler wundervoll gefunden hatte und es durchaus für richtig, wenn nicht gerade für notwendig hielt, die Hatheyer gehen zu lassen. Dabei sollten die nächsten Jahre beweisen, wie notwendig Schauspieler gewesen wären, die das Theater hätten füllen können.

Nur Reichmann tat nichts, als man ihn nicht wieder engagierte. Er war für die nächste Zeit anderswo nahezu ausgebucht und ahnte wohl als einziger von allen, welche Entwicklung das Schauspielhaus nehmen würde. Übrigens, die Hatheyer wurde auch mehr an anderen Theatern – und in anderen Ländern – beschäftigt, als es zumindest mir wünschenswert erschien. Aber die Tatsache, daß sie seit mehr als einem Vierteljahrhundert meine Frau war, bedeutete ja schließlich in diesem Zusammenhang nichts.

Einige der Schauspieler, deren Verträge verlängert wurden – die meisten allerdings nur von Jahr zu Jahr –, erhofften sich viel von Heinz. So zum Beispiel der ausgezeichnete Peter Ehrlich und Renate Schroeter, die während der letzten Jahre unter Klingenberg immer wieder geseufzt hatte und glaubte, nun werde alles anders, das heißt besser werden. Ja, sogar der bis dahin vielbeschäftigte Jazz-Komponist und Dirigent George Gruntz, der in der Vergangenheit viel Musik für das Schauspielhaus gemacht hatte, glaubte an Heinz. Er sollte allerdings einer der ersten sein, die der neue Direktor nicht mehr beschäftigen wollte. Was ihn enttäuscht haben mag. Immerhin, er war längst international anerkannt. Auch die Schroeter wurde kaum noch beschäftigt und wenn, in weniger interessanten Rollen als unter Buckwitz oder Klingenberg. Bis sie das bemerkte, bis fast alle Schauspieler des Ensembles merkten, was jetzt gespielt wurde – daß nicht mehr sie wichtig waren, sondern nur noch das, was die Dramaturgen für wichtig hielten –, sollte eine gewisse Zeit vergehen.

Heinz eröffnete unter eigener Regie mit *Romeo und Julia*. Das Programmheft ließ verlauten, dies sei wohl das populärste Stück von Shakespeare. Das mag Ansichtssache sein. Aber es ist ein relativ selten gespieltes Werk. Der Grund dafür ist der, daß die beiden Titelfiguren blutjunge Schauspieler sein müssen. Shakespeare dachte an eine fünfzehnjährige Julia, Romeo sollte nicht viel älter sein.

Wir wissen nicht, wie alt der Jüngling war, der die Julia als erster im Globe Theatre spielte, wir wissen auch nichts über das Alter des Uraufführungs-Romeo. In unserem Jahrhundert werden diese beiden Rollen natürlich von wesentlich älteren Schauspielern dargestellt. Welches junge Mädchen kann schon mit fünfzehn

Jahren eine so schwere Rolle wie die der Julia auf die Bühne stellen? Halt! Eine hat es doch getan – aber wer hat sie dabei gesehen? Diese eine war Eleonora Duse, die auf der Wanderbühne ihres Vaters die Julia verkörperte. Nach dem, was sie später bot, könnte sie eine herrliche Julia gewesen sein. Aber sonst ist kein Fall einer fünfzehnjährigen Julia bekannt, es sei denn in einem Schülertheater.

Wie dem auch sei: jeder Theaterdirektor, der irgend etwas von seinem Beruf versteht, weiß also, weiß seit Hunderten von Jahren, daß man diese kostbare Liebestragödie nur spielen kann, wenn man zwei sehr junge und sehr gute Schauspieler zur Verfügung hat. Weil das so selten der Fall ist, wird *Romeo und Julia*, die schönste Liebestragödie aller Zeiten, relativ selten gespielt.

In Zürich hatte man keinen Romeo und keine Julia. Beide Darsteller waren jung, aber der Romeo konnte nicht Deutsch sprechen, man spürte, er kam aus der Schweiz und hatte bisher vornehmlich Dialekt gesprochen. Die Julia war sehr leise, man konnte sie in der zweiten Reihe schon nicht mehr recht verstehen. Schlimmer: die beiden strahlten nicht die geringste Erotik aus. Zwar hatte Gerd Heinz die berühmte Liebesnacht genauso inszeniert wie einige Jahre zuvor Franco Zeffirelli auf dem Theater und später im Film. Zeffirelli hatte herrliche Arbeit geleistet, aber Heinz' Imitation war eben nicht so geglückt. Wohl stieg Romeo nackt aus dem Bett von Julia, die drin blieb. Es war zu vermuten, daß auch sie nichts anhatte. Aber man hatte nicht einen Augenblick lang das Gefühl, daß sie im Bett irgend etwas anderes getrieben hatten, als zu warten, bis der Vorhang aufging, um dann die vorgeschriebenen Worte zu sprechen. Liebe? Leidenschaft? Davon war überhaupt nichts zu spüren. Und damit war eigentlich der Abend schon verloren.

Aber Heinz wollte zeigen, daß ihm doch etwas Besonderes eingefallen war. Er legte das Ende an den Anfang. Das Ende, an dem der regierende Fürst erfährt, wie es zu der Tragödie gekommen war. Auch die verfeindeten Familien standen herum und waren pflichtgemäß erschüttert. Und dann sah man das Stück vom Anfang bis zum Ende – nein, eben nicht ganz bis zum Ende, denn das war ja als Prolog vorangestellt.

Warum? Waren er und seine Dramaturgen einen Augenblick wirklich der Überzeugung, er könne ein Stück besser gliedern, als der große Shakespeare es getan hatte? Das wohl nicht. Grund für die Umstellung war wohl, daß Heinz zeigen wollte, daß man es auch anders machen konnte.

Aber das konnte man eben nicht. Der Einwand, es wisse ja jeder Besucher, der überhaupt irgend etwas von Theater oder Literatur verstehe, seit Hunderten von Jahren, wie das Drama *Romeo und Julia* ausgehe, gilt nicht. Sicher, das weiß man auch von *Wallenstein*, von *Maria Stuart*, von sämtlichen Königsdramen Shakespeares, von allen Dramen mit historischem Hintergrund, überhaupt von allen bekannten Dramen der Weltliteratur. Aber jedes Stück muß so verlaufen, als erführen die Zuschauer etwas Neues. Eine Grundregel des Theaters, die Heinz mißachtete. Es kam dann bei der Premiere auch zu Buhs, als Heinz die Bühne betrat. Er war sichtlich erschrocken. Der Vorhang ging nicht mehr hoch.

Dabei wurde zum Teil gar nicht schlecht gespielt. Peter Ehrlich war ein hervorragender Capulet, Sven-Eric Bechtolf ein aufregender und aufgeregter Mercutio, Christoph Waltz, der unvergeßliche Mozart im vorigen Jahr, ein erschütternder Tybalt, Dietmar Schönherr ein ungewöhnlicher Pater und Hans Dieter Zeidler – jawohl, man hatte ihn doch wieder geholt, um ihn allerdings in der nächsten Zeit nur gelegentlich und nicht gerade in interessanten Rollen einzusetzen – war der Fürst, der eigentlich nur zu nicken hatte.

Bei der Presse kam die Aufführung relativ gut weg, die meisten Zeitungen schrieben ein bißchen abwartend, nur Rolf Hochhuth meinte, er habe in seinem Leben soviel Dilettantismus auf der Bühne noch nicht gesehen. Und eine Zeitung, die Heinz mit Begeisterung bis zu seinem Ende begleiten sollte, meinte gar, die Buh-Rufe seien organisiert gewesen. Von wem wohl?

Mir gefiel die Aufführung auch nicht. Vor allem die Übersetzung ging mir auf die Nerven. Sie stammte von dem ehemaligen Hausdramaturgen Herbert Meier, der jetzt nur noch als Übersetzer herangezogen werden sollte. Meier hatte Shakespeare über weite Strecken mißverstanden und seine Übersetzung sprühte Leder, um einen großen Kritiker zu zitieren.

Die nächste Klassiker-Inszenierung unter der neuen Direktion galt *Minna von Barnhelm* von Lessing. Dieses Lustspiel ist vielleicht das schönste, das in deutscher Sprache je geschrieben worden ist. Regie führte Jürgen Flimm. Dieser außerordentliche Regisseur, der damals noch in Köln das Schauspiel leitete, dann Intendant des Thalia-Theaters in Hamburg werden sollte, hatte eine Idee gehabt, wie man dieses Stück jetzt inszenieren könnte. Nämlich, indem man es aus der Zeit, in der es Lessing spielen läßt, in den Monaten nach Beendigung des Siebenjährigen Krieges, auf das Ende des letzten Weltkrieges verlegt, in das Jahr 1946. Vielleicht war das gar nicht seine Idee, sondern die des Mannes, den Flimm als Bühnenbildner mitbrachte (und immer wieder mitbringen sollte), Rolf Glittenberg, der wiederum seine Frau für die Kostüme mitbrachte. Dieser Glittenberg sagte in einem Interview, das die Hauszeitung des Schauspielhauses nachdruckte, wörtlich: »Auf Anhieb liegt mir diese Realität der Nachkriegsjahre von 1763 fern. Was hat das mit den Soldaten auf sich? Was mit der vielzitierten Ehre? Aber mit dem Stichwort der ›Nachkriegsjahre‹ stellt sich bei mir unwillkürlich die Erinnerung an die eigene Kindheit im Nachkriegsdeutschland ein... Wie kann ich das Stück in einem Assoziationsfeld ansiedeln, das mir selbst vertraut ist, zu dem ich – und hoffentlich auch der Zuschauer – ein vitales Verhältnis habe? Und da drängt sich natürlich die jüngste Vergangenheit, das Deutschland der Nachkriegsjahre, auf...« Also kam es letzten Endes wirklich auf Glittenberg an und nicht so sehr auf Lessing.

Welcher Unsinn, der sich dem Bühnenbildner und dem Regisseur aufgedrängt hat! Bei Lessing handelt es sich um eine junge adelige Dame, die sich, obwohl Deutschland nach dem Siebenjährigen Krieg zum größten Teil verwüstet und höchst unsicher war, nur von einer Zofe begleitet aufmacht, um den Mann, den sie liebt, den Rittmeister von Tellheim, zu suchen und sich mit ihm zu vereinen. Eine höchst mutige Tat. Ein Einzelschicksal.

1946 hingegen gab es Millionen von Frauen, die durch das ebenfalls verwüstete Europa zogen, um ihre Männer zu suchen. Also kein besonderes Schicksal, nur Beweis dafür, daß Millionen Frauen ihre Männer, die vielleicht gar nicht mehr am Leben waren, noch liebten.

Bei Lessing hat eine »Dame in Trauer« einen unvergeßlichen Auftritt. Sie kommt im Auftrag ihres verstorbenen Mannes, um seine Schulden bei Tellheim zurückzuzahlen. Zu diesem Zweck hat sie ihre Equipage verkauft. Das war nach dem Siebenjährigen Krieg durchaus denkbar. Aber 1946? Gab es da die Witwe eines Obersten, die eine Equipage besaß und sie verkaufen würde?

Bei Lessing tritt ein französischer Hochstapler, Riccaut de la Marlinière, auf, der behauptet, von der Tafel des Königs zu kommen. Da das Stück im damaligen Berlin spielt, konnte diese Tafel nur in Berlin selbst oder allenfalls in Potsdam gestanden haben. Welcher König hielt 1946, wo immer in Deutschland, Tafel? Welcher König verkehrte, wo immer, mit einem französischen Hochstapler?

Mit einem Wort, das Stück verlor jeden Sinn, wenn es nicht in der Zeit spielte, in der es Lessing angesiedelt hatte.

Aber damit nicht genug. Dieses bezaubernde Lustspiel ist, wie so viele Lustspiele, auch traurig. Als Minna den geliebten Offizier wiederfindet, ist sie außer sich vor Glück. Sie will vergessen oder vergißt, daß er völlig mittellos ist und seinen guten Ruf – eben seine Ehre – verloren hat. Sie jubelt: »Nun habe ich ihn wieder, Franziska! Siehst du, nun habe ich ihn wieder!«

Die Zofe Franziska aber sieht klarer: »Wir haben den Mann wiedergefunden; aber wie haben wir ihn wiedergefunden?«

Ich habe zahlreiche Aufführungen dieses Stückes gesehen. An dieser Stelle brach Minna fast immer in Tränen aus oder hielt sie nur mühsam zurück. Und auch dem Publikum standen die Tränen in den Augen.

Bei Flimm hörte man die betreffenden Worte gar nicht. Denn die Musik spielte Rock'n'roll, und zwar so laut, daß man die Schauspielerinnen nicht verstehen konnte. Die tanzten und hüpften vor Freude, daß sie begriffen hatten, wie schlecht es um den geliebten Mann stand, wurde nicht einmal angedeutet. Und damit hat das Stück seinen Sinn verloren.

Übrigens wurde außerordentlich gut gespielt, aber eben grundfalsch. Beides war ohne Zweifel das »Verdienst« des Regisseurs.

Das galt für die Minna der Marina Wandruszka, die weder heldenhaft noch traurig erschien, sondern nur herumtollen durfte. Ebenso wie ihre Zofe, von der bezaubernden Eva Rieck einigermaßen so gespielt, wie die Franziska sein sollte.

Das galt ganz besonders für Christoph Bantzer, einen vortrefflichen Schauspieler, der an das Schauspielhaus zurückgekommen war. Sein Tellheim war alles
andere als ein in seiner Ehre verletzter Offizier, der an der Welt verzweifelt. Er war
ein Nervenbündel, möglicherweise irgendwelchen Drogen verfallen, sicher kein
Offizier mit Haltung. Ja, der großartige Christoph Waltz durfte auch wieder
mitspielen. Er gab einen bayerischen Gepäckträger, der keine zehn Worte zu
sagen hatte.

Die Produktion wurde zum Berliner Theatertreffen eingeladen, was beweist, in
welchem Zustand sich die deutschsprachige Theaterszene schon damals befand
und zwar unter dem Diktat einiger weniger, wie Peter Zadek, Hansgünther
Heyme und vor allem der Zeitschrift »Theater heute«. Der wohl wichtigste Kritiker
des deutschsprachigen Raums, Friedrich Luft, kommentierte: »Was soll der
Unfug?«

Ähnlich mag man in Zürich gedacht haben. Das Premierenpublikum applaudierte
zwar, aber mit Maßen. Der Beifall ebbte schnell ab. Der größte Teil der Zuschauer,
die gekommen waren, um Lessing zu sehen, schien verwirrt. In Zürich begann sich
herumzusprechen, daß der Name von Klassikern auf dem Programm nicht unbedingt bedeute, daß das Schauspielhaus diese Klassiker auch spielen würde. Die
Vermutung von einigen wenigen, die langsam zur Gewißheit von vielen werden
sollte. Das weitere Schicksal des Schauspielhauses war hiermit bereits vorpro-
grammiert.

Die nächste Klassiker-Verschandelung war *Iwanow* von Tschechow. In diesem
Stück geht es um einen todunglücklichen Menschen, der nicht weiß, was er mit
seinem Leben anfangen soll. Er hat keine Arbeit, er will keine Arbeit, er hat ja Geld
genug. Aber er langweilt sich tödlich. Er hat auch eine todkranke Frau, die am
Ende stirbt. Er selbst erschießt sich, obwohl man nicht genau weiß, warum – das
weiß man bei Tschechow ja nie, diese ungelösten Rätsel der Gesellschaft sind ja so
kostbar!

Ausgerechnet dieses nicht sehr starke Stück vertraute man dem jungen israelischen Regisseur Arie Zinger an. Und er entschloß sich, daraus eine Posse zu
machen. Nicht ganz klar, warum. Aber er ließ keinen Zweifel daran, was er unter
Komik verstand. Nämlich irrsinnig dicke Frauen, tölpelhaft sich bewegende
Herren der Gesellschaft, die immerfort lachen, obwohl es in diesem Stück ja nichts
zu lachen gibt. Der Abend war ein einziges Mißverständnis. Dabei ist es gar nicht
so schwer, Tschechow richtig zu spielen, und man muß schon einen gewissen Mut
und viel Phantasie aufbringen, um ihn so falsch zu spielen, wie es hier geschah.
Die ersten Zweifel der Zürcher an ihrem Schauspielhaus wurden bestärkt.

Zu Silvester folgte dann die Pulitzerpreis-gekrönte Posse *Man lebt nur einmal* von
Moss Hart und George S. Kaufman, die jahrelang vor ausverkauften Häusern am
Broadway, aber auch in London, Paris, eigentlich überall gelaufen war und bei der
eigentlich nichts schiefgehen konnte.

You Can't Take It With You, so der amerikanische Originaltitel, ist ein Stück voller Situationskomik. Es handelt von einer Familie, deren Oberhaupt ein älterer Mann ist, der grundsätzlich keine Steuern zahlt. Grundsätzlich, wie er dem verdutzten Steuerbeamten klarmacht. Seine Frau schreibt Dramen – nicht, weil sie sich dazu berufen fühlt, sondern weil eines Tages fälschlicherweise eine Schreibmaschine bei ihr abgegeben wurde. Ihre Tochter ist dem Ballett verfallen. Ihr Sohn bastelt im Keller an Bomben herum, die gelegentlich hochgehen und die Polizei auf den Schauplatz rufen, während die Familie es für gar nichts Außergewöhnliches hält, daß man an Bomben bastelt.

In Zürich stand ein durchaus gutes Ensemble – die Schauspieler von früher – zur Verfügung. Robert Tessen etwa als der Steuerverweigerer aus Prinzip, Anne-Marie Blanc, vielleicht ein wenig zu jung für die ältliche Dramenschreiberin. Aber alle waren nicht so lustig, wie sie hätten sein sollen. Das war die Schuld des Gastregisseurs – ja man mußte schon seit längerer Zeit immer wieder Gastregisseure holen. Diesmal fiel die Wahl auf Henri Hohenemser vom Stadttheater Gießen. Was er bot, war bestes Gießen – nicht mehr. Zu der herrlichen Christiane Hörbiger fiel ihm zum Beispiel nichts ein. Wohl aber fiel ihm ein, Klaus Knuth den Liebhaber spielen zu lassen. Dazu war Knuth zu alt und, es muß wohl gesagt werden, auch zu dick. Ferner hatte er eine Glatze. Nun, wozu sind Perücken da? Die empfahl sich um so dringender, als es eine Liebesszene in dem Stück gibt, in der der Liebhaber seine Geliebte fragt, was sie am meisten an ihm liebe, und sie antwortet: »Deinen Hinterkopf!« Also seine Glatze!

Das Erlebnis des Abends: Peter Arens als russische Großfürstin, jawohl, Sie haben richtig gelesen, als russische Großfürstin, die in der amerikanischen Emigration ihr Leben als Kellnerin in einem nicht ganz erstklassigen Lokal verdient. Hinreißend!

Sonst wie gesagt, bestes Gießen.

Nach diesem alles in allem eher erfolgreichen lustigen Theaterabend mit Schönheitsfehlern kam ein Schönheitsfehler schlechthin. *Maria Magdalena,* das 1844 geschriebene Stück von Friedrich Hebbel über die Tochter des Meister Anton, die, da von ihrem Liebhaber geschwängert, aber nicht geheiratet, in den Tod gehen muß. Das Problem an sich ist schon ein bißchen schwer verständlich in unserer Zeit, das ist vor allem aber auch die Figur des Meister Anton, der nach diesem Selbstmord die Welt nicht mehr versteht. Insgesamt sterben von den sechs Personen vier. Das ist auch eine Art Rekord. Und das alles ist heute nur verständlich zu machen, wenn eine sehr sorgfältige und einfühlsame Regie uns zurückführt in die Zeiten, in denen eine uneheliche Schwangerschaft wirklich eine bürgerliche Katastrophe war und einen an der Welt verzweifeln ließ.

Das schaffte Max Peter Ammann, der Regisseur, der am Berliner Schiller-Theater Beachtliches geleistet hatte und nun am Schweizer Fernsehen führend und erfolgreich tätig war, nicht. Er servierte den Text gewissermaßen in Anführungszeichen, jedes Wort schien eine Tonne zu wiegen, die Pausen waren unendlich. Und gespielt wurde miserabel. Hans Dieter Zeidler hätte wohl ein erschütternder Meister Anton sein können; er war nur mittelprächtig. Susanne Bialucha in der Titelrolle war schon deshalb eine Fehlbesetzung, weil sie diesmal nicht einmal attraktiv war, wer hätte wohl Wert darauf gelegt, sie zu verführen? Aber sie konnte sich auch nicht bewegen, sie konnte nicht sprechen, allenfalls keifen. Man spürte keinen Augenblick Mitleid mit ihr und war geradezu erleichtert, als man sie tief im Brunnen wußte. Eine rätselhafte Besetzung, doppelt rätselhaft, wenn man Anne-Marie Kuster im Hause hatte. Lediglich Christoph Waltz als Verführer war wirklich verführerisch. Aber er konnte das nur in wenigen Szenen zeigen. Ein Durchfall.

Es kam *Mittagswende*, ein Stück von Paul Claudel, der ohne Zweifel ein großer Dichter war und eine bedeutende Persönlichkeit, tief religiös und, ohne es zu proklamieren, ein Kämpfer für die Menschenrechte. Sein Stück spielt in den ersten Jahren unseres Jahrhunderts. Drei Franzosen fahren in den Osten. Die beiden Männer wollen Isé, die schöne, scheinbar wankelmütige und kapriziöse Frau. Da ihr Mann während der Unruhen in China verschwindet, gibt sie sich dem jungen Idealisten Mesa hin, der während des Aufstandes von ihr getrennt wird. Nach mannigfachen Verwirrungen und Verirrungen findet sich das Liebespaar in einem Haus, das von Aufständischen belagert wird – die Situation ist hoffnungslos. Sie könnte sich retten, zieht es aber vor, mit Mesa zu sterben. Auf den ersten Blick ist das Ganze etwas kolportagehaft, gewiß, aber wohl doch nur auf den ersten Blick. Es geht tiefer. Es stellt in manchen Punkten den katholischen Glauben in Frage. Daher riet Claudels Beichtvater dem Autor, das Drama nicht zu veröffentlichen.

1960 hatten die herrliche Maria Becker und Will Quadflieg dieses Stück in Zürich gespielt. Daß auch diese neue Aufführung gelang, war vor allem das Verdienst Werner Düggelins, der wieder zu seiner großen Form fand. Er inszenierte mit starker Intensität, ganz ohne Mätzchen und Gags, aus Konversation wurde Poesie. Freilich, er hatte vorzügliche Schauspieler zur Verfügung: Peter Brogle als Ehemann, der früh verschwindet, Fritz Schediwy, eine Neuerwerbung von Heinz, in dem schwierigen Part des Mesa, halb Weltmann, halb gläubiges Kind. Er beeindruckte stark. Freilich, später sollte er eine höchst seltsame Entwicklung nehmen. Und vor allem Christiane Hörbiger: aufregend schön, sie wirkte, obwohl sie von einer Hand in die andere gleitet, nie fragwürdig, ihr Spiel wurde Ereignis. Große Schauspielkunst! Viel Beifall, der bewies, daß die Zürcher sehr wohl ein Bühnenereignis zu schätzen wußten. *Mittagswende* wurde freilich kein echter Publikumserfolg, aber der war auch nicht zu erwarten gewesen.

Ein totaler Mißerfolg wurde der problematische Botho Strauß mit seiner *Trilogie des Wiedersehens* in einer allerdings miserablen Aufführung. Und als Katastrophe folgte eine Produktion, auf die sich die Direktion viel einbildete – allerdings nur bis zur Premiere. Es handelte sich um den *Silbersee* von dem früher einmal sehr beliebten Dramatiker Georg Kaiser, Musik von Kurt Weill.

Daß dieses Stück so gut wie nie gespielt worden war, hatte zwei Gründe. Als es am 18. Februar 1933 in Leipzig und gleichzeitig an zehn weiteren Theatern herauskam, waren die Nazis gerade an die Macht gelangt. Es hatte in ihren Augen drei Fehler. Es handelte von der Verzweiflung der Arbeitslosen, die ja damals noch durchaus bestand, und es predigte die Revolution. Zum zweiten war Georg Kaiser, obwohl »arisch«, ein mißliebiger Dramatiker, der »entartete Kunst« machte und dessen Stücke, bis dahin meist erfolgreich, sofort verboten wurden. Er emigrierte dann auch später in die Schweiz, wo er 1945 starb. Zum dritten, Kurt Weill war zwar ein damals schon durchgesetzter und mit Recht berühmter Komponist, die *Dreigroschenoper* hatte ihn 1928 ganz nach vorn gebracht, wo er auch, international gesehen, bis zu seinem frühen Tod am 3. April 1950 in New York bleiben sollte – aber in Deutschland wurde er unmöglich, schließlich war er Jude.

Daß *Der Silbersee* auch nach dem Zusammenbruch des Dritten Reichs kaum aufgeführt wurde, lag daran, daß er schließlich und endlich wirklich in jeder Beziehung mißlungen war. Und in Zürich mißglückte dann auch die Aufführung völlig. Die Unkosten trug freilich zum Teil das Opernhaus, es handelte sich ja um eine Coproduktion von Schauspielhaus und Oper.

Am Ende der Spielzeit: *Stella* von Goethe, inszeniert von Hans Hollmann. Eine nicht uninteressante Aufführung, freilich viel zu laut und zu robust. Der eigenwillige Regisseur, der ja manches konnte, hatte überhaupt nicht begriffen, daß es sich bei *Stella* um ein leises und zärtliches Stück handelt. Schon die Besetzung der Hauptrollen verriet das.

Fernando, dem zwei Frauen verfallen und der auch beiden verfällt, war Matthias Habich, niemals der liebenswürdige, charmante, unwiderstehliche Liebhaber, sondern ein Schwadroneur, der kein zärtliches Wort äußern konnte und nicht verständlich machen konnte, was die Damen an ihm hatten. Marina Wandruszka war nicht die rührende, hilflose Stella, die so unglücklich ist, daß man fürchten muß, sie werde an enttäuschter Liebe sterben (in der Fassung, die im Schauspielhaus nicht gespielt wurde, stirbt sie auch). Die Wandruszka würde niemals an enttäuschter Liebe sterben. Sie würde eher den Mann umbringen, der sie enttäuscht hat. Also keine Stella. Die einzige, die das Stück spielte, war Reinhild Solf, die erste Frau Fernandos, sehr leise in ihrer von Trauer umwölkten Sprache.

Im »Keller« des Schauspielhauses gab es in dieser ersten Spielzeit von Gerd Heinz eine ganze Reihe von Veranstaltungen – es schien, als ob die neue Direktion mehr mit dem Keller anzufangen wußte als Klingenberg –, aber viel kam dabei nicht heraus: meist Stücke junger Schweizer Autoren, die dann kaum noch irgendwo gespielt wurden. Nur gegen Ende der Spielzeit ein starker Erfolg. Aufgeführt wurde das erste Stück – und vorläufig das einzige – des jungen Münchners Patrick Süskind, der noch völlig unbekannt war. Es handelte sich um einen Einakter mit einer Person, *Der Kontrabaß*, ein amüsantes und gescheites Werk, in dem ein Musiker, eben der, der den Kontrabaß im Orchester des Nationaltheaters München spielt, von seinem Schicksal und seinen Ansichten berichtet. Heinz persönlich führte Regie, aber da war nicht viel Regie zu führen, denn der vorzügliche Komiker Hubert Kronlachner war der Kontrabassist. Noch einmal: ein wirklich vergnüglicher Abend! Und die Tatsache, daß man das Stück nur relativ kurze Zeit spielte – erst später, als eine wahre Stückenot eintrat, sowohl im Keller als auch im Schauspielhaus selbst, setzte man es immer wieder an –, spricht Bände, was die Führung, respektive den Mangel an Führung im Schauspielhaus schon damals betraf.

Mit den Silversterpremieren, also dem *Kontrabaß* im Keller und dem amerikanischen Schwank über die verrückte Familie im Großen Haus, waren wir im Jahre 1983.

1983 – die Zeitungen hatten viel zu berichten, aber wenig, das welterschütternd war. Es sei denn, daß ein südkoreanisches Passagierflugzeug am 1. September von sowjetischen Abfangjägern abgeschossen wurde, was der Kreml eine Zeitlang nicht zugab und dann damit begründete, daß das Passagierflugzeug ein Spionageflugzeug der Amerikaner gewesen sei.

Ein paar Wochen später besetzten amerikanische Truppen vorübergehend die karibische Insel Grenada, wo sich kubanisches Militär gerade eine Basis aufbauen wollte. Sehr zur Erleichterung der Einwohner, die in den letzten Jahren unter kommunistischen Diktatoren gelitten hatten. Die linksorientierte Presse – in vielen Ländern Europas – sprach von einem Verbrechen der Amerikaner, das man der Invasion der Sowjets in Afghanistan gleichsetzte. Die dauerte nun schon Jahre, sollte noch Jahre dauern und Millionen Menschenleben fordern. Die »Invasion« Grenadas kostete knapp fünfzig Menschenleben, und dabei handelte es sich um Kubaner, die auf dieser Insel nichts zu suchen hatten.

Gegen Ende der ersten Spielzeit von Heinz hatte dieser auf einer Pressekonferenz, über die stark schwindende Besucherfrequenz des Hauses befragt, erklärt, er nehme an, er werde doch wohl siebzig Prozent eingespielt haben, respektive noch einspielen. Diese Bemerkung war erstaunlich, um es milde auszudrücken. Man durfte ja annehmen, daß er laufend von dem durch viele Spielzeiten erprobten Verwaltungsdirektor Max Lehmann informiert worden war. Wie dem auch sei. Als diese Pressekonferenz zu Ende war, wurde sogar geklatscht. Wie ich damals schrieb, von einem einzigen Journalisten. Später stellte sich heraus, daß der Mann kein Journalist war, sondern ein Techniker des Hauses. Befragt, warum er geklatscht habe, soll er geantwortet haben: »Einer mußte ja schießlich klatschen!« Zu Anfang der neuen Spielzeit wurde dann durch den »Tages-Anzeiger« verkündet, Heinz hätte sein »Versprechen« gehalten, die Frequenz habe sich auf 66,8 Prozent in der ersten Spielzeit belaufen. Es wurde – später – auch unterstrichen, die erste Spielzeit von Heinz sei erfolgreicher verlaufen, als die ersten Spielzeiten von Buckwitz und Klingenberg. Was Buckwitz anging, so mochte das stimmen. Bei Klingenberg war es nicht so. Was da publiziert wurde, stimmte einfach nicht. Aber diejenigen, die für solche Falschmeldungen verantwortlich waren, sagten sich wohl: »Welcher Durchschnittsbürger kontrolliert das schon?«

Ein gutes halbes Jahr später, als die Bilanz in Form eines Jahresberichts vorlag, stellte sich heraus, daß die erste Spielzeit von Gerd Heinz keineswegs 70 Prozent Frequenz betragen hatte. Sie lag zwischen 52 und 53 Prozent.

Als bei der nächsten Pressekonferenz wieder reichlich phantastische Zahlen auftauchten, rief ein bekannter Zürcher Journalist aus: »Diesen Leuten glaube ich nichts mehr!«

Auch anderes nicht ganz Glaubwürdiges war auf dieser Pressekonferenz von Heinz zum besten gegeben worden. Zum Beispiel, daß er mit dem wahrscheinlich bedeutendsten deutschsprachigen Theaterregisseur Rudolf Noelte in Verhandlungen stehe. Viel später, etwa ein Jahr oder auch zwei Jahre danach, war Noelte, als ich einmal mit ihm telefonierte und ihn fragte, wann er denn nun nach Zürich käme, baß erstaunt. Es stellte sich heraus, daß mit ihm überhaupt noch nie verhandelt worden war. Er hatte zwar einen Brief von Heinz erhalten, aber sein Inhalt war nur die Bitte, ihm ein Regiebuch zu überlassen. Denn auch Heinz wollte *Eines langen Tages Reise in die Nacht* von Eugene O'Neill aufführen. Er bekam das Regiebuch. Ende der »Verhandlungen«.

Seine zweite Spielzeit begann Heinz mit einem Stück, das den Titel *Die tragische Geschichte von Hamlet, Prinz von Dänemark* führte. Ja, erraten, es war das Stück, das im deutschen Sprachraum bisher schlicht *Hamlet* geheißen hatte und das unter diesem Titel seit mehreren hundert Jahren um die Welt geht. Warum das Stück nun unter seinem umständlichen, zeitgebundenen Originaltitel angesetzt werden mußte, blieb das Geheimnis des Brecht-Schülers Benno Besson, der es anrichtete, will sagen, die Regie anrichtete. Man erkannte das Stück kaum wieder, schon weil man die Personen nicht recht erkannte. Denn sie hatten alle Strumpfmasken über dem Gesicht. Masken, die es einem unmöglich machten, zu sehen, was in den Gesichtern Hamlets und der anderen Mitspielenden vor sich ging.

Nun gibt es in der Menge der klassischen Dramen Stücke, die vornehmlich durch Aktionen, und Stücke, die vornehmlich durch Gedanken geprägt werden. Zur ersten Kategorie gehören, um nur zwei Beispiele zu nennen, *Die Räuber* und *Macbeth*. *Hamlet* dagegen ist das Denkstück par excellence. Man kann auch sagen, es ist die Tragödie des jungen Mannes, der sich zu keiner Handlung entschließen kann. Es ist also von ungeheurer Wichtigkeit zu beobachten, wie sich seine Gedanken formen, was er glaubt tun zu müssen und dann doch nicht tut. Und ähnliches gilt ja auch von den anderen Figuren. Man muß also ihre Gesichter sehen, und just das machte der Regisseur unmöglich.

Weiter: die Gedanken Hamlets sind ungewöhnlicher Art. Man muß, um Hamlet zu verstehen, sowohl das Stück, als auch die Figur mitdenken können. Also, und das ist ja eine alte Regel des Theaters, nichts darf schneller gesprochen werden, als es der Figur möglich ist, den Gedanken zu gebären, und dem Publikum, ihn mitzudenken. Im *Hamlet* von Besson wurden geradezu Schnelligkeitsrekorde veranstaltet. Undenkbar, daß irgendein Hamlet den großen Monolog »Sein oder nicht sein« so schnell denken kann, wie er in Zürich heruntergeleiert wurde. Von unserem Mitdenken konnte gar nicht die Rede sein. Der Hamlet – übrigens mit einem Spitzbart – war Christoph Waltz. Diesmal hatte man nur das Gefühl, dieser Waltz müsse einmal ein herrlicher Hamlet werden.

Das galt auch für die junge ehemalige DDR-Schauspielerin Katharina Thalbach als Ophelia. Sie würde einmal unter einem Regisseur, dem es wichtiger war, Shakespeare zu inszenieren, als sich selbst wichtig zu machen, eine herrliche Shakespeare-Schauspielerin werden.

Und dann kam *Achterloo*, das neueste Stück von Friedrich Dürrenmatt. Natürlich war es eine moralische Verpflichtung des Hauses, Dürrenmatt, der soviel für das Theater in Zürich getan hatte, immer wieder herauszubringen. Aber es war ja kaum ein Geheimnis, daß Dürrenmatt in der letzten Zeit Stücke geschrieben hatte, die einfach keinen Wert hatten, zumindest nicht wichtig genug waren, um aufgeführt zu werden, und deren erfolglose Aufführungen seinem Ruf eher schadeten als nützten.

Vielleicht wäre das auch früher der Fall gewesen, aber früher gab es eben Hirschfeld, Lindtberg oder Wälterlin, die auf Änderungen und Bearbeitungen drängten. Seit einiger Zeit brachte man einen neuen Dürrenmatt zur Uraufführung, wie das Stück eingesandt worden war. Und, wie gesagt, die Mißerfolge blieben nicht aus.

Aber nichts war so schlimm wie *Achterloo*. Die Idee: eine Reihe von Irrsinnigen glaubt, berühmte historische Figuren zu sein, etwa Napoleon oder der Kardinal Richelieu oder Robespierre, und es gibt gleich vier verschiedene Karl Marxe. Die Spannung wird dadurch erzeugt, daß man eine Zeitlang nicht recht weiß, daß es sich um Irre handelt, man ahnt es allerdings ziemlich bald, denn historische Persönlichkeiten, die gar nicht im selben Jahrhundert leben, konnten sich unmöglich treffen. Zuletzt wird Napoleon umgebracht, Irrenärzte treten auf und lassen keine Zweifel, daß es sich um Irre handelt, und schon ist alles zu Ende. Das Publikum klatschte, auch Dürrenmatt zeigte sich im weißen Mantel eines Arztes und machte ein Zeichen, er wolle sprechen. Er sagte: »Ich bin... Gotthold Ephraim Lessing.«
Schallendes Gelächter.
Ein Einfall, gewiß. Aber ein Einfall für einen Sketch in einem Kabarett. Beileibe nicht für ein Stück, das drei Stunden gedauert hatte. Die Kritiken waren respektvoll, aber sie ließen niemanden darüber im unklaren, daß dieses Stück überhaupt kein Stück war.

Freilich, wie sanft die schweizerische Kritik mit dem Stück auch umging, wie willig die Zürcher Theaterbesucher waren ihren Dürrenmatt zu besichtigen, das Stück wurde nur ein mittelmäßiger Erfolg und wurde von keiner großen Bühne nachgespielt, weder in Berlin, noch in Wien, München, Köln, oder Düsseldorf. Einzig ein kleines Haus, eine private Bühne, spielte es, und die Mitspielenden gingen dann auf eine kurze Tournee. Und das in einer Zeit, da die frühen Stücke von Dürrenmatt, vor allem *Die Physiker*, aber auch *Der Besuch der alten Dame*, wieder zu den meistgespielten im deutschsprachigen Raum zählten.

Als nächstes kam die Uraufführung von *Mercedes*, einem Auftragswerk. Der Autor, den das Schauspielhaus um ein Stück gebeten hatte, war Thomas Brasch, ein junger, begabter Schriftsteller, übrigens ein überzeugter Kommunist. Er war aus der DDR ausgewandert, zusammen mit seiner Freundin, der bereits erwähnten Katharina Thalbach.

Als das Stück im Frühjahr 1983 angekündigt wurde, war es noch gar nicht geschrieben. Als es dann irgendwann abgeliefert wurde, stellte die Direktion mit Befremden oder vielleicht auch nicht mit Befremden fest, daß es sich nicht um ein Stück handelte, sondern um einen Monolog für die Thalbach. Mit Mühe machte man dem Autor klar, das ginge denn doch nicht, und so kam schließlich zwar kein Stück zustande, aber eine Reihe von Dialogen, die von der Thalbach zusammen mit Christoph Waltz gespielt wurden. Bis zur Premiere lebte Brasch in Zürich in einem sehr eleganten Apartment, das ihm das Theater gemietet hatte. Auch die Thalbach bezog ein Apartment, nicht dasselbe, aber daß die beiden liiert waren, blieb kein Geheimnis – warum auch?

Über Brasch wußte man, daß er 1945 als Sohn jüdischer Emigranten in England geboren war, aber in der DDR aufwuchs, wo der Vater sehr bald ein großes Tier wurde, während der Sohn sehr viel schrieb – Gedichte, Prosa, Dramen, Drehbücher –, und gelegentlich, aber selten, war er auch aufgeführt worden. War er wirklich, wie amtlich verlautbart wurde, in die Bundesrepublik abgeschoben worden? Wenn man mit ihm sprach, hatte man eher das Gefühl, daß nicht einmal ein Minister der DDR kommunistischer denken konnte als er. Und was Zürich oder die Schweiz anging, so hatte er nur Spott für die Kleinbürger, obwohl er nicht einen Augenblick zögerte, das Geld anzunehmen, das ihm das Schauspielhaus, finanziert von eben diesen Kleinbürgern, den Steuerzahlern, zur Verfügung stellte. Er machte auch gar kein Hehl daraus, daß er Zürich sehr bald wieder verlassen würde, mit ihm natürlich die Thalbach, obwohl sie einen längeren Vertrag mit dem Schauspielhaus abgeschlossen hatte.

Mercedes nannte der Autor »Versuche«. Es gab deren fünfzehn. Jedesmal, wenn ein neuer Versuch startete, verkündete der Lautsprecher: »Erster Versuch«, »Zweiter Versuch« etc. Von einer Handlung konnte kaum die Rede sein. Da war der junge Mann, der seine Arbeitsstelle verloren hatte, und das Mädchen, das er auf der Straße trifft und dem er einredet, sein Brot damit zu verdienen, teure

Wagen, wie etwa den, allerdings unsichtbaren, Mercedes vom Werk oder von sonstwo zu den Besitzern zu bringen. In Wahrheit aber tut er nichts anderes, als vorbeifahrende Wagen zu zählen. Von seiner Arbeitslosigkeit bedrückt, will er demnächst zur Bundeswehr gehen – einfach um die Zeit totzuschlagen.

Das Mädchen lebt von Diebstählen in Warenhäusern und Supermärkten, geht gelegentlich auch auf den Strich. Die beiden reden über dies und das, meist eher Unbegreifliches und Nebensächliches. Einziges ständiges Leitmotiv: die bedrükkende Arbeitslosigkeit.

Wenigstens war die Direktion des Schauspielhauses so gescheit, dieses Stück dem Stammpublikum erst gar nicht anzubieten, sondern es außerhalb des Abonnements laufen zu lassen. Es waren meist junge Leute, die da kamen – ungewiß blieb, ob sie zahlten, und wenn, wieviel sie zahlten. Alles in allem war das Stück nicht gerade ein Erfolg, es konnte sechsmal laufen, aber es gab beileibe keine ausverkauften Vorstellungen. Das war auch ohne Abonnenten unmöglich. Übrigens hielt es Brasch nicht so lange aus, bis sein Stück abgespielt war. Er verschwand. Die Thalbach folgte ihm bald in die lukrativen Gefilde der Bundesrepublik.

Dann kam der eindeutig größte Erfolg der Spielzeit. Und das war symptomatisch. Denn es handelte sich um *Ein besserer Herr*, ein gekonntes Theaterstück von Walter Hasenclever, gegen Ende der Zwanzigerjahre entstanden, ein Lustspiel, in dem sich der Autor über die damalige Gesellschaft und ihre Probleme lustigmachte. Also durchaus keines der neuen, modernen Werke, auf die doch die Mannschaft unter Heinz eingeschworen war. Regie hatte – Gerhard Klingenberg. Ja, der ehemalige Direktor, dem man noch vier Inszenierungen zugebilligt hatte. Wie sich bald herausstellen sollte, waren diese Inszenierungen die stärksten Erfolge des Heinz-Regimes, obwohl diese Tatsache von der Theaterleitung nicht erwähnt wurde.

Ein besserer Herr ist ein Nichts von einem Stück, das aber Klingenberg zauberhaft inszenierte. Es geht darin um einen Heiratsschwindler, der sich in die Tochter eines steinreichen Mannes verliebt und ihretwegen seinen Beruf fahren läßt, obwohl es ja sehr lange so aussieht, als hätte er sich die betuchte junge Dame in Ausübung seines alten Berufes geangelt. Peter Arens war hinreißend in der Rolle des Hochstaplers, Peter Ehrlich urkomisch als der Millionär, die Blanc herrlich in der kleinen Rolle seiner Frau, Margrit Ensinger sehr lustig als verliebte Kleinbürgerin. Es war ein eindeutiger Erfolg, obwohl, wie das Programmheft auswies, Klingenberg ganz ohne Produktionsdramaturgen ausgekommen war. Trotzdem: die Aufführung war lustiger als das Stück, das 1983 niemanden mehr etwas anging.

Und dann kam wieder eine Katastrophe: *Baby Wallenstein oder Prinz Hamlet der Osterhase oder »Selavie«*. Das Stück stammte von dem österreichischen Schriftsteller Fritz von Herzmanovsky-Orlando, einem schwerreichen Mann, der sein ganzes

Leben fast nichts anderes tat, als Romane und Theaterstücke schreiben. Aber mit Ausnahme von *Kaiser Joseph und die Bahnwärterstochter* war noch nie etwas von ihm aufgeführt worden. Übrigens war dieses Stück auch nur in Wien und in München gegeben worden, mit nicht einmal mäßigem Erfolg.

So beschloß man in Zürich, Herzmanovsky müsse unbedingt einmal wieder herausgebracht werden, und das schien anläßlich Silvester eine vorzügliche Idee. Eine Uraufführung dreißig Jahre nach der Entstehung, ein unmäßig langer Schinken. Die Handlung geht im wesentlichen in einem aristokratischen Milieu vor sich. Gab es denn da niemand im Direktorium, der warnte, wußte man nicht, daß der Autor trotz seiner nicht ganz »arischen« Frau, ein entschlossener Antisemit war? Mußte man das Stück auch mit seinen antisemitischen Stellen in einem Haus spielen, in dem Hirschfeld, Lindtberg, Steckel, Horwitz, die Giehse, Ginsberg und Kalser gewirkt hatten?

Es wurde eine Aufführung unter Hans Hollmann nach dem Motto: Rette sich, wer kann! Mit anderen Worten: Es wurde nach Kräften chargiert. Irgendwann im Laufe des endlosen Abends hatte die Gräfin Wallenstein zu sagen, daß etwas urfad sei – das konnte man von dem ganzen Abend behaupten. Daß dem Regisseur nichts anderes eingefallen war, als den Engländer Butler in einem karierten Anzug auftreten zu lassen, und daß ein Sessel an ihm festgebunden war, daß Susanne Bialucha, die begehrte Aristokraten-Tochter, sich niemals aristokratisch bewegte, daß die Komiker Hubert Kronlachner und Robert Tessen ihrem Affen so viel Zucker gaben, daß man befürchtete, Regisseur, Schauspieler und die Affen müßten zuckerkrank in ein Spital eingeliefert werden, sei nur am Rande vermerkt. Auch daß die zarte Hörbiger eine laut schreiende, ordinäre Bürgerin geben mußte – sie war übrigens trotzdem die einzige menschliche Gestalt dieser Veranstaltung–, das war alles völlig unbegreiflich. Alles war so komisch, daß man hätte weinen können.

Am Rande: der Korrespondent der Wiener »Presse« hielt es für richtig, seinem Blatt von einem sensationellen Erfolg zu berichten. Der stellte sich nun wirklich nicht ein, das Stück wurde nicht oft gespielt. Anderswo überhaupt nicht. Und daran wird sich wohl kaum etwas ändern.

Dann Lessings *Emilia Galotti*, wieder von Jürgen Flimm inszeniert, wieder mit dem Bühnenbildner, den er schon in der *Minna* beschäftigt hatte. Eine wesentlich bessere, weil dem Werk gemäße Aufführung, wenn auch gerade der Bühnenbildner sich Seltsames erlaubte. Das Stück spielt ja, man weiß es, im wesentlichen in verschiedenen Schlössern des Prinzen, den übrigens Bantzer sehr deckend spielte. Aber der Bühnenbildner und vielleicht auch der Regisseur wollten, daß diese Schlösser keine Sitzgelegenheiten hatten. Im ersten so wichtigen Akt zum Beispiel, immerhin im Arbeitszimmer des regierenden Prinzen, gab es nur einen einzigen Stuhl, auf dem er saß. Alle seine Besucher mußten entweder stehen oder sich, wie das nun mal in Schlössern so üblich ist, auf den Bühnenboden setzen.

Dann, im März 1984, O'Neills *Eines langen Tages Reise in die Nacht*, Regie Gerd Heinz. Man hatte dieses schwierige, aber herrliche Stück schon einige Male in der Bundesrepublik gesehen, auch in Zürich – das Drama um die Morphinistin, die verheiratet mit einem ehemaligen berühmten Schauspieler, ihre Familie zugrunde richtet. Diese Rolle war in Berlin von Grete Mosheim gespielt worden und später in Düsseldorf von Elisabeth Bergner. Beide Produktionen hatten lange Tourneen unternommen und waren überall auf Begeisterung gestoßen. Später hatte dann Hamburg das Stück unter Rudolf Noelte herausgebracht, das Ehepaar wurde von Will Quadflieg und Maria Wimmer gespielt.

Man durfte an diese Aufführungen überhaupt nicht zurückdenken, wenn man versuchen wollte, dem, was in Zürich geboten wurde, auch nur einigermaßen gerecht zu werden. Hier mußte man feststellen, daß anstatt eines aufregenden Seelendramas voll innerer Spannungen und Unheimlichkeiten eine entsetzlich langweilige Aufführung zustande kam, in der man, obwohl das Original sehr gestrichen war, immer das Gefühl hatte, alles sei zu lang, nichts gehe vor. Natürlich konnte man Agnes Fink nicht mit der Bergner vergleichen, da war keine Dämonie, da war keine im Hintergrund lauernde Gefahr, da war eine gute Kleinbürgerin, die nun einmal zuviel Morphium zu sich nahm – aus. Und wie es Heinz fertiggebracht hat, den bedeutenden Will Quadflieg, der in Hamburg so gut gewesen war, so unbedeutend, so unwirksam zu machen, wird sein ewiges Geheimnis bleiben.

Es kam noch ein schwedisches Stück: *Aus dem Leben der Regenwürmer*. Der Autor hieß Per Olov Enquist, und es ging um das Leben des berühmten Märchenerzählers Hans Christian Andersen. Es war entsetzlich langweilig und belanglos, das einzige, was in Erinnerung blieb, war die Frage, warum das Stück so hieß, wie es hieß.

Es folgte Pirandellos *Sechs Personen suchen einen Autor*, inszeniert von Werner Düggelin, mit guten Schauspielern, die aber alle falsch eingesetzt waren. Am verkehrtesten die bezaubernde Christiane Hörbiger als böse Puffmutter, die sie wirklich nicht spielen mußte, um so mehr, als sie jede andere und ältere Schauspielerin hätte spielen können.

Weil ja soviel Geld da war, hatte das Schauspielhaus eine zusätzliche Bühne gemietet, oder sagen wir lieber, einen Schauplatz: das schon leicht verfallene »Studio Wolfbach«, nur fünfzig Meter vom Schauspielhaus entfernt. Und dort gab es etwas, das sich *Salome oder Auf dem Dach der Welt* nannte. Unverständlich? Alles an dieser Produktion war unverständlich. Es begann damit, daß Fritz Schediwy, wohl als Schauspieler nicht ausgelastet, sich seit Monaten ein Drama zurechtgezimmert hatte, das alles andere war als ein Theaterstück. Es dauerte über vier Stunden, war also ebenso lang wie *Faust II* und die *Meistersinger*, die aber doch wohl etwas besser sind.

Und was ging in diesem Stück mit dem unverständlichen Titel vor sich? Irgendwie hatte Schediwy herausbekommen, daß Oscar Wilde einen Roman, *Das Bildnis des Dorian Gray*, geschrieben hatte, und ein Theaterstück, *Salome*. Was lag näher, als diese beiden Meisterwerke miteinander zu vermengen und bald Salome, bald Dorian Gray spielen zu lassen? Freilich gelegentlich auch etwas von Flaubert und Baudelaire, auch eine Prise Kafka einzustreuen. Das war alles höchst überflüssig und sinnlos – was die Direktion, die Schediwy und den Seinen erlaubte, acht oder zwölf Wochen zu proben, nicht bewog, das Experiment rechtzeitig abzubrechen. Es ist schwer begreiflich, daß das Publikum – es war nicht gerade in Massen herbeigeströmt – die Geschichte vier Stunden lang mit ansah, ohne Krach zu schlagen. Die Titelrollen der Salome und des Dorian Gray spielte Sven-Eric Bechtolf, Anne-Marie Kuster zeigte sich als Königin von Saba, wobei sie wenigstens unter Beweis stellen konnte, daß sie sehr schöne Brüste hatte und den Todesmonolog Julias, der in die Sache paßte wie die Faust aufs Auge, gut sprechen konnte, und zwar gleich dreimal.

Zur Premiere waren im Studio Wolfbach mit einem Fassungsraum von etwa dreihundert Personen hundert gekommen, Presse- und Freikärtler eingeschlossen, und viele gingen während der Vorstellung, andere blieben, einige davon vielleicht nur, weil sie eingeschlafen waren. Ein kostspieliges Experiment, um so mehr, als ein Co-Regisseur namens Fiedler aus Paris hatte herbeigeholt werden müssen, der sich anständig bezahlen ließ. Ein Totalverlust in einer Zeit, in der es bereits klar war, daß es mit dem Schauspielhaus bergab ging und im Theater die Parole zur Sparsamkeit ausgegeben wurde. Aber wer hielt sich daran?

Schediwy versuchte sich noch einmal mit einer Bearbeitung. Diesmal handelte es sich wieder um einen biblischen Stoff. Die Produktion war für den Keller vorgesehen – und fand dann einfach nicht statt. Nicht etwa, daß die überarbeitete Dramaturgie des Hauses eine Erklärung dafür abgegeben hatte. Hinter den Kulissen wurde erzählt, es hätte derart viele Kräche zwischen dem Bearbeiter und Regisseur, eben Schediwy, und anderen Mitwirkenden gegeben, daß die Geschichte nicht realisierbar gewesen wäre.

Das schien niemandem aufzufallen. Aber die »Welt«, für die ich aus Zürich Kritiken schreibe und die das Zürcher Programm erhalten hatte, rief mich an, warum denn dieses Stück nicht herauskäme, und ich wiederum rief das Schauspielhaus an. Der für diese geplatzte Aufführung verantwortliche Produktionsdramaturg Joachim Johanssen stotterte etwas am Telefon, er wisse auch nicht so recht und erbot sich, mich mit dem Chefdramaturgen Peter Rüedi zu verbinden. Dazu sah ich keinen Grund. Wenn schon der verantwortliche Dramaturg nicht Bescheid wußte, gab es keine Veranlassung für mich, mit dem unverantwortlichen Chefdramaturgen zu sprechen.

Erst daraufhin schickte Rüedi eine Mitteilung an die Presse, das beabsichtigte Werk würde nicht kommen, und die Öffentlichkeit sei darüber nicht informiert worden, da es sich ja um ein Stück handle, das außerhalb des Abonnements gelaufen wäre.

Das Zürcher Publikum durfte sich wohl glücklich schätzen, daß es nicht gelaufen war.

Unruhe begann sich zu verbreiten. Früher waren Reaktionen des Publikums in Form von Leserbriefen selten. Jetzt kamen Leserbriefe massenhaft, die meisten von enttäuschten Zuschauern. Viele erklärten, sie seien früher gerne ins Schauspielhaus gegangen, jetzt aber nicht mehr. Manche erklärten, ihr Abonnement nicht erneuern zu wollen. Natürlich gab es auch Briefe, besonders von den Mitarbeitern des Schauspielhauses, die jede Kritik, nicht nur meine, als bösartig und falsch bezeichneten.

Aber auch die »Gesellschaft der Freunde des Schauspielhauses« veranstaltete Umfragen. Von siebzig jüngeren Mitgliedern antworteten rund sechzig. Sie fanden alles, was der Direktor gemacht hatte, grandios, den *Hamlet* auch, den Hasenclever von Klingenberg schon etwas weniger und über *Baby Wallenstein* wollte sich überhaupt niemand äußern. Die Kommentare, zumindest diejenigen, die abgedruckt wurden, waren eher positiv.

Die älteren Mitglieder der »Gesellschaft« waren wesentlich kritischer. Sie hielten zwar den O'Neill für gelungen, den Hasenclever von Klingenberg schon weniger, der *Hamlet* sagte kaum jemandem zu, und das Schlußlicht bildete *Mercedes*, den nur fünf Mitglieder als die »beste Aufführung« bezeichnen konnten.

Die Kommentare der älteren Mitglieder waren auch viel kritischer als die der jüngeren. Man las da von einem »enttäuschenden Spielplan« oder: »Mein Abonnement werde ich für die nächste Saison nicht erneuern«, oder: »Die jungen Regisseure sollten die Klassiker nicht immer modern inszenieren und in einer anderen Zeitepoche ansiedeln.« Einer schrieb: »Ich war von keiner Vorstellung begeistert.«

Es ging bergab. Das ließ sich nicht bezweifeln. Immer mehr Stammbesucher begannen ihren Unmut zu bekunden, Abonnements für die nächste Spielzeit wurden gekündigt, es gab kaum noch Vorstellungen, bei denen der Zuschauerraum auch nur annähernd voll war.

Das Seltsame war, daß die Premieren immer ausverkauft waren, es auch in den nächsten Jahren blieben, während die Besucherfrequenz ständig zurückging. Nun, diejenigen, die wissen, wie man ein Theater führt, waren sich nicht einen Augenblick im unklaren darüber, wie diese überfüllten Premieren zustande kamen.

Aber auffällig, daß bei den Premieren, freilich nur bei den Premieren, der Beifall immer enorm war, ein Beifall, von dem man spürte, daß er nicht ganz echt war. Der Kritiker der »Neuen Zürcher Zeitung« bemerkte einmal, er komme »aus der gewohnten Ecke«.

Ich konnte mir nicht versagen zu behaupten, daß das Schauspielhaus eine Claque unterhalte. Worauf das Schauspielhaus mich und die Zeitung, in der ich das geschrieben hatte, wegen Beleidigung verklagte. Die gesamte Zürcher Presse schrieb über den kommenden Prozeß, man hätte glauben können, es handle sich um einen Mordprozeß oder einen Spionageprozeß von internationalen Ausmaßen. Nun, ich hatte keine Angst, ihn zu verlieren. Ein Dutzend Personen waren bereit, zu beschwören, daß sie Freikarten erhalten hatten, mit der Auflage oder jedenfalls mit der Mahnung, doch heftig zu klatschen. War das keine Claque?

Aber es sollte noch schlimmer kommen. Da meine Kritiken dem Schauspielhaus auf die Nerven gingen, wurde ich allmählich von meinem Stammplatz in der vierten Reihe in die zehnte oder zwölfte Reihe verbannt. Ausgerechnet in die Ecke, wo bei Premieren immer der stürmische Beifall begann. Ich sah mir die Leute an, ich hätte sie im Falle eines Prozesses benennen können.

Um diese Zeit war der Prozeß längst wieder abgeblasen worden, worüber die Presse nur in wenigen Zeilen berichtete. Es kam zu dem, was man eine Einigung nennt, und zwar zwischen dem Theater und der Zeitung. Die Klage wurde zurückgezogen, jede Partei sollte ihre Kosten zahlen. Die meinen betrugen fünf Franken, die ich gerade noch aufbringen konnte.

Aber wir eilen, wie es in alten Romanen heißt, der Zeit voraus.

In der Spielzeit 1983/84 gab es wirklich noch eine außerordentliche Aufführung. Sie fand allerdings nicht im Schauspielhaus selbst statt, sondern im Theater am Hechtplatz, das dem Schauspielhaus von der Stadt zur Verfügung gestellt wurde — einem kleinen Raum mit rund zweihundert Plätzen. Gespielt wurde *Die amerikanische Päpstin* von Esther Vilar, der Monolog dieser nicht mehr ganz jungen Dame, die einmal eine Hure gewesen ist, es im verlotterten Vatikan aber dahin bringt, daß man sie zur Päpstin wählt. Sie ist bereit, die alten Sitten wieder einzuführen, das heißt, Päpste sollten nicht mehr, wie in der Zeit, in der das Stück spielt, auf einige Jahre gewählt werden, sondern auf Lebensdauer, und auch andere gute Bräuche von ehemals sollten wieder Geltung haben.

Maria Becker, die unter der Ägide Heinz bisher überhaupt noch nichts gespielt hatte und immerhin zu den großen Zugkräften gehörte, wollte unbedingt dieses Stück. Die Herren von der Dramaturgie waren strikt dagegen, verhinderten, daß es im Großen Haus herauskam und machten keinerlei Vorpropaganda. Die Leute, die in das Hechtplatztheater kamen, wußten überhaupt nicht, was sie erwartete.

Es erwartete sie ein großer Abend unter der Regie von Leopold Lindtberg, der bis dahin in der Ära Heinz auch nicht hatte aktiv werden können. Das Ganze war höchst fesselnd, einmalig. Natürlich konnte man in diesem Stück, das im Jahre 2014 spielt, manches übertrieben finden. Aber es war eine erregende und teilweise sehr treffende Satire auf die Zustände in der Welt, in der nach der Zweitausendjahrwende stark heruntergekommenen katholischen Kirche. Wie schaffte es Maria Becker nur, einmal wirklich wie die Tochter einer Hure zu wirken und dann wie das Oberhaupt der größten Glaubensgemeinschaft?

Höhepunkt der Rede: die Geschichte von Jesus, wie die Päpstin ihn sieht: einem jungen jüdischen Revolutionär, der sehr wohl weiß, daß es kein Jenseits gibt. Doch durch seinen qualvollen Tod will er der Menschheit den Glauben an dieses Jenseits schenken.

Schwer zu entscheiden, wem in erster Linie diese außerordentliche Aufführung zu verdanken war, Maria Becker oder dem Regisseur Leopold Lindtberg. Vermutlich beiden. Jedenfalls sorgte Lindtberg dafür, daß auch die vielen heiklen Stellen, von denen der Text strotzt und die Gläubige leicht verletzen könnten, nicht beleidigend wirkten, sondern eher aufwühlend. Ohne die Becker wäre das gar nicht möglich gewesen. Sie ist einmalig mit ihren tausend Tönen. Es war ohne Zweifel der stärkste Theaterabend der Spielzeit 1983/84, wenn auch nicht im Schauspielhaus selbst.

Das Stück war auf viele Wochen hinaus ausverkauft. Es kam schließlich dazu, daß das Schauspielhaus selbst, dessen Zuschauerraum immer leerer wurde, die Becker bat, das Stück auch im Großen Haus zu spielen. Sie stellte gewisse Forderungen. Man rief mich an und fragte, ob diese Forderungen nicht reichlich übertrieben seien. Ich erinnere mich noch genau: Ich sagte, man dürfe von einer Schauspielerin, die derart vernachlässigt worden sei, nicht viel Entgegenkommen verlangen. Und da man keinen Vertrag mit der Becker habe, müsse man wohl auf ihre Forderungen eingehen. Man tat es – zähneknirschend. Und machte trotzdem noch ein Geschäft.

Es war ein Rätsel, warum dieses hochinteressante Stück mit der hervorragenden Maria Becker nicht gleich ins Große Haus gekommen war. Warum, fragte sich das Publikum, das es früher – und dieses Früher war noch gar nicht so lange her – für selbstverständlich gehalten hatte, im Schauspielhaus Interessantes, Aufregendes, Schönes, Lustiges, Trauriges zu sehen. Jetzt bekam es meist etwas vorgesetzt, mit dem es nichts mehr anzufangen wußte.

Die Saison 1984/85 begann mit *Sonnenuntergang*, einem Stück mit jüdischer Thematik von Isaak Babel, der ein gottbegnadeter Erzähler war. Seine Prosawerke kreisten lange um seine Welt, die der unterdrückten Juden in Rußland, aber der Dichter war kein starker Dramatiker, und *Sonnenuntergang* war schon vor zwanzig Jahren ohne jeden Erfolg im Schauspielhaus gegeben worden. Damals hatte es immerhin sehr einfühlsam Werner Düggelin inszeniert, und Wolfgang Reichmann hatte den jüdischen Unternehmer, der seine Familie tyrannisiert, sich schließlich in eine junge Dirne verliebt und mit ihr auswandern will, unübertrefflich gespielt. Damals gab es eine herrliche Aufführung, die Frau wurde von Elisabeth Lennartz, verheiratet mit Gustav Knuth, dargestellt, der brutale Sohn von Peter Arens. Und trotzdem wurde das Stück damals ein Durchfall.

Wußte man das nicht in der Dramaturgie des Schauspielhauses? Die Sache ging wieder denkbar schlecht, zudem gab es diesmal keinen einfühlsamen Regisseur,

84 Margrit Ensinger als Postmeisterin und Matthias Habich als Fernando in Goethes »Stella«, 1983

85 Maria Becker und Agnes Fink als Königinnen in Schillers »Maria Stuart«, 1986

6 Hans Dieter Zeidler und André Jung in den Titelrollen von Brechts »Herr Puntila und sein Knecht Matti«, 1986

87 Sven-Eric Bechtolf und Susanne Bentzien in Oscar Wildes »Bunbury«, 1985

88 Hubert Kronlachner in »Der Theatermacher« von Thomas Bernhard, 1987

sondern Jerzy Kowarski, keineswegs einer, der die Grundeinstellung Babels gegen
die Unterdrücker der Juden teilen konnte, war er doch ein Liebling des polnischen
Regimes, das bis heute antisemitisch geblieben ist. Abgesehen von seiner Stilunsi-
cherheit, machte sich der Regisseur der Gotteslästerung und Blasphemie schuldig.
Es gibt in diesem Stück eine Szene, die in der Synagoge spielt. Man war sich schon
vor zwanzig Jahren nicht klar darüber, ob man sie spielen sollte und wie. Der aus
Polen importierte Herr verlegte nun diese Szene – ins Foyer des Schauspielhauses,
und zwar ans Ende der großen Pause. Im Foyer war eine Art Boxring aufgestellt
worden, und da fand nun der jüdische Gottesdienst statt, umringt von schwatzen-
den Zuschauern, die ihr Glas Sekt, ihren Orangenjuice tranken oder ihr Schinken-
brötchen verzehrten. Ganz abgesehen davon, daß da niemand etwas verstand und
nur diejenigen, die ganz vorne am Ring standen, etwas sehen konnten – es war
höchst würdelos. Und die Zürcher, die der jüdischen Religion gegenüber eine
gewisse Achtung verspüren, und davon gibt es glücklicherweise immer noch viele,
verzichteten auf einen Besuch dieser Produktion. Sie war nicht nur ein Mißerfolg,
sie war darüber hinaus eine Schamlosigkeit.

Nächste, höchst überflüssige Produktion: *Der Mikado*, herausgebracht als »Oper
für Schauspieler«, was, gelinde gesagt, eine Fälschung ist. Es handelt sich hier
ganz einfach um eine Operette von Gilbert und Sullivan, die Ende des vergangenen Jahrhunderts sehr erfolgreich war. Was um Himmels willen hatte diese
Operette hundert Jahre später im Schauspielhaus zu suchen, wo man kaum ein
Mini-Orchester unterbringen konnte? Wieder fragte sich das Publikum: warum?
Und in der Stadtverwaltung fragte man sich auch: warum?

Irgend jemand kam auf die Idee, man sollte vielleicht doch etwas unternehmen,
um den Ehrgeiz derer, die in Zürich Theater machten, anzustacheln, zu motivie-
ren, mehr Besucher zu befriedigen oder überhaupt ins Theater zu ziehen. Plötzlich
hieß es, die Stadt beabsichtige, die Subventionen der Kulturstätten in ihrer Höhe
nur zu belassen, wenn mindestens 75 Prozent Besucherfrequenz erreicht sei. Das
betraf im Prinzip alle künstlerischen Institutionen, aber wenn man genauer
hinsah, nur das Schauspielhaus. Denn die Oper hatte seit vielen, vielen Jahren
wesentlich höhere Frequenzen zu verzeichnen.

Große Aufregung in den sogenannten künstlerisch interessierten Kreisen Zürichs.
Es hieß in einigen Zeitungen – keineswegs in allen –, der künstlerische Ruf
Zürichs stehe auf dem Spiel. Man konnte sich auch andere Gedanken machen.
Ich, zum Beispiel, fand einen solchen oder ähnlichen Vorschlag nicht ganz
ungerechtfertigt. Das Schauspielhaus wurde ja städtisch subventioniert, also von
den Steuerzahlern. Und von denen, das heißt, der Gesamtbevölkerung Zürichs
und des Kantons kam ja nur ein verschwindender Bruchteil ins Theater, selbst
wenn das betreffende Haus jeden Abend ausverkauft gewesen wäre. Nehmen wir
das Schauspielhaus. Es hat rund tausend Plätze und spielt rund dreihundert
Abende in jedem Jahr. Rechnen wir noch fünfundzwanzig Nachmittagsvorstellun-

gen hinzu, so kommen wir auf etwa 325 000 Besucher im besten Fall, was noch nie in der Geschichte eines Theaters, schon gar nicht in der Geschichte des Schauspielhauses während der letzten Jahre, erreicht worden war. Bedenken wir einmal, daß unter diesen möglichen 325 000 Besuchern ja die meisten Theaterliebhaber sind und viele zwei- oder gar dreimal jährlich, wenn sie Abonnenten sind, ins Theater gehen, würde das im Falle des Schauspielhauses etwa bedeuten, daß bestenfalls rund 100 000 Personen pro Jahr das Theater besuchen. Bei einer Platzausnutzung von unter 75 Prozent wären es also weniger als 75 000. Im Schauspielhaus waren es während der letzten Spielzeit kaum mehr als 50 000, vermutlich noch viel, viel weniger. Und für diejenigen, die alle Vorstellungen gesehen hatten, also für noch viel weniger Besucher, sollten dann sämtliche Steuerzahler bezahlen?

Großes Geschrei. Man tat so, als sei die Kunst als solche in Zürich in Frage gestellt. Es fanden sich relativ wenige, die der Ansicht waren, ein subventioniertes Theater müsse doch wohl zu 75 Prozent besucht werden, um seine Existenz zu rechtfertigen. Denn schließlich handelte es sich um ein Institut, das nur für die Theaterfreunde – stets eine Minderheit – arbeitet, aber mit Steuergeldern finanziert wird. Und Steuern bezahlen alle – und selbst wenn ein Theater allabendlich ausverkauft wäre, würde das nur bedeuten, daß eine sehr kleine Minderheit der Bevölkerung das Theater besucht. Aber wenn es sich nicht einmal zu 75 Prozent füllt – wie wäre es dann noch mit der moralischen Verpflichtung des Stadthauses gegenüber den Steuerzahlern zu vereinbaren, wenn man das Theater trotzdem so hoch wie bisher subventionieren würde?

Immerhin, so indiskutabel, wie man es in Zürich hörte, fand ich den Vorschlag nicht. Er wurde aber fallengelassen.

Das Jahr 1985 hatte es in sich. Es war das letzte Jahr des Verwaltungsdirektors Max Lehmann, der sich im Schauspielhaus heraufgedient hatte, der seit vielen, vielen Jahren Direktor war und dessen profunde Kenntnisse des Theaterbetriebs dem Institut ungemein nützlich gewesen waren.

Eigentlich hatte er ausscheiden wollen, als bekannt wurde, daß Gerd Heinz die künstlerische Leitung des Hauses übernehmen würde. Man gab damals keine Gründe dafür an, aber sie lagen auf der Hand. Er sah wohl voraus, was da kommen würde. Und er wollte damit nichts zu tun haben. Das hatte er übrigens nie gesagt, geschweige denn geschrieben, aber welchen anderen Grund konnte es geben dafür, daß er sozusagen von einem zum anderen Tag kündigte? Man redete ihm das schließlich aus. Er war bereit, noch eine gewisse Zeit mitzumachen, aber das Ende des Jahres 1985 war sein endgültiger Termin, und davon ließ er sich nicht mehr abbringen.

Das Schauspielhaus mußte sich also einen neuen Verwaltungsdirektor suchen. Aber bei welchem Theater man anfragte, ob der Verwaltungsdirektor oder auch der zweite oder dritte Mann zur Verfügung stände, man bekam nur Körbe. Schließlich wurde die Stelle ausgeschrieben, und es bewarb sich ein Dr. Rudolph Kaiser. Der war früher in der Verwaltung des »Tages-Anzeigers« tätig gewesen, und wie man hörte, immer mit Erfolg. Mit Theater hatte er bis dahin nie etwas zu tun gehabt. Man konnte ihn also nicht gut als Fachmann bezeichnen. Um so verständlicher, daß er sich nun mit ungeheurer Verve in seine neue Aufgabe stürzte. Er arbeitete schon 1984 gelegentlich, seit Beginn des Jahres 1985 ständig im Schauspielhaus. Das konnte dem Verwaltungsrat nur recht sein, er würde auf diese Weise von dem Wissen und Können des scheidenden Lehmann profitieren. Wie das im einzelnen zuging, ist im Grunde genommen kaum eine Angelegenheit, die außerhalb des Theaters interessieren dürfte. Jedenfalls waren sich alle darüber einig, daß Kaiser ungeheuer viel arbeitete und ungeheuer viel von seinen Mitarbeitern verlangte, mehr als je zuvor in der Verwaltung geleistet worden war. Und daß er, was das Künstlerische anging, einen eigenartigen Geschmack hatte: So wurde zum Beispiel behauptet, er habe einen allgemein entsetzlich empfundenen Klassiker für hervorragend gehalten. Aber – vielleicht stimmte das gar nicht so. Es stimmte ja in steigendem Maße immer weniger oder beinahe nichts mehr, was man so aus dem Schauspielhaus erfuhr.

Anfang 1985 erhielten die Mitglieder des Verwaltungsrates Expreßbriefe. Präsident Werner Weber berief eine Versammlung ein, warum wußte niemand, aber vielleicht ahnten es einige.

Es ging um Heinz.

Nach seinen Mißerfolgen am laufenden Band in sowohl künstlerischer als auch finanzieller Hinsicht hatte man gehofft, er würde vielleicht vorzeitig abtreten oder die Stadt würde ihn vorzeitig aus seinem Vertrag entlassen, schlimmstenfalls unter Ausbezahlung dieses Vertrages. So was kommt ja immer mal wieder beim Theater vor. Diese Hoffnung einiger weniger erfüllte sich nicht, denn Weber hielt es für eine Ehrensache, den Mann, den er berufen hatte oder an dessen Berufung er zumindest beteiligt war, nicht in die Wüste zu schicken. Aber alle waren sich darüber einig, daß Heinz mehr als genug angerichtet haben würde, wenn er seine fünf Jahre Dienst ableistete.

Nun meldete der Präsident des Verwaltungsrates den einberufenen Mitgliedern, man müsse den Vertrag von Heinz über die fünf Jahre hinaus verlängern, sonst gehe er als Intendant nach Düsseldorf. Dessen Intendant ziehe demnächst an das Residenztheater in München, eine der wichtigsten Bühnen der Bundesrepublik.

Nun hätte eigentlich jedes Mitglied des Verwaltungsrates, das sich um das Theater kümmerte, staunen müssen. Denn es war im deutschen Sprachraum nicht unbekannt geblieben, wie glücklos Heinz in Zürich operierte. Und ausgerechnet eine Bühne, die nach dem Krieg von Gründgens nach oben gebracht, von Karl Heinz Stroux auf dieser Höhe gehalten und auch jetzt unter Günther Beelitz durchaus respektabel geblieben war, sollte sich um Heinz reißen? Denkbar unwahrscheinlich.

Zwei Mitgliedern des Verwaltungsrates, die mich anriefen und mich befragten, riet ich, doch einmal in Düsseldorf selbst nachzuforschen. Ich weiß nicht, ob sie das taten. Ich jedenfalls tat es. Das war weder teuer noch zeitraubend. Ich erfuhr am Telefon von dem zuständigen Mann, jawohl, Heinz habe auf einer Liste gestanden, die elf Namen enthielt. Elf Namen, von denen einer eventuell als nächster Intendant in Frage gekommen wäre. Es seien auch zwei Herren aus Düsseldorf, darunter derjenige, mit dem ich telefonierte, in Zürich erschienen und hätten mit Heinz gesprochen. Ein Angebot hätten sie nicht gemacht. Und dann seien sie wieder abgefahren. Was vielleicht niemand in Zürich wußte, war, daß sie einige Tage später zurückkehrten und sich noch zwei Vorstellungen am Schauspielhaus ansahen. Und nachdem sie diese Vorstellungen gesehen hatten, wurde auf ihr Anraten Heinz von der Liste der in Frage kommenden Theaterleiter gestrichen.

Das alles hätte der Verwaltungsrat ebenso schnell, vielleicht noch schneller und noch präziser erfahren können als ich.

Es wurde aber beschlossen, den Vertrag von Heinz zu verlängern. Der Präsident forderte weitere fünf Jahre – dabei hatte Heinz noch zwei abzudienen. Der Verwaltungsrat wollte drei Jahre, wobei ein Mitglied sich der Stimme enthielt, aber keines sich im negativen Sinne äußerte. Der Stadtpräsident verringerte die zusätzlichen Jahre auf zwei. Ein ehemaliger Zürcher Theaterkritiker, der später in andere Regionen entschwebte, sprach von diesem Ereignis als »einer taktischen Meisterleistung« des Präsidenten Werner Weber, er nannte diese Meisterleistung auch »ein geschickt inszeniertes Überrumpelungsmanöver«, und damit dürfte er vielleicht recht gehabt haben.

Immerhin, als Heinz ans Ruder gekommen war, hatte die Zahl der Abonnenten 5055 betragen. Sie war auf 3520 gesunken, und dann war sie für die Spielzeit 1985/86 auf 3947 angewachsen. Freilich wohl vor allem dank einer schon ans Hysterische grenzenden Propaganda. Die Besucherzahl, die bald nach dem Antritt von Heinz sehr stark abgesunken war, war wieder um 10 Prozent gestiegen. Aber um welchen Preis? Will sagen, was zahlten die Besucher, und wie weit waren sie wirklich Besucher oder eher ins Theater abkommandierte Jugendliche, die wohl hauptsächlich kamen, weil sie weniger zahlen mußten als in ihrem Stammkino? Fragen, die damals nicht beantwortet wurden und wohl auch nie beantwortet werden.

Was die Düsseldorf-Affäre angeht, handelte es sich schlicht um Betrug. Wer wen betrogen hatte, war nicht herauszubekommen und würde wohl auch in Zukunft niemals zu erfahren sein. Heinz selbst gab später in einem Interview mit einer Theaterzeitung zu, er habe niemals einen Antrag erhalten, man habe sich bloß mit ihm unterhalten. Wer hat also dann die schlicht wahrheitswidrige Behauptung aufgestellt, Heinz würde nach Düsseldorf auswandern? Es muß doch wohl eine Persönlichkeit gewesen sein, der Werner Weber vertraute. Er mußte wohl in den Glauben versetzt worden sein, daß die Sache höchst eilig sei, weil der zumindest von ihm geschätzte Gerd Heinz sonst Zürich verloren gehen würde.

Es ist also gelogen und betrogen worden. Schlimmer, viel schlimmer: die Stadt Zürich ist belogen und betrogen worden. Aber das wurde, wie man heute so schön sagt, unter den Teppich gekehrt. Alles, was wir erfuhren, war, daß Heinz eine neue Wohnung bezogen hatte und gerade dabei war, seine Bilder aufzuhängen. Und daß er große Pläne für die Zukunft hatte.

Wie diese Pläne aussahen, respektive, wie die Verwirklichung dieser Pläne aussah, sollte man später erfahren. Mußte es erfahren – leider.

Nach Goldonis *Kaffeehaus* kam es am 8. November 1984 zu einer wichtigen deutschsprachigen Erstaufführung. Es handelte sich um *Spinoza* von Dimitri Frankel Frank. Der Autor ist 1928 in München geboren, 1936 mit seinen jüdischen Eltern nach Holland ausgewandert. Die Familie überlebte den Krieg. In seinem Stück schilderte er den Konflikt des werdenden großen jüdischen Philosophen mit der jüdischen Religion, der dazu führt, daß er von einem Rabbiner exkommuniziert wird und Holland verlassen muß. Ein interessantes Werk, aber vielleicht gar nicht so sehr ein Theaterstück, sondern eher eine Reihe von Diskussionen, diese allerdings auf höchster Ebene, nicht nur zwischen dem Rabbiner und Spinoza, auch Rembrandt findet sich ein.

Man sollte glauben, daß ein solches Stück kaum Erfolg haben würde. Das Gegenteil war der Fall, und das war der außerordentlich taktvollen, leisen, aber doch geschickten Regie von Gerhard Klingenberg zu verdanken, der wieder als Gast gekommen war. Und der geradezu hervorragenden Darstellung des werdenden Revolutionärs durch den blutjungen Sven-Eric Bechtolf. Hans Dieter Zeidler hatte mit seinem Rembrandt endlich eine Rolle, mit der er etwas anfangen konnte. Wolfgang Stendar als judenfreundlicher, aber listiger Magistrat war durchaus von Rang. Aber der Höhepunkt war doch wohl Robert Tessen als Rabbiner, ohne Zweifel eine der stärksten Leistungen im Schauspielhaus seit vielen Jahren. Tessen hatte alles, die Geduld, die jüdische Selbstironie, den jüdischen Witz. Und wenn er den großen Bann aussprach, ganz schlicht und ohne Pathos, eher leise und scheinbar unbewegt, lief es einem kalt den Rücken herunter. Ein Schauspieler von Gottes Gnaden! Und dieses merkwürdige Stück wurde, allen Prognosen zum Trotz, zu einem sehr starken Erfolg.

Politische Attentate waren in jenen Zeiten keine Seltenheit. Immerhin, daß am 31. Oktober 1984 das Haupt einer Regierung ermordet wurde, war bis dahin unerhört. Indira Ghandi fiel ihren Leibwächtern zum Opfer.

Auch im Schauspielhaus gab es eine Katastrophe, wenn auch nicht von geschichtlicher Bedeutung. Hans Hollmann inszenierte die *Penthesilea* von Kleist. Ein zumindest schwieriges Werk, mit dem zum Beispiel Goethe, dem es Kleist zusandte, überhaupt nichts anfangen konnte wie die meisten Theaterleute seither. Dieses Stück um die Amazone Penthesilea, die mit ihren Frauen Männerheere besiegt, die in Liebe zu dem Feind Achilles verfällt, um ihn dann im Wahnsinn zu verschlingen, ist fast unspielbar. Im Schauspielhaus hatte Maria Becker dieses Kunststück fertiggebracht, allerdings stand ihr Lindtberg als Regisseur zur Seite.

In Zürich war die Penthesilea Reinhild Solf, der Frau Hollmanns, einer sehr guten Schauspielerin, übertragen. Aber sie war eben keine Heroine, keine, der man glauben konnte, daß sie Schlachten schlägt oder der man gar den Greuel des Kannibalismus zutraute. Die Solf ist im besten Sinne des Wortes eine Salondame.

Und die Tatsache, daß er keine Heroine zur Verfügung hatte oder keine haben wollte, unterstrich Hollmann noch aufs Peinlichste dadurch, daß er die Geschichte, die während des Trojanischen Krieges abläuft, in modernen Kostümen spielen ließ. Die Griechen traten nicht etwa in Uniformen auf, sondern trafen sich in modernem Zivil wie in einem Club bei Whisky-Soda, um die Schlacht durchs Fenster zu beobachten und zu kommentieren. Die Amazonen wiederum kamen aus der Schlacht in Abendkleidern und mit untadeligen Frisuren und zogen auch wieder in die Schlacht wie zu einer Cocktail-Party. Kein Haar wurde ihnen gekrümmt. Das konnte nicht gutgehen.

Und der Achill machte die Sache nicht besser, er, dessen »Flammenmähne« gepriesen wird, der ein schöner junger Mann sein soll, wurde von Fritz Schediwy gespielt. Der war nun nicht mehr so jung, hatte auch keine goldene Flammenmähne, dafür den Ansatz zu einer Glatze, umgeben von dunklen Haaren, er wirkte eher als Handlungsreisender denn als Kriegsheld. Und das Schlimmste: er lispelte.

Kleist-Verse kann man nur sprechen, wenn man den Mut zum Pathos hat. Der war von Anfang an nicht vorhanden.

Die Aufführung entartete zu einem Lacherfolg. Das Publikum gebärdete sich um so fröhlicher, je tragischer das Stück wurde. Die Buhs unterbrachen immer wieder die Verse von Kleist, und als am Schluß der Regisseur, sicher der Hauptschuldige an dieser Katastrophe, erschien, deckten die Buhs alles andere zu.

Ein Mißerfolg, ein verdienter, ein ungeheuerlicher.

Es folgte zu Silvester die bereits überall auf der Welt gespielte englische Theater-Farce *Noises off* von Michael Frayn, die in Zürich *Der nackte Wahnsinn* hieß und das Schicksal einer englischen Tourneetruppe schildert, die ein Stück, immer dasselbe, erst probt, dann spielt, und im dritten Akt sehen wir das Stück noch einmal, respektive die Szenen, die wir bereits aus den ersten beiden Akten kennen in der etwa 150. Aufführung, wo alles schiefgeht. Es war ein sehr lustiger Abend, wie überall ein Erfolg. In Zürich wurde vorzüglich gespielt, von Peter

Arens, von Alfred Pfeifer, von Renate Schroeter, von Marina Wandruszka, vor allem aber von Anne-Marie Blanc. Gerd Heinz spielte den Regisseur. Er war eher etwas blaß, wenn man bedenkt, daß er hier ja die Rolle gab, die er auch im Leben spielte.

Als nächste Produktion wurde *Britannicus* von Jean Racine angeboten. Nun ist es eine bekannte Tatsache, daß die französischen Klassiker Racine und Corneille in deutscher Sprache – übrigens auch in englischer – niemals wirklich erfolgreich waren. Es soll hier nicht auf die Gründe eingegangen werden, die zumindest seit Lessing und seiner Hamburgischen Dramaturgie unendlich oft erörtert worden sind. Die hochstilisierte Sprache selbst in den dramatischsten und leidenschaftlichsten Szenen hatte außerhalb Frankreichs nie Eindruck gemacht. Man fand die Stücke der beiden eher langweilig. Aber ein Schauspielhaus-Direktorium, das seit Jahren nicht versäumt hatte, seinem Publikum klarzumachen, daß es sich um das Publikum nicht schere, sah keinen Grund, Racine nicht zu spielen.

Schlimmer noch, man vertraute die Übersetzung dem früheren Dramaturgen Herbert Meier an. Der kam auf die gloriose Idee, die Alexandriner des Franzosen in deutsche Jamben zu übertragen; dabei lagen natürlich einige bewährte – und tantiemefreie – Übersetzungen in Alexandrinern vor.

Am schlimmsten: wenn man schon in Jamben spielte, hätte man das Stück eher »realistisch« spielen müssen, das heißt, in den Gewändern der Zeit Neros. Aber man spielte Racine, wie Racine einst gespielt wurde, nämlich in Kostümen seiner Zeit – prächtiges Hoftheater. Dem Gastregisseur Thomas Reichert war dieser Bruch offenbar nicht klargeworden. Außerdem war er nicht fähig, die Schauspieler zu führen. Dabei hatte er einige, mit denen etwas zu machen gewesen wäre. Ich spreche nicht von der unglückseligen Susanne Bialucha, die die leidenschaftlichsten Szenen spielte, als befinde sie sich in einem Schülertheater. Nicht von dem neuengagierten jugendlichen Helden Peter Kremer, der bald wieder verschwinden sollte. Aber René Scheibli, immerhin langbewährtes Mitglied des Ensembles, war so wenig überzeugend wie selten. Und Maria Becker, die die intrigante Mutter des Nero spielte, agierte unter ihrem Niveau. Ich habe Maria Becker nie, vorher oder nachher, so schlecht gesehen. Es konnte doch nicht an ihr liegen. Nero selbst wurde von einer Neuerwerbung namens Norbert Schwientek gespielt. Auch er wurde nicht gut geführt, war aber immerhin interessant, schon von seiner Häßlichkeit her.

Alles in allem wieder ein Mißerfolg.

Es folgte sofort ein zweiter. Wieder ein Klassiker, ein schwieriger, gewiß, aber einer, der, wenn richtig inszeniert und richtig besetzt, doch meist erfolgreich ist. Es handelte sich um Shakespeares *Maß für Maß*. Als Regisseur hatte man erneut – man darf sagen wider alle Vernunft – Arie Zinger geholt, der ja schon mit seinem Tschechow entsetzliches Unheil angerichtet hatte. Und das tat er nun wieder.

Maß für Maß ist die Geschichte des Sittenverfalls in einem natürlich nur in der

Phantasie Shakespeares existierenden Wien, dem sein Herzog Vincentio steuern will. Er geht angeblich auf eine Reise und überträgt seine Amtsbefugnisse dem für seine Sittenstrenge bekannten jungen Angelo. In Wirklichkeit bleibt er aber in der Stadt, allerdings als Mönch verkleidet, um zu sehen, ob nun Angelo etwas für die Moral tut. Angelo geht auch sehr zügig vor, verhaftet einen gewissen Claudio, weil er seine Braut vor der Hochzeit geschwängert hat. Claudios Schwester Isabella, die in ein Kloster eintreten will, fleht Angelo um Gnade für ihren Bruder an. Angelo ist auch bereit dazu, wenn die keusche Isabella sich ihm hingeben will. Das bringt sie nicht über das Herz. Infolgedessen sieht es so aus, als ob Claudio sterben muß.

In der Zwischenzeit freilich hat sich herausgestellt, daß der sittenstrenge Angelo nicht immer so sittenstreng war. Er hat nämlich eine junge Dame namens Mariana, der er die Ehe versprochen hat, verlassen, als er feststellen mußte, daß sie nicht so begütert war, wie er glaubte. Mariana, so erfahren wir, hat sich aus Wien zurückgezogen, lebt auf dem Lande und ist verzweifelt. Überflüssig zu sagen, daß schließlich doch noch alles gut ausgeht, Angelo Mariana heiratet und der Herzog die so keusche Schwester des Claudio, letzteres etwas überraschend.

Ein schwieriges Stück, gewiß, voller Unwahrscheinlichkeiten, aber doch auch ein sehr poetisches Stück. Szenen wie etwa diejenige, in der Claudio seine Todesangst spüren läßt oder seine Schwester sich dazu durchringt, seinen Tod nicht zu verhindern, konnte nur Shakespeare schreiben. Andere, vor allem die komischen, sind nicht ganz auf der Höhe ähnlicher Szenen in anderen Shakespeare-Stücken.

Aber was hat der unglückselige Zinger daraus gemacht! Das Unwahrscheinliche wird noch unwahrscheinlicher. Denken wir an die in der Nähe »Wiens« in Einsamkeit schmachtende Mariana, die erst im zweiten Teil des Stückes auf die Bühne kommt – wie kommt sie auf die Bühne des Schauspielhauses Zürich? Der Vorhang öffnet sich vor einer turbulenten Szene, in der eine große Anzahl von leicht angetrunkenen und sich köstlich amüsierenden Personen beiderlei Geschlechts tanzt und singt, begleitet am Klavier von dem Bösewicht, der sie aus finanziellen Gründen verschmäht hat. In dieser Umgebung finden wir also die trauernde, in die Einsamkeit gegangene Verschmähte!

Und auch alles andere ist falsch oder schrecklich oder an der Grenze der Idiotie. Der junge Schauspieler, der den zum Tode Verurteilten spielen soll, René Peier, wirkte nie verzweifelt. Vielleicht, wenn er einen Regisseur gehabt hätte . . . Bantzer, der Herzog, wußte mit der Rolle nicht viel anzufangen – aber das hat noch nie einer gekonnt. Der angeblich auf Reisen gegangene Herzog ist zwar die zentrale Rolle, doch da gibt es eigentlich nicht viel zu spielen. Die keusche Schwester, Anne-Marie Kuster, ist nicht die Leidende, die Duldende, die über den Dingen Stehende, sondern eher eine tobende Katharina aus *Der Widerspenstigen Zähmung*. Die schöne Eva Rieck wird als besoffener Rüpel eingesetzt – warum?

Warum? Diese Frage wird das Publikum nicht mehr los. Auch nicht, als die Hörbiger in Eugène Ionescos *Die Stühle* eine alte, verbrauchte Frau spielen muß, unter der Regie eines müden oder mißgelaunten Werner Düggelin. Man fragt sich auch, warum die Becker in William Congreves *Der Lauf der Welt*, einem zeitkritischen Restaurationsstück, das man durchaus immer mal wieder spielen kann und das vom Direktor persönlich in Szene gesetzt wurde, eine komische Alte spielen mußte, die in einer Operetten-Aufführung in der tiefsten Provinz vielleicht am Platze gewesen wäre.

In dieser Spielzeit wurde der Keller übrigens viel bespielt. Erwähnenswert *Der Wetterpilot* von Gerd Heidenreich, aus politischer Sicht interessant, vom Stück her weniger. Es geht um einen US-Flieger, der mit dabei war, als man im Sommer 1945 die Atombombe auf Hiroshima warf. Er hat sie nicht selbst geworfen, ist aber seine Schuldgefühle nie losgeworden. Er braucht 25 Jahre, um den Mut zu finden, zu seiner Familie zurückzukehren, er hält es dort aber nicht aus, sondern kehrt in eine Heilanstalt der US-Air Force zurück.

Das Stück kann man kaum Stück nennen, es ist ein antiamerikanisches Pamphlet oder, genauer genommen, ein proamerikanisches. Denn in welchem anderen Land ist einer verrückt geworden, weil er dabei mithalf, Menschen zu töten. Und schließlich handelt es sich bei dem betreffenden Krieg um einen, den die Japaner mit ihrem Angriff auf Pearl Harbor im Fernen Osten ja erst ausgelöst hatten.

Warum dieses Stück aufführen? Und wenn, warum so? Der ehemalige Flieger wurde von Dietmar Schönherr gespielt, der sich durch seinen klassischen Fernseh-Ausspruch, der amerikanische Präsident könne ihn am Arsch lecken, eigentlich, ginge es mit rechten Dingen zu, für die Schweiz disqualifiziert hatte.

Aber wie spielte Schönherr seine Rolle? Er spielte überhaupt nicht. Er verzog nur sein Gesicht, als leide er an Bauchschmerzen. So lange, bis das Publikum auch Bauchschmerzen bekommen mußte.

Die nächste Premiere im Keller war ein starker Erfolg. Es handelte sich um *Die Zimmerschlacht* von Martin Walser. Peter Arens, der die Aufführung mit Wolfgang Stendar und Anne-Marie Blanc inszenierte, hatte Hemmungen, nur den ersten Akt zu spielen, in dem die beiden noch recht jugendlich wirken sollen. Er begann also mit dem zweiten Akt, in dem sie bereits reifer sind, blendete dann in den ersten zurück und dann wieder von diesem in den zweiten Akt hinein bis zum Ende. Das gelang ganz gut, war freilich gar nicht nötig. Denn die Blanc, von der man in Zürich wußte, daß sie gerade ihren fünfundsechzigsten Geburtstag gefeiert hatte, konnte noch sehr jung wirken. Man sah ihr auch im Leben und ohne, daß sie Schminke brauchte, ihr Alter nicht an. Dasselbe galt für ihren Partner. Es war eine bezaubernde, liebenswürdige Aufführung, das Stück siegte, nicht zuletzt dank der Regie von Arens, aber eben auch dank der beiden hervorragenden Schauspieler. Man hätte es auch im Großen Haus spielen können, aber aus Gründen, die nur die Direktion kannte, wurde es bald wieder abgesetzt.

Die Frage Warum? stellte sich mehr und mehr denen, die das Schauspielhaus besuchten. Viele empfanden die Pause der jeweiligen Produktion als den geeigneten Moment, nach Hause zu gehen. Andere kamen erst gar nicht mehr ins Theater, das sich zusehends leerte.

Freilich, die Premieren waren ja jetzt immer gestopft voll. Im Gegensatz zu früher, denn Zürcher sind vorsichtig. Selbst die Stücke, die sich später als die größten Erfolge erweisen sollten, waren ursprünglich in den ersten Vorstellungen nicht immer gut besucht, geschweige denn ausverkauft. Das Publikum wollte erst einmal abwarten. Seit 1983 nun waren, wie gesagt, sämtliche Premieren »ausverkauft«. Und zwar meist schon eine Woche vorher. Wenn man dann ins Theater kam, sah man, daß Leute neben einem, vor einem und hinter einem saßen, die man vorher noch nie in Premieren gesehen hatte. Leute, die offenbar bis zu dieser Zeit niemals Interesse für das Schauspielhaus gehabt hatten. Dagegen blieben langjährige Premierenbesucher aus. Wenn sie keine Premieren-Abonnements besaßen, konnten sie diese Vorstellungen auch gar nicht besuchen, denn wenn sie sich Karten bestellen wollten, wurden sie mit den Worten abgefertigt, es gäbe gar keine mehr. Aber an der Abendkasse holten sich dann, wie gesagt, bisher nicht bekannte Besucher Karten von der Kasse ab und zahlten dafür einige wenige Franken.

Aber sie klatschten.

Jawohl, der Beifall bei Premieren war von nun an außerordentlich stark, geradezu stürmisch. Freilich, er dauerte nur kurz. In früheren Jahren, selbst noch unter der Leitung von Klingenberg, war der Beifall nach den Premieren nicht so stürmisch gewesen, aber, wenn es sich um einen ernsthaften Erfolg handelte, dauerte er manchmal sehr lange – bis zu fünfzehn Minuten. Nun dauerte er allenfalls fünf Minuten, aber auch die wurden nur erreicht, weil das Licht im Zuschauerraum lange nicht anging, so daß diejenigen, die aufbrechen wollten, auf ihren Sitzen verharren mußten und klatschten, da sie nicht gerade den meist unschuldigen Schauspielern ihren Mißmut zeigen wollten. Der Beifall wurde auch dadurch verlängert, daß Vorhänge »geschunden« wurden, das heißt, nachdem der Vorhang sich gesenkt hatte, und der Applaus abnahm, wurde der Vorhang hastig wieder geöffnet, um den Beifall zu beleben.

Das galt schon für die ersten Spielzeiten von Heinz und mehr noch für die, die kommen sollten. Die zweite oder dritte Aufführung enthüllte dann die wahre Situation, nämlich daß das Publikum keineswegs so entzückt war, um in Strömen herbeizueilen. Ich habe, nur weil ich mich informieren wollte, gelegentlich die zweite oder dritte Aufführung gesehen oder auch nur in den Zuschauerraum geblickt, bevor die Vorstellungen begannen. Sie waren oft bedrückend leer, und das nach einer Premiere mit allen Anzeichen eines außerordentlichen Erfolges.

Direktor Kaiser tat sein möglichstes, diesen Eindruck zu verstärken, durch etwas, was unter Wälterlin, Hirschfeld und Lindtberg nie unternommen wurde, allerdings in der Ära Löffler einige Male.

Über Jahrzehnte hinweg hatte das Schauspielhaus sich damit begnügt, seinen

Wochenspielplan in den Tageszeitungen zu veröffentlichen. Man konnte dort lesen, was wann gespielt wurde. Jetzt kam es immer häufiger vor, daß unter dem Wochenspielplan größere Inserate erschienen, die für ein bestimmtes Stück Propaganda machten. Wenn ein Kritiker einen für das Stück oder die Aufführung günstigen Satz geschrieben hatte, wurde der zitiert. Diese Inserate kosteten kein Vermögen, aber billig waren sie auch nicht. Und die sparsamen Schweizer mochten so etwas nicht besonders gern. Aber was blieb Kaiser anderes übrig, als alles nur Denkbare zu versuchen, um das Publikum in die Vorstellungen zu locken? Und weil immer weniger Leute aus eigenem Antrieb ins Theater kamen, mußten in den folgenden Jahren immer häufiger solche Inserate erscheinen. Sie wurden für Kenner zum Maßstab dafür, wie schlecht ein Stück ging.

Typisch der Ausspruch Dürrenmatts in einem Interview mit der Mailänder Zeitung »La Repubblica«: »Quanto a Zurigo, il fatto è che lo Schauspielhaus è morto – Was das Schauspielhaus Zürich angeht, es ist tot.« Und eine Persönlichkeit, die in Zürich lebte und dem Theater einmal sehr nahegestanden hatte, aber nicht genannt werden will, erklärte: »Die Situation am Schauspielhaus ist trostlos.«

Die Spielzeit 1985/86 begann mit der Aufführung eines Klassikers, der eigentlich nie ein Mißerfolg wird, Shakespeares *Kaufmann von Venedig* in der Regie von Gerd Heinz. Aus der abgrundtiefen Tragödie des Juden Shylock wurde ein Sammelsurium von Mätzchen und Klamauk. Abgesehen davon, daß die von allen berufenen Seiten als absurd bezeichnete Übersetzung von Richard Flatter gewählt wurde – Heinz hatte so seine eigenen Ideen. Das Stück hieß doch *Der Kaufmann von Venedig*, also ist Antonio die Hauptfigur. Gewiß, Shakespeare hatte das sicher so geplant – jedenfalls kann man das nach allem, was man von ihm weiß, und aus allen Deutungen durch Literaturhistoriker annehmen, und man darf wohl auch vermuten, daß aus dem ursprünglich als komische Nebenfigur angelegten Shylock eben die tragische Zentralfigur wurde. Aber Heinz wußte das besser. Seine Dramaturgen hätten ihn informieren können, daß so ungefähr sämtliche berühmten Schauspieler aller Nationen einmal den Shylock gespielt haben, ob Kean und Garrick, Richardson und Olivier, Barrault und Werner Krauß, Alexander Moissi und Albert Bassermann, Ernst Deutsch und Fritz Kortner. Und wer hat in all diesen Aufführungen die angebliche Hauptrolle gespielt? Niemand spricht von ihnen. Aber Heinz war es nicht genug, den Antonio mit einem Protagonisten wie Peter Arens zu besetzen. Nach Lektüre des Stückes konnte er sich die Neigung Antonios zu Bassanio nur dadurch erklären, daß Antonio homosexuell ist – und eben in Bassanio verliebt. Und wie erklärt es sich dann, daß dieser Antonio seinem Freund unter für ihn höchst schwierigen und lebensgefährlichen Bedingungen Geld besorgt, das der braucht, um der Dame zu imponieren, die er heiraten will? Das wäre doch eigentlich eine ziemlich absurde Handlungsweise, und auch bei Shakespeare findet sich nicht eine einzige Andeutung für Antonios Männerliebe.

Vermutlich wollte Heinz die Position Antonios in dem Stück noch dadurch stärken, daß er den Shylock schwächer erscheinen läßt. In Zürich spielte ihn der Komiker Hubert Kronlachner, der natürlich nie eine Bedrohung war, und dadurch verloren Bassanio und seine Freunde, die doch mehr oder weniger Playboys sind, sozusagen ihre Existenzberechtigung als Gegenspieler.

Es gab auch einige gute Leistungen, vor allem die der Eva Rieck als Porzia, die allerdings fast unverkleidet als Rechtsgelehrter auftreten mußte, was die schon bei Shakespeare etwas problematische Verwechslungskomödie im Gerichtsakt, wo Bassanio seine Porzia nicht wiedererkennen darf, völlig unglaubhaft macht. Daß das Stück trotzdem ganz gut lief – von sehr gut keine Rede –, war eben dem Autorennamen Shakespeare zu verdanken und der Tatsache, daß man Schüler in Massen in die Vorstellung transportierte, die zwar ein Stück sahen, aber nicht das von Shakespeare – und die sich wundern mochten, warum alle Leute vor diesem komischen Shylock solche Angst hatten, der es wohl nie über sich gebracht hätte, seine Drohung, einen Menschen umzubringen, wahrzumachen.

Der Versuch des Kritikers Rolf Hochhuth, das Publikum zu einem Boykott dieser Aufführung zu veranlassen, weil sie antisemitisch wirke, war gut gemeint, aber in diesem Fall überflüssig. Gegen diesen so gar nicht fürchterlichen Shylock konnte niemand etwas haben.

Es folgte das irische Volksstück *Ein wahrer Held* von John Millington Synge, das vor vielen Jahren mit großem Erfolg im Zürcher Schauspielhaus aufgeführt worden war – die Hauptrolle spielte damals Karl Paryla. Es geht da um einen jungen Mann, der seinen dominierenden Vater mit einer Axt totschlägt und dann flieht. Ob dieser Untat wird er in einem benachbarten Ort als Held gefeiert – bis der Vater selbst erscheint – mit einer gewaltigen Wunde am Schädel, aber eben doch quicklebendig – und den Sohn wieder zurückholt. Plötzlich ist er unschuldig und daher für das Dorf und insbesondere für die jungen und nicht mehr so jungen Frauen völlig uninteressant. Ein gesellschaftskritisches Stück, das jetzt in Zürich zur Posse geriet, und, bis auf einige Nebenrollen, als solche gespielt wurde. Das war wirklich ein Durchfall, wohl der erste in der Geschichte dieses berühmten Stückes.

Wir befinden uns im Herbst 1985. Am 19. September hatte ein entsetzliches Erdbeben Mexico City heimgesucht, fünftausend Menschen fanden den Tod, die Stadt wurde zu dreißig Prozent zerstört. Wenige Tage später kaperten vier Palästinenser einen italienschen Dampfer und warfen einen amerikanischen Juden, der gelähmt in seinem Rollstuhl saß, ins Wasser. Sie wären mit Unterstützung der Regierung in Kairo wohl entkommen, wenn amerikanische Abfangjäger ihr Flugzeug nicht gezwungen hätten, in Italien zu landen, dessen Außenminister allerdings den Rädelsführer sofort auf freien Fuß setzte.

Wieder ein paar Wochen später verübten sowohl in Wien als auch in Rom palästinensische Terroristen auf den Flughäfen Anschläge gegen die Passagiere der israelischen Fluggesellschaft El Al.

In Zürich gab es im Oktober 1985 *Volpone* von Ben Jonson, leider nicht in der Bearbeitung (und starken Verkürzung) von Stefan Zweig, die auf allen deutschsprachigen Bühnen und auch in Zürich erfolgreich gewesen war, sondern in einer neuen Fassung und in der Regie von Roberto Guicciardini. Nach ihm wird Volpone, der alle Menschen ausplündert und mit seiner Gier an den Rand des Wahnsinns treibt, nicht einfach, wie bei Ben Jonson, umgebracht, er muß auch nicht, unter Zurücklassung seines Vermögens, wie bei Zweig, fliehen, sondern es geschieht beides und noch ein Drittes. Er flieht, kehrt geläutert zurück – man frage nicht, warum –, wird dann aber trotzdem umgebracht.

Trotz dieses Unsinns und trotz einer Regie, die mehr als problematisch war, waren die schauspielerischen Leistungen gut, besonders die von Peter Ehrlich als Bösewicht Volpone, aber auch die von Peter Brogle als sein wendiger, gerissener Diener, der auch nicht gerade ein anständiger Kerl ist, insbesondere aber durch Peter Arens, der einen zitternden Urgreis spielte – sehr, sehr komisch.

Immerhin, ein hübscher Erfolg.

Es folgte unter der Regie von Mathias Langhoff, der diesmal ohne seinen ständigen Kompagnon Karge erschienen war, die Uraufführung von *Stichtag* von Thomas Hürlimann. Es ging um ein nicht gerade erfreuliches, aber interessantes Thema: Ein Hühnerfarmer, in Deutschland spricht man von KZ-Hühnern, erkrankt an Krebs. Langjährige Behandlung, die Unsummen verschlingt, das Unternehmen geht langsam, aber sicher dabei drauf. Die liebende Frau muß Stück für Stück verkaufen, um ihm weiter medizinische Behandlung zu sichern, was er aber nicht einsehen will. Zum Schluß hängt er sich auf; sie ebenfalls. Es kommt dann sogar zu einer Art Wiederauferstehung, wo die beiden, fern unsern Blicken, reingewaschen werden, symbolisch, versteht sich – das Ganze teils in salopper Umgangssprache, teils in Vers-Prosa vorgetragen.

Langhoff ließ aus keinem ersichtlichen Grund einen Laufsteg à la Casino de Paris durchs Publikum bauen, wofür er als Grund bekanntgab: Da das Stück keinen »Ausgang« habe, dürfe es auf der Bühne auch keinen Ausgang geben. Na, ja. Als ob nicht die kompliziertesten klassischen Stücke, die keinen rechten Ausgang haben, seit Hunderten von Jahren auf Bühnen ohne Laufsteg untergebracht worden wären. Außerdem war die ganze Bühne eine zur Rampe hin ansteigende Schräge, was bedeutet, daß die Schauspieler sich ständig auf einer Berg- und Talfahrt befanden und die Zuschauer immerfort die Hälse verrenken mußten, wenn sie sehen wollten, was hinten auf der Bühne vor sich ging.

Sicher wäre das Stück ganz ohne besondere Mätzchen zu inszenieren, vor allem mit den vorhandenen, zum Teil guten Schauspielern, wie etwa Norbert Schwientek, dem Sterbenden, Renate Steiger oder besonders Babett Arens, der Tochter des bekannten Schauspielers, die sich in Basel so oft bewährte, diesmal aber keinen natürlichen Satz sprechen durfte und ihren Text in hastigem Stakkato herauspressen mußte. Nach ihrer Wiederauferstehung kam sie nackt aus der Dusche heraus und durchschritt das Publikum auf dem Laufsteg. Sie konnte sich das erlauben. Aber was hatte das eigentlich mit dem Stück zu tun oder gar mit Theater?

Stichtag hatte ein seltsames Schicksal. Die Presse war günstig, aber es lief ganz und gar nicht. Als es schließlich nach sehr kurzer Laufzeit abgesetzt wurde, stellten sich zur letzten Vorstellung, die als solche angesagt war, eine Unmenge von Besuchern ein – freiwillige Besucher? Zahlende Besucher? Jedenfalls gab sich der Regisseur beleidigt, daß man ein Stück, das soviel Zulauf habe, so mir nichts, dir nichts absetze, und erklärte, er werde nie wieder nach Zürich kommen. Man wird sehen.

Gleichzeitig lief im Keller eine höchst amüsante einaktige Operette, angeblich von Nestroy, in Wirklichkeit hatte sie Nestroy nur aus dem Französischen übersetzt und kaum bearbeitet. Doch es kam vor allem auf die Musik an, und die stammte von Offenbach und war reizend.

Die Geschichte zu erzählen lohnt sich kaum, genug zu sagen, daß es sich um den Kampf zweier Häuptlinge handelt, die je einer Schar von Menschenfressern vorstehen. Nach einem heißt auch das Stück *Häuptling Abendwind*. Den spielte Robert Tessen hinreißend, aber auch sein Konkurrent Kronlachner war vorzüglich, Eva Rieck als Wilde war zum Totlachen, und der Regisseur Alfred Pfeifer, der in letzter Minute auch die Hauptrolle übernahm, war zum Niederknien. Ein sehr lustiger Abend. Warum man den nicht anstatt mit Tonbandbegleitung mit einem kleinen Orchester im Großen Haus spielte, warum man diese Offenbach-Operette überhaupt nur so kurz gab – wer weiß?

Dafür kam im Großen Haus Strindbergs *Totentanz* in einer total mißlungenen Inszenierung von Werner Düggelin. Christiane Hörbiger spielte darin eine Rolle, die nie die ihre war und sein würde, aber man vertraute ihr ja in diesem Haus seit einigen Jahren kaum noch eine ihr gemäße Aufgabe an. Jürgen Cziesla verkörperte keinen Hauptmann, der die Situation beherrscht, die Frau unter sich leiden macht und überhaupt alle Welt kränkt, sondern einen schäbigen, bösartigen Unteroffizier, der so angibt, daß er dem Publikum eher ein Schmunzeln als Entsetzen abnötigte. Der Abend versackte in Spannungslosigkeit und Langeweile.

Es folgte – nach dem Rezept: Hering ist gut, Schokoladensauce ist gut, wie gut muß erst Hering mit Schokoladensauce sein! – Oscar Wildes *Bunbury*. Der Regisseur, wieder einmal Gerhard Klingenberg als Gast, hatte Schwerarbeit geleistet. Denn das inzwischen entstandene Ensemble hatte nie gelernt oder längst vergessen, wie man Boulevard, und schon gar, wie man Oscar Wilde spielt. Den Schauspielern konnte auch das Programmheft nicht helfen, in dem die Arbeit eines Sittenforschers abgedruckt wurde, der die Kommunistin Rosa Luxemburg und Karl Liebknecht in irgendeinen Zusammenhang mit Oscar Wilde brachte. Diese auf der irrealen Voraussetzung basierende Komödie, daß eine Gouvernante

vor vielen Jahren anstelle eines Romanmanuskripts ein Baby bei der Gepäckaufbewahrung an der Victoria Station in London abgegeben hat, ist nur spielbar,
wenn man die geschliffenen Dialoge, seine Bonmots, seine Pointen, seine Frechheiten nicht auf dem Servierbrett, sondern so ganz beiläufig vorträgt. Klingenberg
gelang es, seine Schauspieler dazu zu bringen: die alte Lady der Anne-Marie
Blanc, die Gesellschafterin der Margrit Ensinger, die einmal vor vielen, vielen
Jahren den fatalen Irrtum mit den Koffern begangen hatte, Robert Tessen als
Landgeistlicher und vor allem die schönen, jungen Damen Susanna Bentzien und
Charlotte Schwab, während ihre männlichen Partner eher ein bißchen dressiert
wirkten. Doch man weiß: Wilde ist zwar schwer zu spielen, aber noch schwerer
umzubringen. Es war – Silvester 1985 – ein unbestrittener Erfolg, der einzige
wirkliche große Erfolg der Spielzeit.

Das Jahr 1986 begann mit einem Schock: Am 28. Januar explodierte die amerikanische Raumfähre Challenger rund siebzig Sekunden nach dem Start. Wenige
Wochen später wurde der schwedische Ministerpräsident Olof Palme, aus einem
Kino kommend, niedergeschossen; bald darauf griffen amerikanische Kampfflugzeuge Libyen an: 37 Tote, 93 Verletzte, angeblich zumeist Zivilisten, aber wer
wußte schon, ob Ghaddafi die Wahrheit sagte. Und nur neun Tage später, am
26. April, kam es im sowjetischen Tschernobyl zu dem Reaktorunglück, das die
Welt erschütterte.

Im Schauspielhaus hatte man immer noch nicht begriffen, was man dem Publikum zumuten konnte und was nicht. *Das harte Brot* von Paul Claudel, Regie Ernst
Wendt, konnte nicht gutgehen. Mit Ausnahme von *Mittagswende* und *Der seidene
Schuh* war keines der Dramen von Claudel je ein Erfolg geworden, schon gar nicht
außerhalb Frankreichs. Und dieses Stück, das in einem südfranzösischen Schloß
vor mehr als hundert Jahren spielt und in dem relativ wenig vorgeht, kann heute
niemanden mehr interessieren. *Das harte Brot* besteht aus Ansprachen und
Aussprachen über Sein oder Nichtsein im frühkapitalistischen Bürgertum, und es
geht, natürlich, wie könnte es anders sein bei Claudel, immer wieder um den
Katholizismus.

Nun, das wollte wirklich niemand in Zürich wissen, obwohl die Presse sich fast
ausnahmslos – meine Wenigkeit gehörte zu den Ausnahmen – für das Stück
einsetzte. Der Erfolg blieb aus. Das schwierige Stück erreichte das große Publikum nicht.

Auch das nächste Stück hatte noch nirgends gefallen, obwohl es sich um ein
Drama des vielgespielten Ödön von Horváth handelte, dem freiwilligen Hitler-
Emigranten, der kurz vor Kriegsbeginn in Paris so sinnlos umgekommen war. An
Figaro läßt sich scheiden waren eigentlich nur Titel und Idee gut: In dem Lande, in
dem Graf Almaviva (im Gegensatz zu Beaumarchais/Da Ponte/Mozart) »regiert«,
bricht eine Revolution aus. Er und die Gräfin sowie Figaro und Susanna müssen
fliehen, ebenso Cherubino, der im Exil einen Nachtclub eröffnet. Figaro macht

einen Friseurladen auf, der Graf verkommt, schließlich kehren die Hauptpersonen alle wieder reumütig in die zur Republik gewordene Heimat zurück.

Das alles war von dem Peter-Stein-Schüler Fred Berndt respektabel inszeniert, aber die Sache scheiterte an der Vorlage selbst, das Stück taugt nichts, und es war auch noch fehlbesetzt.

Hinter den Kulissen des Schauspielhauses begann es zu rumoren. Aktiviert durch eine Sitzung des Vereins der »Freunde des Schauspielhauses«, der schon oft Schauspielern geholfen hatte, schrieb Norbert Schwientek einen Brief, den er am Schwarzen Brett beim Bühneneingang anbrachte. Darin hieß es: »Seit geraumer Zeit wollen nun einige (»Freunde«) auf den Spielplan Einfluß nehmen, indem sie die Auswahl der Stücke kritisieren, vor allem aber die verfälschte Interpretation der Klassiker anprangern, als ob es sich beim Theater um ein Museum handelte. In diesem Punkt, meine ich, sollte das Ensemble zu einer gemeinsamen Haltung kommen. Ich betone, daß es nicht darum geht, der Theaterleitung eine Art Nibelungentreue zu schwören, sondern sich gegen eine Bevormundung in der künstlerischen Arbeit zu verwahren und einer Einmischung Außenstehender in Belange des Theaters entgegenzuwirken.«

Daneben hängte der Verfasser eine Erklärung zu Händen des Präsidenten der »Freunde«, die von möglichst vielen Schauspielern unterschrieben werden sollte, von denen eine ganze Anzahl unterzeichnete. Aber einige wandten sich auch an Personen außerhalb des Theaters, zum Beispiel an die Kritikerin der »Weltwoche« sowie an mich und teilten uns mit, sie hätten nur unterschrieben, weil man sie gewissermaßen dazu gezwungen hatte.

Und dann war die Erklärung plötzlich vom Schwarzen Brett verschwunden. Dort erschien ein anderer Brief, in dem deutlich gemacht wurde, daß viele die ursprüngliche Erklärung nur unterschrieben hätten, um nicht als »Dissidenten aufzufallen«. Wörtlich: »Tatsache ist: Verschuldet durch das zur Theaterleitung unfähige Team Weber-Heinz-Rüedi ist eine künstlerisch sinnvolle und zielgerichtete Arbeit unmöglich geworden. Wir bitten alle Leute, denen unser Haus noch etwas bedeutet, um Hilfe, uns von diesem Team zu befreien, damit zu ernsthafter, ehrlicher und zielgerichteter Arbeit zurückgefunden werden kann.« Unterschrieben: »Schauspielhaus Zürich, Mitglieder des Ensembles.«

Daraufhin wandte sich Heinz mit einem weiteren Schreiben am Schwarzen Brett an seine »lieben Mitarbeiter«, indem er erklärte, das, was in dem zweiten Brief gestanden habe, sei einfach indiskutabel: »...wo sind wir denn, daß im Haus Briefe abgehängt werden, wenn ein Kollege eine engagierte Meinungsbildung anregt...«

Darauf erschien ein neues Schreiben am Schwarzen Brett, diesmal vom Präsidenten des Verwaltungsrats, Prof. Dr. Weber, der die Gemüter zu beruhigen suchte.

Sie beruhigten sich auch relativ schnell, aber in den theaterinteressierten Kreisen Zürichs horchte man doch auf. Offenbar waren es nicht nur gewisse böse Kritiker, die das Theater, das da gemacht wurde, nicht mehr gut fanden, sondern auch viele Schauspieler selbst.

In dieser Situation kam als nächste Premiere *Maria Stuart* heraus, einer der eigentlich »todsicheren« Klassiker. Regisseur war Gerd Heinz. Er holte sich für die beiden Hauptrollen der Maria und der Elisabeth Agnes Fink und Maria Becker. Die Fink war zwar nie, auch nicht in ihrer besten Zeit, eine Schauspielerin des klassischen Dramas gewesen, die Becker dagegen wahrscheinlich die beste Elisabeth unserer Zeit. Aber jetzt waren beide Damen entschieden zu alt für diese Rollen.

Die bereits bei Schiller etwas fragwürdigen erotischen Zwischenhandlungen und Motivierungen, die Liebe des blutjungen Mortimer zu Maria, seine vorgegebene Liebe zu Elisabeth, die Liebe Leicesters zu beiden Frauen – nein, das ging nun wirklich nicht, auch wenn der Regisseur alles nur Denkbare strich. Der Versuch, die Besetzung mit den beiden prominenten Darstellerinnen damit zu rechtfertigen, Maria Stuart sei ja bei ihrem Tod schon eine ziemlich alte Dame gewesen und Elisabeth zu jener Zeit eben auch, ist absurd. Schiller hat ja bei seinen historischen Dramen Geschichte nur als Anlaß, als Ausgangssituation benützt. Seine Stücke um historische Figuren geben nicht viel auf geschichtliche Wahrheit. Die Jungfrau von Orleans lebte und starb ganz anders als bei Schiller, desgleichen der historische Don Carlos oder Wallenstein. Das interessierte Schiller nicht. Hingegen wünschte er, daß seine Elisabeth dreißig, die Maria fünfundzwanzig Jahre alt sein sollte.

Nun gut, man kann das heute mit Schauspielerinnen besetzen, die etwa zehn Jahre älter sind, vielleicht auch fünfzehn, aber nicht mit Damen, die auf die Siebzig zueilen. Sie mögen noch so geschickt geschminkt und kostümiert sein: was sie zu reden haben, sind Worte junger Frauen. Keine alte Maria würde so mit den Worten Schillers jubeln, wenn sie einmal aus ihrem finsteren Gefängnis an die frische Luft darf. Kein englischer Minister würde sich das, was Elisabeth ihren Untergebenen antut, lange gefallen lassen, wenn er sich nicht sagen dürfte, daß die junge Dame es mit der Zeit wohl lernen würde, wie man seine Minister behandelt.

So kam eigentlich nur Unsinniges bei dieser Aufführung heraus, Sven-Eric Bechtolf machte das Liebeswerben des jungen Mortimer nicht glaubwürdiger dadurch, daß er viel zu schnell sprach, als daß Maria oder sonst irgend jemand es hätte verstehen können. Der einzige, der wirklich Schiller sprach, war Hans Dieter Zeidler in der kleinen Rolle des Shrewsbury. Aber das genügte nicht.

Die Aufführung wurde natürlich kein Erfolg, aber sie wurde oft wiederholt, weil Schüler in sie hineingeschickt wurden, die sich wohl nicht ganz erklären konnten, was Schiller eigentlich mit diesen alten Damen wollte.

Und dann kam noch etwas ganz, ganz Schlimmes: Roger Vitracs *Victor oder Die Kinder an der Macht.* Dieses Stück ist ein Überbleibsel des längst überholten, vom Surrealismus beeinflußten französischen »Theater der Grausamkeit«, das nach dem Ersten Weltkrieg in Paris ausbrach, um schnell wieder zu verschwinden. Der Grund für diese neue Mode damals: nach dem furchtbaren Gemetzel des Weltkrieges glaubte man, realistisches Theater nicht mehr machen zu können. So hatte man auch schon früher gedacht, sei es auf dem Gebiet des Theaters, sei es auf dem der Belletristik, realisiert hatten es Lope de Vega, Grabbe, Tieck *(Der gestiefelte Kater)* und Strindberg *(Ein Traumspiel)*, während des Ersten Weltkrieges und gleich danach bewiesen es Franz Kafka und später Samuel Beckett. Roger Vitracs Stück erregte damals viel Aufsehen, in den nächsten fünfundzwanzig Jahren wurde es nur noch hie und da gespielt.

Worum es geht? Um die Streiche des achtjährigen Victor und seiner sechsjährigen Gespielin Esther, die das Leben der Eltern und ihr eigenes durcheinanderbringen, indem sie die außerehelichen Intimbeziehungen der Großen »enthüllen«.

Das hatte Thomas Reichert in Szene gesetzt, der Regisseur, der mit Racine im Jahr zuvor verunglückt war. Er verließ sich diesmal auf eine Unzahl von Gags, was die Leute gelegentlich lachen ließ. Gespielt wurde nach dem Motto: Rette sich, wer kann! Die Kinder natürlich von erwachsenen Schauspielern, der Achtjährige von Norbert Schwientek, der durchaus nicht schwächlich oder klein aussah, das Mädchen von Babett Arens, die weniger komisch als verhetzt wirkte. Man hatte nicht das Gefühl, daß man dem Stück eines Autors beiwohnte, der erst 1952 gestorben war, an diesem Abend vermeinte man, das wäre einmal in unendlich ferner Vergangenheit geschrieben worden. *Victor* wäre ja auch in Vergessenheit geblieben, hätte sich nicht die Dramaturgie des Schauspielhauses daran erinnert.

Und das war's. Ende schlecht, alles schlecht? Nicht alles, aber doch sehr vieles. Und das Schlimmste: man hatte zwar alles mögliche versucht, aber immer noch nicht herausbekommen, was gutes Theater ist, und insbesondere, was kein gutes Theater ist. Man machte sich im Schauspielhaus – und leider auch im Verwaltungsrat – wohl keine Sorgen darüber, daß das Zürcher Publikum des Sprechtheaters, wenn es ein solches überhaupt noch gab, doch wohl das sehen wollte, was das Programm ankündigte. Also *Maria Stuart* von Schiller und nicht von Heinz, den *Kaufmann von Venedig* von Shakespeare und nicht von Heinz, den *Totentanz* von Strindberg, nicht den von Düggelin etc.

Es war bekanntgeworden, daß in der Spielzeit 1984 nur 51 Prozent Besucherfrequenz hatte verzeichnet werden können. Allerdings, so erklärte bei der Präsentation des Jahresberichts der Verwaltungsratspräsident, die Besucherzahl sei in der jetzt zu Ende gehenden Spielzeit 1985/86 gestiegen, die Zahl der Abonnenten ebenfalls, wenn sie auch noch weit, weit unter jener der Abonnenten zur Zeit von Klingenbergs Abgang lag. Das weitaus Schlimmste aber waren zwei Zahlen, die freilich nur wenige Außenstehende zur Kenntnis nahmen: in der Spielzeit 1985/86 waren für »künstlerisches Personal« ausgegeben worden Fr. 5 757 339,30, für technisches Personal Fr. 6 699 909,05. Also rund eine Million mehr für die Technik als für die Kunst.

Es mußte sich wohl in der Dramaturgie des Schauspielhauses herumgesprochen haben, daß in vergangenen Spielzeiten vor allem die lustigen Stücke Erfolg gehabt hatten, und man beschloß jetzt einen Spielplan, dessen Hauptakzent auf Heiterem lag – so verkündet einer staunenden Presse am 14. Mai 1986. Dabei hatten sich ja Heinz und sein Team ursprünglich auf Zeitkritik festgelegt.

Was war in der Welt passiert? In Italien und später in Österreich gab es Weinskandale, in Österreich wurde Kurt Waldheim neuer Bundespräsident, obwohl viel Material vorlag, das seine Mitwirkung an Kriegsverbrechen oder zumindest Kenntnis der Greuel wahrscheinlich machte. Das Chemieunternehmen Sandoz in Basel verursachte durch Ausströmen von giftigen Chemikalien in den Rhein ein ungeheures Fischsterben. In der Bundesrepublik wurde der »Neue Heimat«-Skandal aufgedeckt, in dem es um skandalöse Machenschaften bei der Verwaltung von gewerkschaftseigenen Bauunternehmen ging. Dabei stellte sich heraus, daß wichtige Männer bei den bundesdeutschen Gewerkschaften weit mehr als eine halbe Million pro Jahr verdienten, Aufwandsentschädigungen nicht mit eingerechnet. Nein, der Skandal hatte schon längst begonnen, er wurde aber erst jetzt publik, als der Deutsche Gewerkschaftsbund sich entschloß, die Neue Heimat, die Milliarden gekostet hatte und jetzt viele Milliarden Schulden eingestehen mußte, an einen Brotfabrikanten für sage und schreibe eine D-Mark zu verkaufen. Sie wurde dann wieder zurückgekauft, nicht ohne daß der ursprüngliche Käufer mehr als ein Dutzend Millionen einsteckte – Überschrift: gemeinnützige Unternehmungen.

Im Schaupielhaus eröffnete man mit Bertolt Brechts Volksstück *Herr Puntila und sein Knecht Matti*. Das ist die Geschichte von einem finnischen Grundbesitzer, der immer sehr menschlich ist, wenn er zuviel getrunken hat, was sehr oft geschieht, und ekelhaft vor allem seinen Untergebenen gegenüber, wenn er nüchtern wird. Diese Geschichte entlehnte Brecht, der das Stück im finnischen Exil schrieb, einer befreundeten Finnin namens Hella Wuolijoki, die angeblich ein bisher niemals gedrucktes altes finnisches Märchen wiedererzählt hatte. War es ihr, war es ihm entgangen, daß es da einen Chaplin-Film namens *City Lights* gab, in dem ein Kapitalist vorkommt, der genau dieselben Eigenschaften hat? Es ist kaum anzunehmen, daß Brecht von diesem Chaplin-Film aus dem Jahre 1931 nichts wußte. Aber das störte ihn nicht im geringsten. Er hatte ja immer wieder einmal unter Beweis gestellt, daß er zwar mit Zähnen und Klauen kämpfte, wenn irgend jemand seine Rechte antastete, daß er selbst aber die Rechte der anderen nicht so wichtig nahm. Er hatte ja auch einige Male Urheberrechtsprozesse verloren.

Diesmal, im Herbst 1986, wurde der *Puntila* ganz anders gegeben als 1948 unter Kurt Hirschfeld und Brecht selbst. Der Regisseur war wieder Robert Guicciardini. Im Gegensatz zu seinen früheren Zürcher Arbeiten, bei denen ihn offenbar Klingenberg gestützt hatte, stand nun wohl niemand hinter ihm. Schlimmer noch: er verstand wohl gar nicht, was Brecht wollte. Er wußte nicht, daß dieser Autor hart, ungemein hart gespielt werden mußte, er legte mehr Wert auf die Liebenswürdigkeit des Herrn Puntila und vor allen Dingen auf die Komik, die Betrunkenheit auf der Bühne erzeugen kann. In seiner Inszenierung fiel immer jemand besoffen vom Stuhl, so daß man zuletzt den Eindruck gewann, die Weltrevolution, die Puntila herbeisehnt, würde kommen, wenn Chefs sich so oft betrinken. Das war wirklich sehr komisch, aber in der Aussage wenig überzeugend. Hans Dieter Zeidler mußte einen ständig Betrunkenen spielen, und André Jung war viel zu weich, viel zu glatt, viel zu farblos, um den Knecht glaubhaft zu machen, dessen Stärke den Frauen imponiert und dessen Verstand ihn schließlich zum Revolutionär macht.

Brecht hatte bekanntlich zeit seines Lebens Angst gehabt vor Aufführungen, die seine Stücke nicht so wiedergeben würden, wie er das wollte. Der *Puntila* zur Eröffnung der Spielzeit 1986/87 war genau das, was Brecht nicht gewollt hatte. Zu verspielt, zu wenig böse, zu unentschieden.

Im Keller lief zu gleicher Zeit ein Stück an, das sich *Hitlers Kindheit z. B.* nannte und nach einem Essay der Schweizer Soziologin Alice Miller von einem Schweden namens Niklas Radström verfaßt worden war. Es handelte sich nicht nur um ein miserables Stück, sondern um reinen Unfug, denn fast alles, was in dem Stück an Hypothesen vorkommt, ist inzwischen von der Historie widerlegt worden.

Aber selbst wenn es stimmen würde – wie kann man ein Baby, später einen Knaben, als Hauptperson auf die Bühne bringen? Allenfalls könnte man aus dem Stoff ein Lesedrama machen. Norbert Schwientek, der ja schon als achtjähriger Victor aufgetreten war, konnte ebensowenig wie diesen den jungen Hitler glaubhaft machen. Wenn der Titel des Stückes nicht den berüchtigten Namen enthalten hätte, wäre wohl kaum einer in den Keller gegangen. Auch so gingen nur wenige.

Das Schauspielhaus selbst spielte sein zweites »heiteres« Stück der Saison: *Der Entertainer* von John Osborne.

Das Werk ist nur rein äußerlich eine Komödie, im Grunde genommen eher eine bitterernste Sache. Was ist ein Entertainer? Das Wort ist nicht ins Deutsche zu übertragen, wie Gustaf Gründgens zu seinem Kummer erfahren mußte, als er in Hamburg die deutsche Erstaufführung angesetzt hatte und mich tagelang, und vor allem jede Nacht, anrief, um sich zu erkundigen, wie man den Titel übersetzen könnte – man konnte es nicht. Der Beruf des Entertainers stammt aus der englischen Vergangenheit, er ist aus den Jahren vor und nach dem Ersten Weltkrieg kaum wegzudenken: ein Mann, der in einem Cabaret oder in diesem Falle in einem Varieté das Publikum zwischen den Nummern unterhält, also ein Conférencier, der gelegentlich auch mal ein Lied singt oder bei einer Nummer singend und tanzend, vor allem steppend mitwirkt.

Dieses Stück hatte Osborne für den alternden Laurence Olivier geschrieben, der die Uraufführung spielte und zu einer Sensation machte. Später war er der Hauptdarsteller eines Films gleichen Titels.

Gründgens scheiterte an der Aufgabe. Warum eigentlich? Er war ein vorzüglicher Schauspieler. Aber es bedarf wohl ganz besonderer Überwindung, damit ein vorzüglicher Schauspieler einen schlechten Schauspieler überzeugend darstellen kann. Ich weiß nicht, warum Gründgens diese Rolle nicht auf die Beine zu stellen vermochte, jedenfalls wirkte sein Entertainer, dieser Mann von gestern, niemals so, daß man Mitleid haben mußte, weil er doch immer noch glaubte, die Leute würden auf ihn fliegen, während ihn niemand mehr sehen wollte. Das brachte in Berlin Martin Held schon besser zustande.

Peter Arens, gewiß ein glänzender Schauspieler, konnte den schlechten Schauspieler auch nicht glaubhaft machen. Vielleicht hätte er es mit einem ersten Regisseur geschafft. Mit Arie Zinger nie. Vielleicht war er noch zu jung, um diese Rolle zu spielen. Vielleicht hätte man sie wirklich mit einem älteren Schauspieler besetzen sollen. Aber letzten Endes kam es wohl gar nicht darauf an, alt zu wirken oder zu alt, um ein vom Publikum begehrter Mann zu sein, sondern verbraucht zu sein. Dieses Gefühl von Verbrauchtheit vermochte Arens in keinem Augenblick zu erwecken, und daran scheiterte die Aufführung. Der mit Sicherheit erwartete Erfolg blieb aus.

Es folgte als Uraufführung ein Stück, von dem sich Sachverständige nicht viel erwarten konnten. Es hieß *Die Hochzeitsfahrt* und war das Lustspiel eines jungen Schweizers namens Philipp Engelmann. Eine Brechzangengeburt! Da gab es eine Zeitschrift »Theater und Musik«, unter Ausschluß der Öffentlichkeit herausgebracht von einem gewissen Roger Cahn, der einen Wettbewerb ausgeschrieben hatte für das beste Stück eines jungen Schweizer Dramatikers. In der Jury hatte auch Direktor Gerd Heinz gesessen. Als Engelmann den Preis bekam, war Heinz bereit, das Stück uraufzuführen. So, wie es eingereicht worden war – ich erzähle hier, was man mir berichtete –, hätte es vier oder fünf Stunden gedauert. Also wurde Dieter Bachmann angesetzt, um Verkürzungen vorzunehmen, vielleicht auch, um manches zu ändern. Nur hatte Bachmann beim *Mikado* ja schon bewiesen, daß er von dieser Art Arbeit eigentlich nicht viel verstand.

Der Inhalt: Im Juni 1914 fährt ein Schiff über den Thunersee. Die Passagiere sind Teilnehmer einer Hochzeitsgesellschaft. Die besteht aus der Familie eines sehr reichen und über internationale Beziehungen verfügenden Fabrikanten aus Winterthur, dessen Sohn die Tochter eines Arbeiters geschwängert hat und sie nun heiraten muß. Natürlich ist auch die ganze Familie der Braut dabei, außerdem einige internationale Geschäftsfreunde des Herrn aus Winterthur sowie, uneingeladen, die ehemalige Geliebte des Sohnes, die beabsichtigt, ihn oder die Braut oder beide mittels eines Dolches, den sie bei sich führt, umzubringen.

Das alles spielt an jenem verhängnisvollen 28. Juni 1914, dem Tag, an dem der österreichisch-ungarische Thronfolger nebst Gattin in Sarajevo ermordet wurden, was bekanntlich zum Weltkrieg Nummer Eins führen sollte. Auf dem

Schiff ahnt man dieses Verhängnis, denn die internationalen Geschäftsleute sind ja so gescheit!

Sonst geht eigentlich nichts vor, außer daß entsetzlich viel geredet wird. Zuletzt geht das Schiff unter, und alle retten sich, mit Ausnahme jener verlassenen Geliebten, die zwar auch noch lebend ans Land gelangt, aber bald ihren letzten Atemzug tut. Ja, da ist noch eine uralte Dame aus Winterthur, die nicht von ihrem Liegestuhl weicht und alles mit anhört und kommentiert. Und da ist noch ein junger revolutionärer Arbeiter, der Bruder der Braut, der zwei Kindern, beide unter zehn, von Jesus erzählt. Der habe »das Eselein einfach von hinten gevögelt, mit seinem steifen und heiligen Schwänzli«. Das wurde wirklich gesagt, und es gab bei der Premiere nicht einmal Protest aus dem Publikum, vermutlich weil die, die protestiert hätten, eingeschlafen waren.

Die Kritiken waren eher positiv, handelte es sich doch um einen jungen Schweizer. Sie erschienen am Samstag nach der Premiere. Trotzdem, am Samstag abend (!), in der zweiten Aufführung, war das Theater zu knapp einem Drittel gefüllt. Ich kann es bezeugen, denn ich war in der zweiten Aufführung. Als ich die mir besonders anstößig erscheinende Stelle in meiner Kritik erwähnte, bekam ich einen Brief von Leuten, die ebenfalls eine Aufführung gesehen hatten. Sie hatten sich an den Präsidenten des Verwaltungsrates gewandt, unter Bezugnahme auf die Aufführung und meine Kritik, und gefragt, wie es denn möglich sei, daß so etwas auf der Bühne des Schauspielhauses ausgesprochen werden dürfte. Sie bekamen als Antwort den Hinweis, in *Hamlet* gäbe es auch unanständige Stellen und auch in *Dantons Tod*. Aber keine Rede davon, daß das »unanständige« Benehmen Hamlets gegenüber Ophelia den Hof davon überzeugen soll, daß er nicht mehr ganz normal ist – und daß die »unanständigen« Stellen im *Danton* dazu dienen sollen, das dekadente Milieu zu zeichnen, in dem sich Danton noch nach der Revolution aufhält.

Was in diesem Zusammenhang auf dem Hochzeitsschiff gesagt wurde, hatte überhaupt keine dramaturgische Bedeutung. Es hätte genausogut wegbleiben können, es hätte wegbleiben müssen. Aber sicher nicht deshalb wurde das Stück ein arger Mißerfolg. Es wurde ein Mißerfolg, weil es ein schlechtes Stück war, auch wenn Herr Cahn, wohl kaum ein ernsthafter Kritiker, und seine Jury anderer Ansicht sein mochten.

Als passender Hintergrund hierzu: eine Begegnung auf höchster Ebene, um einen dritten Weltkrieg zu verhindern. Am 11. Oktober treffen sich in der isländischen Hauptstadt Reykjavik Präsident Reagan und Parteichef Gorbatschow. Was Fachleute, wie zum Beispiel der ehemalige Außenminister Henry Kissinger, vorausgesagt hatten: es kam nichts dabei heraus. Dazu war die Konferenz viel zu schlecht vorbereitet.

Um diese Zeit zeichnete sich hinter den Kulissen des Schauspielhauses ein neuer Skandal ab. Die Direktion hatte in diesem Herbst drei technisch überaus aufwendige Stücke inszenieren lassen oder sagen wir lieber, sie hatte nicht gebremst. Sowohl der *Puntila* als auch der *Entertainer* und die *Hochzeitsfahrt* waren so, wie der jeweilige Regisseur und Bühnenbildner es sich vorgestellt hatten, schwer auf die Bühne zu bringen. In der *Hochzeitsfahrt* hätte zum Beispiel die Andeutung, daß man sich auf einem Schiff befinde, sicher genügt. Statt dessen wurde ein veritables Schiff aufgebaut.

Und nun stellte sich trotz vier technischer Direktoren – so viele hatte es im Schauspielhaus früher nie gegeben – heraus, daß diese komplizierten Dekorationen nur innerhalb von mehreren Stunden abgebaut werden konnten, so daß die für den nächsten Vormittag angesetzten Proben entweder nicht zur üblichen Zeit beginnen konnten oder anderswo stattfinden mußten. Die Direktoren behaupteten, Heinz darauf aufmerksam gemacht zu haben – offenbar vergeblich. Jedenfalls mußten Probenräume bezogen oder gar neu gemietet werden. Was da vor sich ging, wurde der Öffentlichkeit nicht mitgeteilt, aber es sickerte durch, daß ein großes Durcheinander im Schauspielhaus herrsche – eben aus technischen Gründen. Das hätte leicht vermieden werden können und hätte einem Direktor, der überhaupt etwas davon verstand, wie man ein Theater führt, nie passieren können. Im Schauspielhaus passierte es, kostete Geld, kostete Nerven, kostete wahrscheinlich auch Proben.

Das war natürlich kein Grund für Heinz, das als vierte Premiere angesetzte Stück nicht herauszubringen.

Natürlich kennt jeder *Gullivers Reisen*, das berühmte Buch von Jonathan Swift, in dem der Verfasser eine Reise unternimmt, die ihn in das Land der Liliputaner und in das Land der Riesen bringt. Das war anfangs des achtzehnten Jahrhunderts als eine Satire auf die damaligen Zustände in England gedacht, also Gesellschaftskritik. Inzwischen ist es als solche nicht mehr treffend und ein Märchen für Kinder geworden.

Von Swifts Zeiten bis heute steht fest, daß dieser Lesestoff die Phantasie anregt, aber kaum sichtbar gemacht werden kann. Es sei denn, ein Theater verfüge über eine Statisterie von Riesen und Liliputanern. Einige von beiden Genres müßten auch sprechen und spielen können! Trotzdem waren zwei obskure Engländer auf die Idee gekommen, aus dieser Fabel ein Theaterstück zu machen, das einige Jahre zuvor in London durchgefallen war. Was aber Ernst Wendt, damals noch Dramaturg in Hamburg, nicht daran hinderte, es zu übersetzen und eine – erfolglose – Aufführung durchzusetzen. Offenbar ein Signal für das Zürcher Schauspielhaus, das Stück, übrigens auf Wendts Anraten, anzunehmen. Wie konnte sich der Regisseur Jiri Menzel aus der Affäre ziehen, da er keine Riesen und keine Zwerge zur Verfügung hatte? Indem er im Akt der Liliputaner eine Riesenfigur auf die Bühne stellte, die den schlafenden, dann erwachenden Gulliver »vertreten« sollte. Verglichen mit dieser Figur waren natürlich die Schauspieler Zwerge. Im nächsten Akt ließ er Gulliver durch einen Vogel in einem Käfig

»ersetzen«, somit waren die übrigen Darsteller Riesen. Das Ganze wurde zu einem unübersehbaren Mischmasch von Kabarett und Dada-Gefasel – ein von Anfang bis Ende unsinniges Unternehmen, das entsprechend durchfiel. Aber da es wieder sehr aufwendig war, wurde die Nervosität hinter der Szene um so heftiger, die Betroffenheit im Verwaltungsrat und in der Presse immer größer.

Als nächste Produktion kam wieder eine sehr aufwendige Inszenierung von Hans Hollmann: Shakespeares *Die lustigen Weiber von Windsor*. Nun weiß jeder, daß dieses Stück nicht gerade zu den besten von Shakespeare gehört. Es soll, aber sicher ist das nicht, innerhalb von wenigen Wochen entstanden sein, weil Königin Elisabeth I. den ihr aus *König Heinrich IV.* als tragikomische Figur bekannten Falstaff einmal als Liebhaber sehen wollte. Möglich auch, daß Shakespeare, der ja auch Theaterdirektor war, einen eingesandten italienischen Schwank bearbeitete und aus dem überlisteten Liebhaber, wie sie so zahlreich in italienischen Komödien vorkamen, einen Falstaff machte – der ja von den »lustigen« Weibern von Windsor auch ständig überlistet wird.

Nun, dazu ließ sich Hollmann etwas einfallen. In seiner Aufführung wurde der Falstaff gar nicht so sehr überlistet, er kam als Liebhaber sogar vorübergehend zum Ziel. Da er für diese Rolle keinen Geringeren als Hans Dieter Zeidler zur Verfügung hatte, wäre das auch vielleicht glaubhaft zu machen gewesen, wenn an dieser Aufführung überhaupt irgend etwas glaubhaft gewesen war. Denn Hollmann spielte keine Shakespeare-Komödie, er spielte eine vulgäre Posse. Er arbeitete mit Mitteln, wie sie früher allenfalls an Vorstadtbühnen zur Belustigung des Publikums angewandt wurden, niemals auf einer ernsthaften Bühne. In seiner Inszenierung agierten nur Possenfiguren. Besondere Lacher erhoffte sich Hollmann davon, daß er gleich mehrere Eingänge zu Toiletten auf der Bühne installierte, die dann immer von den falschen Personen geöffnet wurden, während andere sich drinnen aufhielten. Schlimmer noch: sogar Schauspieler, die es sonst leicht fertigbrachten, komisch zu wirken, wie etwa Tessen oder Arens, wirkten diesmal müde und verstimmt.

Nicht nur eine miserable und eine falsche Aufführung. Eine Schande fürs Schauspielhaus.

Den Tenor der Kritik konnte man sehr bald Inseraten entnehmen, die das Schauspielhaus aufgab, um Besucher anzulocken. Wörtlich: »Eine Aufführung für alle, die sich von der Kritik nicht die Lust auf eine eigene Meinung nehmen lassen.« Aber es kamen nur wenige, die die geringste Lust verspürten, sich ihre eigene Meinung zu bilden. Und die wäre wohl auch nicht viel anders gewesen als die der Kritik.

Ein junger Schauspieler, der frisch von der Schauspielschule kommend für zwei Spielzeiten verpflichtet worden war – man hatte ihn in der *Hochzeitsfahrt* als Bräutigam gesehen–, fand, nach Besichtigung einiger Proben dieser Komödie, das Gebotene indiskutabel und wollte das von der Bühne herab dem Publikum mitteilen. Da er dies die Theaterleitung wissen ließ, wurde er fristlos gekündigt und erhielt Hausverbot. Wovon ich durch Zeitungen erfuhr.

Zu meiner größten Überraschung warf mir Hans Hollmann dann in einer Fernsehsendung vor, diesen jungen Mann zu kennen, ja, mit ihm gespeist zu haben, was mehr oder weniger bedeuten sollte, daß ich hinter dem ganzen Anschlag gestanden hätte.

Absurd! Ich kannte den jungen Mann gar nicht.

Übrigens schaffte er es dann doch, gelegentlich der nächsten Premiere auf der Bühne zu erscheinen und eine Ansprache ans Publikum zu halten. Ungeheurer Lärm, Schauspieler, die im Publikum saßen, beschimpften ihn, eine Schauspielerin meinte sogar lauthals, ich solle die Leitung des Theaters übernehmen.

Viel Lärm um nichts. Natürlich gehört es sich nicht, daß ein junger Schauspieler von der Bühne herab seine Meinung sagt. Aber was er über die Zürcher *Lustigen Weiber von Windsor* sagen wollte, hatte sich leider als nur zu wahr erwiesen.

Wie schon erwähnt, hatte sich der neue geschäftliche Leiter des Schauspielhauses dazu entschlossen, Inserate aufzugeben. Das war früher nie nötig gewesen und schon gar nicht üblich, es sei denn während der Katastrophenzeit von Löffler. Und auch da nur selten. Und jetzt hagelte es kostspielige Inserate. Der Verwaltungsdirektor tat damit nur seine Pflicht. Er mußte es ja irgendwie bewerkstelligen, das Theater zu füllen. Was heißt hier füllen? Wenigstens zur Hälfte, wenigstens zu einem Drittel zu füllen. Denn zu den *Lustigen Weibern* kamen sehr viele Abonnenten erst gar nicht mehr ins Haus. Sie hatten Mühe, sich von den »Erlebnissen« während der letzten Zeit im Schauspielhaus zu erholen. In der letzten Zeit? Eigentlich in den letzten Jahren. Und sie waren sich einigermaßen sicher, daß es immer so weitergehen würde.

Kein Wunder, daß man zu dieser Zeit in Zürich zunächst gelegentlich, dann immer häufiger und bald überall hörte: »Man geht nicht mehr ins Schauspielhaus!« Ob das nun in einem Restaurant war, in einem Café, auf einer Party, eingangs oder ausgangs eines Kinos oder am Telefon – überall hieß es: »Man geht nicht mehr ins Schauspielhaus!« Man – das sollte heißen, diejenigen, die sich für das Theater interessiert hatten, es vielleicht immer noch taten, hielten es einfach nicht mehr für richtig oder gar vernünftig, das Schauspielhaus zu besuchen. Gleichgültig, was gespielt wurde, wie es gespielt wurde, wer spielte. Man ging nicht mehr hin.

Etwas Schreckliches war geschehen. Das Schauspielhaus hatte seinen Kredit verloren. Oder, um es noch krasser zu sagen, es gab kein Publikum mehr. Es gab noch Leute, die gelegentlich gingen, vor allem, weil sie sich nicht von ihrem Abonnement trennen konnten. Aber es gab keine Gemeinde mehr, es gab nicht mehr die vielen, vielen Menschen in Zürich und in den umliegenden Orten, die es früher als selbstverständlich erachtet hatten, ins Schauspielhaus zu gehen. Die vielleicht auch einmal gesagt hatten, dieses oder jenes Stück würde sie nicht besonders interessieren, aber solche Fälle waren Ausnahmefälle. Im allgemeinen waren sie gekommen. Jetzt kamen sie nicht mehr.

Es wurde in diesem Buch schon einmal gesagt, aber es soll wiederholt werden: Früher stand man am Pfauen auf dem Standpunkt, ein Stück spiele erst dann seine Unkosten ein, wenn es dreißigmal gelaufen war. Jetzt gab es nur noch ganz selten Fälle, in denen ein Stück dreißigmal gespielt werden konnte, vierzigmal wurde überhaupt keines mehr gespielt. Die Premieren blieben auch weiterhin immer voll, aber das Haus war nicht von »Freiwilligen« besetzt. Sie waren nach wie vor von Zuschauern besetzt, die man früher nie im Theater gesehen hatte. Nachher konnte man zu jeder Aufführung beliebige Mengen von Karten erhalten. Es gab nie das Gedränge an der Abendkasse, das Direktor Heinz erhofft und prophezeit und vom dem er, nicht ganz der Wahrheit entsprechend, berichtet hatte. Das Gedränge bestand allenfalls aus vier oder fünf Personen, die aus diesem oder jenem Grunde nicht den vollen Kassenpreis entrichten mußten.

Weil eine Zeitschrift in den Vereinigten Staaten, für die ich gelegentlich arbeitete, es genau wissen wollte, fuhr ich Abend für Abend entweder selbst zum Schauspielhaus, um zu sehen, wie es dort vor Beginn der Vorstellung aussah, oder schickte den einen oder anderen Bekannten. Es war immer dasselbe trostlose Bild.

Nach soviel Heiterkeit erwartete man sich für die Silvester-Premiere – eine Tradition des Schauspielhauses seit 1933 – etwas besonders Lustiges. Aber die Silvester-Premiere fiel aus. Entweder war der Theaterleitung nichts eingefallen oder die Herrschaften waren zu faul gewesen, etwas zu Silvester zu produzieren. Statt dessen wurden für zwei Silvester-Aufführungen – nachmittags und abends, auch das war Tradition – zwei sehr beliebte Schauspieler eingeladen, die seit längerer Zeit nicht mehr im Schauspielhaus zu sehen gewesen waren. Christiane Hörbiger, die in den letzten Jahren ja nur sehr selten gespielt hatte und meist Rollen, die ihr gar nicht lagen, und Helmut Lohner, der zu Klingenbergs Zeiten abgewandert war. Sie spielten den *Reigen* von Arthur Schnitzler.

Reigen, ein Stück, das Schnitzler eigentlich nie aufgeführt wissen wollte, das er 1920 nur einmal zu einer Aufführungsserie in Berlin freigab, weil er hoffte, Max Reinhardt selbst würde es inszenieren, was nicht zustande kam. Als ein Skandal ausbrach, zog es der Dichter zurück. Erst fünfzig Jahre nach seinem Tode konnte es wieder gespielt werden. *Reigen* handelt davon, daß es in allen Gesellschafts-schichten, in allen Kreisen letzten Endes immer wieder darauf hinausläuft, daß der Mann mit der Frau schläft und die Frau mit dem Mann. Und Schnitzler zeigte in bezaubernder und poetischer Weise, wie die einzelnen Menschen sich vorher und nachher geben, wie sie fühlen, sprechen, sich aufführen. Da haben wir also die Dirne, die mit dem Soldaten schläft, den Soldaten, der mit dem Zimmermädchen schläft, das Zimmermädchen, das mit dem jungen Herrn schläft, den jungen Herrn, der mit der Dame aus der Gesellschaft schläft, die Dame, die mit ihrem Mann schläft, den Mann, der mit dem süßen Mädel schläft, das süße Mädel, das mit einem Dichter schläft, den Dichter, der mit einer Schauspielerin schläft, die Schauspielerin, die mit einem hohen, etwas verkommenen Adligen schläft, den Adligen, der sich im Bett der Dirne wiederfindet.

Dazu braucht man, wenn man es überhaupt aufführen oder verfilmen will – der *Reigen* wurde zweimal verfilmt –, fünf höchst verschiedenartige Männer und fünf höchst ebensolche Frauen.

Aber Lohner hatte die Idee, alle fünf Männer selbst zu spielen und die Hörbiger sollte alle fünf Frauen spielen. Das wäre auch im besten Fall am Stück vorbeigedacht gewesen. Hinzu kam, daß lange Pausen hätten eintreten müssen, denn die beiden wären ja gezwungen gewesen, sich nach jeder Szene umzuziehen, umzuschminken und mit neuen Perücken zu versehen. Lohner war klug genug, um das zu sehen. Er begnügte sich damit, zu jeweils kurzen Zwischenmusiken die nächste Figur nur kostümlich anzudeuten – er selbst auf der Bühne, die Hörbiger hinter der Szene – und das Provisorische der Veranstaltung dadurch zu unterstreichen, daß die Schauspieler die Rollenbücher in Händen hielten, also nur teilweise spielten und teilweise vorlasen. Ein ganz interessanter Abend, der freilich nur am Rande mit Theater zu tun hatte.

Ja, nun war das Jahr 1986 zu Ende. Es war voller welterschütternder Ereignisse gewesen. Einiges ist schon berichtet worden, darüber hinaus war in Hollywood Lilli Palmer, die herrliche Schauspielerin, gestorben, vermutlich verübte sie Selbstmord, als sie erfuhr, daß sie unheilbar an Krebs erkrankt war. Gorbatschow redete zum erstenmal von einer möglichen Abrüstung – freilich nur andeutungsweise. Die Schriftstellerin Simone de Beauvoir starb, desgleichen die Herzogin von Windsor, die einst einen König von England zum Verzicht auf die Krone bewogen hatte. In Frankreich gab es immer wieder Terroranschläge mit Todesopfern. Der Schriftsteller Elie Wiesel, jahrelang Insasse eines deutschen Konzentrationslagers, jetzt in den Vereinigten Staaten lebend, erhielt den Friedensnobelpreis. Noch kurz vor Weihnachten erfolgte die Entlassung des sowjetischen Regime-Kritikers und Nobelpreisträgers Andrej Sacharow aus seiner Verbannung nach Gorki – ohne Zweifel das Resultat der ständigen Proteste gegen die Verbannung Sacharows, eines Mannes, den der Westen nie vergaß.

Das neue Jahr begann mit einer Sensation für Zürich. Schauspielhaus-Direktor Gerd Heinz ließ vernehmen, daß er seinen Vertrag nicht zu verlängern gedenke. Aufatmen vieler, die noch am Schauspielhaus interessiert waren. Bestürzung im Verwaltungsrat, so stand in den Zeitungen zu lesen.

Wirklich Bestürzung? Hatte man ernstlich damit gerechnet, einen Mann, der über so viele Jahre lang Schiffbruch erlitten hatte, dessen Theaterführung so schlecht gewesen war, oft sogar skandalös, über den bereits verlängerten Vertrag hinaus weiterhin zu beschäftigen? Es ist eigentlich nicht recht vorstellbar. Vielleicht hatte man damit gerechnet, daß man in geraumer Zeit – Heinz hatte noch zweieinhalb

Jahre – dem Direktor nahelegen würde, sich anderswo umzusehen. Sicher war, daß er sich schon anderswo umgesehen hatte, und zwar in Wien.

Sicher auch, daß der Grund für seine Demission, den Heinz nannte, nicht der wahre Grund war. Er gab an, daß er zu sehr und zu oft angefeindet wurde, damit meinte er eingestandenermaßen unter anderem auch meine Kritiken. Doch – und das kann nicht oft genug festgestellt werden – ein gutgeführtes Theater wird nicht schlecht besucht, weil ein, mehrere oder auch alle Kritiker negativ urteilen. Das hatten die angefeindeten Intendanten Lindtberg und Buckwitz unter Beweis gestellt.

Bei dieser Gelegenheit stellte sich zweierlei heraus. Im Verwaltungsrat hatte man sich trotz des bestürzenden Besucherschwunds noch keine Gedanken gemacht, wer als Nachfolger von Heinz nach Zürich kommen könnte. Man hatte auch keine Bedenken, daß es vielleicht schwer sein würde, einen Nachfolger zu finden. Denn bei dem Stand, auf den Heinz & Co. das Theater heruntergewirtschaftet hatten, war es für viele nicht mehr besonders reizvoll, das Schauspielhaus wieder in Ordnung zu bringen. Und das war ja eigentlich das Entscheidende. Wichtig war, das Schauspielhaus wieder spielfähig und attraktiv zu machen. Ein alter Theaterhase mußte her.

Er hätte eigentlich sofort hergemußt. Denn eines war sicher, und das verhehlte Heinz keineswegs: er würde den Rest der Zeit, die ihm noch blieb, nicht darauf verwenden, das Schauspielhaus wieder in Ordnung zu bringen. Aber wäre er dazu überhaupt imstande gewesen? Er würde das spielen, was ihm Spaß machte und wie es ihm Spaß machte. Wie das aussah, wußte man ja nun. Und das hätte eigentlich auch der Verwaltungsrat wissen müssen.

Der wußte, zumindest vorläufig, nichts von des Direktors Entschluß. Das ist keine bösartige Behauptung, das ist nichts anderes als die logische Konsequenz, die man aus den Beteuerungen des Verwaltungsrates ziehen mußte, er sei von Heinz' Kündigung überrascht gewesen. Also war zumindest in diesem einen Fall der Direktor gescheiter als sein Verwaltungsrat. Heinz hatte erkannt, daß Zürich ihn nicht mochte, der Verwaltungsrat, der genaugenommen Zürich hätte repräsentieren sollen, aber nicht. Oder?

Die nächste Premiere war ein Unglück. Eine solche Produktion gehörte nicht ins Schauspielhaus und wäre früher dort nie herausgekommen.

Es handelte sich um drei Einakter von Eugène Labiche, die, wie man aus dem Schauspielhaus hörte, von Werner Düggelin ausgesucht worden waren – er hatte sie auch übersetzt. Während der Proben mußte er aufgeben, da er sehr krank wurde, und das Ensemble führte seine Arbeit zu Ende. Aber auch ein Reinhardt oder ein Stanislawski hätten aus diesen drei Stückchen, die unter dem Obertitel *Trilogie der Schadenfreude* herauskamen, keinen Theaterabend machen können, der eines Theaters würdig gewesen wäre.

Eugène Labiche hatte im Paris des vergangenen Jahrhunderts eine Handvoll lustiger Stücke geschrieben, Unterhaltungstheater ohne jeden literarischen Ehrgeiz sowie eine Unzahl von humoristischen Einaktern. Diese Einakter, die ihn in Frankreich beliebt und reich machten, wurden in vielen Theatern als sogenanntes Lever de rideau gespielt, also bevor der Vorhang für das Hauptstück des Abends hochging. Grund: die Angewohnheit vieler Franzosen, besonders der »feinen« Theatergänger, erst nach dem Souper ins Theater zu fahren. Eine Angewohnheit, die ja, wie man weiß, die Pariser Erstaufführung des *Tannhäuser* zum Skandal werden ließ, da die spät erscheinenden Besucher es nicht hinnehmen wollten, daß das Ballett, das zu sehen sie gekommen waren, bereits zu Anfang des ersten Aktes stattgefunden hatte und nicht, worauf sie ein Recht zu haben glaubten, erst im zweiten.

Diese kleinen Stücke von Labiche waren nie als Werke gedacht, die für sich selbst stehen sollten. Sie waren immer nur Vorspeise. Nun hatte man in Zürich die Idee, aus dreien von ihnen – man vermutet, daß es mehr als hundertsiebzig gibt – einen Theaterabend zu machen.

Labiche war im deutschsprachigen Raum nie besonders populär. Da man nun einmal drei Einakter von ihm aufführen wollte, mußte man wenigstens so tun, als ob. Und im Programmheft war zu lesen, daß Labiche in der zweiten Hälfte des letzten Jahrhunderts der beliebteste Lustspielautor Europas gewesen sei. Wirklich? Und Oscar Wilde? Und Bernard Shaw? Und Victorien Sardou? Und Eugène Scribe? Und Nicolai Gogol? Und...?

Diese Aufwertung Labiches hatte natürlich auch damit zu tun, daß vor rund einem Dutzend Jahren der damalige Dramaturg von Peter Stein in Berlin, Botho Strauß, *Das Sparschwein*, eine vieraktige Komödie von Labiche bearbeitet hatte und Stein sie zu einem großen Erfolg in Berlin werden ließ, der sich in Zürich, wie in diesem Buch schon festgestellt, nicht wiederholte. Aber letzten Endes war diese Aufwertung eine Fälschung. Denn die drei Einakter hatten Plots wie im Kasperletheater. Komik wurde erzeugt, in dem einer immer wieder dasselbe sagte, ein anderer ständig hinfiel, oder es gab törichte Verwechslungen. Gespielt wurden diese Albernheiten nach dem Motto: Alles ist erlaubt!

Norbert Schwientek spielte drei Hauptrollen, die anderen spielte André Jung. Letzterer vielleicht am besten, weil er Tempo einlegte, wohl in dem richtigen Gefühl, je schneller er so etwas hinter sich brachte, um so besser. Schwientek war lustig, ebenso sein Bruder, ja, er hatte einen weiteren Schwientek mitgebracht. Und die Damen waren, wie die Rollen es erforderten, hübsch und nett. Freilich, Margrit Ensinger, eine sehr gut aussehende und vorzügliche Schauspielerin mittleren Alters konnte unmöglich die Rolle einer Frau spielen, von der ständig als einer uralten, häßlichen Person gesprochen wurde. Aber auch mit einer anderen Besetzung dieser Rolle wäre der Abend nicht zu retten gewesen. Er war schon verloren, bevor er begann.

Es schloß sich an Maxim Gorkis *Wassa Schelesnowa*. Gorkis Theaterstücke waren nie große Erfolge, vielleicht mit Ausnahme von *Nachtasyl*. Der große Erzähler konnte keine echten Theaterstücke schreiben. Das gilt auch für die *Wassa*. Er hatte das Stück von der unbarmherzigen, ihre problematischen Geschäfte ohne Skrupel führende und ihre Familie unterdrückende Wassa 1915 geschrieben, als die mißglückte Revolution von 1905 noch allgemein im Bewußtsein war. Als man das Werk, das erst nach dem Ersten Weltkrieg in Rußland herauskommen konnte, Anfang der Dreißigerjahre wieder spielen wollte, schrieb Gorki einen Brief, in dem er erklärte, das Stück tauge nichts, er werde eine neue Fassung schreiben. Das tat er auch, und die beendete er kurz vor seinem Tod.

Wassa Schelesnowa ist immer wieder einmal gegeben worden, wenn eine nicht mehr junge Charakterschauspielerin, die eine Paraderolle brauchte, vorhanden war. Therese Giehse hatte das Stück in Zürich und Berlin gespielt, sie war außerordentlich. Die Becker wollte es schon seit Jahren spielen. Die Dramaturgie, so erzählte sie, wollte – unverständlicherweise – die erste Fassung bringen, sie natürlich die zweite. Daran scheiterte die Aufführung damals. Jetzt kam das Stück heraus, und zwar unter der Regie von Gerhard Klingenberg in der zweiten Fassung.

Die Proben waren kaum angelaufen, als die Zeitungen einen Todesfall meldeten, der weit über das Schauspielhaus hinaus die Gemüter bewegen mußte. Gustav Knuth war gestorben. Er hatte noch vor wenigen Jahren eine zentrale Rolle im deutschen Fernsehen durch seine außerordentlich erfolgreichen Serien gespielt, er war freilich nur noch gelegentlich im Zürcher Schauspielhaus aufgetreten und seit dem Ende der Ära Buckwitz überhaupt nicht mehr. In den letzten Jahren war es ihm gesundheitlich nicht gut gegangen. Ein kleiner Schlaganfall hatte sich als nicht lebensgefährlich erwiesen, er gesundete wieder, aber er arbeitete nicht mehr. Er lebte zurückgezogen, aß gern, trank mit Maßen und viel Genuß, ging gelegentlich noch ins Theater oder in Konzerte und freute sich über die Besuche seiner wenigen Freunde. Nun war ein zweiter, sehr schwerer Schlaganfall gekommen, er mußte in eine Klinik, und das haßte er. Aber vermutlich merkte er es gar nicht mehr so recht, während er noch eine Woche hindämmerte. Und dann tat er den letzten Atemzug.

Er war einer der letzten einer großen deutschen Theatergeneration. Er hatte in Berlin noch mit Werner Krauß und Käthe Dorsch, mit Paul Hartmann, Käthe Gold und Heidemarie Hatheyer und in Zürich natürlich mit Steckel, Ginsberg, Horwitz, Maria Becker, Therese Giehse und auch wieder mit der Hatheyer gespielt. Wenn Knuth eine Rolle spielte, spürte man immer, daß auf der Bühne ein Mensch stand, gleichgültig ob er König Lear war oder Jago oder eine Figur von Dürrenmatt oder Zuckmayer. Wenn er auftrat, hatte man nicht das Gefühl, da kommt ein Schauspieler, nein, man hatte das Gefühl, da kommt ein Mensch auf die Bühne, nein, in sein Zimmer, in den Wald, in den Thronsaal, vielleicht ein schlechter Mensch wie etwa Jago, oder ein problematischer wie etwa der Luftwaffen-General von Zuck-mayer, aber immer ein Mensch. Man spürte bei den jeweiligen Aufführungen, was man auf der Bühne gar nicht sah, was gar nicht angesprochen wurde; wie es bei ihm zu Hause aussah, wie er mit seiner Mutter oder mit seiner Frau redete, welche Art von Freunden er hatte... Noch in den dramatischsten Augenblicken blieb Knuth ein Mensch. Dies verschaffte ihm Popularität sondergleichen.

Am besten beschreibt man diese Einzigartigkeit mit einer Geschichte, die Knuth gelegentlich erzählte. Als er im deutschen Fernsehen eine Serie machte, in der er einen sehr tierlieben Tierarzt spielte, wurde er immer wieder auf der Straße von wildfremden Leuten angesprochen, die wissen wollten, was sie denn mit ihrem kranken Dackel oder mit ihrer Katze, die nichts mehr zu sich nehmen wollte, anstellen sollten. Die Leute wußten natürlich genau, daß sie mit einem Schauspie-ler sprachen. Aber sie waren von seiner Darstellung des Tierarztes so überzeugt, daß sie meinten, auch oder gerade der Schauspieler könne ihnen helfen.

Zurück zu *Wassa Schelesnowa*. Wie gesagt, kein gutes Stück, wenn es auch durch eine große Leistung in der Titelrolle gelegentlich erfolgreich war. Da Gerhard Klingenberg Regie führte, war garantiert, daß die Schauspieler das Stück spielten und nicht irgendeine von einem eigensinnigen Inszenator erdachte Variante. Die Becker war außerordentlich in dieser Rolle, kraftvoll und differenziert. Man glaubte ihr jede Nuance – wie man auch Hans Dieter Zeidler die Verruchtheit des Mannes glaubte, der vor einem Prozeß wegen sexuellen Mißbrauchs von Kindern steht. Man glaubte eigentlich allen Mitwirkenden. Es war ein fesselnder Theater-abend, sicher kein großer, aber das Stück lief, wenn auch nicht sensationell, so doch immerhin gut, es war endlich wieder eine Vorstellung, wie sie früher selbstverständlich gewesen wäre und jetzt sehr selten geworden war.

Dann ereignete sich wieder ein Unglück: *Der lange Abschied* von Gottfried Greiffenhagen. Das Stück war nach einem Roman von Raymond Chandler geschrieben. Greiffenhagen war laut Programmheft bereits mit anderen Roman-bearbeitungen erfolgreich gewesen. Das stimmte nun wieder einmal gar nicht, denn seit es modernes Theater gibt, war die Dramatisierung eines Romans nie wirklich erfolgreich gewesen. Das galt für Hunderte von Dramatisierungen, etwa die der »Madame Bovary« und der »Anna Karenina«, für die auf die Bühne gebrachten Romane von Dickens, für eigentlich alle Romane, die anscheinend nach dem Theater schrien. Es gab nur eine Ausnahme, nämlich »Die Kamelien-dame« von Alexandre Dumas fils, der zu seiner Zeit ebenso beliebt als Dramatiker war wie als Romanautor und der vermutlich seinen Roman – das behaupten jedenfalls einige seiner Freunde – schon im Hinblick auf die Dramatisierung geschrieben hatte.

So was gelingt also nie, und es mißlang auch in Zürich. Ursprünglich hatte der Direktor selbst zusammen mit einem Dramaturgen die Dramatisierung verferti-gen wollen, sie dann aber diesem Herrn Greiffenhagen übertragen.

Gerd Heinz hatte sich auf die Inszenierung beschränkt, es gab eine Unzahl von Szenen, die mittels Technik herein- und herausgefahren wurden, es gab einen Wirbel von Beleuchtungseffekten, man glaubte, in einem Varieté zu sein. Die Produktion kostete unheimlich viel Geld, um so mehr, als man für die Hauptrolle einen Gast bemühte, während die Mitglieder des Ensembles, die seine Rolle hätten spielen können, spazierengingen.

Spannend war der Abend wohl nur für Besucher mit wenig Anspruch. Die letzten acht geplanten Vorstellungen konnten nicht stattfinden. Der eigentliche Grund des Mißerfolgs bestand darin, daß man wieder einmal etwas auf die Bühne gebracht hatte, das nicht auf die Bühne gehörte und schon gar nicht ins Schauspielhaus.

Das Jahr 1987 zeichnete sich durch zahlreiche Schreckensmeldungen aus. Da waren zum einen die Terroranschläge im Libanon. Da war die Entführung zweier Deutscher, die in den Libanon gereist waren und als Geiseln festgehalten wurden. Da war die Iran-Affäre, in der es um eine Lieferung amerikanischer Waffen an den Iran ging, obwohl der Präsident Reagan erklärt hatte, an den Iran würden keine Waffen mehr geliefert. Und darum, daß von dem Geld, das der Iran zahlte, etwas abgezweigt wurde, um es den Contras von Nicaragua zuzuführen. Wer hatte dies veranlaßt? War Präsident Reagan eingeweiht? Diese Fragen, nie gelöst, beschäftigten die Weltöffentlichkeit über viele Monate.

Am Schauspielhaus folgte die schweizerische Erstaufführung von Thomas Bernhards *Der Theatermacher*, der Geschichte eines ehemals bekannten Schauspielers, der jetzt mit seiner Truppe in Dorfgasthöfen spielt und die Illusion hat, noch immer der größte Schauspieler aller Zeiten zu sein. Das Stück ist eigentlich nichts anderes als der Riesenmonolog eines Egozentrikers.

Wie fast alles, was Bernhard je geschrieben hat, handelt es sich auch hier um ein Werk für Eingeweihte, nämlich für Leute, die wissen, was und wen er mit seinen Anspielungen treffen will. Zum Beispiel redet der Mime ständig von der Notwendigkeit, daß während der letzten Minuten seines welterschütternden Stücks auch die Notbeleuchtung ausgeschaltet werden müsse. Bernhard spielt damit auf einen Skandal an, der sich vor einigen Jahren in Salzburg abspielte, wo ein Bernhard-Stück während der Festspiele gegeben wurde. Bei diesem Anlaß verlangte der Regisseur Peymann, der ja schon damals und auch später fast alle Bernhard-Stücke aus der Taufe hob, daß das Notlicht während der letzten Minuten des Stückes gelöscht werde. Das wurde ihm versprochen, aber das Versprechen wurde nicht gehalten, Peymann und die Seinen weigerten sich dann, weitere Aufführungen zu spielen, sie wollten gegen die Salzburger Festspiele prozessieren, die Festspiele wollten gegen ihn prozessieren, es kam nichts dabei heraus. Wer das nicht weiß, und die meisten Zuschauer in Zürich wußten davon nichts, konnte es gar nicht so komisch finden, daß der ehemalige Staatsschauspieler sich immer wieder darauf versteift, daß das Notlicht am Ende des Stückes gelöscht werden

89 Max Frisch privat (Aufnahme
aus den Sechzigerjahren)

90 Friedrich Dürrenmatt wurde 1947 bei der Uraufführung seines Stückes »Es steht geschrieben« ausgepfiffen.

91—93 Die Direktoren Harry Buckwitz (1970—1978, links oben), Leopold Lindtberg (1965—1968, oben) und Gerhard Klingenberg (1978—1982, links unten)

94 Regisseur Peter Stein

95 Komponist George Gruntz

96 Regisseur Max Peter Ammann

97 Jürgen Flimm (Mitte), Lukas Rüsch, Hubert Kronlachner, Eva Rieck und Robert Tessen bei einer Leseprobe zu »Minna von Barnhelm«

98 Regisseur Roberto Guicciardini

99 Dramaturg Peter Rüedi

100 Direktor Gerd Heinz (1982–1989)

müsse. Das Gegrunze der Schweine, den Geruch des Rindviehs, die Unwissenheit der Dorfbevölkerung – das alles nimmt er hin. Das Notlicht nicht.

Das konnte natürlich in Zürich kein Erfolg werden, obwohl sich der Gastregisseur Hans Lietzau wirklich viel hatte einfallen lassen und der Hauptdarsteller Hubert Kronlachner alles gab, was er zu geben hatte.

Nächste Premiere: *Amphitryon* von Kleist. Wann immer dieses tiefsinnige deutsche »Lustspiel nach Molière« gezeigt wird, schmilzt man hin. Nicht so in Zürich, wo alle Voraussetzungen fehlten. Vor allem eine: Regie. Man holte sich Inge Flimm, die ehemalige Frau des bekannten Regisseurs. Sie hatte schon an kleineren Bühnen inszeniert – wo und was, wurde nicht bekanntgegeben. Was fiel ihr ein? Dekorationen, Lichteffekte. Eine Schräge mit Sand bestreut, was schon während der Proben immer wieder dazu führte, daß der eine oder der andere Schauspieler stürzte. Jupiter selbst verletzte sich dabei so sehr, daß der Direktor vor der einen oder anderen Vorstellung vor den Vorhang treten mußte, um ihn wegen seines Hinkens zu entschuldigen.

Es geht bei diesem Stück ja darum, daß Jupiter Alkmene, die Gattin des Feldherrn Amphitryon, verführt. Die landläufige Erklärung dafür ist die, daß er vermittels Zauberei so auszusehen vermag wie Amphitryon – die eigentliche Erklärung, die tiefere, ist die, daß er spricht, wie nur Jupiter sprechen kann, daß er die Ausstrahlung eines Jupiter hat. Da muß ein strahlender Held her, wie ihn jedes gut geführte Theater in besserer oder schlechterer Qualität zur Verfügung haben muß, ein solcher Held kommt ja fast in jedem klassischen Stück vor. In Zürich stand keiner zur Verfügung. Peter Brogle, der blutjung an dieses Theater gekommen war, ist ein interessanter Charakterschauspieler geworden, aber leider kein strahlender. Damit war es eigentlich schon um das Stück geschehen. Hinzu kam, daß Amphitryon nicht als Feldherr gespielt wurde, sondern allenfalls als Feldwebel. Und Alkmene war niemals die Unschuld in Person, die an ihrem Irrtum fast zugrunde geht, sondern eine jammernde, eher körperlich als seelisch verletzte Schauspielerin. Allein die Komikerpartien des Dieners von Amphitryon, Sosias und Merkur, hatten Leben und Stil dank der Schauspieler Norbert Schwientek und Ingold Wildenauer. Aber die Gesamtwiedergabe des unverwüstlichen Stückes ließ zu wünschen übrig. Man kann sagen, daß es in Zürich verwüstet wurde.

Die vermutlich größte Sensation des Jahres 1987, wenn auch keine tragische, war die Landung eines deutschen Sportflugzeuges am 26. Mai auf dem Roten Platz in Moskau. Der neunzehnjährige Pilot, Mathias Rust, hatte alle Kontrollen überflogen, respektive unterflogen. Er war sich wohl der Schwere des »Deliktes« gar nicht bewußt, er war eher der Ansicht, einen lustigen und gewagten Streich durchgeführt zu haben. Die erste Folge seines Unternehmens war die Entlassung des Verteidigungsministers und des Oberkommandierenden der Luftabwehrtruppen der Sowjetunion, die dafür zuständig gewesen wären, eine Grenzüberschreitung ausländischer Flugzeuge, gleich welcher Art, zu verhindern.

In Berlin begann im Mai/Juni die 750-Jahrfeier und zwar im Osten und Westen getrennt. Zu den östlichen kamen natürlich die Prominenten der Ostblockstaaten. In den Westen kam Königin Elisabeth II. von England, kam der französische Präsident Mitterrand und der amerikanische Präsident Reagan, der vor der Mauer eine sehr eindrückliche Rede hielt, in der er Gorbatschow aufforderte, die Mauer niederzureißen und so das Brandenburger Tor – Hintergrund seiner Rede – wieder zu öffnen.

Im Zürcher Schauspielhaus erfolgte der letzte Streich der Spielzeit 1986/87: *Sardanapal* von Lord Byron. Natürlich kennt man diesen englischen Dichter, von seinen Dramen aber hat man so gut wie nie etwas gehört und aufgeführt wurden sie kaum, *Sardanapal* auf deutsch wohl überhaupt nicht, jedenfalls ist keine Spur dieses Stückes in den Archiven des Deutschen Bühnenvereins zu finden. Selbst als es Josef Kainz Ende des letzten Jahrhunderts spielen wollte, fand sich kein Theater, das mit diesem Star eine Aufführung gewagt hätte.

Sardanapal heißt ein König von Assyrien, der viele hundert Jahre vor unserer Zeitrechnung regiert hat. Er hat gut gelebt und schlecht regiert. Ihn interessierte eigentlich nur, Feste zu geben. Die feindliche Stimmung und schließlich die Rebellion gegen ihn wuchs, wurde gefährlich. Vergebens der Hinweis von Freunden, etwas gegen die Verschwörer zu tun. Sardanapal unternahm nichts, bis es zu spät war. Er verbrannte sich mit seiner geliebten Sklavin in seinem eigenen Schloß.

Das Ganze ist denkbar undramatisch, wobei die drei Einheiten der Griechen, also die des Ortes, der Handlung und der Zeit, streng eingehalten werden, als ob dies nicht durch Shakespeare längst überholt gewesen wäre! In Sardanapals Palast geschieht in den vier Stunden, die das Stück dauern würde, hätte man es nicht zusammengestrichen, so gut wie nichts. Alles ereignet sich hinter der Szene und wird berichtet. Um so mehr wird deklamiert. Angesichts der drohenden Gefahr redet Sardanapal wasserfallartig Jamben über Jamben. Sie mögen schön sein, aber sie sind nicht dramatisch. Also kein Zufall, daß das Stück nie aufgeführt worden ist, was die Dramaturgie des Schauspielhauses nicht hinderte, es »zu entdecken«. Sie entdeckte nichts als Langeweile.

Typisch übrigens dafür, wie man dort arbeitet, ist die Begründung, warum das Schauspielhaus gerade auf dieses Stück kam. Die Zürcher Festwochen 1987 standen unter dem Motto »Französische Romantik«. So ein »Motto« ist immer eine problematische Sache. Ich stehe auf dem Standpunkt, daß Menschen ins Theater gehen, weil sie ein Stück sehen wollen oder eine Inszenierung und vor allem, weil sie Schauspieler sehen wollen. Nicht weil sie theatralische Variationen zum Leitmotiv der Festspiele sehen möchten. Die Aufführung wurde also ein sensationeller Totalmißerfolg. Was vorauszusehen war. Nicht einmal die Premiere war voll, obwohl man mit Freikarten nur so um sich geworfen hatte. Und zur dritten Aufführung – außer Abonnement – versammelten sich nicht einmal hundert zahlende Besucher. Verläßlichen Schätzungen nach wesentlich weniger.

Im Schauspielhaus war man empört. Und der Chefdramaturg jammerte, man habe ein rundes Jahr an dieser Aufführung gearbeitet. Man stelle sich das mal vor: ein rundes Jahr! Und niemand hatte gemerkt, daß man da etwas begann, was zu keinem guten oder erträglichen Ende führen konnte. Wie dumm waren eigentlich die leitenden Männer des Schauspielhauses geworden?

Überhaupt gab es in den letzten Wochen der Spielzeit viele Äußerungen von wichtigen Leuten im Schauspielhaus, zumindest von solchen, die sich wichtig nahmen. Gerd Heinz fand wieder einmal, daß die Subventionen ungenügend seien. Er gab ein langes Interview. Aber der befragende Zeitungsmann stellte nicht die naheliegende Frage: »Wie wäre die Situation eigentlich, wenn es mehr zahlende Besucher gäbe?« Der Direktor faßte eine solche Möglichkeit gar nicht erst ins Auge.

Und da war noch die Pressekonferenz für die nächste Spielzeit 1987/88. Man nannte sie allgemein die »Jubiläumsspielzeit«, weil bekanntlich fünfzig Jahre zuvor, also 1938, die »Neue Schauspiel AG« gegründet worden war. Aber rekapitulieren wir: das Schauspielhaus in der Form, in der es viele große Tage erlebt hatte, eigentlich bis noch in die jüngste Vergangenheit hinein, entstand 1933, als nämlich, wie in diesem Buch ausführlich beschrieben, der Besitzer des Theaters – es war ja ein Privattheater – sich die Tatsache zunutze machte, daß in Deutschland, und bald darauf, 1938, auch in Österreich, jüdische oder jüdisch versippte Schauspieler, auch politisch unerwünschte, nicht mehr spielen durften und froh sein mußten, in Zürich Unterschlupf zu finden.

Da sich Ferdinand Rieser gute Schauspieler holte und einige gute Regisseure, kam gutes, oft hervorragendes Theater dabei heraus. Da in Zürich gespielt werden durfte, was in Deutschland verboten war, teils aus politischen, teils aus rassischen Gründen, bekam man Theater zu sehen, das man sonst nirgendwo zu sehen bekam. Rieser, der mit Recht vermutete, daß die Deutschen, falls es Krieg gäbe und sie in die Schweiz einmarschierten, dafür sorgen würden, daß er aufgehängt werde, zog es vor, sich nach Amerika abzusetzen. Und so wurde – dank der Initiative des Verlegers Emil Oprecht und einiger seiner Freunde – die »Neue Schauspiel AG« gegründet. Wie in diesem Buch beschrieben, wurde ein neuer Direktor bestellt. Oprecht wollte nicht, daß die Bevölkerung Zürichs das Theater als ein jüdisches Emigranten-Theater hinstellte, obwohl es genau das ja war. Was den Schweizer Oskar Wälterlin angeht, er war ein vorzüglicher Direktor und ein ausgezeichneter Regisseur.

Aber sonst änderte sich überhaupt nichts an dem Theater, das es seit 1933 gegeben hatte.

Das eigentliche Jubiläumsjahr wäre also 1983/84 gewesen.

Erstaunlich, daß gerade Direktor Heinz das Jubiläumsjahr, wann immer man es ansetzte, feiert. Denn er wurde in seinen letzten Jahren nicht müde, als »Legende« zu bezeichnen, daß früher in Zürich ausgezeichnetes Theater gemacht wurde, er, der selbst überhaupt nicht wissen konnte, was damals in Zürich vor sich ging, weil er ja noch ein Kind war und zudem nicht in der Schweiz gelebt hatte. Was er wußte, hatte er aus zweiter oder dritter Hand. Und die Sache mit der Legende stimmt weder hinten noch vorn.

Aber wie sah nun die Jubiläumsspielzeit aus? Er oder seine Dramaturgen dachten sich als Motto – schon wieder ein Motto! – aus: »Fluchtpunkt Zürich.«

Nun ja, Zürich war ja wirklich ein Fluchtpunkt in der Nazizeit. Abgesehen von den Schauspielern, die aus Deutschland geflohen waren und fast alle hier in Zürich am Schauspielhaus Unterschlupf finden konnten, kamen auch Dramatiker, die meisten aber nur für kurze Zeit. Ich denke an Bertolt Brecht, an Ferdinand Bruckner, an Lion Feuchtwanger, an die Österreicher Fritz Hochwälder, Hans Weigel, Ödön von Horváth und Franz Werfel. Sie alle verschwanden bald wieder aus Zürich oder mußten verschwinden dank einer gar nicht antinazistischen Fremdenpolizei und ihrer oft skandalösen Führung. So schließlich auch die Dichterin Else Lasker-Schüler, die sehr gern geblieben wäre.

Und von all diesen Autoren wird nichts in der Jubiläumsspielzeit aufgeführt, mit Ausnahme der *Wupper* von Else Lasker-Schüler. Warum also das »Fluchtpunkt Zürich«-Motto?

Und sonst? Es wird ein Stück von Dürrenmatt aufgeführt und eines von Frisch. Das ist gut, das ist immer gut, aber was hat das mit der Flüchtlingsfrage zu tun? Die beiden sind ja Schweizer. Frisch kam mit seinem ersten Stück wenige Wochen vor Kriegsende heraus, Dürrenmatt erst einige Zeit nach Kriegsende, nach Hitlers Ende, also nachdem man nicht mehr in die Schweiz fliehen mußte.

Aber da die Spielzeit nun einmal unter diesem Motto laufen soll, hat man zwei klassische Dramen zu Exildramen umstrukturiert. Das mag bei *Iphigenie auf Tauris* noch irgendwie angehen – obwohl Iphigenie der Sage nach beileibe nicht auf die Insel Tauris geflohen ist, aber immerhin empfand Goethes Priesterin ihr Tauris als Exil.

Das andere Exildrama, mit dem die Spielzeit eröffnet werden soll, ist *König Lear*. Man muß es zweimal sagen. *König Lear* ist also nicht mehr die Tragödie eines alternden Mannes, der sein Reich den Töchtern schenkt und viel Undank erfahren muß. Sie jagen ihn zwar nicht außer Landes – das Stück spielt stets in dem Land, das er einmal regiert hat –, sie wollen nur nicht sein zahlreiches Gefolge in ihren Palästen aufnehmen. Und ihn am liebsten auch nicht. Das hat doch mit Exil nun wirklich nichts zu tun! Die Gedankengänge im Schauspielhaus sind etwas zu seltsam, als daß man sie verstehen könnte.

Noch eins. Unmittelbar vor Beendigung der Spielzeit 1986/87, also kurz vor den Ferien mit anschließender Jubiläumssaison, wurde Direktor Heinz gefragt, was er seinem Nachfolger, der damals noch nicht feststand, raten würde. Und er gab alles mögliche zum Besten, was hier nicht erwähnt werden soll. Nur eines ist erwähnenswert: daß jemand auf die absurde Idee verfiel, ausgerechnet den Mann, der das erfolgloseste Theater gemacht hat, das es im Schauspielhaus je gab, nach Ratschlägen für seinen Nachfolger zu befragen. Die logische Antwort wäre wohl gewesen: »Er soll machen, was er will. Schlechter als ich kann er es kaum machen!«

Die erste Premiere der sogenannten Jubiläumsspielzeit begann also mit Shakespeares *König Lear*. Nach den absurden Vorankündigungen hatte man nun doch darauf verzichtet, dieses herrliche Stück als Exildrama anzupreisen. *König Lear* ist wohl die bedeutendste Tragödie in der von uns übersehbaren Literatur- und Theatergeschichte. Es geht in diesem Stück ja nicht um das Schicksal des »Helden« wie etwa bei *Hamlet, Coriolan* oder *Macbeth,* eigentlich bei allen Shakespeare-Dramen, es geht um die Tragödie der Menschheit, um die letzten, nicht Tage, sondern Sekunden der Menschen. Keine aufgehende Sonne am Ende, kein unbeschwerter Fortinbras, kein deus ex machina wie in fast allen Tragödien Shakespeares. Das Ende ist der Tod fast aller wichtigen Figuren, das Ende ist das Ende der Welt.

Wie spielt man so etwas? Die letzte große Aufführung war die unvergeßliche Inszenierung von Giorgio Strehler, die übrigens auch im Schauspielhaus Zürich zu Gast war. Diesmal, zur Eröffnungspremiere der Spielzeit 1987/88, holte man einen Regisseur aus Frankreich, Bernard Sobel, der nicht korrekt deutsch sprechen kann, also unfähig ist, die Schauspieler »richtig« sprechen zu lassen und absurde Ideen über dieses Stück in einer Pressekonferenz äußerte.

Abgesehen von gewissen Ansätzen der einen oder anderen Schauspieler, die gelegentlich ihr Handicap der völligen Fehlbesetzung überwanden, bot die Aufführung nichts von Gehalt. Auch Hans Dieter Zeidler, der ganz sicher ein Lear sein könnte, hatte nicht viel mehr als Ansatzpunkte zu einer Interpretation zu zeigen. Er sprach einmal so, einmal so. Seine Haltung und Ausstrahlung waren nicht die eines Königs, er geriet nie außer sich, wurde nur für Momente wahnsinnig. Das genügte natürlich nicht, und der ganze Abend war ärgerlich, die Aufführung fiel durch.

Inzwischen war etwas Entscheidendes geschehen. Der ehemalige Burgtheater-Direktor, Achim Benning, wurde berufen, um das Schauspielhaus nach dem Abgang von Heinz zu führen. Die Verhandlungen waren zäh gewesen, nicht zuletzt, weil immer wieder Namen von Persönlichkeiten auftauchten, die niemals irgendwo ein Theater geleitet hatten und auch sonst relativ unbekannt waren, dafür aber sehr »links« standen, nicht so sehr politisch als künstlerisch. Das Erfreuliche des Ausgangs der Wahl – man darf von einem Glück für Zürich sprechen – war, daß man in Benning einen Profi gewonnen hat. Einer, der weiß, wie man Theater machen kann und soll.

Anfang Oktober 1987 folgte die Premiere der *Physiker* von Dürrenmatt, deren Uraufführung ja 1962 im Schauspielhaus stattgefunden hatte.

Ein starker Erfolg! Der stärkste der letzten Jahre. Endlich – zum ersten Mal in der Ära Heinz – gab es wieder Schlangen vor den Schauspielhaus-Kassen. Große, echte Begeisterung des Publikums, nicht nur bei der Premiere, sondern auch bei den folgenden Aufführungen, die, kaum angezeigt, ausverkauft waren. Warum wohl?

Dürrenmatt zieht meistens, keineswegs immer. Fast alle seine Stücke wurden am Schauspielhaus uraufgeführt, aber einige von ihnen fielen durch, zum Beispiel sein letztes, *Achterloo*.

Die *Physiker* sind natürlich, wo auch immer, ein Erfolg gewesen. Der Hauptgrund dafür liegt im Thema. Daß Physiker etwas erfinden können, das die Welt zu zerstören vermag – lesen wir das nicht täglich in den Zeitungen?

In Zürich waren *Die Physiker* nach der Uraufführungs-Serie nie wieder gespielt worden, man hatte wohl Angst vor Vergleichen mit dieser außerordentlichen Aufführung. Jetzt wurde das Stück, das man sozusagen für ein gemachtes Bett hielt, dem zukünftigen Direktor Arnim Benning zur Regie angeboten. Der Grund war nicht, daß man ihm den Weg bereiten wollte, sondern, daß man dem Zürcher Publikum zu zeigen hoffte, Benning sei eben kein besonders guter Regisseur, man könne seine Regie gar nicht mit der jener sagenhaften Uraufführung vergleichen.

Es kam anders. Die Aufführung wurde, wie gesagt, ein enormer Erfolg. Und der war vor allem Benning zuzuschreiben. Denn er tat etwas, was in letzter Zeit in Zürich – leider nicht nur in Zürich – nicht mehr geschieht. Er spielte das Stück, wie die Dramaturgen von heute verächtlich sagen würde: »vom Blatt«. Das heißt, er spielte es so, wie Dürrenmatt es sich vorgestellt hatte.

Das Hauptrisiko, das jeder einging, der *Die Physiker* in Zürich noch einmal inszenierte, war natürlich die Besetzung der zentralen Rolle der Irrenärztin. Bei der Uraufführung hatte Therese Giehse diese Mathilde von Zahnd gespielt. Sie feierte seinerzeit Triumphe, alle Welt glaubte, Maria Becker, die diese Rolle jetzt übernehmen sollte, könne nicht annähernd so sein wie sie.

Nur einige wenige waren da anderer Ansicht. Vor allem Dürrenmatt, der die Giehse gar nicht so gut gefunden hatte wie die meisten – damals. Aber die Aufführung von 1962 war in der Zwischenzeit wieder zu sehen: in einem Fernsehfilm, der eben diese Inszenierung festgehalten hat und vor nicht allzu langer Zeit noch einmal gezeigt wurde. Da sah man eine vorzügliche Aufführung mit, wir erinnern uns: Gustav Knuth, Theo Lingen, dem unvergleichlichen Hans Christian Blech – aber mit einer überchargierenden Therese Giehse. Ja, so schnell war der Stil ihrer Arbeit veraltet, mehr noch: unmöglich geworden.

Die Becker chargierte nicht. Sie »machte« fast gar nichts. Aus ihrem maskenhaft starren Gesicht mit einem gelegentlichen, lautlosen Lachen war zu ersehen, daß diese Irrenärztin selbst eine Verrückte ist. Es lief einem kalt den Rücken herunter, es war erschütternd. Und faszinierend. So gut war die Becker seit langem nicht gewesen.

Ohne Zweifel war dies auch ein Verdienst des Regisseurs, Benning hatte für das Haus und sich selbst diesen großen Erfolg errungen. Als Reaktion darauf ließ die auflagenstärkste Zürcher Zeitung, der »Tages-Anzeiger« (mit Heinz verschworen und fast alles gut beurteilend, was das Publikum nicht einmal erträglich fand) einen Gemeinderat der Stadt Zürich zu Wort kommen, der verkündete, Benning würde als Direktor zuviel Geld erhalten. Er stellte eine Rechnung auf, aus der hervorging, daß Bennings Gesamtbezüge sogar über denen eines Bundesrats, also eines Mitglieds der Regierung, lägen, allerdings unter Anrechnung des Honorars einer dem Direktor pro Saison gewährten auswärtigen Regie, das freilich nicht von der Stadt Zürich gezahlt werden mußte und folglich überhaupt nicht zur Debatte zu stehen hatte. Der Höhepunkt der Attacke war die Feststellung des besagten Gemeinderats, daß der künftige Direktor in einem Jahr soviel verdient wie der Führer einer elektrischen Straßenbahn in sechs Jahren.

Nicht erwähnt wurde, daß es vermutlich viele Menschen gibt, die lernen können, eine elektrische Straßenbahn oder einen Zug oder was immer zu führen, aber sehr wenige, die das Schauspielhaus Zürich führen können oder auch nur wollen. Hier geht es ja um Angebot und Nachfrage. Das sollte ein Gemeinderat wissen. Er sollte auch wissen, daß der noch tätige Direktor Heinz und seine Mannschaft von Dramaturgen das Theater sehr, sehr viel mehr Geld gekostet haben als die Bezüge Bennings betragen. Weil sie nämlich das Haus leergespielt haben.

Wenige Tage später starb das älteste Mitglied des Schauspielhaus-Ensembles: Erwin Parker, der als Jude 1933 aus Deutschland hatte fliehen müssen. Er war ein kleiner Mann, der Bescheidenheit und Liebenswürdigkeit ausstrahlte. Er war auch ein sehr verwendbarer Schauspieler, vor allem in kleineren Rollen. Er war, auch wenn er nur ein paar Worte zu sagen hatte, nicht zu übersehen.

In den letzten Jahren war er pensioniert, lebte sehr zurückgezogen. Trotzdem war bei seiner Trauerfeier eine der größten Zürcher Kirchen, das Neumünster, fast völlig mit Menschen gefüllt, die ihm die letzte Ehre erweisen wollten. Offenbar hatte er sich taufen lassen, denn es kam zu einer leicht christlich gefärbten Feier, in deren Verlauf mit keinem Wort auf die Tragödie seines Lebens, die Flucht vor den Nazis, eingegangen wurde. Warum eigentlich nicht?

Mitte November kam es wieder zu einem gewissermaßen vorprogrammierten Mißerfolg mit dem Stück *Passage* des DDR-Autors Christoph Hein, das zwei Wochen zuvor in Essen durchgefallen war. Es ging darin um das Elend der Hitler-Flüchtlinge, die 1940 an der französisch-spanischen Grenze versuchen, über die Pyrenäen zu kommen, bevor sie von den Nazis eingeholt werden. Wir begegnen unter anderem einem Juden, der im Ersten Weltkrieg ein vieldekorierter Offizier der deutschen Armee war und 1940 (!) noch nicht begriffen hat, daß die Nazis seine Verdienste nicht honorieren. Und fünfzehn Juden, die bei Kriegsbeginn im Kaftan mit ihren unverwechselbaren Ohrlöckchen, Bärten und Riesenhüten quer durch Polen, Deutschland und Frankreich gewandert sind, um in die Freiheit zu gelangen. Niemand hatte sie damals gehindert! Und man spürte nicht einen Augenblick lang die Angst der Gehetzten, die jeden Augenblick um ihr Leben fürchten mußten. Nein, sie saßen in der Hinterstube eines Cafés, sie plauderten, sie spielten Schach, sie schrien einander an – warum sollten sie leise sein?

Die Produktion lief überhaupt nicht, aber, wie man später aus einem Interview mit einem der Dramaturgen erfuhr, hatte die Theaterleitung damit auch gerechnet. Die Aufführungen wurden fast nur noch von unglückseligen Abonnenten besucht, und nicht einmal von allen. An der Kasse fanden sich nur wenige zahlende Besucher ein.

Das gleiche Schicksal ereilte die nächste Produktion, Else Lasker-Schülers *Die Wupper*.

Warum hat man das Stück überhaupt gespielt? Die Tatsache, daß das Werk, 1911 entstanden, fast nie auf den Spielplänen erschien – in Hitler-Deutschland konnte es nicht gespielt werden, weil seine Autorin Jüdin war –, hat seine Gründe. Else Lasker-Schüler war eine herrliche Dichterin, aber ihre Bühnenwerke, insbesondere *Die Wupper*, sind eben keine Theaterstücke. Die Lasker-Schüler war nie eine Dramatikerin.

Zudem ist die *Wupper* ungemein aufwendig. Wenn man das Stück ohne Striche spielt, dauert es mindestens vier Stunden. Und es treten zwischen sechzig und achtzig Personen auf, Statisten und Kinder mit eingerechnet. Und die minutiös beschriebene Dekoration erfordert einen Bühnenraum, der ungefähr doppelt so groß ist wie die Bühne der Wiener Staatsoper.

Also warum? Weil die Dichterin das Schicksal der Menschen aus der *Passage* erlebte?

Else Lasker-Schüler mußte vor Hitler fliehen – nach Zürich. Dort hatte sie Schwierigkeiten mit der Fremdenpolizei, deren Chef ja in jenen Jahren nach Berlin gereist war, um die Nazis aufzufordern, den Juden ein »J« in ihren Paß zu stempeln, damit die Zoll- und Paßbeamten einen Grund hätten, sie erst gar nicht mehr in die Schweiz zu lassen. Else Lasker-Schüler hatte allerdings noch kein »J« in ihrem Paß, denn sie war schon im Jahr 1933 aus Deutschland fortgegangen.

In Zürich führte man 1936 *Arthur Aronymus und seine Väter* von ihr auf. Die Uraufführung war ein totaler Mißerfolg. Man wollte danach auch noch *Die Wupper* inszenieren, setzte das Stück dann doch nicht an, weil man erkannte, daß es nicht bühnenwirksam ist. Else Lasker-Schüler blieb übrigens nicht sehr lange in Zürich, noch vor Ausbruch des Weltkriegs reiste sie weiter – nach Palästina, wo sie Anfang des Jahres 1945 in Jerusalem starb – im Elend und vorübergehend vergessen.

Die Wupper ist ein Stück über Menschen, die an diesem Fluß leben, reiche Fabrikanten, arme Arbeiter und Arbeitslose – also eines der unzähligen Vorderhaus–Hinterhaus-Dramen, die mit dem Realismus aufkamen. Sie konnten genial sein wie zum Beispiel *Die Weber* von Gerhart Hauptmann, sie konnten herzzerreißend sein wie *Liebelei* von Arthur Schnitzler oder ungemein bühnenwirksam wie *Die Ehre* von Hermann Sudermann, ein Stück, das jahrelang die Bühnen beherrschte.

Die Schwäche des Stückes von Else Lasker-Schüler liegt vor allem darin, daß eigentlich so gut wie nichts vorgeht, daß das Minimum an Handlung zwischen den Akten geschieht, und das erfährt man auch nur aus Berichten.

Zudem war die Aufführung äußerst mäßig. Gerd Heinz als Regisseur holte nicht einmal das lyrische Moment heraus, das Schicksalhafte, die Atmosphäre, die Melancholie, in der alle befangen sind. Er ließ das Stück mit unzähligen Kunstpausen langsam vor sich hintröpfeln. Es war eigentlich nur langweilig. Und, wie gesagt, ein weiterer Mißerfolg.

Zu Silvester kam wieder, wie im vergangenen Jahr, kein Silvester-Stück, man spielte eine selbstgebastelte Revue. Ursprünglich sollte sie *Fremd unter Fremden* heißen, denn es geht wieder um Hitler-Emigranten, die allerdings nicht erst vor fünfzig Jahren, sondern schon viel früher nach Zürich bzw. in die Schweiz gekommen waren. Später wurde es umgetauft und hieß nun *Werft Eure Herzen über alle Grenzen.*

In dieser Revue traten unzählige Mitglieder des Ensembles auf, sie spielten Szenen, sie sangen Chansons und Duette, die zum Teil im Jahre 1938 oder in den vorangegangenen oder folgenden Jahren entstanden waren. Revue? Eigentlich eher politisches Kabarett! Ist das Schauspielhaus dazu da? Man mag es füglich bezweifeln.

Damit endete das Jahr 1987, es begann das Jubiläumsjahr 1988.

Die Welt ist heute ähnlich bedroht wie vor fünfzig Jahren Europa. Da haben sich erfreulicherweise der Parteichef der Sowjets und der amerikanische Präsident zumindest in einigen Punkten geeinigt, aber eine Bedrohung durch einen Atomkrieg ist nach wie vor nicht ausgeschlossen. Und in Israel greifen einmal mehr die »unterdrückten« Araber zu den Waffen, um die Israelis zu vertreiben. Im Persischen Golf wird geschossen und bombardiert, in Südkorea ist auch noch keine Ruhe eingetreten, die Börse erlebte Katastrophen und der Dollar stürzte in nie gekannte Tiefen...

Nun, auch 1988 wird vorübergehen, und weder die Welt noch das Theater werden untergehen.

Vorhang

Vor rund hundert Jahren wurde das Schauspielhaus in Zürich, freilich unter anderem Namen und vorübergehend zu anderen Zwecken, eröffnet. Vor rund fünfzig Jahren begannen die Verhandlungen, um das bereits außerordentliche Schauspielhaus, das noch Privattheater war, in den Besitz der Stadt zu bringen. Zu diesem Zweck wurde eine AG gegründet. Dieser Tag, besser das Jahr, über das sich die Verhandlungen erstreckten, wird also als Jubiläum gefeiert. Von der Stadt und wohl auch von der gesamten europäischen Theaterwelt.

Damals zeichnete sich das Schauspielhaus durch den Kampf gegen Hitler aus. Es war der Kampf eines winzigen Theaterapparats gegen die allmächtige Terror-Diktatur. Aber vielleicht ist die Tatsache, daß man das Jahr 1988 als fünfzigjähriges Jubiläum feiert, dadurch berechtigt, daß das Schauspielhaus danach auch unter immer schwierigeren Bedingungen in den Tagen des sich abzeichnenden Krieges und während der Jahre 1939 bis 1945 den Kampf gegen die Unmenschlichkeit unbeirrt weiterführte – mit wenig Mitteln und unter schweren Gefahren. Und dabei wurde gutes Theater, vermutlich das beste im deutschsprachigen Raum, gemacht.

Heute gehört das einstmals grandiose Theater zu den schlechteren des deutschsprachigen Raums und zu den am schlechtesten besuchten.

Die meisten der damaligen Künstler sind entweder tot, haben sich fortgemacht oder sind von einer Direktion, die als unverantwortlich zu bezeichnen noch milde ausgedrückt ist, fortgeschickt worden. Die Leitung hat keine Ideen mehr für den Spielplan, die Regisseure profilieren sich, einer Mode folgend, selbst auf Kosten des Dramatikers, ihre Arbeiten sind albern und unzureichend.

Am Zürcher Publikum liegt es nicht, lag es nie. Es zeigte sich immer willig, für seine Theaterkarten zu zahlen, selbst in den Zeiten der großen Not, in denen man nicht wußte, ob die eingeschlossene Schweiz nicht verhungern würde, falls sie sich Hitler und seinen Schergen nicht ergab. Heute gehört Zürich wieder zu den reichsten Städten der Welt. Kein Grund für die Einwohner, nicht ins Theater zu gehen. Wenn es halbwegs gutes Theater wäre.

Gewiß, der Niedergang des Theaters im deutschsprachigen Raum hat in den

Siebziger- und Achtzigerjahren fast an allen Häusern stattgefunden. Aber nirgends hat er sich so unmotiviert und so schnell abgespielt wie in Zürich.

Wessen Schuld ist dieser allgemeine Niedergang?

Da sind einmal die Kultursenatoren, Bürgermeister, Stadtpräsidenten oder wie immer ihr Amt sich nennt, von denen diejenigen bestimmt werden, die ein Theater leiten. Früher waren ja die meisten Theater private Unternehmen, deren Direktoren meistens sehr reiche Männer wurden, oder, falls sie Theater machten, das dem Publikum nicht erwünscht war, pleite gingen. 1933 bis 1938 war das Schauspielhaus Zürich noch ein Privattheater. Auch in den folgenden Jahren war die Aktiengesellschaft sehr mäßig subventioniert.

Die Direktoren von heute können mit einer festen, gar nicht so geringen Gage rechnen. Ihre Theater werden am Leben erhalten nicht durch das zahlende Publikum, sondern durch Subventionen. Die Einnahmen durch die Kassen bilden einen geringen Teil der Geldmengen, mit denen das Theater am Leben erhalten wird. Es gibt sogar Theaterdirektoren, nicht in Zürich, die gesagt haben, daß ihnen nichts gleichgültiger ist als das Publikum. In Zürich haben sich die leitenden Männer indirekt so geäußert, indem sie mehr als einmal erklärt haben, daß sie dieses oder jenes Stück aufführen würden, obwohl mit einem Erfolg, sprich Zulauf des Publikums, nicht zu rechnen sei.

Übrigens ist in Zürich die Subvention des Schauspielhauses besonders hoch, sowohl absolut gesehen, als auch im Verhältnis zu den »reellen« Einnahmen.

Das Dilemma des heutigen Theaters ist nicht zuletzt die Schuld der Gewerkschaften. Gewiß, früher wurden Bühnenarbeiter und Beleuchter maßlos gefordert — aber was dabei herauskam, machte auch sie stolz.

Heute haben sie bestimmte Arbeitszeiten, die unter keinen Umständen überschritten werden dürfen. Erwähnt sei zum Beispiel, daß bei einer Neuinszenierung der *Zauberflöte* im Zürcher Opernhaus so ziemlich alles schiefging, was sich der Regisseur Jean-Pierre Ponnelle an Zaubertricks ausgedacht hatte. Der Grund: Bei der Premiere war, um den Dienstplan mit vorgeschriebenen Arbeits- und Ruhezeiten einzuhalten, nicht das technische Bühnenpersonal tätig, mit dem er wochenlang probiert hatte, sondern Leute, die gar nicht richtig Bescheid wußten.

Früher bildeten diejenigen, die Theatervorstellungen machten, vom letzten Bühnenarbeiter bis zu den Vertretern der Hauptrollen eine verschworene Gemeinschaft. Heute handelt es sich um gar keine Gemeinschaft mehr, sondern um eine zufällig zusammengekommene Anzahl von Arbeitern und Künstlern. Auch die Künstler haben sich daran gewöhnt, Arbeitsstunden einzuhalten. Viele junge Schauspieler denken gar nicht daran, zu Hause ihre Rollen zu lernen — wozu sind denn die Proben da?

So geht es nicht. Ein junger Schauspieler, der nicht von seinem Beruf besessen ist, wird nie ein guter, geschweige denn ein großer Schauspieler werden. Wenn die Gewerkschaften nicht begreifen wollen oder können, daß Bühnenarbeiter Mitwirkende an einem Ereignis sind, das jeden Abend von neuem stattfindet, müssen sich die Theater eben dazu durchringen, Stücke weniger aufwendig, also weniger abhängig von Dekorationen, Lichteffekten und anderen technischen Möglichkeiten, aufzuführen.

Gestehen wir es uns ein: Das deutschsprachige Theater ist heute an einem Tiefpunkt angelangt. Besonders in Zürich. Aber das Theater hat noch immer überlebt. Auch Hitler ist überlebt worden. Und zwar unter Mitwirkung des Schauspielhauses Zürich, das nach der Verkündung des »totalen Kriegs« das einzige deutschsprachige Sprechtheater der Welt war, das noch autonom funktionierte.

Das Theater wird auch diesmal überleben.

Dies sollen die letzten Worte einer Arbeit sein, die das Schicksal eines Theaters nachgezeichnet hat.

Spielpläne 1933–1987

Zusammengestellt von René Wolfer

(Die Angaben zu den Spielplänen 1933–1938 stammen aus der Autoren-Kartei
von Dr. Hervé Dumont, die zu den Spielplänen 1939–1988 aus dem Archiv
des Schauspielhauses.)

Verwendete Abkürzungen: E = (Schweizer) Erstaufführung, DE = deutschsprachige
Erstaufführung, U = Uraufführung, W = Wiederaufnahme. Angaben soweit feststellbar

Direktion Ferdinand Rieser

Repertoire

Werk	Autor	Premiere
Maß für Maß	William Shakespeare	8. 9. 1933
Im Trüben fischen	Anna Gmeyner	E 12. 9. 1933
13 bei Tisch	Rudolf Eger	E 21. 9. 1933
Die kleine Katharina	Alfred Savoir	E 28. 9. 1933
Affäre Anna Vollerthum	Wilhelm Speyer	DE 5. 10. 1933
Don Juans Regenmantel	George Schmitt	E 12. 10. 1933
Viel Lärm um nichts	William Shakespeare	19. 10. 1933
Etienne	Jacques Deval	E 26. 10. 1933
Fahnen über Doxat	Jakob Rudolf Welti	U 2. 11. 1933
Ist Geraldine ein Engel?	Hans Jaray	E 9. 11. 1933
Der Kaiser von Amerika	George Bernard Shaw	16. 11. 1933
Höchste Eisenbahn	Friedrich Hollaender	E 23. 11. 1933
Fremdenverkehr	Fred Haller und Adolf Schütz	24. 11. 1933
Die Rassen	Ferdinand Bruckner	U 30. 11. 1933
Familie Schimek	Heinrich Kadelburg	4. 12. 1933
Juarez und Maximilian	Franz Werfel	E 14. 12. 1933
Der eingebildete Kranke	Molière	21. 12. 1933
Der zerbrochene Krug	Heinrich von Kleist	21. 12. 1933

Pension Schöller	Karl Laufs und Georg Jacoby	30. 12. 1933
Der Verrat von Novara	Caesar von Arx	U 6. 1. 1934
Kleines Welttheater/ Unser Spiel vom Wilhelm Tell	Hermann Schneider	9. 1. 1934
Wetter veränderlich	Eugen Gürster	11. 1. 1934
Mädchenjahre einer Königin	Sil-Vara	E 18. 1. 1934
Was ihr wollt	William Shakespeare	25. 1. 1934
Towarisch	Jacques Deval	E 1. 2. 1934
Souper/Eins, zwei, drei	Franz Molnár	E 8. 2. 1934
R. R. auf Welle 34	Felsing und Wehrs	E 15. 2. 1934
Jugend voran (»Ho-ruck«)	Paul Vulpius und Ralph Arthur Roberts	E 22. 2. 1934
Julius Caesar	William Shakespeare	8. 3. 1934
Denn sie wissen nicht, was sie tun	Hermann Broch	U 15. 3. 1934
Weißer Flieder	F. G. Lennox	22. 3. 1934
Migo vom Montparnasse	Marcel Achard	E 29. 3. 1934
Nora	Henrik Ibsen	12. 4. 1934
Der Alpenkönig und der Menschen- feind	Ferdinand Raimund	19. 4. 1934
Die Insel	Herald Bratt	E 26. 4. 1934
Straßenmusik	Paul Schurek und Hanns Sass- mann	E 3. 5. 1934
Ländliche Werbung	George Bernard Shaw	U 10. 5. 1934
Blanco Posnets Erweckung	George Bernard Shaw	E 10. 5. 1934
König Richard III. (Gäste: Albert und Else Bassermann)	William Shakespeare	17. 5. 1934

Gastspiele

Werk	Autor	Aufführungs- datum
Der Schatten (Tilla Durieux und Ensemble)	Dario Niccodemi	18. 9. 1933
Hedda Gabler (Agnes Straub und Ensemble)	Henrik Ibsen	6. 11. 1933
E glaine Sindefall (Basler Wanderbühnen)	Ruckhäberle	20. 11. 1933
Unser Spiel vom Wilhelm Tell (Freie Bühne Zürich)	Hermann Schneider	3. 12. 1933

Wem Gott ein Amt gibt . . . (Max Pallenberg und Ensemble)	Wilhelm Lichtenberg	5. 12. 1933
Don Carlos (Ensemble Deutsches Volkstheater, Wien, mit Alexander Moissi und Albert Bassermann)	Friedrich Schiller	8. 12. 1933
Der Brief (Tilla Durieux und Ensemble)	Somerset Maugham	20. 3. 1934
Scampolo (Dolly Haas und Ensemble)	Dario Niccodemi	26. 3. 1934
Herr Lamberthier (Albert und Else Bassermann mit Ensemble)	Louis Verneuil	16. 4. 1934
E klei Wälttheater (Quodlibet Basel)	Hermann Schneider	1. 5. 1934
Sechs Personen suchen einen Autor (Max Reinhardt mit seinem Ensemble des Theaters in der Josefstadt, Wien)	Luigi Pirandello	7. 5. 1934
Katz im Sack (Grete Mosheim und Ensemble)	Ladislaus Szilagyi	1. 6. 1934
Pfui Bob (Fritz Schulz und Ensemble)	Axel Juers	11. 6. 1934

Repertoire

Werk	Autor	Premiere
Katharina Knie (Gäste: Albert und Else Bassermann)	Carl Zuckmayer	E 4. 9. 1934
Bunbury	Oscar Wilde	11. 9. 1934
Die Nacht vor dem Ultimo	Rudolf Lothar und Hans Adler	E 19. 9. 1934
Wilhelm Tell (Gäste: Albert und Else Bassermann)	Friedrich Schiller	22. 9. 1934
Ölrausch	Jack Larrie	E 27. 9. 1934
Das kleine Café	Ralph Benatzky	6. 10. 1934
Sensationsprozeß	Edward Wool	E 11. 10. 1934
Servet in Genf	Albert J. Welti	U 19. 10. 1934
Regen	Somerset Maugham	E 20. 10. 1934
Professor Mannheim (= Professor Mamlock)	Friedrich Wolf	E 8. 11. 1934

Caesar in Rüblikon	Walter Lesch	U 14. 11. 1934
König Heinrich IV.	William Shakespeare	15. 11. 1934
Die erste Legion	Emmet Lavery	E 21. 11. 1934
Bezauberndes Fräulein	Ralph Benatzky	25. 11. 1934
Die Räuber	Friedrich Schiller	6. 12. 1934
Hin und Her	Ödön von Horváth	U 13. 12. 1934
10 Minuten Alibi	Anthony Armstrong	20. 12. 1934
Schwarz auf Weiß	Marianne Rieser/Kurt Bry/ Tribor Kasics	U 31. 12. 1934
Sein Testament	Sacha Guitry	DE 10. 1. 1935
König Lear	William Shakespeare	19. 1. 1935
Der Trampel	Wilhelm Lichtenberg	U 25. 1. 1935
Der Schelm von Bergen	Carl Zuckmayer	2. 2. 1935
Eine anständige Frau	Paul Géraldy	E 7. 2. 1935
Schule für Steuerzahler	Louis Verneuil und George Berr	E 16. 2. 1935
Freitag abend um acht	George S. Kaufman und Edna Ferber	21. 2. 1935
Ich hab's getan	Martin Glaeser	E 28. 2. 1935
Der Spieler	Nikolaj Gogol	7. 3. 1935
Der Heiratsantrag/Der Bär	Anton Tschechow	7. 3. 1935
Man kann nie wissen	George Bernard Shaw	DE 14. 3. 1935
Das lebenslängliche Kind	Robert Neuner	E 21. 3. 1935
Menschen in Weiß	Sidney Kingsley	28. 3. 1935
Leonce und Lena	Georg Büchner	25. 4. 1935
Rausch	August Strindberg	9. 5. 1935
Die 11 Teufel	Georg Fraser	E 16. 5. 1935
Schuster Ailokos	Arnold Kübler	E 28. 5. 1935

Gastspiele

Werk	Autor	Aufführungs- datum
De Steinerjoggeli (Freie Bühne Zürich)	Richard Schneiter	27. 12. 1934
Lebenslüge (Albert und Else Bassermann mit Ensemble)	Louis Verneuil	16./18. 4. 1935

So e lieger (Elsässer Theater Alsaria)	Etule Weber	1./3. 5. 1935
Die Dreigroschenoper (Prager »D 35« Hvaal-Garde-Theater)	Bertolt Brecht/Musik von Kurt Weill	12. 6. 1935

Repertoire

Werk	Autor	Premiere
Kabale und Liebe	Friedrich Schiller	12. 9. 1935
Kind im Kampf	Leonard Wegner	E 19. 9. 1935
Lady Windermeres Fächer	Oscar Wilde	26. 9. 1935
Die Juristen	Elmer Rice	DE 3. 10. 1935
Kleines Bezirksgericht	Otto Bielen	E 19. 10. 1935
Ich kenne Dich nicht mehr	Aldo de Benedetti	DE 24. 10. 1935
Othello	William Shakespeare	31. 10. 1935
Das Geheimnis des Sir Anthony	H. G. Tennyson Holme	U 7. 11. 1935
Mädchen in Uniform	Christa Winsloe	U 28. 11. 1935
Ein Sommernachtstraum	William Shakespeare	12. 12. 1935
Stunde der Gefahr	Alexander Hunyadi	E 19. 12. 1935
Hamlet in Krähenwil	Carl Mattern und Toni Impekoven	31. 12. 1935
Das Attentat	Dodie Smith	E 9. 1. 1936
Der Hexer	Edgar Wallace	16. 1. 1936
Don Carlos	Friedrich Schiller	23. 1. 1936
Liebe nicht genügend	Ladislaus Bus-Fekete	E 13. 2. 1936
Die unentschuldigte Stunde	Stefan Békeffi	E 27. 2. 1936
Der heilige Held	Caesar von Arx	U 5. 3. 1936
Das fremde Kind	W. Schkwarkin	DE 19. 3. 1936
Expertise	T. J. Felix	U 23. 3. 1936
Die Reiterpatrouille	František Langer	E 26. 3. 1936
Der Lügner	Carlo Goldoni	2. 4. 1936
Schwester Vera	Heinrich Wechlin	U 16. 4. 1936
Peer Gynt	Henrik Ibsen	23. 4. 1936
Abrakadabra	Fritz Koselka	U 30. 4. 1936
Protektoral	John Knittel	E 14. 5. 1936
Liliom	Franz Molnár	23. 5. 1936

Gastspiele

Werk	Autor	Aufführungs- datum
De Vikari (Freie Bühne Zürich)	Johann Martin Usteri	3. 9. 1935
Der Schatten (Tilla Durieux und Ensemble)	Dario Niccodemi	5. 11. 1935
Gentlemen (Albert Bassermann und Wiener Ensemble)	Sidney Philipps	1.–10. 6. 1936
Krieg (Prager »D 35« Hvaal-Garde-Theater)	E. F. Burian	11. 6. 1936
Lebenslüge (Albert Bassermann und Wiener Ensemble)	Louis Verneuil	11. 6. 1936

Repertoire

Werk	Autor	Premiere
Salzburg ausverkauft	Renato Mordo	29. 8. 1936
Der Nationalheld	Hans Naderer und Heinrich Rienöbl	17. 9. 1936
Der Widerspenstigen Zähmung	William Shakespeare	10. 9. 1936
Pygmalion	George Bernard Shaw	17. 9. 1936
Vogel friß oder stirb	Caesar von Arx	21. 9. 1936
Hamlet	William Shakespeare	8. 10. 1936
Der erste Frühlingstag	Dodie Smith	E 15. 10. 1936
Neun Offiziere	Georg Fraser	22. 10. 1936
Torquato Tasso	Johann Wolfgang von Goethe	27. 10. 1936
Egmont	Johann Wolfgang von Goethe	5. 11. 1936
Die Thompson Brothers	Serck Roggers	U 12. 11. 1936
Frauen in New York	Clare Boothe	E 18. 11. 1936
Gefängnis ohne Gitter	Gina Kaus	U 26. 11. 1936
Nachtasyl	Maxim Gorki	3. 12. 1936
Gespenster	Henrik Ibsen	7. 12. 1936
Fräulein Else	Ernst Lothar nach Arthur Schnitzler	E 10. 12. 1936
Arthur Aronymus und seine Väter	Else Lasker-Schüler	U 19. 12. 1936
Der Mustergatte	Avery Hopwood	E 31. 12. 1936
Matura	Ladislaus Fodor	E 7. 1. 1937

Es kommt nicht zum Krieg	Jean Giraudoux	E 21. 1.1937
Blaubart	Albert Welti	U 28. 1.1937
Jean	Ladislaus Bus-Fekete	E 4. 2.1937
Rasputin	Alexei Tolstoi und Pawel Schtschego	6. 2.1937
Der Schneider im Schloß	Paul Armont und Leopold Marchand	E 13. 2.1937
Clavigo	Johann Wolfgang von Goethe	20. 2.1937
Die Verschwörung des Fiesco zu Genua	Friedrich Schiller	25. 2.1937
Kommen Sie am Ersten	Stefan Békeffi und Stella Adojan	DE 4. 3.1937
Turandot dankt ab	Marianne Rieser	U 18. 3.1937
Die Stützen der Gesellschaft	Henrik Ibsen	25. 3.1937
Große Liebe	Franz Molnár	1. 4.1937
Das Paradies	André Birabeau	E 8. 4.1937
Feine Gesellschaft	Edouard Bourdet	17. 4.1937
37 Menschen auf der Eisscholle	Vilém Werner	E 22. 4.1937
Faust I	Johann Wolfgang von Goethe	6. 5.1937
Die Mädchen im Schatten	Walter Ellis	E 13. 5.1937
Die weiße Krankheit	Karel Čapek	DE 20. 5.1937
Die Geschwister	Johann Wolfgang von Goethe	3. 6.1937

Gastspiele

Werk	Autor	Aufführungs-datum
Dr. med. Hiob Prätorius (Curt Goetz und Ensemble)	Curt Goetz	24. 9.1936
Mein Sohn – der Herr Minister (Hans Moser und Ensemble)	André Birabeau	5.10.1936
Der schiefe Hut (Ensemble des Theaters in der Josefstadt, Wien)	André Birabeau und George Dolley	11./12. 1.1937
Mordnacht (Freie Bühne Zürich)	Albert Welti	15. 3.1937
Woyzeck (Berner Stadttheater)	Georg Büchner	25. 4.1937
Der Raub der Sabinerinnen (Albert und Else Bassermann mit Ensemble)	Franz und Paul von Schönthan	2. 5.1937

Nathan der Weise (Albert Bassermann und Wiener Ensemble)	Gotthold Ephraim Lessing	2./3. 5.1937
Konflikt (Albert Bassermann und Wiener Ensemble)	Max Alsberg	4. 5.1937
Das Apostelspiel (Paula Wessely und Ensemble)	Max Mell	3. 6.1937

Repertoire

Werk	Autor	Premiere
Der König mit dem Regenschirm	Ralph Benatzky	9. 9.1937
Via Mala	John Knittel	U 16. 9.1937
Cyrano de Bergerac	Edmond Rostand	23. 9.1937
César	Marcel Pagnol	7.10.1937
Scherz, Satire, Ironie und tiefere Bedeutung	Christian Dietrich Grabbe	15.10.1937
Kleines Glück auf der Wieden	Viktor Skutezki	21.10.1937
In einer Nacht	Franz Werfel	E 29.10.1937
Dritter November 1918	Franz Theodor Csokor	4.11.1937
Emil und die Detektive	Erich Kästner	9.11.1937
Wallensteins Lager/ Die Piccolomini	Friedrich Schiller	25.11.1937
Der Biberpelz	Gerhart Hauptmann	9.12.1937
Napoleon der Erste	Ferdinand Bruckner	DE 16.12.1937
Geburtstag	Ladislaus Bus-Fekete	E 31.12.1937
Wallensteins Tod	Friedrich Schiller	13. 1.1938
Sturm im Wasserglas	Bruno Frank	20. 1.1938
Der Mann im Moor	Hans Wilhelm Keller	U 27. 1.1938
Delika	Franz Molnár	3. 2.1938
Der Arzt am Scheideweg	George Bernard Shaw	E 8. 2.1938
Kleine Prinzessin	Georg Darell	U 17. 2.1938
Macbeth	William Shakespeare	26. 2.1938
George und Margaret	Gerald Savory	3. 3.1938
Musik	Frank Wedekind	10. 3.1938
Die Weber	Gerhart Hauptmann	17. 3.1938
Hokuspokus	Curt Goetz	24. 3.1938

Der unsichere Henker	Wolf Schwertenbach	U 31. 3.1938
Lysistrata	Aristophanes	7. 4.1938
Die Mutter	Karel Čapek	E 14. 4.1938
Die heilsame Flucht	Sven Rindon	E 21. 4.1938
Pater Malachys Wunder	Doherty Brian	DE 28. 4.1938
Freiheit in Krähenwil	Johann Nestroy	2. 5.1938
Die Kammerjungfrau	Jacques Deval	E 5. 5.1938
Freut euch des Lebens	George S. Kaufman und Moss Hart	E 12. 5.1938
Das Märchen von der Gerechtigkeit	Ladislaus Fodor	DE 19. 5.1938
Minna von Barnhelm	Gotthold Ephraim Lessing	26. 5.1938

Direktion Oskar Wälterlin

Werk	Autor	Premiere
Troilus und Cressida	William Shakespeare	1. 9.1938
Frau Warrens Geschäft	George Bernard Shaw	3. 9.1938
Schuld und Sühne	Trivas und Schdanoff nach Dostojewski	8. 9.1938
Die Schule der Frauen	Molière	17. 9.1938
Dyckerpotts Erben	Robert Grötzsch	22. 9.1938
Der kleine Sündenfall	Caesar von Arx	U 29. 9.1938
Erinnerst Du Dich?	E. Savile und J. Carlton	6.10.1938
König Oedipus	Sophokles	13.10.1938
Götz von Berlichingen	Johann Wolfgang von Goethe	22.10.1938
Die Venus von Tivoli	Peter Haggenmacher	27.10.1938
Sechste Etage	Alfred Gehri	E 3.11.1938
Bellman (Ulla Winblad)	Carl Zuckmayer	U 17.11.1938
Duo	Paul Géraldy nach Colette	E 24.11.1938
Der Mann im Moor	Hans Wilhelm Keller	U 27.11.1938
Jedermann 1938	Walter Lesch	U 3.12.1938
Hanneles Himmelfahrt	Gerhart Hauptmann	15.12.1938
Talleyrand und Napoleon	Hermann Kesser	22.12.1938
Das Ministerium ist beleidigt	Heller und Engler	31.12.1938
Die Wildente	Henrik Ibsen	7. 1.1939
Fräulein Dr. med. Lawrence	Patricia S. Harc	14. 1.1939
Wilhelm Tell	Friedrich Schiller	26. 1.1939

Bomber für Japan	W. J. Guggenheim	E	9. 2. 1939
Ja und Nein	Kenneth Horne		16. 2. 1939
Die Macht der Finsternis	Leo Tolstoi		25. 2. 1939
Eine kleine Stadt	Thornton Wilder	E	9. 3. 1939
Nathan der Weise	Gotthold Ephraim Lessing		17. 3. 1939
Sir Basils letztes Geschäft	Max Gertsch		23. 3. 1939
Der schwarze Hecht	Jürg Amstein nach Emil Sautter/Musik von Paul Burkhard	U	1. 4. 1939
Die Jungfrau von Orléans	Friedrich Schiller		14. 4. 1939
Tartuffe	Molière		27. 4. 1939
Die Kameliendame	Alexandre Dumas (fils)		11. 5. 1939
Helden	George Bernard Shaw		20. 5. 1939
Die tote Tante und andere Begebenheiten	Curt Goetz		3. 6. 1939
Gilberte de Courgenay	Rudolf Boto Maeglin/Musik von Hans Haug	E	24. 8. 1939
Komödie der Irrungen	William Shakespeare		7. 9. 1939
Die Zeit und die Conways	J. B. Priestley	DE	14. 9. 1939
Judith	Friedrich Hebbel		21. 9. 1939
Ein Glas Wasser	Eugène Scribe		28. 9. 1939
Weh dem, der lügt!	Franz Grillparzer		7. 10. 1939
Die Nacht wird kommen	Emlyn Williams	E	12. 10. 1939
Die heilige Johanna	George Bernard Shaw		26. 10. 1939
Das schöne Abenteuer	Caillavet, de Flers und Rey		2. 11. 1939
Der Richter von Zalamea	Pedro Calderón de la Barca		9. 11. 1939
Stiftsdamen	Axel Breidahl		16. 11. 1939
Lincoln	Robert E. Sherwood		25. 11. 1939
Das große Welttheater	Hugo von Hofmannsthal		2. 12. 1939
Viel Lärm um nichts	William Shakespeare		9. 12. 1939
Der Kaiser von Portugallien	Selma Lagerlöf	E	20. 12. 1939
Der böse Geist Lumpazivagabundus oder Das liederliche Kleeblatt	Johann Nestroy		31. 12. 1939
Emilia Galotti	Gotthold Ephraim Lessing		11. 1. 1940
Pioniere	Jakob Bührer		18. 1. 1940
Friedliche Hochzeit	Esther MacCracken		25. 1. 1940
Dantons Tod	Georg Büchner		8. 2. 1940

Antigone	Sophokles	15. 2.1940
Jenny und der Herr im Frack	Georg Zoch	24. 2.1940
Glück im Haus	Jean de Létraz	14. 3.1940
Undine	Jean Giraudoux	E 21. 3.1940
Faust I	Johann Wolfgang von Goethe	4. 4.1940
Straßenmusik	Paul Schurek und Hanns Sassmann	E 25. 4.1940
Ein Volksfeind	Henrik Ibsen	31. 4.1940
Steibruch	Albert J. Welti	E 2. 5.1940
Faust II	Johann Wolfgang von Goethe	18. 5.1940
Spiel im Schloß	Franz Molnár	22. 6.1940

Maria Stuart	Friedrich Schiller	19. 9.1940
Am hellichten Tag	Paul Helwig	26. 9.1940
Die Ratten	Gerhart Hauptmann	3.10.1940
Die Fassade	Robert Faesi	10.10.1940
Die lustigen Weiber von Windsor	William Shakespeare	17.10.1940
Der Schatten	Hans Reinhart	31.10.1940
Der Soldat Tanaka	Georg Kaiser	E 2.11.1940
Feine Leute	Irwin Shaw	DE 16.11.1940
Frymann	W. J. Guggenheim	23.11.1940
Heinrich VIII. und seine sechste Frau	Max Christian Feiler	5.12.1940
Figaros Hochzeit oder Der tolle Tag	Caron de Beaumarchais	14.12.1940
Der Bauer als Millionär	Ferdinand Raimund	31.12.1940
Die Ehe ein Traum	Max Gertsch	9. 1.1941
Magie	G. K. Chesterton	16. 1.1941
Don Carlos, Infant von Spanien	Friedrich Schiller	30. 1.1941
Gespenster	Henrik Ibsen	13. 2.1941
Das Kaffeehaus	Carlo Goldoni	20. 2.1941
Romanze in Plüsch	Caesar von Arx	1. 3.1941
Romeo und Julia	William Shakespeare	20. 3.1941
Iphigenie auf Tauris	Johann Wolfgang von Goethe	27. 3.1941
Der Lügner und die Nonne	Curt Goetz	5. 4.1941
Mutter Courage und ihre Kinder	Bertolt Brecht	U 19. 4.1941
Das Konzert	Hermann Bahr	1. 5.1941
Julius Caesar	William Shakespeare	15. 5.1941
Bunbury oder Ernst sein ist alles	Oscar Wilde	24. 5.1941

Irgendwo in der Schweiz	Alfred Gehri/Musik von Louis Schmid	E 5.	6. 1941
Dame Kobold	Pedro Calderón de la Barca	12.	6. 1941
Onkel Wanja	Anton Tschechow	28.	6. 1941
Mira Bell	Bruno Frank und Max Werner Lenz	6.	9. 1941
König Johann	William Shakespeare	18.	9. 1941
Man kann nie wissen	George Bernard Shaw	27.	9. 1941
Leuchtfeuer	Robert Ardrey	DE 4.	10. 1941
Elektra	Hugo von Hofmannsthal	11.	10. 1941
John Gabriel Borkman	Henrik Ibsen	16.	10. 1941
Ingeborg	Curt Goetz	23.	10. 1941
Der Ritter vom Mirakel	Lope Félix de Vega Carpio	6.	11. 1941
Torquato Tasso	Johann Wolfgang von Goethe	13.	11. 1941
Fuhrmann Henschel	Gerhart Hauptmann	22.	11. 1941
Meine Schwester und ich	Ralph Benatzky	29.	11. 1941
König Heinrich IV.	William Shakespeare	13.	12. 1941
Einen Jux will er sich machen	Johann Nestroy	31.	12. 1941
Hier schlief George Washington	George S. Kaufman und Moss Hart	E 15.	1. 1942
Major Barbara	George Bernard Shaw	24.	1. 1942
Liebelei	Arthur Schnitzler	29.	1. 1942
Die Braut von Messina	Friedrich Schiller	12.	2. 1942
Heirat wider Willen	Molière	26.	2. 1942
Er ist an allem schuld	Leo N. Tolstoi		
Ein ruhiges Heim	Georges Courteline		
Mimensiege	Georges Courteline		
Wilhelm Tell	Friedrich Schiller	16.	2. 1942
Das schwache Geschlecht	Edouard Bourdet	5.	3. 1942
König Richard III.	William Shakespeare	19.	3. 1942
Regen und Wind	Merton Hodge	E 28.	3. 1942
Der lebende Leichnam	Leo Tolstoi	9.	4. 1942
Marius	Marcel Pagnol	E 18.	4. 1942
Frühlings Erwachen	Frank Wedekind	30.	4. 1942
Karl III. und Anna von Österreich	Manfred Rößner	E 16.	5. 1942
Der Sturm	William Shakespeare	28.	5. 1942
Die Orestie	Aischylos	11.	6. 1942
Maikäfer-Komödie	Josef Viktor Widmann	20.	6. 1942

Ein Bruderzwist in Habsburg	Franz Grillparzer	5. 9.1942
Der Bund der Jugend	Henrik Ibsen	16. 9.1942
Haus in der Wüste	René Besson	DE 17. 9.1942
Wie es euch gefällt	William Shakespeare	1.10.1942
Der Morgenstern	Emlyn Williams	E 15.10.1942
Professor Intermann	Hermann Kesser	U 24.10.1942
Penthesilea	Heinrich von Kleist	31.10.1942
Göttin, versuche die Menschen nicht!	Wilhelm Treichlinger	14.11.1942
Die Räuber	Friedrich Schiller	28.11.1942
Das vierte Gebot	Ludwig Anzengruber	12.12.1942
Zwei Dutzend rote Rosen	Aldo de Benedetti	19.12.1942
Der Diener zweier Herren	Carlo Goldoni	31.12.1942
Caesar und Cleopatra	George Bernard Shaw	16. 1.1943
Wilhelm Tell	Friedrich Schiller	30. 1.1943
Der gute Mensch von Sezuan	Bertolt Brecht	U 4. 2.1943
Aias	Sophokles	13. 2.1943
Jugend im Herbst	Samson Raphaelson	E 4. 3.1943
Trauer muß Elektra	Eugene O'Neill	E 13. 3.1943
Die Verschwörung des Fiesco zu Genua	Friedrich Schiller	27. 3.1943
Der Revisor	Nikolaj Gogol	10. 4.1943
Der sterbende Schwan	Kurt Guggenheim	U 22. 4.1943
Kabale und Liebe	Friedrich Schiller	6. 5.1943
Schluck und Jau	Gerhart Hauptmann	20. 5.1943
Der Turm	Hugo von Hofmannsthal	E 5. 6.1943
Timon von Athen	William Shakespeare	17. 6.1943
Wallensteins Lager/ Die Piccolomini	Friedrich Schiller	4. 9.1943
Leben des Galilei	Bertolt Brecht	E 9. 9.1943
Weekend	Noel Coward	16. 9.1943
Und das Licht leuchtet in der Finsternis	Leo N. Tolstoi	30. 9.1943
Wallensteins Tod	Friedrich Schiller	14.10.1943
Die Verlobung unter der Laterne Der Regimentzauberer Die Insel Tulipatan	Jacques Offenbach	28.10.1943
Königin Christine	August Strindberg	11.11.1943

Der Misanthrop	Molière	20.11.1943
Der Mond ging unter	John Steinbeck	E 2.12.1943
Neues aus der sechsten Etage	Alfred Gehri	E 16.12.1943
Pfauenfedern	Lukas Ammann und Fridolin Tschudi	31.12.1943
Othello, der Mohr von Venedig	William Shakespeare	15. 1.1944
Sodom und Gomorrha	Jean Giraudoux	DE 27. 1.1944
Land ohne Himmel	Caesar von Arx	U 12. 2.1944
Was kam denn da ins Haus?	Lope de Vega	24. 2.1944
Wir sind noch einmal davongekommen	Thornton Wilder	DE 16. 3.1944
Der Zerrissene	Johann Nestroy	30. 3.1944
Bluthochzeit	Federico García Lorca	DE 15. 4.1944
Zweimal Amphitryon	Georg Kaiser	U 29. 4.1944
Camping	Hans Wilhelm Keller	U 11. 5.1944
Phaedra	Jean Racine/Deutsch von Friedrich Schiller	27. 5.1944
Der seidene Schuh	Paul Claudel	DE 10. 6.1944
Maß für Maß	William Shakespeare	27. 6.1944
Niels Ebbesen	Kaj Munk	E 7. 9.1944
Jupiter lacht	A.J. Cronin	DE 14. 9.1944
Egmont	Johann Wolfgang von Goethe	23. 9.1944
Die Fliegen	Jean-Paul Sartre	DE 12.10.1944
Cristinas Heimreise	Hugo von Hofmannsthal	26.10.1944
Jacobowsky und der Oberst	Franz Werfel	E 11.11.1944
Minna von Barnhelm oder Das Soldatenglück	Gotthold Ephraim Lessing	23.11.1944
Nora oder Ein Puppenheim	Henrik Ibsen	9.12.1944
De Zürcher Buebechrieg	Paul Wehrli	U 14.12.1944
Zu ebener Erde und erster Stock oder Die Launen des Glücks	Johann Nestroy	31.12.1944
Der Bürge	Paul Claudel	E 11. 1.1945
Rose Bernd	Gerhart Hauptmann	25. 1.1945
Rebell in der Arche	Arnold Schwengeler	8. 2.1945
Der Widerspenstigen Zähmung	William Shakespeare	22. 2.1945
Der Kirschgarten	Anton Tschechow	10. 3.1945
Der Held des Westerlands	John Millington Synge	22. 3.1945

Nun singen sie wieder	Max Frisch	U 29.	3.1945
Kapitän Brassbounds Bekehrung	George Bernard Shaw	14.	4.1945
Maria Magdalena	Friedrich Hebbel	28.	4.1945
Und er verbarg sich	Ignazio Silone	E 5.	5.1945
Perikles von Tyrus	William Shakespeare	24.	5.1945
Der Verschwender	Ferdinand Raimund	9.	6.1945
Die Familienfeier	T.S. Eliot	DE 21.	6.1945

Zur Eröffnung der ersten Spielzeit im Frieden
Unter dem Patronat der Gesellschaft Freunde des Schauspielhauses:

Pandora	Johann Wolfgang von Goethe	6.	9.1945
Die Befreiten	Ferdinand Bruckner	U 13.	9.1945
Nachtasyl	Maxim Gorki	27.	9.1945
Sylvia und das Gespenst	Alfred Adam	DE 11.	10.1945
Florian Geyer	Gerhart Hauptmann	25.	10.1945
Fröhliche Geister	Noel Coward	E 8.	11.1945
Des Meeres und der Liebe Wellen	Franz Grillparzer	17.	11.1945
Mutter Courage und ihre Kinder	Bertolt Brecht	24.	11.1945
Was ihr wollt	William Shakespeare	8.	12.1945
Candida	George Bernard Shaw	15.	12.1945
Die verhängnisvolle Faschingsnacht	Johann Nestroy	31.	12.1945
Wilhelm Tell	Friedrich Schiller	17.	1.1946
Spitzenhäubchen und Arsenik	Joseph Kesselring	E 31.	1.1946
Don Gil von den grünen Hosen	Tirso de Molina	21.	2.1946
Santa Cruz	Max Frisch	U 7.	3.1946
Und ein Tor tat sich auf	J.B. Priestley	E 21.	3.1946
Das Wintermärchen	William Shakespeare	6.	4.1946
Der zerbrochene Krug	Heinrich von Kleist	20.	4.1946
Clavigo	Johann Wolfgang von Goethe	16.	5.1946
Der erniedrigte Vater	Paul Claudel	E 29.	5.1946
Die Irre von Chaillot	Jean Giraudoux	DE 13.	6.1946
Saul/Alkestis	Alexander Lernet-Holenia	U 27.	6.1946

Amphitryon	Heinrich von Kleist	7.	9.1946
Baumeister Solness (Gastspiel Albert und Else Bassermann)	Henrik Ibsen	12.	9.1946
Der Biberpelz	Gerhart Hauptmann	14.	9.1946

Gespenster (Gastspiel Albert und Else Basser- mann)	Henrik Ibsen	19. 9.1946
Jeanne mit uns	Claude Vermorel	DE 5.10.1946
Die chinesische Mauer	Max Frisch	U 19.10.1946
Dr. med. Hiob Prätorius (Gastspiel Curt Goetz und Valerie von Martens)	Curt Goetz	31.10.1946
Der eingebildete Kranke	Molière	9.11.1946
Macbeth	William Shakespeare	30.11.1946
Des Teufels General	Carl Zuckmayer	U 14.12.1946
Drum verzeihn Sie, ha-ha-ha (Gastspiel Curt Goetz und Valerie von Martens)	Curt Goetz	31.12.1946
Die Glasmenagerie	Tennessee Williams	E 9. 1.1947
Der Tod im Apfelbaum	Paul Osborn	E 16. 1.1947
Wilhelm Tell	Friedrich Schiller	25. 1.1947
Brüder in Christo	Caesar von Arx	U 12. 2.1947
Eurydike	Jean Anouilh	E 27. 2.1947
Vierundzwanzig Stunden	William Saroyan	E 15. 3.1947
Iphigenie auf Tauris	Johann Wolfgang von Goethe	29. 3.1947
Es steht geschrieben	Friedrich Dürrenmatt	U 19. 4.1967
Das Mädl aus der Vorstadt	Johann Nestroy	E 3. 5.1947
Ein Traumspiel	August Strindberg	24. 5.1947
Der Tod des Empedokles	Friedrich Hölderlin	12. 6.1947

Freilichtaufführungen im Park des Rietergutes

Ein Sommernachtstraum	William Shakespeare	14. 6.1947
Der Mord in der Kathedrale	T.S. Eliot	E 28. 6.1947

Miss Sara Sampson	Gotthold Ephraim Lessing	11. 9.1947
Die Unvergeßliche	John van Druten	DE 18. 9.1947
Volpone	Ben Jonson	2.10.1947
Der Hauptmann von Köpenick	Carl Zuckmayer	18.10.1947
Der Doppeladler	Jean Cocteau	DE 25.10.1947
Das Lied der Taube	John van Druten	E 1.11.1947
Die Begegnung	Max Werner Lenz	U 13.11.1947
Androklus und der Löwe	George Bernard Shaw	27.11.1947
Wassa Schelesnowa	Maxim Gorki	DE 11.12.1947
Der Lügner	Carlo Goldoni	31.12.1947

Wilhelm Tell	Friedrich Schiller		10.	1.1948
Hokuspokus	Curt Goetz		22.	1.1948
Bernarda Albas Haus	Federico García Lorca	E	31.	1.1948
Die Lästerschule	R. B. Sheridan		14.	2.1948
Berner Marsch	Marcel Gero	U	4.	3.1948
Madame Aurélie	Marcel Pagnol		20.	3.1948
Am Rande der Zeit	William Saroyan	DE	3.	4.1948
Peer Gynt	Henrik Ibsen		10.	4.1948
Woyzeck	Georg Büchner		29.	4.1948
König Lear	William Shakespeare		22.	5.1948
Herr Puntila und sein Knecht	Bertolt Brecht	U	5.	6.1948

Freilichtaufführungen im Hof des Landesmuseums

Der Mord in der Kathedrale	T. S. Eliot		15.	6.1948
Der Raub der Sabinerinnen (Gastspiel Albert und Else Bassermann)	Franz und Paul von Schönthan		20.	6.1948
Der Schatten	Jewgenij Schwarz	E	1.	7.1948

Hamlet, Prinz von Dänemark	William Shakespeare		9.	9.1948
Vor Sonnenaufgang	Gerhart Hauptmann		16.	9.1948
Henri G. Dufour	Oskar Wälterlin	U	2.10.	1948
Zu viel Geld	George Bernard Shaw	U	21.10.	1948
Schmutzige Hände	Jean-Paul Sartre	E	6.11.	1948
Der schwarze Hecht	Jürg Amstein nach Emil Sautter/Musik von Paul Burkhard		17.11.	1948
Hedda Gabler	Henrik Ibsen		1.12.	1948
Draußen vor der Tür	Wolfgang Borchert	E	9.12.	1948
Ende gut, alles gut	William Shakespeare		31.12.	1948
Als der Krieg zu Ende war	Max Frisch	U	8.	1.1949
Wilhelm Tell	Friedrich Schiller		15.	1.1949
Götz von Berlichingen	Johann Wolfgang von Goethe		3.	2.1949
Die Frau im Morgengrauen	Alejandro Casona	DE	19.	2.1949
Torquato Tasso	Johann Wolfgang von Goethe		3.	3.1949
Moral	Ludwig Thoma		17.	3.1949
Faust I	Johann Wolfgang von Goethe		9.	4.1949
Barbara Blomberg	Carl Zuckmayer	U	5.	5.1949
Die Freier	Joseph von Eichendorff		26.	5.1949
Faust II	Johann Wolfgang von Goethe		25.	6.1949

Freilichtaufführung im Park des Rietergutes

Ein Sommernachtstraum	William Shakespeare	11. 6.1949

Antonius und Cleopatra	William Shakespeare	8. 9.1949
Die Launen der Doña Belisa	Lope Félix de Vega Carpio	DE 17. 9.1949
Die Riesen vom Berge	Luigi Pirandello	DE 1.10.1949
Es kommt nicht zum Krieg	Jean Giraudoux	15.10.1949
Eine kleine Stadt	Thornton Wilder	27.10.1949
Aber Papa!...	Roger J. Ferdinand	4.11.1949
Endstation Sehnsucht	Tennessee Williams	DE 10.11.1949
Egmont	Johann Wolfgang von Goethe	26.11.1949
Romulus der Große	Friedrich Dürrenmatt	E 10.12.1949
Die beiden Nachtwandler	Johann Nestroy	31.12.1949
Don Carlos	Friedrich Schiller	28. 1.1950
Die Dreigroschenoper	Bertolt Brecht/Musik von Kurt Weill	15. 2.1950
Don Juan oder Der steinerne Gast	Molière	11. 3.1950
Der Tod des Handlungsreisenden	Arthur Miller	E 18. 3.1950
Der rote Hahn	Gerhart Hauptmann	1. 4.1950
Armut, Reichtum, Mensch und Tier	Hans Henny Jahnn	E 20. 4.1950
Zu wahr, um schön zu sein	George Bernard Shaw	6. 5.1950
Romeo und Julia	William Shakespeare	26. 5.1950
Das gerettete Venedig	Hugo von Hofmannsthal	E 22. 6.1950

Freilichtaufführung im Rietberg

Doña Diana	Augustin Moreto y Cavana	1. 6.1950

Der Kaufmann von Venedig	William Shakespeare	7. 9.1950
Die Gerechten	Albert Camus	DE 14. 9.1950
Die Stützen der Gesellschaft	Henrik Ibsen	23. 9.1950
Kabale und Liebe	Friedrich Schiller	7.10.1950
Siegfried von Kleist	Jean Giraudoux	E 26.10.1950
Cyprienne	Victorien Sardou und F. de Najac	11.11.1950
Der Verrat von Novara	Caesar von Arx	18.11.1950
Der Eismann kommt	Eugene O'Neill	DE 9.12.1950
Fortunios Lied Monsieur et Madame Denis	Jacques Offenbach	31.12.1950

Der Herr von Clérambard	Marcel Aymé	E 11. 1.1951
Graf Öderland	Max Frisch	U 10. 2.1951
Maria Stuart	Friedrich Schiller	22. 2.1951
Iphigenie auf Tauris	Johann Wolfgang von Goethe	1. 3.1951
Die Cocktail Party	T. S. Eliot	E 17. 3.1951
Viel Lärm um nichts	William Shakespeare	24. 3.1951
Mensch und Übermensch	George Bernard Shaw	7. 4.1951
Prinz Friedrich von Homburg	Heinrich von Kleist	26. 4.1951
Zur 600-Jahr-Feier des Eintritts des Standes *Zürich in die Eidgenossenschaft:*		
Der Pfau muß gehen	R. J. Humm	10. 5.1951
Wölfe und Schafe	Alexander N. Ostrowski	30. 5.1951
Die begnadete Angst	Georges Bernanos	U 14. 6.1951
Die Räuber	Friedrich Schiller	6. 9.1951
Die beiden Veroneser	William Shakespeare	13. 9.1951
Die Dame ist nicht fürs Feuer	Christopher Fry	E 27. 9.1951
Die heilige Johanna	George Bernard Shaw	11.10.1951
Der Teufel und der liebe Gott	Jean-Paul Sartre	E 3.11.1951
Der Tartuffe	Molière	17.11.1951
Tanz ums Geld	Silvio Giovaninetti	DE 6.12.1951
Nathan der Weise	Gotthold Ephraim Lessing	20.12.1951
Die kleine Niederdorf-Oper	Walter Lesch/Musik von Paul Burkhard	U 31.12.1951
Wilhelm Tell	Friedrich Schiller	17. 1.1952
Der Widerspenstigen Zähmung	William Shakespeare	2. 2.1952
Pyrrhus und Andromache	Ferdinand Bruckner	U 16. 2.1952
Weh dem, der lügt!	Franz Grillparzer	6. 3.1952
Herodes und Mariamne	Friedrich Hebbel	22. 3.1952
Die begnadete Angst	Georges Bernanos	W 29. 3.1952
Liebe, Freundespflicht und Redlichkeit	Sebastian Francisco de Medrano	17. 4.1952
Der fröhliche Weinberg	Carl Zuckmayer	1. 5.1952
Gespenstersonate	August Strindberg	17. 5.1952
König Richard II.	William Shakespeare	4. 6.1952

Freilichtaufführung im Park des Rietergutes

Ein Sommernachtstraum	William Shakespeare	W 14. 6. 1952

Dantons Tod	Georg Büchner	4. 9. 1952
Die Liebe der vier Obersten	Peter Ustinov	E 11. 9. 1952
Der Geizige	Molière	2. 10. 1952
Sechs Personen suchen einen Autor	Luigi Pirandello	16. 10. 1952
Der Preispokal	Sean O'Casey	DE 8. 11. 1952
Das Volk der Hirten	Jakob Bührer	20. 11. 1952
Im Räderwerk	Jean-Paul Sartre	U 30. 11. 1952
Der Sturm	William Shakespeare	18. 12. 1952
Der Talisman	Johann Nestroy	31. 12. 1952
Wilhelm Tell	Friedrich Schiller	14. 1. 1953
Wallensteins Tod	Friedrich Schiller	31. 1. 1953
Pygmalion	George Bernard Shaw	14. 2. 1953
Napoleon in New Orleans	Georg Kaiser	E 26. 2. 1953
Die Ratten	Gerhart Hauptmann	15. 3. 1953
Das Käthchen von Heilbronn	Heinrich von Kleist	2. 4. 1953
Sechste Etage	Alfred Gehri	18. 4. 1953
Don Juan oder Die Liebe zur Geo- metrie	Max Frisch	U 5. 5. 1953

Im Theater am Neumarkt

Das Leben ein Traum	Pedro Calderón de la Barca	20. 5. 1953
Fern in der Wüste	A. Megged	DE 23. 5. 1953
Maß für Maß	William Shakespeare	4. 6. 1953

Minna von Barnhelm	Gotthold Ephraim Lessing	3. 9. 1953
Tugend in Gefahr	John Vanbrugh	DE 5. 9. 1953
Bei Anruf Mord	Frederick Knott	E 10. 9. 1953
Undine	Jean Giraudoux	E 1. 10. 1953
Das Schloß	Max Brod nach Franz Kafka	E 17. 10. 1953
Die Jungfrau von Orleans	Friedrich Schiller	5. 11. 1953
Helden	George Bernard Shaw	19. 11. 1953
Das grüne Blut	Silvio Giovaninetti	U 27. 11. 1953
Die Geschichte von Tobias und Sara	Paul Claudel	E 10. 12. 1953
Lumpazivagabundus oder Das lieder- liche Kleeblatt	Johann Nestroy	31. 12. 1953
Ein Engel kommt nach Babylon	Friedrich Dürrenmatt	E 30. 1. 1954

Der Misanthrop	Molière	13. 2.1954
Warten auf Godot	Samuel Beckett	E 25. 2.1954
Othello, der Mohr von Venedig	William Shakespeare	18. 3.1954
Neues aus der sechsten Etage	Alfred Gehri	1. 4.1954
Donadieu	Fritz Hochwälder	E 15. 4.1954
König Ödipus	Sophokles	1. 5.1954
Der Liebestrank	Frank Wedekind	19. 5.1954
Die natürliche Tochter	Johann Wolfgang von Goethe	5. 6.1954
Die Barke von Gawdos	Herbert Meier	U 17. 6.1954
Was ihr wollt	William Shakespeare	4. 9.1954
Der Privatsekretär	T. S. Eliot	E 9. 9.1954
Die Wildente	Henrik Ibsen	11. 9.1954
Die Schule der Frauen	Molière	25. 9.1954
Leocadia	Jean Anouilh	E 9.10.1954
König Heinrich IV.	William Shakespeare	30.10.1954
In diesem Zeichen …	Arnold Schwengeler	U 13.11.1954
Meuterei auf der Caine	Herman Wouk	E 20.11.1954
Penthesilea	Heinrich von Kleist	9.12.1954
Der schwarze Hecht	Jürg Amstein nach Emil Sautter/Musik von Paul Burkhard	31.12.1954
Um Lucretia	Jean Giraudoux	DE 22. 1.1955

Im Theater am Neumarkt

Montserrat	Emmanuel Roblès	E 26. 2.1955
Das kleine Teehaus	John Patrick	E 12. 2.1955
Hiob der Sieger	Albert J. Welti	U 3. 3.1955
Das Ende der sechsten Etage	Alfred Gehri	U 17. 3.1955
Die Braut von Messina	Friedrich Schiller	7. 4.1955
Mein Freund Harvey	Mary Chase	E 28. 4.1955
Der Richter von Zalamea	Pedro Calderón de la Barca	14. 5.1955
Iphigenie auf Tauris	Johann Wolfgang von Goethe	2. 6.1955

Freilichtaufführung im Rietberg

Ein Sommernachtstraum	William Shakespeare	W 15. 6.1955
Wie es euch gefällt	William Shakespeare	3. 9.1955
Intermezzo	Jean Giraudoux	E 8. 9.1955
Das kalte Licht	Carl Zuckmayer	E 1.10.1955
Requiem für eine Nonne	William Faulkner	U 9.10.1955
Antigone	Sophokles	19.10.1955
Die chinesische Mauer	Max Frisch	10.11.1955
Die Heiratsvermittlerin	Thornton Wilder	E 30.11.1955
Der zerbrochene Krug Ein Heiratsantrag	Heinrich von Kleist Anton Tschechow	22.12.1955
Aenebach – Dänebach oder E ver- gratni Zürifahrt	Walter Lesch	31.12.1955
Wilhelm Tell	Friedrich Schiller	7. 1.1956
Der Besuch der alten Dame	Friedrich Dürrenmatt	U 29. 1.1956
Der eingebildete Kranke	Molière	11. 2.1956
Winterwende	Maxwell Anderson	E 1. 3.1956
Mesalliance oder Eltern und Kinder	George Bernard Shaw	17. 3.1956
De Zürcher Buebechrieg	Paul Wehrli	29. 3.1956
Und das Licht scheinet in der Finsternis	Leo N. Tolstoi	7. 4.1956
Wie Du mich willst	Luigi Pirandello	DE 26. 4.1956
Stella	Johann Wolfgang von Goethe	12. 5.1956
König Heinrich V.	William Shakespeare	7. 6.1956
Die Orestie	Aischylos	5. 9.1956
Gier unter Ulmen	Eugene O'Neill	E 8. 9.1956
König Hirsch	Otto Zoff nach Carlo Gozzi	E 13. 9.1956
Der Regenmacher	N. Richard Nash	E 20. 9.1956
Das Tagebuch der Anne Frank	Frances Goodrich und Albert Hackett	E 11.10.1956
Blick von der Brücke	Arthur Miller	E 25.10.1956
Das Wintermärchen	William Shakespeare	15.11.1956
Der leere Stuhl	Peter Ustinov	DE 6.12.1956
Requiem für eine Nonne	William Faulkner	W 14.12.1956
Perichole	Jacques Offenbach	31.12.1956
Rose Bernd	Gerhart Hauptmann	17. 1.1957
Wilhelm Tell	Friedrich Schiller	2. 2.1957

Amerika	Max Brod nach Franz Kafka	U 28. 2. 1957
Die Heiratskomödie	Nicolaj Gogol	21. 3. 1957
Die Ehe des Herrn Mississippi (Neufassung)	Friedrich Dürrenmatt	E 11. 4. 1957
Rosmersholm	Henrik Ibsen	27. 4. 1957
Die Unsterbliche	Jean-Pierre Giraudoux	U 16. 5. 1957
Don Carlos	Friedrich Schiller	5. 6. 1957
Die Alkestiade	Thornton Wilder	E 27. 5. 1957
Bettina oder Das ehrbare Mädchen	Carlo Goldoni	12. 9. 1957
Der Arzt am Scheideweg	George Bernard Shaw	14. 9. 1957
Romeo und Julia	William Shakespeare	3. 10. 1957
Die Alkestiade	Thornton Wilder	W 4. 10. 1957
Blick zurück im Zorn	John Osborne	E 9. 10. 1957
Romulus der Große	Friedrich Dürrenmatt	E 24. 10. 1957
Don Carlos	Friedrich Schiller	W 3. 11. 1957
Faust I	Johann Wolfgang von Goethe	21. 11. 1957
Und Pippa tanzt! (Zum 95. Geburtstag des Dichters)	Gerhart Hauptmann	12. 12. 1957
Die Pariserin	Henri Becque/Musik von Paul Burkhard	U 31. 12. 1957
König Richard III.	William Shakespeare	1. 2. 1958
Leonor	Maurice Clavel	DE 19. 2. 1958
Fast ein Poet	Eugene O'Neill	E 6. 3. 1958
Biedermann und Hotz (Herr Biedermann und die Brandstifter/Die große Wut des Philipp Hotz)	Max Frisch	U 29. 3. 1958
Dame Kobold	Pedro Calderón de la Barca	12. 4. 1958
Die Hose	Carl Sternheim	3. 5. 1958
Amphitryon	Heinrich von Kleist	29. 5. 1958
Die Lady mit der Lampe	Elsie Attenhofer	U 21. 6. 1958
Julius Caesar	William Shakespeare	13. 9. 1958
Der Spieler	Jean-François Regnard	E 18. 9. 1958
Epitaph für George Dillon	John Osborne	DE 25. 9. 1958
Kabale und Liebe	Friedrich Schiller	9. 10. 1958
Marie und Robert	Paul Haller	1. 11. 1958
Faust II	Johann Wolfgang von Goethe	8. 11. 1958
Faust I	Johann Wolfgang von Goethe	W 13. 11. 1958

Der Turm	Hugo von Hofmannsthal	11.12.1958
Das Haus der Temperamente	Johann Nestroy	31.12.1958
Geliebte Barbaren	Lexford Richards	DE 17. 1.1959
Wir sind noch einmal davonge-kommen	Thornton Wilder	12. 2.1959
Frank V. – Oper einer Privatbank	Friedrich Dürrenmatt/Musik von Paul Burkhard	U 19. 3.1959
Jeder nach seiner Art	Luigi Pirandello	E 2. 4.1959
Emilia Galotti	Gotthold Ephraim Lessing	2. 5.1959
Amphitryon 38	Jean Giraudoux	16. 5.1959
Maria Stuart	Friedrich Schiller	13. 6.1959
Verlorener Sohn à la maison (im Dramenwettbewerb des Schauspielhauses mit dem 1. Preis ausgezeichnet)	Gebhart Scherrer	U 27. 6.1959
Weh dem, der lügt!	Franz Grillparzer	6. 9.1959
Phaedra	Jean Racine	12. 9.1959
Verlorener Sohn à la maison	Gebhart Scherrer	W 14. 9.1959
Wallensteins Lager/ Die Piccolomini	Friedrich Schiller	17. 9.1959
Ein Mond für die Beladenen	Eugene O'Neill	E 10.10.1959
Wallensteins Tod	Friedrich Schiller	22.10.1959
Die Besessenen	Albert Camus nach Dostojewski	E 12.11.1959
Fannys erstes Stück	George Bernard Shaw	5.12.1959
Die kleine Niederdorf-Oper	Walter Lesch/Musik von Paul Burkhard (Textl. Neufassung von Werner Wollenberger und Max Rüeger)	31.12.1959
Wilhelm Tell	Friedrich Schiller	9. 1.1960
Das Ende vom Lied	Willis Hall	E 21. 1.1960
König Lear	William Shakespeare	13. 2.1960
Maria Stuart	Friedrich Schiller	W 20. 2.1960
Zwei rechts, zwei links	Karl Wittlinger	U 10. 3.1960
Der Revisor	Nicolaj Gogol	7. 4.1960
Mutter Courage und ihre Kinder	Bertolt Brecht	16. 4.1960
Mittagswende	Paul Claudel	30. 4.1960
Die Nashörner	Eugène Ionesco	E 19. 5.1960
Die Eingeschlossenen	Jean-Paul Sartre	E 9. 6.1960

Das Schauspielhaus im Theater am Hechtplatz

Der Apollo von Bellac	Jean Giraudoux	E 6. 1.1960
Das Lied der Lieder		
Das Gemälde	Eugène Ionesco	E 19. 2.1960
Mittagspause	John Mortimer	
Maigret hat Zweifel	Georges Simenon	U 5. 3.1960
Ein verdienter Staatsmann	T. S. Eliot	E 6. 4.1960
Eine Handvoll Menschen	Manfred Schwarz	U 11. 5.1960
Herzliches Beleid	Georges Feydeau	E 1. 6.1960
Porzellan und Elefanten		

Macbeth	William Shakespeare	8. 9.1960
Kolportage	Georg Kaiser	10. 9.1960
Mandragola	Max Christian Feiler nach Niccolò Machiavelli	U 15. 9.1960
Schichtwechsel	Hugo Loetscher	U 22. 9.1960
Der Snob	Carl Sternheim	8. 10.1960
Im Dickicht der Städte	Bertolt Brecht	3. 11.1960
Ein Bruderzwist in Habsburg	Franz Grillparzer	24. 11.1960
Schönes Weekend, Mr. Bennett	Arthur Watkyn	E 15. 12.1960
Die kluge Närrin	Lope Félix de Vega Carpio	31. 12.1960
Wilhelm Tell	Friedrich Schiller	7. 1.1961
Götz von Berlichingen	Johann Wolfgang von Goethe	11. 1.1961
Mutter Courage und ihre Kinder	Bertolt Brecht	W 21. 1.1961
Ein Schloß in Schweden	Françoise Sagan	DE 23. 2.1961
Nach Damaskus	August Strindberg	11. 3.1961
Maikäfer-Komödie	J. V. Widmann	1. 4.1961
Die wundersame Schustersfrau	Federico García Lorca	E 15. 4.1961
In seinem Garten liebt Don Perlimplin Belisa		
Vom Teufel geholt	Knut Hamsun	6. 5.1961
Fuhrmann Henschel	Gerhart Hauptmann	1. 6.1961

Das Schauspielhaus im Theater am Hechtplatz

Kennen Sie die Milchstraße?	Karl Wittlinger	E 4. 1.1961
Viola (Nina)	André Roussin	E 31. 1.1961
Es ist nicht einfach, jung zu sein!	Jeremy Kingston	E 23. 3.1961

Direktion Kurt Hirschfeld

Werk	Autor	Premiere
Hamlet	William Shakespeare	7. 9.1961
Candida	George Bernard Shaw	9. 9.1961
Wege zu Rahel	David Wechsler	U 14. 9.1961
Die Reise	Georges Schehadé	E 16. 9.1961
Fuhrmann Henschel	Gerhart Hauptmann	W 28. 9.1961
Miss Sara Sampson	Gotthold Ephraim Lessing	7.10.1961
Andorra	Max Frisch	U 2.11.1961
Caligula	Albert Camus	E 29.11.1961
Nora oder Ein Puppenheim	Henrik Ibsen	14.12.1961
Einen Jux will er sich machen	Johann Nestroy	31.12.1961
Der Schwierige	Hugo von Hofmannsthal	26. 1.1962
Wilhelm Tell	Friedrich Schiller	10. 1.1962
Die Physiker	Friedrich Dürrenmatt	U 21. 2.1962
Der Diener zweier Herren	Carlo Goldoni	5. 4.1962
Lulu	Frank Wedekind	30. 5.1962
Ein Sommernachtstraum	William Shakespeare	6. 9.1962
Becket oder Die Ehre Gottes	Jean Anouilh	E 8. 9.1962
Endspurt	Peter Ustinov	E 13. 9.1962
Willkommen in Altamont	Thomas Wolfe	DE 11.10.1962
Totentanz	August Strindberg	27.10.1962
Wilhelm Tell	Friedrich Schiller	15.11.1962
Der Unbestechliche	Hugo von Hofmannsthal	30.11.1962
Andorra	Max Frisch	W 20.12.1962
Die Dame mit der Brille	Robert Gilbert und Paul Burkhard	U 31.12.1962
Pariser Komödie	William Saroyan	E 31. 1.1963
Maria Magdalena	Friedrich Hebbel	14. 2.1963
Herkules und der Stall des Augias	Friedrich Dürrenmatt	U 20. 3.1963
Torquato Tasso	Johann Wolfgang von Goethe	13. 4.1963
Eiche und Angora	Martin Walser	E 2. 5.1963
Eine Dummheit macht auch der Gescheiteste	Alexander N. Ostrowski	1. 6.1963

Nathan der Weise	Gotthold Ephraim Lessing	7. 9. 1963
Streng geheim	Arthur Watkyn	E 12. 9. 1963
Die Geier	Urs Troller	U 19. 9. 1963
Medea	Franz Grillparzer	28. 9. 1963
Sonnenuntergang	Isaak Babel	DE 19. 10. 1963
An der Grenze Besuche	Georg Brun	U 9. 11. 1963
Der König stirbt	Eugène Ionesco	E 28. 11. 1963
Hier oder anderswo	Robert Pinget	U 5. 12. 1963
Die Dame vom Maxim	Georges Feydeau	31. 12. 1963
Tschin-Tschin	François Billetdoux	E 22. 1. 1964
König Heinrich IV.	William Shakespeare	6. 2. 1964
Der Geizige	Molière	5. 3. 1964
Der große Gott Brown	Eugene O'Neill	E 14. 3. 1964
Heiraten ist immer ein Risiko	Saul O'Hara	E 9. 4. 1964
Geschichten aus dem Wiener Wald	Ödon von Horváth	E 30. 4. 1964
Don Juan oder Die Liebe zur Geometrie	Max Frisch	31. 5. 1964
Der Sturm	William Shakespeare	2. 6. 1964
Der Sturm	William Shakespeare	W 12. 9. 1964
Die Räuber	Friedrich Schiller	17. 9. 1964
Der Lügner und die Nonne	Curt Goetz	24. 9. 1964
Elektra	Jean Giraudoux	22. 10. 1964
Das Leben des Horace A. W. Tabor	Carl Zuckmayer	U 18. 11. 1964
In der Sache J. Robert Oppenheimer	Heinar Kipphardt	E 5. 12. 1964
Die Träume von Schale und Kern	Johann Nestroy	31. 12. 1964
Der kaukasische Kreidekreis	Bertolt Brecht	10. 2. 1965
Elio oder Eine fröhliche Gesellschaft	Otto F. Walter	U 27. 2. 1965
Tartuffe	Molière	13. 3. 1965
Nach dem Sündenfall	Arthur Miller	E 1. 4. 1965
Judith	Friedrich Hebbel	29. 4. 1965
Scherz, Satire, Ironie und tiefere Bedeutung	Christian Dietrich Grabbe	3. 6. 1965

Direktion Leopold Lindtberg

Werk	Autor	Premiere
Die Ratten	Gerhart Hauptmann	10. 9. 1965
Minna von Barnhelm	Gotthold Ephraim Lessing	15. 9. 1965
Der Himbeerpflücker	Fritz Hochwälder	U 23. 9. 1965
Die Zimmerwirtin	Jacques Audiberti	E 14. 10. 1965
Die Katze auf dem heißen Blechdach	Tennessee Williams	E 11. 11. 1965
Aias	Sophokles/Nachdichtung von Walter Jens	U 3. 12. 1965
Kümmere Dich um Amélie	Georges Feydeau	31. 12. 1965
Der Meteor	Friedrich Dürrenmatt	U 20. 1. 1966
Marius	Marcel Pagnol	19. 2. 1966
Othello, der Mohr von Venedig	William Shakespeare	19. 3. 1966
Haben	Julius Hay	15. 4. 1966
Die Schule der Väter Die Schule der Frauen	Jean Anouilh Molière	5. 5. 1966
Winzige Alice	Edward Albee	DE 4. 6. 1966

Das Schauspielhaus im Theater am Neumarkt

Tango	Slawomir Mrozek	E 23. 2. 1966
Was ihr wollt	William Shakespeare	17. 9. 1966
Liebelei	Arthur Schnitzler	22. 9. 1966
Mann ist Mann	Bertolt Brecht	24. 9. 1966
Durch die Wolken	François Billetdoux	E 22. 10. 1966
Die Jagd nach der Sonne	Peter Shaffer	DE 25. 11. 1966
Der Unbesonnene	Molière	31. 12. 1966
Kranichtanz	Carl Zuckmayer	U 8. 1. 1967
Michael Kramer	Gerhart Hauptmann	19. 1. 1967
Der Richter von Zalamea	Pedro Calderón de la Barca	9. 2. 1967
Die Wiedertäufer	Friedrich Dürrenmatt	U 16. 3. 1967
Schwester George muß sterben	Frank Marcus	E 8. 4. 1967
Tolles Geld	Alexander N. Ostrowskij	27. 4. 1967
Der Balkon (endgültige Fassung)	Jean Genet	DE 1. 6. 1967

Das Schauspielhaus im Theater am Neumarkt

Die fixe Idee	Paul Valéry	4. 2.1967

Orpheus steigt herab	Tennessee Williams	E 7. 9.1967
Viel Lärm um nichts	William Shakespeare	9. 9.1967
Die Katze	Otto F. Walter	U 14. 9.1967
Der Talisman	Johann Nestroy	26.10.1967
Die Heimkehr	Harold Pinter	E 2.11.1967
Die Jungfrau von Orleans	Friedrich Schiller	30.11.1967
Einladung ins Schloß	Jean Anouilh	31.12.1967
Biografie: Ein Spiel	Max Frisch	U 1. 2.1968
Halb auf dem Baum	Peter Ustinov	E 15. 2.1968
Die heilige Johanna der Schlachthöfe	Bertolt Brecht	16. 3.1968
Liebe für Liebe	William Congreve	18. 4.1968
Der Preis	Arthur Miller	E 3. 5.1968
Leonce und Lena	Georg Büchner	1. 6.1968

Das Schauspielhaus im Theater am Neumarkt

Hoppe, hoppe Reiter	David Mercer	E 2. 2.1968
Rumpelstilz	Adolf Muschg	U 6. 3.1968

Direktion Otto Weissert, Erwin Parker, Teo Otto († 9.6.68)

Werk	Autor	Premiere
Der verliebte Soldat	Carlo Goldoni	7. 9.1968
Der Marquis von Keith	Frank Wedekind	14. 9.1968
Leb wohl, Judas Die Polizei	Ireneusz Iredynski Slawomir Mrozek	E 21. 9.1968
Der Preis	Arthur Miller	W 11.10.1968
Sechs Personen suchen einen Autor	Luigi Pirandello	17.10.1968
Wilhelm Tell	Friedrich Schiller	21.11.1968
Antonius und Cleopatra	William Shakespeare	28.11.1968
Die Fee	Franz Molnár	31.12.1968
Turandot oder Der Kongreß der Weiß- wäscher	Bertolt Brecht	U 5. 2.1969
Der zerbrochne Krug	Heinrich von Kleist	20. 2.1969
Die Küche	Arnold Wesker	E 27. 3.1969

Bäcker, Bäckerin und Bäckerjunge	Jean Anouilh	24. 4. 1969
George Dandin	Molière	29. 5. 1969

Das Schauspielhaus im Theater am Neumarkt

Kaspar	Peter Handke	E 7. 5. 1969

Direktion Peter Löffler

Werk	Autor	Premiere
Prometheus	Aischylos/Nachdichtung von Heiner Müller	U 18. 9. 1969
Morgen – Ein Fenster zur Straße	Jean-Claude Grumberg	E 20. 9. 1969
Early Morning (Trauer zu früh)	Edward Bond	DE 2. 10. 1969
Die Mitschuldigen	Johann Wolfgang von Goethe	1. 11. 1969
Hochzeit	Elias Canetti	E 15. 11. 1969
Kikeriki	Sean O'Casey	E 6. 12. 1969
Freiheit in Krähwinkel	Johann Nestroy	31. 12. 1969
Die Gräfin von Rathenow	Hartmut Lange	E 29. 1. 1970
Der Selbstmörder	Nikolaj Erdman	DE 26. 2. 1970
Die gelehrten Frauen	Molière	14. 3. 1970
Musik	Frank Wedekind	18. 4. 1970
Die nächtliche Huldigung	Lars Gustafson	U 7. 5. 1970
Changeling	Thomas Middleton und William Rowley	DE 11. 6. 1970

Werkstattaufführung

Frankenstein (Szenenauswahl)	Wolfgang Deichsel	E 28. 3. 1970

Direktion Harry Buckwitz

Werk	Autor	Premiere
Sympathiekundgebung des Schauspielhaus-Ensembles an das Zürcher Publikum: Wozu das Theater?		17. 9. 1970
Vater Ubu	Alfred Jarry	18. 9. 1970
Egmont	Johann Wolfgang von Goethe	24. 9. 1970

Die Aufgeregten von Goethe	Adolf Muschg	U 10. 10. 1970
Urfaust	Johann Wolfgang von Goethe/ Szenische Fassung von Fried- rich Dürrenmatt	22. 10. 1970
Die herrschende Klasse	Peter Barnes	DE 19. 11. 1970
Guerillas	Rolf Hochhuth	E 14. 1. 1971
Amphitryon	Peter Hacks	21. 2. 1971
William Shakespeares »nackter« Hamlet	Joseph Papp	DE 4. 3. 1971
Porträt eines Planeten (Zürcher Fassung)	Friedrich Dürrenmatt	E 25. 3. 1971
Das Testament des Hundes	Ariano Suassuna	E 1. 5. 1971
Trauer muß Elektra tragen	Eugene O'Neill	11. 6. 1971

Nachtstudio

Zürcher Variante des Messingkaufs	Bertolt Brecht/Einrichtung von Jochen Ziem	E 4. 12. 1970
Die Ausnahme und die Regel	Bertolt Brecht	E 5. 12. 1970

Gastinszenierungen der Basler Theater

Warten auf Godot	Samuel Beckett	3. 1. 1971
Die Geburtstagsfeier	Harold Pinter	29. 1. 1971

Der böse Geist Lumpazivagabundus oder Das liederliche Kleeblatt	Johann Nestroy	16. 9. 1971
König Johann	Friedrich Dürrenmatt nach Shakespeare	30. 9. 1971
Der Prozeß gegen die Neun von Catonsville	Daniel Berrigan und Saul Levitt	E 28. 10. 1971
Doña Rosita bleibt ledig oder Die Sprache der Blumen	Federico García Lorca	11. 11. 1971
Der Revisor	Nicolaj Gogol	9. 12. 1971
Home	David Storey	E 6. 1. 1972
Woyzeck	Georg Büchner	17. 2. 1972
Alles vorbei .	Edward Albee	E 2. 3. 1972
Leben des Galilei	Bertolt Brecht	30. 3. 1972
Die Hebamme	Rolf Hochhuth	U 4. 5. 1972

Nachtstudio

Spiele	James Saunders	DE 20. 11. 1971
Ein Fest für Boris	Thomas Bernhard	E 28. 11. 1971
Sennentuntschi	Hansjörg Schneider	U 13. 2. 1972

August, August, August	Pavel Kohout	E 2. 9. 1972
Ein Sommernachtstraum	William Shakespeare	14. 9. 1972
Die Verfolgung und Ermordung Jean-Paul Marats, dargestellt durch die Schauspielgruppe des Hospizes zu Charenton unter Anleitung des Herrn de Sade	Peter Weiss	E 28. 9. 1972
Volpone	Ben Jonson	28. 10. 1972
Die Trauung	Witold Gombrowicz	E 30. 11. 1972
Die Dreigroschenoper	Bertolt Brecht/Musik von Kurt Weill	31. 12. 1972
Clavigo	Johann Wolfgang von Goethe	1. 2. 1973
Der Mitmacher	Friedrich Dürrenmatt	U 8. 3. 1973
Einer muß der Dumme sein	Georges Feydeau	29. 3. 1973
Willkommen	David Rabe	E 10. 5. 1973
Jegor Bulytschow und die anderen	Maxim Gorki	E 6. 6. 1973

Nachtstudio

Der Ignorant und der Wahnsinnige	Thomas Bernhard	E 5. 11. 1972
Brot und Wein	Hansjörg Schneider	U 14. 1. 1973
Die dritte Brust	Ireneusz Irendynski	U 28. 6. 1973

Der Alpenkönig und der Menschenfeind	Ferdinand Raimund	20. 9. 1973
Die Mannschaft	Jason Miller	DE 22. 9. 1973
Der Erfinder oder Schpäck und Bohne	Hansjörg Schneider	U 29. 9. 1973
Baal	Bertolt Brecht	E 25. 10. 1973
Der Tag, an dem der Papst gekidnappt wurde	João Bethencourt	DE 3. 11. 1973
Drei Schwestern	Anton Tschechow	5. 12. 1973
Kiss me, Kate!	Samuel und Bella Spewack/Musik von Cole Porter	31. 12. 1973
Die Erschaffung der Welt und andere Geschäfte	Arthur Miller	E 9. 2. 1974
Das Finanzgenie	Honoré de Balzac	2. 3. 1974

Hamlet	William Shakespeare	29. 3. 1974
Akrobaten	Tom Stoppard	E 27. 4. 1974
Emilia Galotti	Gotthold Ephraim Lessing	5. 5. 1974

Zweites Programm

Die neuen Leiden des jungen W.	Ulrich Plenzdorf	E 15. 2. 1974
Seepromenade (Rheinpromenade)	Karl Otto Mühl	E 1. 5. 1974

Mutter Courage und ihre Kinder	Bertolt Brecht	22. 9. 1974
Leben und Tod König Richard des Dritten	William Shakespeare/Zürcher Fassung von Manfred Wekwerth	28. 9. 1974
Spitzenhäubchen und Arsenik	Joseph Kesselring	3. 10. 1974
Equus	Peter Shaffer	E 31. 10. 1974
Der arme Bitos oder Das Diner der Köpfe	Jean Anouilh	E 28. 11. 1974
Der Tag, an dem der Papst gekidnappt wurde	João Bethencourt	W 5. 12. 1974
Es war die Lerche	Ephraim Kishon	DE 31. 12. 1974
Der Büchsenöffner	Victor Lanoux	E 25. 1. 1975
Der Rattenfänger	Carl Zuckmayer	U 22. 2. 1975
Maria Stuart	Friedrich Schiller	10. 4. 1975
Dreyfus	Jean-Claude Grumberg	E 3. 5. 1975
Ein Traumspiel	August Strindberg/Deutsch von Peter Weiss	5. 5. 1975

Zweites Programm

Stauffer Bern	Herbert Meier	U 16. 11. 1974
Die Besteigung des Fudschijama	Dschinghis Ajmatow und K. Muhamedschwanow	E 12. 4. 1975

Die Irre von Chaillot	Jean Giraudoux	18. 9. 1975
Sonny Boys	Neil Simon	E 25. 9. 1975
Timon von Athen	William Shakespeare	4. 10. 1975
Kasimir und Karoline	Ödön von Horváth	25. 10. 1975
Amphitryon	Heinrich von Kleist	27. 11. 1975
Das Mädl aus der Vorstadt oder Ehrlich währt am längsten	Johann Nestroy	31. 12. 1975
Wald	Alexander N. Ostrowski	12. 2. 1976
Der gute Mensch von Sezuan	Bertolt Brecht	16. 3. 1976

Die Troerinnen	Euripides	10. 4. 1976
Der Raub der Sabinerinnen	Franz und Paul von Schönthan	31. 5. 1976

Zweites Programm

Kennedys Kinder	Robert Patrick	E 15. 11. 1975
Dunant	Herbert Meier	U 17. 1. 1976
Die letzte Adresse	W. M. Diggelmann	U 3. 5. 1976

Schauspielhaus im Corso

Höllenangst	Johann Nestroy	15. 9. 1976
Wallenstein	Friedrich Schiller/Bearbeitung von Harry Buckwitz	2. 10. 1976
Das Appartement	Neil Simon/Musik von Burt Bacharach	E 18. 11. 1976
Der Hauptmann von Köpenick	Carl Zuckmayer	31. 12. 1976
Das Jahrmarktsfest zu Plundersweilern	Peter Hacks nach Johann Wolfgang von Goethe	E 15. 1. 1977
Travesties oder Zürich 1917	Tom Stoppard	E 3. 2. 1977
Anatol	Arthur Schnitzler	19. 2. 1977
Lulu	Frank Wedekind	6. 4. 1977
Schweyk im Zweiten Weltkrieg	Bertolt Brecht	7. 5. 1977
Der Besuch der alten Dame	Friedrich Dürrenmatt	11. 6. 1977
Das Ende von Venedig	Jürg Amann	U 24. 11. 1976
Ein Gespräch im Hause Stein über den abwesenden Herrn von Goethe	Peter Hacks	E 30. 3. 1977

Zweites Programm

Auf dem Seil oder Die Ballade vom Geisterzug	Fernando Arrabal	DE 25. 9. 1976

Gastspiel der Werkstatt Wien im Studio Tiefenbrunnen

Elisabeth Eins	Paul Foster	31. 12. 1976

Der Floh im Ohr	Georges Feydeau	15. 9. 1977
Die Frist	Friedrich Dürrenmatt	U 6. 10. 1977
Wer hat Angst vor Virginia Woolf?	Edward Albee	E 15. 10. 1977
Die Affäre Dreyfus	Hans José Rehfisch und Wilhelm Herzog	10. 11. 1977

Zweites Programm

Brüderlichkeit	Jürg Federspiel	U 5. 11. 1977

Direktion Gerhard Klingenberg

Werk	Autor	Premiere
Feierliche Übergabe des umgebauten und renovierten Schauspielhauses am Pfauen		5. 1.1978
Wilhelm Tell	Friedrich Schiller	6./ 7. 1.1978
Candide oder Die wechselvolle Reise durch den Archipel der Vernunft	Roberto Guicciardini nach Voltaire	E 15./17. 1.1978
Vernissage Audienz	Vaclav Havel	E 26. 1.1978
Alle Reichtümer der Welt	Eugene O'Neill	E 9./10./11. 3.1978
Biedermann und die Brandstifter	Max Frisch	2. 5.1978
Die Zähmung der Widerspenstigen	William Shakespeare	3. 6.1978

Der Keller im Schauspielhaus

Dusa, Stasi, Lil und Fish	Pam Gems	DE 22./23. 3.1978
Glückliche Tage	Samuel Beckett	5. 5.1978

Der zerbrochne Krug	Heinrich von Kleist	14. 9.1978
Bräker	Herbert Meier	U 21. 9.1978
Die Zähmung der Widerspenstigen	William Shakespeare	W 23. 9.1978
Candide oder Die wechselvolle Reise durch den Archipel der Vernunft	Roberto Guicciardini nach Voltaire	W 30. 9.1978
Kabale und Liebe	Friedrich Schiller	27.10.1978
Das Bündel (Schmaler Weg in den tiefen Norden, Neufassung)	Edward Bond	DE 16.11.1978
Bodies (Leib und Seele)	James Saunders	DE 21.12.1978
Troilus und Cressida	William Shakespeare	27. 1.1979
Die Heirat	Nikolaj Gogol	15. 2.1979
Liebelei	Arthur Schnitzler	8. 3.1979
Die schmutzigen Hände	Jean-Paul Sartre	29. 3.1979
Frau von Kauenhofen	Hartmut Lange	E 12. 4.1979
Groß und klein	Botho Strauß	E 1. 6.1979

Der Keller im Schauspielhaus

Ist das nicht mein Leben?	Brian Clark	1. 12. 1978
Die Lehrerin verspricht der Negerin wärmere Tränen	Jürg Laederach	U 14. 12. 1978
Der liebe Augustin	Hansjörg Schneider	U 15. 3. 1979
Zürich, Florhofgasse 1 (Tucholsky und Nuuna)	Gustav Huonker	28. 4. 1979

Das Labor im Schauspielhaus

I–V Werkstatt des Labors	Projekt um Nichts	25. 11./1. 12./9. 12./ 16. 12./20. 12. 1978
Das Mündel will Vormund sein	Peter Handke	E 27. 3. 1979

Ein Sommernachtstraum	William Shakespeare	13. 9. 1979
Die Frau – Szenen von Krieg und Freiheit	Edward Bond	22. 9. 1979
John Gabriel Borkman	Henrik Ibsen	11. 10. 1979
Ein Pestalozzi	Heinz Stalder	U 29. 11. 1979
Don Juan oder Der steinerne Gast	Molière	31. 12. 1979
Die Kassette	Carl Sternheim	18. 1. 1980
Betrogen	Harold Pinter	E 14. 2. 1980
Ende des Spiels?	Simon Gray	DE 6. 3. 1980
Das Sparschwein	Eugène Labiche	2. 4. 1980
Die Gastwirtin (La Locandiera)	Carlo Goldoni	8. 5. 1980

Der Keller im Schauspielhaus

Von Zeit zu Zeit:		U 10. 11. 1979
Das Gespräch	Dieter Forte	
Hans im Unglück	Jürg Federspiel	
Der Dengeler	Hansjörg Schneider	
Protest (Lesung)	Vaclav Havel	15. 12. 1979
Die Korrektur	Jürg Amann	U 7. 3. 1980
Ein tödlicher Traum	Fred Tanner nach Robert Walser	U 2. 5. 1980

Das Labor im Schauspielhaus

Elektra	Sophokles	15. 1. 1980
Ein Fräulein	Nach Motiven von Strindberg	12. 5. 1980

Schauspielhaus Extra

Sommerabendunterhaltung		11. 6./18. 6./19. 6. 1980

Nathan der Weise	Gotthold Ephraim Lessing	18. 9. 1980
Buried Child (Vergrabenes Kind)	Sam Shepard	DE 27. 9. 1980
Die heilige Johanna	George Bernard Shaw	16. 10. 1980
Die Möwe	Anton Tschechow	27. 11. 1980
Romulus der Große	Friedrich Dürrenmatt	31. 12. 1980
Die Verschwörung des Fiesco zu Genua	Friedrich Schiller	7. 2. 1981
Der Erzbischof ist da	Peter Sattmann	E 16./19. 2. 1981
Triptychon	Max Frisch	E 5. 3. 1981
Tartuffe	Molière	4. 4. 1981
Was ihr wollt	William Shakespeare	30. 4. 1981
Bernarda Albas Haus	Federico García Lorca	30. 5. 1981

Keller im Schauspielhaus

Die Stimme aus dem Untergrund	Fedor M. Dostojewski/ Bühneneinrichtung Ingold Wildenauer	17. 10. 1980
Ruf über den Fluß	Stephen Poliakoff	DE 20. 11. 1980
Stan und Ollie i dr Schwyz	Urs Widmer	20. 2. 1981

Don Carlos, Infant von Spanien	Friedrich Schiller	17. 9. 1981
Der Kirschgarten	Anton Tschechow	26. 9. 1981
Großvater und Halbbruder	Thomas Hürlimann	U 15. 10. 1981
Filumena Marturano (Hochzeit auf neapolitanisch)	Eduardo de Filippo	31. 10. 1981
Medea	Euripides	26. 11. 1981
Amadeus	Peter Shaffer	E 31. 12. 1981
Der eingebildete Kranke	Molière	13. 2. 1982
Juno und der Pfau	Sean O'Casey	27. 2. 1982
Orpheus in der Unterwelt	Jacques Offenbach	27. 3. 1982
Gespenster	Henrik Ibsen	22. 4. 1982
Viel Lärm um nichts	William Shakespeare	27. 5. 1982

Der Keller im Schauspielhaus

Vogelgezwitscher	James Saunders	DE 28. 1. 1982
Lerchenfeld (Zürcher Fassung)	Heinz Stalder	E 2. 4. 1982

Leitung Gerd Heinz

Werk	Autor	Premiere
Romeo und Julia	William Shakespeare	16. 9.1982
Marie und Robert	Paul Haller	E 25. 9.1982
Minna von Barnhelm	Gotthold Ephraim Lessing	14.10.1982
Eisenherz	Gerlind Reinshagen	E 14.11.1982
Iwanow	Anton Tschechow	11.12.1982
Man lebt nur einmal	M. Hart und G. S. Kaufman	31.12.1982
Maria Magdalena	Friedrich Hebbel	29. 1.1983
Mittagswende	Paul Claudel	5. 3.1983
Trilogie des Wiedersehens	Botho Strauß	E 24. 3.1983
Der Silbersee	Georg Kaiser/Musik von Kurt Weill	E 21. 4.1983
Stella	Johann Wolfgang von Goethe	9. 6.1983

Der Keller im Schauspielhaus
Serie »D'Familie Chäller« I–IV:

Züglete	Hansjörg Schneider	U 16.10.1982
S'süess Gheimnis	Martin Suter	U 1.12.1982
Angscht	Dieter Bachmann	U 5. 2.1983
Dr Schtaatsschtreich	Urs Widmer	U 30. 3.1983
Der Kontrabaß	Patrick Süskind	E 31.12.1982
Die Zoogeschichte	Edward Albee	28. 5.1983

Tramdepot Tiefenbrunnen

Merlin oder Der Traum von König Artus' Tafelrunde	Tankred Dorst	E 16.12.1982
Die tragische Geschichte von Hamlet, Prinz von Dänemark	William Shakespeare	15. 9.1983
Stella	Johann Wolfgang von Goethe	W 17. 9.1983
Achterloo	Friedrich Dürrenmatt	U 6.10.1983
Mercedes	Thomas Brasch	U 5.11.1983
Ein besserer Herr	Walter Hasenclever	1.12.1983
Baby Wallenstein oder Prinz Hamlet der Osterhase oder »Selawie«	Fritz von Herzmanovsky-Orlando	U 31.12.1983
Emilia Galotti	Gotthold Ephraim Lessing	4. 2.1984

Dr neu Noah (Ko-Prod. mit TV-DRS)	Urs Widmer	U 11. 2. 1984
Eines langen Tages Reise in die Nacht	Eugene O'Neill	1. 3. 1984
Aus dem Leben der Regenwürmer	Per Olov Enquist	DE 1. 4. 1984
Sechs Personen suchen einen Autor	Luigi Pirandello	5. 5. 1984

Der Keller im Schauspielhaus

Quartett	Heiner Müller	E 1. 10. 1983
Top Girls	Caryl Churchill	E 2. 12. 1983
Kampf des Negers und der Hunde	Bernard-Marie Koltès	DE 31. 3. 1984

Studio Wolfbach

Salome oder Auf dem Dach der Welt	Fritz Schediwy nach Oscar Wilde	9. 12. 1983

Theater am Hechtplatz

Die amerikanische Päpstin (Ko-Prod. mit Präsidialabteilung der Stadt ZH)	Esther Vilar	DE 18. 2. 1984

Sonnenuntergang	Isaak Babel	E 15. 9. 1984
Der Mikado (Gemeinschaftsproduktion mit dem Schweizer Fernsehen DRS)	W. S. Gilbert/Musik von Arthur Sullivan	20. 9. 1984
Das Kaffeehaus	Carlo Goldoni	13. 10. 1984
Spinoza	Dimitri Frenkel Frank	DE 8. 11. 1984
Penthesilea	Heinrich von Kleist	8. 12. 1984
Der nackte Wahnsinn	Michael Frayn	E 31. 12. 1984
Britannicus	Jean Racine	16. 2. 1985
Maß für Maß	William Shakespeare	17. 3. 1985
Die Stühle	Eugène Ionesco	18. 4. 1985
Der Lauf der Welt	William Congreve	E 18. 5. 1985

Der Keller im Schauspielhaus

Der Wetterpilot	Gert Heidenreich	E 15. 12. 1984
Die Zimmerschlacht	Martin Walser	E 23. 2. 1985
Besitzer	Caryl Churchill	DE 2. 5. 1985
Der stumme Diener	Harold Pinter	23. 5. 1985

Der Kaufmann von Venedig	William Shakespeare	14. 9.1985
Ein wahrer Held	John Millington Synge	21. 9.1985
Volpone	Ben Jonson	12.10.1985
Stichtag	Thomas Hürlimann	U 9./10.11.1985
Totentanz	August Strindberg	5.12.1985
Bunbury	Oscar Wilde	31.12.1985
Das harte Brot	Paul Claudel	30. 1.1986
Figaro läßt sich scheiden	Ödön von Horváth	E 27. 2.1986
Maria Stuart	Friedrich Schiller	3. 4.1986
Victor oder Die Kinder an der Macht	Roger Vitrac	E 10. 5.1986

Der Keller im Schauspielhaus

Das verschonte Land	Dieter Bachmann, Thomas Hürlimann, Hansjörg Schneider, Heinz Stalder, Jörg Steiner und Urs Widmer	26. 9.1985
Häuptling Abendwind oder Das greuliche Festmahl	Johann Nestroy/Musik von Jacques Offenbach	10.11.1985
Der Kontrabaß	Patrick Süskind	W 31.12.1985
Altwiibersummer	Hansjörg Schneider	13. 2.1986
Das Floß der Medusa	Georg Kaiser	24. 4.1986

Herr Puntila und sein Knecht Matti	Bertolt Brecht	13. 9.1986
Der Entertainer	John Osborne	E 20. 9.1986
Die Hochzeitsfahrt	Philipp Engelmann	U 9.10.1986
Gullivers Reisen	Gerald Frow und Sean Kenny nach Jonathan Swift	6.11.1986
Die lustigen Weiber von Windsor	William Shakespeare	7.12.1986
Der Reigen	Arthur Schnitzler	31.12.1986

Trilogie der Schadenfreude:
   Das verlorene Strumpfband
   Er ist jung und hat's eilig
   Folgen einer ersten Ehe
	Eugène Labiche	17. 1.1987

Wassa Schelesnowa	Maxim Gorki	26. 2.1987
Der lange Abschied	Gottfried Greiffenhagen nach Raymond Chandler	U 22. 3.1987
Der Theatermacher	Thomas Bernhard	E 11. 4.1987
Amphitryon	Heinrich von Kleist	14. 5.1987
Sardanapal	Lord Byron	E 18. 6.1987

Schauspielhaus Keller

Hitlers Kindheit z. B.	Niklas Rådstrøm nach Alice Miller	DE 14. 9. 1986
Der Kontrabaß	Patrick Süskind	W 31. 12. 1986
Guten Morgen, Du Schöne	Maxie Wander	30. 1. 1987
Die Insel	Athol Fugard	E 2. 4. 1987
Nachtgespräch mit Fidel (Gastspiel)	Res Bosshart nach Frei Betto	14. 4. 1987
Bloody Poetry	Howard Brenton	E 20. 6. 1987
Elend des Vergleichs	Heinz Reber	20. 6. 1987
König Lear	William Shakespeare	12. 9. 1987
Die Physiker	Friedrich Dürrenmatt	8. 10. 1987
Passage	Christoph Hein	15. 11. 1987
Die Wupper	Else Lasker-Schüler	E 17. 12. 1987
Werft Eure Herzen über alle Grenzen	Peter Fischer und Dieter Bachmann	31. 12. 1987

Schauspielhaus Keller

Bloody Poetry	Howard Brenton	W 17. 9. 1987
Die Humanisten	Ernst Jandl	E 8. 10. 1987
Guten Morgen, Du Schöne	Maxie Wander	W 12. 11. 1987
Der Kontrabaß	Patrick Süskind	W 31. 12. 1987

Namenverzeichnis